古史人镜辑录

三

王其祎

中国社会科学出版社

# 目　录
（第三卷·宋至清）

## 宋（上）
公元960年至1126年

一　赵匡胤称帝太后不乐 …………………………（1235）

二　王彦升求财货被贬 ……………………………（1235）

三　太祖因处事有误不乐 …………………………（1236）

四　太后教立长君 …………………………………（1236）

五　太祖杯酒释兵权 ………………………………（1237）

六　太祖行文治 ……………………………………（1238）

七　石守信及子聚敛射利 …………………………（1239）

八　太祖削藩镇之权 ………………………………（1239）

九　符彦卿不伐战功其子不肖 ……………………（1240）

一〇　范质清贫廉洁 ………………………………（1241）

一一　王全斌平蜀 …………………………………（1242）

一二　曹彬不受赠 …………………………………（1243）

| 一三 | 吕馀庆立斩军校 | (1244) |
| --- | --- | --- |
| 一四 | 赵普改革财政 | (1244) |
| 一五 | 太祖尚俭约 | (1245) |
| 一六 | 太祖处分张美 | (1246) |
| 一七 | 贾琰开浚盐井 | (1246) |
| 一八 | 卢多逊探太祖所读书 | (1247) |
| 一九 | 太祖雪夜访赵普 | (1247) |
| 二〇 | 太祖诏狱掾 | (1248) |
| 二一 | 王审琦镇寿春民安之 | (1248) |
| 二二 | 王昭素论治世养身 | (1248) |
| 二三 | 太祖诏减员增俸 | (1249) |
| 二四 | 潘美平南汉 | (1250) |
| 二五 | 太祖允赵普受南唐赠银 | (1251) |
| 二六 | 沈义伦居第卑陋 | (1251) |
| 二七 | 赵普刚毅果断不盲从 | (1252) |
| 二八 | 李穆诚李煜 | (1253) |
| 二九 | 曹彬平南唐 | (1253) |
| 三〇 | 郭守文劝李煜 | (1255) |
| 三一 | 杨信病喑指顾申儆 | (1255) |
| 三二 | 武将党进不识字 | (1256) |
| 三三 | 马仁瑀不以私亲乱国法 | (1256) |
| 三四 | 梁迥外矫饰内贪冒 | (1257) |
| 三五 | 刘蟠好设奇诈 | (1258) |
| 三六 | 李涛力疾奏事 | (1258) |
| 三七 | 刘温叟清介有德望 | (1259) |
| 三八 | 侯陟狡狯巧中伤人 | (1259) |

| | | |
|---|---|---|
| 三九 | 王继勋食人肉被斩 | （1260） |
| 四〇 | 太宗建崇文院读《太平御览》 | （1260） |
| 四一 | 王著教太宗学书 | （1261） |
| 四二 | 太宗诫陈王元僖 | （1262） |
| 四三 | 种放虽隐屡至阙下 | （1262） |
| 四四 | 宋太宗评孟昶李煜 | （1263） |
| 四五 | 李昉和厚多恕 | （1264） |
| 四六 | 吕蒙正纠太宗自矜 | （1264） |
| 四七 | 杨业忠烈武勇 | （1265） |
| 四八 | 杨延昭治兵有父风 | （1267） |
| 四九 | 姚坦称假山为血山 | （1268） |
| 五〇 | 楚昭辅吝啬言行不一 | （1269） |
| 五一 | 李建中善书法 | （1269） |
| 五二 | 李惟清有善政 | （1270） |
| 五三 | 吕蒙正知人有器量 | （1270） |
| 五四 | 宋太宗欲比唐太宗 | （1271） |
| 五五 | 贾黄中廉洁无私过于小心 | （1272） |
| 五六 | 钱若水称士不以名位为荣 | （1273） |
| 五七 | 太宗不悦人心属太子 | （1273） |
| 五八 | 韩丕冲澹清介不善吏事 | （1274） |
| 五九 | 杨徽之能诗善谈 | （1274） |
| 六〇 | 潘慎修作《棋说》 | （1275） |
| 六一 | 宋玚力疾卒于任内 | （1276） |
| 六二 | 韩见素未老求致仕 | （1276） |
| 六三 | 吕端大事不糊涂 | （1276） |
| 六四 | 毕士安辞开封府端方清慎 | （1277） |

古史人镜辑录·第三卷·宋至清

六五　张齐贤革弊政行宽大 ……………………（1278）
六六　张齐贤断案 ………………………………（1279）
六七　耶律休格不犯宋境 ………………………（1280）
六八　李允则知潭州 ……………………………（1280）
六九　田锡直言时政得失 ………………………（1281）
七〇　谢德权治京城衢巷 ………………………（1282）
七一　李沆号圣相 ………………………………（1282）
七二　寇准请帝赴澶州亲征 ……………………（1284）
七三　澶渊之盟 …………………………………（1285）
七四　王钦若深嫉寇准 …………………………（1286）
七五　张洎文采清丽鄙吝险诐 …………………（1287）
七六　王济为民减负增利 ………………………（1289）
七七　杨亿一生不离翰墨 ………………………（1290）
七八　穆修好论斥时病 …………………………（1291）
七九　石延年读书通大略 ………………………（1291）
八〇　欧阳冕大言自荐 …………………………（1292）
八一　曹玮用兵多奇计 …………………………（1292）
八二　郭皇后性谦约 ……………………………（1293）
八三　向敏中大耐官职 …………………………（1293）
八四　旧相徙外多不勤政 ………………………（1294）
八五　王钦若劝真宗封禅 ………………………（1295）
八六　真宗封禅举国贺功德 ……………………（1296）
八七　杜镐博闻强记 ……………………………（1296）
八八　查道孝义淳厚 ……………………………（1297）
八九　萧太后明习政事素娴军旅 ………………（1298）
九〇　王旦不私女婿 ……………………………（1298）

· 4 ·

目　录

九一　邢淳视敕命如废纸 ………………………（1300）
九二　王钦若性倾巧…………………………（1300）
九三　王质克己好善…………………………（1301）
九四　王旦与寇准……………………………（1301）
九五　张咏知杭州成都………………………（1302）
九六　飞蝗过京城……………………………（1303）
九七　王旦逊谢王曾建言……………………（1304）
九八　王曾志不在温饱方严持重 ……………（1304）
九九　陈彭年号九尾野狐……………………（1306）
一〇〇　王旦二三事…………………………（1306）
一〇一　崔立曰毋奏符瑞……………………（1307）
一〇二　李允则治雄州………………………（1308）
一〇三　马知节武将能文艺…………………（1309）
一〇四　丁谓陷害寇准………………………（1309）
一〇五　陈尧佐所治有政绩…………………（1311）
一〇六　胡顺之除杀豪强……………………（1311）
一〇七　范讽体恤贫民………………………（1312）
一〇八　李及知杭州屏绝宴游 ………………（1313）
一〇九　林逋恬淡不趋荣利…………………（1313）
一一〇　王樵筑茧室…………………………（1314）
一一一　张知白清约如寒士…………………（1314）
一一二　钱惟演能文字附权贵………………（1315）
一一三　鲁宗道号鱼头参政…………………（1316）
一一四　薛奎所治有政绩……………………（1317）
一一五　仁宗听讲《论语》…………………（1317）
一一六　晏殊兴学进贤工诗词 ………………（1318）

· 5 ·

古史人镜辑录·第三卷·宋至清

| 一一七 | 徐的徙山民至水边 | （1318） |
| --- | --- | --- |
| 一一八 | 冯拯为相气貌严重 | （1319） |
| 一一九 | 夏竦有治绩性贪 | （1319） |
| 一二〇 | 王鼎性廉不欺 | （1320） |
| 一二一 | 张俭食不重味衣袍弊恶 | （1320） |
| 一二二 | 耶律韩八断狱人无冤者 | （1321） |
| 一二三 | 萧韩家奴谏兴宗 | （1322） |
| 一二四 | 耶律官奴求居林下 | （1323） |
| 一二五 | 仁宗赏花从官赋诗 | （1323） |
| 一二六 | 富弼使辽有成不受赏 | （1324） |
| 一二七 | 包拯事亲孝立朝刚严 | （1326） |
| 一二八 | 富弼知青州救灾民 | （1327） |
| 一二九 | 李孝基有吏才 | （1328） |
| 一三〇 | 韩琦出将入相海内人望 | （1329） |
| 一三一 | 仁宗恤民饥 | （1330） |
| 一三二 | 范仲淹之忧乐观 | （1330） |
| 一三三 | 赵稹厚结婢女意在中书 | （1332） |
| 一三四 | 孙沔有战功喜女色 | （1332） |
| 一三五 | 刘几修水利议乐律 | （1333） |
| 一三六 | 杜衍临终遗疏 | （1333） |
| 一三七 | 狄青读兵书不居功 | （1334） |
| 一三八 | 邵必至郡仅一赴宴 | （1335） |
| 一三九 | 吕公弼斩卒立威 | （1335） |
| 一四〇 | 蔡齐方直谦退 | （1335） |
| 一四一 | 李若谷治郡恺悌爱人 | （1336） |
| 一四二 | 明镐治并州 | （1337） |

目　录

一四三　王素为政务合人情 ……………………………（1337）
一四四　彭思永仁厚廉恕 ……………………………（1338）
一四五　杨佐修盐井治水患 …………………………（1338）
一四六　陈襄绝请托以利民为急 ……………………（1339）
一四七　尹洙因赞范仲淹被贬 ………………………（1340）
一四八　王曙荐欧阳修 ………………………………（1340）
一四九　王益柔通群书不善词赋 ……………………（1340）
一五〇　欧阳修之为政为人为文 ……………………（1341）
一五一　苏舜钦建沧浪亭 ……………………………（1343）
一五二　梅尧臣工诗 …………………………………（1343）
一五三　赵尚宽勤农政 ………………………………（1344）
一五四　蔡襄论事无所避 ……………………………（1344）
一五五　元绛之治绩 …………………………………（1345）
一五六　英宗挟嫌贬蔡襄 ……………………………（1346）
一五七　沈遘治杭州开封 ……………………………（1347）
一五八　韩琦爱人以德 ………………………………（1347）
一五九　僧怀丙起万斤铁牛 …………………………（1348）
一六〇　宋庠忠厚守法 ………………………………（1348）
一六一　司马光辞翰林学士 …………………………（1349）
一六二　赵抃治蜀尚宽 ………………………………（1349）
一六三　李先治官如家号照天烛 ……………………（1350）
一六四　张田性伉直临政以清 ………………………（1351）
一六五　杨仲元斥郡守不知旱情 ……………………（1351）
一六六　余良肱之善政 ………………………………（1352）
一六七　司马光初呈《资治通鉴》 ……………………（1352）
一六八　王安石屡辞馆阁 ……………………………（1353）

· 7 ·

古史人镜辑录·第三卷·宋至清

| 一六九 | 神宗问王安石以治道 | （1354） |
| --- | --- | --- |
| 一七〇 | 司马光论择人与变法 | （1355） |
| 一七一 | 王安石始变法 | （1355） |
| 一七二 | 司马光识吕惠卿之奸 | （1356） |
| 一七三 | 中书有生老病死苦 | （1357） |
| 一七四 | 李承之严于执法 | （1357） |
| 一七五 | 王安石谈人言不足恤祖宗不足法 | （1358） |
| 一七六 | 富弼不晓新法求致仕 | （1358） |
| 一七七 | 张商英论新法得人则利 | （1359） |
| 一七八 | 王珪号三旨相公 | （1359） |
| 一七九 | 王安石言举事则才者出 | （1360） |
| 一八〇 | 沈括评免役法著《梦溪笔谈》 | （1360） |
| 一八一 | 王安石罢相知江宁府 | （1361） |
| 一八二 | 吕惠卿害安石无所不为 | （1362） |
| 一八三 | 王安石撰《三经新义》 | （1362） |
| 一八四 | 崔公度媚附王安石 | （1363） |
| 一八五 | 曾巩治州有方为文成家 | （1364） |
| 一八六 | 李周不为呈身御史 | （1365） |
| 一八七 | 鲜于侁不忍负友 | （1365） |
| 一八八 | 司马光修成《资治通鉴》 | （1366） |
| 一八九 | 王安礼救苏轼斥宗室 | （1366） |
| 一九〇 | 杜生三十年不出门 | （1368） |
| 一九一 | 滕元发救灾安民 | （1369） |
| 一九二 | 神宗图治以求雪耻 | （1369） |
| 一九三 | 周敦颐人品高洁 | （1370） |
| 一九四 | 程颢兴道学 | （1371） |

· 8 ·

目 录

一九五　张载学古力行 …………………………………（1372）
一九六　邵雍苦学安贫乐道 ……………………………（1373）
一九七　杨时立雪程门 …………………………………（1374）
一九八　钱勰敏于事………………………………………（1375）
一九九　司马光执意罢免役法 …………………………（1375）
二〇〇　司马光称蔡京奉法 ……………………………（1377）
二〇一　程颐为哲宗说书 ………………………………（1377）
二〇二　赵君锡性孝无执守 ……………………………（1378）
二〇三　宇文之邵自强于学不易其志 …………………（1379）
二〇四　吴瑛真率旷达 …………………………………（1379）
二〇五　松江渔翁之语 …………………………………（1380）
二〇六　荆国公王安石卒 ………………………………（1381）
二〇七　王雱气豪才高 …………………………………（1381）
二〇八　温国公司马光卒 ………………………………（1382）
二〇九　苏洵为试校书郎 ………………………………（1383）
二一〇　苏轼为文如行云流水 …………………………（1383）
二一一　苏轼因诗系狱 …………………………………（1384）
二一二　苏轼知杭州筑苏堤 ……………………………（1384）
二一三　巢谷徒步千里访两苏 …………………………（1385）
二一四　文同善画竹………………………………………（1386）
二一五　常安民力斥奸佞 ………………………………（1386）
二一六　文彦博名闻四夷 ………………………………（1387）
二一七　吕大防订乡约 …………………………………（1388）
二一八　吕大忠诫马涓 …………………………………（1389）
二一九　刘挚论人才 ……………………………………（1389）
二二〇　贺铸谈世事可否不少假借 ……………………（1390）

· 9 ·

古史人镜辑录·第三卷·宋至清

二二一　黄伯思以古文名家 …………………（1391）
二二二　黄庭坚楷法自成一家 ………………（1391）
二二三　晁补之尤精《楚辞》 …………………（1392）
二二四　秦观慷慨溢于文词 ……………………（1393）
二二五　米芾妙于翰墨精于鉴裁 ………………（1393）
二二六　李公麟好古博学精于画 ………………（1394）
二二七　王存万马奔驰中能驻足 ………………（1395）
二二八　范纯仁忠恕廉俭 …………………………（1395）
二二九　章惇贬雷州 ………………………………（1396）
二三〇　童贯荐蔡京可为相 ………………………（1396）
二三一　焚毁苏轼黄庭坚之文集 …………………（1397）
二三二　毁程颐之著述禁其讲学 …………………（1397）
二三三　徽宗锐意营筑以示太平 …………………（1398）
二三四　列元祐奸党姓名刻石颁州县 ……………（1398）
二三五　薛昂余深谄附蔡京 ………………………（1399）
二三六　梁师成善逢迎 ……………………………（1399）
二三七　马人望为民减负 …………………………（1400）
二三八　张孝杰媚上贪货 …………………………（1401）
二三九　耶律俨以博得升官 ………………………（1401）
二四〇　萧蒲离不性孝悌不仕 ……………………（1402）
二四一　耶律那也理民不尚迫胁 …………………（1402）
二四二　徽宗建延福五位 …………………………（1403）
二四三　徽宗笃信道教 ……………………………（1403）
二四四　蔡攸有宠于徽宗 …………………………（1404）
二四五　徽宗多微行 ………………………………（1405）
二四六　蔡京父子各立门户 ………………………（1405）

· 10 ·

二四七　朱勔以花石进奉 …………………………（1406）

二四八　方腊起义 ……………………………………（1407）

二四九　王黼贪邪 ……………………………………（1408）

二五〇　宋江投降 ……………………………………（1408）

二五一　完颜阿骨打称帝 ……………………………（1409）

二五二　蔡京恋栈无廉耻 ……………………………（1409）

二五三　刘安世正色立朝 ……………………………（1410）

二五四　童贯被处死 …………………………………（1411）

二五五　吴师礼拒谈字学 ……………………………（1411）

二五六　浪子宰相李邦彦主割地 ……………………（1411）

二五七　何㮚斥割地 …………………………………（1412）

二五八　孙傅命有法术者守城 ………………………（1413）

二五九　钦宗不听种师道计 …………………………（1414）

二六〇　张叔夜绝食而死 ……………………………（1415）

二六一　李纲抗金被罢 ………………………………（1416）

二六二　宗泽出师未捷身先死 ………………………（1417）

二六三　金俘虏徽钦二宗 ……………………………（1419）

# 宋（下）

公元 1127 年至 1279 年

一　太学生陈东被诛 …………………………………（1421）

二　通事舞文纳贿草菅人命 …………………………（1422）

三　王复死守徐州阖门遇难 …………………………（1422）

四　高宗南渡炊饼度日 ………………………………（1422）

五　高宗求和书 ………………………………………（1423）

· 11 ·

六　韩世忠困兀术于黄天荡 …………………（1423）
七　徐徽言与城俱亡………………………（1424）
八　金宗翰斥举人之老者 …………………（1425）
九　岳飞大胜被召回………………………（1425）
一〇　杨再兴战死小商桥 …………………（1427）
一一　刘锜顺昌大捷………………………（1427）
一二　邵隆苦战克敌………………………（1429）
一三　秦桧夺大将兵权……………………（1429）
一四　岳飞被害……………………………（1430）
一五　岳云数立奇功………………………（1431）
一六　岳飞谈马之优劣……………………（1432）
一七　何铸察知岳飞冤……………………（1432）
一八　赵鼎绝食死…………………………（1433）
一九　施全谋刺秦桧………………………（1434）
二〇　韩世忠罢官绝口不言兵 ……………（1434）
二一　李光面斥秦桧………………………（1435）
二二　萧振诫桧不可有私 …………………（1436）
二三　范如圭斥秦桧忘仇辱国 ……………（1437）
二四　洪皓使金守节不仕 …………………（1437）
二五　胡松年不蓄财………………………（1439）
二六　秦桧罪行种种………………………（1439）
二七　仇悆察幕官…………………………（1440）
二八　高登不受馈金………………………（1441）
二九　范成大有治绩工于诗 ………………（1441）
三〇　苏云卿遁世不知所往 ………………（1442）
三一　刘勉之杜门讲学 ……………………（1442）

· 12 ·

目 录

| 三二 | 胡宪时然后言 | (1443) |
| --- | --- | --- |
| 三三 | 张浚愧未复中原 | (1444) |
| 三四 | 胡砺革除弊政 | (1445) |
| 三五 | 海陵王之言与行 | (1445) |
| 三六 | 海陵王与高怀贞言志 | (1447) |
| 三七 | 金主欲立马吴山第一峰 | (1448) |
| 三八 | 魏胜起义复海州 | (1448) |
| 三九 | 王友直起兵复大名 | (1449) |
| 四〇 | 虞允文采石大胜 | (1449) |
| 四一 | 胡铨言不可议和称臣 | (1451) |
| 四二 | 地方官以灾为瑞 | (1451) |
| 四三 | 杨简不以赤子膏血自肥 | (1452) |
| 四四 | 辛弃疾善长短句悲壮激烈 | (1453) |
| 四五 | 吴玠吴璘守蜀 | (1454) |
| 四六 | 张栻论收百姓之心 | (1455) |
| 四七 | 黄中言和与战 | (1457) |
| 四八 | 黄洽五不欺 | (1457) |
| 四九 | 汪应辰刚方正直 | (1458) |
| 五〇 | 王十朋历治四郡有人望 | (1458) |
| 五一 | 吴芾称宁得罪上官 | (1459) |
| 五二 | 杜莘老骨鲠敢言 | (1460) |
| 五三 | 袁枢撰《通鉴纪事本末》 | (1460) |
| 五四 | 李衡治溧阳 | (1461) |
| 五五 | 周淙招辑中原之民 | (1461) |
| 五六 | 杨甲言恢复之志不坚 | (1462) |
| 五七 | 徐谊谏毋事皆上决 | (1462) |

· 13 ·

古史人镜辑录·第三卷·宋至清

五八　金世宗号小尧舜 …………………………（1463）

五九　朱熹言人君当正心术 ……………………（1466）

六〇　杨万里谏人主不可自用 …………………（1467）

六一　李后忌妒骄恣 ………………………………（1467）

六二　刘宰竭力施惠乡邦 …………………………（1468）

六三　赵善应之子及孙均有善行 ………………（1468）

六四　徐范以扇摇国是被禁锢 …………………（1469）

六五　金章宗之李淑妃慧黠 ……………………（1470）

六六　刘玮知而不言 ………………………………（1471）

六七　董师中正而通 ………………………………（1471）

六八　韩玉临终示儿书 ……………………………（1472）

六九　周昂论文章以意为主 ……………………（1472）

七〇　杜时升教人伊洛之学 ……………………（1473）

七一　胥鼎立法赡贫民者可升职 ………………（1473）

七二　杨云翼释平民之私渡者 …………………（1473）

七三　赵秉文长于辨析工诗字画 ………………（1474）

七四　雷渊执法不避权贵奸豪 …………………（1475）

七五　郝天挺曰丈夫须耐饥寒 …………………（1475）

七六　元好问能诗文 ………………………………（1476）

七七　张潜夫妇有贤行不知贫 …………………（1477）

七八　京镗倡禁伪学 ………………………………（1477）

七九　谢深甫掷余嘉书 ……………………………（1478）

八〇　蔡元定遭贬遣不为动 ……………………（1478）

八一　许及之号屈膝执政 …………………………（1479）

八二　刘光祖云毋惑一时之好恶 ………………（1479）

八三　吕祖俭答朱熹书 ……………………………（1480）

· 14 ·

| 八四 | 朱熹之为官为学 | (1480) |
| 八五 | 朱熹弟子黄幹 | (1482) |
| 八六 | 李燔称卿相不可失寒素体 | (1482) |
| 八七 | 陆九龄兄弟之治家 | (1483) |
| 八八 | 陆九渊之治学与教授 | (1484) |
| 八九 | 吕祖泰请诛韩侂胄 | (1485) |
| 九〇 | 傅伯成表里洞达 | (1485) |
| 九一 | 陈自强贪鄙无耻 | (1486) |
| 九二 | 师睪献珠学犬吠 | (1487) |
| 九三 | 程松献姬得高官 | (1487) |
| 九四 | 毕再遇以计屡败金兵 | (1488) |
| 九五 | 陆游才气超逸尤长于诗 | (1489) |
| 九六 | 韩侂胄专政天下怨之 | (1489) |
| 九七 | 赵逢龙不知富贵之味 | (1490) |
| 九八 | 史弥远废皇子竑 | (1491) |
| 九九 | 蒙古太祖铁木贞灭夏 | (1491) |
| 一〇〇 | 陈寅全家殉难 | (1492) |
| 一〇一 | 陈坰言唯恐士不好名 | (1493) |
| 一〇二 | 萨布恐以己为相而国亡 | (1493) |
| 一〇三 | 魏了翁知泸州百废俱举 | (1493) |
| 一〇四 | 袁韶之父以置妾之资行善 | (1494) |
| 一〇五 | 胡颖恶言神异 | (1494) |
| 一〇六 | 马光祖宽养民力 | (1495) |
| 一〇七 | 耶律楚材谏止屠城 | (1496) |
| 一〇八 | 金哀宗及丞相自杀 | (1497) |
| 一〇九 | 孟珙收复襄樊 | (1498) |

古史人镜辑录・第三卷・宋至清

一一〇　刘锐赵汝櫑与城共存亡 ……………… （1499）
一一一　蒙古太宗与耶律楚材 ………………… （1499）
一一二　余玠招贤纳士 ………………………… （1500）
一一三　余玠筑钓鱼城以守 …………………… （1501）
一一四　余玠诛王夔 …………………………… （1502）
一一五　耶律楚材卒 …………………………… （1502）
一一六　忽必烈求贤若渴 ……………………… （1503）
一一七　姚枢劝止忽必烈总治汉南 …………… （1504）
一一八　忽必烈责断事官 ……………………… （1504）
一一九　余玠遭谗卒 …………………………… （1505）
一二〇　洪天锡谏治奸不得止于诚饬 ………… （1505）
一二一　丁大全诫诸生毋妄议国政 …………… （1506）
一二二　许彪孙宁死不书降文 ………………… （1506）
一二三　理宗怠于政事权移奸臣 ……………… （1507）
一二四　贾居贞辞不次升迁 …………………… （1507）
一二五　窦默言以君之是否为是否非善政 …… （1508）
一二六　贾似道专权纳贿 ……………………… （1508）
一二七　宫中一夕宴几州汗血劳 ……………… （1509）
一二八　贾似道日肆淫乐不报边事 …………… （1509）
一二九　襄樊城破吕文焕降元 ………………… （1510）
一三〇　赵良弼不辱使命 ……………………… （1511）
一三一　赵卯发夫妇与城共存亡 ……………… （1511）
一三二　尹谷李芾尽节潭州 …………………… （1512）
一三三　江万里赴止水而死 …………………… （1513）
一三四　章鉴号满朝欢 ………………………… （1513）
一三五　文天祥从容就义 ……………………… （1514）

・16・

目　录

一三六　陆秀夫负王赴海死 ……………………（1515）
一三七　元世祖驳宋降将之遁词 ………………（1516）

# 元
公元1280年至1367年

一　　太祖诏求丘处机 ……………………………（1517）
二　　赵璧答宪宗问 ………………………………（1518）
三　　李冶答世祖问 ………………………………（1519）
四　　赵复传程朱之学 ……………………………（1520）
五　　游显诚释诬告者 ……………………………（1520）
六　　张宏范为朝廷建大仓库 ……………………（1521）
七　　袁裕免民死罪 ………………………………（1521）
八　　赵炳减免民负 ………………………………（1522）
九　　八思巴创蒙古新字 …………………………（1523）
一〇　阿尼哥精于塑像 ……………………………（1523）
一一　史天泽出入将相五十年 ……………………（1524）
一二　伯颜取宋不言功 ……………………………（1525）
一三　布鲁海牙以廉为姓 …………………………（1526）
一四　廉希宪安抚江陵 ……………………………（1526）
一五　廉希宪立朝刚直论事激切 …………………（1527）
一六　高智耀称士贵如金 …………………………（1529）
一七　董文炳施政为民 ……………………………（1529）
一八　陈祐治吏之方 ………………………………（1531）
一九　刘容拒剥民自利 ……………………………（1531）
二〇　王磐性方刚言行正 …………………………（1532）

· 17 ·

古史人镜辑录·第三卷·宋至清

| 二一 | 徐世隆善断狱 | （1534） |
| --- | --- | --- |
| 二二 | 郑思肖画兰不着土 | （1535） |
| 二三 | 谢翱哭祭文天祥 | （1535） |
| 二四 | 金履祥行善不自言 | （1536） |
| 二五 | 第五居仁以行化人 | （1536） |
| 二六 | 董文用为民免役 | （1537） |
| 二七 | 世祖皇后以宋亡为诫 | （1538） |
| 二八 | 许衡勤学善教 | （1539） |
| 二九 | 许衡论为君之难 | （1541） |
| 三〇 | 吴澄不仕著书 | （1542） |
| 三一 | 梁贞凿井得甘泉 | （1543） |
| 三二 | 赛典赤治云南 | （1543） |
| 三三 | 赵良弼谈忍乃有济 | （1544） |
| 三四 | 贺仁杰引咎归己 | （1545） |
| 三五 | 虎林赤称重农为本 | （1546） |
| 三六 | 程思廉赈灾民修堤防 | （1547） |
| 三七 | 耶律希亮称旨既错当明示众 | （1548） |
| 三八 | 张雄飞拒杀无罪 | （1548） |
| 三九 | 铁哥行善 | （1550） |
| 四〇 | 伊喇元臣不自污 | （1551） |
| 四一 | 阿合马多智专权贪横 | （1551） |
| 四二 | 秦长卿劾权奸遭冤杀 | （1552） |
| 四三 | 姚天福搏击权贵猛如虎 | （1553） |
| 四四 | 陈天祥劾卢世荣 | （1554） |
| 四五 | 安童听祁志诚之劝 | （1555） |
| 四六 | 皇太子真金仁俭 | （1556） |

· 18 ·

| | | |
|---|---|---|
| 四七 | 王庆端治军有方 | （1556） |
| 四八 | 世祖用南人博采名士 | （1557） |
| 四九 | 叶李言弊在官匪勾结 | （1558） |
| 五〇 | 谀者请为僧格立碑 | （1559） |
| 五一 | 世祖论叶李留梦炎之优劣 | （1560） |
| 五二 | 彻尔揭僧格误国害民之罪 | （1560） |
| 五三 | 博果密荐鄂勒哲 | （1561） |
| 五四 | 世祖责御史知而不劾 | （1562） |
| 五五 | 许宸拒唾僧格 | （1562） |
| 五六 | 博果密以正论对帝王 | （1563） |
| 五七 | 梁曾使安南 | （1564） |
| 五八 | 阿鲁浑萨理劝用儒术 | （1565） |
| 五九 | 詹士龙筑海堤 | （1566） |
| 六〇 | 高良弼拒贿 | （1566） |
| 六一 | 乌古孙泽修水利民称颂 | （1567） |
| 六二 | 释杨琏真珈聚财无算 | （1568） |
| 六三 | 王忱为政惠及民兵 | （1568） |
| 六四 | 张庭瑞储橘皮以济人 | （1569） |
| 六五 | 刘因博学居家教授 | （1570） |
| 六六 | 臧梦解才德兼备敏于政事 | （1571） |
| 六七 | 迦鲁纳答思译西天经论 | （1572） |
| 六八 | 禁贩卖江南士女 | （1572） |
| 六九 | 姚仲实弃官散财 | （1573） |
| 七〇 | 姚燧为世名儒 | （1573） |
| 七一 | 脱脱诚掾属 | （1574） |
| 七二 | 朱清张瑄不法被诛 | （1575） |

古史人镜辑录·第三卷·宋至清

七三　图沁布哈不受超迁 …………………………（1576）
七四　刘敏中与同事共进退 ………………………（1576）
七五　贺胜忠于职守 ………………………………（1577）
七六　董士选力谏兴师劳民 ………………………（1578）
七七　陈韶孙随父远谪 ……………………………（1579）
七八　脱欢剀切上疏 ………………………………（1579）
七九　孙泽拨官禄以养士 …………………………（1580）
八〇　和尚请以近地之兵戍边 ……………………（1580）
八一　赵世延之善政 ………………………………（1581）
八二　羊仁百计赎亲人 ……………………………（1582）
八三　赵一德不受田庐归养其母 …………………（1582）
八四　千奴聚书万卷 ………………………………（1583）
八五　贾进李子敬济贫民 …………………………（1583）
八六　訾汝道轻财乐施 ……………………………（1584）
八七　石明三怒杀五虎 ……………………………（1585）
八八　魏敬益以田归村民 …………………………（1585）
八九　王约判案有功升职 …………………………（1586）
九〇　尚文论珍宝与米粟 …………………………（1587）
九一　西僧丹巴谈佛法 ……………………………（1587）
九二　郝天挺以肯直言获赏 ………………………（1587）
九三　王利用言时政 ………………………………（1588）
九四　刘赓赞赏能让之士 …………………………（1588）
九五　宦者李邦宁辞宰辅之任 ……………………（1589）
九六　阿沙不花谏戒酒色 …………………………（1590）
九七　贡奎称读书日有其益 ………………………（1590）
九八　西番僧横行无阻 ……………………………（1591）

· 20 ·

目录

九九　回回商人得朝廷厚待 …………………… （1591）
一〇〇　张养浩论风俗太靡 …………………… （1592）
一〇一　哈喇托克托称便民即可 ………………… （1594）
一〇二　回回性峭直 ……………………………… （1594）
一〇三　必兰纳织里通多国文字 ………………… （1595）
一〇四　刘元为佛像神思妙合 …………………… （1595）
一〇五　董士珍出纳均平 ………………………… （1596）
一〇六　董守中平抑米价 ………………………… （1597）
一〇七　察罕知止优游卒岁 ……………………… （1597）
一〇八　杨朵儿只直言极谏 ……………………… （1598）
一〇九　孔思晦袭封衍圣公 ……………………… （1599）
一一〇　郭守敬水利之学尤济时 ………………… （1599）
一一一　许谦善教学者皆有所得 ………………… （1600）
一一二　杨景行所至皆有善政 …………………… （1601）
一一三　干文传改移风俗 ………………………… （1602）
一一四　胡祗遹论士 ……………………………… （1602）
一一五　陈颢辞平章政事勤于荐士 ……………… （1603）
一一六　赵孟頫诗文书画著名天下 ……………… （1604）
一一七　鲜于枢善书奇态横生 …………………… （1605）
一一八　杨载工于诗 ……………………………… （1605）
一一九　张思明被贬勤政如初 …………………… （1606）
一二〇　邓文原断狱 ……………………………… （1606）
一二一　李拱辰称廉能 …………………………… （1607）
一二二　黄溍清节如冰壶玉尺 …………………… （1608）
一二三　吴莱论作文如用兵 ……………………… （1609）
一二四　小云石海涯隐于市 ………………………（1609）

· 21 ·

| 一二五 | 曹伯启治尚宽简 | （1610） |
| --- | --- | --- |
| 一二六 | 吴思达以己财代兄弟偿债 | （1611） |
| 一二七 | 王克敬减民负担 | （1611） |
| 一二八 | 盖苗为民请命 | （1612） |
| 一二九 | 答里麻善断狱 | （1613） |
| 一三〇 | 英宗与拜住对 | （1614） |
| 一三一 | 张珪论为相之要 | （1615） |
| 一三二 | 宋本历仕通显僦屋以居 | （1615） |
| 一三三 | 林兴祖为民除害 | （1616） |
| 一三四 | 周仁荣诚笃待友人 | （1617） |
| 一三五 | 孛术鲁翀以师道自任 | （1617） |
| 一三六 | 乃蛮台赈灾关中 | （1618） |
| 一三七 | 秦起宗力劾长官 | （1619） |
| 一三八 | 彻里帖木儿以百姓安为瑞 | （1620） |
| 一三九 | 虞集主经筵认真进读 | （1620） |
| 一四〇 | 虞盘依法治巫 | （1621） |
| 一四一 | 康里巎巎敢言善书劝帝务学 | （1622） |
| 一四二 | 欧阳玄为政廉平文章名世 | （1623） |
| 一四三 | 许有壬遇事尽言工辞章 | （1625） |
| 一四四 | 顺宗问赖嘛 | （1625） |
| 一四五 | 岳柱度量弘廓 | （1626） |
| 一四六 | 脱脱称贤相 | （1626） |
| 一四七 | 朵尔直班奉法不阿 | （1627） |
| 一四八 | 李好文事目耕 | （1628） |
| 一四九 | 朵儿只有度量 | （1629） |
| 一五〇 | 铁木儿塔识有识见 | （1629） |

| | | |
|---|---|---|
| 一五一 | 国子监人员千馀多非其人 | （1630） |
| 一五二 | 揭傒斯论修史之本与法 | （1631） |
| 一五三 | 杜本隐于武夷山 | （1632） |
| 一五四 | 吴定翁称士当无愧于世 | （1632） |
| 一五五 | 阿噜图选刑部尚书 | （1633） |
| 一五六 | 桑节说威顺王 | （1633） |
| 一五七 | 归旸称宰相当广济天下 | （1634） |
| 一五八 | 刘福通起义以红巾为号 | （1634） |
| 一五九 | 芝麻李起义克徐州 | （1635） |
| 一六〇 | 徐寿辉据蕲州称帝 | （1635） |
| 一六一 | 朱元璋投濠州郭子兴 | （1636） |
| 一六二 | 朱元璋得李善长 | （1637） |
| 一六三 | 顺宗习房中术 | （1637） |
| 一六四 | 顺宗设计制造龙舟宫漏 | （1638） |
| 一六五 | 郑玉答征召书 | （1639） |
| 一六六 | 朴不花行善与为恶 | （1639） |
| 一六七 | 常遇春归附朱元璋 | （1640） |
| 一六八 | 朱元璋取太平 | （1641） |
| 一六九 | 朱元璋聘秦从龙 | （1642） |
| 一七〇 | 唐仲实朱升答朱元璋问 | （1642） |
| 一七一 | 顺宗号鲁班天子 | （1643） |
| 一七二 | 朱元璋征刘基宋濂 | （1643） |
| 一七三 | 陈友谅克太平花云死难 | （1644） |
| 一七四 | 朱元璋称毋姑息家僮骄恣 | （1645） |
| 一七五 | 张士诚等建豪宅用奸佞 | （1645） |
| 一七六 | 朱文正始拒赏后怨望 | （1646） |

古史人镜辑录·第三卷·宋至清

一七七　朱元璋谈起居注 …………………………（1647）
一七八　朱元璋以蜀使浮伪夸大为诫 ……………（1647）
一七九　朱元璋命儒士编书 ………………………（1648）
一八〇　朱元璋箴言 ………………………………（1648）
一八一　张昶欲以颂功德劝行乐败吴 ……………（1649）
一八二　张士诚亡其国 ……………………………（1650）
一八三　朱元璋诫诸将 ……………………………（1651）
一八四　朱元璋定律令 ……………………………（1651）
一八五　朱元璋评勉徐达常遇春 …………………（1652）
一八六　朱元璋称帝 ………………………………（1653）
一八七　王冕家贫勤学 ……………………………（1653）
一八八　倪瓒工诗善画 ……………………………（1654）
一八九　宋克以书名天下 …………………………（1654）

# 明

公元1368年至1644年

一　明太祖谈治国 …………………………………（1656）
二　太祖禁妄献行俭约 ……………………………（1658）
三　陶安论丧乱之源 ………………………………（1659）
四　詹同文章称旨 …………………………………（1660）
五　林鸿论历代诗作 ………………………………（1661）
六　杨维桢白衣宣至白衣还 ………………………（1661）
七　罗复仁清贫质实 ………………………………（1662）
八　克勤治济宁百姓歌之 …………………………（1662）
九　李希颜教王子 …………………………………（1663）

· 24 ·

# 目 录

| 一〇 | 刘崧为官清廉 | （1664） |
| 一一 | 刘基功成身退 | （1664） |
| 一二 | 开国文臣宋濂 | （1666） |
| 一三 | 茹太素文繁受杖 | （1667） |
| 一四 | 太祖禁宦者干政 | （1668） |
| 一五 | 欧阳铭答军卒 | （1668） |
| 一六 | 开国元勋徐达常遇春 | （1669） |
| 一七 | 胡大海用兵三戒 | （1670） |
| 一八 | 胡惟庸被诛不再置丞相 | （1671） |
| 一九 | 王蒙工山水人物画 | （1672） |
| 二〇 | 太祖置锦衣卫 | （1672） |
| 二一 | 太祖论汉高祖唐太宗 | （1672） |
| 二二 | 李仕鲁还笏于地 | （1673） |
| 二三 | 太祖杀无罪御史王朴 | （1673） |
| 二四 | 诸娥救父辗转钉板 | （1674） |
| 二五 | 朱煦冒死诉父冤 | （1674） |
| 二六 | 张三丰修炼武当山 | （1675） |
| 二七 | 杨靖碎大珠 | （1675） |
| 二八 | 蓝玉横暴谋反被诛 | （1676） |
| 二九 | 王溥以廉名 | （1676） |
| 三〇 | 徐均拒土豪贿赂 | （1677） |
| 三一 | 王观称姑苏贤太守 | （1677） |
| 三二 | 道同与王亲斗被诛 | （1678） |
| 三三 | 卢熙请代民充役 | （1678） |
| 三四 | 青文胜自经登闻鼓 | （1679） |
| 三五 | 太祖取天下之大略 | （1679） |

· 25 ·

古史人镜辑录·第三卷·宋至清

三六　马皇后仁慈贤明 …………………………（1680）

三七　建文帝削藩燕王棣靖难 …………………（1682）

三八　姚广孝劝成祖举兵 …………………………（1683）

三九　成祖诛方孝孺………………………………（1684）

四〇　成祖用酷刑杀铁铉 …………………………（1686）

四一　王艮死胡靖生………………………………（1686）

四二　周是修外和内刚 ……………………………（1687）

四三　王叔英自经题词 ……………………………（1687）

四四　埋羹太守王琎 ………………………………（1688）

四五　纪纲无恶不作 ………………………………（1689）

四六　郑和七下西洋 ………………………………（1690）

四七　解缙才高招忌………………………………（1691）

四八　胡俨以身率教………………………………（1692）

四九　王绂善画不苟作 ……………………………（1693）

五〇　沈度能书出朝士右 …………………………（1694）

五一　滕用亨精篆隶善鉴古 ………………………（1694）

五二　成祖诛王高刘端 ……………………………（1694）

五三　成祖罪直言者 ………………………………（1695）

五四　夏原吉有雅量………………………………（1695）

五五　吕震佞谀倾险 ………………………………（1696）

五六　李至刚务为佞谀 ……………………………（1697）

五七　王叔英致书方孝孺 …………………………（1698）

五八　陈济纂修《永乐大典》………………………（1698）

五九　仁宗书敕引过………………………………（1699）

六〇　宣宗论防佞人广言路 ………………………（1700）

六一　刘观父子贪赃枉法 …………………………（1700）

· 26 ·

| | | |
|---|---|---|
| 六二 | 金纯不理事从朝贵饮 | （1701） |
| 六三 | 王翱奏定赃官不得复官 | （1701） |
| 六四 | 太后诫宣宗 | （1702） |
| 六五 | 宣宗曰毋阻击鼓诉冤 | （1702） |
| 六六 | 陈祚因劝宣宗勤学下狱 | （1703） |
| 六七 | 三杨辅政号为治平 | （1703） |
| 六八 | 郭敦掌户部有善政 | （1705） |
| 六九 | 周忱以爱民为本 | （1706） |
| 七○ | 况钟治苏民为立祠 | （1707） |
| 七一 | 陈本深举大纲不务苛细 | （1709） |
| 七二 | 陈敬宗师道自任 | （1709） |
| 七三 | 䢵祥被掠日本不忘中国 | （1710） |
| 七四 | 柴车不受馈赠 | （1710） |
| 七五 | 王振跋扈致土木之变 | （1711） |
| 七六 | 王振陷害异己 | （1712） |
| 七七 | 魏骥端厚劲直 | （1713） |
| 七八 | 轩輗居官清廉 | （1714） |
| 七九 | 翟溥福知南康民祀之 | （1715） |
| 八○ | 刘观读书讲学翛然自得 | （1715） |
| 八一 | 王佑谄媚王振 | （1716） |
| 八二 | 吴中平生何尝有清廉 | （1716） |
| 八三 | 王翱谢绝请谒自奉俭素 | （1716） |
| 八四 | 李纲号铁御史 | （1717） |
| 八五 | 刘实冤死狱中 | （1717） |
| 八六 | 于谦忠心义烈被诬杀 | （1718） |
| 八七 | 杨善以憸佞取功名 | （1721） |

古史人镜辑录·第三卷·宋至清

八八　李贤不卷舌偷位 …………………………（1722）
八九　岳正敢于言事……………………………（1723）
九〇　姚夔奏毋浪费供外蕃 ……………………（1724）
九一　罗伦刚正淡于名利 ………………………（1724）
九二　章懋以读书讲学为事 ……………………（1725）
九三　张弼善草书………………………………（1725）
九四　黄孔昭铨叙平允 …………………………（1726）
九五　宪宗不听邱宏谏 …………………………（1726）
九六　王恕屡直言天下慕之 ……………………（1727）
九七　彭韶谏止外戚与民争地 …………………（1728）
九八　陈钢施德政民祈其寿 ……………………（1728）
九九　陈音不畏西厂………………………………（1729）
一〇〇　俳优阿丑攻太监汪直 ……………………（1729）
一〇一　太监郭文凌辱知县 ………………………（1730）
一〇二　万岁阁老与绵花刘吉 ……………………（1730）
一〇三　徐溥谏毋溺于晏安 ………………………（1732）
一〇四　张昺炊烟屡绝处之澹如 …………………（1733）
一〇五　周经好强谏辩诬告 ………………………（1733）
一〇六　彭泽遭父杖责 ……………………………（1734）
一〇七　邵宝不为假道学 …………………………（1735）
一〇八　祝允明多才艺性豪放 ……………………（1736）
一〇九　唐寅纵酒放浪为文轻艳 …………………（1736）
一一〇　桑悦恃才敢为大言 ………………………（1737）
一一一　沈周能文善画不远游 ……………………（1738）
一一二　顾璘有才名虚己好士 ……………………（1739）
一一三　李广纳贿以黄白米计 ……………………（1739）

· 28 ·

目 录

一一四　刘健请诛刘瑾 …………………………（1740）
一一五　刘瑾窃权势倾中外 ……………………（1742）
一一六　武宗朝夕处豹房 …………………………（1743）
一一七　刘大夏戍边所至为罢市 …………………（1744）
一一八　何瑭不拜刘瑾 ……………………………（1745）
一一九　刘瑾罚百官下跪入狱 ……………………（1745）
一二〇　地方官为行贿借京债 ……………………（1746）
一二一　张彩横行不法 ……………………………（1746）
一二二　屈铨助瑾为虐 ……………………………（1747）
一二三　焦芳因内讧被罢 …………………………（1747）
一二四　刘瑾伏诛 …………………………………（1748）
一二五　武宗以江彬为义儿 ………………………（1749）
一二六　钱宁掌锦衣卫 ……………………………（1749）
一二七　唐侃以死拒勒索 …………………………（1750）
一二八　武宗称火灾为大烟火 ……………………（1750）
一二九　刘士元被笞几死 …………………………（1751）
一三〇　张钦阻武宗出关 …………………………（1751）
一三一　武宗驻宣府市肆白昼户闭 ………………（1752）
一三二　舒芬号忠孝状元 …………………………（1753）
一三三　黄巩以谏跪午门受廷杖 …………………（1753）
一三四　武宗拒谏百馀人入狱 ……………………（1754）
一三五　蒋瑶应付皇差 ……………………………（1755）
一三六　寇天叙拒权幸求索 ………………………（1756）
一三七　张曰韬借百姓抗彬党 ……………………（1756）
一三八　文徵明文笔遍天下 ………………………（1757）
一三九　王守仁主致良知 …………………………（1758）

· 29 ·

古史人镜辑录·第三卷·宋至清

一四〇　宸濠不听娄氏言 …………………………（1759）
一四一　王廷相以不能绝贿赂请辞 ………………（1759）
一四二　李中廉节敢谏 ……………………………（1759）
一四三　欧阳铎均徭役田赋 ………………………（1760）
一四四　霍韬多所建白 ……………………………（1761）
一四五　吴岳清望冠一时 …………………………（1761）
一四六　冯恩称四铁御史 …………………………（1762）
一四七　杨最谏毋信神仙 …………………………（1763）
一四八　杨爵奏毋拒谏获罪 ………………………（1764）
一四九　周天佐称当示人以政 ……………………（1765）
一五〇　韦焕号青词宰相 …………………………（1766）
一五一　严嵩发迹至失宠 …………………………（1766）
一五二　沈束劾严嵩系狱十八年 …………………（1767）
一五三　沈炼骂严嵩得百姓厚待 …………………（1769）
一五四　刘魁持棺以谏 ……………………………（1770）
一五五　谢榛作诗投笔而逝 ………………………（1770）
一五六　李攀龙为七子之冠 ………………………（1771）
一五七　王世贞主文坛二十年 ……………………（1772）
一五八　陈继儒高雅博学 …………………………（1773）
一五九　归有光善古文 ……………………………（1773）
一六〇　徐渭天才绝伦 ……………………………（1774）
一六一　杨继盛壮烈殉难 …………………………（1775）
一六二　鄢懋卿倚附严氏 …………………………（1776）
一六三　邹应龙劾严世蕃 …………………………（1777）
一六四　朱纨整顿海防欲绝倭乱 …………………（1778）
一六五　抗倭名将俞大猷 …………………………（1780）

· 30 ·

| | | |
|---|---|---|
| 一六六 | 戚继光痛歼倭寇 | （1781） |
| 一六七 | 黄钏抗倭壮烈牺牲 | （1782） |
| 一六八 | 孙大顺兄弟有德行 | （1782） |
| 一六九 | 海瑞上疏 | （1783） |
| 一七〇 | 石星谏穆宗受杖责 | （1785） |
| 一七一 | 太后严以教神宗 | （1786） |
| 一七二 | 张居正肆行报复 | （1786） |
| 一七三 | 张居正因私停科考 | （1787） |
| 一七四 | 刘一儒以高洁名 | （1788） |
| 一七五 | 戚继光南攻北守 | （1788） |
| 一七六 | 神宗练兵内廷 | （1789） |
| 一七七 | 毕锵谏裁冗员 | （1789） |
| 一七八 | 雒于仁上四箴 | （1790） |
| 一七九 | 陈幼学善政数十事 | （1790） |
| 一八〇 | 冯从吾抗疏犯神宗 | （1791） |
| 一八一 | 袁宏道诗文主妙悟 | （1792） |
| 一八二 | 顾宪成讲学东林书院 | （1792） |
| 一八三 | 李时珍著《本草纲目》 | （1793） |
| 一八四 | 梅之焕称国事不可为 | （1794） |
| 一八五 | 陈道亨清正有守 | （1794） |
| 一八六 | 利玛窦至京师 | （1795） |
| 一八七 | 董其昌书画时人弗及 | （1796） |
| 一八八 | 努尔哈赤建国称汗 | （1797） |
| 一八九 | 熊廷弼之死 | （1797） |
| 一九〇 | 袁崇焕战胜努尔哈赤 | （1798） |
| 一九一 | 刘学成献攻明四策 | （1800） |

古史人镜辑录·第三卷·宋至清

一九二　皇太极即位安民 …………………………（1801）
一九三　熹宗宠信魏忠贤 …………………………（1802）
一九四　文震孟上疏遭廷杖 ………………………（1802）
一九五　高攀龙遭诬陷投水死 ……………………（1803）
一九六　魏忠贤提督东厂 …………………………（1804）
一九七　崔呈秀卑污狡狯 …………………………（1804）
一九八　魏忠贤廷杖万燝 …………………………（1805）
一九九　杨涟劾魏忠贤死于狱 ……………………（1806）
二〇〇　左光斗被害家族尽破 ……………………（1807）
二〇一　魏大中父子俱死 …………………………（1809）
二〇二　苏州万人为周顺昌请命 …………………（1810）
二〇三　魏忠贤客氏作威福 ………………………（1811）
二〇四　魏忠贤生祠几遍天下 ……………………（1812）
二〇五　张瑞图称魏家阁老 ………………………（1813）
二〇六　徐光启博学有志用世 ……………………（1813）
二〇七　张溥创复社 ………………………………（1814）
二〇八　袁崇焕含冤被杀 …………………………（1815）
二〇九　刘之纶以身殉国 …………………………（1816）
二一〇　范文程献取明之策 ………………………（1817）
二一一　达海创新满文 ……………………………（1818）
二一二　皇太极称帝国号大清 ……………………（1818）
二一三　庄烈帝省事达旦 …………………………（1819）
二一四　洪承畴降清 ………………………………（1819）
二一五　末代首辅之下场 …………………………（1820）
二一六　刘宗周论庄烈帝 …………………………（1821）
二一七　庄烈帝诏捐银助饷 ………………………（1822）

· 32 ·

| 二一八 | 庄烈帝之哀叹 | （1822） |
| 二一九 | 李自成进京 | （1823） |
| 二二〇 | 费宫人自刎 | （1825） |
| 二二一 | 李自成部拷掠降官 | （1825） |
| 二二二 | 张献忠始末 | （1825） |
| 二二三 | 吴三桂降清 | （1826） |
| 二二四 | 范文程建言全力取中原 | （1827） |

# 清
## 公元1644年至1839年

| 一 | 清颁剃发令驱民出内城 | （1828） |
| 二 | 弘光帝荒淫昏庸 | （1829） |
| 三 | 马士英颁卖官价码 | （1830） |
| 四 | 阮大铖善变功钻营 | （1830） |
| 五 | 史可法壮烈牺牲 | （1831） |
| 六 | 阎应元守江阴八十日 | （1832） |
| 七 | 黄淳耀侯峒曾死守嘉定 | （1833） |
| 八 | 南明隆武帝禁立生祠 | （1834） |
| 九 | 黄道周抗清遇难 | （1835） |
| 一〇 | 瞿式耜遇害于桂林 | （1835） |
| 一一 | 范文程屡建良策 | （1836） |
| 一二 | 洪承畴入清后之作为 | （1837） |
| 一三 | 冯铨入清得重用 | （1838） |
| 一四 | 多尔衮诫诸大臣 | （1839） |
| 一五 | 多尔衮定国开基 | （1840） |

| | | |
|---|---|---|
| 一六 | 阮大铖交结侯方域 | （1841） |
| 一七 | 冒襄才高气盛 | （1841） |
| 一八 | 孝庄太后谕顺治 | （1842） |
| 一九 | 处决京师大豪李三 | （1843） |
| 二〇 | 顺治诏臣直言己过 | （1843） |
| 二一 | 陈达德父子招民垦荒 | （1844） |
| 二二 | 顺治令重罚贪官 | （1845） |
| 二三 | 季开生因谏受杖流徙 | （1845） |
| 二四 | 谈迁著《国榷》 | （1846） |
| 二五 | 顺治好学善治 | （1847） |
| 二六 | 郑成功收复台湾 | （1847） |
| 二七 | 庄廷钺陷文字狱 | （1848） |
| 二八 | 张煌言堪比文天祥 | （1849） |
| 二九 | 黄宗羲著《明夷待访录》 | （1850） |
| 三〇 | 钱谦益文冠东南 | （1851） |
| 三一 | 康熙智擒鳌拜 | （1852） |
| 三二 | 康熙诫年幼诸王 | （1853） |
| 三三 | 吴伟业于诗坛有盛名 | （1853） |
| 三四 | 贺贻孙深山著书 | （1854） |
| 三五 | 汪琬能为古文 | （1855） |
| 三六 | 康熙诫借端招摇 | （1856） |
| 三七 | 熊赐履答康熙问 | （1856） |
| 三八 | 孙奇逢潜心讲述 | （1858） |
| 三九 | 毕振姬不染一尘 | （1859） |
| 四〇 | 方国栋驭吏严于民有恩 | （1860） |
| 四一 | 范承谟爱民闻于朝野 | （1861） |

| | | |
|---|---|---|
| 四二 | 魏裔介家居人不知其为相 | （1862） |
| 四三 | 熊赐履直言讲论 | （1862） |
| 四四 | 姚文然掌刑部主宽平 | （1863） |
| 四五 | 魏象枢为朝廷正纪纲 | （1863） |
| 四六 | 康熙设南书房成机密要地 | （1864） |
| 四七 | 高士奇善书受赏识 | （1865） |
| 四八 | 王鉴精通绘画 | （1865） |
| 四九 | 陈确不囿成说 | （1865） |
| 五〇 | 叶方蔼与康熙论知与行 | （1866） |
| 五一 | 任弘嘉上疏辄战栗 | （1866） |
| 五二 | 田呈瑞以私钱修石堤 | （1867） |
| 五三 | 康熙开设博学鸿儒科 | （1867） |
| 五四 | 张岱潜心文史 | （1869） |
| 五五 | 李渔精于戏曲 | （1869） |
| 五六 | 康熙平三藩拒受尊号 | （1869） |
| 五七 | 顾炎武倡经世致用 | （1871） |
| 五八 | 郑经经营台湾 | （1872） |
| 五九 | 李光地建言取台湾 | （1872） |
| 六〇 | 姚启圣荐施琅谋复台湾 | （1873） |
| 六一 | 施琅克复台湾 | （1874） |
| 六二 | 李霨忠谨慎密内介外和 | （1876） |
| 六三 | 施闰章素心高谊工诗文 | （1877） |
| 六四 | 吕留良所著多禁书 | （1877） |
| 六五 | 汤斌正直有操守 | （1878） |
| 六六 | 于成龙称第一清官 | （1879） |
| 六七 | 康熙谕不得称政事无阙 | （1881） |

| 六八 | 康熙称当去奢反朴 | （1883） |
| 六九 | 彭鹏治三河县 | （1883） |
| 七〇 | 傅山誓不应诏 | （1884） |
| 七一 | 纳兰性德称清初第一词人 | （1885） |
| 七二 | 康熙严饬施琅于公所立碑 | （1886） |
| 七三 | 南怀仁教康熙西学 | （1886） |
| 七四 | 王夫之学识渊博 | （1887） |
| 七五 | 康熙论明末朋党之祸 | （1887） |
| 七六 | 靳辅治黄淮 | （1888） |
| 七七 | 顾祖禹著《读史方舆纪要》 | （1889） |
| 七八 | 传教士为康熙治病 | （1890） |
| 七九 | 黄宗羲为清初三大家之一 | （1890） |
| 八〇 | 康熙亲征途中谕皇太子 | （1891） |
| 八一 | 康熙谕督抚 | （1892） |
| 八二 | 康熙纠正乡试不公 | （1892） |
| 八三 | 于成龙清忠强直 | （1893） |
| 八四 | 万斯同修《明史》 | （1894） |
| 八五 | 洪昇著《长生殿》 | （1894） |
| 八六 | 李颙操志高洁 | （1895） |
| 八七 | 阎若璩专意经学考证 | （1896） |
| 八八 | 康熙自我检讨并论修《明史》 | （1896） |
| 八九 | 康熙不信医书不吃补药 | （1897） |
| 九〇 | 韩瑜孝悌好施 | （1898） |
| 九一 | 明珠之升降 | （1898） |
| 九二 | 明珠与索额图相倾轧 | （1899） |
| 九三 | 李锴家世贵盛淡于荣利 | （1899） |

九四　张玉书谨慎廉洁 …………………………（1900）
九五　施世纶号青天……………………………（1900）
九六　朱彝尊工诗文考据 ………………………（1901）
九七　秦松龄咏鹤诗得第一 ……………………（1902）
九八　陈维崧诗词名当时 ………………………（1902）
九九　张伯行之政绩与学识 ……………………（1903）
一〇〇　高愈谨言行体安气和 …………………（1904）
一〇一　朱鹤龄嗜古如渴 ………………………（1905）
一〇二　白奂彩手不释卷若无所知 ……………（1905）
一〇三　胡承诺著《绎志》 ……………………（1906）
一〇四　康熙谈明末宫中之奢侈 ………………（1906）
一〇五　王士禛论诗以神韵为宗 ………………（1907）
一〇六　乡试考官受贿作弊 ……………………（1908）
一〇七　戴名世因《南山集》被诛 ……………（1909）
一〇八　曹寅深得康熙宠信 ……………………（1909）
一〇九　陈廷敬举荐廉吏 ………………………（1910）
一一〇　蒲松龄著《聊斋志异》 ………………（1911）
一一一　孔尚仁著《桃花扇》 …………………（1911）
一一二　清初四画僧……………………………（1912）
一一三　王翚画《南巡图》 ……………………（1913）
一一四　甘凤池善借力以胜 ……………………（1913）
一一五　康熙称上尊号为陋习 …………………（1914）
一一六　吴存礼贪污行贿 ………………………（1914）
一一七　鄂尔泰所治有政绩 ……………………（1915）
一一八　年羹尧被赐令自裁 ……………………（1916）
一一九　李卫恃能骄纵 …………………………（1917）

| 一二〇 | 田文镜为治严厉刻深 | （1917） |
| 一二一 | 刘吴龙释欲劫者 | （1918） |
| 一二二 | 雍正称钱名世为名教罪人 | （1918） |
| 一二三 | 查嗣庭讥刺时事遭戮尸 | （1919） |
| 一二四 | 雍正禁为其祝寿 | （1920） |
| 一二五 | 俄特使谈中国 | （1920） |
| 一二六 | 雍正饬禁旗人奢靡 | （1921） |
| 一二七 | 曾静吕留良案 | （1922） |
| 一二八 | 雍正批示取出良心办事 | （1923） |
| 一二九 | 雍正编佛经说法收徒 | （1923） |
| 一三〇 | 雍正禁献象牙席 | （1924） |
| 一三一 | 雍正诫秋审不得轻忽民命 | （1925） |
| 一三二 | 高凤翰左手作书画 | （1925） |
| 一三三 | 潘氏教子 | （1926） |
| 一三四 | 乾隆称为治当宽严得中 | （1926） |
| 一三五 | 乾隆重皇子教育 | （1928） |
| 一三六 | 乾隆训饬书院师生 | （1928） |
| 一三七 | 甘汝来以循吏名 | （1929） |
| 一三八 | 沈起元临终自检 | （1930） |
| 一三九 | 长海不受荫布衣终身 | （1930） |
| 一四〇 | 陈宏谋尽心为民 | （1931） |
| 一四一 | 方苞为古文正宗 | （1932） |
| 一四二 | 乾隆帝首次南巡 | （1932） |
| 一四三 | 追查伪稿作者及传抄者 | （1933） |
| 一四四 | 皇太后自郊园进皇城 | （1933） |
| 一四五 | 钱士云称迎送宴会宜革 | （1934） |

| 一四六 | 孙嘉淦锋锐渐磨 | (1935) |
| 一四七 | 岳钟琪武臣巨擘 | (1935) |
| 一四八 | 蔡新辑《事心录》 | (1936) |
| 一四九 | 世臣吟诗遭训斥 | (1937) |
| 一五〇 | 吴敬梓著《儒林外史》 | (1937) |
| 一五一 | 姚氏贫不贪金贵不改俭 | (1938) |
| 一五二 | 张廷玉配享太庙 | (1938) |
| 一五三 | 鄂昌以诗丧命 | (1939) |
| 一五四 | 彭家屏藏野史而死 | (1939) |
| 一五五 | 乾隆令采购西洋陈设 | (1940) |
| 一五六 | 汪由敦功古文古学 | (1940) |
| 一五七 | 黄廷桂鞠躬尽瘁 | (1941) |
| 一五八 | 乾隆南巡扈从二十万 | (1941) |
| 一五九 | 史铁崖答皇上问 | (1942) |
| 一六〇 | 曹雪芹著《红楼梦》 | (1943) |
| 一六一 | 秦家别业寄畅园 | (1943) |
| 一六二 | 郑板桥诗书画三绝 | (1944) |
| 一六三 | 金农截毫端作书 | (1944) |
| 一六四 | 陈德华称士大夫患在求名 | (1945) |
| 一六五 | 梁巘论执笔之法 | (1945) |
| 一六六 | 梁同书论运笔之法 | (1946) |
| 一六七 | 邓石如精篆隶刻石 | (1948) |
| 一六八 | 沈德潜编《古诗源》 | (1948) |
| 一六九 | 尹继善嘱下级批驳己意 | (1949) |
| 一七〇 | 钱度以贪污被斩 | (1949) |
| 一七一 | 朱筠首倡编纂《四库全书》 | (1950) |

| | | |
|---|---|---|
| 一七二 | 谕定《四库全书》毁改办法 | （1951） |
| 一七三 | 考据学大家戴震 | （1952） |
| 一七四 | 王锡侯以编《字贯》处斩 | （1953） |
| 一七五 | 乾隆七十自寿 | （1954） |
| 一七六 | 《四库全书》告成 | （1954） |
| 一七七 | 陈辉祖贪污账 | （1955） |
| 一七八 | 冯起炎邀宠被罚 | （1955） |
| 一七九 | 乾隆六度南巡 | （1956） |
| 一八〇 | 乾隆开千叟宴 | （1956） |
| 一八一 | 蒋士铨工诗文词曲 | （1957） |
| 一八二 | 梁国治不可干以私 | （1957） |
| 一八三 | 李侍尧有吏才乏操守 | （1958） |
| 一八四 | 皇女与和珅子之婚礼轰动九城 | （1958） |
| 一八五 | 乾隆八十庆典 | （1959） |
| 一八六 | 尹壮图被革职 | （1960） |
| 一八七 | 乾隆退位办千叟宴 | （1960） |
| 一八八 | 孙士毅才兼文武 | （1961） |
| 一八九 | 毕沅撰《续资治通鉴》 | （1961） |
| 一九〇 | 阿桂不与和珅合流 | （1962） |
| 一九一 | 袁枚著《随园集》 | （1963） |
| 一九二 | 王鸣盛著《十七史商榷》 | （1963） |
| 一九三 | 嘉庆帝诛和珅 | （1964） |
| 一九四 | 章学诚著《文史通义》 | （1965） |
| 一九五 | 岳起清介自矢居无邸舍 | （1966） |
| 一九六 | 钱大昕学贯经史著作等身 | （1966） |
| 一九七 | 刘墉娴于政术工书法 | （1967） |

| 一九八 | 王杰手好不要钱 | （1968） |
| --- | --- | --- |
| 一九九 | 纪昀纂修《四库全书》 | （1969） |
| 二〇〇 | 吴熊光对嘉庆语 | （1969） |
| 二〇一 | 朱珪教嘉庆帝五箴 | （1970） |
| 二〇二 | 李毓昌拒贿遭毒杀 | （1971） |
| 二〇三 | 嘉庆帝命查禁鸦片 | （1972） |
| 二〇四 | 嘉庆帝诫群臣 | （1972） |
| 二〇五 | 景德以谄革职 | （1973） |
| 二〇六 | 赵翼著《廿二史札记》 | （1974） |
| 二〇七 | 姚鼐编《古文辞类纂》 | （1974） |
| 二〇八 | 沈澍仁贪污畏罪自杀 | （1975） |
| 二〇九 | 道光帝处理涉英事件 | （1975） |
| 二一〇 | 道光帝谕严惩贩食鸦片 | （1976） |
| 二一一 | 陈鸿稽察银库 | （1977） |
| 二一二 | 汪廷珍立朝无所亲附 | （1977） |
| 二一三 | 盛京将军以喜演戏宴会革职 | （1978） |
| 二一四 | 王清任重视人体解剖 | （1979） |
| 二一五 | 曹振镛为官之道 | （1979） |
| 二一六 | 戴敦元过目不忘 | （1979） |
| 二一七 | 石家绍自称民之佣 | （1980） |
| 二一八 | 阮元封疆大吏学者泰斗 | （1981） |
| 二一九 | 黄爵滋奏请禁烟 | （1982） |
| 二二〇 | 林则徐至广东禁烟 | （1983） |
| 二二一 | 林则徐令外商呈缴鸦片 | （1984） |
| 二二二 | 虎门销烟 | （1984） |

二二三　陶澍实心任事 ……………………………（1985）

二二四　道光帝令断绝与英贸易 …………………（1986）

二二五　英国发动鸦片战争 ………………………（1986）

**附　宋至清纪年表**……………………………………（1988）

**参考书目**………………………………………………（1994）

**辑录日志**………………………………………………（1996）

# 宋（上）
公元960年至1126年

## 一　赵匡胤称帝太后不乐

赵匡胤因陈桥兵变，黄袍加身，称帝，是为太祖，国号宋。太后杜氏闻之曰："吾儿素有大志，今果然矣。"帝拜于殿上，群臣称贺，太后愀然不乐。左右进曰："臣闻母以子贵，今子为天子，胡为不乐？"太后曰："吾闻为君难。天子置身兆庶之上，若治得其道，则此位诚尊；苟或失驭，求为匹夫而不可得，是吾所忧也。"帝再拜曰："谨受教。"

《续通鉴》卷一

## 二　王彦升求财货被贬

铁骑左厢都指挥使王彦升，夜抵宰相王溥私第，溥惊悸而出。既坐，乃曰："巡警而困甚，聊就公一醉耳。"然彦升意在求货，溥佯不悟，置酒数行而罢。翌日，溥密奏其事，太祖恶之，出彦升为唐州团练使。

溥，周世宗时即任宰相，太祖继位后仍任此职。

《续通鉴》卷一

## 三　太祖因处事有误不乐

太祖一日罢朝，坐便殿，不乐者久之。左右请其故，帝曰："尔谓天子容易邪？属乘快指挥一事而误，故不乐耳。"尝弹雀于后苑，或称有急事请见，帝亟见之，其所奏乃常事耳。帝怒，诘之，对曰："臣以为尚急于弹雀。"帝愈怒，举斧柄撞其口，堕两齿。其人徐拾齿置怀中，帝骂曰："汝怀齿，欲讼我乎？"对曰："臣不能讼陛下，自当有史官书之。"帝悦，赐金帛慰劳之。

《续通鉴》卷一

## 四　太后教立长君

杜太后病危，召赵普入受遗命。后问帝曰："汝自知所以得天下乎？"帝呜咽不能对。后曰："吾方语汝以大事，而但哭邪？"问之如初。帝曰："此皆祖考及太后馀庆也。"后曰："不然。正由柴氏使幼儿主天下，群心不附故耳。汝与光义皆吾所生，汝后当传位汝弟。四海至广，能立长君，社稷之福也。"帝顿首泣曰："敢不如太后教！"

因谓普曰:"汝同记吾言,不可违也。"普即就榻前为誓书,于纸尾署曰"臣普记"。藏之金匮,命谨密宫人掌之。

《续通鉴》卷二

## 五　太祖杯酒释兵权

太祖召石守信、王审琦等饮,酒酣,屏左右谓曰:"我非尔曹力,不及此。然天子亦大艰难,殊不若为节度使之乐,吾终夕未尝高枕卧也。"守信等请其故,帝曰:"是不难知,居此位者,谁不欲为之!"守信等顿首曰:"陛下何为出此言?今天下已定,谁敢复有异心!"帝曰:"卿等固然,设麾下有欲富贵者,一旦以黄袍加汝身,汝虽欲不为,其可得乎?"守信等顿首涕泣曰:"臣等愚,不及此,惟陛下哀矜,指示可生之途。"帝曰:"人生如白驹过隙,所为好富贵者,不过欲多积金钱,厚自娱乐,使子孙无贫乏耳。卿等何不释去兵权,出守大藩,择便好田宅市之,为子孙立永远之业,多致歌儿舞女,日饮酒相欢,以终其天年!朕且与卿等约为婚姻,君臣之间,两无猜疑,上下相安,不亦善乎!"皆拜谢曰:"陛下念臣等至此,所谓生死而肉骨也。"明日,皆称疾请罢。帝从之,赏赉甚厚。以石守信为天平节度使,高怀德为归德节度使,王审琦为忠正节度使,张令铎为镇宁节度使,皆罢军职;独守信兼侍卫都指挥使如故,其实兵权不在也。

《续通鉴》卷二

## 六　太祖行文治

太祖谓侍臣曰："朕欲武臣尽令读书，俾知为治之道。"左右皆莫对。

先是周世宗之二年，始营国子监，置学舍。太祖既即位，即命增葺祠宇，塑绘先圣、先师之像。帝自赞孔、颜，命宰臣以下分撰馀赞，车驾屡临幸焉。于是左谏议大夫崔颂判监事，始聚生徒讲书，帝闻而嘉之。寻又诏立十六戟于文宣王庙门。

帝改元乾德，命宰相撰前世所无年号以进。既平蜀，蜀宫人有入掖庭者，帝阅其奁具，得旧镜，其背有"乾德四年铸"字，帝大惊，出镜以示宰相，皆不能答。乃召学士陶谷、窦仪问之，仪曰："此必蜀物。昔伪蜀王衍有此号，当是其岁所铸也。"帝乃叹曰："宰相须用读书人。"由是益重儒臣。赵普寡学术，帝每劝以读书，普遂手不释卷。

诏求亡书："凡吏民有以书籍来献者，令史馆视其篇目，馆中所无则收之。献书人送学士院试问吏理，堪仕职官者以闻。"涉弼、彭干、朱载，皆应诏献书，命分置书府，赐弼等科名。

帝尝谓赵普曰："五代方镇残虐，民受其祸，朕今选儒臣干事者百馀，分治大藩，纵皆贪浊，亦未及武臣一人也。"

《续通鉴》卷二、卷四、卷七

宋（上）（公元960年至1126年）

## 七　石守信及子聚敛射利

　　解兵权后，石守信累任节镇，专务聚敛，积财巨万。尤信奉释氏，在西京建崇德寺，募民辇瓦木，驱迫甚急，而佣值不给，人多苦之。

　　子保吉任刺史、节度使等职，姿貌环硕，颇有武干。累世将相，家多财，所在有邸舍、别墅，虽馔品亦饰以彩缋。好治生射利，性尤骄倨，所至峻暴好杀，待属吏不以礼。镇大名也，叶齐、查道皆知名士，尝械以运粮。又染家贷钱，息不尽入，质其女，其父上诉，真宗亟命遣还。

《宋史》卷二五〇

## 八　太祖削藩镇之权

　　太祖谓宰臣曰："五代诸侯跋扈，多枉法杀人，朝廷置而不问，刑部之职几废。自今决大辟者，录案闻奏，委刑部详覆。"

　　时异姓王及带相印者不下数十人，至是用赵普谋，渐削其权，或因其卒，或因迁徙、致仕，或遥领它职，皆以文臣代之。

　　天雄节度使符彦卿来朝，帝欲使典兵，赵普以为彦卿名位已盛，不可复委以兵柄，屡谏，不听。宣已出，普复怀之请见曰："惟陛下深思利害，勿复悔。"帝曰："卿苦疑彦卿，何也？朕待彦卿至厚，彦卿岂能负朕？"普曰：

"陛下何以能负周世宗？"帝默然，事遂中止。

帝幸武成王庙（即姜太公庙），历观两廊所画名将，以杖指白起曰："起杀已降，不武之甚，何为受享于此？"命去之。

帝闻西川行营有大校割民妻乳而杀之者，亟召至阙，斩之都市。近臣营救颇切，帝因流涕曰："兴师吊伐，妇人何罪，而残忍至此！当速置法以偿其冤。"

《续通鉴》卷三、卷四

## 九　符彦卿不伐战功其子不肖

符彦卿酷好鹰犬，吏卒有过，求名鹰犬以献，虽盛怒必赏之。性不饮酒，颇谦恭下士，对宾客终日谈笑，不及世务，不伐战功。居洛阳七八年，每春月，乘小驷从家僮一二游僧寺名园，优游自适。

符彦卿之子昭寿，太宗时知洪州、定州。真宗咸平初，迁凤州团练使、益州钤辖。昭寿以贵家子日事游宴，简倨自恣，常纱帽素氅衣，偃息后圃，不理戎务，有所裁决，即令家人传道。多集锦工就廨舍织纤丽绮帛，每有所须，取给于市，馀半岁方给其值，又令部曲私邀取之。广籴黍稻，未及成熟者亦取之，悉贮寺观中，久之损败。纵其下凌忽军校。后被军卒所杀。

《宋史》卷二五一

## 一〇 范质清贫廉洁

范质寝疾，太祖数幸其第临视，又令内夫人问讯。质家迎奉器皿不具，内夫人奏之，帝即命翰林司赐以果床、酒器，复幸其第，谓曰："卿为宰相，何自苦如此？"质对曰："臣曩在中书，门无私谒，所与饮酌，皆贫贱时亲戚，安用器皿！因循不置，非力不及也。"

质性卞急，以廉介自持，好面折人过。尝谓同列曰："人能鼻吸三斗醋，斯可为宰相矣。"五代宰相多取给于方镇，质始绝之。所得禄赐，遍及孤遗。

病危，诫其子毋请谥，毋刻墓碑。及卒，帝甚悼惜之，赠中书令，赙赉甚厚。后因讲求辅弼，谓左右曰："朕闻范质居第之外不殖资产，真宰相也！"

范质之子旻，宋初，知邕州兼水陆转运使。俗好淫祀，轻医药，重鬼神。旻下令禁之。且割己奉市药以给病者，愈者千计，复以方书刻石置厅壁，民感化之。

太宗太平兴国初，召为水部郎中。钱俶献地，以旻为考功郎中，权知两浙诸州军事。旻上言："俶在国日，徭赋繁苛，凡薪粒、蔬果、箕帚之属悉收算。欲尽释不取，以蠲其弊。"从之。

《续通鉴》卷四；《宋史》卷二四九

## 一一　王全斌平蜀

太祖命王全斌率师伐蜀。京师大雪，帝设毡帐于讲武殿，衣紫貂裘帽视事。忽谓左右曰："我被服如此，体尚觉寒，念西征将帅冲犯霜霰，何以堪此！"即解裘、帽，遣中黄门驰驿赍赐全斌，且谕旨诸将以不能遍及也。全斌拜赐感泣。

孟昶降，才六十六日，凡得州四十六，县二百四十，户五十三万四千二十九。

全斌虑蜀降兵为乱，徙置成都夹城中，至是，诸将欲尽杀之。康延泽请简老幼疾病七千人释之，馀以兵卫还，浮江而下，贼若来攻夺，杀之未晚，诸将不从。死者共二万七千馀人。

蜀臣民诣阙讼王全斌、王仁赡、崔彦进等破蜀时诸不法事，于是诸将同时召还。仁赡先入见，帝诘之，仁赡历诋诸将过失，冀自解免。帝曰："纳李廷珪妓女，开丰德库取金贝，此岂诸将所为邪？"仁赡惶恐，不能对。

帝以全斌等新有功，不付俗吏，令中书门下追仁赡及全斌、彦进与讼者质证，凡所取受隐没共钱六十四万六千八百馀贯，而蜀宫珍宝及外府它藏不著籍者不与焉。并按以擅克削兵士装钱，杀降致寇之由，全斌、仁赡、彦进皆具伏。令御史台集百官于朝堂，议全斌等罪。百官言三人法当死，帝特赦之，贬其官。诸将士有受者，一切不问。

王仁赡历诋诸将，独曰："清谦畏谨，不负陛下任使者，惟曹彬一人耳。"帝于是赏彬特优。彬入辞曰："诸将俱获罪，臣独受赏，何以自安！"帝曰："卿有功无过，又不自矜伐。苟负纤芥之累，仁赡岂为卿隐邪？惩劝，国之常典，可无辞也。"

以西川转运使沈义伦为户部侍郎，充枢密副使。初，义伦随军入成都，独居佛寺蔬食，蜀群臣有以珍异奇巧之物献者，皆却之；东归，箧中所有，图书数卷而已。帝尝从容问曹彬官吏善否，彬曰："臣止监军旅，至于采察官吏，非所知也。"固问之，曰："义伦可任。"帝亦闻义伦清节过人，因擢用之。

《续通鉴》卷四、卷五

## 一二　曹彬不受赠

初，周世宗显德三年，曹彬使吴越，致命讫即还。私觌之礼，一无所受。吴越人以轻舟追遗之，至于数四，彬犹不受。既而曰："吾终拒之，是近名也。"遂受而籍之以归，悉上送官。世宗强还之，彬始拜赐，悉以分遗亲旧而不留一钱。时太祖典禁旅，彬中立不倚，非公事未尝造门，群居燕会，亦所罕预，由是器重焉。

两川平，全斌等昼夜宴饮，不恤军士，部下渔夺无已，蜀人苦之。彬屡请旋师，全斌等不从。时诸将多取子女玉帛，彬橐中唯图书、衣衾而已。及还，太祖尽得其状，以全斌等属吏。谓彬清介廉谨，授宣徽南院使、义成军节度使。

《宋史》卷二五八

## 一三　吕馀庆立斩军校

蜀平，命吕馀庆知成都府。时盗贼四起，军士恃功骄恣，大将王全斌等不能戢下。一日，药市始集，街吏驰报有军校被酒持刃夺贾人物。馀庆立捕斩之以徇，军中畏伏，民用按堵。就加吏部侍郎。

《宋史》卷二六三

## 一四　赵普改革财政

自唐天宝以来，方镇屯重兵，多以赋入自赡，名曰留使、留州，其上供殊鲜。五代方镇益强，率令部曲主场院，厚敛以自利。其属三司者，补大吏临之，输额之外辄入己。太祖始即位，犹循前制。及赵普为相，劝革去其弊，申命诸州，度支经费外，凡金帛以助军实，悉送都下，无得占留。又，方镇阙帅，稍命文臣权知，所在场院，间遣京朝官廷臣监临，复置转运使，为之条禁文簿，渐为精密，由是利归公上而外权削矣。

建隆初，贡赋悉入左藏库，及取荆、湖，下西蜀，储积充足，帝顾左右曰："军旅饥馑，当预为之备，不可临事厚敛于民。"乃于讲武殿后别为内库，以贮金帛，号曰封桩库，凡岁终用度赢馀之数皆入焉。

《续通鉴》卷四

## 一五　太祖尚俭约

孟昶服用奢僭，至于溺器亦装以七宝，太祖遽命碎之，曰："自奉如此，欲无亡，得乎？"帝躬履俭约，常衣浣濯之衣，乘舆服用皆尚质素，寝殿设青布缘苇帘，宫闱帘幕，无文采之饰。尝出麻缕布裳赐左右曰："此吾旧所服用也。"开封尹光义因侍宴禁中，从容言陛下服用太草率，帝正色曰："尔不记居夹马营中时邪？"

皇女永庆公主尝衣贴绣铺翠襦入宫，帝见之，谓主曰："汝当以此与我，自今勿复为此饰。"主笑曰："此所用翠羽几何！"帝曰："不然，主家服此，宫闱戚里必相效。京城翠羽价高，小民逐利，辗转贩易，伤生浸广。汝生长富贵，当念惜福，岂可造此恶业之端！"主惭谢。

又，皇后尝与帝言，曰："官家作天子日久，岂不能用黄金装肩舆，乘以出入？"帝笑曰："我以四海之富，宫殿悉饰金银，力亦可办；但念我为百姓守财耳，岂可妄用？古称以一人治天下，不以天下奉一人。苟以自奉养为意，百姓何仰哉！"

太祖别置封桩库，尝密谓近臣曰："石晋割幽蓟以赂契丹，使一方之人独限外境，朕甚悯之。欲俟斯库所蓄满三五十万，即遣使与契丹约，苟能归我土地民庶，则当尽此金帛充其赎值。如曰不可，朕将散滞财，募勇士，俾图攻取耳。"会晏驾，不果。

《续通鉴》卷四、卷七、卷九

## 一六　太祖处分张美

以张美为横海节度使。美至沧州，久之，有告其强取民女为妾，又略民钱四千馀缗者。太祖召告者，诘之曰："张美未至，沧州安否？"对曰："不安。""既至，何如？"曰："无复兵寇。"帝曰："然则美之有造于沧州大矣。朕不难黜美，但念汝沧州百姓耳。"因命官为给值，还其女。复赐美母钱万缗，使谓美曰："乏钱，当从朕求，勿取于民也！"美惶恐，折节为廉谨，未几，以政绩闻。

《续通鉴》卷五

## 一七　贾琏开浚盐井

陵州有陵井，蜀置监，岁炼盐八十万斤。初，井口摧圮，毒气上如烟雾，炼匠入者皆死。后井益塞，民难食。通判贾琏，始建议开浚。刺史王奇谓浚之犯井龙，役夫不肯进，琏亲执锸兴役，逾年而至泉脉，初炼盐日三百斤，稍增日三千六百斤。琏上其事，即诏琏知州事。琏后卒于官，州人画像祠之。

《续通鉴》卷五

宋（上）（公元960年至1126年）

## 一八　卢多逊探太祖所读书

户部员外郎、知制诰卢多逊，充史馆修撰，判馆事。多逊善为巧发奇中。太祖好读书，每遣使取书史馆，多逊预戒吏，令遽白所读。上果引问书中事，多逊应答无滞，同列皆伏，帝益宠异之。

《续通鉴》卷五

## 一九　太祖雪夜访赵普

太祖自即位，数出微行，或过功臣家。赵普退朝，不敢脱衣冠。一夕，大雪，向夜，普闻叩门声甚急，出，则帝立雪中，普惶恐迎拜。帝曰："已约吾弟矣。"已而开封尹光义至，即普堂中，设重裀地坐，炽炭烧肉，普妻行酒，帝以嫂呼之。普从容问曰："夜久寒甚，陛下何以出？"帝曰："吾睡不能着，一榻之外，皆它人家也，故来见卿。"普曰："陛下小天下邪？南征北伐，今其时也。愿闻成算所向。"帝曰："吾欲取太原。"普默然良久，曰："非臣所能知也。"帝问其故，普曰："太原当西北二边，使一举而下，则边患我独当之，何不姑留？俟削平诸国，彼弹丸黑子，将何所逃！"帝笑曰："吾意正尔，故试卿耳。"因谓普曰："王全斌平蜀多杀人，吾今思之犹耿耿，不可用也。"普荐曹彬、潘美可用，后悉从其言。

《续通鉴》卷五

## 二〇　太祖诏狱掾

太祖以暑气方盛，深念缧绁之苦，乃诏："西京诸州令长吏督掌狱掾五日一至狱户，检视洒扫，洗涤桎械，贪困者给饭食，病者给药，轻系小罪即时决遣。"自是每岁仲夏，必申明是诏以诫官吏。

《续通鉴》卷五

## 二一　王审琦镇寿春民安之

王审琦为忠武节度使，镇寿春凡八年，岁得租课，量入为用，未尝有所诛求，民颇安之。所部邑令以罪停其录事史，幕僚白令不先谘府，请按之。审琦曰："五代以来，诸侯强横，令宰不得专县事。今天下治平，我忝守藩维，而部内宰能斥去黠吏，诚可赏也，何按之有！"

《续通鉴》卷六

## 二二　王昭素论治世养身

王昭素，少笃学不仕，有至行，为乡里所称。常聚徒教授以自给。乡人争讼，不诣官府，多就昭素决之。昭素博通九经，兼究《庄》《老》，尤精《诗》《易》，著《易论》二十三篇。

太祖开宝中，诏召赴阙，见于便殿，时年七十七，精神不衰。太祖问曰："何以不求仕进，致相见之晚？"对曰："臣草野蠢愚，无以裨圣化。"问以治世养身之术，昭素曰："治世莫若爱民，养身莫若寡欲。"帝爱其语，书于屏风间。因访以民间事，昭素所言诚实无隐，上嘉之。以衰老求归乡里，拜国子博士致仕，赐茶药及钱二十万，留月馀，遣之。年八十九，卒于家。

昭素每市物，随所言而还值，未尝论高下。县人相告曰："王先生市物，无得高取其价也。"治所居室，有橡木积门中，夜有盗者抉门将入，昭素觉之，即自门中潜掷橡于外，盗者惭而去。家有一驴，人多来假，将出，先问僮奴曰："外无假驴者乎？"对云"无"，然后出。其为纯质若此。

《宋史》卷四三一；《续通鉴》卷六

## 二三　太祖诏减员增俸

太祖诏曰："吏员猥多，难以求治；俸禄鲜薄，未可责廉。与其冗员而重费，不若省官而益俸。西川管内州县官，宜以口数为率，差减其员，旧俸月增给五千。天下州县官宜依西川例省减员数。"

《续通鉴》卷六

## 二四　潘美平南汉

潘美率师平南汉，南汉主刘鋹素服出降，潘美承制释之。遂入广州，俘其宗室、官属九十七人。有阉人百馀辈盛服请见，美曰："是梏人多矣，吾奉诏伐罪，正为此等。"命悉斩之。凡得州六十，县二百十四，户十七万二百六十三。

鋹体质丰硕，眉目俱辣。性绝巧，有口辩，尝自以珠结鞍勒为戏龙之状以献，太祖赏其精妙，给钱百五十万偿其值，因谓左右曰："鋹好工巧，习以成性，倘能移于治国，岂至灭亡哉！"

鋹在国时，多置酖毒臣下。一日，从太祖幸讲武池，从官未集，鋹先至，诏赐卮酒，鋹疑之，奉杯泣曰："臣承祖父基业，违拒朝廷，劳王师致讨，罪固当诛。陛下既待臣以不死，愿为大梁布衣，观太平之盛，未敢饮此酒。"帝笑曰："朕推心置人腹，安有此事！"命取鋹酒自饮之，别酌以赐鋹，鋹大惭，顿首谢。

先是，刘鋹于海门镇募兵能采珠者二千人。凡采珠，必系石于足，腰絙而没焉，深或至五百尺，溺死者甚众。鋹所居栋宇，皆饰以玳瑁珠翠，穷极侈靡。及为宋师所焚，潘美等于煨烬中得所馀诸珍宝以献，且言采珠危苦之状，帝亟命小黄门持示宰相，速降诏罢之。

《续通鉴》卷六、卷七

## 二五　太祖允赵普受南唐赠银

南唐主李煜遣其弟从善来朝贡。于是始去唐号，改印文为"江南国主印"。先是国主以银五万两遗宰相赵普，普告于帝，帝曰："此不可不受，但以书答谢，少赂其使者可也。"普叩头辞让，帝曰："大国之体，不可自为削弱，当使之勿测。"及从善入觐，常赐外，密赍白金如遗普之数。江南君臣闻之，皆震骇，服帝伟度。

它日，帝因出，忽幸普第。时吴越王俶方遣使遗普书及海物十瓶列庑下，会车驾卒至，普亟出迎，弗及屏也。帝顾问何物，普以实对，帝曰："海物必佳。"即命启之，皆满贮瓜子金也。普惶恐，顿首谢曰："臣实未尝发书，若如此，当奏闻而却之。"帝笑曰："但受之无害，彼谓国家事皆由汝书生耳。"

《续通鉴》卷七

## 二六　沈义伦居第卑陋

枢密副使沈义伦，居第卑陋，处之宴如。时贵要多冒禁，市巨木秦、陇间以营私宅，及李守信受诏市木，以盗官钱败，皆自启于帝前。义伦亦尝市木为母营佛舍，因奏其事。帝笑谓义伦曰："尔非逾矩者。"知居第尚不葺，因遣中使按图督工匠五百人为治之。义伦私告使者，愿得制度狭小。使者以闻，帝亦不违其志。

《续通鉴》卷七

## 二七　赵普刚毅果断不盲从

赵普独相凡十年，刚毅果断，以天下事为己任。尝欲除某人为某官，太祖不用；明日，复奏之，又不用；明日，更奏之。帝怒，裂其奏投诸地，普颜色自若，徐拾奏归，补缀，复奏如初。帝悟，卒可其奏，后果以称职闻。又有立功当迁官者，帝素嫌其人，不与。普力请与之，帝怒曰："朕不与迁官，将奈何？"普曰："刑以惩恶，赏以酬功。刑赏者天下之刑赏，非陛下之刑赏也，岂得以喜怒专之？"帝弗听，起，普随之。帝入宫，普立于宫门，良久不去，帝竟从其请。

一日，大宴，雨骤至，良久不止，帝怒形于色，左右皆震恐。普因言："外间百姓正望雨，于大宴何损？不过沾湿供帐乐衣耳。百姓得雨，各欢喜作乐，适当其时。乞令乐官就雨中奏技。"帝大悦，终宴。普临机制变，能回帝意类此。

赵普从太祖于侧微，既贵后，屡以微时所不足者言之，太祖曰："若尘埃中可识天子宰相，则人皆物色之矣。"自是不敢言。普少习吏事，寡学术，及为相，太祖常劝以读书，晚年，手不释卷。每归私第，阖户启箧，取《论语》读之竟日。及临政，处决如流。普事两朝，出入三十馀年，宋初在相位者未有其比。

然性深沉有岸谷，而多忌克。常设大瓦壶于视事阁中，中外表疏，普意不欲行者，必投之壶中，束缊焚之，其多得谤咎，殆由此也。

《续通鉴》卷七、卷一六

## 二八　李穆诚李煜

李穆，幼能属文，有至行。行路得遗物，必访主归之。从王昭素受《易》及《庄》《老》书，尽究其义。昭素谓曰："子所得皆精理，往往出吾意表。"

太祖时，将有事江南，已部分诸将，而未有发兵之端。乃先召李煜入朝，以穆为使。穆至谕旨，煜辞以疾，且言："事大朝以望全济，今若此，有死而已。"穆曰："朝与否，国主自处之。然朝廷甲兵精锐，物力雄富，恐不易当其锋，宜熟思之，无自贻后悔。"使还，具言状，上以为所谕要切。江南亦谓其言诚实。

穆善篆隶，又工画，常晦其事。质厚忠恪，谨言慎行，所为纯至，无有矫饰。深信释典，善谈名理，接引后进，多所荐达。尤宽厚，家人未尝见其喜愠。所著文章，随即毁之，多不留稿。

《宋史》卷二六三

## 二九　曹彬平南唐

太祖谓曹彬曰："南方之事，一以委卿，切勿暴掠生民；务广威信，使自归顺，不须急击也。"且以匣剑授彬曰："副将而下，不用命者斩之。"潘美等皆失色。自王全斌平蜀多杀人，帝每恨之，彬性仁厚，故专任焉。

金陵被围，自春徂冬，居民樵采路绝。曹彬终欲降之，累遣人告国主曰："城必破矣，宜早为之所。"先是帝数遣使者谕彬以勿伤城中人，若犹困斗，李煜一门，切无加害。于是彬忽称疾不视事，诸将皆来问疾，彬曰："余疾非药石所愈，愿诸公共为信誓，破城日不妄杀一人，则彬之疾愈矣。"诸将许诺，乃相与焚香为誓。翌日，彬即称愈。

及李煜降，彬慰安之，且谕以"归朝俸赐有数，当厚自赍装，既为有司所籍，一物不可复得矣"。因复遣煜入宫，惟意所欲取。梁迥、田钦祚等谏曰："倘有不虞，咎将谁执？"彬笑而不答。迥等争不已，彬曰："煜素无断，今已降，必不能自引决，可亡虑也。"又遣兵百人为辇载辎重。煜方愤叹国亡，无意蓄财，颇以黄金分赐近臣。

彬既入金陵，申严禁暴之令，士大夫保全者甚众，仍大搜于军，无得匿人妻子。仓廪府库，委转运使许仲宣按籍检视，彬一不问，师旋，惟图籍、衣衾而已。凡得州十九、军三、县一百有八、户六十五万五千六十有五。

徐铉从煜至京师，帝责以不早劝煜归朝，声色俱厉。铉对曰："臣为江南大臣。国灭，罪固当死，不当问其它。"帝曰："忠臣也，事我当如李氏。"赐坐，慰抚之。

以李煜为右千牛卫上将军，封违命侯，其子弟宗属悉授官。

彬归自江南，诣阁门进榜子云："奉敕差往江南句当公事回。"时人嘉其不伐。彬之行，帝许彬以使相为赏，及还，语彬曰："使相品位极矣，且徐之，更为我取太原。"因赐钱五十万。彬至家，见布钱满室，叹曰："人生何必使相，好官不过多得钱耳！"

曹彬性仁敬和厚，在朝廷未尝忤旨，亦未尝言人过失。伐二国，秋毫无所取。位兼将相，不以等威自异。遇士夫于途，必引车避之。不名下吏，每白事，必冠而后见。居官奉入给宗族，无馀积。为帅知徐州日，有吏犯罪，既具案，逾年而后杖之，人莫知其故。彬曰："吾闻此人新娶妇，若杖之，其舅姑必以妇为不利，而朝夕笞詈之，使不能自存。吾故缓其事，然法亦未尝屈焉。"

《续通鉴》卷八；《宋史》卷二五八

## 三〇　郭守文劝李煜

敦守文从曹彬等平金陵，护送李煜归阙下。时煜以拒命颇自歉，不欲生见太祖。守文察知之，因谓煜曰："国家止务恢复疆土，以致太平，岂复有后至之责耶？"煜心遂安。

《宋史》卷二五九

## 三一　杨信病喑指顾申儆

太祖时，杨信任殿前都指挥使、建武军节度使。信病喑，善部分士卒，指顾申儆，动有纪律，故见信任，而终始无疑焉。有童奴田玉者，能揣度其意，每上前奏事，及与宾客谈论，或指挥部下，必回顾玉，书掌为字，玉因直达其意无失。信未死前一日，喑疾忽愈。

《宋史》卷二六〇

## 三二　武将党进不识字

太祖时，党进任彰信军节度。进出戎行，形貌魁岸，居常恂恂。先是，禁中军校，自都虞候已上，悉书所掌兵数于梃上，如笏记焉。太祖一日问进所掌几何，进不识字，但举梃以示于上曰："尽在是矣。"上以其朴直，益厚之。

尝受诏巡京师，闾里间有畜养禽兽者，见必取而纵之，骂曰："买肉不将供父母，反以饲禽兽乎。"太宗尝令亲吏臂鹰雏于市，进亟欲放之，吏曰："此晋王鹰也。"进乃诫之曰："汝谨养视。"小民传以为笑。杜重威子孙有贫困者，进分月俸给之，士大夫或有愧焉。

《宋史》卷二六〇

## 三三　马仁瑀不以私亲乱国法

马仁瑀，十馀岁时，其父令就学，辄逃归。又遣于乡校习《孝经》，旬馀不识一字。博士笞之，仁瑀夜中独往焚学堂，博士仅以身免。常集里中群儿数十人，与之戏，为行阵之状，自称将军，日与之约，鞭其后期者，群儿皆畏伏。又市果均给之，益相亲附。及长，善射，挽弓二百斤。

太祖开宝四年，迁瀛州防御使。兄子尝因醉误杀平民，系狱当死。民家自言非有宿憾，但过误尔，愿以过失杀伤论。仁瑀曰："我为长吏，而兄子杀人，此怙势尔，非过失也。岂敢以私亲而乱国法哉？"遂论如律，给民家布帛为棺敛具。

《宋史》卷二七三

## 三四　梁迥外矫饰内贪冒

太祖时，梁迥以功迁东上阁门使。开宝五年，命为广南道兵马都监兼诸州巡检。八年，奉使江南。迥素贪冒，外务矫饰，初若严毅不可犯，虽馈食亦不受，江南人颇惮之。既而奉以赀货，殆值数万缗，迥即大喜过望，登舟纵酒，继日宴乐。及归，恋恋不发，人多笑之。

迥不喜文士。故事，节帅出镇及来朝，便殿宴劳，翰林学士皆预坐。开宝中，迥为阁门使，白太祖曰："陛下宴犒将帅，安用此辈预坐？"自是罢之。

《宋史》卷二七四

## 三五　刘蟠好设奇诈

刘蟠，宋初拜监察御史，典染院事。蟠性清介寡合，能攻苦食淡，专事苛刻，好设奇诈，以售知人主。典染作日，太祖多临视之，蟠侦车驾至，辄衣短后衣，芒屩，持梃以督役，头蓬不治，遽出迎谒。太祖以为勤事，赐钱二十万。尝受诏巡茶淮南，部民私贩者众。蟠乘羸马，伪称商人，抵民家求市茶，民家不疑，出与之，即擒置于法。

《宋史》卷二七六

## 三六　李涛力疾奏事

太祖建隆二年，兵部尚书李涛病。有军校尹勋董浚五丈河，陈留丁壮夜溃，勋擅斩队长陈琲等十人，丁夫七十人皆杖一百，刵其左耳。涛闻之，力疾草奏，请斩勋以谢百姓。家人谓涛曰："公久病，宜自爱养，朝廷事且置之。"涛愤言曰："人孰无死，但我为兵部尚书，坐视军校无辜杀人，乌得不奏？"太祖览奏嘉之，诏削夺勋官爵，配隶许州。涛卒，年六十四，赠右仆射。

涛慷慨有大志，以经纶为己任。工为诗，笔札遒媚，性滑稽，善谐谑，亦未尝忤物，居家以孝友闻。

《宋史》卷二六二

宋（上）（公元960年至1126年）

## 三七　刘温叟清介有德望

刘温叟拜御史中丞，任台丞十二年，屡求代。太祖难其人，不允。开宝四年被疾，太祖知其贫，赐器币，数月卒，年六十三。

温叟事继母以孝闻，虽盛暑非冠带不敢见。五代以来，言执礼者惟温叟焉。立朝有德望，精赏鉴，门生中尤器杨徽之、赵邻几，后皆为名士。

太宗在晋邸，闻其清介，遣吏遗钱五百千，温叟受之，贮厅西舍中，令府吏封署而去。明年重午，又送角黍、执扇，所遣吏即送钱者，视西舍封识宛然，还以白太宗。太宗曰："我钱尚不用，况他人乎？昔日纳之，是不欲拒我也；今周岁不启封，其苦节愈见。"命吏辇归邸。

《宋史》卷二六二

## 三八　侯陟狡狯巧中伤人

侯陟有吏干，性狡狯，好进，善事权贵，巧中伤人。太祖尝召刑部郎中杨克让，命坐与语，且谕以将大用。陟素忌克让，侦知之。因奏事，上问识杨克让否，陟曰："臣与克让甚善，知其人才识，朝廷佳士也。近闻其自言上许以大用，多市白金作饮器以自奉，臣颇怪之。"上怒，亟令克让出典郡。其险诐如此。

《宋史》卷二七〇

## 三九　王继勋食人肉被斩

王继勋分司西京，强市民家子女以备给使，小不如意，即杀而食之。以槥椟贮残骨，出弃野外，女侩及鬻棺者，出入其门不绝，居甚苦之，不敢告。太宗在藩邸，颇闻其事，及即位，会有诉者，亟命雷德骧往鞫之。继勋具服，所杀婢百馀人。乙卯，斩继勋并女侩八人于洛阳市。长寿寺僧广惠常与继勋同食人肉，帝令先折其胫，然后斩之，民皆称快。

《续通鉴》卷九

## 四〇　太宗建崇文院读《太平御览》

太祖建隆初，三馆所藏书仅一万二千馀卷，及平诸国，尽收其图籍，惟蜀、江南为多，凡得蜀书一万三千卷，江南书二万馀卷，又下诏开献书之路，于是三馆篇帙大备。太宗临幸三馆，恶其湫隘，顾左右曰："此岂可蓄天下图籍，延四方贤俊邪！"即诏有司度左升龙门东北，别建三馆，其制皆亲所规画，轮奂壮丽，甲于内庭。赐名崇文院，尽迁旧馆书以实之，正副本凡八万卷。

太宗幸崇文院观书，令亲王、宰相检阅问难。复召刘鋹、李煜纵观，谓煜曰："闻卿在江南好读书，此中简策，多卿旧物，近犹读书否？"煜顿首谢。因赐饮中堂，尽醉而罢。

宋（上）（公元960年至1126年）

帝性喜读书，诏史馆，所修《太平总类》，日进三卷。宰相宋琪等言："日阅三卷，恐圣躬疲倦。"帝曰："开卷有益，不为劳也。此书千卷，朕欲一年遍读。"寻改名《太平御览》。

置秘阁于崇文院，分三馆书万馀卷实其中。命吏部侍郎李至兼秘书监，帝谓至曰："人君当淡然无欲，勿使嗜好形见于外，则奸佞无自人。朕无它好，但喜读书，多见古今成败，善者从之，不善者改之，如斯而已。"至等观书阁下，帝必遣使赐宴，且命三馆学士皆预焉。

秘阁成。秘书监李至上言："愿赐以新额。"御飞白书"秘阁"二字赐之。仍诏宰相、枢密使与近臣就观，置宴阁下，直馆各官皆预，又赐诗以美其事。

秘书监李至，言愿以帝草书《千字文》勒石。帝谓近臣曰："《千字文》盖梁得钟繇破碑千馀字，周兴嗣次韵而成，理亡可取。《孝经》乃百行之本，朕当自为书之，令勒于碑阴。"

《续通鉴》卷九、卷一二、卷一四、卷一六

## 四一　王著教太宗学书

太宗以字学讹舛，欲删正之。或荐成都王著，书有家法，乃召为卫尉寺丞、史馆祗候，迁著作郎，充翰林侍书。帝听政之暇，每以观书及笔法为意，尝遣中使王仁睿持御札示著，著曰："未尽善也。"帝临学益勤，又以示著，著答如前。仁睿诘其故，著曰："帝王始学书，或骤称善，则不复留心矣。"久之，复以示著，著曰："功至矣，非臣所能及。"其善规益如此。

《续通鉴》卷一一

## 四二　太宗诫陈王元僖

开封尹陈王元僖进封许王，韩王元侃进封襄王，冀王元份进封越王。帝手诏诫元僖等曰："汝等生长深宫，须克己励精，听卑纳谏。每着一衣，则闵蚕妇，每餐一食，则念耕夫。至于听断之间，慎勿恣其喜怒。朕每礼接群臣以求启沃，汝等当勿鄙人短，勿恃己长，乃可永守富贵而保令终。先贤有言曰：'逆吾者是吾师，顺吾者是吾贼。'此不可以不察也！"

《续通鉴》卷一四

## 四三　种放虽隐屡至阙下

太宗时，诏征终南山隐士种放；辞以疾，不至。放七岁能属文，与其母偕隐谷中，以讲习为业，学者多从之，得束脩以养母。母亦乐道，薄滋味，善辟谷。性嗜酒，尝种秫自酿，因号云溪醉侯。会陕西转运使宋维干言放才行，诏使征之，其母恚曰："尝劝汝毋聚徒讲学，今果为人知，不得安处。我将弃汝，深入穷山矣。"放乃称疾不起。其母尽取笔研焚之，与放转居穷僻，人迹罕至。太宗嘉其高节，诏京兆府岁时存问，以钱三万赐之。

种放母卒，放于真宗时，以幅巾入见于崇政殿，命坐，询以政事。即日，授左司谏、直昭文馆，居数日，复召见，赐绯衣、象笏、犀带、银鱼及御制五言诗，又赐昭庆坊第一区。

任种放工部侍郎，放屡至阙下，俄复还山。人有贻书嘲其出处之迹，且劝以弃位居岩谷，放不答。放晚节颇饰舆服，于长安广置良田，岁利甚博，亦有强市者，遂致争讼，门人族属依倚恣横。

《续通鉴》卷一六、卷二三、卷二九

## 四四　宋太宗评孟昶李煜

太宗谓辅臣曰："朕闻孟昶在蜀，亦躬亲国政。然于刑狱优游不断，每有大辟，罪人临刑，必令人侦伺其言，一言称屈，即移司覆勘，至有三五年间不决者。以为夏禹泣辜，窃效之，而不明古圣之旨，盖大禹自悲不及尧、舜，致人死法，所以下车而泣。今犯罪之人，苟情理难恕者，朕固不容也。"参知政事苏易简、赵昌言对曰："臣等闻李煜有国之日亦如此，每夏则与罪人张纱厨以御蚊蚋，冬则给与衾被恣其安瞑。如犯大辟者，仍令术士燃灯以卜之，苟数日间灯不灭者，必移司勘劾，恐其冤枉。至有冬月罪人恋其温燠而不愿疏放者。"帝笑曰："庸暗如此，不亡何待！"

《续通鉴》卷一七

## 四五　李昉和厚多恕

太宗时，李昉官至宰相。昉和厚多恕，不念旧恶，在位小心循谨，无赫赫称。为文章慕白居易，尤浅近易晓。好接宾客，江南平，士大夫归朝者多从之游。雅厚张洎而薄张佖，及昉罢相，洎草制深攻诋之，而佖朔望必诣昉。或谓佖曰："李公待君素不厚，何数诣之？"佖曰："我为廷尉日，李公方秉政，未尝一有请求，此吾所以重之也。"致仕后，昉所居有园亭别墅之胜，多召故人亲友宴乐其中。

昉素与卢多逊善，待之不疑，多逊屡谮昉于上，或以告昉，不之信。及入相，太宗言及多逊事，昉颇为解释。帝曰："多逊居常毁卿一钱不值。"昉始信之。上由此益重昉。

昉居中书日，有求进用者，虽知其材可取，必正色拒绝之，已而擢用；或不足用，必和颜温语待之。子弟问其故，曰："用贤，人主之事；若受其请，是市私恩也，故峻绝之，使恩归于上。若不用者，既失所望，又无善辞，取怨之道也。"

《宋史》卷二六五

## 四六　吕蒙正纠太宗自矜

太宗以三年收吴越，四年平北汉，天下粗安。上元节，帝御楼赐从臣宴，语宰相吕蒙正曰："晋、汉兵乱，生灵凋丧殆尽，当时谓无复太平之日矣。朕躬览庶政，万事精理，每念上天之贶，致此繁盛，乃知理乱在人。"蒙正避席曰："乘舆所在，士庶走集，故繁盛如此。臣尝见都城外不数里，饥寒而死者甚众，未必尽然。愿陛下视近以及远，苍生之幸也。"帝变色不言，蒙正侃然复位，同列咸多其伉直。

《续通鉴》卷一七

## 四七　杨业忠烈武勇

杨业，并州太原人。业幼倜傥任侠，善骑射，好畋猎，所获倍于人。尝谓其徒曰："我他日为将用兵，亦犹用鹰犬逐雉兔尔。"北汉时，累迁至建雄军节度使，屡立战功，所向克捷，号为"无敌"。

太宗征太原，素闻其名，尝购求之。业劝其主刘继元降。继元既降，帝遣中使召见业，大喜。

帝以业老于边事，任业为代州刺史兼三交驻泊兵马部署。会契丹入雁门，业领麾下数千骑自西陉而出，由小陉至雁门北口，南向背击之，契丹大败。以功迁云州观察使，仍判郑州、代州。自是，契丹望见业旌旗即引去。主将戍边者多忌之，有潜上谤书斥言其短，帝览之皆不问，封其奏以付业。

雍熙三年，以潘美为云、应路行营路都部署，命业副之。未几，契丹国母萧氏与其大臣耶律汉宁，隐领众十馀万,陷寰州。业谓美等曰:"今辽兵益盛,不可与战。"蔚州刺史王侁沮其议曰:"领数万精兵而畏懦如此。但趋雁门北川中,鼓行而往。"业曰:"不可,此必败之势也。"侁曰:"君侯素号无敌,今见敌逗挠不战,得非有他志乎?"业曰:"业非避死,盖时有未利,徒令杀伤士卒而功不立。今君责业以不死,当为诸公先。"

将行,泣谓潘美曰:"此行必不利。业,太原降将,分当死。上不杀,宠以连帅,授之兵柄。非纵敌不击,盖伺其便,将立尺寸功以报国恩。今诸君责业以避敌,业当先死于敌。"因指陈家谷口曰:"诸君于此张步兵强弩,为左右翼以援,俟业转战至此,即以步兵夹击救之,不然,无遗类矣。"美即与侁领麾下兵阵于谷口。自寅至巳,侁使人登托逻台望之,以为契丹败走,欲争其功,即领兵离谷口。美不能制,乃缘灰河西南行二十里。俄闻业败,即麾兵却走。

业力战,自午至暮,果至谷口。望见无人,即拊膺大恸,再率帐下士力战,身被数十创,士卒殆尽,业犹手刃数十百人。马重伤不能进,遂为契丹所擒,其子延玉亦没焉。业因太息曰:"上遇我厚,期讨贼捍边以报,而反为奸臣所迫,致王师败绩,何面目求活耶!"乃不食,三日死。

业不知书,忠烈武勇,有智谋。练习攻战,与士卒同甘苦。代北苦寒,人多服毡罽,业但挟纩,露坐治军事,傍不设火,侍者殆僵仆,而业怡然无寒色。为政简易,御下有恩,故士卒乐为之用。朔州之败,麾下尚百馀人,业谓曰:"汝等各有父母妻子,与我俱死,无益也,可走还,报天子。"众皆感泣不肯去。淄州刺史王贵杀数十人，矢尽遂死，馀亦死，无一生还者。闻者皆流涕。业既没，朝廷录其子供奉官延郎为崇仪副使，次子殿直延浦、延训并为供奉官，延瑰、延贵、延彬并为殿直。

《宋史》卷二七二

## 四八　杨延昭治兵有父风

杨延昭本名延朗，后改焉。幼沉默寡言，为儿时，多戏为军阵，业尝曰："此儿类我。"每征行，必以从。太宗太平兴国中，补供奉官。业攻应、朔，延昭为其军先锋，战朔州城下，流矢贯臂，斗益急。出知景州、知定远军，徙保州缘边都巡检使。

真宗咸平二年冬，契丹扰边，延昭时在遂城。城小无备，契丹攻之甚急，长围数日。契丹每督战，众心危惧，延昭悉集城中丁壮登陴，赋器甲护守。会大寒，汲水灌城上，旦悉为冰，坚滑不可上，契丹遂溃去，获其铠仗甚众。以功拜莫州刺史。帝甚悦，指示诸王曰："延昭父业为前朝名将，延昭治兵护塞有父风，深可嘉也。"厚赐，遣还。是冬，契丹南侵，延昭伏锐兵于羊山西，自北掩击，且战且退。及山西，伏发，契丹众大败，获其将，函首以献。大中祥符七年，卒，年五十七。子文广。

延昭智勇善战，所得奉赐悉犒军，未尝问家事。出入骑从如小校，号令严明，与士卒同甘苦，遇敌必身先，行阵克捷，推功于下，故人乐为用。在边防二十馀年，契丹悼之，目为杨六郎。及卒，帝嗟悼之，遣中使护榇以归，河朔之人多望柩而泣。

《宋史》卷二七二

## 四九　姚坦称假山为血山

考功郎中姚坦为益王元杰府翊善，好直谏。王尝作假山，所费甚广。既成，召僚属，置酒共观之，众皆叹美，坦独俯首不视。王强使视之，坦曰："但见血山耳，安得假山！"王惊问其故，对曰："坦在田舍时，见州县督税，里胥临门，捕人父子兄弟，送县鞭笞，血流满身。此假山皆民税赋所为，非血山而何？"时太宗亦为假山未成，有以坦言告之，帝曰："伤民如此，何用山为！"命亟毁之。

王每有过失，坦未尝不尽言规正，宫中自王以下皆不喜。左右乃教王称疾不朝，帝日使医视疾，逾月不瘳，帝甚忧之，召王乳母入宫问状。乳母曰："王本无疾，徒以翊善姚坦检束王起居，曾不得自便，王不乐，故成疾。"帝怒曰："吾选端士为王僚属者，固欲辅王为善耳。今王不能用规谏，而又诈疾，欲使朕逐去正人以自便。王年少，未知出此，必尔辈为之谋。"因命捽之后园，杖之数十。召坦，慰谕之曰："卿居王官，为群小所嫉，大为不易。卿但能如此，无患谗言，朕必不听也。"

《续通鉴》卷一七

## 五〇　楚昭辅吝啬言行不一

太宗太平兴国初，楚昭辅拜枢密使。从征太原，加检校太尉。俄以足疾请告，太宗亲临问。以所居湫隘，命有司广之，昭辅虑侵民地，固让不愿治。帝嘉其意，赐白金万两，令别市第。

昭辅性勤介，人不敢干以私，然颇吝啬，前后赐予万计，悉聚而畜之。尝引宾客故旧至藏中纵观，且曰："吾无汗马劳，徒以际会得此，吾为国家守尔，后当献于上。"及罢机务，悉以市善田宅，时论鄙之。

《宋史》卷二五七

## 五一　李建中善书法

李建中，太宗太平兴国八年进士。建中性简静，风神雅秀，恬于荣利。前后三求掌西京留司御史台，尤爱洛中风土，就构园池，号曰"静居"。好吟咏，每游山水，多留题，自称岩夫民伯。建中善修养之术，会命官校定《道藏》，建中预焉。大中祥符年间卒，年六十九。

建中善书札，行笔尤工，多构新体，草、隶、篆、籀、八分亦妙，人多摹习，争取以为楷法。尝手写郭忠恕《汗简集》以献，皆科斗文字，有诏嘉奖。好古勤学，多藏古器名画。有集三十卷。

《宋史》卷四四一

## 五二　李惟清有善政

李惟清，开宝中，任涪陵尉。蜀民尚淫祀，病不疗治，听于巫觋，惟清擒大巫笞之，民以为及祸。他日又加棰焉，民知不神。然后教以医药，稍变风俗。时遣宦官督输造船木，纵恣不法，惟清奏杀之，由是知名。秩满，迁大理寺丞。

太平兴国五年，迁为荆湖北路转运使，就改监察御史。尝入奏事，太宗问曰："荆湖累丰稔，又无徭役，民间苏否？"惟清曰："臣见官卖盐斤为钱六十四，民以三数斗稻价，方可买一斤。"乃诏斤减十钱。

《宋史》卷二六七

## 五三　吕蒙正知人有器量

太宗尝欲遣人使朔方，谕中书选才而可责以事者，吕蒙正退以名上，上不许。他日，三问，三以其人对。上曰："卿何执耶？"蒙正曰："臣非执，盖陛下未谅尔。"固称："其人可使，馀人不及。臣不欲用媚道妄随人主意，以害国事。"同列悚息不敢动。上退谓左右曰："蒙正气量，我不如。"既而卒用蒙正所荐，果称职。

真宗大中祥符而后，上过洛，两幸其第，赐赉有加。上谓蒙正曰："卿诸子孰可用？"对曰："诸子皆不足用。有侄夷简，任颍州推官，宰相才也。"夷简由是见知于上。

富言者，蒙正客也。一日白曰："儿子十许岁，欲令入书院，事廷评、太祝。"蒙正许之。及见，惊曰："此儿他日名位与吾相似，而勋业远过于吾。"令与诸子同学，供给甚厚。言之子，即弼也。后弼两入相，亦以司徒致仕。

蒙正有器量，居政府不喜更张。初参知政事，入朝，有朝士指之曰："此子亦参政邪？"蒙正佯不闻。同列不能平，令诘其姓名，蒙正遽止之曰："一知姓名，终身不能忘，不如弗知也。"尝问诸子曰："我为相，外议如何？"诸子云："甚善。但人言无能为，事权多为同列所争。"蒙正曰："我诚无能，但善用人耳。"朝士有藏古镜者，自言能照二百里，欲献蒙正以求知。蒙正笑曰："吾面不过碟子大，安用照二百里哉！"闻者叹服。

《续通鉴》卷二九；《宋史》卷二六五

## 五四　宋太宗欲比唐太宗

太宗尝谓左右曰："大凡帝王举动，贵其自然。朕览唐史，见太宗所为，盖好虚名者也。每为一事，必预张声势，然后行之，贵传简策，此岂自然乎！"

李昉宽厚无城府，与人多恕，在相位，虽无赫赫称，然小心循谨，动持大体，不市恩威。参知政事时，帝一日语侍臣曰："朕何如唐太宗？"左右互辞以赞，独昉无言，微诵白居易《七德舞词》曰："怨女三千放出宫，死囚四百来归狱。"帝遽兴曰："朕不及，朕不及，卿言警朕矣！"

《续通鉴》卷一七、卷一八

## 五五　贾黄中廉洁无私过于小心

太宗太平兴国二年，贾黄中知升州。时金陵初附，黄中为政简易，部内甚治。一日，案行府署中，见一室扃钥甚固，命发视之，得金宝数十匮，计值数百万，乃李氏宫阁中遗物也，即表上之。上览表谓侍臣曰："非黄中廉恪，则亡国之宝，将污法而害人矣。"赐钱三十万。

淳化二年秋，黄中与李沆并拜给事中、参知政事。太宗召见其母王氏，命坐，谓曰："教子如是，真孟母矣。"作诗以赐之，颁赐甚厚。

黄中出知澶州，帝谕之曰："夫小心翼翼，君臣皆当然；若太过，亦失大臣之体。非分之事，已固不为，又何必如是乎！"黄中顿首谢。帝因谓左右曰："黄中母有贤德，年七十殊未衰，每与之语，甚明敏。黄中终日忧畏，必先其母老矣。"

当世文行之士，多黄中所荐引，而未尝言，人莫之知也。然畏慎过甚，中书政事颇留不决。

至道二年，以疾卒，年五十六。黄中端谨，能守家法，廉白无私。多知台阁故事，谈论亹亹，听者忘倦焉。在翰林日，太宗召见，访以时政得失，黄中但言："臣职典书诏，思不出位，军国政事，非臣所知。"上益重之，以为谨厚。及知政事，卒无所建明，时论不之许。有文集三十卷。

《宋史》卷二六五；《续通鉴》卷一八

## 五六　钱若水称士不以名位为荣

太宗谓侍臣曰："学士之职，亲切贵重，非他官可比，朕常恨不得为之。"又曰："士之学古入官，遭时得位，纡朱拖紫，足以为荣矣，得不竭诚以报国乎。"若水对曰："高尚之士不以名位为光宠，忠正之士不以穷达易志操。其或以爵禄位遇之故，而效忠于上，中人以下者之所为也。"

《纲鉴易知录》卷六五

## 五七　太宗不悦人心属太子

太宗以元侃为开封尹，改封寿王，立为太子。庙见还，京师之人拥道喜跃曰："少年天子也。"帝闻之，不怿，召参知政事寇准谓曰："人心遽属太子，欲置我何地？"准再拜贺曰："此社稷之福也。"帝入语，后嫔六宫皆前贺。帝复出，延准饮，极醉而罢。准尝奏事切直，帝怒而起，准攀帝衣请复坐，事决乃退。帝嘉叹曰："此真宰相也！"又语左右曰："朕得寇准，犹唐太宗之得魏徵也！"

《续通鉴》卷一八

## 五八　韩丕冲澹清介不善吏事

韩丕，幼孤贫，有志操，读书于骊山、嵩阳，通《周易》《礼记》，为人讲说。常有山林之志，家虽甚贫，处之晏如。年长，始学文。太平兴国三年举进士，声名籍甚，公卿多荐之者。尝著《孟母碑》《返鲁颂》，人多讽诵之。解褐大理评事、通判衡州。擢著作佐郎，迁职方员外郎、知制诰。

丕属思艰涩，及典书命，伤于稽缓。宰相宋琪性褊急，常加督责，或申以谐谑，丕不能平。又舍人王佑以前辈负气，每陵轹面折之。端拱初，拜右谏议大夫，知河阳、濠州。

丕起寒素，以冲澹自处，不奔竞于名宦，太宗甚嘉重之。淳化二年，召入为翰林学士，终以迟钝不敏于用。

丕纯厚畏慎，似不能言者。历典州郡，虽不优于吏事，能以清介自持，时称其长者云。

《宋史》卷二九六

## 五九　杨徽之能诗善谈

左拾遗、右补阙杨徽之，太宗素闻其诗名，因索所著。徽之以数百篇奏御，且献诗为谢，其卒章有"十年流落今何幸，叨遇君王问姓名"语。太宗览之称赏，自是圣制多以别本为赐。迁侍御史、权判刑部。真宗时官至礼部侍郎、翰林侍读学士。

徽之纯厚清介，守规矩，尚名教，尤疾非道以干进者。善谈论，多识典故，唐室以来士族人物，悉能详记。酷好吟咏，每对客论诗，终日忘倦。既没，有集二十卷留于家。

《宋史》卷二九六

## 六〇　潘慎修作《棋说》

潘慎修，李煜旧臣。太宗淳化中，秘书监李至荐之，知直秘阁。慎修善弈棋，太宗屡召对弈，因作《棋说》以献。大抵谓："棋之道在乎恬默，而取舍为急。仁则能全，义则能守，礼则能变，智则能兼，信则能克。君子知斯五者，庶几可以言棋矣。"因举十要以明其义，太宗览而称善。

慎修风度蕴藉，博涉文史，多读道书，善清谈。先是，江南旧臣多言李煜暗懦，事多过实。真宗一日以问慎修，对曰："煜或懵理若此，何以享国十馀年？"他日，对宰相语及之，且言慎修温雅不忘本，得臣子之操，深嘉奖之。当时士大夫与之游者，咸推其素尚。然颇恃前辈，待后进倨慢，人以此少之。

《宋史》卷二九六

## 六一　宋珰力疾卒于任内

太宗淳化中，三吴岁饥、疾病，民多死，择长吏养治之，命宋珰知苏州。珰体丰硕，素病足，至州，地卑湿，疾益甚。人或劝其谢疾北归，珰曰："天子以民病俾我绥抚，我以身病而辞焉，非臣子之义也。"未几卒，年六十一。珰性清简，历官三十年，未尝问家事，唯聚书以贻子孙，且曰："使不忘本也。"

《宋史》卷二七六

## 六二　韩见素未老求致仕

监察御史韩见素表求致仕，时年四十八。真宗问辅臣曰："见素齿发尚少，遽求致仕，何也？"吕端曰："见素性恬退，喜修炼。"帝难之。李至曰："近世朝行中，躁进者多，知止者少，若允其请，亦足激劝薄俗。"帝默然，乃授刑部员外郎，致仕。见素，凤翔人，退居华山，年八十馀乃卒。

《续通鉴》卷二〇

## 六三　吕端大事不糊涂

宰相吕端久病，诏免朝谒，就中书视事，累疏求解，罢为太子太保。初，李惟清自知枢院左迁御史中丞，意端抑己，及端免朝谒，乃教人讼细过，欲以累端。端曰："吾直道而行，无所愧，风波之言，不足虑也。"

吕端卒，赠司空。端有器量，虽屡经濒退，未尝以得丧介怀，平居不蓄资产。及为相，持重识大体，以清净简易为务。太宗时，欲相端，左右或曰："端为人糊涂。"太宗曰："端小事糊涂，大事不糊涂。"遂决意相之。赵普在中书，端时为参政，普尝谓人曰："吾观吕公奏事，得嘉赏未尝喜，遇抑挫未尝惧，真台辅器也！"端两使绝域，其国叹重之，后有使往者，每问端为宰相否，其名显如此。

《续通鉴》卷二〇、卷二二

## 六四　毕士安辞开封府端方清慎

先是有攀附居近职者，乘宠放恣，民家子既定婚，强娶之，其家诣开封诉焉。知府事毕士安即请对，白其事，卒得民家子还其父母，使成婚。攀附者日夜诉士安于真宗前，士安因求解府事，帝许之，复入翰林为学士。

士安端方沉雅，有清识，所至以严正称；年耆目眊，读书缮写不辍，尤精意词翰。虽贵，奉养无异平素，未尝植产为子孙计，故天下称其清。

毕士安尝谓人曰："仆仕宦无赫赫之誉，但力自规检，庶几寡过尔。"凡交游无党援，唯王佑、吕端见引重，王旦、寇准、杨亿相友善。

及王旦为相，面奏真宗："陛下前称毕士安清慎如古人，仕至辅相，而四方无田园居第，没未终丧，家用已屈，真不负陛下所知。然使其家假贷为生，宜有以周之者，窃谓当出上恩，非臣敢为私惠。"真宗感叹，赐白金五千两。

《续通鉴》卷二○、卷二五；《宋史》卷二八一

## 六五　张齐贤革弊政行宽大

太宗时，张齐贤为江南西路转运副使。

先是，诸州罪人多锢送阙下，路死者十常五六。齐贤道逢南剑、建昌、虔州所送，索牒视之，率非首犯，悉伸其冤抑。因力言于朝，后凡送囚至京，请委强明吏虑问，不实，则罪及原问官属。自是江南送罪人者为减太半。

先是，江南诸州小民，居官地者有地房钱，吉州缘江地虽沦没，犹纳勾栏地钱，编木而浮居者名水场钱，皆前代弊政，齐贤悉论免之。齐贤居使职，勤究民弊，务行宽大，江左人思之不忘。召还，拜枢密直学士，擢右谏议大夫、签书枢密院事。

命知定州，以母老不愿往，未几，丁内艰，水浆不入口者七日，自是日啜粥一器，终丧不食酒肉蔬果。寻复转礼部尚书、知河南府。时狱有大辟将决，齐贤至，立辨而释之。徙知永兴军。时阁门祗候赵赞以言事得幸，提点关中刍粮，所为多豪横。齐贤论列其罪，卒抵于法。

真宗即位，拜中书门下同平章事。从东封还，复拜右

仆射。时建玉清昭应宫，齐贤言绘画符瑞，有损谦德，又违奉天之意，屡请罢其役。以司空致仕。

齐贤姿仪丰硕，议论慷慨，有大略，以致君自负。留心刑狱，多所全活。喜提奖寒隽。少时家贫，父死无以为葬，河南县吏为办其事，齐贤深德之，事以兄礼，虽贵不替也。又尝依太子少师李肃家，肃死，为营葬事，岁时祭之。赵普尝荐齐贤于太宗，未用，普即具前列事，以谓："陛下若进齐贤，则齐贤他日感恩，更过于此。"上大悦，遂大用。

《宋史》卷二六五

## 六六　张齐贤断案

时，戚里有分财不均者更相讼，又入宫自诉，宰相张齐贤请自治之，乃坐相府，召而问曰："汝非以彼所分财多，汝所分少乎？"曰："然。"命具款。乃召两吏令甲家入乙舍，乙家入甲舍，货财无得动，分书则交易之。明日，奏闻，真宗大悦，曰："朕固知非卿莫能定也。"

初，张齐贤为户部尚书，诏同监察御史王济删定制敕。旧条，持杖行劫，不计有赃无赃，悉抵死，齐贤议贷不得财者。济曰："以死惧之尚不畏，可缓其死乎？"与齐贤廷净数四，词气甚厉，手疏言齐贤腐儒，不知时要。帝问辅臣："孰可从者？"吕端请诏百官集议，并劾济。未几，齐贤入相，齐贤奏："臣今在中书，不欲与庶僚争较曲直，愿收前诏。"帝嘉其容物，遂罢集议，济得免劾。

刑名卒如齐贤之请，而犯盗者岁亦不增。

帝谓辅臣曰："国家所谨，俭约为先，节用爱人，民俗自化。"张齐贤曰："《书》称大禹克俭于家。老氏三宝，俭居其一。上之所好，下必从之，上好俭则国有馀财，下不僭则家有馀资。"

《续通鉴》卷二〇

## 六七　耶律休格不犯宋境

辽耶律休格有公辅器，及膺边塞重任，知略宏远，料敌如神。每战胜，让功诸将，故士卒乐为用。身更百战，未尝戮一无辜。休格以燕民疲弊，省赋税，恤孤寡，戒戍兵无犯宋境，虽马牛逸于北者，悉还之，边境以宁。

《续通鉴》卷二〇

## 六八　李允则知潭州

李允则知潭州，将行，真宗召谓曰："朕在南衙，毕士安道卿家世，今以湖南属卿。"允则始至，州大火，民无居舍，多冻死。允则亟取官竹假民为屋，及春而偿，民无流徙，官用亦不乏。允则免苛税。山田可以莳禾而民惰不耕，乃下令，月给马刍，皆输本色，由是山田悉垦。会岁饥，欲发官廪，先赈而后奏，转运使以为不可，允则曰："须报必逾月，则饥者无及矣！"不听。明年，又饥，复欲先赈，转运使固执不可，允则请以家资为质，乃得发廪贱粜。因募饥民堪征役者隶军籍，得万人。转运使请发所募兵御邵州蛮，允则曰："今蛮不扰，无名益戍，是长边患也。且兵皆新募，饥瘵未任出戍。"遂奏罢之。

诏书嘉奖。及召还，连对三日，帝曰："毕士安不谬知人矣！"

《续通鉴》卷二二

## 六九　田锡直言时政得失

吏部郎中田锡言："莫州奏饿杀一十六口，沧州奏全家饿死一十七口。陛下为民父母，使百姓饿死，乃是陛下孤负百姓。宰相调燮阴阳，启导圣德，而惠泽不下流，乃是宰相孤负陛下。昔伊尹作相，耻一夫不获。今饿死人如此，所谓'焉用彼相'。若不别进用贤臣，臣恐危乱之萌，不独在边防而在内地也。"

锡耿介寡合，慕魏徵、李绛之为人，及居谏议大夫，连上八疏，皆直言时政得失。将卒，命悉取平时封疏五十二奏焚之，曰："直谏，臣职也；言苟获从，吾幸大矣，岂可留之以卖直邪？"自作遗表，劝帝以居安思危。真宗览之恻然，谓宰相李沆曰："田锡，直臣也，天何夺之速乎！自居位以来，尽心匪懈，如终如一，若此谏官，诚不易得。朝廷小有阙失，方在思虑，锡之奏章已至矣。不顾其身，惟国家是忧，孰肯如此！"

《续通鉴》卷二三、卷二四

## 七〇　谢德权治京城衢巷

京城衢巷狭隘，诏右侍禁、合门祗侯谢德权督广之。德权既受诏，先撤贵要邸舍，群议纷然。有诏止之；德权面请曰："今沮事者皆权豪辈，各徇屋资耳，非有它也。臣死不敢奉诏。"真宗不得已从之。德权因条上衢巷广袤及禁鼓昏晓，皆复长安旧制。乃诏开封府街司约远近置籍立表，令民自今无复侵占。

《续通鉴》卷二三

## 七一　李沆号圣相

真宗咸平初，李沆任平章事。一夕，遣使持手诏欲以刘氏为贵妃，沆对使者引烛焚诏，附奏曰："但道臣沆以为不可。"其议遂寝。驸马都尉石保吉求为使相，复问沆，沆曰："赏典之行，须有所自。保吉因缘戚里，无攻战之劳，台席之拜，恐腾物议。"他日再三问之，执议如初，遂止。

帝以沆无密奏，谓之曰："人皆有密启，卿独无，何也？"对曰："臣待罪宰相，公事则公言之，何用密启？夫人臣有密启者，非谗即佞，臣常恶之，岂可效尤？"

李沆又日取四方水旱盗贼奏之，参知政事王旦以为细事不足烦上听，沆曰："人主少年，当使知民间疾苦。不然，血气方刚，不留意声色、犬马，则土木、甲兵、祷祠之事作矣。吾老不及见，此参政他日之忧也。"时西北用兵，边奏日至，便殿延访，或至旰昃，旦慨然谓沆曰："我辈安得坐致太平，优游燕息乎！"沆曰："国家强敌外患，适足为警惧。异日天下宴然，人臣率职，未必高拱无事，君奚念哉！"

沆没后，真宗以契丹既和，西夏纳款，遂封岱祠汾，大营宫观，靡有暇日。旦亲见王钦若、丁谓等所为，欲谏则业已同之，欲去则上遇之厚，乃以沆先识之远，叹曰："李文靖真圣人也。"当时遂谓之"圣相"。

寇准与丁谓善，屡以谓才荐于沆，不用。准问之，沆曰："顾其为人，可使之在人上乎？"准曰："如谓者，相公终能抑之使在人下乎？"沆笑曰："他日后悔，当思吾言也。"准后为谓所倾，始伏沆言。

帝雅敬沆，尝问治道所宜先，沆曰："不用浮薄新进喜事之人，此最为先。"常喜读《论语》，或问之，沆曰："我为宰相，如《论语》中'节用而爱人，使民以时'两句，尚未能行。圣人之言，终身诵之可也！"

景德元年七月，沆待漏将朝，疾作而归，诏太医诊视，抚问之使相望于道。明日，驾往临问，赐白金五千两。方还宫而沆薨，年五十八。上闻之惊叹，趣驾再往，临哭之恸，谓左右曰："沆为大臣，忠良纯厚，始终如一，岂意不享遐寿！"言终又泣下。

沆性直谅，内行修谨，言无枝叶，识大体。居位慎密，不求声誉，动遵条制，人莫能干以私。公退，终日危坐，未尝跛倚。治第封丘门内，厅事前仅容旋马。或言其太隘，沆笑曰："居第当传子孙，此为宰相厅事诚隘，为太祝、奉礼厅事已宽矣。"至于垣颓壁损，不以屑虑。堂前药阑坏，妻戒守舍者勿葺以试沆，沆朝夕见之，经月终不言。妻以语沆，沆曰："岂可以此动吾一念哉！"家人劝治居第，未尝答。弟维因语次及之，沆曰："身食厚禄，时有横赐，计囊装亦可以治第，但念内典以此世界为缺陷，安得圆满如意，自求称足？今市新宅，须一年缮完，人生朝暮不可保，又岂能久居？巢林一枝，聊自足耳，安事丰屋哉？"

《宋史》卷二八二；《续通鉴》卷二四

## 七二　寇准请帝赴澶州亲征

辽主与萧太后举兵南下。辽师深入，急书一夕五至，同平章事寇准不发，饮笑自如。明日，同列入闻，帝大骇，以问准。准曰："陛下欲了此，不过五日尔。"因请幸澶州。同列惧，欲退；准止之，令候驾起，帝有难色，欲还内，准曰："陛下一入，则臣等不得见，大事去矣！请毋还而行。"帝乃议亲征。

参知政事王钦若，江南人，密请帝幸金陵；佥署枢密院事陈尧叟，蜀人，又请幸成都。帝以问准，时钦若、尧叟在傍，准心知之，乃佯曰："谁为陛下画此策者，罪可斩也！今天子神武，将帅和协，若车驾亲征，敌自当遁去。不然，则出奇以挠其谋，坚守以老其众，劳逸之势，我得胜算矣。奈何欲委弃宗社，远之楚、蜀邪？"帝乃止。

辽师益南侵，帝驻跸韦城，群臣复有以金陵之谋告帝宜且避其锋者，帝意稍惑，乃召寇准问之。将入，闻内人谓帝曰："群臣辈欲将官家何之？何不速还京师！"准入对，帝曰："南巡何如？"准曰："群臣怯懦无知，不异于乡老妇人之言。今敌骑迫近，四方危心，陛下惟可进尺，不可退寸。河北诸军日夜望銮舆至，士气当百倍。若回辇数步，则万众瓦解，敌乘其后，金陵亦不可得而至矣！"帝意未决。准出，遇殿前都指挥使高琼，谓曰："太尉受国恩，何以报？"对曰："琼武人，愿效死。"准复入对，琼随立庭下，准曰："陛下不以臣言为然，试问琼。"遂申前议，词气慷慨。琼仰奏曰："寇准言是。"且曰："随驾军士父母妻子尽在京师，必不肯弃而南行，中道即亡去耳。愿陛下亟幸澶州，臣等效死，契丹不难破。"准又言："机不可失，宜趣驾！"时王应昌带御器械侍侧，帝顾之，应昌曰："陛下奉将天讨，所向必克，若逗遛不进，恐敌势益张。"帝意遂决。

《续通鉴》卷二四、卷二五

## 七三　澶渊之盟

曹利用赴辽军议和，辽初欲宋割地，被拒。辽主及萧太后乃欲取金币，利用许遣绢二十万匹、银十万两，议始定。

以利用为东上阁门史、忠州刺史，再使辽。利用面请岁赂金帛之数，真宗曰："必不得已，虽百万亦可。"寇准召至幄次，语之曰："虽有旨许百万，若过三十万，将斩汝！"利用果以三十万成约而还。入见行宫，帝方进食，未即见，使内侍问所赂。利用曰："此机事，当面奏。"复使问曰："姑言其略。"利用终不肯言，而以三指加颊。内侍入曰："三指加颊，岂非三百万乎？"帝失声曰："太多！"既而曰："姑了事，亦可耳。"帷宫浅迫，利用具闻其语。及对，帝亟问之，利用再三称罪，曰："臣许之银绢过多。"帝曰："几何？"曰："三十万"。帝不觉喜甚，故利用被赏特厚。

寇准在澶州，每夕与知制诰杨亿痛饮，讴歌谐谑，喧哗达旦，帝使人觇知之，喜曰："准如此，吾复何忧！"时人比之谢安。

《续通鉴》卷二五

## 七四　王钦若深嫉寇准

辽人既和，朝廷无事，寇准颇矜其功。帝待准极厚，王钦若深嫉之。一日，会朝，准先退，帝目送准，钦若因进曰："陛下敬畏寇准，为其有社稷功邪？"帝曰："然。"钦若曰："城下之盟，《春秋》耻之。今以万乘之贵而为澶渊之举，是盟于城下也，何耻如之！"帝愀然不悦。钦若曰："陛下闻博乎？博者输钱欲尽，乃罄所有出之，谓之孤注。陛下，寇准之孤注也，斯亦危矣！"由是帝顾准稍衰。

准罢为刑部尚书、知陕州。以参知政事王旦为工部尚书、平章事。旦入谢，便坐，帝谓曰："寇准以国家爵赏过求虚誉，无大臣体，罢其重柄，庶保终吉也！"

初，张咏在成都，闻准入相，谓僚属曰："寇公奇才，惜学术不足耳。"及准知陕，咏适自成都还，准送之郊，问曰："何以教准？"咏徐曰："《霍光传》不可不读。"准莫喻其意，归，取其传读至"不学无术"，笑曰："此张公谓我也！"

《续通鉴》卷二六

## 七五　张洎文采清丽鄙吝险诐

初，南唐主李煜擢张洎知制诰，迁中书舍人、清辉殿学士。清辉殿在后苑中，煜宠洎，不欲离左右，授职内殿，中外之务一以咨之。每兄弟宴饮，作妓乐，洎独得预。为建大第宫城东北隅，及赐书万馀卷。煜尝至其第，召见妻子，赐予甚厚。洎尤好建议，每上言，未即行，必称疾，煜手札慰谕之，始复视事。及王师围城，逾年，城危甚，洎劝煜勿降。

归宋，太祖召责之曰："汝教煜不降，使至今日。"洎顿首请罪曰："犬吠非其主，今得死，臣之分也。"辞色不变。上奇之，贷其死，谓曰："卿大有胆，不加卿罪。今之事我，无替昔日之忠也。"拜太子中允，判刑部。

太宗即位，以其文雅，选值舍人院，考试诸州进士。

后，洎为给事中、参知政事，与寇准同列。先是，准知吏部选事，洎掌考功，为吏部官属。准年少，新进气锐，思欲老儒附己以自大。洎夙夜坐曹视事，每冠带候准出入于省门，揖而退，不交一谈。准益重焉，因延与语。洎捷给善持论，多为准规画，准心伏，乃兄事之，极口谈洎于上。既同秉政，奉准愈谨，事一决于准，无所参预。专修时政记，甘言善柔而已。后因奏事异同，准复忌之。

洎既议事不称旨，恐惧，欲自固权位。上已嫉准专恣，恩宠衰替。洎虑一旦同罢免，因奏事，大言寇准退后多诽谤。准但色变，不敢自辩。上由是大怒，准旬日罢。未几，洎病在告，满百日，力疾请对，方拜，踣于上前，左右掖起之。后月馀，罢知政事。奉诏呜咽，疾遂亟，十馀日卒，年六十四。

洎风仪洒落，文采清丽，博览道释书，兼通禅寂虚无之理。终日清谈，亹亹可听。尤险诐，好攻人之短。李煜既归朝，贫甚，洎犹丐索之。煜以白金颒面器与洎，洎尚未满意。时潘慎修掌煜记室，洎疑慎修教煜，素与慎修善，自是亦稍疏之。煜子仲寓雅好蒱博饮宴，洎因切谏之，仲寓蒱博如故，洎遂与之绝。及仲寓死郢州，葬京师，洎亦不赴吊。与张佖议事不协，遂为仇隙，始以从父礼事佖，既而不拜。尤善事内官。性鄙吝，虽亲戚无所沾，及江表故旧，亦罕登其门。素与徐铉厚善，后因议事相忤，遂绝交。然手写铉文章，访求其笔札，藏箧笥，甚于珍玩。

《宋史》卷二六七

## 七六　王济为民减负增利

太宗雍熙中，王济补龙溪主簿。时调福建输鹤翎为箭羽。鹤非常有物，有司督责急，一羽至值数百钱，民甚苦之。济谕民取鹅翎代输，仍驿奏其事，因诏旁郡悉如济所陈。县有陂塘数百顷，为乡豪斡其利，会岁旱，济悉导之，分溉民田。汀州以银冶构讼，十年不决，逮系数百人，转运使使济鞠之，才七日情得，止坐数人。

通判镇州。牧守多勋旧武臣，倨贵陵下，济未尝挠屈。戍卒颇恣暴不法，夜或焚民舍为盗。一夕，报有火，济部壮士数十潜往侦伺，果得数辈并所盗物，即斩之。驰奏其事，太宗大悦。都校孙进使酒无赖，殴折人齿，济不俟奏，杖脊送阙下，繇是军城畏肃。就迁太子中舍，拜监察御史。

拜本曹郎中、出知杭州。上面加慰谕，仍戒以朝廷阙失许密上言。郡城西有钱塘湖，溉田千馀顷，岁久湮塞。济命工浚治，增置斗门，以备溃溢之患，仍以白居易旧记刻石湖侧，民颇利之。睦州有狂僧突入州廨，出妖言，与转运使陈尧佐按其实，斩之。真宗大中祥符三年，徙知洪州，兼江南西路安抚使。属岁旱民饥，躬督官吏为糜粥，日亲尝而给之；录饥民为州兵，全活甚众。是岁卒，年五十九，遗奏大旨以进贤退谀佞、罢土木不急之费为言。

《宋史》卷三〇四

## 七七　杨亿一生不离翰墨

杨亿，七岁能属文，对客谈论，有老成风。雍熙初，年十一，太宗闻其名，诏江南转运使张去华就试词艺，送阙下。连三日得对，试诗赋五篇，下笔立成。太宗深加赏异，命内侍都知王仁睿送至中书，又赋诗一章，宰相惊其俊异，削章为贺。翌日，下制曰："汝方髫龀，不由师训，精爽神助，文字生知。越景绝尘，一日千里，予有望于汝也。"即授秘书省正字，特赐袍笏。

真宗即位初，超拜左正言。诏钱若水修《太宗实录》，奏亿参预，凡八十卷，而亿独草五十六卷。书成，乞外补就养，知处州。

亿天性颖悟，自幼及终，不离翰墨。文格雄健，才思敏捷，略不凝滞，对客谈笑，挥翰不辍。精密有规裁，善细字起草，一幅数千言，不加点窜，当时学者，翕然宗之。而博览强记，尤长典章制度，时多取正。喜诲诱后进，以成名者甚众。人有片辞可纪，必为讽诵。手集当世之述作，为《笔苑时文录》数十篇。重交游，性耿介，尚名节。多周给亲友，故廪禄亦随而尽。留心释典禅观之学，所著共一百九十四卷。

《宋史》卷三〇五

宋（上）（公元960年至1126年）

## 七八　穆修好论斥时病

穆修，真宗时人。性刚介，好论斥时病，诋诮权贵，人欲与交结，往往拒之。张知白守亳，亳有豪士作佛庙成，知白使人召修作记，记成，不书士名。士以白金五百遗修为寿，且求载名于记，修投金庭下，俶装去郡。士谢之，终不受，且曰："吾宁糊口为旅人，终不以匪人污吾文也。"宰相欲识修，且将用为学官，修终不往见。母死，自负榇以葬，日诵《孝经》《丧记》，不饭浮屠为佛事。

自五代文敝，国初，杨亿、刘筠尚声偶之辞，学者靡然从之。修于是时独以古文称，苏舜钦兄弟多从之游。修虽穷死，然一时士大夫称能文者必曰穆参军。

《宋史》卷四四二

## 七九　石延年读书通大略

石延年，为人跌宕任气节，读书通大略，为文劲健，于诗最工而善书。延年喜剧饮，尝与刘潜造王氏酒楼对饮，终日不交一言。王氏怪其饮多，以为非常人，益奉美酒肴果，二人饮啖自若，至夕无酒色，相揖而去。明日，都下传王氏酒楼有二仙来饮，已乃知刘、石也。延年虽酣放，若不可撄以世务，然与人论天下事，是非无不当。

刘潜，字仲方，少卓逸有大志，好为古文，以进士起家，为淄州军事推官。尝知蓬莱县，代还，过郓州，方与延年饮，闻母暴疾，呕归。母死，潜一恸遂绝，其妻复抚潜大号而死。时人伤之，曰："子死于孝，妻死于义。"

《宋史》卷四四二

## 八〇　欧阳冕大言自荐

莱芜监判官欧阳冕，求应贤良方正，而大言自荐，以姬旦、皋、夔为比，且云："使臣日试万言，一字不改，日览千字，一句不遗。"由是促召赴阙，令中书试五论、三颂、诸诗四十首，共限万言。题既出，冕惶骇，自陈："止应贤良，不应万言，幸假贷！"乃以所上表示之，冕不敢复言。至晡，但成五论、一颂，共三千字。冕以躁妄之罪，改授下州司户参军。

《续通鉴》卷二六

## 八一　曹玮用兵多奇计

曹彬之子玮，真宗时知渭州、高州、秦州，为彰武军节度使。玮用士，得其死力。平居甚闲暇，及师出，多奇计，出入神速不可测。一日，张乐饮僚吏中，坐失玮所在，明日，徐出视事，而贼首已掷庭下矣。尝称疾，加砭艾，卧阁内不出。会贼至，玮奋起裹创，披甲跨马，贼望见，皆遁去。将兵几四十年，未尝少失利。吐蕃闻玮名，即望玮所在，东向合手加额。契丹使过天雄，部勒其下曰："曹公在此，毋纵骑驰驱也。"真宗慎兵事，凡边事，必手诏诘难至十数返，而玮守初议，卒无以夺。后虽他将论边事者，往往密付玮处之。

渭州有告戍卒叛入夏国者，玮方对客奕棋，遽曰："吾使之行也。"夏人闻之，即斩叛者，投其首境上。

初守边时，山东知名士贾同造玮，客外舍。玮欲按边，即同舍，邀与俱。同问："从兵安在？"曰："已具。"既出就骑，见甲士三千环列，初不闻人马声。同归，语人曰："玮殆名将也。"玮为将不如其父宽，然自为一家。

《宋史》卷二五八

## 八二　郭皇后性谦约

真宗之皇后郭氏，性谦约，宽仁惠下。尤恶奢靡，族属入谒禁中，或服饰华侈，必加戒勖。有以家事求言于帝者，后终不许。兄子出嫁，以贫，欲祈恩赉，但出装具给之。帝尝使观宜圣殿诸库，后辞曰："国之宝库，非妇人所当入。陛下欲惠赐六宫，愿量颁之，妾不敢奉诏。"

《续通鉴》卷二六

## 八三　向敏中大耐官职

真宗天禧初，向敏中加吏部尚书，进右仆射兼门下侍郎，监修国史。是日，翰林学士李宗谔当对，帝曰："朕自即位，未尝除仆射，今命敏中，此殊命也，敏中应甚喜。"又曰："敏中今日贺客必多，卿往观之，勿言朕意也。"宗谔既至，敏中谢客，门阑寂然。宗谔与其亲径入，徐贺曰："今日闻降麻，士大夫莫不欢慰相庆。"敏中但唯唯。又曰："自上即位，未尝除端揆，非勋德隆重，眷倚殊越，何以至此。"敏中复唯唯。又历陈前世为仆射者勋德礼命之重，敏中亦唯唯，卒无一言。既退，使人问庖中，今日有亲宾饮宴否，亦无一人。明日，具以所见对。帝曰："向敏中大耐官职。"

敏中姿表瑰硕，有仪矩，性端厚恺悌，多智，晓民政，善处繁剧，慎于采拔。居大任三十年，时以重德目之。

《宋史》卷二八二

## 八四　旧相徙外多不勤政

徙向敏中知河南府兼西京留守司事。先是旧相出镇者，多不以吏事为意，寇准虽有重名，所至终日宴游。张齐贤倜傥任情，获劫盗，或时纵遣之，所至尤不治。帝闻之，皆不喜。惟敏中勤于政事，所至皆称。帝曰："大臣出临方面，不当如向敏中邪！"

《续通鉴》卷二六

宋（上）（公元960年至1126年）

## 八五　王钦若劝真宗封禅

　　王钦若既以城下之盟毁寇准，帝自是常怏怏。它日，问钦若曰："今将奈何？"钦若度帝厌兵，即缪曰："陛下以兵取幽蓟，乃可刷此耻也。"帝曰："河朔生灵，始得休息，吾不忍复驱之死地。卿盍思其次？"钦若曰："陛下苟不用兵，则当为大功业，庶可以镇服四海，夸示戎狄也。"帝曰："何谓大功业？"钦若曰："封禅是矣。然封禅当得天瑞乃可。"既而又曰："天瑞安可必得，前代盖有以人力为之者，陛下谓《河图》《洛书》果有此乎？圣人以神道设教耳。"帝久之乃可，然心惮王旦，曰："王旦得无不可乎？"钦若曰："臣请以圣意谕旦，宜无不可。"乘间为旦言之，旦黾勉而从。然帝意犹未决，它日，晚，帝骤问杜镐曰："卿博达坟典，所谓河出图、洛出书，果何事邪？"镐老儒，不测帝旨，漫应曰："此圣人以神道设教耳。"其言偶与钦若同。帝由此意决，遂召王旦饮于内中，欢甚，赐以尊酒曰："此酒极佳，归与妻孥共之。"既归，发视，乃珠也。旦自是不复持异，天书、封禅等事始作。

　　未几，帝召宰臣王旦、知枢密院事王钦若等曰："夜将半，朕方就寝，忽一室明朗，惊视之，俄见神人星冠绛袍，告朕曰：'来月三日，当降天书《大中祥符》三篇，勿泄天机！'朕悚然起对，忽已不见，命笔志之。适睹皇城司奏，左承天门屋之南角，有黄帛曳于鸱吻之上，朕潜令中使往视，回奏云：'其帛长二丈许，缄一物如书卷，缠以青缕三周，封处隐隐有字。'朕细思之，盖神人所谓天降之书也。"旦等皆再拜称万岁。

《续通鉴》卷二七

## 八六　真宗封禅举国贺功德

真宗自赴泰山封禅还，丁谓上封禅祥瑞图。群臣献贺功德，举国若狂。惟进士孙籍献书言："封禅，帝王盛事，然愿陛下谨于盈成，不可遂自满假。"

龙图阁待制孙奭，由经术进，守道自处，即有所言，未尝阿附取悦。帝尝问以天书，奭对曰："臣愚所闻：'天何言哉！'岂有书也！"时群臣数奏祥瑞，奭又上疏言："今野雕山鹿，并形奏简，秋旱冬雷，率皆称贺。将以欺上天，则上天不可欺；将以愚下民，则下民不可愚；将以欺后世，则后世必不信；腹非窃笑，有识尽然，上玷圣明，不为细也！"疏入，不报。

帝作《祥瑞论》《勤政论》《俗吏辨》，赐辅臣人一本，因曰："如闻中外有议朝廷崇祥瑞、亲细务者，着此晓之。"帝多行矫诬之事，心不自安，故有是论。

《续通鉴》卷二八、卷二九、卷三〇

## 八七　杜镐博闻强记

杜镐，真宗时官至礼部侍郎。镐博闻强记，凡所检阅，必诚书吏云："某事，某书在某卷、几行。"覆之，一无差误。每得异书，多召问之，镐必手疏本末以闻，顾遇甚厚。士大夫有所著撰，多访以古事，虽晚辈、卑品请益，应答无倦。年逾五十，犹日治经史数十卷，或寓值馆中，四鼓则起诵《春秋》。所居僻陋，仅庇风雨，处之二十载，不迁徙。燕居暇日，多挈醪馔以待宾友。性和易，清素有懿行，士类推重之。

《宋史》卷二九六

## 八八　查道孝义淳厚

查道幼沉嶷不群，罕言笑，喜亲笔砚。未冠，以词业称。侍母渡江，奉养以孝闻。母尝病，思鳜羹，方冬苦寒，市之不获。道泣祷于河，凿冰取之，得鳜尺许以馈。又刲臂血写佛经，母疾寻愈。后数年，母卒，绝意名宦，游五台，将落发为僧。一夕，震雷破柱，道坐其下，了无怖色，寺僧异之，咸劝以仕。

端拱初，举进士高第。

真宗天禧元年，以耳聩难于对问，表求外任，得知虢州。秋，蝗灾民歉，道不候报，出官廪米赈之，又设粥糜以救饥者，给州麦四千斛为种于民，民赖以济，所全活万馀人。二年五月，卒。

道性淳厚，有犯不较，所至务宽恕，胥吏有过未尝笞罚，民讼逋负者，或出己钱偿之，以是颇不治。尝出按部，路侧有佳枣，从者摘以献，道即计值挂钱于树而去。儿时尝戏画地为大第，曰："此当分赡孤遗。"及居京师，家甚贫，多聚亲族之茕独者，禄赐所得，散施随尽，不以屑意。

初，赴举，贫不能上，亲族裒钱三万遗之。道出滑台，过父友吕翁家。翁丧，贫窭无以葬，其母兄将鬻女以襄事。道倾褚中钱与之，且为其女择婿，别加资遣。又故人卒，贫甚，质女婢于人。道为赎之，嫁士族。搢绅服其履行。好学，嗜弈棋，深信内典。平居多茹蔬，或止一食，默坐终日，服玩极于卑俭。

《宋史》卷二九六

## 八九　萧太后明习政事素娴军旅

辽萧太后明习政事，能用善谋。素娴军旅，澶渊之役，亲御戎车，指麾三军，赏罚信明，将士用命。教辽主以严，辽主初即位，或府库中需一物，必诘其所用，赐及文武臣僚者与之，不然不与。辽主既不预朝政，纵心弋猎，左右有与辽主谐谑者，太后知之，必杖责其人，辽主亦不免诟问。御服御马，皆太后检校焉。后归政未几而殂，年五十七。辽主哀毁骨立，哭必呕血。

《续通鉴》卷二八

## 九〇　王旦不私女婿

大理评事苏耆，宰相王旦女婿也。耆先举进士，及唱第，格在诸科，知枢密院陈尧叟为帝具言之，帝顾问旦，旦却立不对。耆曰："愿且修学。"既出，尧叟谓旦曰："公一言，则耆及第矣。"旦笑曰："上亲临轩试天下士，示至公也。旦为宰相，自荐亲属于冕旒之前，士子盈庭，得无失礼？"尧叟愧谢曰："乃知宰相真自有体。"后，耆献所为文，召试学士院，得中进士及第。

旦长女婿殿中丞韩亿，亦尝献所为文，帝亟欲召试，旦力辞之。亿例当守远郡，帝特召见，改太常博士，知洋州。旦私语其女曰："韩郎入川，汝第归吾家，勿忧也。吾若有求于上，它日使人指韩郎缘妇翁奏免远适，则其为损不细矣。"亿闻之，喜曰："公待我厚也。"

李惟简，性冲澹，不乐仕进，屏居二十馀年，真宗特召对而命之。初召惟简，使者不知其所止，帝令至中书问王旦，然后人知惟简乃旦所荐也。旦所荐士甚多，类不以告人，其后史官修《真宗实录》，得内出奏章，乃知朝廷士多旦所荐者。

刘承规欲求节度使，帝谕王旦，旦不可。翼日，帝又曰："承规俟此以瞑目。"旦曰："若听所请，后必有求为枢密使者。此必不可。"帝乃止。承规寻卒，乃赠镇江节度使。承规好伺察，人多畏之。帝崇信符瑞，修饰宫观，承规悉预焉。作玉清昭应宫尤精丽，小不中程，虽金碧已具，必毁而更造，有司不敢计其费。

《续通鉴》卷二九、卷三一

## 九一　邢惇视敕命如废纸

雍丘邢惇，以学术称，隐居不出。真宗之幸亳州也，王曾荐之。及还，自亳召对，问治道，惇不对。帝问其故，惇曰："陛下东封西祀，皆已毕矣，臣复何言！"帝悦，除许州助教，遣归。惇衣服居处，一如平日，乡人不觉其有官也。既卒，乃见其敕与废纸同束置屋梁间。

《续通鉴》卷三一

## 九二　王钦若性倾巧

枢密使王钦若等上《新编修君臣事迹》一千卷，真宗亲制序，赐名《册府元龟》，编修官加赏赉。

钦若性倾巧，敢为矫诞。副使马知节薄其为人，未尝诡随。帝尝以《喜雪诗》赐近臣，而误用旁韵。王旦欲白帝，钦若曰："天子诗，岂当以礼部格校之？"旦遂止。钦若退，遽密以闻。已而帝谕二府（指中书与枢密）曰："前所赐诗，微钦若言，几为众笑。"旦唯唯。知节具斥其奸状，帝亦不罪也。

钦若每奏事，或怀数奏，但出其一二，其馀皆匿之，既退，即以己意称上旨行之。知节尝于帝前顾钦若曰："怀中奏何不尽去？"钦若宠顾方深，知节愈不为之下。

《续通鉴》卷三一

## 九三　王质克己好善

真宗时，王质尝摄江陵府事，或诉民约婚后期，民言贫无赀以办，故违约。质问其费几何，出私钱予之。吏捕盗人衣者，盗叩头曰："平生不为过，迫饥寒而至于此。"质命取衣衣之，遣去。后迁知陕州，卒。

王质家世富贵，兄弟习为骄侈，而质克己自奉，简素如寒士，不喜畜财，至不能自给。范仲淹贬饶州，治朋党方急，质独载酒往饯。或以诮质，质曰："范公贤者，得为之党，幸矣。"世以此益贤之。

《宋史》卷二六九

## 九四　王旦与寇准

先是，寇准恶三司使林特之奸邪，数与争。特方有宠，真宗不悦，谓王旦等曰："准年高，屡更事，朕意其必改前非，今所为似更甚于昔。"旦等曰："准好人怀惠，又欲人畏威，皆大臣所当避。而准乃以为己任，此其所短也。非至仁之主，孰能全之！"准之未为枢密使也，旦尝得疾，久不愈，帝命肩舆入禁，劳问数四，因曰："卿今疾亟，谁可代卿者？"旦谢曰："知臣莫如君，惟明主择之！"帝举张咏，又问马亮，皆不对。帝曰："试以意言之。"旦强起举笏曰："以臣之愚，莫如寇准。"帝怃然，有间曰："准性刚褊，更思其次。"旦曰："它非臣所及准为枢密使，中书有事关送枢密院，违诏格，准即以闻。帝谓旦曰："中书行事如此，施之四方，奚所取则！"旦拜谢曰："此实臣等过也。"中书吏皆坐罚。既而枢密院有事送中书，亦违诏格，吏得之，欣然呈旦，旦令送还枢密院。吏白准，准大惭。

旦每见帝，必称准才，而准数短之。帝谓旦曰："卿虽谈其美，彼专道卿恶。"旦谢曰："臣在相位久，阙失必多。准对陛下无所隐，此臣所以重准也！"帝由是愈贤旦。

及准自知当罢，使人求为使相，旦大惊曰："使相岂可求邪？"准憾之。既而帝问旦："准当何官？"旦曰："准未三十，已蒙先帝擢置二府，且有才望，若与使相，令处方面，其风采亦足为朝廷之光。"及制出，准入见，泣涕曰："非陛下知臣，何以至是！"帝具道所以，准始愧叹，语人曰："王子明器识，非准所测也！"

《续通鉴》卷三二

## 九五　张咏知杭州成都

以御史中丞张咏为工部侍郎，知杭州。咏既至，属岁歉，民多私鬻盐以自给，捕犯者数百人，咏悉其罚而遣之。官属请曰："不痛绳之，恐无以禁。"咏曰："钱唐十万家，饥者八九，苟不以盐自活，一旦蜂起为盗，则其患深矣。俟秋成当仍旧法。"

有民家子与姊讼家财，婿言："妻父临终，此子才三岁，故命掌资产，且有遗书，令异日以十之三与子，七与婿。"咏览之，以酒酹地曰："汝妻父，智人也。以子幼甚，故托汝，倘遽以家财十之七与子，则子死于汝手矣。"亟命以七分给其子，馀三给婿。皆服咏明断。

仁宗时，张咏知益州。初，蜀士知向学，而不乐仕宦。咏察郡人张及、李畋、张逵者皆有学行，为乡里所称；遂敦勉就举，而三人者悉登科，士由是知劝。民有谍诉者，咏灼见情伪，立为判决，人皆厌服。好事者编集其辞，镂板传布。咏尝曰："询君子得君子，询小人得小人，各就其党询之，则无不审矣。"其为政，恩威并用，蜀民畏而爱之。威惠及民，民皆不敢为恶，而亦不苦其严。成都人立庙祀之。

真宗尝称咏才任将帅，以疾不尽其用。咏临终奏疏言："不当造宫观，竭天下之才，伤生民之命。此皆贼臣丁谓诳惑陛下，乞斩谓头置国门以谢天下，然后斩咏头置丁氏之门以谢谓。"帝亦不以为忤。

咏尝言："事君者廉不言贫，勤不言苦，忠不言己效，公不言己能，可以事君矣。"

《续通鉴》卷二〇、卷三二；《宋史》卷二九三

## 九六　飞蝗过京城

飞蝗过京城，真宗诣玉清昭应宫、开宝寺、灵感塔焚香祈祷，禁宫城音乐五日。先是帝出死蝗以示大臣曰："朕遣人遍于郊野视蝗，多自死者。"翼日，执政有袖死蝗

以讲者曰："蝗实死矣，请示于朝。"率百官贺。王旦曰："蝗出为灾，灾弭，幸也，又何贺焉？"众力请，旦固称不可，乃止。于是二府方奏事，飞蝗蔽天，有堕于殿廷间者。帝顾谓旦曰："使百官方贺而蝗若此，岂不为天下笑邪！"

《续通鉴》卷三三

## 九七　王旦逊谢王曾建言

王曾、张知白、陈彭年等与王旦同在中书，尝乘间谓旦曰："曾等拔擢至此，公力也，愿有所裨补。"旦曰："愿闻之。"曾曰："每见奏事，其间有不经上览者，公批旨行下，恐人言之以为不可。"旦逊谢而已。一日，曾等以前说闻于真宗，帝曰："所行公否？"皆曰："公。"帝曰："王旦事朕，多历年所，朕察之无毫发私。自东封后，朕谕以小事专行，卿等当谨奉之。"曾等退，谢于旦曰："上之委遇，非曾等所知也。"旦曰："向蒙谕及，不可自言先得上旨，今后更赖诸公规益。"略不介意。

《续通鉴》卷三三

## 九八　王曾志不在温饱方严持重

王曾，少孤。真宗咸平中，命吏部侍郎陈恕知贡举，恕所取士甚少，以王曾为首。及是糊名考校，曾复得甲科。恕叹曰："曾，名世才也，吾得曾，不愧知人矣。"或谓曾曰："状元一生吃着不尽。"曾正色答曰："平生之志，不在温饱！"杨亿见其赋，叹曰："王佐器也。"宰相寇准奇之，特试政事堂，授秘书省著作郎、直史馆、三司户部判官。

时瑞应沓至，曾尝入对，帝语及之。曾奏曰："此诚国家承平所致，然愿推而弗居，异日或有灾诊，则免舆议。"及帝既受符命，大建玉清昭应宫，下莫敢言者，曾陈五害以谏。

曾方严持重，每进见，言利害事，审而中理；多所荐拔，尤恶侥幸。帝问曾曰："比臣僚请对，多求进者。"曾对曰："惟陛下抑奔竞而崇恬静，庶几有难进易退之人矣。"曾进退士人，莫有知者。范仲淹尝问曾曰："明扬士类，宰相之任也。公之盛德，独少此耳。"曾曰："夫执政者，恩欲归己，怨使谁归？"仲淹服其言。

曾资质端厚，眉目如画。在朝廷，进止皆有常处，平居寡言笑，人莫敢干以私。少与杨亿同在侍从，亿喜谈谑，凡僚友无不狎侮。至与曾言，则曰："余不敢以戏也。"平生自奉甚俭，有故人子孙京来告别，曾留之具馔，食后，盒中送数轴简纸，启视之，皆它人书简后裁取者也。

《续通鉴》卷二三；《宋史》卷三一〇

## 九九　陈彭年号九尾野狐

参知政事陈彭年，敏给强记，尤好仪制沿革、刑名之学，自升内阁，即以翰墨为己任。及李宗谔卒，杨亿病退，彭年专其任，事务益繁，愈勤职以固宠，手披简策，口对宾客，及胥吏白事满前，或密答诏问，晓夕若是，形神皆耗。然彭年素奸谄，时号"九尾野狐"。在翰林日，尝诣中书谒宰相，王旦辞不见；翌日复至，旦令见向敏中。它日，敏中命吏取彭年所留文字示旦，旦瞑目索纸封之，曰："不过兴建符瑞，图进取耳。"

始，彭年仕未达，求为大理寺详断官。张齐贤时当国，一见，辄不可。人问其故，齐贤曰："此人在朝，必乱国政。"或疑齐贤过甚，后乃服其知人。

《续通鉴》卷三三

## 一〇〇　王旦二三事

王旦以病坚求罢相。旦为宰相，务遵法守度，重改作，善于论奏，言简理顺。其用人，不以名誉，必求其实。居家宾客满座，必察其可言及素知名者，别召与语，询访四方利病，或使疏其言而献之，密籍其名以荐，人未尝知。

旦卒。前数日，驾幸其第，帝手自和药并薯蓣粥赐之，复赐白金五千两。旦命家人还献，作奏毕，自益四句云："已惧多藏，况无所用，见欲散施，以息咎殃。"亟令昇至内阁。有诏不许，还至门，且已卒。旦与杨亿素厚善，病革，延至卧内，请撰遗表，且言："忝为宰相，不可以将尽之言为宗亲求官，止叙生平遭遇，愿帝日亲庶政，进用贤士，少减焦劳之意。"仍诫子弟勿为厚葬。时年六十一。

旦性冲澹寡欲，所居甚陋，帝欲为治之，旦以先人旧庐恳辞。每有赐予，见家人列置庭下，辄叹曰："生民膏血，安用许多！"被服质素，家人服饰稍过，即瞑目不视。有货玉带者，子弟以为佳，呈旦，旦命系之，曰："还见佳否？"曰："系之，安得自见？"旦曰："自负重而使观者称好，无乃劳乎？亟还之。"生平不置田宅，曰："子孙当念自立，何必田宅，徒使争财为不义耳！"

兄子睦，颇好学，尝献书求举进士，旦曰："我尝以大盛为惧，岂可复与寒士争进？"至其殁也，子素犹未官。

祥符间，每有大礼，辄奉天书以行，尝悒悒不乐。临终，语其子曰："我别无过，惟不谏天书一节，为过莫赎。我死之后，当削发披缁以敛。"诸子欲奉遗令，杨亿以为不可，乃止。

《续通鉴》卷三三

## 一〇一　崔立曰毋奏符瑞

大理寺丞崔立，性淳谨，尤喜论事。大中祥符间，士大夫争奏符瑞，立独言："水发徐、兖，旱连江、淮，无为烈风，金陵大火，是天所以戒骄矜；而中外多上云露、草木、禽虫诸物之瑞，此何足为治道哉！愿敕有司：草木之异，虽大不录；水旱之变，虽小必闻。"前后凡上四十馀事云。

《续通鉴》卷三四

## 一〇二 李允则治雄州

李允则在雄州十四年。州北旧设陷马坑，城上起楼为斥堠，望十里，自罢兵，人莫敢登。允则曰："南北既讲和矣，安用此为？"命撤楼夷坑，为诸军蔬圃，浚井疏洫，列畦垄，筑短垣，纵横其中，植以荆棘，而其地益险阻。因治坊巷，徙浮图北垣上，登望三十里。下令安抚司所莅境，有隙地悉种榆，久之，榆满塞下。

上元旧不燃灯，允则结彩山，聚优乐，使民纵游。明日，侦知辽将欲间行入城观之，允则与同僚伺郊外，果有紫衣人至，遂与俱入传舍，不交一言，出女奴罗侍左右，剧饮而罢，且置其所乘驴庑下，使遁去，即辽之南京统军也。后数日，其人得罪。

尝燕军中，而甲仗库火，允则作乐行酒不辍。少顷，火熄，命悉瘗所焚物，密遣使持檄瀛州，以茗笼运器甲，不夹旬，兵数已完，人无知者。枢密院移诘之，对曰："兵械所藏，儆火甚严，方宴而燔，必奸人所为，舍宴救焚，事或不测矣。"

云翼卒亡入北界，允则移文督还，辽人报以不知所在。允则曰："在某所。"辽人骇,不敢隐,即归卒,乃斩以徇,后无敢亡者。

允则不事威仪,间或步出,遇民可与语者,延坐与语,以是洞知人情,盗发辄获,人亦莫知其由。身无兼衣,食无重羞,不蓄资货,当时边臣鲜能及之者。

《续通鉴》卷三四

## 一〇三　马知节武将能文艺

彰德军留后马知节以疾留京师,逾年,表求外任,将行,请对,真宗闵其羸,令归本镇,上党、大名之民争来迎谒。疾浸剧,还京师,卒。知节习兵事,以方略自任。颇涉文艺,每应诏,亦为诗咏,所与游接,必一时名士。为治专务抑豪强,恤孤弱。性刚直敢言,未尝少自卑屈。

《续通鉴》卷三四

## 一〇四　丁谓陷害寇准

寇准为丁谓排斥,贬道州司马,再贬雷州司户参军。丁谓恶准,必欲置之死地,遣中使赍敕就赐准。中使承谓指,以锦囊贮剑揭于马前,示将有所诛戮状。至道州,准方与群官宴,驿吏言状,州吏皆悚惧出迎,中使避不见;问其所以来之故,不答。众惶恐不知所为,准神色自若,使人谓之曰:"朝廷若赐准死,愿见敕书。"中使不得已,乃授以敕。准即从录事参军借绿衫着之，短才至膝，拜敕于庭，升阶复宴，至暮乃罢。及赴贬所，道险不能进，州县以竹舆迎之，准谢曰："吾罪人，得乘马幸矣。"冒炎瘴，日行百里，左右为泣下。

初，寇准为中书侍郎兼吏部尚书、平章事，丁谓为吏部尚书、参知政事。谓在中书，事准甚谨。尝会食，羹污准须，谓起，徐拂之，准笑曰："参政国之大臣，乃为官长拂须邪？"谓甚愧之，由是倾构始萌矣。

谓初逐准，京师为之语曰："欲得天下宁，当拔眼中钉；欲得天下好，莫如召寇老。"不半岁，谓亦贬为崖州司户参军。谓道出雷州，准遣人以一蒸羊逆之境上。谓欲见准，准拒绝之。闻家僮谋欲报仇，乃杜门使纵博，毋得出，伺谓行远乃罢。

准卒于雷州，其妻宋氏乞归葬西京，许之。道出荆南公安县，人皆设祭于路，折竹植地，挂纸钱焚之。逾月，枯竹尽出笋，众因为立庙，号竹林寇公祠。

丁谓机敏有智谋，险狡过人，文字累数千百言，一览辄诵。在三司，案牍繁委，吏久难解者，一言判之，众皆释然。善谈笑，尤喜为诗，至于图画、博弈、音律，无不洞晓。每休沐会宾客，尽陈之，听人人自便，而谓从容应接于其间，莫能出其意者。在贬所，专事浮屠因果之说，其所著诗并文亦数万言。

《续通鉴》卷三四、卷三五、卷三六；《宋史》卷二八三

## 一〇五　陈尧佐所治有政绩

真宗时，陈尧佐知寿州。岁大饥，出奉米为糜粥食饿者，吏人悉献米至，赈数万人。后为两浙转运副使。钱塘江篝石为堤，堤再岁辄坏。尧佐请下薪实土乃坚久，丁谓不以为是，徙京西转运使，后卒如尧佐议。徙河东路，以地寒民贫，仰石炭以生，奏除其税。又减泽州大广冶铁课数十万。徙河北，母老祈就养，召纠察在京刑狱，监鄂州茶场。

天禧中，河决，起知滑州，造木龙以杀水怒，又筑长堤，人呼为"陈公堤"。

知河南府，徙并州。每汾水暴涨，州民辄忧扰，尧佐为筑堤，植柳数万本，作柳溪，民赖其利。

尧佐少好学，父授诸子经，其兄未卒业，尧佐窃听已成诵。及贵，读书不辍。善古隶八分，为方丈字，笔力端劲，老犹不衰。尤工诗。性俭约，见动物，必戒左右勿杀，器服坏，随辄补之，曰："无使不全见弃也。"号"知馀子"。自志其墓曰："寿八十二不为夭，官一品不为贱，使相纳禄不为辱，三者粗可归息于父母栖神之域矣。"

《宋史》卷二八四

## 一〇六　胡顺之除杀豪强

真宗时，胡顺之登进士第，知休宁县。民有汪姓者豪横，县不能制，岁租赋常不入，适以讼逮捕，不肯出。顺之曰："令不行何以为政。"命积薪环而焚之，豪大骇，少长趋出，叩头伏辜，推其长械送州，致之法。

为青州从事。大姓麻士瑶阴结贵侍，匿兵械，服用拟尚方，亲党仆使甚多，州县被陵蔑，莫敢发其奸。会士瑶杀兄子温裕，其母诉于州，众相视曰："孰敢往捕者？"顺之持檄径去，尽得其党。有诏鞫问，士瑶论死。

《宋史》卷三〇三

## 一〇七　范讽体恤贫民

真宗时，范讽举进士第，迁大理评事、通判淄州。岁旱蝗，他谷皆不立，民以蝗不食菽，犹可艺，而患无种，讽行县至邹平，发官廪贷民。县令争不可，讽曰："有责，令无预也。"即出贷三万斛；比秋，民皆先期而输。

徙通判郓州。诏塞决河，州募民入刍楗，而城邑与农户等，讽曰："贫富不同而轻重相若，农民必大困。且诏书使度民力，今则均取之，此有司误也。"即改符，使富人输三之二，因请下诸州以郓为率，朝廷从其言。

玉清昭应宫灾，下有司治火所起，讽曰："此天之戒告，乃复置狱以穷治之，非所以应天也。"狱由是得解。议者疑复修，讽上书谏："山木已尽，人力已竭，宫必不成。臣知朝廷亦不为此，其如疑天下何。宜诏示四方，使明知之。"于是下诏罢修。

《宋史》卷三〇四

宋（上）（公元960年至1126年）

## 一〇八　李及知杭州屏绝宴游

以给事中李及知杭州。及治尚简严而乐道人善，以钱塘风俗轻靡，屏绝宴游。一日，冒雪出郊，众谓当置酒召客；乃独造林逋，清谈至暮而归。居官数年，未尝市吴中物，比去，惟市《白乐天集》一部。

《续通鉴》卷三五

## 一〇九　林逋恬淡不趋荣利

林逋，字君复，杭州钱塘人。少孤，力学，不为章句。性恬淡好古，弗趋荣利，家贫衣食不足，晏如也。初放游江、淮间，久之归杭州，结庐西湖之孤山，二十年足不及城市。真宗闻其名，赐粟帛，诏长吏岁时劳问。薛映、李及在杭州，每造其庐，清谈终日而去。尝自为墓于其庐侧。临终为诗，有"茂陵他日求遗稿，犹喜曾无封禅书"之句。既卒，州为上闻，仁宗嗟悼，赐谥和靖先生。

逋善行书，喜为诗，其词澄浃峭特，多奇句。既就稿，随辄弃之。或谓："何不录以示后世？"逋曰："吾方晦迹林壑，且不欲以诗名一时，况后世乎！"然好事者往往窃记之，今所传尚三百馀篇。

《宋史》卷四五七

## 一一〇　王樵筑茧室

王樵，淄州淄川人，博通群书，不治章句，尤善考《易》。真宗咸平中，契丹游骑度河，举家被掠。樵即弃妻，挺身入契丹访父母，累年不获，还东山。刻木招魂以葬，立祠画像，事之如生，服丧六年，哀动行路。北望叹曰："身世如此，自比于人可乎！"遂与俗绝，自称赘世翁，唯以论兵击剑为事。一驴负装，徒步千里，晚年屡游塞下。画策干何承矩、耿望，求灭辽复仇，不用。乃于城东南隅累砖自环，谓之"茧室"。铭其门曰："天生王樵，薄命寡智，材不济时，道号'赘世'。生而为室，以备不虞，死则藏形，不虞乃备。"病革，入室自掩户卒。

《宋史》卷四五八

## 一一一　张知白清约如寒士

张知白，幼笃学，中进士第。真宗咸平中，权右正言。陕西饥，命按巡之。寻知邓州。会关右流佣至境，知白既发仓廪，又募民出粟以济。擢龙图阁待制，再迁给事中、参知政事。知白在相位，慎名器，无毫发私。常以盛满为戒，虽显贵，其清约如寒士。然体素羸，忧畏日侵，在中书忽感风眩，舆归第。不能语，卒。

知白九岁，其父终邢州，殡于佛寺。及契丹寇河北，寺宇多颓废，殡不可辨。知白既登第，徒行访之，得佛寺殿基，恍然识其处。既发，其衣衾皆可验，众叹其诚孝。尝过陕州，与通判孙何遇，读道旁古碑凡数千言，及还，知白略无所遗。

仁宗天圣中，契丹大阅，声言猎幽州，朝廷患之。帝以问二府，众曰："备粟练师，以备不虞。"知白曰："不然，契丹修好未远，今其举者，以上初政，试观朝廷耳，岂可自生衅邪！若终以为疑，莫如因今河决，发兵以防河为名，彼亦不虞也。"未几，契丹果罢去。

《宋史》卷三一〇

## 一一二　钱惟演能文字附权贵

钱惟演博学能文字，真宗时为给事中、翰林学士。仁宗即位，进兵部。王曾为相，以惟演尝位曾上，因拜枢密使。初，惟演见丁谓权盛，附之，与为婚。谓逐寇准，惟演与有力焉。及序枢密题名，独刊去准，名曰"逆准"，削而不书。丁谓祸既萌，惟演虑并得罪，遂挤谓以自解。

惟演出于勋贵，文辞清丽，名与杨亿、刘筠相上下。于书无所不读，家储文籍侔秘府。尤喜奖厉后进。所著《典懿集》三十卷。惟演尝语人曰："吾平生不足者，惟不得于黄纸上押字尔。"盖未尝历中书故也。

《宋史》卷三一七

## 一一三　鲁宗道号鱼头参政

真宗时，鲁宗道任海盐令。县东南旧有港，导海水至邑下，岁久湮塞，宗道发乡丁疏治之，人号"鲁公浦"。

宗道居近酒肆，尝微行就饮肆中，偶真宗亟召，使者及门，久之，宗道始自酒肆来。使者先入，约曰："即上怪公来迟，何以为对？"宗道曰："第以实告。"使者曰："然则公当得罪。"曰："饮酒，人之常情；欺君，臣子之大罪也。"真宗果问使者，具以宗道所言对。帝诘之，宗道谢曰："有故人自乡里来，臣家贫，无杯杓，故就酒家饮。"帝以为忠实可大用，尝以语刘太后，太后识之，于是并吕夷简皆首蒙擢任。

仁宗即位，迁右谏议大夫、参知政事。时，章献太后刘氏临朝，问宗道曰："唐武后何如主？"对曰："唐之罪人也，几危社稷。"后默然。时有请立刘氏七庙者，太后问辅臣，众不敢对。宗道不可，曰："若立刘氏七庙，如嗣君何？"时执政多任子于馆阁读书，宗道曰："馆阁育天下英才，岂纨袴子弟得以恩泽处邪？"枢密使曹利用恃权骄横，宗道屡于帝前折之。自贵戚用事者皆惮之，目为"鱼头参政"，因其姓，且言骨鲠如鱼头也。在政府七年，务抑侥幸，不以名器私人。

《宋史》卷二八六；《续通鉴》卷三五

宋（上）（公元960年至1126年）

## 一一四　薛奎所治有政绩

真宗时，薛奎任仪州推官。尝部丁夫运粮至盐州，会久雨，粟麦渍腐，奎白转运卢之翰，请纵民还州而偿所失。之翰怒，欲劾奏之。奎徐曰："用兵久，人疲转饷，今幸兵食有馀，安用此陈腐以困民哉！"之翰意解，凡民所失，悉奏除之。改大理寺丞、知莆田县。请蠲南闽时税咸鱼、蒲草钱。

迁殿中丞、徙知兴州。州有钱监，岁调兵三百人采铁，而岁入不偿费。奎奏听民自采，而所输辄倍之。

仁宗时，迁参知政事。帝尝谓辅臣曰："臣事君鲜有克终者。"奎曰："保终之道，匪独臣不然也。"

《宋史》卷二八六

## 一一五　仁宗听讲《论语》

仁宗始御崇政殿西阁，召翰林侍讲学士孙奭、龙图阁直学士兼侍讲冯元讲《论语》，侍读学士李维、晏殊与焉。初诏双日御经筵，自是虽只日亦召侍臣讲读。王曾以帝新即位，宜近师儒，故令奭等入侍。帝在经筵，或左右瞻瞩，则奭拱默以俟。每讲，体貌必庄，至前世乱君亡国，必反复规讽，帝为竦然改听。

《续通鉴》卷三五

## 一一六　晏殊兴学进贤工诗词

晏殊，抚州临川人，七岁能属文。真宗景德初，张知白安抚江南，以神童荐之。帝召殊与进士千馀人并试廷中，殊神气不慑，援笔立成。帝嘉赏，赐同进士出身。后二日，复试诗、赋、论，殊奏："臣尝私习此赋，请试他题。"帝爱其不欺，既成，数称善。擢秘书省正字，秘阁读书。

仁宗时，知应天府，延范仲淹以教生徒。自五代以来，天下学校废，兴学自殊始。召拜御史中丞，改资政殿学士，兼翰林侍读学士，官至参知政事。

殊平居好贤，当世知名之士，如范仲淹、孔道辅皆出其门。及为相，益务进贤材，而仲淹与韩琦、富弼皆进用，至于台阁，多一时之贤。

殊文章赡丽，应用不穷，尤工诗词，闲雅有情思，晚岁笃学不倦。文集二百四十卷，及删次梁、陈以后名臣述作，为《集选》一百卷。

《宋史》卷三一一

## 一一七　徐的徙山民至水边

钦州深在山谷间，人苦瘴毒，推官徐的请徙州濒水。转运使以闻，且留的再任办役；诏从其请。的短衣持梃，与役夫同劳苦，筑城郭，立楼橹，画地居军民，治府舍、仓库、沟渠、廛肆，民皆便之。

《续通鉴》卷三六

## 一一八　冯拯为相气貌严重

冯拯五上表乞罢相，于是遣使抚问。还，奏其家俭陋，被服甚质，太后赐以衾裯、锦绮屏。然拯平居自奉侈靡，顾禁中不知也。为相气貌严重，宦者传诏至中书，不延坐。林特常诣拯第，累日不得通；白以咨事，使诣中书，既至，又遣堂吏谓之曰："公事，何不自达朝廷？"卒不见。

《续通鉴》卷三六

## 一一九　夏竦有治绩性贪

仁宗时，夏竦官至枢密使。竦以文学起家，有名一时，朝廷大典策屡以属之。多识古文，学奇字，至夜以指画肤，文集一百卷。其为郡有治绩，喜作条教，于闾里立保伍之法，至盗贼不敢发，然人苦烦扰。治军尤严，敢诛杀，即疾病死丧，拊循甚至。尝有龙骑卒戍边，群剽，州郡莫能止，或密以告竦。时竦在关中，俟其至，召诘之，诛斩殆尽，军中大震。其威略多类此。然性贪，数商贩部中。在并州，使其仆贸易，为所侵盗，至杖杀之。积家财累巨万，自奉尤侈，畜声伎甚众。所在阴间僚属，使相猜阻，以钩致其事，遇家人亦然。

《宋史》卷二八三

## 一二〇　王鼎性廉不欺

王鼎，仁宗时官至河北都转运使。鼎性廉不欺，尝任其子，族人欲增年以图速仕，鼎不可。父死，分诸子以财，鼎悉推与其弟。奉使契丹，得千缣，散之族人，一日尽。所至不扰，唯市饮食日用物，增值以偿。事继母孝，教育孤侄甚至，自奉养俭约。当官明敏，强直不可挠。所荐士多知名，有终身不识者。然性猜忌，其行部，至于药饵，皆手自扃镭。至潞州八义馆，疾作，不知人事，左右遑遽，发药奁，悉无题识，莫敢进，以迄于卒。

《宋史》卷三〇〇

## 一二一　张俭食不重味衣袍弊恶

张俭，宛平人。辽圣宗时，拜俭左丞相，封韩王。帝不豫，受遗诏辅立太子，是为兴宗。辽兴宗重熙五年，帝幸礼部贡院及亲试进士，皆俭发之。进见不名，赐诗褒美。

俭衣唯绌帛，食不重味，月俸有馀，周给亲旧。

方冬，奏事便殿，帝见衣袍弊恶，密令近侍以火夹穿孔记之，屡见不易。帝问其故，俭对曰："臣服此袍已三十年。"时尚奢靡，故以此徽讽喻之。上怜其清贫，令恣取内府物，俭奉诏持布三端而出，益见奖重。俭弟五人，上欲俱赐进士第，固辞。

有司获盗八人，既戮之，乃获正贼。家人诉冤，俭三乞申理。上勃然曰："卿欲朕偿命耶！"俭曰："八家老稚无告，少加存恤，使得收葬，足慰存没矣。"乃从之。俭在相位二十馀年，裨益为多。

致政归第，会宋书辞不如礼，上将亲征。幸俭第，尚食先往具馔，却之；进葵羹干饭，帝食之美。徐问以策，俭极陈利害，且曰："第遣一使问之，何必远劳车驾？"上悦而止。复即其第赐宴，器玩悉与之。卒年九十一，敕葬宛平县。

《辽史》卷八〇

## 一二二　耶律韩八断狱人无冤者

耶律韩八，倜傥有大志。辽圣宗太平中，游京师，寓行宫侧，椎囊衣匹马而已。帝微服出猎，见而问之曰："汝为何人？"韩八初不识，漫应曰："我北院部人韩八，来觅官耳。"帝与语，知有长才，阴识之。会北院奏南京疑狱久不决，帝召韩八驰驿审录，举朝皆惊。韩八量情处理，人无冤者。上嘉之。籍群牧马，阙其二，同事者考寻不已；韩八略不加诘，即先驰奏，帝益信任。卒年五十五。死之日，箧无旧蓄，榻无新衣，遣使吊祭，给葬具。

韩八平居不屑细务，喜愠不形。尝失所乘马，家僮以同色者代之，数月不觉。

《辽史》卷九一

## 一二三　萧韩家奴谏兴宗

萧韩家奴，少好学，弱冠入南山读书，博鉴经史，通辽、汉文字。圣宗统和十四年始仕。二十八年，为右通进，典南京栗园。兴宗重熙初，同知三司使事。帝与语，才之，命为诗友。尝从容问曰："卿居外有异闻乎？"韩家奴对曰："臣惟知炒栗：小者熟，则大者必生；大者熟，则小者必焦。使大小均熟，始为尽美。不知其他。"盖尝掌栗园，故托栗以讽谏。帝大笑。诏作《四时逸乐赋》，帝称善。

韩家奴每见帝猎，未尝不谏。会有司奏猎秋山，熊虎伤死数十人，韩家奴书于册。帝见，命去之。韩家奴既出，复书。他日，帝见之曰："史笔当如是。"帝问韩家奴："我国家创业以来，孰为贤主？"韩家奴以穆宗对。帝怪之曰："穆宗嗜酒，喜怒不常，视人犹草芥，卿何谓贤？"韩家奴对曰："穆宗虽暴虐，省徭轻赋，人乐其生。终穆之世，无罪被戮，未有过今日秋山伤死者。臣故以穆宗为贤。"帝默然。

《辽史》卷一〇三

宋（上）（公元960年至1126年）

## 一二四　耶律官奴求居林下

耶律官奴，沉厚多学，嗜酒好佚。初，征为宿直将军。兴宗重熙九年，以疾去官。上许自择一路节度使。官奴辞曰："臣愚钝，不任官使。"加归义军节度使，辄请致政。

官奴与欧里部人萧哇友善，哇谓官奴曰："仕不能致主泽民，成大功烈，何屑屑为也！吾与若居林下，以枕簟自随，觞咏自乐，虽不官，无慊焉。"官奴然之。时称"二逸"。

《辽史》卷一〇六

## 一二五　仁宗赏花从官赋诗

仁宗幸后苑，赏花钓鱼。每岁从官赋诗，或预备，及是出不意，坐多窘者，优人以为戏，左右皆大笑。翌日，尽取诗付中书，第其优劣。秘阁校理韩羲所赋独鄙恶，落职，同判冀州。

仁宗谓辅臣曰："朕退朝，凡天下之奏必亲览。"吕夷简（吕蒙正之侄）曰："小事皆听览，恐非所以养圣神。"帝曰："朕承先帝之托，万几之重，敢自泰乎！"又曰："朕日膳不欲珍美，衣服多以缯缣，屡经浣濯，宫人或以为笑。大官进膳，有虫在食器中，朕掩而不言，恐罪及有司也。"夷简因称盛德。帝曰："偶与卿等言之，非欲闻于外，嫌近名耳。"

《续通鉴》卷三八、卷三九

## 一二六　富弼使辽有成不受赏

　　边吏言辽使且至，仁宗为之旰食，历选可使辽者，群臣皆惮行。宰相吕夷简举右正言富弼，入对便殿，叩头曰："主忧臣辱，臣不敢爱其死。"帝为动色，命弼为接伴使。及辽使特默、刘六符等至，廷议不许割地，可结婚，或增岁赂；独弼为结婚为不可。授弼礼部员外郎、枢密直学士，将使弼报聘故也。弼曰："国家有急，惟命是从，臣职也，奈何逆以官爵赂之！"固辞不受。

　　富弼至辽，以结婚及增岁币二事往报辽人，惟所择。时，特默已加同政事门下平章事，刘六符为行宫副部署。辽主命六符为馆伴。六符言北朝皇帝坚欲割地，弼曰："此必志在败盟，假此为名。南朝有横戈相待耳。"六符曰："南朝坚执，事安得济？"弼曰："北朝无故求割地，南朝不即发兵，而遣使好辞更议，此岂南朝坚执乎？"

　　翼日，辽主召弼同猎，引弼马自近，问所欲言，弼曰："南朝惟欲欢好之久耳。"辽主曰："得地则欢好可久。"弼曰："南朝皇帝遣臣闻于陛下曰：'北朝欲得祖宗故地，南朝亦岂肯失祖宗故地邪？且北朝既以得地为荣，则南朝必以失地为辱。兄弟之国，岂可使一荣一辱哉？'"既退，六符谓弼曰："皇帝闻公荣辱之言，意甚感悟。然金帛必不欲取，惟结婚可议耳。"弼揣辽人欲婚，意在多得金帛，因曰："南朝嫁公主故事，资送不过十万缗耳。"由是辽人结婚之意缓，且谕弼还。弼曰："二议未决，安敢徒还！愿留毕议。"辽主曰："俟卿再至，当择一事受之，宜遂以誓书来也。"弼还奏，复授弼吏部郎中、枢密直学士，又辞不受。

富弼等再至辽，翼日，引弼等见辽主，辽主曰："姻事使南朝骨肉睽离，或公主与梁王不相悦，固不若岁增金帛。但须于誓书中加一'献'字乃可。"弼曰："'献'乃下奉上之辞，非可施于敌国。南朝为兄，岂有兄献于弟邪？"辽主曰："南朝以厚币遗我，是惧我也，'献'字何惜？"弼曰："南朝皇帝重惜生灵，故致币帛以代干戈，非惧北朝也。今陛下忽发此言，正欲弃绝旧好，以必不可冀相要耳。"辽主曰："改为'纳'字如何？"弼曰："亦不可。"辽主曰："誓书何在？取二十万者来。"弼既与之，辽主曰："'纳'字自古有之。"弼曰："古惟唐高祖借兵于突厥，故臣事之。当时所遗，或称'献''纳'，亦不可知。其后颉利为太宗所擒，岂复更有此礼？"辽主见弼词色俱厉，度不可夺，曰："我自遣使与南朝议之。"于是辽主留所许岁增金帛二十万誓书，遣耶律仁先、刘六符来议"献""纳"字。

弼等还至雄州，诏："即以弼为接伴使，有朝廷合先知者，急置以闻。"弼奏曰："彼求'献''纳'二字，臣以死拒之，其气折矣，不可复许。"而朝廷用晏殊议，以"纳"字许之。

复命右正言、知制诰富弼为吏部郎中、枢密直学士，弼又固辞。

弼受命不少辞，自初奉使，闻一女卒，再奉使，闻一男生，皆不顾而行；得家书，不发而焚之，曰："徒乱人意耳。"

后，又诏以右正言、知制诰富弼为翰林学士。弼言于帝曰："增金币与辽和，非臣本志，特以朝廷方讨元昊，未暇与北方角，故不敢以死争耳，功于何有，而遽敢受赏乎！愿陛下益修武备，无忘国耻。"卒辞不拜。

改枢密副使富弼为资政殿学士兼翰林侍读学士。弼时再上章辞所除官曰："臣今受赏，彼若一旦渝盟，臣不惟蒙朝廷斧钺之诛，天下公论，其谓臣何！臣畏公论，甚于斧钺，愿收新命，则中外之人必曰：'使臣不受赏，是事未可知，其于守备决不敢懈驰。'非臣务饰小廉，诚恐误国事也。"帝察其意坚，特改命焉。

《续通鉴》卷四四、卷四五

## 一二七　包拯事亲孝立朝刚严

包拯，字希仁，庐州合肥人也。始举进士，除大理评事，出知建昌县。以父母皆老，辞不就。得监和州税，父母又不欲行，拯即解官归养。后数年，亲继亡，拯庐墓终丧，犹徘徊不忍去，里中父老数来劝勉。久之，赴调，知天长县。有盗割人牛舌者，主来诉。拯曰："第归，杀而鬻之。"寻复有来告私杀牛者，拯曰："何为割牛舌而又告之？"盗惊服。

徙知端州，迁殿中丞。端土产砚，前守缘贡，率取数十倍以遗权贵。拯命制者才足贡数，岁满不持一砚归。

以知谏院包拯为龙图阁学士、河北都转运使。居数月，徙为高阳关路安抚使。因籍一路吏民积岁所负公钱十馀万，悉除之。

以包拯为右司郎中，权知开封府。拯立朝刚严，闻者皆惮之，至于童稚妇女亦知其名，贵戚、宦官为之敛手。旧制，凡讼诉，不得径造庭下，府吏坐门，先收状牒，谓之牌司。拯开正门，径使至庭自言曲直，吏不敢欺。时京师大水，因言中官、势族筑园榭多跨惠民河，故河塞不通，乃悉毁去。或持地券自言，有伪增步数者，皆审验，劾奏之。

枢密副使、给事中包拯卒。拯性峭直，人以其笑为黄河清。知开封府时，京师为之语曰："关节不到，有阎罗包老。"然奏议平允，常恶欲吏苛刻，务为敦厚，虽甚疾恶，未尝不推以忠恕。平居无私书，故人亲党有干请，一皆绝之。居家俭约，衣服器用饮食，虽贵如布衣时。尝曰："后世子孙仕宦，有犯赃者，不得放归本家，死不得葬大茔中。不从吾志，非吾子若孙也。"

《宋史》卷三一六；

《续通鉴》卷五二、卷五六、卷六〇

## 一二八　富弼知青州救灾民

以知青州、资政殿学士富弼为礼部侍郎。初，河北大水，流民入京东者不可胜数。弼择所部丰稔者五州，劝民出粟，得十五万斛，益以官廪，随所在贮之。择公私庐舍十馀万区，散处其人，以便薪水。山林陂泽之利，有可取以为生者，听流民取之，其主不得禁。流民死者，为大冢葬之，谓之丛冢，自为文祭之。及流民将复其业，又各以远近受粮归。凡活五十馀万人，募而为兵者又万馀人。帝闻之，遣使慰劳，就迁其秩。弼曰："救灾，守臣职也。"辞不受。前此救灾者，皆聚民城郭中，煮粥食之，饥民聚为疾疫及相蹈籍死，或待哺数日，不得粥而仆，名为救而实杀之。弼所立法，简便周至，天下传以为式。

《续通鉴》卷五〇

## 一二九　李孝基有吏才

李孝基，进士高第。晏殊、富弼荐其材任馆阁，欲一见之。孝基曰："名器可私谒邪？"竟不往。

知汝阴、雍丘县，通判阆州、舒州，知随州。所治虽剧，然事来亟断，甫日中，庭已空矣。阆中江水啮城几没，郡吏多引避，孝基率其下决水归旁谷，城赖以全。舒吏受赂鬻狱，以杀人罪加平民，孝基劾治三日，得其情，乃抵吏罪。

孝基为人冲澹，善养生，平居轻安，无疾卒。

《宋史》卷三一〇

## 一三〇　韩琦出将入相海内人望

韩琦，弱冠举进士，名在第二。历开封府推官、三司度支判官，拜右司谏。凡事有不便，未尝不言，每以明得失、正纪纲、亲忠直、远邪佞为急，前后七十馀疏。王曾为相，谓之曰："今言者不激，则多畏顾，何补上德？如君言，可谓切而不迂矣。"曾闻望方崇，罕所奖与，琦闻其语，益自信。权知制诰。

益、利岁饥，为体量安抚使。异时郡县督赋调繁急，市上供绮绣诸物不予值，琦为缓调蠲给之，逐贪残不职吏，汰冗役数百，活饥民百九十万。适自蜀归，论西师形势甚悉，即命为陕西安抚使。琦与范仲淹在兵间久，于抵御西夏有功，名重一时，人心归之，朝廷倚以为重，故天下称为"韩范"。

时二府合班奏事，琦必尽言，虽事属中书，亦指陈其实。同列或不悦，仁宗独识之，曰："韩琦性直。"琦与范仲淹、富弼皆以海内人望，同时登用，中外跂想其勋业。仲淹等亦以天下为己任，群小不便之，毁言日闻，乃请外，历知扬州、定州、并州、相州，有政绩。拜中书门下平章事。

韩琦识量英伟，喜愠不见于色，论者以厚重比周勃，政事比姚崇。处危疑之际，知无不为。或谏曰："公所为诚善，万一蹉跌，岂惟身不自保，恐家无处所。"琦叹曰："是何言也！人臣尽力事君，死生一之。至于成败，天也，岂可豫忧其不济，遂辍不为哉！"子忠彦使辽，辽主闻知其貌类父，即命工图之，其见重如此。琦天姿朴忠，家无留资。尤以奖拔人材为急，公论所与，虽意所不悦，亦收用之。与富弼齐名，号称贤相，时谓之"富韩"云。

《续通鉴》卷七一

## 一三一　仁宗恤民饥

大理寺言信州民有劫米而伤主者，法当死。仁宗谓辅臣曰："饥而劫米则可哀，盗而伤主则难恕；然细民无知，终缘于饥耳。"遂贷之。又曰："刑宽则民慢，猛则民残，为政常得宽猛之中，使上下无怨，则水旱不作。卿等宜诫之！"

京师大疫，太医进方，内出犀牛角二本，析而观之，其一通天犀也。内侍李舜卿请留供帝服御，帝曰："吾岂贵异物而贱百姓哉！"立命碎之。

《续通鉴》卷五二、卷五四

## 一三二　范仲淹之忧乐观

吴人范仲淹，生二岁而孤，母贫，更适长山朱氏，从其姓，名说。读书僧舍，日作粥一器，分块为四，早暮取二块，断齑数茎，入少盐以啖之，盖三年焉。及登第，除官，始复姓改名，迎其母归养。

右司谏范仲淹以江、淮、京东灾伤，请遣使循行，未

## 宋（上）（公元960年至1126年）

报。仲淹请间，曰："宫掖中半日不食，当如何？今数路艰食，安可不恤！"命仲淹安抚江、淮，所至开仓廪，赈乏绝，禁淫祀，奏蠲庐、舒折役茶及江东丁口盐钱。饥民有食乌昧草者，撷草进御，请示六宫贵戚，以戒侈心。

范仲淹知睦州，不半岁，徙苏州。州比大水，民田不得耕，仲淹疏五河，导太湖注之海，募游手兴作。未就，又徙明州。转运使言仲淹治水有绪，愿留以毕其役；诏仲淹复知苏州。

以陕西都转运使范仲淹兼知延州。仲淹乃分州兵为六将，将三千人，分部教之，量西夏兵众寡，使更出御，夏人不敢犯，既而诸路皆取法焉。夏人相诫曰："无以延州为意，今小范老子腹中自有数万甲兵。"

资政殿学士、户部侍郎范仲淹卒。仲淹少有大志，于富贵、贫贱、毁誉、欢戚，不一动其心，而慨然有志于天下，常自诵曰："士当先天下之忧而忧，后天下之乐而乐也。"每感激论天下事，奋不顾身，一时士大夫矫厉尚风节，自仲淹创之。

性至孝，以母在时方贫，其后虽贵，非宾客不重肉，妻子衣食仅能自充。而好施予，置义庄里中，以赡族人。守杭之日，子弟知其有退志，乘间请治第洛阳，树园圃，为逸老地。仲淹曰："人苟有道义之乐，形骸可外，况居室乎！吾今年逾六十，生且无几，乃谋治第树园圃，顾何待而居乎！吾所患在位高而艰退，不患退而无居也。且西都士大夫园林相望，为主人者莫得常游，而谁独障吾游者？岂必有诸己而后为乐邪？"及卒，谥文正。

仲淹为政主忠厚，所至有恩，邠、庆二州之民与属羌

· 1331 ·

皆画像立生祠事之。其卒也，羌酋数百人哭之如父，斋三日而去。

《续通鉴》卷三二、卷四二、卷五二

## 一三三　赵稹厚结婢女意在中书

仁宗天圣八年，赵稹擢枢密副使，迁吏部侍郎。时，权出宫掖，稹厚结刘美人家婢，以故致位政府。命未出，人驰告稹，稹问曰："东头？西头？"盖意在中书也。闻者皆以为笑。

《宋史》卷二八八

## 一三四　孙沔有战功喜女色

仁宗时，孙沔三知庆州，防西夏；又徙广南东西路安抚使，助狄青败侬智高。以战功，拜枢密副使，然喜宴游女色。谏官吴及、御史沈起奏沔淫纵无检，所为不法。诏按其迹，而使者奏："沔在处州时，于游人中见白牡丹者，遂诱与奸。及在杭州，州人许明有大珠百，沔妻弟边珣以钱三万三千强市之。沔爱明所藏郭虔晖画《鹰图》，明不以献。初，明父祷水仙大王庙生明，故幼名'大王儿'。沔即捕按明僭称王，取其画鹰，刺配之。杭州人金氏女，沔白昼使吏卒舆致，乱之。有赵氏女已许嫁莘旦，沔见西湖上，遂设计取赵女至州宅，与饮食卧起。在并州，私役使吏卒，往来青州、麟州市卖纱、绢、绵、纸、药物。官庭列大梃，或以暴怒击诉事者，尝剔取盗足后筋，断之。"奏至，徙寿州。

《宋史》卷二八八

## 一三五　刘几修水利议乐律

刘几，生而豪俊，长折节读书，第进士。从范仲淹辟，通判邠州。邠地卤，民病远汲，几浚渠引水注城中。役兴，客曰："自郭汾阳城此州，苟外水可酾，何待今日？无为虚费劳人也！"几不答。未几，水果至，凿五池于通逵，民大便利。

几议乐律最善，以为："律主于人声，不以尺度求合。古今异时，声亦随变，犹以古冠服加于今人，安得而称。儒者泥古，致详于形名度数间，而不知清浊轻重之用，故求于器虽合，而考于声则不谐。"尝游佛寺，闻钟声，曰："声澌而悲，主者且不利。"是夕，主僧死。

《宋史》卷二六二

## 一三六　杜衍临终遗疏

太子太师杜衍致仕，退寓南京凡十年。性不殖产，第室卑漏，才数十楹，居之裕如也。出入从者十许人，乌帽皂履，裮袍革带。亲故或言宜为居士服，衍曰："老而谢事，尚可窃高士名乎！"卒年八十。衍临终诫其子薄葬，自作遗疏，其略曰："无以久安而忽边防，无以既富而轻财用，宜早建储副以安人心。"语不及私。

《续通鉴》卷五六

## 一三七　狄青读兵书不居功

狄青为泾州都监。青每临敌，被发，面铜具，出入贼中，皆披靡，无敢当者。尹洙为经略判官，与青谈兵，善之，荐于副使韩琦、范仲淹曰："此良将才也。"二人一见奇之，待遇甚厚。仲淹以《左氏春秋》授之曰："将不知古今，匹夫勇耳。"青折节读书，悉通秦、汉以来将帅兵术，由是益知名。

狄青大败侬智高，平广南。以狄青为枢密副使。御史中丞王举正，言青出兵伍为执政，本朝所无，恐四方轻朝廷；左司谏贾黯、御史韩贽亦以为言，皆不听。青面涅犹存，仁宗尝敕青傅药除字。青指其面曰："陛下擢臣以功，不问门第。臣所以有今日，由面涅耳，愿留此以劝军中，不敢奉诏。"

青为人，谨密寡言，计事必审中机会而后发。师行，先正部伍，明赏罚，与士卒同甘苦，虽敌卒犯之，无一人敢先后者，故其出常有功。尤喜推其功以与将佐，始与孙沔破贼，谋一出青，贼已平，经制馀事悉以委沔，退然如不用意者。沔始服其勇，既又服其为人，自以为莫及也。尹洙以贬死，青悉力周其家事。尝有持狄梁公仁杰画像及告身诣青，以为青远祖；青谢曰："一时遭际，安敢自附梁公！"厚赠其人而遣之。

《续通鉴》卷四二、卷五二、卷五六

## 一三八　邵必至郡仅一赴宴

仁宗时，邵必知高邮军，为京西转运使。必居官震厉风采，始至郡，惟一赴宴集；行部，但一受酒食之馈。以为数会聚则人情狎，多受馈则不能行事，非使者礼也。

《宋史》卷三一七

## 一三九　吕公弼斩卒立威

以枢密直学士吕公弼为龙图阁学士、知成都府。公弼初至，人疑其少威断，会营卒犯法当杖，不肯受，曰："宁请剑，不能受杖。"公弼再三谕之，不从，乃曰："杖，国法，不可不从；剑，汝所请，亦不汝违也。"命杖而复斩之。军中肃然。

《续通鉴》卷五九

## 一四〇　蔡齐方直谦退

仁宗时，蔡齐任御史中丞。蜀大姓王齐雄坐杀人除名。齐雄，太后姻家，未更赦，复官。齐曰："果如此，法挠矣！"明日，入奏事曰："齐雄恃势杀人，不死，又亟授以官，是以恩废法也。"帝曰："降一等与官可乎？"齐曰："以恩废法，如朝廷何！"帝勉从之，乃抵齐雄罪。

齐方重有风采，性谦退，不妄言。有善未尝自伐。丁谓秉政，欲齐附己，齐终不往。少与刘颜善，颜罪废，齐上其书数十万言，得复官。所荐庞籍、杨偕、刘随、段少连，后率为名臣。

《宋史》卷二八六

## 一四一　李若谷治郡恺悌爱人

仁宗时，李若谷以右谏议大夫知延州。州有东西两城夹河，秋、夏水溢，岸辄圮，役费不可胜纪。若谷乃制石版为岸，押以巨木，后虽暴水，不复坏。官仓依山而贮谷少，若谷使作露囷，囷可贮二万斛，他郡多取法焉。迁给事中、知寿州。豪右多分占芍陂，陂皆美田，夏雨溢坏田，辄盗决。若谷擿冒占田者逐之，每决，辄调濒陂诸豪，使塞堤，盗决乃止。

加集贤院学士、知江宁府。卒挽舟过境，寒瘠甚者，留养视之，须春温遣去。民丐于道者，以分隶诸僧寺，助给春爨。

还，进龙图阁直学士、知河南府。改枢密直学士、知并州。民贫失婚姻者，若谷出私钱助其嫁娶。赘婿、亡赖委妻去，为立期，不还，许更嫁。并多降人，喜盗窃，籍累犯者，以三人为保，有犯，并坐之，悛者削去籍名。

若谷性资端重，在政府，论议常近宽厚。治民多智虑，恺悌爱人，其去，多见思。

《宋史》卷二九一

## 一四二　明镐治并州

仁宗时，明镐知并州。镐大巡边以备贼。时边任多纨袴子弟，镐乃取尤不职者杖之，疲软者皆自解去，遂奏择习事者守堡砦。军行，娼妇多从之。镐欲驱逐，恶伤士卒心。会有忿争杀娼妇者，吏执以白，镐曰："彼来军中何耶？"纵去不治，娼妇闻皆散走。

《宋史》卷二九二

## 一四三　王素为政务合人情

王素，太尉旦季子也。赐进士出身，仁宗思其贤，擢知谏院。出知定州、成都府。先是，牙校岁输酒坊钱以供厨传，日加厚，输者转困。素一切裁约之。铁钱布满两蜀，而鼓铸不止，币益轻，商贾不行，命罢铸十年，以权物价。凡为政，务合人情，蜀人纪其目，号曰"王公异断"。

子巩，有隽才，长于诗，从苏轼游。轼守徐州，巩往访之，与客游泗水，登魋山，吹笛饮酒，乘月而归。轼待之于黄楼上，谓巩曰："李太白死，世无此乐三百年矣。"

《宋史》卷三二〇

## 一四四　彭思永仁厚廉恕

仁宗时，彭思永为益州路转运使。成都府吏盗公钱，付狱已三岁，出入自如。思永摄府事甫一日，即具狱。中使岁祠峨眉，率留成都掊珍玩，价值数百万钱，悉出于民。思永朘其三之一，使怒去，而不能有所中伤也。

思永仁厚廉恕。为儿时，旦起就学，得金钗于门外，默坐其处。须臾亡钗者来物色，审之良是，即付之。其人欲谢以钱，思永笑曰："使我欲之，则匿金矣。"始就举，持数钏为资。同举者过之，出而玩，或坠其一于袖间，众相为求索。思永曰："数止此耳。"客去，举手揖，钏坠于地，众皆服其量。居母丧，窭甚，乡人馈之，无所受。

《宋史》卷三二〇

## 一四五　杨佐修盐井治水患

杨佐，及进士第，为陵州推官。州有盐井深五十丈，皆石也，底用柏木为干，上出井口，垂绠而下，方能及水。岁久干摧败，欲易之，而阴气腾上，入者辄死；惟天有雨，则气随以下，稍能施工，晴则亟止。佐教工人以木盘贮水，穴窍洒之，如雨滴然，谓之"雨盘"。如是累月，井干一新，利复其旧。

累迁河阴发运判官。仁宗皇佑中，汴水杀溢不常，漕舟不能属。佐度地凿渎以通河流，于是置都水监。京城地势南下，涉夏秋则苦霖潦，佐开永通河，疏沟浍出野外，自是水患息。

又议治孟阳河，议者谓不便。佐言："国初岁转京东粟数十万，今所致亡几，傥不浚复旧迹，后将废矣。"乃从其策。

《宋史》卷三三三

## 一四六　陈襄绝请托以利民为急

陈襄举进士，调浦城主簿，摄令事。县多世族，以请托胁持为常，令不能制。襄欲稍革其俗，每听讼，必使数吏环立于前。私谒者不得发，老奸束手。民有失物者，贼曹捕偷儿至，数辈相撑拄，襄语之曰："某庙钟能辨盗，犯者扪之辄有声，馀则否。"乃遣吏先引以行，自率同列诣钟所祭祷，阴涂以墨，而以帷蔽之。命群盗往扪，少焉呼出，独一人手无所污，扣之，乃为盗者；盖畏钟有声，故不敢触，遂服罪。

襄莅官所至，必务兴学校。平居存心以讲求民间利病为急。既亡，友人刘寻视其箧，得手书累数十幅，盈纸细书，大抵皆民事也。

《宋史》卷三二一

## 一四七　尹洙因赞范仲淹被贬

仁宗时，尹洙为馆阁校勘，迁太子中允。会范仲淹贬，敕榜朝堂，诫百官为朋党。洙上奏曰："仲淹忠亮有素，臣与之义兼师友，则是仲淹之党也。今仲淹以朋党被罪，臣不可苟免。"宰相怒，落校勘，贬监唐州酒税。

《宋史》卷二九五

## 一四八　王曙荐欧阳修

王曙，官至参知政事，性方严简重，有大臣体，居官深自抑损。喜浮图法，斋居蔬食，泊如也。初，钱惟演留守西京，欧阳修、尹洙为官属。修等颇游宴，曙后至，尝厉色诫修等曰："诸君纵酒过度，独不知寇莱公晚年之祸邪！"修起对曰："以修闻之，莱公正坐老而不知止尔！"曙默然，终不怒。及为枢密使，首荐修等，置之馆阁。

《宋史》卷二八六

## 一四九　王益柔通群书不善词赋

王曙子益柔，少力学，通群书，为文日数千言。尹洙见之曰："赡而不流，制而不窘，语淳而厉，气壮而长，未可量也。"时方以诗赋取士，益柔去不为。范仲淹荐试馆职，以其不善词赋，乞试以策论，特听之。司马光尝语人曰："自吾为《资治通鉴》，人多欲求观读，未终一纸，已欠伸思睡。能阅之终篇者，惟王胜之耳。"神宗熙宁时，直舍人院、知制诰。

《宋史》卷二八六

## 一五〇　欧阳修之为政为人为文

欧阳修，字永叔，庐陵人。四岁而孤，母郑，守节自誓，亲诲之学，家贫，至以荻画地学书。幼敏悟过人，读书辄成诵。及冠，嶷然有声。

宋兴且百年，而文章体裁，犹仍五季馀习。士因陋守旧，论卑气弱。苏舜元、舜钦辈，咸有意作而张之，而力不足。修游随，得韩愈遗稿于废书簏中，读而心慕焉。苦志探赜，至忘寝食，必欲并辔绝驰而追与之并。举进士，试南宫第一，擢甲科，调西京推官。始从尹洙游，为古文，议论当世事，迭相师友，与梅尧臣游，为歌诗相倡和，遂以文章名冠天下。入朝，为馆阁校勘。

时，杜衍等相继罢去，修慨然上疏曰："杜衍、韩琦、范仲淹、富弼，天下皆知其有可用之贤，而不闻其有可罢之罪。"于是邪党忌修，傅致以罪，左迁知滁州。居二年，徙扬州、颍州。复学士，留守南京，以母忧去。服除，召判流内铨，时在外十二年矣。

修以风节自持，既数被污蔑，年六十，即连乞谢事，帝辄优诏弗许。及守青州，又以请止散青苗钱，为安石所诋，故求归愈切。神宗熙宁四年，以太子少师致仕。五年，卒，谥曰文忠。

修始在滁州，号醉翁，晚更号六一居士。天资刚劲，见义勇为，虽机阱在前，触发之不顾。放逐流离，至于再三，志气自若也。凡历数郡，不见治迹，不求声誉，宽简而不扰，故所至民便之。或问："为政宽简，而事不弛废，何也？"曰："以纵为宽，以略为简，则政事弛废，而民受其弊。吾所谓宽者，不为苛急；简者，不为繁碎耳。"修幼失父，母尝谓曰："汝父为吏，常夜烛治官书，屡废而叹。吾问之，则曰：'死狱也，我求其生，不得尔。'吾曰：'生可求乎？'曰：'求其生而不得，则死者与我皆无恨。夫常求其生，犹失之死，而世常求其死也。'其平居教他子弟，常用此语，吾耳熟焉。"修闻而服之终身。

修为文天才自然，丰约中度。其言简而明，信而通，引物连类，折之于至理，以服人心。超然独骛，众莫能及，故天下翕然师尊之。奖引后进，如恐不及，赏识之下，率为闻人。曾巩、王安石，苏洵、洵子轼、辙，布衣屏处，未为人知，修即游其声誉，谓必显于世。笃于朋友，生则振掖之，死则调护其家。

好古嗜学，凡周、汉以降金石遗文、断编残简，一切掇拾，研稽异同，立说于左，的的可表证，谓之《集古录》。奉诏修《唐书》纪、志、表，自撰《五代史记》，法严词约，多取《春秋》遗旨。苏轼叙其文曰："论大道似韩愈，论事似陆贽，记事似司马迁，诗赋似李白。"识者以为知言。

《宋史》卷三一九

宋（上）（公元960年至1126年）

## 一五一　苏舜钦建沧浪亭

苏舜钦，字子美，少慷慨有大志，状貌怪伟。舜钦与河南穆修好为古文、歌诗，一时豪俊多从之游。

范仲淹荐其才，召试，为集贤校理。舜钦娶宰相杜衍女，衍时与仲淹、富弼在政府，多引用一时闻人，欲更张庶事。御史中丞王拱辰等不便其所为。乃被贬。

舜钦既放废，寓于吴中。在苏州买水石作沧浪亭，益读书，时发愤懑于歌诗，其体豪放，往往惊人。善草书，每酣酒落笔，争为人所传。及谪死。世尤惜之。妻杜氏，有贤行。

《宋史》卷四四二

## 一五二　梅尧臣工诗

梅尧臣，字圣俞，工为诗，以深远古淡为意，间出奇巧。初未为人所知，钱惟演特嗟赏之，为忘年交，引与酬倡。欧阳修与为诗友，自以为不及。尧臣益刻厉，精思苦学，由是知名于时。宋兴，以诗名家为世所传如尧臣者，盖少也。尝语人曰："凡诗，意新语工，得前人所未道者，斯为善矣。必能状难写之景如在目前，含不尽之意见于言外，然后为至也。"世以为知言。

尧臣家贫，喜饮酒，贤士大夫多从之游，时载酒过门。善谈笑，与物无忤，诙嘲刺讥托于诗，晚益工。有人得西南夷布弓衣，其织文乃尧臣诗也，名重于时如此。

《宋史》卷四四三

## 一五三　赵尚宽勤农政

仁宗嘉祐中，赵尚宽以考课第一知唐州。唐素沃壤，经五代乱，田不耕，土旷民稀，赋不足以充役，议者欲废为邑。尚宽曰："土旷可益垦辟，民稀可益招徕，何废郡之有？"乃按视图记，得汉召信臣陂渠故迹，益发卒复疏三陂一渠，溉田万馀顷。又教民自为支渠数十，转相浸灌。而四方之民来者云布，尚宽复请以荒田计口授之，及贷民官钱买耕牛。比三年，榛莽复为膏腴，增户积万馀。尚宽勤于农政，治有异等之效，三司使包拯与部使者交上其事，仁宗闻而嘉之，下诏褒焉。留于唐凡五年，民像以祠，而王安石、苏轼作《新田》《新渠》诗以美之。

《宋史》卷四二六

## 一五四　蔡襄论事无所避

蔡襄，字君谟，仙游人。举进士，为西京留守推官、馆阁校勘。范仲淹以言事去国，余靖论救之，尹洙请与同贬，欧阳修移书责司谏高若讷，由是三人者皆坐谴。襄作《四贤一不肖诗》，都人士争相传写，鬻书者市之，得厚利。契丹使适至，买以归，张于幽州馆。

进直史馆，兼修起居注，襄益任职论事，无所回挠。夏竦罢枢密使，韩琦、范仲淹在位，襄言："陛下罢竦而用琦、仲淹，士大夫贺于朝，庶民歌于路，至饮酒叫号以为欢。且退一邪，进一贤，岂遂能关天下轻重哉？盖一邪退则其类退，一贤进则其类进。众邪并退，众贤并进，海内有不泰乎！"

进知制诰，每除授非当职，辄封还之。

迁龙图阁直学士、知开封府。襄精吏事，谈笑剖决，破奸发隐，吏不能欺。以枢密直学知福州。俗重凶仪，亲亡或秘不举，至破产饭僧，下令禁止之。徙知泉州，距州二十里万安渡，绝海而济，往来畏其险。襄立石为梁，其长三百六十丈，种蛎于础以为固，至今赖焉。又植松七百里以庇道路，闽人刻碑纪德。卒年五十六。

襄工于书，为当时第一，仁宗尤爱之。于朋友尚信义，闻其丧，则不御酒肉，为位而哭。

《宋史》卷三二〇

## 一五五　元绛之治绩

元绛，仁宗时任江宁推官，摄上元令。民有号王豹子者，豪占人田，略男女为仆妾，有欲告者，则杀以灭口。绛捕置于法。甲与乙被酒相殴击，甲归卧，夜为盗断足。妻称乙，告里长，执乙诣县，而甲已死。绛敕其妻曰："归治而夫丧，乙已伏矣。"阴使信谨吏迹其后，望一僧迎笑，切切私语。绛命取僧系庑下，诘妻奸状，即吐实。人问其故，绛曰："吾见妻哭不哀，且与伤者共席而襦无血污，是以知之。"安抚使范仲淹表其材，知永新县。

知通州海门县。淮民多盗贩盐，制置使建言，满二十斤者皆坐徒。绛曰："海滨之人，恃盐以为命，非群贩比也。"笞而纵之。

擢江西转运判官、知台州。州大水冒城，民庐荡析。绛出库钱，即其处作室数千区，命人自占，期三岁偿费，流移者皆复业。又甃其城，因门为闸，以御湍涨，后人守其法。

《宋史》卷三四三

## 一五六　英宗挟嫌贬蔡襄

英宗自濮邸立为皇子，中外无间言。既即位，以服药故，皇太后垂帘听政。宦官、宫妾争相荧惑，并谓近臣中亦有异议者，外人遂云蔡襄尝有论议，然莫知虚实。帝闻而疑之，数问襄如何人。一日，因其请朝假，变色谓中书曰："三司掌天下钱谷，事务繁多，而襄十日之中，在假者四五，何不别用人！"韩琦等共奏："三司事无缺失，罢之无名。今更求一材识名望过襄者亦未有。"欧阳修又奏："襄母年八十馀，多病。襄但请朝假，不赴起居耳，日高后即入省，亦不废事。"然每奏事，语及三司，帝未尝不变色。因贬三司使蔡襄，为礼部侍郎、知杭州。

《续通鉴》卷六三

宋（上）（公元960年至1126年）

## 一五七　沈遘治杭州开封

以知制诰沈遘权知开封府。遘为人轻俊明敏，通达世务。前知杭州，民或贫不能葬，给以公使钱。嫁孤女数百人。倡优养良家女者，夺归其父母。接遇士大夫，多得其欢心。部吏皆乐倾尽，为之耳目，刺里巷长短，纤悉必知，故事至立断，众莫不骇伏。小民有犯，情稍不善，不问法轻重，辄刺为兵，奸猾屏息。议者以其严比孙沔，然沔虽苛暴，锐于惩恶，至遘，善人亦惧焉。其治开封如治杭，晨起视事，及午事毕，出与宾旧往还，从容谈笑以示有馀，士大夫交称其能。逾月，加龙图阁学士，寻迁翰林学士。

《续通鉴》卷六三

## 一五八　韩琦爱人以德

英宗在藩邸，闻苏轼名，欲以召入翰林，知制诰，韩琦曰："苏轼，远大之器也，它日自当为天下用，要在朝廷培养。久而用之，则人无异辞，今骤用之，恐天下未必皆以为然，适足累之也。"帝曰："与修起居注，可乎？"琦曰："记注与制诰为邻，未可遽授；不若于馆阁中择近上贴职与之，且请召试。"帝曰："未知其能否，故试；如苏轼，有不能邪？"琦言不可，乃命苏轼直史馆。它日，欧阳修具以告轼，轼曰："韩公可谓爱人以德矣。"

《续通鉴》卷六四

## 一五九　僧怀丙起万斤铁牛

河中府浮梁，用铁牛八维之，一牛且数万斤。后水暴涨绝梁，牛没于河，募能出之者。僧怀丙以二大舟实土，夹牛维之，用大木为权衡状钩牛，徐去其土，舟浮牛出。转运使张焘以闻，赐怀丙紫衣。

《续通鉴》卷六四

## 一六〇　宋庠忠厚守法

宋庠与弟祁，以文学名擅天下，俭约，不好声色，读书至老不倦。尤畏法，在扬州，使工氎堂涂，取卮酒与之，后知误取公使，立偿之，而取予者皆被罚。自初执政，遇事辄分别是非可否，用是斥退；及再登用，遂浮沉自安。然天资忠厚，尝曰："逆作悖明，残人矜才，吾终身弗为也。"沈邈尝为京东转运使，数以事侵庠；及庠在洛阳，邈子为府属所恶，欲治之以法，庠独不肯，曰："是安足罪也！"人以此益称其长者。

《续通鉴》卷六四

宋（上）（公元960年至1126年）

## 一六一　司马光辞翰林学士

司马光，字君实，陕州夏县人。光生七岁，凛然如成人，闻讲《左氏春秋》，爱之，退为家人讲，即了其大指。自是手不释书，至不知饥渴寒暑。群儿戏于庭，一儿登瓮，足跌没水中，众皆弃去，光持石击瓮破之，水迸，儿得活。其后京、洛间画以为图。

仁宗宝元初，中进士甲科。年甫冠，性不喜华靡，闻喜宴独不戴花，同列语之曰："君赐不可违。"乃簪一枝。

以龙图阁直学士兼侍讲司马光为翰林学士。光累奏固辞。不许。神宗面谕光曰："古之君子，或学而不文，或文而不学，惟董仲舒、扬雄兼之。卿有文学，尚何辞？"光曰："臣不能为四六。"帝曰："如两汉制诏可也。"光曰："本朝故事不可。"帝曰："卿能举进士高等而不能为四六，何邪？"光趋出，帝遣内侍至阁门，强光受告，光拜而不受。促光入谢，光入至庭中，犹固辞，诏以告置光怀中，光不得已乃受。

《宋史》卷三三六；《续通鉴》卷六五

## 一六二　赵抃治蜀尚宽

徙知青州赵抃为资政殿大学士、知成都府。朝廷选择大臣为蜀人所信爱者，故以命抃。召见之，抃乞以便宜从事，即日辞去。既至蜀，治益尚宽，密为经略，而燕劳闲

· 1349 ·

暇如它日，兵民晏然。剑州民李孝忠聚众二百馀人，私造符牒，度民为僧。或以谋逆告，狱具，抃不下法吏，以意决之，但处孝忠以私度罪，馀皆不问。

以知成都府赵抃知谏院。入谢，神宗谓抃曰："闻卿入蜀，以一琴一鹤自随，为政简易，亦称事邪？"故事，近臣自蜀还者，必登省府，不为谏官；大臣以为疑，帝曰："吾赖其言耳。倘欲大用，何必省府乎！"抃上疏言任道德，委辅弼，别邪正，去侈心，信号令，平赏罚，谨机密，备不虞，勿数赦，容谏诤十事。

赵抃以太子少保致仕。抃和易长厚，气貌清逸，人不见其喜愠。平生不治资业，不畜声妓。嫁兄弟之女十数，它孤女二十馀人，施德荣贫，盖不可胜计。日所为事，入夜，必衣冠露立，焚香以告天，不可告则不敢为也。其为吏，善因俗施设，宽猛不同在处，抃典成都，尤为世所称道。神宗每诏郡守，必举抃为言，要之以惠利为本。知越州时，诸州皆榜衢路禁增米价，抃独令有米者任增价粜之，于是米商辐辏，价乃更贱，人无饥者。

《续通鉴》卷六五、卷六九、卷七八

## 一六三　李先治官如家号照天烛

神宗熙宁初，李先起进士，为虔州观察推官，摄吉州永新令。两州俗尚讼，先为辨枉直，皆得其平。

知信州、南安军，抚楚州，任淮南转运使。寿春民陈氏施僧田，其后贫弱，往丐食僧所而僧逐之，取僧园中笋，遂执以为盗。先诘其由，夺田之半以还之。所至治官如家，人目以俚语：在信为"错安头"，谓其无貌而有材也；在楚为"照天烛"，称其明也。楚有民迫于输赋，杀牛鬻之。里胥白于官，先憨焉，但令与杖。通判孙龙舒以为徒刑，毁其案。明日龙舒来，先引囚曰："汝罪应杖，以通判贷汝矣。"遣之出。

《宋史》卷三三三

## 一六四　张田性伉直临政以清

神宗熙宁初，张田知广州。广旧无外郭，民悉野处，田始筑东城，环七里，赋功五十万，两旬而成。初，役人相惊以白虎夜出，田迹知其伪，召诫逻者曰："今夕有白衣人出入林间者，谨捕之。"如言而获。暴卒，年五十四。

田为人伉直自喜，好谩骂，气陵其下，故死无哀者。然临政以清，女弟聘马军帅王凯，欲售珠犀于广，顾曰："南海富诸物，但身为市舶使，不欲自污尔。"作钦贤堂，绘古昔清刺史像，日夕师拜之。苏轼尝读其书，以侔古廉吏。

《宋史》卷三三三

## 一六五　杨仲元斥郡守不知旱情

杨仲元，第进士，调宛丘主簿。民诉旱，守拒之，曰："邑未尝旱，狡吏导民而然。"仲元白之曰："野无青草，公日宴黄堂，宜不能知，但一出郊可见矣。狡吏非他，实仲元也。"竟免其税。知泽州沁水县，民持物来输者，视其价稍增之，馀则下其估。官有所须，不强赋民，听以所有与官为入，度相当则止，率常先办。

《宋史》卷三三三

## 一六六　余良肱之善政

余良肱出知湘阴县。县逋米数千石，岁责里胥代输，良肱论列之，遂蠲其籍。通判杭州，江潮善溢，漂官民庐舍，良肱累石堤二十里障之，潮不为害。时王陶为属官，常以气犯府帅。吏或诉陶，帅挟憾欲按之。良肱曰："使陶以罪去，是以直不容也。"帅遂已。后陶官于朝，果以直闻。知虔州，士大夫死岭外者，丧车自虔出，多弱子寡妇。良肱悉力振护，孤女无所依者，出俸钱嫁之。

《宋史》卷三三三

## 一六七　司马光初呈《资治通鉴》

翰林学士司马光初进读《通志》于迩英阁，神宗赐名《资治通鉴》，亲制序以赐光，令候书成写入，又赐颍邸旧书二千四百二卷。序略曰："博而得其要，简而周于事，是亦典刑之总会，册牍之渊林矣。"

宋（上）（公元960年至1126年）

司马光进读《资治通鉴》，至苏秦约六国从事，神宗曰："苏秦、张仪掉三寸舌，乃能如是乎？"光对曰："纵横之术，无益于治。臣所以存其事于书者，欲见当时风俗，专以辩说相高，人君悉国而听之，此所谓利口覆邦者也。"帝曰："闻卿进读，终日忘倦。"

《续通鉴》卷六五、卷六六

## 一六八　王安石屡辞馆阁

王安石，字介甫，抚州临川人。安石少好读书，一过目终身不忘。其属文动笔如飞，初若不经意，既成，见者皆服其精妙。曾巩携以示欧阳修，修为之延誉。擢进士上第，签书淮南判官。旧制，秩满许献文求试馆职，安石独否。再调知鄞县，起堤堰，决陂塘，为水陆之利；贷谷与民，出息以偿，俾新陈相易，邑人便之。文彦博为相，荐安石恬退，乞不次进用，以激奔竞之风。寻召试馆职，不就。修荐为谏官，以祖母年高辞。修以其须禄养言于朝，用为群牧判官，请知常州。移提点江东刑狱，入为度支判官，时仁宗嘉祐三年也。

安石议论高奇，能以辨博济其说，果于自用，慨然有矫世变俗之志。于是上万言书，以为："今天下之财力日以困穷，风俗日以衰坏，患在不知法度、不法先王之政故也。因天下之力以生天下之财，取天下之财以供天下之费。自古治世，未尝以财不足为公患也，患在治财无其道尔。在位之人才既不足，而闾巷草野之间亦少可

· 1353 ·

用之才，社稷之托，封疆之守，陛下其能久以天幸为常，而无一旦之忧乎？愿监苟且因循之弊，明诏大臣，为之以渐，期合于当世之变。臣之所称，流俗之所不讲，而议者以为迂阔而熟烂者也。"后安石当国，其所注措，大抵皆祖此书。

俄直集贤院。先是，馆阁之命屡下，安石屡辞；士大夫谓其无意于世，朝廷每欲畀以美官，惟患其不就也。明年，同修起居注，辞之累日。门吏赍敕就付之，拒不受；吏随而拜之，则避于厕；吏置敕于案而去，又追还之；上章至八九，乃受。遂知制诰，纠察在京刑狱，自是不复辞官矣。

《宋史》卷三二七

## 一六九　神宗问王安石以治道

神宗在藩邸闻王安石能，由是想见其人，甫即位，命知江宁府；数月，召为翰林学士，兼侍讲。至是安石始造朝入对，帝问为治所先，对曰："择术为先。"帝曰："唐太宗何如？"曰："陛下当法尧、舜，何以太宗为哉！尧、舜之道，至简而不烦，至要而不迂，至易而不难，但末世学者不能通知，以为高不可及耳。"帝曰："卿可谓责难于君矣。"安石又曰："虽俭约而民不富，虽勤忧而国不强。赖非夷狄昌炽之时，又无尧、汤水旱之变，故天下无事过于百年，虽曰人事，亦天助也。伏惟陛下知天助之不可常，知人事之不可急，则大有为之时，正在今日！"

《续通鉴》卷六六

## 一七〇　司马光论择人与变法

　　神宗与司马光论治道，言州县长吏多不得人，政府不能精择。光曰："人不易知，天下三百馀州，责其精择诚难，但能择十八路监司，使之择所部知州而进退之，知州择所部知县而进退之，得人多矣。"又问："谏官难得人，谁可者？"对曰："凡择言官，当以三事为先：第一不爱富贵，次则重惜名节，次则晓知治体。具此三者，诚亦难得。"

　　安石得政，行新法，光逆疏其利害。迩英进读，至曹参代萧何事，帝曰："汉常守萧何之法不变，可乎？"对曰："宁独汉也，使三代之君常守禹、汤、文、武之法，虽至今存可也。汉武取高帝约束纷更，盗贼半天下；元帝改孝宣之政，汉业遂衰。由此言之，祖宗之法不可变也。"吕惠卿言："先王之法，有一年一变者，有五年一变者，有三十年一变者，'刑罚世轻世重'是也。光言非是，其意以风朝廷耳。"

《宋史》卷三三六；《续通鉴》卷六六

## 一七一　王安石始变法

　　以翰林学士王安石参知政事。设制置三司条例司，掌经画邦计，议变旧法以通天下之利，命陈升之、王安石领其事。安石素与吕惠卿善，乃言于帝曰："惠卿之贤，虽前世儒者，未易比也。学先王之道而能用者，独惠卿而已。"遂以惠卿为条例司检详文字。事无大小，安石必与惠卿谋之；凡所建请章奏，皆惠卿笔也。时人号安石为孔子，惠卿为颜子。乃渐次推行青苗、均输、免役、市易、保甲等法。

王安石既用事，尝因争变法，怒目谓同列曰："公辈坐不读书耳！"赵抃折之曰："君言失矣，皋、夔、稷、契之时，有何书可读！"安石默然。

《续通鉴》卷六六

## 一七二　司马光识吕惠卿之奸

惠卿起进士，为真州推官。秩满入都，见王安石，论经义，意多合，遂定交。熙宁初，安石以惠卿为三司条例司检详文字，擢太子中允。司马光谏帝曰："惠卿憸巧非佳士，使安石负谤于中外者皆其所为。安石贤而愎，不闲世务，惠卿为之谋主，而安石力行之，故天下并指为奸邪。近者进擢不次，大不厌众心。"帝曰："惠卿进对明辨，亦似美才。"光曰："惠卿诚文学辨慧，然用心不正，愿陛下徐察之。"帝默然。光又贻书安石曰："谄谀之士，于公今日诚有顺适之快，一旦失势，将必卖公自售矣。"安石不悦。

《宋史》卷四七一

· 1356 ·

## 一七三　中书有生老病死苦

时安石锐意变更，神宗信任益专，唐介既死，同列无一人敢与之抗者。曾公亮屡请老，富弼称疾不视事，赵抃力不胜，遇一事变更，称苦者数十。故当时谓"中书有生、老、病、死、苦"，盖言安石生，公亮老，富弼病，唐介死，赵抃苦也。

《续通鉴》卷六六

## 一七四　李承之严于执法

李承之，性严重，有忠节，中进士第，调明州司法参军。郡守任情执法，人莫敢忤，承之独毅然力争之。守怒曰："曹掾敢如是邪？"承之曰："事始至，公自为之则已，既下有司，则当循三尺之法矣。"守惮其言。

尝建免役议，王安石见而称之。熙宁初，以为条例司检详文字，得召见。神宗语执政曰："承之言制置司事甚详，非他人所及也。"改京官。

商人犯禁货北珠，乃为公主售，三司久不敢决。承之曰："朝廷法令，畏王姬乎？"亟索之。帝闻之曰："有司当如此矣。"

《宋史》卷三一〇

## 一七五　王安石谈人言不足恤祖宗不足法

神宗谓王安石曰："陈荐言：'外人云，今朝廷以为天变不足惧，人言不足恤，祖宗之法不足守。昨学士院进试馆职策，其问意专指此三事。'"安石曰："陛下躬亲庶政，唯恐伤民，惧天变也。陛下采纳人言，事无大小，唯是之从，岂不恤乎！然人言固有不足恤者，苟当于义理，何恤乎人言！至于祖宗之法不足守，则固当如此。且仁宗在位四十年，凡数次修敕，若法一定，子孙当世世守之，祖宗何故屡变也？今议者以为法皆可守，然祖宗用人皆不以次。陛下试如此，则彼异论者必更纷纷矣。"

《续通鉴》卷六七

## 一七六　富弼不晓新法求致仕

判富弼知汝州。弼至汝两月，即上言："新法臣所不晓，不可以治郡，愿归洛养疾。"许之。弼虽家居，朝廷有大利害，知无不言。帝虽不尽用，而眷礼不衰。王安石尝有所建明，帝却之曰："富弼手疏称'老臣无以告诉，但仰屋窃叹'者，即当至矣。"其敬之如此。

富弼恭俭好礼，与人言，虽幼贱必尽敬，气色穆然，不见喜愠。其好善疾恶，盖出于天性。常言："君子与小人并处，其势必不胜。君子不胜，则奉身而退，乐道无闷。小人不胜，则交结构扇，千岐万辙，必胜而后已；迨其得志，遂肆毒于善良，求天下不乱，不可得也。"弼忠义之性，老而弥笃，家居一纪，斯须未尝忘朝廷。

《续通鉴》卷六九、卷七七

## 一七七　张商英论新法得人则利

知南川县张商英，负气倜傥，豪视一世；章惇与相见，商英着道士服，长揖就坐。惇肆意大言，商英随机折之，落落出其上。惇大喜，延为上客，荐诸王安石，得召对，除光禄寺丞，寻加权监察御史里行。商英上疏曰："陛下即位以来，更张改造者数十百事，其最大者三事：一曰免役，二曰保甲，三曰市易。三者，得其人，缓而讲之，则为利；非其人，急而成之，则为害。愿陛下与大臣安静休息，择人而行之。苟一事未已，一事复兴，虽使裨谌适野而谋，墨翟持筹而算，终莫见其成也。"

《续通鉴》卷六九

## 一七八　王珪号三旨相公

神宗时，王珪以文学进，流辈咸共推许。其文闳侈瑰丽，自成一家，朝廷大典策，多出其手，词林称之。然自执政至宰相，凡十六年，无所建明，率道谀将顺。当时目为"三旨相公"，以其上殿进呈，云"取圣旨"；上可否讫，云"领圣旨"；退谕禀事者，云"已得圣旨"也。

《宋史》卷三一二

## 一七九　王安石言举事则才者出

自安石用事，锐意开边。熙河经略司上河州得功将卒，王安石白帝："士气自此益振。"帝曰："古人谓举事则才自练，此言是也。"安石曰："举事则才者出，不才者困，此不才者所以不乐举事也。"

神宗御崇政殿，策武举。初，枢密院修武举法，不能答策者，答兵书墨义。王安石曰："武举而试墨义，何异学究！诵书不晓理者，无补于事。"帝从之。至是始策试焉。

《续通鉴》卷六九

## 一八〇　沈括评免役法著《梦溪笔谈》

沈括，擢进士第，为馆阁校勘，删定三司条例。迁太子中允，提举司天监。括始置浑仪、景表、五壶浮漏，招卫朴造新历，募天下上太史占书，杂用士人，分方技科为五，后皆施用。

尝白事丞相府，吴充问曰："自免役令下，民之诋訾者今未衰也，是果于民何如？"括曰："以为不便者，特士大夫与邑居之人习于复除者尔，无足恤也。独微户本无力役，而亦使出钱，则为可念。若悉弛之，使一无所预，则善矣。"充然其说，表行之。

括博学善文，于天文、方志、律历、音乐、医药、卜算，无所不通，皆有所论著。又纪平日与宾客言者为《梦溪笔谈》，多载朝廷故实、耆旧出处，传于世。

《宋史》卷三三一

## 一八一　王安石罢相知江宁府

神宗熙宁七年，罢王安石。安石秉政五年，更法度，开边疆，老成废黜殆尽，巧佞超进用事，天下怨之，而帝倚任益专。一日，侍太后至太皇太后宫，太皇太后语帝曰："祖宗法度，不宜轻改，吾闻民甚苦青苗、助役，宜罢之。"帝曰："此所以利民，非苦之也。"太皇太后曰："王安石诚有才学，然怨之者甚众，欲保全之，不若暂出之于外。"帝曰："群臣惟安石为国家当事。"久之，太后流涕谓帝曰："安石乱天下，奈何？"帝始疑之。及郑侠数以疏言法之为民害，安石不自安，求去位，帝再四慰留，欲处以师傅之官。安石不可，愿得便郡，乃以吏部尚书、观文殿大学士，知江宁府。吕惠卿使其党变姓名投匦留之，安石感其意，因乞韩绛代己而惠卿佐之，帝从其请。二人守其成规不少失，时号绛为"传法沙门"，惠卿为"护法善神"。

《续通鉴》卷七〇

## 一八二　吕惠卿害安石无所不为

始，惠卿事安石如父子，安石弟安国恶其憸巧，数面折之。一日，安石与惠卿论新法于其第，安国好吹笛，安石谕之曰："宜放郑声。"安国曰："亦愿兄远佞人。"惠卿知其以佞人目己，深衔之，乃因郑侠狱陷安国。

惠卿既得志，遂叛安石，忌其复用，凡可以害安石者无所不为。一时朝士见惠卿得君，谓可倾安石以媚惠卿，遂更朋附之。时韩绛颛处中书，事多稽留不决，且数与惠卿争论，度不能制，密请帝复用安石，帝从之。惠卿闻命愕然。帝遣中使赍诏召安石复为平章事，安石不辞，倍道而进，七日至京师，时在熙宁八年。

《续通鉴》卷七一

## 一八三　王安石撰《三经新义》

王安石进所撰《诗书周礼义》。帝谓安石曰："今谈经者言人人殊，何以一道德？卿所撰经义，其以颁行，使学者归一。"遂颁于学官，号曰《三经新义》。

安石《新义》行，士子以经试于有司，必宗其说，少异，辄不中程。晚岁又为《字说》二十四卷，多穿凿傅会，其流入于佛、老，天下争传习之，而先儒之传注悉废，士亦无复自得之学。故当时议者，谓王氏之患，在好使人同己。

王安石复撰《诗关雎解义》以进。初，安石撰《诗序》，称颂帝德，以文王为比。帝曰："以朕比文王，恐为天下后世笑，但言解经之意足矣。"遂改撰《诗序》以进。至是诏前后所上并付国子监镂板施行。

安石之再相也，多称疾求去。及子雱死，力请解机务。帝亦厌安石所为，乃罢为镇南军节度使、同平章事、判江宁府，时熙宁九年。

《续通鉴》卷七一

## 一八四　崔公度媚附王安石

崔公度，口吃不能剧谈，而内绝敏，书一阅即不忘。刘沆荐茂才异等，辞疾不应命。益闭户读书。欧阳修得其所作《感山赋》，以示韩琦，琦上之英宗，即付史馆。授国子直讲，以母老辞。

王安石当国，献《熙宁稽古一法百利论》，安石解衣握手，延与语。召对延和殿，进光禄丞，知阳武县。未几，为崇文校书，删定三司令式。

公度起布衣，无所持守，惟知媚附安石，昼夜造请，虽踞厕见之，不屑也。尝从后执其带尾，安石反顾，公度笑曰："相公带有垢，敬以袍拭去之尔。"见者皆笑，亦恬不为耻。

《宋史》卷三五三

## 一八五　曾巩治州有方为文成家

曾巩，字子固，生而警敏，读书数百言，脱口辄诵。年十二，试作《六论》，援笔而成，辞甚伟。甫冠，名闻四方。欧阳修见其文，奇之。嘉祐二年中进士第。

知齐州，其治以疾奸急盗为本。曲堤周氏拥赀雄里中，子高横纵，贼良民，污妇女，服器上僭，力能动权豪，州县吏莫敢诘，巩取置于法。章丘民聚党村落间，号"霸王社"，椎剽夺囚，无不如志。巩配三十一人，又属民为保伍，使几察其出入，有盗则鸣鼓相援，每发辄得盗。有葛友者，名在捕中，一日，自出首。巩饮食冠裳之，假以骑从，辇所购金帛随之，夸徇四境。盗闻，多出自首。巩外视章显，实欲携贰其徒，使之不能复合也。自是外户不闭。河北发民浚河，调及它路，齐当给夫二万。县初按籍三丁出夫一，巩括其隐漏，至于九而取一，省费数倍。

巩负才名，久外徒，世颇谓偃蹇不偶。一时后生辈锋出，巩视之泊如也。过阙，神宗召见，拜中书舍人。为文自成一家，上下驰骋，愈出而愈工，本原六经，斟酌于司马迁、韩愈，一时工作文词者，鲜能过也。

少与王安石游，安石声誉未振，巩导之于欧阳修，及安石得志，遂与之异。神宗尝问："安石何如人？"对曰："安石文学行义，不减扬雄，以吝故不及。"帝曰："安石轻富贵，何吝也？"曰："臣所谓吝者，谓其勇于有为，吝于改过耳。"帝然之。吕公著尝告神宗，以巩为人行义不如政事，政事不如文章，以是不大用云。

《宋史》卷三一九

## 一八六　李周不为呈身御史

司马光将荐李周为御史，欲使来见，周曰："司马公之贤，吾固愿见，但闻荐而往，所谓'呈身御史'也。"卒不往。神宗诏近臣举士，孙固以周闻。神宗召对，谓曰："知卿不游权门，识今执政乎？"对曰："不识也。""识司马光乎？"曰："不识也。"

周沉晦自匿，未尝私谒执政，有公事，公诣中书白之。薛向使三司，欲辟为属，及相见，卒不敢言，退而叹曰："若人未易屈也。"以是不偶于世。

《宋史》卷三四四

## 一八七　鲜于侁不忍负友

鲜于侁，仁宗时任黟令，摄治婺源。奸民汪氏富而狠，横里中，因事抵法，群吏罗拜曰："汪族败前令不少，今不舍，后当诒患。"侁怒，立杖之，恶类屏迹。神宗元丰二年召对，命知扬州。苏轼自湖州赴狱，亲朋皆绝交。道扬，侁往见，台吏不许通。或曰："公与轼相知久，其所往来书文，宜焚之勿留，不然，且获罪。"侁曰："欺君负友，吾不忍为，以忠义分谴，则所愿也。"为举吏所累，罢主管西京御史台。

《宋史》卷三四四

## 一八八　司马光修成《资治通鉴》

以端明殿学士兼翰林侍读学士司马光为资政殿学士，校书郎范祖禹为秘书省正字；并以修《资治通鉴》书成也。自英宗治平开局，光与刘攽、刘恕、范祖禹及子康编集，前后六任，听以书局自随，给之禄秩。光于是遍阅旧史，旁采小说，抉摘幽隐，上起周威烈王二十三年，下终五代，凡一千三百二十六年，修成二百九十四卷；又略举事目，年经国纬，以便检寻，为《目录》三十卷；参考群书，评其同异，俾归一途，为《考异》三十卷。合三百五十四卷，历十九年而成。至是上之，降诏奖谕，赐银帛衣带鞍马。神宗谓辅臣曰："前代未尝有此书，过荀悦《汉纪》远矣。"

《续通鉴》卷七八

## 一八九　王安礼救苏轼斥宗室

王安礼，安石之弟。神宗以为著作佐郎、崇文院校书。他日得见，命之坐，有司言八品官无赐坐者，特命之。出知润州、湖州，召为开封府判官。直舍人院、同修起居注。

# 宋（上）（公元960年至1126年）

苏轼下御史狱，势危甚，无敢救者。安礼从容言："自古大度之主，不以言语罪人。轼以才自奋，谓爵位可立取，顾录录如此，其心不能无觖望。今一旦致于理，恐后世谓陛下不能容才。"帝曰："朕固不深谴也，行为卿贳之。"轼以故得轻比。

以翰林学士知开封府，事至立断。前滞讼不得其情，及且按而未论者几万人，安礼剖决，未三月，囚系皆空。书揭于府前，辽使过而见之，叹息夸异。帝闻之，喜曰："安礼能勤吏事，骇动殊邻，于古无愧矣。"特升一阶。

帝数失皇子，太史言民墓多迫京城，故不利国嗣，诏悉改卜，无虑数十万计，众汹惧。安礼谏曰："文王卜世三十，其政先于掩骼埋胔，未闻迁人之冢以利其嗣者。"帝恻然而罢。

宗室令骍以数十万钱买妾，久而斥归之，诉府督元值。安礼视妾，既火败其面矣，即奏言："妾之所以值数十万者，以姿首也，今炙败之，则不复可鬻，此与炮烙之刑何异。请勿理其值而加厚谴，以为戒。"诏从之，仍夺令骍俸。

后宫造油箔，约三年损者反其价，才一年有损者，中官持诣府，请如约，词气甚厉。安礼曰："庸讵非置之不得其地，为风雨燥湿所坏耶。苟如是，民将无复得值，约不可用也。"卒不追。以是宗室、中贵人皆惮之。

《宋史》卷三二七

## 一九〇　杜生三十年不出门

杜生者，颍昌人。不知其名，县人呼为杜五郎。所居去县三十里，有屋两间，与其子并居，前有空地丈馀，即为篱门，生不出门者三十年。

黎阳尉孙轸往访之。其人颇洒落，自陈村人无所能，官人何为见顾。轸问所以不出门之因，笑曰："以告者过也。"指门外一桑曰："忆十五年前，亦曾纳凉其下，何谓不出？但无用于时，无求于人，偶自不出耳，何足尚哉。"问所以为生，曰："昔时居邑之南，有田五十亩，与某兄同耕。迨兄子娶妇，度所耕不足赡，乃尽以与兄，而携妻子至此，蒙乡人借屋，遂居之。唯与人择日，又卖医药以给饘粥，亦有时不继。后子能耕，荷长者见怜，与田三十亩使之耕，尚有馀力，又为人佣耕，自此食足。乡人贫，以医术自业者多。念己食既足，不当更兼他利，由是择日卖药，一切不为。"问常日何所为，曰："端坐耳。""颇观书否？"曰："二十年前，曾有人遗一书策，无题号，其间多说浮名经，当时极爱其议论，今忘之，并书亦不知所在矣。"时盛寒，布袍草履，室中枵然，而气韵闲旷，言词精简。盖有道之士也。

问其子之为人，曰："村童也，然性质甚淳厚，不妄言，不敢嬉。唯间一至县买盐酪，可数行迹以待其归，径往径还，未尝旁游一步也。"轸嗟叹，留连久之，乃去。

后至延安幕府，为沈括言之。括时理军书，迨夜半，疲极未卧，闻轸谈及此，乃顿忘其劳。

《宋史》卷四五八

## 一九一　滕元发救灾安民

滕元发，神宗时任知制诰、知谏院。京师郡国地震，滕元发上疏指陈致灾之由，大臣不悦。命元发为安抚使。时城舍多圮，吏民惧压，皆幄寝茇舍，元发独处屋下，曰："屋摧民死，吾当以身同之。"瘗死食饥，除田租，修堤障，察贪残，督盗贼，北道遂安。

除翰林学士、知开封府。民王颖有金为邻妇所隐，阅数尹不获值。颖扶杖诉于庭。元发一问得实，反其金，颖投杖谢。

哲宗登位，徙苏、扬二州，除龙图阁直学士，知郓州。学生食不给，民有争公田二十年不决者，元发曰："学无食而以良田饱顽民乎？"乃请以为学田，遂绝其讼。时淮南、京东饥，元发虑流民且至，将蒸为疠疫。先度城外废营地，召谕富室，使出力为席屋，一夕成二千五百间，井灶器用皆具。民至如归，所全活五万。

《宋史》卷三三二

## 一九二　神宗图治以求雪耻

神宗在位十九年，卒年三十八。帝总揽万机，小大必亲。御殿决事，或日昃不暇食，侍臣有以为言者，帝曰："朕享天下之奉，非喜劳恶逸，诚欲以此勤报之耳。"谦冲务实，终身不受尊号。

时承平日久，事多舒缓，帝厉精图治，欲一振其弊；又以祖宗志吞幽蓟、灵武而数败兵，奋然将雪数世之耻。王安石遂以富强之谋进，而青苗、保甲、均输、市易、水利诸法，一时并兴，天下骚然。帝终不移辙，废逐非难变法之老臣，摈斥谏士，行之不疑。惟操之过急，所用非人，反对者众，讫无成功。

《续通鉴》卷七八

## 一九三　周敦颐人品高洁

周敦颐初为分宁主簿，有狱久不决，敦颐至，一讯立辨。调南安司理，有囚，法不当死，转运使王逵欲深治之。敦颐力与辨，逵不听，敦颐委手板，将弃官去，曰："如此，尚可仕乎！杀人以媚人，吾不为也。"逵悟，囚得释。调桂阳令，改知南昌，富家、大姓、黠吏、恶少，不独以得罪为忧，而且以污秽善政为耻。累迁至广东转运判官，病作，遂求知南康以归，卒于官。

敦颐信古好义，以名节自砥砺。黄庭坚称其"人品甚高，胸怀洒落，如光风霁月。廉于取名锐于求志，薄于徼福而厚于得民，菲于奉身而燕及茕嫠，陋于希世而尚友千古。"博学行力，著《太极图》。

为南安司理时，通判程珦以其学为知道，使二子颢、颐往与之游。敦颐每令寻孔、颜乐处，所乐何事。颢尝曰："自再见周茂叔后，吟风弄月以归，有'吾与点也'之意。"学者称为濂溪先生。

《续通鉴》卷六九；《宋史》卷四二七

## 一九四　程颢兴道学

王安石执政，议更法令，言者攻之甚力。程颢时任监察御史里行，被旨赴中堂议事，安石方怒言者，厉色待之。颢徐曰："天下事非一家私议，愿平气以听。"安石为之愧屈。自安石用事，颢未尝一语及于功利。居职八九月，乞去言职。安石本与之善，及是虽不合，犹敬其忠信，不深怒，但出提点京西刑狱。颢固辞，改签书镇宁军判官。司马光在长安，上疏求退，称颢公直，以为己所不如。

哲宗立，召为宗正丞，未行而卒，年五十四。

颢资性过人，充养有道，和粹之气，盎于面背，门人交友从之数十年，亦未尝见其忿厉之容。遇事优为，虽当仓促，不动声色。自十五六时，与弟颐闻汝南周敦颐论学，遂厌科举之习，慨然有求道之志。泛滥于诸家，出入于老、释者几十年，返求诸六经而后得之。秦、汉以来，未有臻斯理者。颢之死，文彦博题其墓曰明道先生。

其弟颐，于书无所不读。其学本于诚，以《大学》《语》《孟》《中庸》为标指，而达于六经。动止语默，一以圣人为师，其不至乎圣人不止也。张载称其兄弟从十四五时，便脱然欲学圣人，故卒得孔、孟不传之学，以为诸儒倡。平生诲人不倦，故学者出其门最多，渊源所渐，皆为名士。世称为伊川先生。

《宋史》卷四二七

## 一九五　张载学古力行

张载，少喜谈兵，至欲结客取洮西之地。年二十一，以书谒范仲淹，一见知其远器，乃警之曰："儒者自有名教可乐，何事于兵。"因劝读《中庸》。载读其书，犹以为未足，又访诸释、老，累年究极其说，知无所得，反而求之六经。尝坐虎皮讲《易》京师，听从者甚众。一夕，二程至，与论《易》，次日语人曰："比见二程，深明《易》道，吾所弗及，汝辈可师之。"撤坐辍讲。与二程语道学之要，涣然自信曰："吾道自足，何事旁求。"于是尽弃异学，淳如也。

后，屏居南山下，终日危坐一室，左右简编，俯而读，仰而思，有得则识之，或中夜起坐，取烛以书。其志道精思，未始须臾息，亦未尝须臾忘也。敝衣蔬食，与诸生讲学，每告以知礼成性、变化气质之道，学必如圣人而后已。

载学古力行，为关中士人宗师，世称为横渠先生。著书号《正蒙》，又作《西铭》。

《宋史》卷四二七

## 一九六　邵雍苦学安贫乐道

邵雍，字尧夫。年三十，游河南，葬其亲伊水上，遂为河南人。

雍少时，自雄其才，慷慨欲树功名。于书无所不读，始为学，即坚苦刻厉，寒不炉，暑不扇，夜不就席者数年。已而叹曰："昔人尚友于古，而吾独未及四方。"于是逾河、汾，涉淮、汉，周流齐、鲁、宋、郑之墟，久之，幡然来归，曰："道在是矣。"遂不复出。

著书十馀万言行于世，然世之知其道者鲜矣。

初至洛，蓬荜环堵，不芘风雨，躬樵爨以事父母，虽平居屡空，而怡然有所甚乐，人莫能窥也。及执亲丧，哀毁尽礼。富弼、司马光、吕公著诸贤退居洛中，雅敬雍，恒相从游，为市园宅。雍岁时耕稼，仅给衣食。名其居曰"安乐窝"，因自号安乐先生。旦则焚香燕坐，晡时酌酒三四瓯，微醺即止，常不及醉也，兴至辄哦诗自咏。春秋时出游城中，风雨常不出，出则乘小车，一人挽之，惟意所适。士大夫家识其车音，争相迎候，童孺厮隶皆欢相谓曰："吾家先生至也。"不复称其姓字。或留信宿乃去。好事者别作屋如雍所居，以候其至，名曰"行窝"。

司马光兄事雍，而二人纯德尤乡里所慕向，父子昆弟每相饬曰："毋为不善，恐司马端明、邵先生知。"士之道洛者，有不之公府，必之雍。雍德气粹然，望之知其贤，然不事表襮，不设防畛，群居燕笑终日，不为甚异。与人言，乐道其善而隐其恶。有就问学则答之，未尝强以语人。人无贵贱少长，一接以诚，故贤者悦其德，不贤者服其化。一时洛中人才特盛，而忠厚之风闻天下。

神宗熙宁十年，卒，年六十七。雍疾病，司马光、张载、程颢、程颐晨夕候之，将终，共议丧葬事外庭，雍皆能闻众人所言，召子伯温谓曰："诸君欲葬我近城地，当从先茔尔。"既葬，颢为铭墓，称雍之道纯一不杂，就其所至，可谓安且成矣。所著书曰《皇极经世》《观物内外篇》《渔樵问对》，诗曰《伊川击壤集》。

雍高明英迈，迥出千古，而坦夷浑厚，不见圭角，是以清而不激，和而不流，人与交久，益尊信之。河南程颢初侍其父识雍，论议终日，退而叹曰："尧夫，内圣外王之学也。"

雍知虑绝人，遇事能前知。程颐尝曰："其心虚明，自能知之。"

《宋史》卷四二七

## 一九七　杨时立雪程门

杨时，幼颖异，能属文，稍长，潜心经史。神宗熙宁九年，中进士第。时河南程颢与弟颐讲孔、孟绝学于熙宁、元丰之际，河、洛之士翕然师之。时调官不赴，以师礼见颢于颍昌，相得甚欢。其归也，颢目送之曰："吾道南矣。"

颢死，时闻之，设位哭寝门，而以书赴告同学者。后，又见程颐于洛，时盖年四十矣。一日见颐，颐偶瞑坐，时与游酢侍立不去，颐既觉，则门外雪深一尺矣。

杜门不仕者十年，久之，历知浏阳、余杭、萧山三县，皆有惠政，民思之不忘。张舜民在谏垣，荐之，得荆州教授。时安于州县，未尝求闻达，而德望日重，四方之士不远千里从之游，号曰龟山先生。

《宋史》卷四二八

## 一九八　钱勰敏于事

哲宗元祐初，钱勰迁给事中，以龙图阁待制知开封府。老吏畏其敏，欲困以事，导人诉牒至七百。勰随即剖决，简不中理者，缄而识之，戒无复来。阅月听讼，一人又至，呼诘之曰："吾固戒汝矣，安得欺我？"其人谰曰："无有。"勰曰："汝前诉云云，吾识以某字。"启缄示之，信然，上下皆惊咤。宗室、贵戚为之敛手，虽丞相府谒吏干请，亦械治之。积为众所憾，出知越州，徙瀛州。后复知开封，临事益精。苏轼乘其据案时遗之诗，勰操笔立就以报。轼曰："电扫庭讼，响答诗筒，近所未见也。"

《宋史》卷三一七

## 一九九　司马光执意罢免役法

哲宗继位，年方十岁。太皇太后高氏执政，贬斥推行新法者，启用司马光、吕公著、文彦博等老臣，尽废新法。

司马光奏复差役法。苏轼言于司马光曰："差役、免役各有利害：免役之害，聚敛于上而下有钱荒之患；差役之害，民常在官，不得专力于农，而吏胥缘以为奸。此二害，轻重盖略等矣。"光曰："于君何如？"轼曰："法相因则事易成，事有渐则民不惊。唐中叶以来，民不知兵，兵不知农；农出谷帛以养兵，兵出性命以卫农。天下便之，虽圣人复起，不能易也。今免役之法实类此。公欲骤罢免役而行差役，盖未易也。"光不以为然。

轼又曰："昔韩魏公刺陕西义勇，公为谏官，争之甚力，韩公不乐，公亦不顾，轼尝闻公道其详。岂今日作相，不许轼尽言邪！"光笑而谢之。

范纯仁与光素厚，谓光曰："治道去其太甚者可也。差役一事，尤当熟讲而缓行，不然，滋为民病。且宰相职在求人，变法非所先也。愿公虚心以延众论，不必谋自己出；谋自己出，则谄谀得乘间迎合矣。设议或难回，则可先行之一路以观其究竟。"光不从，持之益坚。纯仁叹曰："以是使人不得言尔。若欲媚公以为容悦，何如少年合安石以速富贵哉！"

王安石闻朝廷变其法，夷然不以为意；及闻罢助役，复差役，愕然失声曰："亦罢及此乎？"良久曰："此法终不可罢也。"

《续通鉴》卷七九

## 二〇〇 司马光称蔡京奉法

司马光秉政,复差役法,为期五日,同列病太迫,蔡京独如约,悉改畿县雇役,无一违者。诣政事堂白光,光喜曰:"使人人奉法如君,何不可行之有!"

《宋史》卷四七二

## 二〇一 程颐为哲宗说书

程颐为崇政殿说书。颐每以师道自居,其侍讲,色甚庄,言多讽谏。闻哲宗在宫中盥而避蚁,问:"有是乎?"帝曰:"有之。"颐曰:"推此心以及四海,帝王之要道也。"帝尝凭栏偶折柳枝,颐正色曰:"方春时和,万物发生,不可无故摧折。"帝不悦。

起居舍人王岩叟尝奏曰:"陛下宫中何以消日?"哲宗曰:"并无所好,惟是观书。"对曰:"圣学须在积累,积累之要,在专与勤。屏去它事,始可谓专,久而不倦,始可谓勤。"帝然之。

帝问岩叟:"治道何先?"对曰:"在上下之情交通,而无壅蔽之患。上下之情所以通,由举仁者而用之。仁者之心,上不忍欺其君,下不忍欺其民,故君有德意,推而达于下,民有疾苦,告而达于上,不以一身自便为心。"帝曰:"安知仁人而举之?"对曰:"巧言令色,鲜矣仁;

刚毅木讷，近仁。"帝颔之。

《续通鉴》卷七九、卷八一、卷八二

## 二〇二　赵君锡性孝无执守

赵君锡，性至孝。母亡，事父良规不违左右，夜则寝于旁。凡衾裯薄厚、衣服寒温、药石精粗、饮食旨否、栉发翦爪、整冠结带，无不亲之。及登进士第，以亲故不愿仕。良规每出，必扶掖上下，至杂立仆御中。尝从谒文彦博，彦博异其容止，问而知之，语诸子，令视以为法。

哲宗元祐初，君锡迁司勋右司郎中、太常少卿，擢给事中。论蔡确、章惇有罪不宜复职。苏轼出知杭州，君锡言："轼之文，追攀六经，蹈藉班、马，知无不言。壬人畏惮，为之消缩；公论倚重，隐如长城。今飘然去国，邪党必谓朝廷稍厌直臣，且将乘隙复进，实系消长之机。不若留之在朝，用其善言则天下蒙福，听其谠论则圣心开益，行其诏令则四方风动，而利博矣。"拜御史中丞。

君锡素有志行，后随人低昂，无大建明。初称苏轼之贤，遇贾易劾轼题诗怨谤，即继言："轼负恩怀逆，无礼先帝，愿亟正其罪。"宣仁后览之不悦，曰："君锡全无执守。"

《宋史》卷二八七

宋（上）（公元960年至1126年）

## 二〇三　宇文之邵自强于学不易其志

宇文之邵，举进士，为文州曲水令。转运使以轻缣高其价，使县鬻于民。之邵言："县下江上山，地狭人贫，耕者亡几，方岁俭饥，羌夷数入寇，不可复困之以求利。"

会神宗即位求言，乃上疏言事，疏奏不报。喟然曰："吾不可仕矣。"遂致仕，以太子中允归，时年未四十。自强于学，不易其志，日与交友为经史琴酒之乐，退居十五年而终。司马光曰："吾闻志不行，顾禄位如锱铢；道不同，视富贵如土芥。今于之邵见之矣。"范镇亦曰："之邵位下而言高，学富而行笃，少我二十一岁而先我挂冠，使吾慊然。"

《宋史》卷四五八

## 二〇四　吴瑛真率旷达

吴瑛，蕲州蕲春人。通判池州、黄州，知郴州，至虞部员外郎。英宗治平三年，官满如京师，年四十六，即上书请致仕。公卿大夫知之者相与出力挽留之，不听，皆叹服以为不可及，相率赋诗饮饯于都门，遂归。

蕲有田，仅足自给。临溪筑室，种花酿酒，家事一付子弟。宾客至必饮，饮必醉，或困卧花间，客去亦不问。有臧否人物者，不酬一语，但促奴益行酒，人莫不爱其乐易而敬其高。尝有贵客过之，瑛酒酣而歌，以乐器扣其头为节，客亦不以为忤。视财物如粪土，妹婿辄取家财数十万贷人，不能偿，瑛哀之曰："是人有母，得无重忧！"召而焚其券。盗入室，觉而不言，且取其被，乃曰："他物唯所欲，夜正寒，幸舍吾被。"其真率旷达类此。

哲宗朝有荐之者，召为吏部郎中，就知蕲州，皆不起。徽宗崇宁三年感疾，即闭合谢医药，至垂绝不乱。卒，年八十四。

《宋史》卷四五八

## 二〇五　松江渔翁之语

松江渔翁者，不知其姓名。每棹小舟游长桥，往来波上，扣舷饮酒，酣歌自得。

哲宗绍圣中，闽人潘裕自京师调官回，过吴江，遇而异焉，起揖之曰："予视先生气貌，固非渔钓之流，愿丐绪言，以发蒙陋。"翁瞪视曰："君不凡，若诚有意，能过小舟语乎？"裕欣然过之。翁曰："吾厌喧烦，处闲旷，遁迹于此三十年矣。幼喜诵经史百家之言，后观释氏书，今皆弃去。唯饱食以嬉，尚何所事？"裕曰："先生澡身浴德如此。今圣明在上，盍出而仕乎？"笑曰："君子之道，或出或处，吾虽不能栖隐岩穴，追园、绮之踪，窃慕老氏曲全之义。且养志者忘形，养形者忘利，致道者忘心，心形俱忘，其视轩冕如粪土耳，与子出处异趣，子勉之。"裕曰："裕也不才，幸闻先生之高义，敢问舍所在。"曰："吾姓名且不欲人知，况居室耶！"饮毕，长揖使裕反其所，鼓枻而去。

《宋史》卷四五八

## 二〇六　荆国公王安石卒

哲宗元祐元年，荆国公王安石卒，年六十有六。安石性强忮，自信所见，执意不回。至议变法，在廷交执不可，安石傅经义，出己意，辨论辄数百言，众不能诎。罢黜中外老成人几尽，多用门下儇慧少年。罢相后，安石著《日录》七十卷。晚居金陵，于钟山书室多写"福建子"三字，盖恨为吕惠卿所误也。及卒，司马光于病中闻之，亟简吕公著曰："介甫文章节义，颇多过人，但性不晓事，而喜遂非，今方矫其失，革其弊。不幸介甫谢世，反复之徒，必诋毁百端。"

《续通鉴》卷七九

## 二〇七　王雱气豪才高

王安石子雱气豪，睥睨一世，不能作小官。作策三十馀篇，极论天下事，又作《老子训传》及《佛书义解》，亦数万言。时安石执政，所用多少年，雱亦欲预选，乃与父谋曰："执政子虽不可预事，而经筵可处。"安石欲上知而自用，乃以雱所作策及注《道德经》镂板鬻于市，遂传达于上。邓绾、曾布又力荐之，召见，除太子中允、崇政殿说书。神宗数留与语，受诏撰《诗》《书》义，擢天章阁待制兼侍讲。书成，迁龙图阁直学士，以病辞不拜。

安石更张政事，雱实导之。常称商鞅为豪杰之士，言不诛异议者法不行。安石与程颢语，雱囚首跣足，携妇人冠以出，问父所言何事。曰："以新法数为人所阻，故与程君议。"雱大言曰："枭韩琦、富弼之头于市，则法行矣。"安石遽曰："儿误矣。"卒时才三十三。

《宋史》卷三二七

## 二〇八　温国公司马光卒

司马光为相后，自见言行计从，欲以身徇社稷，躬亲庶务，不舍昼夜。宾客见其体羸，举诸葛亮食少事烦以为戒，光曰："死生命也。"为之益力。病革，不复自觉，谆谆如梦中语，然皆朝廷天下事也。哲宗元祐元年，光卒，年六十六，赠太师、温国公。既殁，其家得遗奏八纸，皆手札，论当世要务。百姓闻其卒，罢市而往吊，鬻衣而致奠，巷哭而过，车盖以万千数。

光孝友忠信，自少至老，语未尝妄。自言："吾无过人者，但平生所为，未尝有不可对人言者耳。"于学无所不通，唯不喜释、老，曰："其微言不能出吾书，其诞吾不信也。"苏轼尝论光所以感人心、动天地者而蔽以二言，曰诚，曰一，君子以为笃论。

《续通鉴》卷八〇

## 二〇九　苏洵为试校书郎

眉州苏洵年二十七，始发奋为学，举进士、茂才异等，不中，悉焚其常所为文，闭户益读书，遂通六经、百家之说，下笔顷刻数千言。仁宗至和、嘉祐间，与其二子轼、辙至京师。翰林学士欧阳修上其所著《权书》《衡论》《机策》二十二篇，宰相韩琦善之。召试舍人院，以疾辞。本路转运使赵抃等荐其行义，修又言洵既不肯就试，乞除一官，故以洵为试校书郎。

《续通鉴》卷五九

## 二一〇　苏轼为文如行云流水

苏轼，字子瞻。生十年，父洵游学四方，母程氏亲授以书，闻古今成败，辄能语其要。程氏读东汉《范滂传》，慨然太息，轼请曰："轼若为滂，母许之否乎？"程氏曰："汝能为滂，吾顾不能为滂母邪？"

比冠，博通经史，属文日数千言，好贾谊、陆贽书。既而读《庄子》，叹曰："吾昔有见，口未能言，今见是书，得吾心矣。"仁宗嘉祐二年，试礼部。主司欧阳修得轼《刑赏忠厚论》，惊喜，欲擢冠多士，犹疑其客曾巩所为，但置第二；复以《春秋》对义居第一，殿试中乙科。修语梅圣俞曰："吾当避此人出一头地。"闻者始哗不厌，久乃信。

轼尝自谓："作文如行云流水，初无定质，但常行于所当行，止于所不可不止。"虽嬉笑怒骂之辞，皆可书而诵之。一时文人如黄庭坚、晁补之、秦观、张耒、陈师道，举世未之识，轼待之如朋俦，未尝以师资自予也。

《宋史》卷三三八

## 二一一　苏轼因诗系狱

神宗元丰二年，苏轼徙湖州，上表以谢，又以事不便民者不敢言，以诗托讽，庶有益于国。御史中丞李定、御史舒亶摘其语以为侮慢，因论轼"自熙宁以来，作为文章，怨谤君父，交通戚里"。逮轼赴台狱，诏定等杂治之。是为"乌台诗案"。定等锻炼久之，且多引名士，欲寘之死。太皇太后曹氏闻之，谓神宗曰："尝忆仁宗以制科得轼兄弟，喜曰：'吾为子孙得两宰相。'今闻轼以作诗系狱，得非仇人中伤之乎？捃至于诗，其过微矣，宜熟察之。"帝曰："谨受教。"帝亦怜之，王珪复举轼咏桧诗，曰"根到九泉无曲处，世间惟有蛰龙知"，以为不臣。帝曰："彼自咏桧尔，何预朕事。"轼遂得轻比。但贬轼黄州团练副使。

《纲鉴易知录》卷七二

## 二一二　苏轼知杭州筑苏堤

哲宗元祐四年，苏轼知杭州。杭濒海，水泉咸苦，唐刺史李泌，始导西湖，作六井，民以足用。及白居易复浚西湖，引水入运河，溉田且千顷。然湖水多葑，自唐及钱氏，岁辄浚治，宋兴，废之，葑积为田而水无几矣。苏轼始至，浚茆山、盐桥二河，以茆山一河专受江潮，以盐桥一河专受湖水，复以馀力修治六井，民稍获其利。轼曰："若取葑田，积之湖中，为长堤以通南北，则葑田去而行者便矣。"乃取救荒之馀，复请于朝，得度牒以募役者。堤成，南北径十三里，植芙蓉、杨柳于其上，望之如画图，杭人名曰苏公堤。

《续通鉴》卷八一

## 二一三　巢谷徒步千里访两苏

巢谷与苏轼同乡，幼而识之，因与之游。及轼与弟辙在朝，谷浮沉里中，未尝一来相见。哲宗绍圣初，轼、辙谪岭海，平生亲旧无复相闻者，谷独慨然自眉山诵言欲徒步访两苏，闻者皆笑其狂。

哲宗元符二年，谷竟往，至梅州遗辙书曰："我万里步行见公，不意自全，今至梅矣，不旬日必见，死无恨矣。"辙惊喜曰："此非今世人，古之人也。"既见，握手相泣，已而道平生，逾月不厌。时谷年七十三，瘦瘠多病，将复见轼于海南，辙愍而止之曰："君意则善，然循至儋数千里，当复渡海，非老人事也。"谷曰："我自视未即死也，公无止我。"阅其橐中无数千钱，辙方困乏，亦强资遣之。舟行至新会，有蛮隶窃其橐装以逃，获于新州，谷从之至新，遂病死。辙闻，哭之失声，恨不用己言而致死，又奇其不用己言而行其志也。

《宋史》卷四五九

## 二一四　文同善画竹

文同，字与可，梓州梓潼人。同方口秀眉，以学名世，操韵高洁，自号笑笑先生。善诗、文、篆、隶、行、草、飞白。文彦博守成都，奇之，致书同曰："与可襟韵洒落，如晴云秋月，尘埃不到。"司马光、苏轼尤敬重之。轼，同之从表弟也。同又善画竹，初不自贵重，四方之人持缣素请者，足相蹑于门。同厌之，投缣于地，骂曰："吾将以为袜。"好事者传之以为口实。初举进士，稍迁太常博士、集贤校理，知陵州，又知洋州。元丰初，知湖州，明年，至陈州宛丘驿，忽留不行，沐浴衣冠，正坐而卒。

《宋史》卷四四三

## 二一五　常安民力斥奸佞

太皇太后高氏主政九年，卒。哲宗亲政，改元祐年号为绍圣，复起用章惇辈。惇专权擅命，贬斥诋毁元祐老臣。监察御史常安民力折其奸。惇遣所亲曰："君本以文学闻于时，奈何以言语自任，与人为怨？少安静，当以左右相处。"安民正色斥之曰:"尔乃为时相游说邪!"林希权礼部尚书,安民言:"希为惇谋客,惇肆横强狠,皆希教之。"

安民又论:"蔡京奸足以惑众,辨足以饰非,巧足以移动人主之视听,力足以颠倒天下之是非,内结宦寺,外连台谏,合党缔交,以图柄任。陛下不早逐之,它日悔将安及!"是时京之恶尚隐,人多未测,独安民首发之。

安民又言:"今大臣为绍述之说者,皆借以报复私怨,一时朋附之流,从而和之,遂至已甚。张商英在元祐时,上吕公著诗求进,其言谀佞无耻;及为谏官,则上疏毁司马光、吕公著。周秩在元祐间为太常博士,亲定司马光谥文正;为言官,则上疏论司马光、吕公著,至欲剖棺鞭尸。是岂士君子之所为哉!"章疏前后至数十百上,度终不能回,遂乞外,帝开慰而已。

先是,安民因召对尝言:"元祐中进言者,以熙宁、元丰之政为非而当时为是;今日进言者,以元祐之政为非而熙宁、元丰为是;皆偏论也。愿陛下公听并观,无问新旧,惟归于当。"帝谓辅臣曰:"安民议论公正,无所阿附。"

《续通鉴》卷八四

## 二一六　文彦博名闻四夷

潞国公文彦博逮事四朝,任将相五十年,名闻四夷。哲宗元祐间,契丹使耶律永昌、刘霄来聘,苏轼馆客,与使人觇，望见彦博于殿门外，却立改容曰："此潞公邪？"问其年，曰："何壮也！"轼曰："使者见其容，未闻其语。其综理庶务，虽精练少年有不如；贯穿古今，虽专门名家有不逮。"使者拱手曰："天下异人也！"

文彦博虽穷贵极富，而平居接物谦下，尊德乐善，如恐不及。其在洛也，洛人邵雍、程颢兄弟皆以道自重，宾接之如布衣交。与富弼、司马光等十三人，用白居易九老会故事，置酒赋诗相乐，序齿不序官，为堂，绘像其中，谓之"洛阳耆英会"，好事者莫不慕之。

《续通鉴》卷八五；《宋史》卷三一三

## 二一七 吕大防订乡约

吕大防，哲宗时官至尚书左仆射。朴厚戆直，不植党朋，立朝挺挺，进退百官，不可干以私，不市恩嫁怨，以邀声誉。

大防身长七尺，眉目秀发，声音如钟。自少持重，无嗜好，过市不左右游目，燕居如对宾客。每朝会，威仪翼如，神宗常目送之。与兄大忠及弟大临同居，相切磋论道考礼，冠昏丧祭，一本于古，关中言《礼》学者推吕氏。尝为《乡约》曰："凡同约者，德业相劝，过失相规，礼俗相交，患难相恤，有善则书于籍，有过若违约者亦书之，三犯而行罚，不悛者绝之。"

《宋史》卷三四〇

宋（上）（公元960年至1126年）

## 二一八　吕大忠诫马涓

哲宗时，吕大忠知陕州、秦州。时郡籴民粟，豪家因之制操纵之柄。大忠选僚采自旦入仓，虽斗升亦受，不使有所壅阏。民喜，争运粟于仓，负钱而去，得百馀万斛。

马涓以进士举首入幕府，自称状元。大忠谓曰："状元云者，及第未除官之称也，既为判官则不可。今科举之习既无用，修身为己之学，不可不勉。"又教以临政治民之要，涓自以为得师焉。谢良佐教授州学，大忠每过之，听讲《论语》，必正襟敛容曰："圣人言行在焉，吾不敢不肃。"

《宋史》卷三四〇

## 二一九　刘挚论人才

刘挚，仁宗嘉祐中历冀州南宫令。县俗凋敝，其赋甚重，输绢匹折税钱五百，绵两折钱三十，民多破产。挚援例旁郡，条请裁以中价。转运使怒，将劾之。挚固请曰："独一州六邑被此苦，决非法意，但朝廷不知耳。"遂告于朝。三司使包拯奏从其议，自是绢为钱千三百，绵七十有六。民欢呼至泣下，曰："刘长官活我！"

哲宗时官至尚书左丞。挚与同列奏事论人才，挚曰："人才难得，能否不一。性忠实而才识有馀，上也；才识不逮而忠实有馀，次也；有才而难保，可藉以集事，又其次也。怀邪观望，随时势改变，此小人也，终不可用。"每曰："士当以器识为先，一号为文人，无足观矣。"

《宋史》卷三四〇

## 二二〇　贺铸谈世事可否不少假借

贺铸，长七尺，面铁色，眉目耸拔。喜谈当世事，可否不少假借，虽贵要权倾一时，小不中意，极口诋之无遗辞，人以为近侠。博学强记，工语言，深婉丽密，如次组绣。尤长于度曲，掇拾人所弃遗，少括，皆为新奇。尝言："吾笔端驱使李商隐、温庭筠常奔命不暇。"诸公贵人多客致之，铸或从或不从，其所不欲见，终不贬也。

是时，江、淮间有米芾以魁岸奇谲知名，铸以气侠雄爽适相先后，二人每相遇，瞋目抵掌，论辩锋起，终日各不能屈，谈者争传为口实。

哲宗元祐中，以尚气使酒，不得美官，悒悒不得志，食宫祠禄，退居吴下，稍务引远世故，亦无复轩轾如平日。

家藏书万馀卷，手自校雠，无一字误，以是杜门将遂其老。家贫，贷子钱自给，有负者，辄折券与之，秋毫不以丐人。

《宋史》卷四四三

## 二二一　黄伯思以古文名家

黄伯思好古文奇字，洛下公卿家商、周、秦、汉彝器款识，研究字画体制，悉能辨正是非，道其本末，遂以古文名家，凡字书讨论备尽。

哲宗元符年间迁秘书郎。纵观册府藏书，至忘寝食，自六经及历代史书、诸子百家、天官地理、律历卜筮之说无不精诣。凡诏讲明前世典章文物、集古器考定真赝，以素学与闻，议论发明居多，馆阁诸公自以为不及也。

初，太宗淳化中博求古法书，命待诏王著续正法帖，伯思病其乖伪庞杂，考引载籍，咸有依据，作《刊误》二卷。由是篆、隶、正、行、草、章草、飞白皆至妙绝，得其尺牍者，多藏弆。

伯思颇好道家，自号云林子，别字霄宾。以政和八年卒，年四十。伯思学问慕扬雄，诗慕李白，文慕柳宗元。有文集五十卷、《翼骚》一卷。

《宋史》卷四四三

## 二二二　黄庭坚楷法自成一家

黄庭坚字鲁直，洪州分宁人。幼警悟，读书数过辄成诵。舅李常过其家，取架上书问之，无不通，常惊，以为一日千里。举进士，调叶县尉。神宗熙宁初，举四京学官，第文为优，教授北京国子监，留守文彦博才之，留再任。苏轼尝见其诗文，以为超轶绝尘，独立万物之表，世久无此作，由是声名始震。知太和县，以平易为治。

哲宗立，召为校书郎、《神宗实录》检讨官。逾年，迁著作佐郎，加集贤校理。《实录》成，擢起居舍人。丁母艰。庭坚性笃孝，母病弥年，昼夜视颜色，衣不解带。及亡，庐墓下，哀毁得疾几殆。服除，为秘书丞，提点明道宫，兼国史编修官。

哲宗绍圣初，出知宣州，改鄂州。章惇、蔡卞与其党论《实录》多诬，贬庭坚为涪州别驾、黔州安置，庭坚泊然，不以迁谪介意。徽宗即位，徙永州，未闻命而卒，年六十一。

庭坚学问文章，天成性得。善行、草书，楷法自成一家。与张耒、晁补之、秦观俱游苏轼门，天下称为四学士，而庭坚于文章尤长于诗，蜀、江西君子以庭坚配轼，故称"苏、黄"。轼为侍从时，举以自代，其词有"瑰伟之文，妙绝当世，孝友之行，追配古人"之语。初，游灊皖山谷寺、石牛洞，乐其林泉之胜，因自号山谷道人云。

《宋史》卷四四四

## 二二三　晁补之尤精《楚辞》

晁补之，聪敏强记，才解事即善属文，王安国一见奇之。十七岁从父官杭州，稡钱塘山川风物之丽，著《七述》以谒州通判苏轼。轼先欲有所赋，读之叹曰："吾可以阁笔矣！"又称其文博辩隽伟，绝人远甚，必显于世。

举进士，试开封及礼部别院，皆第一。神宗阅其文曰："是深于经术者，可革浮薄。"

补之才气飘逸，嗜学不知倦，文章温润典缛，其凌丽奇卓出于天成。尤精《楚辞》，论集屈、宋以来赋咏为《变离骚》等三书。

《宋史》卷四四四

## 二二四　秦观慷慨溢于文词

秦观，字少游，扬州高邮人。少豪隽，慷慨溢于文词，举进士不中。强志盛气，好大而见奇，读兵家书与己意合。见苏轼于徐，为赋黄楼，轼以为有屈、宋才。又介其诗于王安石，安石亦谓清新似鲍、谢。轼勉以应举为亲养，始登第，调定海主簿、蔡州教授。哲宗元祐初，轼以贤良方正荐于朝，除太学博士，校正秘书省书籍。迁正字，而复为兼国史院编修官，上日有砚墨器币之赐。

哲宗绍圣初，坐党籍，出通判杭州，又徙雷州。徽宗立，复宣德郎，放还。至藤州，出游华光亭，为客道梦中长短句，索水欲饮，水至，笑视之而卒。先自作挽词，其语哀甚，读者悲伤之。年五十三，有文集四十卷。

《宋史》卷四四四

## 二二五　米芾妙于翰墨精于鉴裁

米芾，字符章，吴人也。历知雍丘县、涟水军，太常博士，知无为军，召为书画学博士，赐对便殿，上其子友仁所作《楚山清晓图》，擢礼部员外郎，出知淮阳军。卒，年四十九。

芾为文奇险，不蹈袭前人轨辙。特妙于翰墨，沉着飞翥，得王献之笔意。画山水人物，自名一家，尤工临移，至乱真不可辨。精于鉴裁，遇古器物书画则极力求取，必得乃已。王安石尝摘其诗句书扇上，苏轼亦喜誉之。冠服效唐人，风神萧散，音吐清畅，所至人聚观之。而好洁成癖，至不与人同巾器。所为谲异，时有可传笑者。无为州治有巨石，状奇丑，芾见大喜曰："此足以当吾拜！"具衣冠拜之，呼之为兄。又不能与世俯仰，故从仕数困。尝奉诏仿《黄庭》作周兴嗣《千字韵语》。又入宣和殿观禁内所藏，人以为宠。

子友仁，字符晖，力学嗜古，亦善书画，世号"小米"，仕至兵部侍郎、敷文阁直学士。

《宋史》卷四四四

## 二二六　李公麟好古博学精于画

李公麟，第进士，好古博学，长于诗，多识奇字，自夏、商以来钟、鼎、尊、彝，皆能考定世次，辨测款识，闻一妙品，虽捐千金不惜。绍圣末，朝廷得玉玺，下礼官诸儒议，言人人殊。公麟曰："秦玺用蓝田玉，今玉色正青，以龙蚓鸟鱼为文，著'帝王受命之符'，玉质坚甚，非昆吾刀、蟾肪不可治，琱法中绝，此真秦李斯所为不疑。"议由是定。

哲宗元符三年，病痹，遂致仕。既归老，肆意于龙眠山岩壑间。雅善画，自作《山庄图》，为世宝。传写人物尤精，识者以为顾恺之、张僧繇之亚。襟度超轶，名士交誉之，黄庭坚谓其风流不减古人，然因画为累，故世但以艺传云。

《宋史》卷四四四

## 二二七　王存万马奔驰中能驻足

王存，哲宗时官至吏部尚书，性宽厚，平居恂恂，不为诡激之行，至其所守，确不可夺。司马光尝曰："并驰万马中能驻足者，其王存乎！"

《宋史》卷三四一

## 二二八　范纯仁忠恕廉俭

范仲淹之子纯仁性宽简，不以声色加人，义之所在，则挺不少屈。自为布衣至宰相，廉俭如一，所得奉赐，皆以广义庄。尝言："吾平生所学，得之忠恕二字，一生用不尽，以至立朝事君，接待僚友，亲睦宗族，未尝须臾离此也。"每诫子弟曰："人虽至愚，责人则明；虽有聪明，恕己则昏。苟能以责人之心责己，恕己之心恕人，不患不到圣贤地位也。"亲族有请教者，纯仁曰："唯俭可以助廉，唯恕可以成德。"

《续通鉴》卷八七

## 二二九　章惇贬雷州

徽宗继位不久，贬章惇为雷州司户参军。

初，苏辙谪雷州，不许占官舍，遂僦民屋。惇又以为强夺民居，下州追民究治，以僦券甚明，乃止。至是惇问舍于民，民曰："前苏公来，为章丞相几破我家，今不可也。"

惇之入相也，妻张氏病且死，属之曰："君作相，幸无报怨。"惇语陈瓘曰："悼亡不堪，奈何？"瓘曰："与其悲伤无益，曷若念其临绝之语也！"惇无以对。

《续通鉴》卷四七一

## 二三〇　童贯荐蔡京可为相

供奉官童贯，开封人，性巧媚，善测人主微旨，先事顺承，以故得幸。乃使三吴，访书画奇巧，留杭累月，蔡京与之游，不舍昼夜，凡所画屏障扇带之属，贯日以达禁中，且附言语论奏于帝所，由是徽宗属意用京。左阶道录徐知常，以符水出入元符皇后所，荐京才可相。已而宫妾、宦官合词誉之，遂起蔡京知定州，旋迁翰林学士承旨、尚书左丞。

京素与屯田员外郎孙鼛善，鼛尝曰："蔡子，贵人也，然才不胜德，恐诒天下忧。"及是，京谓鼛曰："我若用于天子，愿助我。"鼛曰："公诚能谨守祖宗之法，以正论辅人主，示节俭以先百吏，而绝口不言兵，天下幸甚。"京默然。

《续通鉴》卷八七

## 二三一　焚毁苏轼黄庭坚之文集

徽宗诏："苏洵、苏轼、苏辙、黄庭坚、张耒、晁补之、秦观、马涓《文集》，范祖禹《唐鉴》、范镇《东斋记事》，刘攽《诗话》，僧文莹《湘山野录》等印板，悉行焚毁。"

《续通鉴》卷八八

## 二三二　毁程颐之著述禁其讲学

徽宗诏："追毁程颐出身以来文字，除名，其入山所著书，令本路监司觉察。"时臣僚上言："程颐学术颇僻，素行谲怪，劝讲经筵，有轻视人主之意，议法太学，则专以变乱成宪为事。"范致虚又言："颐以邪说诐行，惑乱众听，而尹焞、张绎为之羽翼，乞下河南尽逐学徒。"颐于是迁居龙门之南，止四方学者，曰："尊所闻，行所知，可矣，不必及吾门也。"

《续通鉴》卷八八

## 二三三　徽宗锐意营筑以示太平

徽宗锐意制作以文太平，蔡京复每为帝言："方今泉币所积赢五千万，和足以广乐，富足以备礼。"帝惑其说，而制作营筑之事兴矣。京又擢其客刘昺为大司乐，付以乐政。

《续通鉴》卷八八

## 二三四　列元祐奸党姓名刻石颁州县

崇宁三年，蔡京奏："奉诏，令臣书元祐奸党姓名。乃命有司，夷考罪状，第其首恶与其附丽者以闻。得三百九人，皇帝书而刊之石，置于文德殿门东壁，永为万世子孙之戒。又诏臣京书之，将以颁之天下。臣敢不对扬休命，仰承陛下孝悌继述之志，谨书元祐奸党名姓，仍连元书本进呈。"于是诏颁之州县，令皆刻石。列为元祐奸党之著名者有：司马光、文彦博、吕公著、范纯仁、苏辙、苏轼、秦观、黄庭坚等。

有长安石工安民当镌字，辞曰："民愚人，固不知立碑之意，但如司马相公者，海内称其正直，今谓之奸邪，民不忍刻也。"府官怒，欲加之罪。安民泣曰："被役不敢辞，乞免镌安民二字于石末，恐得罪后世。"

崇宁五年，毁元祐党人碑。

《续通鉴》卷八九

## 二三五　薛昂余深谄附蔡京

以余深为中书侍郎，薛昂为尚书左丞。昂与余深、林摅附蔡京至久，至举家为京避私讳，或误及之，辄加笞责。昂尝误及，即自批其口。

《续通鉴》卷九〇

## 二三六　梁师成善逢迎

梁师成，慧黠习文法，稍知书。时徽宗留意礼文符瑞之事，师成善逢迎，希恩宠。帝本以隶人畜之，命入处殿中，凡御书号令皆出其手，多择善书吏习仿帝书，杂诏旨以出，外廷莫能辨。师成实不能文，而高自标榜，自言苏轼出子。是时，天下禁诵轼文，其尺牍在人间者皆毁去，师成诉于帝曰："先臣何罪？"自是，轼之文乃稍出。

师成以翰墨为己任，四方俊秀名士必招致门下，往往遭点污。多置书画卷轴于外舍，邀宾客纵观，得其题识合意者，辄密加汲引，执政、侍从可阶而升。王黼父事之，虽蔡京父子亦谄附焉，都人目为"隐相"，所领职局至数十百。

《宋史》卷四六八

## 二三七　马人望为民减负

马人望，颖悟，幼孤，长以才学称。辽道宗咸雍中，第进士，为松山县令。岁运泽州官炭，独役松山，人望请于中京留守萧吐浑均役他邑。吐浑怒，下吏，系几百日；复引诘之，人望不屈。萧喜曰："君为民如此，后必大用。"以事闻于朝，悉从所请。

徙知涿州新城县。县与宋接境，驿道所从出。人望治不扰，吏民畏爱。近臣有聘宋还者，帝问以外事，多荐之，擢中京度支司盐铁判官。转南京三司度支判官，公私兼裕。迁警巡使。

京城狱讼填委，人望处决，无一冤者。会检括户口，未两旬而毕。同知留守萧保先怪而问之，人望曰："民产若括之无遗，他日必长厚敛之弊，大率十得六七足矣。"保先谢曰："公虑远，吾不及也。"

人不敢干以私，用人必公议所当与者。当时民所甚患者，驿递、马牛、旗鼓、乡正、厅隶、仓司之役，至破产不能给。人望使民出钱，官自募役，时以为便。久之请老，以守司徒、兼侍中致仕。

人望有操守，喜怒不形，未尝附丽求进。初除执政，家人贺之。人望愀然曰："得勿喜，失勿忧。抗之甚高，挤之必酷。"其畏慎如此。

《辽史》卷一〇五

## 二三八　张孝杰媚上贪货

张孝杰，辽兴宗时擢进士第一。道宗时，以孝杰勤干，为北府宰相，汉人贵幸无比。一日，诏孝杰坐御榻旁。上诵《黍离》诗："知我者谓我心忧，不知我者谓我何求。"孝杰奏曰："今天下太平，陛下何忧？富有四海，陛下何求？"帝大悦。

孝杰久在相位，贪货无厌，时与亲戚会饮，尝曰："无百万两黄金，不足为宰相家。"

《辽史》卷一一〇

## 二三九　耶律俨以博得升官

耶律俨，仪观秀整，好学，有诗名，辽道宗咸雍年间登进士第。寿隆初，授枢密直学士。以母忧去官，寻召复旧职。

道宗晚年倦勤，用人不能自择，令各掷骰子，以采胜者官之。俨尝得胜采，上曰："上相之征也！"迁知枢密院事，赐经邦佐运功臣，封越国公。

俨素廉洁，一芥不取于人。经籍一览成诵。又善伺人主意。妻邢氏有美色，常出入禁中，俨教之曰："慎勿失上意！"由是权宠益固。

《辽史》卷九八

## 二四〇　萧蒲离不性孝悌不仕

萧蒲离不，父母早丧，鞠于祖父兀古匿。性孝悌。年十三，兀古匿卒，自以早失怙恃，复遭祖丧，哀毁逾礼，族里嘉叹。尝谓人曰："我于亲不得终养，今谁为训者？苟不自勉，何以报鞠育恩！"自是力学，于文艺无不精。

辽天祚帝乾统间，以兀古匿之故召之，不应。常与亲识游猎山水，奉养无长物仆隶，欣欣如也。或曰："公胡不念以嗣先世功名？"答曰："自度不足以继先业，年逾强仕，安能益主庇民！"累征，皆以疾辞。

晚年，谢绝人事，卜居抹古山，屏远荤茹，潜心佛书，延有道者谈论弥日。人问所得何如，但曰："有深乐！惟觉六凿不相攘，馀无知者。"一日，易服，无疾而逝。

《辽史》卷一〇六

## 二四一　耶律那也理民不尚迫胁

辽天祚帝乾统六年，耶律那也拜中京留守。那也为人廉介，长于理民，每有斗讼，亲核曲直，不尚威严，常曰："凡治人，本欲分别是非，何事迫胁以立名。"故所至以惠化称。

《辽史》卷九四

## 二四二　徽宗建延福五位

蔡京欲以宫室媚帝，召内侍童贯、杨戬、贾详、何诉、蓝从熙，讽以内中逼窄之状。贯等乃请于大内北拱宸门下，因延福旧名而新作之。五人分任工役，视力所致，争以侈丽高广相夸尚，各为制度，不务沿袭。及成，号延福五位，帝自为文以记之。每岁冬至后即放灯，自东华门以北，并不禁夜。徙市民行铺夹道以居，纵博群饮，至上元后乃罢，谓之先赏。

《续通鉴》卷九一

## 二四三　徽宗笃信道教

灵素，永嘉人，少从浮屠学，苦其师笞骂，去为道士，左街道录徐知常引之以附会诸阉。时道士王仔昔宠稍衰，徽宗访方士于知常，以灵素对，一见，帝视如旧识。灵素大言曰："神霄玉清王者，上帝之长子，主南方，号长生大帝君，陛下是也。"又目蔡京为左元仙伯，王黼为文华吏，蔡攸为园苑宝华吏，及诸巨阉皆有名位。而贵妃刘氏方有宠，则曰九华玉真安妃也。帝心独喜其说，赐号通真先生，作上清宝箓宫，帝时登皇城，下视之。由是开景龙门，城上作复道通宝箓宫。

帝幸上清宝箓宫，命灵素讲道经。自是每设大斋，费缗钱数万，谓之千道会，令士庶入殿听讲，帝为设幄其侧。灵素据高座，使人于下再拜请问。然所言无殊绝者，时杂以捷给嘲诙，以资媟笑。复令吏民诣宫受神霄秘箓，朝士之嗜进者亦靡然从之。

帝讽道录院曰："朕乃昊天上帝元子，为大霄帝君，卿等可上表章，册朕为教主道君皇帝。"于是群臣及道录院上表册之。

帝如上清宝箓宫，传度玉清神霄秘箓，会者八百人。时道士有俸，每一斋施，动获数十万；每一观，给田亦不下数百千顷。贫下之人，多买青布幅巾以赴，日得一饭餐及衬施钱三百。

置道官二十六等，道职八等，有诸殿侍晨、校籍、授经，以拟特制、修撰、直阁之名。

《续通鉴》卷九二、卷九三

## 二四四　蔡攸有宠于徽宗

以蔡京之子攸为开府仪同三司。攸有宠于徽宗，进见无时，与王黼得预宫中秘戏。或侍曲宴，则短衫窄袴，涂抹青红，杂倡优侏儒中，多道市井淫媟谑浪语以献笑取悦。攸妻宋氏，出入禁掖，攸子行，领殿中监，宠信倾其父。攸尝言于帝曰："所谓人主，当以四海为家，太平为娱，岁月能几何，岂可徒自劳苦！"帝深纳之。因令苑囿皆仿江、浙为白屋，不施五采，多为村居、野店，及聚珍禽异兽，动数千百，以实其中。都下每秋风夜静，禽兽之声四彻，宛若山林陂泽间。

《续通鉴》卷九三

## 二四五　徽宗多微行

自政和以来，徽宗多微行，乘小轿子，数内臣导从。置行幸局，局中称出日为有排当；次日未还，则传旨称疮痍，不坐朝。始，民间犹未知，及蔡京谢表有"轻车小辇，七赐临幸"之语，自是邸报传之四方，而臣僚阿顺莫敢言。

《续通鉴》卷九三

## 二四六　蔡京父子各立门户

蔡京专政日久，公论不与，帝亦厌薄之。子攸，权势既与父相轧，浮薄者复间焉，由是父子各立门户，遂为仇敌。攸别居赐第，一日，诣京，甫入，遽起，握父手为诊视状，曰："大人脉势舒缓，体中得毋有不适乎？"京曰："无之。"京语其客曰："此儿欲以为吾疾而罢我耳。"阅数日，果有致仕之命。

《续通鉴》卷九三

## 二四七　朱勔以花石进奉

朱勔，苏州人。父冲，狡狯有智数。家本贱微，庸于人，梗悍不驯，抵罪鞭背。去之旁邑乞贷，遇异人，得金及方书归，设肆卖药，病人服之辄效，远近辐凑，家遂富。因修莳园圃，结游客，致往来称誉。

始，蔡京居钱塘，过苏，欲建僧寺阁，会费巨万，僧言必欲集此缘，非朱冲不可。京以属郡守，郡守呼冲见京，京语故，冲愿独任。居数日，请京诣寺度地，至则大木数千章积庭下，京大惊，阴器其能。明年召还，挟勔与俱，以其父子姓名属童贯窜置军籍中，皆得官。

徽宗颇垂意花石，京讽勔语其父，密取浙中珍异以进。初致黄杨三本，帝嘉之。后岁岁增加，然岁率不过再三贡，贡物裁五七品。至政和中始极盛，舳舻相衔于淮、汴，号"花石纲"，置应奉局于苏，指取内帑如囊中物，每取以数十百万计。延福宫、艮岳成，奇卉异植充牣其中。勔擢至防御使，东南部刺史、郡守多出其门。

徐铸、应安道、王仲闳等济其恶，竭县官经常以为奉。所贡物，豪夺渔取于民，毛发不少偿。士民家一石一木稍堪玩，即领健卒直入其家，用黄封表识，未即取，使护视之，微不谨，即被以大不恭罪。及发行，必彻屋抉墙以出。人不幸有一物小异，共指为不祥，唯恐芟夷之不速。民预是役者，中家悉破产，或鬻卖子女以供其须。斫山辇石，程督峭惨，虽在江湖不测之渊，百计取之，必出乃止。

尝得太湖石，高四丈，载以巨舰，役夫数千人，所经州县，有拆水门、桥梁，凿城垣以过者。既至，赐名"神运昭功石"。截诸道粮饷纲，旁罗商船，揭所贡暴其上，篙工、柁师倚势贪横，陵轹州县，道路相视以目。

所居直苏市中孙老桥，忽称诏，凡桥东西四至壤地室庐悉买赐予己，合数百家，期五日尽徙，郡吏逼逐，民嗟哭于路。遂建神霄殿，奉青华帝君像其中，监司、都邑吏朔望皆拜庭下，命士至，辄朝谒，然后通刺诣勔。

方腊起，以诛勔为名。童贯出师，承上旨尽罢去花木进奉，帝又黜勔父子弟侄在职者，民大悦。及方腊平，勔复得志，声焰熏灼。帝末年益亲任之，居中白事，传达上旨，大略如内侍，进见不避宫嫔。一门尽为显官，驺仆亦至金紫，天下为之扼腕。

钦宗用御史言，放归田里，凡由勔得官者皆罢。籍其赀财，田至三十万亩。言者不已，羁之衡州，徙韶州、循州，遣使即所至斩之。

《宋史》卷四七〇

## 二四八 方腊起义

睦州青溪民方腊，世居县之堨村。县境梓桐、帮源诸洞，皆在山谷幽险处，民物繁夥，有漆楮杉材之饶，富商巨贾多往来。腊有漆园，造作局屡酷取之，腊怨而未敢发。时吴中困于朱勔花石之扰，比屋致怨。腊因民不忍，阴聚贫乏游手之徒，以讨朱勔为名，遂起事，不旬日聚众至数万。陷睦、歙、杭等州。诏以童贯发兵讨之，腊被擒杀。

《续通鉴》卷九三

## 二四九　王黼贪邪

王黼为少保、太宰兼门下侍郎。初，蔡京致仕，黼佯顺人心，悉反其所为，四方翕然称为贤相。及拜太宰，遂乘高为邪，多畜子女玉帛自奉，僭拟禁省。因请置应奉局，自兼提领，中外名钱，皆许擅用，竭天下财力以供费。官吏承望风旨，凡四方水土珍异之物，悉苛取于民，进帝所者，不能什一，馀皆入于黼家。

《续通鉴》卷九三

## 二五〇　宋江投降

淮南宋江以三十六人横行河朔，转掠十郡，官军莫敢撄其锋。知亳州侯蒙上书，言江才必过人，不若赦之，使讨方腊以自赎。帝命蒙知东平府，未赴而卒，又命张叔夜知海州。江将至，叔夜使间者觇所向，江径趋海滨，劫巨舟十馀，载卤获。叔夜募死士得千人，设伏近城，而出轻兵距海，诱之战。先匿壮卒海旁，伺兵合，举火焚其舟。江兵无斗志，伏兵乘之，江乃降。

《续通鉴》卷九四

宋（上）（公元960年至1126年）

## 二五一　完颜阿骨打称帝

初，辽主如春州，幸混同江钓鱼，生女真酋长在千里内者，以故事皆来朝。适遇鱼头宴，辽主命诸酋次第起舞，至完颜阿骨打，辞不能，但端立直视。辽主喻之再二，终不从。他日，辽主密谕北院枢密使萧奉先曰："阿骨打雄豪不常，可托以边事诛之，否则必贻后患。"奉先曰："彼麁人，不知礼义，且无大过而杀之，恐伤向化心。设有异志，蕞尔小国，亦何能为！"辽主乃止。阿骨打归，疑辽主知其异志，且以辽主淫酗，不恤国政，遂称兵先并旁近族。

阿骨打屡胜辽，其弟吴乞买率将佐劝其称帝，阿骨打遂于徽宗宣和五年即皇帝位。且曰："辽以宾铁为号，取其坚也。宾铁虽坚，终亦变坏，惟金不变不坏。金之色白，完颜色尚白，况所居按出虎水之上。"于是国号大金。

阿骨打卒后，吴乞买继位，灭辽。

《纲鉴易知录》卷七五

## 二五二　蔡京恋栈无廉耻

蔡绦擅权用事，其兄攸愈嫉之；白时中、李邦彦亦恶绦，乃与攸发绦奸私事。徽宗怒，罢绦侍读，时中等欲因以撼蔡京，而京犹未有去志。帝乃命童贯与攸同往取谢事表，京置酒饮贯、攸，酒方行，京泣曰："上何不容京数年？当有相谮谮者。"贯曰："不知也。"京又曰："京衰老

· 1409 ·

宜去，而不忍遽乞身，以上恩未报，此心二公所知也。"时左右闻京并呼攸为公，皆窃笑。京不得已，以章授贯。帝命词臣代为作三表请去，乃降制从之。

蔡京天资险谲，舞智以御人主，在人主前，左狙右伺，专为固位之计。竭九州四海之力以自奉。帝虽富贵之，亦阴知其奸谀，不可以托国，故四起四仆。京每闻将罢退，辄入宫求见，叩头祈哀，无廉耻。暮年，即家为府，干进之徒，举集其门，输货僮奴以得美官者踵相蹑，纲纪法度，一切为虚文。患失之心，无所不至，根结盘固，牢不可脱。卒以召衅误国，为宗社奇祸，以谴儋州，死于途，而海内多以不正典刑为恨云。

《续通鉴》卷九五、卷九七

## 二五三　刘安世正色立朝

刘安世少从学于司马光，平居坐不倾倚，书不草率，不好声色货利，忠孝正直，皆取则于光。除谏官，在职累年，正色立朝，其面折廷诤，或逢盛怒，则执简却立，俟威少霁，复前抗辞；旁列者见之，蓄缩悚汗，目之曰"殿上虎"。年既老，群贤凋丧略尽，岿然独存，以是名望益重。安世尝曰："吾废斥几三十年，未尝有一点墨与权贵。吾欲为元祐全人，见司马光于地下耳。"苏轼尝评元祐人物曰："器之真铁汉！"器之，安世字也。

《续通鉴》卷五五

## 二五四　童贯被处死

童贯握兵柄二十年，权倾一时。贯状魁梧，颐下生须十数，皮骨劲如铁，不类阉人。有度量，能疏财，后宫自妃嫔以下，皆献馈结纳，左右妇寺，誉言日闻。宠煽翕赫，庭户杂沓成市，岳牧辅弼，多出其门，穷奸稔祸，流毒四海。卒被处死刑。

《续通鉴》卷九七

## 二五五　吴师礼拒谈字学

吴师礼，徽宗初为开封府推官，擢右司谏，改右司员外郎。师礼工翰墨，帝尝访以字学，对曰："陛下御极之初，当志其大者，臣不敢以末伎对。"闻者奖其得体。

《宋史》卷三四七

## 二五六　浪子宰相李邦彦主割地

李邦彦，徽宗大观二年，授秘书省校书郎，试符宝郎。邦彦俊爽，美风姿，为文敏而工。然生长闾阎，习猥鄙事，应对便捷；善讴谑，能蹴鞠，每辍街市俚语为词曲，人争传之，自号李浪子。言者劾其游纵无检，罢符宝郎，复为校书郎。邦彦善事中人，争荐誉之，累迁中书舍人、翰林学士承旨。拜少宰，无所建明，惟阿顺趋谄充位而已，都人目为"浪子宰相"。

徽宗内禅钦宗。邦彦升太宰。金人薄都城，李纲、种师道罢，邦彦坚主割地之议。太学生陈东数百人伏宣德门上书，言邦彦等为社稷之贼，请斥之。邦彦退朝，群指而大诟，且欲殴之，邦彦疾驱得免。乃以特进、观文殿大学士充太一宫使。不旬日，复起为太宰。人皆骇愕，言者交论之。

《宋史》卷三五二

## 二五七　何㮚斥割地

钦宗立，何㮚为翰林学士，进尚书右丞、中书侍郎。时金人怒割太原、中山、河间三镇缓，却礼币弗纳，曰：兼旬使不至，则再举兵。于是百官议从其请。㮚曰："三镇，国之根本，奈何一旦弃之。况金人变诈罔测，安能保必信？割亦来，不割亦来。"又曰："河北之民，皆吾赤子。弃地则并其民弃之，岂为父母意哉？"帝颇悟。㮚请建四道总管，使统兵入援，未成。

京城失守，从幸金帅营，遂留不返。既而议立异姓，金人曰："唯何㮚、李若水毋得预议。"既陷朔庭，仰天大恸，不食而死，年三十九。

《宋史》卷三五三

## 二五八　孙傅命有法术者守城

金人围都城，知枢密院孙傅日夜亲当矢石。读丘浚《感事诗》，有"郭京杨适刘无忌"之语，于市人中访得无忌，龙卫兵中得京。好事者言京能施六甲法，可以生擒金二将而扫荡无馀，其法用七千七百七十七人。朝廷深信不疑，命以官，赐金帛数万，使自募兵，无问技艺能否，但择其年命合六甲者。所得皆市井游惰，旬日而足。有武臣欲为偏裨，京不许，曰："君虽材勇，然明年正月当死，恐为吾累。"其诞妄类此。

敌攻益急，京谈笑自如，云："择日出兵三百，可致太平，直袭击至阴山乃止。"傅与何㮚尤尊信，倾心待之。或上书见傅曰："自古未闻以此成功者，委之太过，惧必为国家羞。"傅怒曰："京殆为时而生，敌中琐微无不知者。"挥使出。

京曰："非至危急，吾师不出。"徙期再三，乃启宣化门出，戒守陴者悉下城，无得窃觇。京与张叔夜坐城楼上。金兵分四翼噪而前，京兵败退，堕于护龙河，填尸皆满，城门急闭。京遽白叔夜曰："须自下作法。"因下城，引馀众南遁。是日，金人遂登城。

傅寓值皇城司，其子来省，叱之曰："使汝勿来，而竟来邪！吾已分死国，虽汝百辈来何益！"挥使速去。子亦泣曰："大人以身徇国，儿尚何言。"明日，金人召之去。次年二月，死于朔廷。

《宋史》卷三五三

## 二五九　钦宗不听种师道计

　　金人南下，钦宗促召种师道，拜检校少保、静难军节度使、京畿河北制置使。师道方居南山豹林谷，闻命即东。过姚平仲，有步骑七千，与之俱北。至洛阳，闻斡离不已屯京城下，或止勿行曰："贼势方锐，愿少驻汜水，以谋万全。"师道曰："吾兵少，若迟回不进，形见情露，祇取辱焉。今鼓行而前，彼安能测我虚实？都人知吾来，士气自振，何忧贼哉！"揭榜沿道，言种少保领西兵百万来。遂抵城西，趋汴水南，径逼敌营。金人惧，徙砦稍北，敛游骑，但增垒自卫。

　　时师道春秋高，天下称为"老种"。钦宗闻其至，喜甚，命尚书右丞李纲迎劳。时已议和，入见，帝问曰："今日之事，卿意如何？"对曰："女真不知兵，岂有孤军深入人境而能善其归乎？"帝曰："业已讲好矣。"对曰"臣以军旅之事事陛下，馀非所敢知也。"拜检校少傅、同知枢密院、京畿两河宣抚使，诸道兵悉隶焉。以平仲为都统制。师道时被病，命毋拜，许肩舆入朝。金使王汭在廷颉颃，望见师道，拜跪稍如礼。帝顾笑曰："彼为卿故也。"京城自受围，诸门尽闭，市无薪菜。师道请启西、南壁，听民出入如常。金人有擅过偏将马忠军者，忠斩其六人。金人来诉，师道付以界旗，使自为制，后无有敢越佚者。又请缓给金币，使彼惰归，扼而歼诸河，执政不可。

　　帝日遣使促种道战，种道奏言过春分乃可击。时相距才八日，帝以为缓，竟用平仲斫营，以及于败。既败，李邦彦议割三镇，师道争之不得。

李纲罢，太学诸生、都人伏阙愿见种、李，诏趋使弹压。师道乘车而来，众褰帘视之，曰："果我公也。"相率声喏而散。师道以病卒。

京师失守，帝搏膺曰："不用种师道言，以至于此！"

《宋史》卷三三五

## 二六〇　张叔夜绝食而死

张叔夜，率三万兵入卫。钦宗令以兵入城，俄签书枢密院。连四日，与金人大战，斩其金环贵将二人。帝遣使赍蜡书，以褒宠叔夜之事檄告诸道，然迄无赴者。城陷，叔夜被创，犹父子力战。车驾再出郊，叔夜因起居叩马而谏，帝曰："朕为生灵之故，不得不亲往。"叔夜号恸再拜，众皆哭。

金人议立异姓，叔夜谓孙傅曰："今日之事，有死而已。"移书金帅，请立太子以从民望。帅怒，追赴军中，至则抗请如初，遂从以北。道中不食粟，唯时饮汤。既次白沟，驭者曰："过界河矣。"叔夜乃矍然起，仰天大呼，遂不复语。明日，卒，年六十三。

《宋史》卷三五三

## 二六一  李纲抗金被罢

李纲，邵武人也，自其祖始居无锡。钦宗命纲为亲征行营使，以便宜从事。纲治守战之具，不数日而毕。敌兵攻城，纲身督战，募壮士缒城而下，斩酋长十馀人，杀其众数千人。金人知有备，又闻上已内禅，乃退。求遣大臣至军中议和，纲请行。上遣李棁，纲曰："安危在此一举，臣恐李棁怯懦而误国事也。"上不听，竟使棁往。金人须金币以千万计，求割太原、中山、河间地，以亲王、宰相为质。棁受事，自不措一辞，还报。纲谓："所需金币，竭天下且不足，况都城乎？三镇，国之屏蔽，割之何以立国？至于遣质，即宰相当往，亲王不当往。若遣辩士姑与之议所以可不可者，宿留数日，大兵四集，彼孤军深入，虽不得所欲，亦将速归。此时而与之盟，则不敢轻中国，而和可久也。"宰执议不合，纲不能夺，求去，上慰谕曰："卿第出治兵，此事当徐议之。"纲退，则誓书已行，所求皆与之，以皇弟康王、少宰张邦昌为质。

时朝廷日输金币，而金人需求不已，日肆屠掠。四方勤王之师渐有至者，种师道、姚平仲亦以泾原、秦凤兵至。纲奏言："金人贪婪无厌，凶悖已甚，其势非用师不可。且敌兵号六万，而吾勤王之师集城下者已二十馀万；彼以孤军入重地，犹虎豹自投槛阱中，当以计取之，不必与角一旦之力。若扼河津，绝饷道，分兵复畿北诸邑，而以重兵临敌营，坚壁勿战，俟其食尽力疲，然后以一檄取誓书，复三镇，纵其北归，半渡而击之；此必胜之计也。"

上深以为然，约日举事。

姚平仲勇而寡谋，急于要功，先期率步骑万人，夜斫敌营，欲生擒斡离不及取康王以归。夜半，中使传旨谕曰："姚平仲已举事，卿速援之。"纲率诸将旦出，与金人战幕天坡，以神臂弓射金人，却之。平仲竟以袭敌营不克，惧诛亡去。金使来，宰相李邦彦语之曰："用兵乃李纲、姚平仲，非朝廷意。"遂罢纲，以蔡懋代之。太学生陈东等诣阙上书，明纲无罪。军民不期而集者数十万，呼声动地，恚不得报，至杀伤内侍。钦宗乃命纲为尚书右丞，充京城四壁守御使。

北兵去后，上下恬然，置边事于不问，钦宗以纲专主战议，调纲任宣抚史，再贬宁江。自纲罢，两河郡县相继沦陷，凡纲所规画军民之政，一切废罢。金人攻京东、西，残毁关辅，而中原盗贼蜂起矣。

高宗绍兴十年，纲卒于福州，年五十八。纲负天下之望，以一身用舍为社稷生民安危，虽身或不用，用且不久，而其忠诚义气，凛然动乎远迩。每使者至金，金人必问："李纲、赵鼎安否？"其为远人所畏服如此。

《宋史》卷三五八；《纲鉴易知录》卷八一

## 二六二　宗泽出师未捷身先死

钦宗靖康元年，康王赵构开大元帅府于相州。宗泽至开德，十三战皆捷，以书劝王檄诸道兵会京城。又移书北道总管赵野、河东北路宣抚范讷、知兴仁府曾楙合兵入援。三人皆以泽为狂，不答。泽以孤军进，都统陈淬言敌方炽，未可轻举。泽怒，欲斩之，诸将乞贷淬，使得效死。泽命淬进兵，遇金人，败之。金人攻开德，泽又败之。泽度金人必犯濮，先遣三千骑往援，金人果至，败之。金人复向开德，权邦彦、孔彦威合兵夹击，又大败之。

泽兵进至卫南，度将孤兵寡，不深入不能成功。先驱云前有敌营，泽挥众直前与战，败之。转战而东，敌益生兵至，前后皆敌垒。泽下令曰："今日进退等死，不可不从死中求生。"士卒知必死，无不一当百，斩首数千级。金人大败，退却数十馀里。泽计敌众十倍于我，今一战而却，势必复来，使悉其铁骑夜袭吾军，则危矣。乃暮徙其军。金人夜至，得空营，大惊，自是惮泽，不敢复出兵。泽出其不意，遣兵过大河袭击，败之。

金人逼徽、钦二帝北行，康王即位于南京，是为高宗。开封尹阙，李纲言绥复旧都，非泽不可。寻徙知开封府。时敌骑留屯河上，金鼓之声，日夕相闻，而京城楼橹尽废，兵民杂居，盗贼纵横，人情恟恟。泽威望素著，既至，首捕诛舍贼者数人。下令曰："为盗者，赃无轻重，并从军法。"由是盗贼屏息，民赖以安。

王善，于河东拥众七十万、车万乘，欲据京城。泽单骑驰至善营，泣谓之曰："朝廷当危难之时，使有如公一二辈，岂复有敌患乎。今日乃汝立功之秋，不可失也。"善感泣曰："敢不效力。"遂解甲降。时杨进号"没角牛"，兵三十万，王再兴、李贵、王大郎等各拥众数万，往来京西、淮南、河南北，侵掠为患。泽遣人谕以祸福，悉招降之。上疏请上还京。

秉义郎岳飞犯法将刑，泽一见奇之，曰："此将材也。"会金人攻汜水，泽以五百骑授飞，使立功赎罪。飞大败金人而还，遂升飞为统制，飞由是知名。

泽威声日著，北方闻其名，常尊惮之，对南人言，必曰宗爷爷。

泽前后请上还京二十馀奏，每为宰相黄潜善、汪彦伯等所抑，忧愤成疾，疽发于背。诸将入问疾，泽矍然曰："吾以二帝蒙尘，积愤至此。汝等能歼敌，则我死无恨。"众皆流涕曰："敢不尽力！"诸将出，泽叹曰："出师未捷身先死，长使英雄泪满襟。"翌日泽无一语及家事，但连呼"过河"者三而卒，时在建炎二年，年七十。

泽自奉甚薄，方谪居时，馔粥不继，吟啸自如。晚年俸入稍厚，亦不异畴昔，尝曰："君父当侧身尝胆，臣子乃安居美食邪！"所得俸赐，遇寒士与亲戚贫困者，辄分之，养孤遗几百馀人。死之日，都人为之号恸，朝野无贤愚，皆相吊出涕。

《宋史》卷三六〇；《续通鉴》卷一〇二

## 二六三　金俘虏徽钦二宗

宣和五年，金太祖阿骨打卒，年五十六。太祖豁达大度，知人善任，人乐为用，举兵数年，算无遗策，遂成大业。宣和七年，金灭辽，大举南伐。徽宗乃禅位于长子桓，是为钦宗，改元靖康。钦宗不用李纲、种师道之言，

· 1419 ·

京师终被金兵所破。

金遣使来，索金一千万锭，银二千万锭，帛一千万匹。于是大括金银，金价至五十千，银至三千五百。金又索京城骡马，括得七千馀匹，悉归之。

金主宗晟诏元帅府曰："将帅士卒立功者，第其功之高下迁赏之。其殒身行陈，殁于王事者，厚恤其家。赐赠官爵，务从优厚。"使完颜勖就军中劳赐，元帅宗翰、宗望皆执其手以劳之。宗翰等问勖所欲，勖曰："惟好书耳。"载数车而还。

金俘虏徽、钦二宗而归。

《续通鉴》卷九五、卷九七

# 宋（下）
公元 1127 年至 1279 年

## 一  太学生陈东被诛

高宗建炎元年，斩太学生陈东、进士欧阳澈于都市。先是帝闻东名，召赴行在。东至，上疏言宰执黄潜善、汪伯彦不可任，李纲不可去，且请上还汴，治兵亲征，迎请二帝。其言切直，章凡三上，潜善等思有以中之。会澈亦上书诋用事者，其间言宫室燕乐事，潜善密启诛澈，并以及东。东始未识纲，特以国故，至为之死，行路之人有为哭者。东死年四十二。

陈东死，尚书右丞许翰谓所亲曰："吾与东皆争李相者，今东戮东市，吾在庙堂，可乎！"乃力求去，被罢官。

《续通鉴》卷九九

## 二　通事舞文纳贿草菅人命

自金人入中原，凡官汉地者皆置通事，高下轻重，悉出其手，得以舞文纳贿，人甚苦之。燕京留守尼楚赫，以战多贵，而不知民政。有僧讼逋钱数万缗，通事受贿，诡言久旱不雨，僧欲焚身动天以苏百姓，尼楚赫许之。僧号呼不能自明，竟以焚死。

《续通鉴》卷一〇二

## 三　王复死守徐州阖门遇难

金左副元帅宗翰引兵欲趋扬州行在，遂围徐州。知州事王复率军民力战，外援不至，城破，复坚坐厅事不去，谓宗翰曰："死守者我也，监郡而次无预焉，愿杀我而舍僚吏与百姓。"宗翰犹欲降之，复大骂求死，由是阖门遇害。城始破，武卫都虞候赵立巷战，守门以出，为金兵所击，以为已死，夜半，得微雨，渐活，乃杀守者，潜入城，求复尸，埋之，遂阴结乡兵为兴复计。

《续通鉴》卷一〇三

## 四　高宗南渡炊饼度日

建炎三年，高宗避金兵，望风而走，自扬州渡江，经镇江、无锡至杭州，以州治为行宫，显宁寺为尚书省。帝以百官家属未至，独寝于堂外。帝御白木床，上施蒲荐、黄罗褥。旧制，御膳日百品，靖康初，损其七十，渡江后，日一羊煎肉炊饼而已。

《续通鉴》卷一〇三

## 五　高宗求和书

建炎三年，高宗命杜时亮持书遗金师请和，且致书左副元帅宗翰，略曰："古之有国家而迫于危亡者，不过守与奔而已。今以守则无人，奔则无地，此所以谔谔然，惟冀阁下之见哀而赦己。故前者连奉书，愿削去旧号，是天地之间，皆大金之国而尊无二上，亦何必劳师远涉而后为快哉！"

《纲鉴易知录》卷七八

## 六　韩世忠困兀术于黄天荡

韩世忠，延安人。风骨伟岸，目瞬如电。早年鸷勇绝人，能骑生马驹。家贫无产业，嗜酒尚气，不可绳检。日者言当作三公，世忠怒其侮己，殴之。年十八，以敢勇应募乡州，挽强驰射，勇冠三军。

建炎三年，金宗弼（即兀术）分道渡江，诸屯皆败，世忠亦自镇江退保江阴。世忠以前军驻青龙镇，中军驻江湾，后军驻海口，俟敌归邀击之。帝召至行在，奏："方留江上截金人归师，尽死一战。"

上元节，就秀州张灯高会，忽引兵趋镇江。及金兵至，则世忠军已先屯焦山寺。兀术遣使通问，约日大战，许之。战将十合，梁夫人亲执枹鼓，金兵终不得渡。尽归所掠假道，不听；请以名马献，又不听。挞辣在潍州，遣孛堇太一趋淮东以援兀术，世忠与二酋相持黄天荡者四十八日。兀术一夕潜凿渠三十里，得绝江遁去。世忠收馀军还镇江。是役也，兀术兵号十万，世忠仅八千馀人。

世忠屡败金兵，使不复入侵。在楚州十馀年，兵仅三万，而金人不敢犯。

《宋史》卷三六四

## 七　徐徽言与城俱亡

金人破晋宁军，守臣忠州刺史徐徽言死之。初，徽言在晋宁间，河东遗民日望王师之至，乃阴结汾、晋土豪，约以复故地则奏官为守长，听其世袭。金人忌徽言，欲速拔晋宁以除其患，围之三月，屡破却之。久之，城中矢石皆尽，士困饿不能兴，会监门官石赟夜启关纳金人，城遂破。徽言闻兵入，即纵火自焚其家，而率亲兵力战。比晓，左右略尽，徽言为金所执。金人知其忠，使之拜，不拜；临之以兵，不动；命降将谕之降，大骂；与之酒，徽言以杯掷其面曰："我尚饮汝酒乎！"嫚骂不已。金人持刀刺之，徽言骂不绝声而死。

《续通鉴》卷一〇三

## 八　金宗翰斥举人之老者

绍兴二年，金都元帅宗翰之白水泊避暑，试举人以词赋。宗翰立马场中，呼举人之年老者，诸生不谕其意，争跪于马前。宗翰据鞍，以鞭指麾，俾译者谕之曰："汝无力老奴婢，胡为应试！汝能文章，则少年登科矣。今苟得官，自知日暮途远，必受赇为子孙计，否则图财假手，何补于国！我欲杀汝，又念汝罪未著，姑听终场。倘有所犯，必杀毋赦。"诸生伏地叩头，愧恐而去。是举也，宗翰谕主司勿取中原人。

《续通鉴》卷一一一

## 九　岳飞大胜被召回

岳飞，字鹏举，相州汤阴人。飞生时，有大禽若鹄，飞鸣室上，因以为名。未弥月，河决内黄，水暴至，母姚氏抱飞坐瓮中，冲涛及岸得免，人异之。少负气节，沉厚寡言，家贫力学，尤好《左氏春秋》、孙吴兵法。生有神力，未冠，挽弓三百斤，弩八石，学射于周同，尽其术，能左右射。同死，朔望设祭于其冢。父义之，曰："汝为时用，其徇国死义乎！"

岳飞收复襄、汉，出军北伐。绍兴九年，复河南。十年大军在颍昌，诸将分道出战，飞轻骑驻郾城，兵势甚锐。兀术大惧，会龙虎大王议，以为诸帅易与，独飞不可当，欲诱致其师，并力一战。中外闻之，大惧，诏飞审自固。飞曰："金人伎穷矣。"乃日出挑战，且骂之。兀术怒，合龙虎大王、盖天大王之兵逼郾城。飞遣子云领骑兵直贯其阵，诫之曰："不胜，先斩汝！"鏖战数十合，贼尸布野。

初，兀术有劲军，皆重铠，贯以韦索，三人为联，号"拐子马"，官军不能当。是役也，以万五千骑来，飞戒步卒以麻札刀入阵，勿仰视，第斫马足。拐子马相连，一马仆，二马不能行，官军奋击，遂大败之。兀术大恸曰："自海上起兵，皆以此胜，今已矣！"

飞部将梁兴会太行忠义及两河豪杰等，累战皆捷，中原大震。飞进军朱仙镇，距汴京四十五里，与兀术对垒而阵，遣骁将以背嵬骑五百奋击，大破之，兀术遁还汴京。飞语其下曰："直抵黄龙府，与诸君痛饮尔！"

方指日渡河，而秦桧欲画淮以北弃之，讽台臣请班师。飞奏："金人锐气沮丧，尽弃辎重，疾走渡河，豪杰向风，士卒用命，时不再来，机难轻失。"桧知飞志锐不可回，乃先请张俊、杨沂中等归，而后言飞孤军不可久留，乞令班师。一日奉十二金字牌，飞愤惋泣下，东向再拜曰："十年之力，废于一旦。"飞班师，民遮马恸哭，诉曰："我等戴香盆、运粮草以迎官军，金人悉知之。相公去，我辈无噍类矣。"飞亦悲泣，取诏示之曰："吾不得擅留。"哭声震野，飞留五日以待其徙，从而南者如市，亟奏以汉上六郡闲田处之。

方兀术弃汴去，有书生叩马曰："太子毋走，岳少保且退矣。"兀术曰："岳少保以五百骑破吾十万，京城日夜望其来，何谓可守？"生曰："自古未有权臣在内，而大将能立功于外者，岳少保且不免，况欲成功乎？"兀术悟，遂留。飞既归，所得州县，旋复失之。

《宋史》卷三六五

## 一〇　杨再兴战死小商桥

岳飞败金人于郾城，兀术怒，合龙虎大王、盖天大王兵逼之。飞遣子云当敌，鏖战数十合，敌不支。杨再兴以单骑入其军，擒兀术不获，手杀数百人而还。兀术愤甚，并力复来，顿兵十二万于临颍。再兴以三百骑遇敌于小商桥，骤与之战，杀二千馀人，及万户撒八孛堇、千户百人。再兴战死，后获其尸，焚之，得箭镞二升。

《宋史》卷三六八

## 一一　刘锜顺昌大捷

绍兴十年，顺昌被金兵围困。刘锜遣耿训以书约战，兀术怒曰："刘锜何敢与我战，以吾力破尔城，直用靴尖趯倒耳。"训曰："太尉非但请与太子战，且谓太子必不敢济河，愿献浮桥五所，济而大战。"兀术曰："诺。"乃下令明日府治会食。迟明，锜果为五浮桥于颍河上，敌由之以济。

锜遣人毒颍上流及草中，戒军士虽渴死，毋得饮于河者；饮，夷其族。时天大暑，敌远来疲敝，锜士气闲暇，敌昼夜不解甲，锜军皆番休更食羊马垣下。敌人马饥渴，食水草者辄病，往往困乏。方晨气清凉，锜按兵不动，逮未、申间，敌力疲气索，忽遣数百人出西门接战。俄以数千人出南门，戒令勿喊，但以锐斧犯之。统制官赵撙、韩直身中数矢，战不肯已，士殊死斗，入其阵，刀斧乱下，敌大败。是夕大雨，平地水深尺馀。乙卯，兀术拔营北去，锜遣兵追之，死者万数。

方大战时，兀术被白袍，乘甲马，以牙兵三千督战，兵皆重铠甲，号"铁浮图"；戴铁兜牟，周匝缀长檐。三人为伍，贯以韦索，每进一步，即用拒马拥之，人进一步，拒马亦进，退不可却。官军以枪标去其兜牟，大斧断其臂，碎其首。敌又以铁骑分左右翼，号"拐子马"，专以攻坚，亦为锜军所杀。战自辰至申，敌败，遽以拒马木障之，少休。城上鼓声不绝，乃出饭羹，坐饷战士如平时，敌披靡不敢近。食已，撤拒马木，深入斫敌，又大破之。弃尸毙马，血肉枕藉，车旗器甲，积如山阜。

是役也，锜兵不盈二万，出战仅五千人。金兵数十万营西北，亘十五里，每暮，鼓声震山谷，营中喧哗，终夜有声。金遣人近城窃听，城中肃然，无鸡犬声。兀术帐前甲兵环列，持烛照夜，其众分番假寐马上。锜以逸待劳，以故辄胜。

绍兴三十二年，刘锜卒。锜慷慨深毅，有儒将风。金主完颜亮之南下也，令有敢言锜姓名者斩，枚举南朝诸将，问其下孰敢当者，皆随名姓以对，其答如响，至锜，莫有应者。亮曰："吾自当之！"惜锜以疾不能成功，赍恨而没。

《宋史》卷三六六；《纲鉴易知录》卷八二

## 一二　邵隆苦战克敌

绍兴十一年，右副元帅完颜杲遣珠赫贝勒以数千骑入侵商州，知商州邵隆知不可守，乃焚仓库，毁庐舍而遁。金人入城，据之。

隆既遁去，乃屯兵山岭间，道出州西芍药口，谓避地者曰："汝皆王民，毋忘本朝。"众感泣，携老幼来归。隆遣其子继春出商州之北以张其势，而移军洪门。金人以精骑来攻，隆设三伏以待，鏖战两时许，大破之，擒其将。隆始持十日粮，过期，食不继，士卒脔腐尸，啮草木食之，疲困日甚。及战，隆亲鼓之，呼声动山谷，无不一当百，遂大捷。继春亦破之于洛南县，金人乃去。隆以功迁右武大夫、荣州防御使。

《续通鉴》第卷一二四

## 一三　秦桧夺大将兵权

王次翁除参知政事。两浙转运司牒试，主司观望，桧与次翁子侄预选者数人，士论大骇。金人败于柘皋，高宗曰："将帅成不战劫敌之功，乃辅弼奇谋指纵之力。"除一子职名。

桧召三大将论功行赏，岳飞未至。桧与次翁谋，以明日率韩世忠、张俊置酒湖上，欲出，则语直省官曰："姑待岳少保来。"益令堂厨丰其燕具，如此展期以待者六七日。飞既至，皆除枢密使，罢兵柄。次翁归语其子伯庠曰："吾与秦相谋之久矣。"

桧擅国十九年，凡居政府者，莫不以微忤出去，终始不二者，惟次翁尔。

《宋史》卷三八〇

## 一四　岳飞被害

绍兴十一年，金都元帅兀术遗秦桧书曰："汝朝夕以和请，而岳飞方为河北图，必杀飞，始可和。"桧亦以飞不死，终梗和议，己必及祸。乃令谏议大夫万俟卨论其罪，定计杀飞矣。

枢密使张俊亦主和，言张宪谋反，左仆射秦桧乘此欲诛飞，乃送飞及其子云于大理狱，命御史中丞何铸、大理卿周三畏鞫之。飞久不伏，因不食，求死。万俟卨乃入台，月馀，狱遂上。及聚断，大理寺丞李若朴、何彦猷言飞不应死，众不从。高宗诏飞赐死，诛宪、云于都市，流家属于岭南。天下冤之。飞死，年三十九。

初，狱之成也，韩世忠不平，以问秦桧，桧曰："飞子云与宪书虽不明，其事体莫须有。"世忠怫然曰："'莫须有'三字，何以使人甘心！"

飞事亲至孝，家无姬侍。吴玠素服飞，愿与交欢，饰名姝遗之，飞曰："主上宵旰，宁大将安乐时耶！"却不受。玠大叹服。或问："天下何时太平？"飞曰："文臣不爱钱，武臣不惜死，天下太平矣。"师每休舍，课将士注坡跳壕，皆重铠以习之。卒有取民麻一缕以束刍者，立斩以徇。卒夜宿，民开门愿纳，无敢入者，军号"冻死不拆屋，饿死不掳掠"。卒有疾，亲为调药。诸将远戍，飞妻问劳其家，死事者，哭之而育其孤。有颁犒，均给军吏。善以少击众。凡有所举，尽召诸统制，谋定而后战，故所向克捷。猝遇敌不动。故敌为之语曰："撼山易，撼岳家军难。"张俊尝问用兵之术，飞曰："仁、信、智、勇、严，阙一不可。"每调军食，必蹙额曰："东南民力竭矣！"好贤礼士，雅歌投壶，恂恂如儒生。每辞官，必曰："将士效力，飞何功之有！"

《续通鉴》卷三六五

## 一五　岳云数立奇功

岳云，飞养子。年十二，从张宪战，多得其力，军中呼曰"赢官人"。飞征伐，未尝不与，数立奇功，飞辄隐之。每战，以手握两铁椎，重八十斤，先诸军登城。攻下随州，又攻破邓州，襄汉平，功在第一，飞不言。逾年，铨曹辩之，始迁武翼郎。杨么平，功亦第一，又不上。张浚廉得其实，曰："岳侯避宠荣，廉则廉矣，未得为公也。"尝以特旨迁三资，飞辞曰："士卒冒矢石立奇功，始升一级，男云遽蹑崇资，何以服众？"累表不受。颍昌大战，无虑十数，出入行阵，体被百馀创，甲裳为赤。以功迁忠州防御使，飞又辞；命带御器械，飞又力辞之。终左武大夫、提举醴泉观。死年二十三。

《宋史》卷三六五

## 一六　岳飞谈马之优劣

高宗尝从容问岳飞曰："卿得良马否？"飞曰："臣有二马，日啖刍豆数斗，饮泉一斛，然非精洁则不受。介而驰，初不甚疾，比行百里始奋迅，自午至酉，犹可二百里。褫鞍甲而不息不汗，若无事然。此其受大而不苟取，力裕而不求逞，致远之材也。不幸相继以死。今所乘者，日不过数升，而秣不择粟，饮不择泉，揽辔未安，踊踊疾驱，甫百里，力竭汗喘，殆欲毙然。此其寡取易盈，好逞易穷，驽钝之材也。"帝称善。

《宋史》卷三六五

## 一七　何铸察知岳飞冤

何铸拜御史中丞。时秦桧力主和议，大将岳飞有战功，金人所深忌，桧恶其异己，欲除之。逮飞系大理狱，先命铸鞫之。铸引飞至庭，诘其反状。飞袒而示之背，背有旧涅"尽忠报国"四大字，深入肤理。既而阅实俱无验，铸察其冤，白之桧。桧不悦曰："此上意也。"铸曰："铸岂区区为一岳飞者，强敌未灭，无故戮一大将，失士卒心，非社稷之长计。"桧语塞，改命万俟卨。飞死狱中。

桧衔铸。桧讽万俟卨论铸私岳飞为不反，谪徽州。

《宋史》卷三八〇

## 一八　赵鼎绝食死

赵鼎，登进士第。金人陷太原，朝廷议割三镇地，鼎曰："祖宗之地不可以与人，何庸议？"已而京师失守，二帝北行。金人议立张邦昌，鼎与胡寅、张浚逃太学中，不书议状。

高宗时，鼎为宰相。有户部官进钱入宫者，鼎召至相府切责之。翌日，问上曰："某人献钱耶？"上曰："朕求之也。"鼎奏："某人不当献，陛下不当求。"遂出其人与郡。

受秦桧排斥，贬官漳州，又改潮州安置。在潮五年，杜门谢客，时事不挂口，有问者，但引咎而已。中丞詹大方诬其受贿，属潮守放编置人移吉阳军，鼎谢表曰："白首何归，怅馀生之无几，丹心未泯，誓九死以不移。"桧见之曰："此老倔强犹昔。"

在吉阳三年，潜居深处，门人故吏皆不敢通问，鼎遣人语其子汾曰："桧必欲杀我。我死，汝曹无患；不尔，祸及一家矣。"先得疾，自书墓中石，书铭旌云："身骑箕尾归天上，气作山河壮本朝。"遂不食而死，时绍兴十七年也，天下闻而悲之。

　　赵鼎为相之时，南北之势成矣。两敌之相持，非有灼然可乘之衅，则养力以俟时，否则，徒取危困之辱。故鼎之为国，专以固本为先，根本固而后敌可图、仇可复，此鼎之心也。惜乎见忌于秦桧，斥逐远徙，卒赍其志而亡，君子所尤痛心也。

《宋史》卷三六〇

## 一九　施全谋刺秦桧

　　绍兴二十年，军校施全劫秦桧于道，执得，诘之，曰："举国与金为仇，尔独欲事金，我所以欲杀尔也！"磔全于市。由是桧出，列兵五十，持长梃以自卫。

《续通鉴》卷一二八

## 二〇　韩世忠罢官绝口不言兵

　　韩世忠不以和议为然，由是为秦桧所抑。世忠上章谏，以为："中原士民，迫不得已沦于域外，其间豪杰，莫不延颈以俟吊伐。若自此与和，日月侵寻，人情销弱，国势委靡，谁复振乎？"世忠再上章，力陈秦桧误国，词意剀切，桧由是深怨世忠。言者因奏其罪，上留章不出。世忠亦惧桧阴谋，乃力求闲退。英国公韩世忠罢。

世忠自此杜门谢客，绝口不言兵，时跨驴携酒，从一二童奴游西湖以自乐，平时将佐罕得见其面。独好浮图法，自号清凉居士。于时举朝惮秦桧权力，皆附丽为自全计，世忠于班列一揖之外，不复与亲。

绍兴二十一年，韩世忠卒，年六十三。始，将吏问疾卧内，世忠曰："吾以布衣百战致位公王，赖天之灵，得全首领，卧家而没，诸君尚哀其死邪！"

世忠尝诫家人曰："吾名世忠，汝曹毋讳'忠'字，讳而不言，是忘忠也。"

忠嗜义轻财，锡赉悉分将士，所赐田输租与编户等。持军严重，与士卒同甘苦，器仗规画，精绝过人。尝中毒矢入骨，以强弩括取之，十指仅全四，不能动，刀痕箭瘢如刻画。知人善奖用。解兵罢政，卧家凡十年，澹然自如，若未尝有权位者。

《续通鉴》卷一二四；《宋史》卷三六四

## 二一　李光面斥秦桧

李光，任参知政事。时秦桧初定和议，将揭榜，欲藉光名镇压。上意不欲用光，桧言："光有人望，若同押榜，浮议自息。"遂用之。同郡杨炜上光书，责以附时相取尊官，堕黠虏奸计，隳平时大节。光本意谓但可因和而为自治之计。既而桧议彻淮南守备，夺诸将兵权，光极言戎狄狼子野心，和不可恃，备不可彻。桧恶之。桧以亲党郑亿年为资政殿学士，光于榻前面折之，又与桧语难上前，因曰："观桧之意，是欲壅蔽陛下耳目，盗弄国权，怀奸误国，不可不察。"桧大怒，明日，光丐去。高宗曰："卿昨面叱秦桧，举措如古人。朕退而叹息，方寄卿以腹心，何乃引去？"光曰："臣与宰相争论，不可留。"章九上，乃除资政殿学士、知绍兴府。

《宋史》卷三六三

## 二二　萧振诫桧不可有私

萧振知湖州。陛辞，奏曰："国家讲和，恐失诸将心，宜遣使抚谕，示以朝廷息兵宽民意。虽两国通好，战御之备宜勿弛。"高宗曰："卿欲奉亲求便，岂不知朕有亲哉？"振曰："臣之亲所系者一夫也，陛下之亲所系者天下也。陛下以天下为心，圣孝愈光矣。"帝叹其忠。将行，白桧曰："宰相如一元气，不可有私，私则万物为之不生。"桧不悦。

振至州，桧欲取羡馀，振遗桧书，谓："财用在天下，如血气之在一身，移左以实右，则病矣。"桧属以私事，又不克尽从。

卒于成都府治，年七十二。振两为蜀守，威行惠孚，死之日，民无老稚，相与聚哭于道。

振好奖善类，端人正士多所交识，其间有卓然拔出者，迄为名臣。振居濒江，自父微时，见过客与掌渡者争，多溺死。振造大舟，佣工以济，人感其德，相与名其江为萧家渡云。

《宋史》卷三八〇

## 二三　范如圭斥秦桧忘仇辱国

范如圭，少从舅氏胡安国受《春秋》。登进士第，授武安军节度推官。始至，帅将斩人，如圭白其误，帅为已署不易也。如圭正色曰："节下奈何重易一字而轻数人之命？"帅矍然从之。

秦桧力建和议，金使来，无所于馆，将虚秘书省以处之。如圭亟见宰相赵鼎曰："秘府，谟训所藏，可使仇敌居之乎？"鼎竦然为改馆。既而金使至悖傲，议多不可从，中外愤郁。如圭与同省十馀人合议，并疏争之，既具草，骇遽引却者众。如圭独以书责桧以曲学背师、忘仇辱国之罪，且曰："公不丧心病狂，奈何为此，必遗臭万世矣！"桧怒。草奏与史官六人上之。如圭告去，杜门十馀年。桧死后，复起知泉州。

《宋史》卷三八一

## 二四　洪皓使金守节不仕

建炎三年洪皓使金，至太原，留几一年，金遇使人礼日薄。及至云中，粘罕迫皓仕刘豫，皓曰："万里衔命，不得奉两宫南归，恨力不能磔逆豫，忍事之邪！留亦死，不即豫亦死，不愿偷生鼠狗间，愿就鼎镬无悔。"粘罕怒，将杀之。旁一酋嗜曰："此真忠臣也。"目止剑士，为之跪请，得流递冷山。流递，犹编窜也。云中至冷山行六十日，距金主所都仅百里，地苦寒，四月草生，八月已雪，穴居百家，陈王悟室聚落也。悟室敬皓，使教其八子。或二年不给食，盛夏衣粗布，尝大雪薪尽，以马矢燃火煨面食之。

　　金主闻其名，欲以为翰林直学士，力辞之。金法，曾经任使者，永不可归。参政韩昉令皓校云中进士试，皓复以疾辞。未几，金主以生子大赦，许使人还乡，皓与张邵、朱弁三人在遣中。金人惧为患，犹遣人追之，七骑及淮，而皓已登舟。

　　绍兴十二年七月，见于内殿，力求郡养母。高宗曰："卿忠贯日月，志不忘君，虽苏武不能过，岂可舍朕去邪！"

　　寻居母丧。终丧，除饶州通判。李勤附秦桧诬皓作欺世飞语，责濠州团练副使，安置英州。居九年，始复朝奉郎，徙袁州，至南雄州卒，年六十八。死后一日，桧亦死。

　　皓虽久在北廷，不堪其苦，然为金人所敬，所著诗文，争抄诵求锓梓。既归，后使者至，必问皓为何官、居何地。性急义，当艰危中不少变。贵族流落贱微者，皆力拔以出。惟为桧所嫉，不死于敌国，乃死于馋慝。

《宋史》卷三七三

## 二五　胡松年不蓄财

胡松年签书枢密院事。平生不喜蓄财，每除官例赐金帛，以军兴费广，一无所陈请，或劝其白于朝，曰："弗请则已，白之是沽名也。"喜宾客，奉入不足以供费，或请节用为子孙计。松年曰："贤而多财，则损其志，况俸廪，主上所以养老臣也。"自持橐至执政，所举自代，皆一时闻人，所荐一以至公，权势莫能夺。

方秦桧秉政，天下识与不识，率以疑忌置之死地，故士大夫无不曲意阿附为自安计。松年独鄙之，至死不通一书，世以此高之。

《宋史》卷三七九

## 二六　秦桧罪行种种

绍兴二十五年，秦桧卒，年六十六。

初，韩世忠、张俊、岳飞方持兵权，桧与张俊密约和议，而以兵权归张俊。飞既诛，世忠亦罢，俊居位不去，桧乃使江邈论罢之。由是中外大权尽归于桧，非桧亲党及昏庸谀佞者，则不得仕宦，忠正之士，多避山林间。绍兴十二年科举，谕考试官以其子熺为状元，二十四年科举，又令考试官以其孙埙为状元。频使臣寮州县奏祥瑞，以为桧秉政所致。桧结内侍及医师王继先希微旨，动静必具知之，日进珍宝、珠玉、书画、奇玩、羡馀，帝宠眷无比，命中使赐珍玩、酒食无虚日。

居相位，凡十九年，荐执政，必选无名誉柔佞易制者，不使预事，备员书姓名而已；其任将帅，必选驽才。初见财用不足，密谕江、浙监司暗增民税七八，故民力重困，饥死者众。又命察事卒数百游市间，闻言其奸恶者，即捕送大理狱杀之；上书言朝政者，例贬万里外。日使士人歌诵太平中兴圣治之美，士人稍有政声名誉者，必斥逐之，固宠市权，谏官略无敢言其非者。性阴险如崖阱，深阻不可测，喜赃吏，恶廉士，略不用祖宗法。每入省，已漏即出，文案壅滞皆不省。贪墨无厌，监司、帅守到阙，例要珍宝，必数万乃得差遣，及其赃污不法为民所讼，桧复力保之，故赃吏恣横，百姓愈困。腊月生日，州县献香送物为寿，岁数十万，其家富于左藏数倍。士大夫投书启者，皋、夔、稷、契以为不足比拟，必曰元圣，或曰圣相，至有请加桧九锡及置益国官属者。至于忘仇逆理，陷害忠良，其罪尤大。

《续通鉴》卷一三〇

## 二七　仇悆察幕官

高宗时，仇悆任浙东宣抚使、知明州，以挫豪强、奖善良为理。吏受赇，虽一钱不贷，奸猾敛迹。尝欲荐一幕官，问曰："君日费几何？"对以"十口之家，日用二千"。悆惊曰："吾为郡守费不及此，属僚所费倍之，安得不贪。"遂止。

《宋史》卷三九九

## 二八　高登不受馈金

绍兴二年，廷对，高登极意尽言，无所顾避，有司恶其直，授富川主簿。满秩，士民丐留不获，相率馈金五十万，不告姓名，白于守曰："高君贫无以养，愿太守劝其咸受。"登辞之，不可，复无所归，请置于学，买书以谢士民。归至广，会新兴大饥，檄发廪赈济，复为糜于野以食之，愿贷者听，所全活万计。岁适大稔，而偿亦及数。民投牒愿留者数百辈，因奏辟终其任。

《宋史》卷三九九

## 二九　范成大有治绩工于诗

范成大，绍兴二十四年擢进士第。

成大知处州。处民以争役嚣讼，成大为创义役，随家贫富输金买田，助当役者，甲乙轮第至二十年，民便之。处多山田，梁天监中，作通济堰在，激溪水四十里，溉田二十万亩。堰岁久坏，成大访故迹，叠石筑防，置堤闸四十九所，立水则，上中下溉灌有序，民食其利。

成大素有文名，尤工于诗。自号石湖，有《石湖集》

《揽辔录》《桂海虞衡集》行于世。

《宋史》卷三八六

## 三〇　苏云卿遁世不知所往

苏云卿，广汉人。绍兴间，来豫章东湖，结庐独居。待邻曲有恩礼，无良贱老稚皆爱敬之，称曰苏翁。身长七尺，美须髯，寡言笑，布褐草履，终岁不易，未尝疾病。披荆畬砾为圃，艺植耘芟，灌溉培壅，皆有法度。虽隆暑极寒，土焦草冻，圃不绝蔬，滋郁畅茂，四时之品无阙者。味视他圃尤胜，又不二价，市鬻者利倍而售速，先期输值。夜织屦，坚韧过革舄，人争贸之以馈远。以故薪米不乏，有羡则以周急应贷，假者负偿，一不经意。溉园之隙，闭门高卧，或危坐终日，莫测识也。

少与张浚为布衣交，浚为相，驰书函金币属豫章帅及漕访之。访得，乃与之言曰："张公令某等致公，共济大业。"因出书函金币置几上。云卿鼻间隐隐作声，若自咎叹者。客力请共载，辞不可，期以诘朝上谒。旦遣使迎伺，则扃户阒然，排闼入，则书币不启，家具如故，而翁已遁矣，竟不知所往。

《宋史》卷四五九

## 三一　刘勉之杜门讲学

刘勉之，勤学伊洛之书。绍兴间，中书舍人吕本中疏其行义志业以闻，特召诣阙。秦桧方主和，虑勉之见上持正论，乃不引见。勉之知不与桧合，即谢病归。杜门十馀年，学者踵至，随其材品，为说圣贤教学之门及前言往行之懿。所居有白水，人号曰白水先生。贤士大夫自赵鼎以下皆敬慕与交。后秦桧益横，鼎窜死，诸贤禁锢，勉之竟不复出。

勉之一介不妄取。妇家富，无子，谋尽以赀归于女，勉之不受，以畀族之贤者，命之奉祀。其友朱松卒，属以后事，且诫其子熹受学。勉之经理其家，而诲熹如子侄。熹之得道，自勉之始。绍兴十九年，卒，年五十九。

《宋史》卷四五九

## 三二　胡宪时然后言

胡宪，生而静悫，不妄笑语，长从从父胡安国学。平居危坐植立，时然后言，虽仓促无疾言遽色，人犯之未尝校。绍兴中以乡贡入太学。

会伊、洛学有禁，宪独阴与刘勉之诵习其说。既而学《易》于谯定，久未有得，定曰："心为物渍，故不能有见，唯学乃可明耳。"宪喟然叹曰："所谓学者，非克己工夫耶？"自是一意下学，不求人知。一旦，揖诸生归故山，力田卖药，以奉其亲。安国称其有隐君子之操。从游者日众，号籍溪先生，贤士大夫亦高仰之。

秦桧方用事，诸贤零落，宪家居不出。桧死，以大理司直召，未行，改秘书正字。既至，次当奏事，而病不能朝，乃草疏言："金人大治汴京宫室，势必败盟。今元臣、宿将惟张浚、刘锜在，识者皆谓金果南牧，非此两人莫能当。愿亟起之，臣死不恨。"时两人皆为积毁所伤，未有敢显言其当用者，宪独首言之。疏入，即求去。上嘉其忠，诏改秩与祠归。

初，宪与刘勉之俱隐，后又与刘子翚、朱松交。松将没，属其子熹受学于宪与勉之、子翚。熹自谓从三君子游，而事籍溪先生为久。绍兴三十二年，卒，年七十七。

《宋史》卷四五九

## 三三　张浚愧未复中原

张浚，屡败金军，有战功，称名将。浚幼有大志，及为熙河幕官，遍行边垒，览观山川形势，时时与旧戍守将握手饮酒，问祖宗以来守边旧法，及军陈方略之宜。故一旦起自疏远，当枢密之任，悉能通知边事本末。在京城中，亲见二帝北行，皇族系虏，生民涂炭，誓不与敌俱存，故终身不主和议。每论定都大计，以为东南形势，莫如建康，人主居之，可以北望中原，常怀愤惕。至如钱塘，僻在一隅，易于安肆，不足以号召北方。与赵鼎共政，多所引擢，从臣朝列，皆一时之望。所荐虞允文、汪应辰、王十朋、刘珙等为名臣；拔吴玠、吴璘于行间，谓韩世忠忠勇，可倚以大事，一见刘锜奇之，付以事任，卒皆为名将，有成功，一时称浚为知人。

孝帝隆兴二年，张浚卒。

初，浚既罢，朝廷遂决和议。浚犹上疏劝帝务学亲贤。或劝浚勿复以时事为言，浚曰："吾荷两朝厚恩，久居重任，今虽去国，惟日望上心感悟。苟有所见，安忍弗言！如若等言，是诚何心哉！"闻者耸然。

疾亟，手书付二子栻、杓曰："吾尝相国，不能恢复中原，雪祖宗之耻，即死，不当葬我先人墓左，葬我衡山下足矣。"数日而卒。

浚与李纲、赵鼎不协而又诋之，颇为公论所少。

《宋史》卷三六一；《续通鉴》卷一三八

## 三四　胡砺革除弊政

胡砺，金熙宗皇统年间，迁同知深州军州事，加朝奉大夫。郡守暴戾，蔑视僚属，砺常以礼折之，守愧服，郡事一委于砺。州管五县，例置弓手百馀，少者犹六七十人，岁征民钱五千馀万为顾值。其人皆市井无赖，以迹盗为名，所至扰民。砺知其弊，悉罢去。继而有飞语曰："某日贼发，将杀通守。"或请为备，砺曰："盗所利者财耳，吾贫如此，何备为。"是夕，令公署撤关，竟亦无事。年五十五。

《金史》卷一二五

## 三五　海陵王之言与行

金完颜亮弒熙宗，篡位，是为海陵王。

海陵王天德年间，野人来献异香，却之。有司奏庆云见，海陵曰："朕何德以当此。自今瑞应毋得上闻，若有妖异，当以谕朕，使自警焉。"谓御史大夫赵资福曰："汝等多徇私情，未闻有所弹劾，朕甚不取。自今百官有不法者，必当举劾，无惮权贵。"出猎，宰相以下辞于近郊。上驻马诫之曰："朕不惜高爵厚禄以任汝等，比闻事多留滞，岂汝等苟图自安不以民事为念耶？自今朕将察其勤惰，以为赏罚，其各勉之。"

海陵又曰："国家吉凶，在德不在地。使桀、纣居之，虽卜善地何益。使尧、舜居之，何用卜为。"罢岁贡鹰隼。沂州男子吴真犯法，当死，有司以其母老疾无侍为请，命官与养济，著为令。命太官常膳惟进鱼肉，旧贡鹅鸭等悉罢之。罢苑中所养禽兽。

命崇义军节度使乌带之妻唐括定哥杀其夫而纳之。

贞元年间，亲选良家子百三十馀人充后宫。上命诸从姊妹皆分属诸妃，出入禁中，与为淫乱，卧内遍设地衣，裸逐为戏。

正隆年间，命会宁府毁旧宫殿、诸大族第宅及储庆寺，仍夷其址而耕种之。诏左丞相张浩、参知政事敬嗣晖营建南京宫室。因建宫室，又中都与四方所造军器材用皆赋于民，箭翎一尺至千钱，村落间往往椎牛以供筋革，至于乌鹊狗彘无不被害者。诏诸路调马，户口为差，计五十六万馀匹，富室有至六十匹者，仍令户自养饲以俟。

东京留守曹国公乌禄即位于辽阳，改元大定，大赦。数海陵过恶：弑皇太后徒单氏，弑太宗及宗翰、宗弼子孙及宗本诸王，毁上京宫室，杀辽豫王、宋天水郡王、郡公子孙等数十事。海陵王被杀,年四十。

海陵在位十馀年,每饰情貌以御臣下。却尚食进鹅以示俭,及游猎顿次,不时需索,一鹅一鹑,民间或用数万售之,有以一牛易一鹑者。或以弊衾覆衣,以示近臣。或服补缀,令记注官见之。或取军士陈米饭与尚食。或见民车陷泥泽,令卫士下挽,俟车出然后行。与近臣燕语,辄引古昔贤君以自况。

显责大臣,使进直言,而祁宰竟以直谏死。比昵群小,宫赏无度。常置黄金裀褥间,有喜之者,令自取之。而淫嬖不择骨肉,刑杀不问有罪。至营南京宫殿,运一木之费至二千万,牵一车之力至五百人。宫殿之饰,遍傅黄金而后间以五采,金屑飞空如落雪。一殿之费以亿万计,成而复毁,务极华丽。其南征造战舰江上,毁民庐舍以为材,煮死人膏以为油,殚民力如马牛,费财用如土苴,空国以图人国,遂至于败。

《金史》卷五

## 三六　海陵王与高怀贞言志

高怀贞,为尚书省令史,素与海陵狎昵。海陵久蓄不臣之心,尝与怀贞各言所志,海陵曰:"吾志有三:国家大事皆自我出,一也。帅师伐国,执其君长问罪于前,二也。得天下绝色而妻之,三也。"由是小人佞夫皆知其志,争进谀说。大定县丞张忠辅谓海陵曰:"梦公与帝击球,公乘马冲过之,帝坠马下。"海陵闻之大喜。会熙宗在位久，委政大臣，海陵以近属为宰相，专威福柄，遂成弑逆之计，皆怀贞辈小人从臾导之。

《金史》卷一二九

## 三七　金主欲立马吴山第一峰

金主完颜亮尝密隐画工于奉使中，俾写临安湖山以归，为屏，而图己之像，策马于吴山绝顶，题诗其上，有"立马吴山第一峰"之句。绍兴三十一年五月，遣其签书枢密院事高景山、右司员外郎王全来贺天中节。亮谓全曰："汝见宋主，即面数其焚南京宫室，沿边买马，招致叛亡之罪。当令大臣来此，朕将亲诘之。且索汉、淮之地；如不从，则厉声诋责之，彼必不敢害汝。"盖欲激怒以为南侵之名也。

徒单后闻亮欲南侵，数以言谏之。亮不悦，寻弑之。遂分诸道兵为三十二军。九月，亮戎服乘马，具装启行，妃嫔皆从，众六十万，号百万，毡帐相望，钲鼓之声不绝。李通造浮梁于淮水之上，将自清河口入淮东。远近大震。

《纲鉴易知录》卷八二

## 三八　魏胜起义复海州

绍兴三十一年八月，宿迁人魏胜起兵抗金。胜多智勇，应募为弓箭手，居山阳，及金人籍诸路民为兵，胜跃曰："此其时也！"聚义士三百，北渡淮，取涟水军，宣布朝廷德意，不杀一人。金知海州事高文富遣兵捕胜，胜迎击走之；追至城下，文富闭门固守。胜令城外多张旗帜，举烟火为疑兵，又使人向诸城门谕以金人弃信背盟，无名兴兵，及本朝宽大之意，城中人闻即开门，独文富与其子安仁率牙兵拒之。胜杀安仁，擒文富，民皆安堵如故。

《纲鉴易知录》卷八二

## 三九　王友直起兵复大名

高平人王友直，幼从父佐游，志复中原，闻金主亮渝盟，乃结豪杰谓之曰："权所以济事，权归于正，何害于理？"即矫制自称河北等路安抚制置使，以其徒王任为副使，遍谕州县勤王。未几，得众数万，制为十三军，置统制官以统之。进攻大名，一鼓而克。抚定众庶，谕以绍兴年号，遣人入朝奏事。未几，自寿春来归，诏以为忠义都统制。

《纲鉴易知录》卷八二

## 四〇　虞允文采石大胜

绍兴三十一年，以叶义问督视江淮军马，中书舍人虞允文参赞军事。

时，叶义问命虞允文往芜湖促李显忠交王权之败军，且犒师。允文至采石，显忠未来，敌骑充斥，官军三五星散，解鞍束甲坐道傍，皆权败兵也。允文谓坐待显忠则误国事，遂立召诸将，勉以忠义，曰："金帛、告命皆在此，以待有功。"众曰："今既有主，请死战。"或谓允文曰："公受命犒师，不受命督战，他人坏之，公受其咎邪！"允文叱之曰："危及社稷，吾将安避？"乃命诸将列大阵不动，分戈船为五，其二并东、西岸；其一驻中流，藏精兵待战；其二藏小港，备不测。部分甫毕，敌已大呼，金主完颜亮操小红旗麾数百艘绝江而来，瞬息之间，抵南岸者七十艘，直薄官军。军小却，允文入阵中，抚统制时俊之背曰："汝胆略闻四方；立阵后，则儿女子尔！"俊即挥双刀出，士殊死战；中流官军以海鳅船冲敌舟，皆平沉，敌半死半战，日暮未退。会有溃卒自光州至，允文授以旗鼓，从山后转出，敌疑援兵至，始遁。允文又命劲弩尾击追射，大败之。

显忠至采石，虞允文语之曰："敌入扬州，必与瓜州兵合。京口无备，我当往，公能分兵相助乎？"显忠分万六千与之，允文遂还京口。

谒刘锜问疾，锜执允文手曰："疾何必问！朝廷养兵三十年，一技不施，而大功乃出一儒生，我辈愧死矣！"

《纲鉴易知录》卷八二

## 四一　胡铨言不可议和称臣

孝宗兴隆二年，汤思退奏遣魏杞如金议和，书称："侄大宋皇帝某，再拜奉于叔大金皇帝岁币二十万。"帝面谕曰："今遣使，一正名，二退师，三减岁币，四不发归附人。"陛辞，奏曰："臣将旨出疆，岂敢不勉！万一无厌，愿速加兵。"帝善之。兵部侍郎胡铨言："虏不可和。臣恐再拜不已，必至称臣；称臣不已，必至请降；请降不已，必至纳土；纳土不已，必至舆榇；舆榇不已，必至如晋帝青衣行酒而后为快。今日举朝之士，皆妇人也！"不听。

金馆伴张恭愈以国书称"大宋"，胁杞去"大"字。拒之，杞具言："天子神圣，才杰奋起，人人有敌忾意，北朝用兵能保必胜乎？"金君臣环听拱竦。金主许损岁币，不发归正人，命元帅府罢兵分戍。卒正敌国礼而还，帝慰藉甚厚。

《纲鉴易知录》卷八三

## 四二　地方官以灾为瑞

孝宗乾道元年，淮南运判姚岳，奏蝗自淮北飞度，皆抱草木自死，仍封死蝗以进。帝曰："岳取以为嘉祥，更欲寻付史馆，可降一官，放罢，为中外佞邪之戒。"

知池州鲁詧申称本州管下竹生穗，实如米，饥民采食之，仍图竹实之状，缄裹其物以献。臣僚论："歉岁饥民食其不当食之物，诚出于饥饿迫切而已。今池之民采竹实而食，其亦迫切甚矣。眘任在牧民，顾以为美事，不谓之奸谀不可也。较其罪与姚岳同科，望予罢斥。"诏从之。

《续通鉴》卷一三九

## 四三　杨简不以赤子膏血自肥

杨简，孝宗乾道五年举进士，授富阳主簿。

为绍兴府司理，狱必亲临，端默以听，使自吐露。越陪都，台府鼎立，简中平无颇，惟理之从。一府吏触怒帅，令鞫之，简白无罪，命鞫平日，简曰："吏过讵能免，今日实无罪，必摘往事置之法，某不敢奉命。"帅大怒，简取告身纳之，争愈力。

改知嵊县。丁外艰，服除，知乐平县，兴学训士，诸生闻其言有泣下者。杨、石二少年为民害，简置狱中，谕以祸福，咸感悟，愿自赎。由是邑人以讼为耻，夜无盗警，路不拾遗。

简在郡廉俭自将，奉养菲薄，常曰："吾敢以赤子膏血自肥乎！"闾巷雍睦无忿争声，民爱之如父母，咸画象事之。迁驾部员外郎，老稚扶拥缘道，倾城哭送。

《宋史》卷一六六

## 四四　辛弃疾善长短句悲壮激烈

辛弃疾，字幼安，历城人。

金主亮死，中原豪杰并起。耿京聚兵山东，称天平节度使，节制山东、河北忠义军马，弃疾为掌书记，即劝京决策南向。

绍兴三十二年，耿京令弃疾奉表归宋，高宗劳师建康，召见，嘉纳之，授承务郎、天平节度掌书记，并以节使印告召京。会张安国已杀京降金，弃疾还至海州，乃约统制王世隆及马全福等径趋金营，安国方与金将酣饮，即众中缚之以归，金将追之不及。献俘行在，斩安国于市。弃疾时年二十三。

孝宗乾道四年，通判建康府。六年出知滁州，弃疾宽征薄赋，招流散，教民兵，议屯田。辟江东安抚司参议官。留守叶衡雅重之，衡入相，力荐弃疾慷慨有大略。召见，迁仓部郎官、提点江西刑狱。后历任湖北转运副使、湖南安抚等职。

弃疾尝同朱熹游武夷山，赋《九曲棹歌》，熹书"克己复礼""夙兴夜寐"，题其二斋室。熹殁，伪学禁方严，门生故旧至无送葬者。弃疾为文往哭之曰："所不朽者，垂万世名。孰谓公死，凛凛犹生！"

弃疾雅善长短句，悲壮激烈，有《稼轩集》行世。

《宋史》卷四〇一

## 四五　吴玠吴璘守蜀

　　川陕宣抚副使吴玠，与金军对垒且十年，常苦远饷劳民，屡汰冗员，节浮费，益治屯田，岁收至十万斛。又调戍兵，命梁、洋守将治褒城废堰，民知灌溉可恃，愿归业者数万家。绍兴九年，金人请和。帝以玠功高，授特进、开府仪同三司，迁四川宣抚使，陕西阶、成等州皆听节制。遣内侍奉亲札以赐，至，则玠病已甚，扶掖听命，帝闻而忧之。玠卒于仙人关，年四十七。

　　玠善读史，凡往事可师者，录置座右，积久，墙牖皆格言也。用兵本孙、吴，务远略，不求小近利，故能保必胜。御下严而有恩，虚心询受，虽身为大将，卒伍至下者得以情达，故士乐为之死。

　　晚节颇多嗜欲，使人渔色于成都，喜饵丹石，故得咯血疾以死。金人一意睨蜀，东南之势亦棘，微玠身当其冲，无蜀久矣。故西人至今思之。作庙于仙人关，

　　玠弟璘，孝宗乾道三年卒，年六十六。初，璘病笃，呼幕客草遗表，命直书其事曰："愿陛下毋弃四川，毋轻出兵。"不及家事，人称其忠。

　　璘刚勇，喜大节，略苛细，读史晓大义。其御军，恩威兼济，士卒乐为之用；每出师，指麾诸将，风采凛然，无敢犯令者，故所向多捷。代兄为将，守蜀馀二十年，隐然为方面之重，威名亚于玠。高宗尝问胜敌之术，璘曰："弱者出战，强者继之。"高宗曰："此孙膑三驷之法，一败而二胜也。"

璘选诸将率以功。有荐才者,璘曰:"兵官非尝试,难知其才。以小善进之,则侥幸者获志,而边人宿将之心怠矣。"

《宋史》卷三六六;《续通鉴》卷一四〇

## 四六　张栻论收百姓之心

张栻,字敬夫。孝宗乾道五年,栻除严州,入见,上言:"欲复中原之土,必先收中原百姓之心;欲得中原百姓之心,必先有以得吾境内百姓之心。求所以得吾境内百姓之心无他,不尽其力,不伤其财而已。苟中原之人,闻吾君爱惜百姓如此,又闻百姓安乐如此,则其归孰御!"帝曰:"诚当如此。况中原之人,本吾赤子,必襁负其子而至矣。"

栻又言:"今日诞谩之风不可长,至如边事,须委忠实不欺之臣。不然,岂不误陛下倚任!"帝曰:"若诞谩,必至误国事。"栻又言:"先听其言,却考其实,此所谓敷奏以言,明试以功。"栻至郡,问民疾苦,首以丁盐绢钱太重为请,诏蠲其半。

六年,栻见帝,帝曰:"卿知敌中事乎?"对曰:"不知也。"帝曰:"敌中饥馑连年,盗贼日起。"栻曰:"敌中之事,臣虽不知,然境中之事,则知之详矣。"帝曰:"何事?"栻曰:"比年诸道岁饥民贫,而国家兵弱财匮,小大之臣,又皆诞谩不足倚仗。正使彼实可图,臣惧我之未足以图彼也。"帝默然久之。

孝宗淳熙七年,张栻病且死,手疏劝帝亲君子,远小人，信任防一己之偏，好恶公天下之理。天下传诵之。卒年四十八，帝闻之，嗟叹不已。朱熹与黄幹书曰："吾道益孤矣。"

栻颖悟夙成，父浚深爱之。自幼学所教，莫非仁义忠孝之实。长师胡宏，宏以孔门论仁亲切之旨告之，栻退而思，若有得焉。宏称之，曰："圣门有人矣。"栻益自奋励，以古圣贤自期，作《希颜录》。为人表里洞然，勇于从义，无毫发滞吝。

每进对，必自盟于心，不可以人主意辄有所随顺。帝尝言伏节死义之臣难得，栻对："当于犯颜敢谏中求之。若平时不能犯颜敢谏，他日何望其伏节死义。"帝又言难得办事之臣，栻对："陛下当求晓事之臣，不当求办事之臣。若但求办事之臣，则他日败陛下事者未必非此人也。"其远小人尤严。为都司日，肩舆出，遇曾觌，觌举手欲揖，栻急掩其幒椟。觌惭，手不得下。

所至郡，暇日召诸生告语。民以事至庭，必随事开晓，具为条教，大抵以正礼俗、明伦纪为先。斥异端，毁淫祠，而崇社稷、山川、古先圣贤之祀。

栻闻道甚早。朱熹尝言："己之学，乃铢积寸累而成；如敬夫，则大本卓然，先有见者也。"栻所著《论语孟子说》《太极图说》《洙泗言仁录》《诸葛武侯传》《经世纪年》行于世。尝言曰："学莫先于义利之辨。义者，本心之当为，非有为而为也。有为而为，则皆人欲，非天理矣。"学者称为南轩先生。

《续通鉴》卷一四一；《纲鉴易知录》卷八三

## 四七　黄中言和与战

孝宗乾道六年，兵部侍郎致仕黄中，年七十馀，帝思之，召赴阙。中言："比年以来，言和者忘不共戴天之仇，固非久安之道；言战者复为无顾忌大言，又无必胜之策。必也暂与之和而亟为之备，内修政理而外观时变，而庶乎其可。"帝皆听纳。除兵部尚书兼侍读。

中未满岁，即乞告老，且陈十要道之说以献，曰："用人而不自用者，治天下之要道也；以公议进退人才者，用人之要道也；察其正直纳忠、阿谀顺旨者，辨君子、小人之要道也；广开言路者，防壅之要道也；考核事实者，听言之要道也；量入为出者，理财之要道也；精选监司者，理郡邑之要道也；痛惩赃吏者，恤民之要道也；求文武之臣，面陈方略者，选将帅之要道也；稽考兵籍者，省财之要道也。"

《续通鉴》卷一四一

## 四八　黄洽五不欺

孝宗时，黄洽官至参知政事。人劝之治第，洽曰："吾书生，蒙拔擢至此，未有以报国，而先营私乎？使吾一旦罪去，犹有先人敝庐可庇风雨，夫复何忧。"

洽常言："居家不欺亲，仕不欺君，仰不欺天，俯不欺人，幽不欺鬼神，何用求福报哉！"卒年七十九。

《宋史》卷三八七

## 四九　汪应辰刚方正直

汪应辰，幼凝重异常童，五岁知读书，属对应声语惊人，多识奇字。家贫无膏油，每拾薪以继晷。从人借书，经目不忘。十岁能诗，游乡校，郡博士戏之曰："韩愈十三而能文，今子奚若？"应辰答曰："仲尼三千而论道，惟公其然。"未冠，首贡乡举，试礼部，居高选。时赵鼎为相，延之馆塾，奇之。绍兴五年，进士第一人，年甫十八。

应辰接物温逊，遇事特立不回，流落岭峤十有七年。桧死，始还朝，官至吏部尚书。刚方正直，敢言不避。少从吕居仁、胡安国游，张栻、吕祖谦深器许之，告以造道之方。尝释克己之私如用兵克敌。好贤乐善，出于天性，尤笃友爱，尝以先畴逊其兄衢，虽无屋可居不顾也。

《宋史》卷三八七

## 五〇　王十朋历治四郡有人望

王十朋，资颖悟，日诵数千言。及长，有文行，聚徒梅溪，受业者以百数。入太学，主司异其文。秦桧死，高宗亲政，策士，谕考官曰："对策中有陈朝政切直者，并置上列。"十朋对策几万馀言，上嘉其经学淹通，议论醇正，遂擢为第一。学者争传诵其策。

孝宗时，十朋凡历严州、饶州、湖州、泉州四郡。士之贤者诣门，以礼致之。朔望会诸生学宫，讲经询政，僚属间有不善，反复告戒，俾之自新。民输租俾自概量，闻者相告，宿逋亦愿偿。讼至庭，温词晓以理义，多退听者。所至人绘而祠之，去之日，老稚攀留涕泣，越境以送，思之如父母。

十朋事亲孝，终丧不处内，友爱二弟，郊恩先奏其名，没而二子犹布衣。书室扁曰"不欺"，每以诸葛亮、颜真卿、寇准、范仲淹、韩琦、唐介自比，朱熹、张栻雅敬之。

《宋史》卷三八七

## 五一　吴芾称宁得罪上官

吴芾，举进士第，迁秘书正字。与秦桧旧故，至是桧已专政，芾退然如未尝识。芾前后守六郡，各因其俗为宽猛，吏莫容奸，民怀惠利。屡告老，以龙图阁直学士致仕。后十年卒，年八十。尝曰："视官物当如己物，视公事当如私事。与其得罪于百姓，宁得罪于上官。"立朝不偶，晚退闲者十有四年，自号湖山居士。为文豪健俊整，有表奏五卷、诗文三十卷。

《宋史》卷三八七

## 五二　杜莘老骨鲠敢言

杜莘老，幼岁时，方禁苏氏文，独喜诵习。绍兴年间，第进士，以亲老不赴廷对，赐同进士出身。授梁山军教授，从游者众。后，任秘书丞、监察御史、殿中侍御史等职。

莘老官台谏久，知公论所予夺，奸蠹者皆得其根本脉络，尝叹曰："台谏当论天下第一事，若有所畏，姑言其次，是欺其心不敬其君者也。"及任言责，极言无隐，取众所指目者悉击去，声振一时，都人称骨鲠敢言者必曰杜殿院云。

《宋史》卷三八七

## 五三　袁枢撰《通鉴纪事本末》

袁枢，孝宗时为礼部试官。常喜诵司马光《资治通鉴》，苦其浩博，乃区别其事而贯通之，号《通鉴纪事本末》。参知政事龚茂良得其书，奏于上，孝宗读而嘉叹，以赐东宫及分赐江上诸帅，且令熟读，曰："治道尽在是矣。"

枢兼国史院编修官，分修国史传。章惇家以其同里，宛转请文饰其传，枢曰："子厚为相，负国欺君。吾为史官，书法不隐，宁负乡人，不可负天下后世公议。"时，赵雄总史事，见之叹曰："无愧古良史。"

《宋史》卷三八九

## 五四　李衡治溧阳

李衡，幼善博诵，为文操笔立就。登进士第，授吴江主簿。有部使者怙势作威，侵刻下民，衡不忍以敲扑迎合，投劾于府，拂衣而归。后知溧阳县，专以诚意化民，民莫不敬。夏秋二税，以期日榜县门，乡无府吏迹，而输送先他邑办。莅任历四年，狱户未尝系一重囚。孝宗隆兴二年，金犯淮堧，人相惊曰："寇深矣！"官沿江者多送其孥，衡独自浙右移家入县，民心大安。

除秘阁修撰，会外戚张说以节度使掌兵柄，衡力疏其事，谓"不当以母后肺腑为人择官"，廷争移时。改除起居郎，衡曰："与其进而负于君，孰若退而合于道。"章五上，请老愈力，仍以秘撰致仕。时给事中莫济不书敕，翰林周必大不草制，右正言王希吕亦与衡相继论奏，同时去国，士为《四贤诗》以纪之。

衡后定居昆山，结茅别墅，杖屦徜徉，左右惟二苍头，聚书逾万卷，号曰"乐庵"，卒，年七十九。

《宋史》卷三九〇

## 五五　周淙招辑中原之民

绍兴三十年，命周淙守滁阳，未赴，移楚州，又徙濠梁。淮、楚旧有并山水置砦自卫者，淙为立约束，结保伍。金主完颜亮倾国犯边，民赖以全活者不可胜计。

孝宗受禅，王师进取虹县，中原之民翕然来归，扶老携幼相属于道。淙计口给食，行者犒以牛酒，至者处以室庐，人人感悦。张浚视师，驻于都梁，见淙谋，辄称叹，且曰："有急，公当与我俱死。"淙亦感激，至谓"头可断，身不可去"。浚入朝，悉陈其状，上嘉叹不已，进值徽猷阁，帅维扬。

会钱端礼以尚书宣谕淮东，复以淙荐。时两淮经践蹂，民多流亡，淙极力招辑，按堵如故。劝民植桑柘，开屯田，上亦专以属淙，屡赐亲札。淙奉行益力，除两浙转运副使。

《宋史》卷三九〇

## 五六　杨甲言恢复之志不坚

孝宗淳熙二年，闽人杨甲对策，言恢复之志不坚者二事：一谓"妃嫔满前，圣意几于惑溺"；一谓"策士之始，以谈兵为讳"。孝宗览对，不悦，置之第五等。

《续通鉴》卷一四四

## 五七　徐谊谏毋事皆上决

徐谊，孝宗乾道八年进士，累官太常丞。孝宗临御久，事皆上决，执政惟奉旨而行，群下多恐惧顾望。谊谏曰："若是则人主日圣，人臣日愚，陛下谁与共功名乎？"

及论乐制，谊对以"宫乱则荒，其君骄；商乱则陂，其官坏"。上遽改容曰："卿可谓不以官自惰矣。"

《宋史》卷三九七

## 五八　金世宗号小尧舜

金世宗谓宰臣曰："比闻外议言，奏事甚难。朕于可行者未尝不从。自今敷奏勿有所隐，朕固乐闻之。"又谓宰臣曰："臣民上书者，多敕尚书省详阅，而不即具奏，天下将谓朕徒受其言而不行也。其亟条具以闻。"诏："百司官吏，凡上书言事或为有司所抑，许进表以闻，朕将亲览，以观人材优劣。"

谓宰臣曰："卿每奏皆常事，凡治国安民及朝政不便于民者，未尝及也。如此，则宰相之任谁不能之？"

又曰："朕治天下，方与卿等共之，事有不可，各当面陈，以辅朕之不逮，慎毋阿顺取容。卿等致位公相，正行道扬名之时，苟或偷安自便，虽为今日之幸，后世以为何如？"

谕宰臣曰："朕每次舍，凡秣马之具皆假于民间，多亡失不还其主。此弹压官不职，可择人代之。所过即令询问，但亡失民间什物，并偿其值。"

谓宰臣曰："朕年老矣！恐因一时喜怒，处置有所不当，卿等即当执奏，毋为面从，成朕之失。"又曰："职官始犯赃罪，容有过误，至于再犯，是无改过之心。自今再犯不以赃数多寡，并除名。"

谓宰臣曰："女直官多谓朕食用太俭，朕谓不然。夫一食多费，岂为美事。况朕年高，不欲屠宰物命。贵为天子，能自节约，亦不恶也。朕服御或旧，常使浣濯，至于破碎，方始更易。向时帐幕常用涂金为饰，今则不尔，但令足用，何必事纷华也。"

宴宗室、宗妇于皇武殿，上曰："朕寻常不饮酒，今日甚欲成醉，此乐亦不易得也！"宗室妇女及群臣故老以次起舞，进酒。上曰："吾来数月，未有一人歌本曲者，吾为汝等歌之。"命宗室子弟叙坐殿下者皆坐殿上，听上自歌。其词道王业之艰难，及继述之不易，至"慨想祖宗，宛然如睹"，慷慨悲激，不能成声，歌毕泣下。右丞相元忠率群臣、宗戚捧觞上寿，皆称万岁。于是，诸夫人更歌本曲，如私家之会。既醉，上复续调，至一鼓乃罢。

金主诏曰："自今官长不法，其僚佐不能纠正，又不言上者，并坐之。"户部尚书高德基滥支朝官俸钱四十万贯，杖八十。金大名尹荆王文，以赃罪夺爵，降授德州防御使，僚佐皆坐不矫正解职。

金主御睿思殿，命歌者歌女直词，顾谓太子及诸王曰："朕思先朝所行之事，未尝暂忘，故时听此词，亦欲令汝辈知之。汝辈自幼惟习汉俗，不知女直纯实之风，至于文字语言或不通晓，是忘本也。汝辈当体朕意，至于子孙，亦当遵朕教诫也。"

与宰臣论史事。金主曰："朕观前史多溢美。大抵史书载事贵实，不必浮词谄媚也。"

金主以元妃李氏之丧，致祭兴德宫，过市肆，不闻乐声，谓群臣曰："岂以妃故禁之耶？细民日作而食，若禁之，是废其生计也，其勿禁。朕前将诣兴德宫，有司请由蓟门，朕恐妨市民生业，特从它道。顾见街衢市肆或有毁撤，障以帘箔，何必尔也！自今勿复毁撤。"

金主闻蓟、平、辽等州民乏食，命有司发粟粜之，贫不能籴者贷之。有司恐贫民不能偿，止贷有户籍者，金主闻之，更遣人阅实赈贷。以监察御史舒穆噜元礼、郑大卿不纠举，各笞四十。前所遣官皆论罪。

金主谓宰臣曰："监察职司纠弹。节度使锡萨布初至官，途中侵扰百姓，到官，举动皆违法度；完颜守能为招讨使，贪冒狼藉。凡达官贵要，监察未尝举劾，乃于卑秩细事，即便弹奏，谓之称职，可乎？自今监察御史职事修举，然后迁除。不举职者，大则降罚，小则决责，仍不许去职。"

金主谓宰相曰："朕之言行，岂能无过？常欲人直谏，而无肯言者。使其言果善，朕从而行之，又何难也？"

金译经所进所译《易》《书》《论语》《孟子》《老子》《扬子》《文中子》《刘子》及《新唐书》。金主谓宰臣曰："朕所以令译五经者，正欲女直人知仁义道德所在耳。"命颁行之。

淳熙十六年、金大定二十九年，世宗卒，年六十七。金主在位二十八载。盖自太祖以来，海内用兵，宁岁无几。重以海陵无道，赋役繁兴，盗贼满野，兵甲并起，万姓盻盻，国内骚然，老无留养之丁，幼无顾复之爱，颠危愁困，待尽朝夕。世宗久典外郡，明祸乱之故，知吏治之得失。即位五载，而南北讲好，与民休息。于是躬节俭，崇孝弟，信赏罚，重农桑，慎守令之选，严廉察之责，孳挚为治，夜以继日，可谓得为君之道矣！当此之时，群臣守职，上下安，家给人足，仓廪有馀，刑部岁断死罪，或十七人，或二十人，号称"小尧舜"，此其效验也。然举贤之急，求言之切，不绝于训辞，而群臣偷安苟禄，不能将顺其美，以底大顺，惜哉！

《金史》卷六、卷七、卷八；《续通鉴》卷一四六、卷一四八

## 五九　朱熹言人君当正心术

孝宗淳熙七年，知南康军朱熹疏言："天下之大务，莫大于恤民；恤民之本，又在人君正心术以立纪纲。""盖天下之纪纲不能以自立，必人主之心术公平正大，无偏党反侧之私，然后纪纲有所系而立；君心不能以自正，必亲贤臣，远小人，讲明义理之归，闭塞私邪之路，然后乃可得而正。今宰相、台、省、师傅、宾友、谏诤之臣，皆失其职，而陛下所与亲密谋议者，不过一二近习之臣。此一二小臣者，上则蛊惑陛下之心志，使陛下不信先王之大道而说于功利之卑说，不乐庄士之谠言而安于私亵之鄙态；下则招集天下士大夫之嗜利无耻者，文武汇分，各入其门，所喜则阴为引援，擢置清显，所恶则密行訾毁，公肆挤排。陛下所谓卿、相、师傅、宾友、谏诤之臣，或反出入其门墙，承望其风旨。其幸能自立者，亦不过龊龊自守，而未尝敢一言斥之；其甚畏公议者，乃略能警逐其徒党之一二，既不能深有所伤，而终亦不敢明言以捣其囊橐窟穴之所在。"

孝宗读之，大怒，谕赵雄令分晰。雄言于帝曰："士之好名者，陛下疾之愈甚，则人之誉之者愈众，无乃适所以高之！不若因其长而用之，彼渐当事任，能否自见矣。"帝以为然，乃置不问。

《续通鉴》卷一四七

## 六〇　杨万里谏人主不可自用

孝宗淳熙十二年，尚书左司郎杨万里奏曰："天下之事，有本根，有枝叶。所谓本根，则人主不可以自用。人主自用，则人臣不任责。《传》曰：'水木有本源。'圣学高明，愿益思斯民为本源者。"帝不能用。

《续通鉴》卷一五〇

## 六一　李后忌妒骄恣

一日，光宗浣手宫中，睹宫人手白，悦之；它日，李后遣人送食盒于帝，启之，则宫人两手也。黄贵妃有宠，因帝祭太庙宿斋宫，后杀贵妃，以暴卒闻；及郊，风雨大作，黄坛烛尽灭，不能成礼而罢。帝既闻贵妃卒，又值此变，震惧增疾，自是不视朝，政事多决于后，后益骄恣。

《续通鉴》卷一五二

## 六二　刘宰竭力施惠乡邦

刘宰,光宗绍熙元年进士,曾任江宁尉、泰兴令等。宰刚大正直,明敏仁恕,施惠乡邦,其烈实多。置义仓,创义役,三为粥以与饿者,自冬徂夏,日食凡万馀人,薪粟、衣纩、药饵、棺衾之类,靡谒不获。某无田可耕,某无庐可居,某之子女长矣而未婚嫁,皆汲汲经理,如己实任其责。桥有病涉,路有险阻,虽巨役必捐赀先倡而程其事。宰生理素薄,见义必为,既竭其力,藉质贷以继之无倦。凡可以白于有司、利于乡人者,无不为也。

宰隐居三十年,平生无嗜好,惟书靡所不读。虽博考训注,而自得之为贵。有《漫塘文集》《语录》行世。

《宋史》卷四〇一

## 六三　赵善应之子及孙均有善行

赵汝愚之父善应,性纯孝,亲病,尝刺血和药以进。母畏雷,每闻雷则披衣走其所。尝寒夜远归,从者将扣门,遽止之曰:"无恐吾母。"露坐达明,门启而后入。家贫,诸弟未制衣不敢制,已制未服不敢服,一瓜果之微必相待共尝之。母丧,哭泣呕血,毁瘠骨立,终日俯首柩傍,闻雷犹起,侧立垂涕。既终丧,言及其亲,未尝不挥涕,生朝必哭于庙。父终肺疾,每膳不忍以诸肺为馐。母生岁值卯,谓卯兔神也,终其身不食兔。

闻四方水旱，辄忧形于色。江、淮警报至，为之流涕，不食累日；同僚会宴，善应怅然曰："此宁诸君乐饮时耶！"众为失色而罢。故人之孤女，贫无所归，善应聘以为己子妇。尝有同僚者死不克葬，子佣食他所，善应驰往哭之，归其子而予之赀，使葬焉。道见病者必收恤之，躬为煮药。岁饥，旦夕率其家人辍食之半，以饲饥者。夏不去草，冬不破壤，惧百虫之游且蛰者失其所也。

汝愚早有大志，擢进士第一。光宗时任吏部尚书，宁宗时为右丞相，为韩侂胄排斥，罢右相，永州安置。汝愚怡然就道，谓诸子曰："观侂胄之意，必欲杀我，我死，汝曹尚可免也。"至衡州病作，为守臣钱鍪所窘，暴卒，天下闻而冤之。

初，汝愚捐私钱百馀万创养济院，俾四方宾旅之疾病者得药与食，岁久渐移为它用。其子崇宪至，寻修复，立规约数十条，以愈疾之多寡为赏罚。弃儿于道者，亦收鞠之。社仓久敝，访其利害而更张之。

《宋史》卷三九二

## 六四　徐范以扇摇国是被禁锢

徐范，福州侯官人。少孤，刻苦授徒以养母。与兄同举于乡，入太学，未尝以疾言遽色先人。丞相赵汝愚去位，祭酒李祥、博士杨简论救之，俱被斥逐。同舍生议叩阍上书，书已具，有闽士亦署名，忽夜传韩侂胄将置言者重辟，闽士怖，请削名，范之友亦劝止之。范慨然曰：

"业已书名矣，尚何变？"书奏，侂胄果大怒，谓其扇摇国是，各送五百里编管。范谪临海，与兄归同往，禁锢十馀年。

《宋史》卷四二三

## 六五　金章宗之李淑妃慧黠

胥持国，初以经童入仕，累迁太子司仓，转掌饮令。金主章宗在东宫识之，及即位，遂大用。持国为人，柔佞有智术，素知金主好色，阴以秘术干之。金主尝物色宫中女子，得没入宫监藉之女李师儿，金主好文词，师儿性慧黠，能作字，知文义，尤善伺候颜色，迎合旨意，遂大爱幸，封为昭容。持国多赂遗昭容左右用事人，昭容亦自嫌门第薄，欲藉外廷为援，数称誉持国，由是大为金主所信任，官至参知政事。

金李淑妃（即师儿）有宠，尝从金主章宗幸蓬莱院，陈玉器及诸玩好，款式多宣和间物。金主恻然动色，妃进曰："作者未必用，用者未必作，宣和作此以为陛下用耳。"金主为之意解。妃尝与金主同辇过雕龙桥，见白石莹润，爱之，归白金主，自苏山辇至，筑岩洞于芳华阁，用工二万人，牛马七百乘，道路相望。会妃赏菊于东明园，见璧间画《宣和艮岳图》，问内侍余琬。琬曰："宣和帝运东南花石筑艮岳，致亡其国。先帝命图之以为戒。"妃怒曰："宣和之亡，不缘此石，乃用童贯、梁师成故尔。"妃意以讥婉，其黠辨类此。

《续通鉴》卷一五三、卷一五五

## 六六　刘玮知而不言

金章宗时，刘玮拜尚书右丞。上谓宰臣曰："人为小官或称才干，及其大用则不然。如刘玮固甚干，然自世宗朝逮辅朕，于事多有知而不言者。若实愚人，则不足论，知及之而不肯尽心，可乎？"平章政事完颜守贞曰："《春秋》之法，责备贤者。"上曰："夫为宰相而欲收恩避怨，使人人皆称己是，贤者固若是乎？"

《金史》卷九五

## 六七　董师中正而通

董师中通古今，善敷奏，练达典宪，处事精敏，尝言曰："宰相不当事细务，要在知人才，振纲纪，但一心正、两目明，足矣。"章宗承安四年，表乞致仕，诏赐宅一区，留居京师。以寒食，乞过家上冢，许之，且命赋《寒食还家上冢诗》。每节辰朝会，召入侍宴，卒年七十四。上闻之，甚悼惜，顾谓大臣曰："凡正人多执方而不通，独师中正而通。"

师中工文，性通达，疏财尚义，平居则乐易真率，其临事则刚决，挺然不可夺。

《金史》卷九五

## 六八　韩玉临终示儿书

韩玉，章宗明昌五年进士，入翰林为应奉。应制一日百篇，文不加点。又作《元勋传》，称旨，章宗叹曰："勋臣何幸，得此家作传耶！"后，因被疑而冤死。

子不疑，以父死非罪，誓不禄仕。藏其父临终时手书云："此去冥路，吾心皓然，刚直之气，必不下沉。儿可无虑。世乱时艰，努力自护，幽明虽异，宁不见尔。"读者恻然。

《金史》卷一一〇

## 六九　周昂论文章以意为主

周昂，金章宗时人，年二十四擢第。其甥王若虚尝学于昂，昂教之曰："文章工于外而拙于内者，可以惊四筵而不可以适独坐，可以取口称而不可以得首肯。"又云："文章以意为主，以言语为役，主强而役弱则无令不从。今人往往骄其所役，至跋扈难制，甚者反役其主，虽极辞语之工，而岂文之正哉。"

昂孝友，喜名节，学术醇正，文笔高雅，诸儒皆师尊之。

《金史》卷一二六

## 七〇　杜时升教人伊洛之学

杜时升，博学知天文，不肯仕进。章宗时，宰相数荐时升可大用。是时，风俗侈靡，纪纲大坏，世宗之业遂衰。时升乃南渡河，隐居嵩、洛山中，从学者甚众。大抵以"伊洛之学"教人自时升始。

《金史》卷一二七

## 七一　胥鼎立法赡贫民者可升职

胥鼎，于金宣宗贞祐元年知大兴府事，兼中都路兵马都总管。二年正月，鼎以在京贫民阙食者众，宜立法振救，乃奏曰："京师官民有能赡给贫人者，宜计所赡迁官升职，以劝奖之。"遂定权宜鬻恩例格，如进官升职、丁忧人许应举求仕、官监户从良之类，入粟草各有数，全活甚众。

《金史》卷一〇八

## 七二　杨云翼释平民之私渡者

河朔民十有一人为游骑所迫，泅河而南，有司论罪当死。杨云翼曰："法所重私渡者，防奸伪也。今平民为兵所迫，奔入于河，为逭死之计耳。今使不死于敌而死于法，后惟从敌而已。"金宣宗悟，尽释之。哀宗以河南旱，诏遣官理冤狱，而不及陕西，云翼言："天地人通为一体，今人一支受病则四体为之不宁，岂可专治受病之处而置其馀哉。"朝廷是之。

《金史》卷一一〇

## 七三　赵秉文长于辨析工诗字画

金宣宗兴定元年，赵秉文拜礼部尚书，兼侍读学士，同修国史，知集贤院事。

自章宗以来，科举之文其弊益甚。盖有司惟守格法，所取之文卑陋陈腐，苟合程度而已，稍涉奇峭，即遭绌落，于是文风大衰。秉文为省试，得李献能赋，虽格律稍疏而词藻颇丽，擢为第一。举人遂大喧噪，诉于台省，以为赵公大坏文格，且作诗谤之，久之方息。

秉文之文长于辨析，极所欲言而止，不以绳墨自拘。七言长诗笔势纵放，不拘一律，律诗壮丽，小诗精绝，多以近体为之，至五言古诗则沉郁顿挫。字画则草书尤遒劲。朝使至自河、湟者，多言夏人问秉文起居状，其为四方所重如此。

为人至诚乐易，与人交不立崖岸，未尝以大名自居。仕五朝，官六卿，自奉养如寒士。杨云翼尝与秉文代掌文柄，时人号"杨赵"。

《金史》卷一一〇

## 七四　雷渊执法不避权贵奸豪

雷渊庶出，年最幼，诸兄不齿。父殁，不能安于家，乃发愤入太学。衣弊履穿，坐榻无席，自以跣露，恒兀坐读书，不迎送宾客，人皆以为倨。其友商衡每为辩之，且周恤焉。后从李之纯游，遂知名。金宣宗兴定末，拜监察御史，言事称旨，又弹劾不避权贵，出巡郡邑所至有威誉，奸豪不法者立箠杀之。至蔡州，杖杀五百人，时号曰"雷半千"。

为人躯干雄伟，髯张口哆，颜渥丹，眼如望洋，遇不平则疾恶之气见于颜间，或嚼齿大骂不休，虽痛自惩创，然亦不能变也。为文章诗喜新奇。善结交，凡当涂贵要与布衣名士无不往来。居京师，宾客踵门未尝去舍，家无馀赀，及待宾客甚丰腆。莅官喜立名，初登第摄遂平县事，年少气锐，击豪右，发奸伏，一邑大震，称为神明。尝擅笞州魁吏，州檄召之不应，罢去。后凡居一职辄震耀，亦坐此不达。

《金史》卷一一〇

## 七五　郝天挺曰丈夫须耐饥寒

郝天挺，早衰多疾，厌于科举。太原元好问尝从学进士业，天挺曰："今人赋学以速售为功，六经百家分磔缉缀，或篇章句读不之知，幸而得之，不免为庸人。"又曰："读书不为艺文，选官不为利养，唯通人能之。"又曰："今之仕多以贪败，皆苦饥寒不能自持耳。丈夫不耐饥寒，一事不可为。子以吾言求之，科举在其中矣。"或曰："以此学进士无乃戾乎？"天挺曰："正欲渠不为举子尔。"宣宗贞祐中，居河南，往来淇卫间。为人有崖岸，耿耿自信，宁落魄困穷，终不一至豪富之门。年五十，终于舞阳。

《金史》卷一二七

## 七六　元好问能诗文

元好问，七岁能诗。年十有四，从陵川郝晋卿学，不事举业，淹贯经传百家，六年而业成。下太行，渡大河，为《箕山》《琴台》等诗。礼部赵秉文见之，以为近代无此作也。于是名震京师。宣宗兴定五年中第，哀宗天兴初，擢尚书省掾，转左司员外郎。金亡，不仕。

好问为文有绳尺，备众体。其诗奇崛而绝雕刿，巧缛而谢绮丽。五言高古沉郁。七言乐府不用古题，特出新意。歌谣慷慨，挟幽、并之气。其长短句，揄扬新声，以写恩怨者又数百篇。兵后，故老皆尽，好问蔚为一代宗工，四方碑板铭志，尽趋其门。其所著文章诗若干卷、《杜诗学》一卷、《东坡诗雅》三卷、《锦机》一卷、

《诗文自警》十卷。

《金史》卷一二六

## 七七　张潜夫妇有贤行不知贫

张潜，幼有志节，慕荆轲、聂政为人，年三十始折节读书。时人高其行谊，目曰"张古人"。年五十，始娶鲁山孙氏，亦有贤行，夫妇相敬如宾，负薪拾穗，行歌自得，不知其贫也。邻里有为潜种瓜者，及熟让潜，潜弗许，竟分而食之。尝行道中拾一斧，夫妇计度移时，乃持归访其主还之。里有兄弟分财者，其弟曰："我家如此，独不畏张先生知耶？"遂如初。哀宗天兴间，潜挈家避兵少室，乃不食七日死，孙氏亦投绝涧死焉。

《金史》卷一二七

## 七八　京镗倡禁伪学

宋宁宗即位，京镗累迁为左丞相。当是时，韩侂胄权势震天下，其亲幸者由禁从不一二岁至宰辅；而不附侂胄者，往往沉滞不偶。京镗既得位，一变其素守，于国事漫无所可否，但奉行侂胄风旨而已。又荐引刘德秀排击善类，称朱熹之说为伪学，于是有伪学之禁。

《宋史》卷三九四

## 七九　谢深甫掷余嘉书

有余嘉者，上书乞斩朱熹，绝伪学，且指蔡元定为伪党。谢深甫掷其书，语同列曰："朱元晦、蔡季通不过自相与讲明其学耳，果有何罪乎？余嘉蚍蚁臣，乃敢狂妄如此，当相与奏知行遣，以厉其馀。"

金使入见不如式，宁宗起入禁中，谢深甫端立不动，命金使俟于殿隅，帝再御殿，乃引使者进书，迄如旧仪。

《宋史》卷三九四

## 八〇　蔡元定遭贬遣不为动

有沈继祖者，尝采摭朱熹《语》《孟》之语以自售，后以追论程颐，得为御史。宁宗庆元二年，继祖诬熹大罪有六，且曰："熹为大奸大憝，请加少正卯之诛，以为欺君罔世、污行盗名者戒。其徒蔡元定，佐熹为妖，亦请编管别州。"诏熹落职，窜元定于道州。

时逮捕元定赴谪所甚急，元定色不为动，与季子沈徒步就道。熹与从游者百馀人饯别萧寺中，坐客兴叹，有泣下者。熹微视元定，不异平时，因喟然曰："友朋相爱之情，季通不挫之志，可谓两得之矣！"众谓宜缓行，元定曰："获罪于天，天可逃乎？"至道州，远近来学者日众。爱元定者谓宜谢生徒，元定曰："彼以学来，何忍拒之！若有祸患，亦非闭门塞窦所能避也。"贻书训诸子曰："独行不愧影，独寝不愧衾，勿以吾得罪故，遂懈其志。"在道逾年卒。

《续通鉴》卷一五四

## 八一　许及之号屈膝执政

宁宗庆元四年，以谢深甫知枢密院事，吏部尚书许及之同知院事。及之谄事韩侂胄，居二年不迁，见侂胄，流涕叙其知遇之意，衰迟之状，不觉屈膝。侂胄怜之，故有是命。侂胄尝值生辰，及之后至，阍人掩关，及之从门间俯偻而入。当时有"屈膝执政"之语。

《续通鉴》卷一五五

## 八二　刘光祖云毋惑一时之好恶

宁宗庆元五年，谏议大夫张釜劾刘光祖佐业不成、蓄愤、怀奸、欺世、罔上五罪。时光祖撰《涪州学记》，谓："学者明圣人之道以修其身，而世方以道为伪，而以学为弃物。好恶出于一时，是非定于万世。学者盍谨其所先入以待豪杰之兴！"语闻于朝，釜因劾之。光祖落职，房州居住。

《续通鉴》卷一五五

## 八三　吕祖俭答朱熹书

太府丞吕祖俭，字子约，上疏劾韩侂胄，被谪。朱熹与书曰："熹以官则高于子约，以上之顾遇恩礼则深于子约，然坐视群小之为，不能一言以报效，乃令子约独舒愤懑，触群小而蹈祸机，其愧叹深矣。"祖俭报书曰："在朝行闻时事，如在水火中，不可一朝居。使处乡间，理乱不知，又何以多言为哉？"

在谪所，读书穷理，卖药以自给。每出，必草履徒步，为逾岭之备。尝言："因世变有所摧折，失其素履者，固不足言矣；因世变而意气有所加者，亦私心也。"所为文有《大愚集》。

《宋史》卷四五五

## 八四　朱熹之为官为学

朱熹幼聪慧，甫能言，父松指天示之曰："天也。"熹问曰："天之上何物？"松异之。就傅，授以《孝经》，一阅，题其上曰："不若是，非人也。"尝从群儿戏沙上，独端坐以指画沙，视之，八卦也。年十八贡于乡，中绍兴十八年进士第。

孝宗淳熙五年，除知南康军，熹辞，不许。至郡，兴利除害，值岁不雨，讲求荒政，多所全活。讫事，奏乞依格推赏纳粟人。间诣郡学，引进士子与之讲论。访白鹿洞书院遗址，奏复其旧，为《学规》俾守之。

宁宗庆元六年，熹卒，年七十一卒。熹平居惓惓，无一念不在于国。闻时政之阙失，则戚然有不豫之色；语及国势未振，则感慨以至泣下。然难进易退，不贬道以求合，故与世动辄龃龉。历事四朝，仕于外者仅九考，立朝才四十日，天下惜之。家故贫，少依父友刘子羽，箪瓢屡空，晏如也。诸生之自远而至者，豆饭藜羹，率与之共。往往称贷于人以给用，而非其道义则一介不取也。

方是时，士之绳趋尺步、稍以儒名者，无所容其身。从游之士，特立不顾者，屏伏丘壑；依阿巽懦者，更名他师，过门不入，甚至变易衣冠，狎游市肆，以自别其非党。而熹日与诸生讲学不休，或劝以谢遣生徒者，笑而不答。

熹既没，将葬，右正言施康年言："四方伪徒，欲送伪师朱熹之葬。臣闻伪师在浙东则浙东之徒盛，在湖南则湖南之徒盛。每夜三鼓，聚于一堂，伪师身据高坐，口出异言，或吟哦怪书，如道家步虚之声，或幽默端坐，如释氏入定之状。至于遇夜则入，至晓则散，又如奸人事魔之教。今熹已殁，其徒画像以事之，设位以祭之，会聚之间，非妄谈世人之短长，则谬议时政之得失。望令守臣约束。"从之。于是门生故旧不敢送葬，惟李燔等数人视窆，不少怵。

其为学，大抵穷理以致其知，反躬以践其实，而以居敬为主。尝谓圣贤道统之传散在方册，圣经之旨不明，而道统之传始晦。于是竭其精力，以研究圣贤之经训。平生为文凡一百卷，生徒问答凡八十卷，别录十卷。

《宋史》卷四二九；《续通鉴》卷一五五

## 八五　朱熹弟子黄幹

　　黄幹字直卿，受业朱熹。幹家法严重，乃以白母，即日行。时大雪，既至而熹它出，幹因留客邸，卧起一榻，不解衣者二月，而熹始归。幹自见熹，夜不设榻，不解带，少倦则微坐，一倚或至达曙。熹语人曰："直卿志坚思苦，与之处甚有益。"尝诣东莱吕祖谦，以所闻于熹者相质正。及广汉张栻亡，熹与幹书曰："吾道益孤矣，所望于贤者不轻。"熹病革，以深衣及所著书授幹，手书与诀曰："吾道之托在此，吾无憾矣。"讣闻，幹持心丧三年毕，调监嘉兴府石门酒库。

　　幹归里，弟子日盛，巴蜀、江、湖之士皆来，编礼著书，日不暇给，夜与之讲论经理，亹亹不倦，借邻寺以处之，朝夕往来，质疑请益如熹时。俄命知潮州，辞不行，差主管亳州明道宫，逾月遂乞致仕。有《经解》、文集行于世。

《宋史》卷四三〇

## 八六　李燔称卿相不可失寒素体

　　朱熹弟子李燔尝曰："凡人不必待仕宦有位为职事，方为功业，但随力到处有以及物，即功业矣。"又尝曰："仕宦至卿相，不可失寒素体。夫子无入不自得者，正以磨挫骄奢，不至居移气、养移体。"因诵古语曰："分之所在，一毫跻攀不上，善处者退一步耳。"故燔处贫贱患难若平素，不为动，被服布素，虽贵不易。居家讲道，学者宗之，与黄榦并称曰"黄、李"。

《宋史》卷四三〇

## 八七　陆九龄兄弟之治家

陆九龄，修礼学，治家有法。阖门百口，男女以班各供其职，闺门之内严若朝廷。而忠敬乐易，乡人化之。与弟九渊相为师友，和而不同，学者号"二陆"。有来问学者，九龄从容启告，人人自得。或未可与语，则不发。尝曰："人之惑有难以口舌争者，言之激，适固其意；少需，未必不自悟也。"理宗初，卒。

兄九韶，其学渊粹。隐居山中，昼之言行，夜必书之。其家累世义居，一人最长者为家长，一家之事听命焉。岁迁子弟分任家事，凡田畴、租税、出内、庖爨、宾客之事，各有主者。九韶以训戒之辞为韵语，晨兴，家长率众子弟谒先祠毕，击鼓诵其辞，使列听之。子弟有过，家长会众子弟责而训之，不改，则挞之，终不改，度不可容，则言之官府，屏之远方焉。九韶所著有《梭山文集》《家制》《州郡图》。

《宋史》卷四三四

## 八八　陆九渊之治学与教授

　　陆九渊，生三四岁，问其父天地何所穷际，父笑而不答。遂深思，至忘寝食。及总角，举止异凡儿，见者敬之。谓人曰："闻人诵伊川语，自觉若伤我者。"又曰："伊川之言，奚为与孔子、孟子之言不类？近见其间多有不是处。"初读《论语》，即疑有子之言支离。他日读古书，至"宇宙"二字，解者曰"四方上下曰宇，往古来今曰宙"，忽大省曰："宇宙内事乃己分内事，己分内事乃宇宙内事。"

　　登孝宗乾道八年进士第。士争从之游，言论感发，闻而兴起者甚众。教人不用学规，有小过，言中其情，或至流汗。有怀于中而不能自晓者，为之条析其故，亦有相去千里，闻其大概而得其为人。尝曰："念虑之不正者，顷刻而知之，即可以正。念虑之正者，顷刻而失之，即为不正。"

　　自号象山翁，学者称象山先生。尝谓学者曰："汝耳自聪，目自明，事父自能孝，事兄自能悌，本无欠阙，不必它求，在乎自立而已。"又曰："此道与溺于利欲之人言犹易，与溺于意见之人言却难。"或劝九渊著书，曰："六经注我，我注六经。"又曰："学苟知道，六经皆我注脚。"

　　初，九渊尝与朱熹会鹅湖，论辨所学多不合。及熹守南康，九渊访之，熹与至白鹿洞，九渊为讲君子小人喻义利一章，听者至有泣下。熹以为切中学者隐微深痼之病。

宋（下）（公元1127年至1279年）

至于无极而太极之辨，则贻书往来，论难不置焉。

《宋史》卷四三四

## 八九　吕祖泰请诛韩侂胄

庆元六年，婺州进士吕祖泰上书请诛韩侂胄。祖泰，性疏达，尚气谊，论世事无所忌讳。至是击登闻鼓上书，论侂胄有无君之心，请诛之以防祸乱。右谏议大夫程松与祖泰友，惧，曰："人知我素与游，其谓我与闻乎？"乃独奏言："祖泰有当诛之罪，且其上书必有教之者，今纵不杀，犹当杖脊黥面，窜之远方。"殿中侍御史陈谠亦以为言。乃杖祖泰一百，配钦州牢城。

祖泰自期必死，无惧色。既至府庭，府尹赵善坚为好语诱之曰："谁教汝为者？"祖泰笑曰："此何事？可受教于人乎？"善坚曰："汝病风丧心耶？"祖泰曰："以吾观之，若今之附韩氏得美官者，乃病风丧心耳！"善坚据案作色莅行杖，祖泰大呼曰："公为天族，同国休戚，祖泰乃为何人家计安危而受斯辱也！"善坚亦惭，促使去。

《续通鉴》卷一五五

## 九〇　傅伯成表里洞达

宁宗庆元初，傅伯成召为将作监，进太府寺丞。言吕祖俭不当以上书贬。又言于御史，朱熹大儒，不可以伪学目之。又言朋党之敝，起于人主好恶之偏。坐是不合，出知漳州，以律己爱民为本。推熹遗意而遵行之，创惠民局，济民病。由郡南门至漳浦，为桥三十五，治道千二百丈。

两为部使者，迁工部侍郎。时韩侂胄方开边，语尚秘。伯成言："天下之势，譬如乘舟，中兴且八十年矣，外而望之，舟若坚致，岁月既久，罅漏浸多，苟安旦夕，犹惧覆败，乃欲徼幸图古人之所难，臣则未之知也。"

宁宗嘉定元年，召对，面论："前日失于战，今日失之和。今之策虽以和为主，宜惜日为战守之备。"

伯成纯实无妄，表里洞达，每称人善，不啻如己出，语及奸人误国，邪人害正，词色俱厉，不少假借，常慕尸谏，疏草毕，亟命缮写，朝服而逝，年八十有四。

《宋史》卷四一五

## 九一　陈自强贪鄙无耻

陈自强，尝为韩侂胄童子师，待铨入临安，欲见侂胄，无以自通，适僦居主人出入侂胄家，为言于侂胄。一日，召自强，比至，则从官毕集；侂胄设褥于堂，向自强再拜，次召从官同坐。侂胄徐曰："陈先生老儒，汩没可念。"明日，从官交荐其才，未几遂大用。

宁宗嘉泰三年，以陈自强为右丞相，许及之知枢密院事。时韩侂胄凡所欲为，宰执惕息，不敢为异，自强至印空名敕札授之，惟其所用，三省不知也。自强尤贪鄙，四方致书，必题其缄云"某物若干并献"，凡书题无"并"字则不开。纵子弟亲戚关通货赂，仕进干请，必谐价而后予。尝语人曰："自强惟一死以报师王。"每称侂胄为恩王。侂胄怙权专国，自强表里之功为多。

《续通鉴》卷一五五、卷一五六

## 九二　师䍐献珠学犬吠

师䍐附韩侂胄得知临安府，侂胄生日，百官争贡珍异，师最后至，出小盒曰："愿献少果核侑觞。"启之，乃粟金蒲桃小架，上缀大珠百馀颗，众惭沮。侂胄有爱妾张、谭、王、陈四人，皆封郡夫人，其次有名位者又十人。或献北珠冠四枚于侂胄，侂胄以遗四夫人；其十人亦欲之，未有以应也。师䍐闻之，亟市北珠制十冠以献。十人者喜，为求迁官，拜工部侍郎。侂胄尝与众客饮南园，过山庄，顾竹篱草舍曰："此真田舍间气象，但欠犬吠鸡鸣耳。"俄闻犬嗥丛薄，视之，乃师䍐也。侂胄大笑，闻者莫不鄙之。

《纲鉴易知录》卷八四

## 九三　程松献姬得高官

程松，登进士第，调湖州长兴尉。宁宗庆元中，韩侂胄用事，吴曦为殿帅。时松知钱塘县，诣事曦以结侂胄。

侂胄以小故出爱姬，松闻，以百千市之，至则盛供帐，舍诸中堂，夫妇奉之谨。居无何，侂胄意解，复召姬，姬具言松谨待之意，侂胄大喜，未几擢松右正言、谏议大夫。

松满岁未迁，意殊怏怏，乃献一妾于侂胄，曰"松寿"。侂胄讶其名，问之，答曰："欲使贱姓常蒙记忆尔。"除同知枢密院事，自宰邑至执政才四年。

《宋史》卷三九六

## 九四　毕再遇以计屡败金兵

宁宗时，韩侂胄开边伐金，欲以立功名，而诸将用兵皆败，惟毕再遇数有功。金人常以水柜取胜，再遇夜缚藁人数千，衣以甲胄，持旗帜戈矛，俨立成行，昧爽，鸣鼓，金人惊视，亟放水柜。后知其非兵也，甚沮。乃出兵攻之，金人大败。又尝引金人与战，且前且却，至于数四，视日已晚，乃以香料煮豆布地上，复前搏战，佯为败走。金人乘胜追逐，马饥，闻豆香，皆就食，鞭之不前；反攻之，金人马死者不可胜计。又尝与金人对垒，度金兵至者日众，难与争锋。一夕拔营去，留旗帜于营，并缚生羊，置其前二足于鼓上，击鼓有声；金人不觉为空营，复相持数日。及觉，欲追之则已远矣。

《纲鉴易知录》卷八五

## 九五　陆游才气超逸尤长于诗

陆游，字务观，越州山阴人。年十二能诗文，荫补登仕郎，荐送第一，秦桧孙埙适居其次，桧怒，至罪主司。明年，试礼部，主司复置游前列，桧显黜之，由是为所嫉。桧死，始赴福州宁德簿。

孝宗即位，迁枢密院编修官兼编类圣政所检讨官。史浩、黄祖舜荐游善词章，谙典故，召见，上曰："游力学有闻，言论剀切。"遂赐进士出身。

游才气超逸，尤长于诗。晚年再出，为韩侂胄撰《南园阅古泉记》，见讥清议。朱熹尝言："其能太高，迹太近，恐为有力者所牵挽，不得全其晚节。"盖有先见之明焉。宁宗嘉定二年卒，年八十五。

《宋史》卷三九五

## 九六　韩侂胄专政天下怨之

韩侂胄窃柄久，中外交愤，及妄开边衅，怨者益众。开禧三年金人来索首谋，礼部侍郎史弥远，密建去凶之策。宁宗允可。侂胄入朝，至太庙前，呵止于途，拥至玉津园侧，杀之。

自侂胄专政，宰执、侍从、台谏、藩阃皆出其门。尝凿山为园，下瞰太庙，出入宫闱无度。孝宗思政之所，偃然居之，老宫人见之，往往垂涕。其嬖妾皆封郡国夫人，每内宴，与妃嫔杂坐，恃势骄倨，掖庭皆恶之。

尝夜阑酒罢，侂胄屏左右，与一故人促膝问曰："侂胄谬当国秉，外间议论如何？"其人太息曰："平章家族危如累卵，尚复何言！"侂胄愕然问故，对曰："是不难知也。贤人君子自朱熹、彭龟年、赵汝愚而下，斥逐贬死不可胜数，则士大夫怨矣。边衅既开，三军暴骨，孤儿寡妇之哭声相闻，则三军怨矣。并边之民，死于杀掠，内地之民，死于科需，则四海万姓皆怨矣。丛是众怨，平章何以当之？"未几，祸作。

《续通鉴》卷一五八

## 九七　赵逢龙不知富贵之味

赵逢龙，刻苦自修，为学淹博纯实。宁宗嘉定十六年进士。历知兴国、信、衢、衡、袁五州，提举广东、湖南、福建常平。每至官，有司例设供张，悉命撤去，日具蔬饭，坐公署，事至即面问决遣。为政务宽恕，抚谕恻怛，一以天理民彝为言，民是以不忍欺。居官自常奉外，一介不取。民赋有逋负，悉为代输。尤究心荒政，以羡馀为平籴本。迁将作监，拜宗正少卿兼侍讲。凡道德性命之蕴，礼乐刑政之事，缕缕为上开陈。疏奏甚众，稿悉焚弃。年八十有八终于家。

逢龙家居讲道，四方从游者皆为巨公名士。丞相叶梦鼎出判庆元，修弟子礼，常谓师门庳陋，欲市其邻居充拓之。逢龙曰："邻里粗安，一旦惊扰，彼虽勉从，我能无

宋（下）（公元1127年至1279年）

愧于心！"逢龙寡嗜欲，不好名，歇历日久，泊然不知富贵之味。或问何以裕后，逢龙笑曰："吾忧子孙学行不进，不患其饥寒也。"

《宋史》卷四二四

## 九八　史弥远废皇子竑

皇子竑好鼓琴，史弥远买美人善鼓琴者纳于竑，而厚抚其家，使䦆竑动息。美人知书慧黠，竑嬖之。时杨皇后专国政，弥远用事久，宰执、侍从、台谏、藩阃皆所引荐，权势熏灼，竑心不能平，尝书杨后及弥远之事于几上，曰："弥远当决配八千里。"宫壁有舆地图，竑指琼、厓曰："它日当置史弥远于此。"美人以告弥远。竑又尝呼弥远为"新恩"，以它日非新州则恩州也。弥远闻之，因七月七日，进乞巧奇玩以觇其意，竑乘醉碎之于地。弥远大惧，日夜思以倾竑。及宁宗卒，弥远废竑立昀，是为理宗。

《续通鉴》卷一六二

## 九九　蒙古太祖铁木贞灭夏

理宗宝庆三年，蒙古尽克夏城邑，其民穿凿土石以避锋镝，免者百无一二，白骨蔽野。夏国主力屈出降，遂絷以归。夏立国二百馀年，抗横宋、辽、金三国，倔乡无

· 1491 ·

常，视三国之强弱以为异同，至是乃亡。

时诸将多掠子女财帛，耶律楚材独取书数部，大黄两驼而已。既而军士病疫，唯得大黄可愈，楚材用之，所活万人。

蒙古太祖铁木贞卒，年六十六。葬起辇谷。在位二十二年。太祖深沉有大略，用兵如神，故能灭国四十，遂平西夏。第四子拖雷监国。

《续通鉴》卷一六四

## 一〇〇　陈寅全家殉难

理宗绍定初，陈寅知西和州。西和极边重地，寅以书生义不辞难。元兵入境，独与忠义千人城守而已。寅留其二子并阖门二十八口，曰："人各顾其家，将谁共守。"乃散资财以结忠义，为必守之计。

元兵十万攻城东南门，以降者为先驱。寅草檄文喻之，自执旗鼓，激励将士，迎敌力战，矢石如雨。师退，旦，增兵复来，寅帅忠义民兵与敢死士力战，昼夜数十合，兵退。北兵伐木为攻具，增兵至数十万，围州城。寅率民兵昼夜苦战，援兵不至，城遂陷。

寅顾其妻杜氏曰："若速自为计。"杜厉声曰："安有生同君禄，死不共王事者？"即登高堡自饮药。二子及妇俱死母傍。寅敛而焚之，乃朝服登战楼，望阙焚香，号泣曰："臣始谋守此城，为蜀藩篱，城之不存，臣死分也。臣不负国！臣不负国！"再拜伏剑而死。宾客同死者二十有八人。一子后至，亦欲自裁，军士抱持之曰："不可使忠臣无后。"与俱缒城，亦折足死。

《宋史》卷四四九

## 一〇一　陈埙言唯恐士不好名

理宗绍定三年，陈埙上言，请去君侧之蛊媚以正主德，从天下之公论以新庶政，盖指贾才人及史弥远也。埙，弥远之甥也。弥远谓埙曰："吾甥殆好名耶？"埙曰："好名，孟子所不取也。然求士于三代之上唯恐其好名，求士于三代以下唯恐其不好名耳。"力求去，出判嘉兴府。

《续通鉴》卷一六五

## 一〇二　萨布恐以己为相而国亡

理宗绍定四年，金丞相萨布行省京兆，谓都事商衡曰："古来宰相必用文人，以其知为相之道。我何所知，而居此位！恐它日史官书之：'某时以某为相而国乃亡。'"遂至仕。

《续通鉴》卷一六五

## 一〇三　魏了翁知泸州百废俱举

理宗绍定五年，魏了翁以宝章阁待制知泸州。泸大藩，控制边面二千里，而武备不修，城郭不治。了翁乃葺其城楼橹雉堞，增置器械，教习牌手，申严军律，兴学校，蠲宿负，复社仓，创义冢，建养济院。居数月，百废俱举。

《续通鉴》卷一六六

## 一○四　袁韶之父以置妾之资行善

参知政事袁韶之父为郡小吏，给事通判厅，勤谨无失，岁满当代，不听去。后通判至，复留用之，因致丰饶。夫妻俱近五十，无子，其妻资遣之往临安置妾。既得妾，察之有忧色，且以麻束发，外以彩饰之。问之，泣曰："妾故赵知府女也，家四川，父殁家贫，故鬻妾以为归葬计耳。"即送还之。其母泣曰："计女聘财犹未足以给归费，且用破矣，将何以酬汝？"答曰："贱吏不敢辱娘子，聘财尽以相奉。"且闻其家尚不给，尽以囊中赀与之，遂独归。妻迎问之曰："妾安在？"告以其故，且曰："吾思之，无子命也。我与汝周旋久，若有子，汝岂不育，必待他妇人乃育哉？"妻亦喜曰："君设心如此，行当有子矣。"明年生韶。

《宋史》卷四一五

## 一○五　胡颖恶言神异

理宗绍定五年，胡颖登进士第，历官知平江府兼浙西提点刑狱,移湖南兼提举常平。性不喜邪佞,尤恶言神异,所至毁淫祠数千区,以正风俗。衡州有灵祠,吏民夙所畏事,颖撤之,作来谂堂奉母居之,尝语道州教授杨允恭曰:"吾夜必瞑坐此室,察影响,咸无有。"允恭对曰:"以为无则无矣,从而察之。则是又疑其有也。"颖甚善其言。

以枢密都承旨为广东经略安抚使。潮州僧寺有大蛇能惊动人,前后仕于潮者皆信奉之。前守去,州人心疑焉,以为未尝诣也;已而旱,咸咎守不敬蛇神故致此,后守不得已诣焉,已而蛇蜿蜒而出,守大惊得疾,旋卒。颖至广州,闻其事,檄潮州令僧异蛇至,至则其大如柱而黑色,载以阑槛,颖令之曰:"尔有神灵当三日见变怪,过三日则汝无神矣。"既及期,蠢然犹众蛇耳,遂杀之,毁其寺,并罪僧。

颖为人正直刚果,博学强记,吐辞成文,书判下笔千言,援据经史,切当事情,仓促之际,对偶皆精,读者惊叹。临政善断,不畏强御。在浙西,荣王府十二人行劫,颖悉斩之。一日轮对,理宗曰:"闻卿好杀。"意在浙狱,颖曰:"臣不敢屈太祖之法以负陛下,非嗜杀也。"帝为之默然。

《宋史》卷四一六

## 一〇六  马光祖宽养民力

理宗时,马光祖知建康府。始至官,即以常例公用器皿钱二十万缗支犒军民，减租税，养鳏寡孤疾无告之人，招兵置砦，给钱助诸军婚嫁。属县税折收丝绵绢帛，除免以数万计。兴学校，礼贤才，辟召僚属，皆极一时之选。

拜端明殿学士、知江陵府，去而建康之民思之不已。帝闻，命再知建康，士女相庆。光祖益思宽养民力，兴废起坏，知无不为，蠲除前政逋负钱百馀万缗，鱼利税课悉罢减予民，修建明道、南轩书院及上元县学，撙节费用，建平籴仓，贮米十五万石，又为库贮籴本二百馀万缗，补其折阅，发籴常减于市价，以利小民。修饬武备，防拓要害，边赖以安。

会岁饥，荣王府积粟不发廪，光祖谒王，辞以故，明日往，亦如之，又明日又往，卧客次，王不得已见焉。光祖厉声曰："天下孰不知大王子为储君，大王不于此时收人心乎？"王以无粟辞；光祖探怀中文书曰某庄某仓若干。王无以辞，得粟活民甚多。

《宋史》卷四一六

## 一○七　耶律楚材谏止屠城

蒙古之制，凡攻城不降，矢石一发则屠之。绍定六年，苏布特破汴京，遣使言于蒙古主曰："此城相抗日久，士卒多伤，请屠其城。"耶律楚材闻之，驰见蒙古主曰："将士暴露数十年，所争者土地人民耳；得地无民，将焉用之！"蒙古主未许。楚材又曰："凡弓矢、甲仗、金玉等匠及官民富贵之家，皆聚此城，杀之则一无所得，是徒劳也。"乃诏除完颜氏一族外，馀皆原免。时避兵在汴者尚百四十万户，皆得保全。遂为定制。

《续通鉴》卷一六七

## 一〇八　金哀宗及丞相自杀

金哀宗被逼南迁后，为宰执者往往无恢复之谋，无事相习低言缓语，互相推让，以为养相体。每有四方灾异，民间疾苦，将以奏，必相谓曰："恐圣主心困。"事至危处辄罢散，曰："俟再议。"已而复然。或有言当改革者，辄以生事抑之，故所用必择悫熟无锋铓者用之。每蒙古兵压境，则君臣相对泣下，或殿上发长吁而已。兵退，则张大其事，会饮黄阁中矣。

宋将孟珙率师同蒙古兵围蔡州。城中饥窘，出降者言："城中绝粮已三月，鞍靴败鼓皆麋煮，且听以老弱互食，诸军日以人畜骨和芹泥食之。又往往斩败军全队，拘其肉以食，故欲降者众。"珙乃令诸军衔枚，分运云梯布城下。

自被围以来，金将帅战没甚众，以近侍分守四城。理宗端平元年正月，蒙古兵凿西城为五门以入，督军鏖战，及暮及退，声言来日复集。是夕，金主集百官，传位于东面元帅承麟。

孟珙、塔齐尔之师以入，相国完颜仲德帅精兵一千巷战，不能御。金主自经于幽兰轩。仲德闻之，谓将士曰："吾君已崩，何以战为！吾不能死于乱兵之手，吾赴汝水从吾君矣，诸君其善为计！"言讫，赴水死。承麟死于乱军中，金亡。

蒙古兵自河南还，俘获甚众，中途逃者十七八，诏居停逃民及资给者灭其家，乡社亦连坐。由是逃者莫敢舍，多殍死道路。耶律楚材从容进曰："河南既平，民皆陛下赤子，走复何之！奈何因一俘囚，连死数十一百人乎？"蒙古主悟，命除其禁。

《续通鉴》卷一六六、卷一六七

## 一○九　孟珙收复襄樊

理宗端平三年，孟珙黄州驻扎。珙入对，理宗问恢复，珙对曰："愿陛下宽民力，蓄人材，以俟机会。"问和议，珙曰："臣介胄之士，当言战，不当言和。"珙至黄；增埤浚隍，搜讨军实，边民来归者日以千数，为屋三万间以居之，厚加赈贷。又虑军民杂处，因高阜为齐安、镇淮二寨，以居诸军。

理宗嘉熙三年，孟珙与蒙古三战，遂复信阳军及樊城、襄阳，寻又复光化军，息、蔡亦降。珙因上奏曰："取襄不难，而守为难，非将士不勇也，非军马器械不精也，实在乎事力之不给尔。襄、樊为朝廷根本，今百战而得之，当加经理，如护元气，非甲兵十万，不足分守。与其抽兵于敌来之后，孰若保此全胜！上兵伐谋，此不争之争也。"

理宗淳祐六年，孟珙卒。珙立战功，忠君体国，善抚士卒，军中参佐部曲议事，言人人异，珙徐以片言折衷，众志皆惬。建旗鼓，临将吏，面色凛然，无敢涕唾者。退则远声色，薄滋味，萧然若事外。

《续通鉴》卷一六九、卷一七二

## 一一〇 刘锐赵汝𬗟与城共存亡

理宗端平三年，蒙古兵破宕昌，残阶州，攻文州。知州刘锐、通判赵汝𬗟乘城固守，昼夜搏战。蒙古安笃尔率炮手为先锋，攻之久不下，谍知城中无井，乃夺其汲道。兵民水不入口者半月，卒无叛志。安笃尔率勇士梯城先登，锐度不免，集家人，授入药，皆死。幼子同哥，才六岁，饮药时，犹下拜受之，左右感恸。城破，锐及二子自刎死，汝𬗟被执，脔杀之，军民同死者数万人。

《续通鉴》卷一六八

## 一一一 蒙古太宗与耶律楚材

理宗嘉熙二年，蒙古贵近臣谮耶律楚材违制庇逃军，太宗窝阔台怒，系楚材；既而自悔，命释之。楚材不肯释缚，进曰："臣备位公辅，国政所属。陛下初令系臣，以有罪也；当明示百官，罪在不赦。今释臣，是无罪也；岂宜轻易反复，如戏小儿！国有大事，何以行为！"蒙古主曰："朕虽为帝，宁无过举耶？"乃温言以慰之。楚材因陈时务十策，皆适于时务，悉施行之。

蒙古主素嗜酒，晚岁尤甚，耶律楚材屡谏，不听；乃持酒槽铁口进曰："麹蘖能腐物，铁尚如此，况五脏乎！"蒙古主悟，语近臣曰："汝曹爱君忧国之心，能若此乎？"赏以金帛，敕近臣日进酒三钟而止。

蒙古富人刘廷玉等以银一百四十万扑买天下课税，耶律楚材曰："此贪利之徒，罔上虐下，为害甚大。"奏罢之。

《续通鉴》卷一六九

## 一一二　余玠招贤纳士

先自蜀地残破，十馀年间，凡授宣抚使者三人，制置使者九人，副使四人，或老，或暂，或庸，或贪，或惨刻缪戾，或遥领而不至，或生隙而罕谋，两川民不聊生，监司、戎将各专号令，蜀日益坏。

理宗淳祐三年，余玠至，大更弊政，遴选守宰，筑招贤馆于府之左，供张一如帅所居，下令曰："集众思，广忠益，诸葛孔明所以用蜀也。士欲有谋以告我者，近则径诣公府，远则自言于所在州县，以礼遣之。高爵重赏，朝廷不吝。豪杰之士，趋期立事，今其时矣！"士之至者，玠不厌礼接，咸得其欢心；言有可用，随才而任，不可用亦厚遗谢之。

《续通鉴》卷一七一

宋（下）（公元1127年至1279年）

## 一一三　余玠筑钓鱼城以守

播州冉璡及弟璞，有文武才，隐居蛮中，前后阃帅辟召，皆不至。闻余玠贤，兄弟相率诣谒，玠宾礼之，馆谷加厚。居数月，无所言，玠乃更别馆以处之，且日使人窥其所为。兄弟终日小言，惟对踞，以垩画地为山川城郭之形，起则漫去。如是者又旬日，请见玠，屏人曰："为今日西蜀之计，其在徙合州城乎！"玠不觉跃起曰："此玠志也，但未得其所耳。"曰："蜀口形胜之地，莫若钓鱼山，请徙诸此。若任得其人，积粟以守之，胜于十万师远矣。"玠大喜，遂不谋于众，密闻于朝，请不次官之。诏以璡为承事郎，权发遣合州，璞为承务郎，权通判州事，徙城事悉以任之。

命下，一府皆喧然以为不可。玠怒曰："城成则蜀赖以安，不成，玠独坐之，诸君无预也。"卒筑青居、大获、钓鱼、云顶、天生，凡十馀城，皆因山为垒，棋布星分，为诸郡治所。又移金州兵于大获以护蜀口，移沔州兵于青居，兴州兵先驻合州旧城，移守钓鱼，共备内水，移利州兵于云顶，以备外水。于是如臂使指，气势联络，屯兵聚粮，为必守计，民始有安土之心。玠又作《经理四蜀图》以进，曰："幸假十年，手挈四蜀之地，进之朝廷，然后归老山林，臣之愿也。"

《续通鉴》卷一七一

## 一一四　余玠诛王夔

利州都统王夔，素残悍，号"王夜叉"，桀骜不受节度；所至劫掠，每得富家，用非法刑胁取金帛，稍不遂意即杀之，民不堪命。余玠至嘉定，夔率所部兵迎谒，才羸弱二百人。玠曰："久闻都统兵精，今疲敝若此，殊不称所望。"夔曰："夔兵非不精，所以不敢即见者，恐惊从人耳。"顷之，班声如雷，江水为沸，旗帜精明，舟中皆失色，玠自若，徐命吏班赏。夔退，语人曰："儒者中乃有此人！"

玠欲诛夔，患其握重兵，恐轻动危蜀，谋于亲将杨成。成曰："今纵弗诛，养成其势，一举足，西蜀危矣。今诛王夔，一夫力耳；待其发而取之，难矣。"玠意遂决。夜，召夔计事，潜以成代领其众。夔甫出而新将已单骑入营，将士皆错愕相顾，不知所为。成以帅指譬晓之，遂相率听命。夔至，玠斩之，荐成为文州刺史。

《续通鉴》卷一七一

## 一一五　耶律楚材卒

理宗淳祐四年，蒙古中书令耶律楚材，以朝政日非，忧愤成疾，卒。旋有谮楚材者，言其在相位日久，天下贡赋半入其家。太宗皇后遣人覆视之，唯琴阮十馀，古今书画、金石、遗文数十卷，乃止。楚材博极群书，旁通天文、术数；居官以匡国济民为己任，群臣无与为比。

《续通鉴》卷一七一

## 一一六　忽必烈求贤若渴

蒙古诸王忽必烈，拖雷第四子也，思大有为于天下，访求贤才，虚己咨询。先是，赵璧侍藩邸，为忽必烈所信任，呼以秀才而不名。董文用，主文书，讲说帐中，因命驰驿四方，骋名士。

时窦默以经术教授于乡，遣文用召之。默变姓名以自晦，文用俾其友人往见，而微服踵其后。默不得已，乃拜命。既至，问以治道，默首以三纲、五常为对，忽必烈曰："人道之端，孰大于此！失此则无以立于世矣。"默又言："帝王之道，在正心、诚意。心既正，则朝廷远近莫敢不一于正。"忽必烈深契其言，敬待加礼，不令暂去左右。

默荐姚枢，忽必烈遣赵璧召之，闻其至，大喜，待以客礼。枢为《治道书》数千言，首陈二帝、三王之道，以治国、天平下之大经，汇为八目，曰修身，力学，尊贤，亲亲，畏天，爱民，好善，远佞。次列救时之弊，为条三十，各疏其弛张之方于下，本末兼该。忽必烈奇其才，动必召问。

邢台刘侃，少为令史，居常郁郁不乐，一日，投笔叹曰："丈夫不遇于世，当隐居以求其志，安能汩没为刀笔吏乎！"即弃去，隐武安山中，旋为僧，名子聪，游云中，居南唐寺。时僧海云赴忽必烈之召，过云中，闻其博学多才艺，邀与俱行。既入见，应对契意，屡有询问。子聪于书无所不读，尤邃于《易》，旁通天文、律、算之属，论天下事如指诸掌，忽必烈大爱之。海云归，子聪遂留藩邸。

《续通鉴》卷一七一

## 一一七　姚枢劝止忽必烈总治汉南

　　蒙古宪宗既立，察诸弟长而贤者惟忽必烈，命以皇弟总治汉南，凡军民在汉南者皆总之，开府于金莲川。皇弟宴群下，罢酒，将出，遣人止姚枢，问曰："顷者群臣皆贺，汝独默然，何耶？"枢对曰："今天下土地之广，人民之殷，财赋之阜，有如汉地者乎？王若尽有之，则天子何为！异时必悔而见夺。不若但持兵权，凡事付之有司，则势顺理安。"皇弟曰："虑所不及。"乃以闻，蒙古主从之。

《续通鉴》卷一七三

## 一一八　忽必烈责断事官

　　蒙古断事官伊啰斡齐及珠格尔等总天下财赋于燕，视事一日，杀二十八人。其一人盗马者，已杖而释之，偶有献坏刀者，遂追还所杖者，手试刀杀之。皇弟忽必烈闻而责之曰："凡死罪，必详谳而后行刑。今一日杀二十八人，必多非辜。既杖复斩，此何刑也？"珠格尔不能对。

蒙古皇弟忽必烈将征云南，军中夜宴。姚枢陈宋太祖遣曹彬下江南，不杀一人，市不易肆。明日，皇弟据鞍呼曰："汝昨言曹彬不杀人事，吾能为之。"枢马上贺曰："王能如此，生民之幸，有国之福也。"

《续通鉴》卷一七三

## 一一九　余玠遭谗卒

宝祐元年，余玠卒。玠之治蜀也，任都统张实任军旅，安抚王维忠治财赋，监簿朱文炳接宾客，皆有常度。至于修学养士，轻徭以宽民力，薄征以通商贾，蜀既富贵，乃罢京湖之饷，边关无警，又撤东南之戍。自理宗以来，蜀阃未有能及之者。然久假便宜之权，不顾嫌疑，昧于勇退，遂来谗口。及闻召至京，不自安，一夕暴卒，或谓仰药死，蜀人莫不悲之。

《续通鉴》卷一七四

## 一二○　洪天锡谏治奸不得止于诫饬

理宗宝祐三年，内侍董宋臣办佑圣观，逢迎帝意，起梅堂、芙蓉阁、香兰亭，豪夺民田，招权纳贿，无所不至，人以董阎罗目之。监察御史洪天锡上言："天下之患三，曰宦者、外戚、小人。"指宋臣及谢堂、厉文翁也。

帝令吴燧宣谕，天锡抗对如初。帝又出御札俾天锡易疏，欲自戒饬之，天锡又言："自古奸人，虽凭怙其心，未尝不畏人主之知。苟知之而止于诫饬，则凭怙愈张，反不若未知之为愈也。"

浙、闽大水，洪天锡上言："上下穷空，远近怨疾，独贵戚、巨阉享富贵耳。举天下穷且怨，陛下能与数十人者共天下乎？"

《续通鉴》卷一七四

## 一二一　丁大全诫诸生毋妄议国政

理宗宝祐中，丁大全以戚里婢婿事权幸卢允升、董宋臣，因得宠于理宗，擢为殿中侍御史，在台横甚。太学生陈宜中与黄镛、刘黻、林测祖、陈宗、曾唯六人上书攻之。大全怒，使监察御史吴衍劾宜中，削其籍，拘管他州。司业率十二斋生，冠带送之桥门之外，大全益怒，立碑学中，诫诸生毋妄议国政，且令自后有上书者，前廊生看详以牒报检院。

《宋史》卷四一八

## 一二二　许彪孙宁死不书降文

许彪孙，为四川制置司参谋官。理宗景定二年，刘整叛，召彪孙草降文，以潼川一道为献。彪孙辞使者曰：

宋（下）（公元1127年至1279年）

"此腕可断，此笔不可书也。"即闭门与家人俱仰药死。

《宋书》卷四四九

## 一二三　理宗怠于政事权移奸臣

理宗在位久，内侍董宋臣、卢允升为之聚敛以媚之，引荐奔竞之士，交通贿赂，置诸通显。又用外戚子弟为监司、郡守。宋臣虽外出，其党犹盛。贾似道既相，悉逐宋臣等所荐林光世等，勒外戚不得为监司、郡守，子弟门客敛迹，不敢干朝政。由是权倾中外，先朝旧法，率意纷更矣。

帝多嗜欲，怠于政事，经筵性命之讲，徒资虚谈。权移奸臣，史弥远、丁大全、贾似道，窃弄威福，与相终始。兵连祸结，疆土日蹙，拘留聘使，自速灭亡。卒年六十一。

《续通鉴》卷一七六、卷一七七

## 一二四　贾居贞辞不次升迁

蒙古左右司郎中贾居贞从北征，每陈说《资治通鉴》，虽在军中，未尝废书。一日，蒙古主忽必烈问郎俸几何，居贞以数对。蒙古主谓其太薄，敕增之。居贞辞曰："品秩宜然，不可以臣而紊制。"僧子聪奏居贞为参知政事，又辞，曰："它日必有由郎官援例求执政者，将何以处之？"不拜。

《续通鉴》卷一七六

## 一二五　窦默言以君之是否为是否非善政

蒙古主忽必烈召王鹗、姚枢赴上都。窦默、僧子聪，尝偕枢等入侍，默言："君有过举，臣当直言，古之所尚。今则不然，君曰可，臣亦以为可，君曰否，臣亦以为否，非善政也。"次日，复侍幄殿，猎者失一鹘，蒙古主怒，侍臣或从旁大声谓宜加罪，蒙古主恶其迎合，杖之，释猎者不问。既退，子聪等贺。

《续通鉴》卷一七七

## 一二六　贾似道专权纳贿

平章军国事贾似道尝集百官议事，忽厉声曰："诸君非似道拔擢，安得至此！"众默然，莫敢应者。李伯玉曰："伯玉殿试第二人，平章不拔擢，伯玉地步亦可以至此。"似道虽改容，而有怒色。伯玉退，即治归，遂以显文阁待制出知隆兴府。

特授贾似道一月三赴经筵，三日一朝，治事都堂，赐第西湖之葛岭，使迎养其中。似道于是五日一乘湖船入朝，不赴都堂治事，吏抱文书就第呈署，大小朝政，一切决于馆客廖莹中、堂吏翁应龙，宰执充位而已。

似道虽深居，凡台谏弹劾、诸司荐辟及京尹、畿漕一切事，不关白不敢行。正人端士，斥罢殆尽。吏争纳赂求美职，图为帅阃、监司、郡守者，贡献不可胜计，一时贪风大肆。兵衄于外，匿不以闻，民怨于下，诛责无艺，莫敢言者。太府寺主簿陈蒙尝入对，极言似道为相，国政阙失。后为淮东总领财赋，似道诬以贪污，安置建昌军，籍其家。

《续通鉴》卷一七八

## 一二七　宫中一夕宴几州汗血劳

故事，宫中饮宴，名曰排当。理宗朝，排当之礼，多内侍自为之，遇有排当，则必有私事密启；度宗即位，益盛，至出内帑为之。陈宗礼尝上疏言："内侍用心，非借排当以侵羡馀，则假秋筵以奉殷勤，不知费几州汗血之劳，而供一夕笙歌之乐。请禁绝之。"不报。

《续通鉴》卷一七九

## 一二八　贾似道日肆淫乐不报边事

蒙古攻围襄、樊甚急，似道日坐葛岭，起楼阁亭榭，作半闲堂，塑己像其中，取宫人叶氏及倡尼有美色者为妾，日肆淫乐，与故博徒纵博，人无敢窥其第者。有妾兄来，立府门若将入状，似道见之，缚投火中。尝与群妾据地斗蟋蟀，所押客戏之曰："此军国重事耶？"酷嗜宝玩，建多宝阁，一日一登玩。闻余玠有玉带，已殉葬，发冢取之。人有物，求不与，辄得罪。自是或累月不朝，虽朝享景灵宫亦不从驾。有言边事者，辄加贬斥。一日，度宗问曰："襄阳围已三年，奈何？"似道对曰："北兵已退，陛下何从得此言？"帝曰："适有女嫔言之。"似道诘其人，诬以它事，赐死。由是边事虽日急，无敢言者。

　　有事于明堂，以贾似道为大礼使。礼成，诣景灵宫。将还，大雨，似道期度宗雨止升格，胡贵嫔之兄显祖，请乘逍遥辇还宫。帝曰："平章得无不可？"显祖绐曰："平章已允。"帝遂归。似道大怒曰："臣为大礼使，陛下举动不得预闻，乞罢政。"即日出嘉会门，帝固留之不得，乃罢显祖，涕泣出贵嫔为尼，似道始还。自是专恣日甚，畏人议己，务以权术驾驭上下，以官爵牢宠一时名士，以故言路断绝，威福肆行，相视以目。

《续通鉴》卷一七九、卷一八〇

## 一二九　襄樊城破吕文焕降元

　　襄阳、樊城，被围四年。汉水出襄樊间，京西安抚副使吕文焕植大木水中，锁以铁絙，上造浮桥，以通援兵，樊亦恃此为固。元将阿珠以机锯断木，以斧断絙，燔其桥，襄兵不能援，乃以兵截汉，而出锐师薄樊城，城遂破。宋将范天顺仰天叹曰："生为宋臣，死为宋鬼！"即所守地缢死。其部将牛富率死士百人巷战，元兵死伤者不可计。渴饮血水，转战而进，遇民居烧绝街道，富身被重伤，以头触柱，赴火死。裨将王福见之，叹曰："将军死于国事，吾岂宜独生！"亦赴火死。

襄阳久困，而贾似道不发援兵。阿尔哈雅移破樊攻具以向襄阳。乃身至城下，宣元主所降招谕文焕诏曰："尔等拒守孤城，于今五年，宣力于主，固其宜也。然势穷援绝，如数万生灵何！若能纳款，悉赦勿治，且加迁擢。"文焕狐疑未决，因折矢与之誓。文焕乃出降，先纳筦钥，次献城池，且陈攻郢之策，请己为先锋。

《续通鉴》卷一八〇

## 一三〇　赵良弼不辱使命

元赵良弼使至日本，其太宰府官来索国书，良弼曰："必见汝国王，始授之。"越数日，复来求书，且以兵胁良弼，良弼终不与。后又声言："大将军以兵十万来求书。"良弼曰："不见汝国王，宁持我首去，不可得也！"日本知不可屈，乃遣人送良弼至对马岛。及是始还，具以日本君臣、爵号、州郡名数、风俗土宜来上。元主曰："卿可谓不辱君命矣！"

《续通鉴》卷一八〇

## 一三一　赵卯发夫妇与城共存亡

元兵攻池州，知州王起宗遁去。通判赵卯发知事不济，乃置酒会亲友与诀，谓妻雍氏曰："城将破，吾守臣，不当去，汝先出走。"雍曰："君为忠臣，我独不能为忠臣妇乎！"卯发笑曰："此非妇人女子所能也。"雍曰："吾请先君死。"卯发笑止之。明日，乃散其家资与弟侄，仆婢悉遣之。元兵薄城，卯发晨起，书几上曰："国不可背，城不可降。夫妇同死，节义成双。"遂与雍氏同缢死于从容堂。

《续通鉴》卷一八一

## 一三二　尹谷李芾尽节潭州

潭州被围，元兵蚁附登城。知衡州尹谷寓城中，时方为二子行冠礼，或曰："此何时，行此迂阔事？"谷曰："正欲令儿曹冠带见先人于地下耳！"既毕礼，乃积薪扃户，朝服，望阙拜已，即纵火自焚。邻家救之，火炽不可前，但遥见烈焰中，谷正冠危坐，阖门少长皆死。

知州李芾命酒酹之，于谷曰："尹务实，男子也，先我就义矣！"因留宾佐会饮，夜传令，犹手书"尽忠"字为号，饮达旦，诸宾佐出，参议杨霆赴园池死。芾坐熊湘阁，召帐下沈忠，遗之金，曰："吾力竭，分当死。吾家人亦不可辱于俘，汝尽杀之，后杀我。"忠伏地叩头，辞以不能。芾固命之，忠泣而诺。取酒，饮其家人，尽醉，乃遍刃之。芾亦引颈受刃。忠纵火焚其居，还家，杀其妻子，复至火所，大恸，举身投地自刎。幕僚陈亿孙、颜应焱、钟蜚英皆死。潭民闻之，多举家自尽，城无虚井，缢林木者相望。

苛为人刚介，不畏强御，临事精敏，奸猾不能欺。且强力过人，自旦治事，至暮无倦容，夜率至三鼓始休，五鼓复起视事。望之凛然若神明，而好贤礼士，复蔼然可亲，虽一艺小善，必奖荐之。居官廉，家无馀资。

《续通鉴》卷一八二

## 一三三　江万里赴止水而死

度宗时，元兵南下，曾任参知政事之江万里，闻襄樊失守，凿池芝山后圃，扁其亭曰"止水"，人莫谕其意，及闻警，执门人陈伟器手，曰："大势不可支，余虽不在位，当与国为存亡。"及饶州城破，军士执万里之弟颍，索金银不得，支解之。万里竟赴止水死。左右及子镐相继投沼中，积尸如叠。翼日，万里尸独浮出水上，从者草敛之。

《宋史》卷四一八

## 一三四　章鉴号满朝欢

度宗咸淳十年，章鉴拜右丞相，并兼枢密使。明年，元兵逼临安，鉴讬故径去。后有告鉴家匿宝玺者，霜晨，鉴方拥败衾卧，兵士至，大索其室，惟敝箧贮一玉杯，馀无一物，人颇叹其清约。鉴在朝日，号宽厚，然与人多许可，士大夫目为"满朝欢"云。

《宋史》卷四一八

## 一三五　文天祥从容就义

文天祥，吉水人也。体貌丰伟，美皙如玉，秀眉而长目，顾盼烨然。自为童子时，见学宫所祠乡先生欧阳修、杨邦乂、胡铨像，皆谥"忠"，即欣然慕之。曰："没不俎豆其间，非夫也。"年二十举进士，对策集英殿，理宗帝亲拔为第一。考官王应麟奏曰："是卷古谊若龟鉴，忠肝如铁石，臣敢为得人贺。"寻丁父忧，归。

理宗开庆初，元兵伐宋，宦官董宋臣说上迁都，人莫敢议其非者。天祥时入为宁海军节度判官，上书"乞斩宋臣，以一人心"。不报，即自免归。

贾似道称病，乞致仕，以要君，有诏不允。天祥当制，语皆讽似道。时内制相承旨呈稿，天祥不呈稿，似道不乐，使台臣张志立劾罢之。天祥致仕，时年三十七。

恭宗德祐初，江上报急，诏天下勤王。天祥捧诏涕泣，使陈继周发郡中豪杰，并结溪峒蛮，使方兴召吉州兵，诸豪杰皆应，有众万人。事闻，以江西提刑安抚使召入卫。其友止之，曰："今大兵三道鼓行，破郊畿，薄内地，君以乌合万馀赴之，是何异驱群羊而搏猛虎。"天祥曰："吾亦知其然也。第国家养育臣庶三百馀年，一旦有急，征天下兵，无一人一骑入关者，吾深恨于此，故不自量力，而以身徇之，庶天下忠臣义士将有闻风而起者。义胜者谋立，人众者功济，如此则社稷犹可保也。"天祥性豪华，平生自奉甚厚，声伎满前。至是，痛自贬损，尽以家赀为军费。

天祥兵败被执，送至京师。天祥在道，不食八日，不死，即复食。至燕，馆人供张甚盛，天祥不寝处，坐达旦。遂移兵马司，设卒以守之。时世祖皇帝多求才南官，欲劝其降，不从。天祥在燕凡三年，于至元十九年就义。

天祥临刑从容，谓吏卒曰："吾事毕矣。"南乡拜而死，年四十七。其衣带中有赞曰："孔曰成仁，孟曰取义，惟其义尽，所以仁至。读圣贤书，所学何事，而今而后，庶几无愧。"

《宋史》卷四一八

## 一三六　陆秀夫负王赴海死

陆秀夫，字君实。理宗景定元年，登进士第。李庭芝镇淮南，闻其名，辟置幕中。秀夫才思清丽，一时文人少能及之。性沉静，不苟求人知，每僚吏至阁，宾主交欢，秀夫独敛焉无一语。或时宴集府中，坐尊俎间，矜庄终日，未尝少有希合。

恭宗德祐二年正月，以礼部侍郎使元军前请和，不就而反。益、广二王走温州，秀夫与苏刘义追从之，使人召陈宜中、张世杰等皆至，遂相与立益王于福州。进端明殿学士、签书枢密院事。

时君臣播越海滨，庶事疏略，杨太妃垂帘，与群臣语犹自称奴。每时节朝会，秀夫俨然正笏立，如治朝，或时在行中，凄然泣下，以朝衣拭泪，衣尽浥，左右无不悲动者。益王以惊疾殂，群臣皆欲散去。秀夫曰："度宗皇帝一子尚在，将焉置之，古人有以一旅成中兴者，今百官有司皆具，士卒数万，天若未欲绝宋，此岂不可为国邪？"乃与众共立卫王。

以秀夫为左丞相，与世杰共秉政。时世杰驻兵崖山，秀夫外筹军旅，内调工役，凡有所述作，又尽出其手。虽匆遽流离中，犹日书《大学章句》以劝讲。

至元十六年二月，崖山破，秀夫走卫王舟，而世杰、刘义各断维去，秀夫度不可脱，乃杖剑驱妻子入海，即负王赴海死，年四十四。

《宋史》卷四五一

## 一三七　元世祖驳宋降将之遁词

元世祖忽必烈召宋降将问曰："汝等何降之易耶？"对曰："贾似道专国，每优礼文士而轻武臣，臣等久积不平，故望风送款。"帝遣董文忠语之曰："似道实轻汝曹，特似道一人之过，汝主何负焉！正如汝言，则似道轻汝也固宜！"

《续通鉴》卷一八三

# 元

公元 1280 年至 1367 年

## 一　太祖诏求丘处机

丘处机，登州栖霞人，自号长春子。年十九，为全真学于宁海之昆仑山，与马钰、谭处端、刘处玄、王处一、郝大通、孙不二同师重阳王真人。重阳一见处机，大器之。金、宋之季，俱遣使来召，不赴。

太祖自乃蛮命近臣札八儿、刘仲禄持诏求之。处机一日忽语其徒，使促装，曰："天使来召我，我当往。"翌日，二人者至，处机乃与弟子十有八人同往见焉。明年，宿留山北，先驰表谢，拳拳以止杀为劝。又明年，趣使再至，乃发抚州，经数十国，为地万有馀里。盖蹀血战场，避寇叛域，绝粮沙漠，自昆仑历四载而始达雪山。既见，太祖大悦，赐食、设庐帐甚饬。

太祖时方西征，日事攻战，处机每言欲一天下者，必在乎不嗜杀人。及问为治之方，则对以敬天爱民为本。问长生久视之道，则告以清心寡欲为要。太祖深契其言，曰："天锡仙翁，以寤朕志。"命左右书之，且以训诸子焉。

时国兵践蹂中原，河南、北尤甚，民罹俘戮，无所逃命。处机还燕，使其徒持牒招求于战伐之馀，由是为人奴者得复为良，与滨死而得更生者，毋虑二三万人。中州人至今称道之。

卒年八十。

《元史》卷二〇二

## 二　赵璧答宪宗问

赵璧，云中怀仁人。世祖为亲王，闻其名，召见，呼秀才而不名，赐三僮，给薪水，命后亲制衣赐之，视其试服不称，辄为损益，宠遇无与为比。命驰驿四方，聘名士王鹗等。又令蒙古生十人从璧受儒书。敕璧习国语，译《大学衍义》，时从马上听璧陈说，辞旨明贯，世祖嘉之。

宪宗即位，召璧问曰："天下何如而治？"对曰："请先诛近侍之尤不善者。"宪宗不悦。璧退，世祖曰："秀才，汝浑身是胆耶！吾亦为汝握两手汗也。"

任河南经略使。河南刘万户贪淫暴戾，郡中婚嫁，必先赂之，得所请而后行，咸呼之为翁。其党董主簿，尤恃势为虐，强取民女有色者三十馀人。璧至，按其罪，立斩之，尽还民女。刘大惊，时天大雪，因诣璧相劳苦，且酌酒贺曰："经略下车，诛锄强猾，故雪为瑞应。"璧曰："如董主簿比者，尚有其人，俟尽诛之，瑞应将大至矣。"

刘屏气不复敢出语，归卧病而卒，时人以为惧死。

世祖至元元年，加荣禄大夫。帝欲作文檄宋，执笔者数人，不称旨，乃召璧为之。文成，帝大喜曰："惟秀才曲尽我意。"改枢密副使。

祀太庙，有司失黄幔，索得于神庖灶下，已甚污弊。帝闻，大怒曰："大不敬，当斩！"璧曰："法止杖断流远。"其人得不死。十三年，卒，年五十七。

《元史》卷一五九

## 三　李冶答世祖问

世祖在潜邸，闻李冶贤，遣使召之，问曰："今之臣有如魏徵者乎？"对曰："今以侧媚成风，欲求魏徵之贤，实难其人。"又问今之人材贤否，对曰："天下未尝乏材，求则得之，舍则失之，理势然耳。"

又问天下当何以治之，对曰："夫治天下，难则难于登天，易则易于反掌。盖有法度则治，控名责实则治，进君子退小人则治，如是而治天下，岂不易于反掌乎！无法度则乱，有名无实则乱，进小人退君子则乱，如是而治天下，岂不难于登天乎！且为治之道，不过立法度、正纪纲而已。纪纲者，上下相维持；法度者，赏罚示惩劝。今则大官小吏，下至编氓，皆自纵恣，以私害公，是无法度也。有功者未必得赏，有罪者未必被罚，甚则有功者或反受辱，有罪者或反获宠，是无法度也。法度废，纪纲坏，天下不变乱，已为幸矣。"

冶晚年买田封龙山下，学徒益众。及世祖即位，复聘之，欲处以清要，冶以老病，恳求还山。至元二年，再以学士召，就职期月，复以老病辞去，卒于家，年八十八。所著有《敬斋文集》四十卷，《壁书叢削》十二卷，《泛说》四十卷，《古今黈》四十卷，《测圆海镜》十二卷，《益古衍疑》三十卷。

《元史》卷一六〇

## 四　赵复传程朱之学

世祖在潜邸，召见赵复问曰："我欲取宋，卿可导之乎？"对曰："宋，父母国也，未有引他人以伐父母者。"世祖悦，因不强之仕。

复作《传道图》，而以书目条列于后。别著《伊洛发挥》，标其宗旨。又取伊尹、颜渊言行，作《希贤录》，示学者求端用力之方。北方知有程、朱之学，自复始。

《新元史》卷二五七

## 五　游显诚释诬告者

世祖践阼，诏游显位中书左丞、大名宣抚使。中统三年，李璮反，以显行宣慰司于大名、洺、磁、怀、孟等州，及河南东西两路，皆隶之。有诬显尝与璮通书者，帝曰："显岂为此事，鸷鸟为狐所憎耳！"及籍璮家，果无显书。敕以诬告人付显，听其甘心，其人亡命。逾年，显召其妻子，谕使出，其人膝行祈死。显曰："汝生死惟吾，其忍杀汝？"待之如平时。

显推诚感物，有窃戍兵马者，律当倍偿，显先假公帑偿之，与盗期，归取于家；如期而反，悉输官罚。在平江，贷仓谷一百三十万于民，约秋熟偿官，及期无少折阅。

《新元史》卷二五七

## 六　张宏范为朝廷建大仓库

世祖至元元年，授张弘范顺天路管民总管，佩金虎符。二年，移守大名。岁大水，漂没庐舍，租税无从出，弘范辄免之。朝廷罪其专擅，弘范请入见，进曰："臣以为朝廷储小仓，不若储之大仓。"帝曰："何说也？"对曰："今岁水潦不收，而必责民输，仓库虽实，而民死亡殆尽，明年租将安出？曷若活其民，使不致逃亡，则岁有恒收，非陛下大仓库乎！"帝曰："知体，其勿问。"

《元史》卷一五六

## 七　袁裕免民死罪

世祖至元六年，袁裕迁开封府判官。洧川县达鲁花赤贪暴，盛夏役民捕蝗，禁不得饮水，民不胜忿，击之而毙，有司以大逆置极刑者七人，连坐者五十馀人。裕曰："达鲁花赤自犯众怒而死，安可悉归罪于民！"议诛首恶者一人，馀各杖之有差。刑曹从裕议。

八年，授西夏中兴等路新民安抚副使，佩金符。时徙鄂民万馀于西夏，有司虽与廪食，而流离颠沛犹多。裕与安抚使独吉请于朝，计丁给地，立三屯，使耕以自养，官民便之。

《元史》卷一五六

## 八　赵炳减免民负

至元九年，世祖以陕西重地，思用刚鲠旧臣治之，徙赵炳京兆路总管，兼府尹。皇子安西王开府陕西，诏王治宫室，悉听炳裁制。王府吏卒横暴，炳以法绳之。王曰："后有犯者，勿启请，请君自处之可也。"由是豪猾敛戢。诏以解州盐赋给王府经费，岁久积逋二十馀万缗，有司追理，仅获三之一，民已不堪。炳密启于王曰："十年之逋，岂可责偿一日。与其哀敛病民，孰若贷之。"王善其言，遽命免征。会王北伐，诏以京兆一年之赋充军资，炳复请曰："所征逋课，足供军用，请免岁赋以苏民。"令下，秦民大悦。

《新元史》卷二五七

元（公元1280年至1367年）

## 九　八思巴创蒙古新字

八思巴，土番萨斯迦人。世祖即位，尊为国师，授以玉印。命制蒙古新字，字成上之，字千馀。至元六年，诏颁行于天下。诏曰："朕惟字以书言，言以纪事，此古今之通制。考诸辽、金，以及遐方诸国，例各有字，今文治浸兴，而字书有阙，于一代制度，实为未备。故特命国师八思巴创为蒙古新字，译写一切文字，期于顺言达事而已。自今以往，凡有玺书颁降者，并用蒙古新字，仍各以其国字副之。"遂升号八思巴曰大宝法王。

《元史》卷二〇二

## 一〇　阿尼哥精于塑像

世祖中统元年，命帝师八思巴建黄金塔于吐蕃，尼波罗国选匠百人往成之，得八十人，求部送之人未得。阿尼哥年十七，请行，众以其幼，难之。对曰："年幼心不幼也。"乃遣之。帝师一见奇之，命监其役。明年，塔成，请归，帝师勉以入朝，乃祝发受具为弟子，从帝师入见。帝视之久，问曰："汝来大国，得无惧乎？"对曰："圣人子育万方，子至父前，何惧之有。"又问："汝来何为？"对曰："臣家西域，奉命造塔吐蕃，二载而成。见彼土兵难，民不堪命，愿陛下安辑之，不远万里，为生灵而来耳。"又问："汝何所能？"对曰："臣以心为师，颇知画塑铸金之艺。"帝命取明堂针灸铜像示之曰："此宣抚王楫使宋时所进，岁久阙坏，无能修完之者，汝能新之乎？"对曰："臣虽未尝为此，请试之。"至元二年，新像成，关鬲脉络皆备，金工叹其天巧，莫不愧服。

凡两京寺观之像，多出其手。为七宝镔铁法轮，车驾行幸，用以前导。原庙列圣御容，织锦为之，图画弗及也。

至元十五年，授光禄大夫，大司徒，领将作院事，宠遇赏赐，无与为比。

《元史》卷二〇四

## 一一　史天泽出入将相五十年

中统元年，世祖即位，首召史天泽，问以治国安民之道，即具疏以对，大略谓："朝廷当先立省部以正纪纲，设监司以督诸路，沛恩泽以安反侧，退贪残以任贤能，颁奉秩以养廉，禁贿赂以防奸，庶能上下丕应，内外休息。"帝嘉纳之。授河南等路宣抚使，俄兼江淮诸翼军马经略使。二年夏，拜中书右丞相。天泽既秉政，凡前所言治国安民之术，无不次第举行。

至元十年春，与平章阿术进攻樊城，拔之，襄阳降。十一年，诏天泽与丞相伯颜总大军，自襄阳水陆并进。天泽至郢州遇疾，还襄阳，帝遣侍臣赐以葡萄酒，且谕之曰："卿自朕祖宗以来，躬擐甲胄，跋履山川，宣力多矣。又卿首事南伐，异日功成，皆卿力也。勿以小疾阻行为忧，可且北归，善自调护。"还至真定，帝又遣其子杠与尚医驰视，赐以药饵。天泽因附奏曰："臣大限有终，死不足惜，但愿天兵渡江，慎勿杀掠。"语不及它。以十二年二月七日薨，年七十四。

天泽平居，未尝自矜其能，及临大节、论大事，毅然以天下之重自任。年四十，始折节读书，尤熟于《资治通鉴》，立论多出人意表。拜相之日，门庭悄然。或劝以权自张，天泽举唐韦澳告周墀之语曰："愿相公无权。爵禄刑赏，天子之柄，何以权为！"因以谢之，言者惭服。当金末，名士流寓失所，悉为治其生理而宾礼之，后多致显达。出入将相五十年，上不疑而下无怨，人以比于郭子仪、曹彬云。

《元史》卷一五五

## 一二　伯颜取宋不言功

伯颜深略善断，将二十万众伐宋，若将一人，诸帅仰之若神明。破临安取宋，毕事还朝，归装惟衣被而已，未尝言功也。

伯颜取宋而还也，诏百官郊迎以劳之，平章阿合马先百官半舍道谒，伯颜解所服玉钩绦遗之，且曰："宋宝玉固多，吾实无所取，勿以此为薄也。"阿合马谓其轻己，思中伤之，乃诬以平宋时取其玉桃盏，帝命按之，无验，遂释之，复其任。阿合马既死，有献此盏者，帝愕然曰："几陷我忠良！"

别吉里迷失尝诬伯颜以死罪，未几，以它罪诛，敕伯颜临视，伯颜与之酒，怆然不顾而返。世祖问其故，对曰："彼自有罪，以臣临之，人将不知天诛之公也。"

《元史》卷一二七、卷一二八

## 一三　布鲁海牙以廉为姓

世祖即位，择信臣宣抚十道，命布鲁海牙使真定。真定富民出钱贷人者，不逾时倍取其息，布鲁海牙使息如本而止，著为令。至元二年秋，卒，年六十九。

初，布鲁海牙拜廉访使，命下之日，子希宪适生。喜曰："吾闻古以官为姓，天其以廉为吾宗之姓乎。"故子孙皆姓廉氏。仕进者多，议稍汰之，世祖曰："布鲁海牙功多，子孙亦朕所知，非汝所当预也。"

《新元史》卷一五五

## 一四　廉希宪安抚江陵

世祖为皇弟时，廉希宪年十九，得入侍，见其容止议论，恩宠殊绝。希宪笃好经史，手不释卷。一日，方读《孟子》，闻召，急怀以进。世祖问其说，遂以性善义利仁暴之旨为对，世祖嘉之，目曰廉孟子，由是知名。尝与近臣校射世祖前，希宪腰插三矢，有欲取以射者，希宪曰："汝以我为不能耶？但吾弓力稍弱耳。"左右授以劲弓，三发连中。众惊服曰："真文武材也。"

廉希宪至江陵，阿尔哈雅率其属望拜尘中，荆人大惊。希宪即日禁剽夺，通商贩，兵民安堵。首录宋故宣抚、制置二司幕僚能任事者，以备采访，仍择二十余人，随材授职。左右难之，希宪曰："今皆国家臣子也，何用致疑！"时宋故官礼谒大府，必广致珍玩；希宪拒之，且语之曰："汝等身仍故官，或不次迁擢，当念圣恩，尽力报效。今所馈者，若己物，我取之为非义，一或系官，事同盗窃。若敛于民，不为无罪。宜戒慎之！"

希宪令："俘获之人，军士敢杀者，以故杀平民论；为军士所掳，病而弃之者，许人收养，病愈，故主不得复役；立契券卖妻子者，重其罪，仍没入其值。"先是江陵城外蓄水捍御，命决之，得良田数万亩，以为贫民之业，发沙市仓粟之不入官者二十万斛，以赈公安之饥，民悦之。

《元史》卷一二六；《续通鉴》卷一八一

## 一五　廉希宪立朝刚直论事激切

廉希宪累迁中书平章政事。希宪在中书，振举纲维，综劾名实，汰逐冗滥，裁抑侥幸，兴利除害，事无不便，当时翕然称治，典章文物，粲然可考。又建言："国家自开创已来，凡纳土及始命之臣，咸令世守，至今将六十年，子孙皆奴视部下，都邑长吏，皆其皂隶僮使，前古所无，宜更张之，使考课黜陟。"始议行迁转法。

丁母忧，率亲族行古丧礼，勺饮不入口者三日，恸则呕血，不能起，寝卧草土，庐于墓傍。宰执以忧制未定，欲极力起之，相与诣庐，闻号痛声，竟不忍言。未几，有诏夺情起复，希宪虽不敢违旨，然出则素服从事，入必缞绖。及丧父，亦如之。

希宪每奏议世祖前，论事激切，无少回惜。帝曰："卿昔事朕王府，多所容受，今为天子臣，乃尔木强耶？"希宪对曰："王府事轻，天下事重，一或面从，天下将受其害，臣非不自爱也。"

方士请炼大丹，敕中书给所需，希宪具以秦、汉故事奏，且曰："尧、舜得寿，不因大丹也。"帝曰："然。"遂却之。时方尊礼国师，帝命希宪受戒，对曰："臣受孔子戒矣。"帝曰："孔子亦有戒耶？"对曰："为臣当忠，为子当孝，孔子之戒，如是而已。"

始建御史台，继设各道提刑按察司。时阿合马专总财利，乃曰："庶务责成诸路，钱谷付之转运，今绳治之如此，事何由办？"希宪曰："立台察，古制也，内则弹劾奸邪，外则察视非常，访求民瘼，裨益国政，无大于此。若去之，使上下专恣贪暴，事岂可集耶！"阿合马不能对。

希宪以事罢官。一日，帝问侍臣，希宪居家何为，侍臣以读书对。帝曰："读书固朕所教，然读之而不肯用，多读何为。"意责其罢政而不复求进也。阿合马因谮之曰："希宪日与妻子宴乐尔。"帝变色曰："希宪清贫，何从宴设！"希宪尝有疾，帝遣医三人诊视，医言须用沙糖作饮。时最难得，家人求于外，阿合马与之二斤，且致密意。希宪却之曰："使此物果能活人，吾终不以奸人所与求活也。"帝闻而遣赐之。

《元史》卷一二六

## 一六　高智耀称士贵如金

高智耀，世祖在潜邸已闻其名，及即位，尤加礼遇，呼为高秀才而不名。时士之被俘者，皆没为奴，智耀请朝廷赎之。即拜翰林学士，命巡行各路，赎免三千馀人左右。或言其诡滥，帝诘之，对曰："士譬则金也，金色有浅深，谓之非金不可，才艺有短长，谓之非士亦不可。"帝悦。智耀又言："国初庶事草创，纲纪未立，宜仿前代置御史台以司纠劾。"至元五年立御史台，用智耀之言也。

《新元史》卷一五六

## 一七　董文炳施政为民

董文炳，父俊殁时年始十六，率诸幼弟事母李夫人。夫人有贤行，治家严，笃于教子。文炳师侍其先生，警敏善记诵，自幼俨如成人。

任藁城令。同列皆父时人，轻文炳年少，吏亦不之惮。文炳明于听断，以恩济威。未几，同列束手下之，吏抱案求署字，不敢仰视，里人亦大化服。县贫，重以旱蝗，而征敛日暴，民不聊生。文炳以私谷数千石与县，县得以宽民。前令因军兴乏用，称贷于人，而贷家取息岁倍，县以民蚕麦偿之。文炳曰："民困矣，吾为令，义不忍视也，吾当为代偿。"乃以田庐若干亩计值与贷家，复籍县闲田与贫民为业，使耕之。于是流离渐还，数年间，民食以足。朝廷初料民，令敢隐实者诛，籍其家。文炳使民聚口而居，少为户数。众以为不可，文炳曰："为民获罪，吾所甘心。"民亦有不乐为者，文炳曰："后当德我。"由是赋敛大减，民皆富完。旁县民有讼不得直者，皆诣文炳求决。时府索无厌，文炳抑不予。或谮之府，府欲中害之，文炳曰："吾终不能剥民求利也。"即弃官去。

至元十年，拜参知政事。十三年与丞相伯颜克临安。伯颜命文炳入城，罢宋官府，散其诸军，封库藏，收礼乐器及诸图籍。文炳取宋主诸玺符上于伯颜。伯颜以宋主入觐，有诏留事一委文炳。禁戢豪猾，抚慰士女，宋民不知易主。

时翰林学士李槃奉诏招宋士至临安，文炳谓之曰："国可灭，史不可没。宋十六主，有天下三百馀年，其太史所记具在史馆，宜悉收以备典礼。"乃得宋史及诸注记五千馀册，归之国史院。宋宗室福王与芮赴京师，遍以重宝致诸贵人，文炳独却不受。伯颜入朝奏曰："臣等奉天威平宋，宋既已平，怀徕安集之功，董文炳居多。"

时张世杰奉吉王鸷据台州，而闽中亦为宋守。敕文炳进兵，所过禁士马无敢履践田麦，曰："在仓者吾既食之，在野者汝又践之，新邑之民何以续命？"是以南人感之，不忍以兵相向。次台州，世杰遁。诸将先俘州民，文炳下令曰："台人首效顺于我，我不暇有，故世杰据之，其民何罪？敢有不纵所俘者，以军法论！"得免者数万口。至温州，温州未下，令曰："毋取子女，毋掠民有。"众曰："诺。"其守将火城中逃，文炳亟命灭火，追擒其将，数其残民之罪，斩以徇。逾岭，闽人扶老来迎。闽人感文炳德最深，庙而祀之。

《元史》卷一五六

## 一八 陈祐治吏之方

朝廷大举伐宋，遣陈祐佥山东民军，民闻祐来，皆曰："陈按察来，必无私。"于是逃匿者皆出。应期而办。至元十二年，授南京总管，兼开封府尹。属吏闻祐至，多震慑失措，祐因谓曰："何必若是。前为盗跖，今为颜子，吾以颜子待之；前为颜子，今为盗跖，吾以盗跖待之。"由是吏知修饬，不敢弄法。

十四年，迁浙东道宣慰使。时江南初附，军士俘温、台民数千口，祐悉夺还之。未几，行省榷民商酒税，祐请曰："兵火之馀，遗民宜从宽恤。"不报。

《新元史》卷一六九

## 一九 刘容拒剥民自利

刘容，幼颖悟，稍长，喜读书。国俗素尚武，容亦善骑射，然非所好。中统初，以国师荐，命专掌库藏。每退，直即诣国子祭酒许衡受学。至元七年，世祖闻容知吏事，召至，命权中书省掾，以忠直称。十五年，奉命使江西，抚慰新附之民。或劝其受馈遗，归赂权贵。容曰："剥民以自利，吾心何安。"使还，惟载书籍数车，献之皇太子。忌嫉者从而谗之，由是稍疏容。然容亦终不辩。

《新元史》卷一五六

## 二〇　王磐性方刚言行正

世祖初，王磐任真定、顺德等路宣慰使。衡水县达鲁花赤忙兀觯贪暴不法，县民苦之。有赵清者，发其罪，既具伏矣，其妻召家人饮酒至醉，以利唆之，使夜杀清，清逃获免，乃尽杀其父母妻子。清诉诸官，权要蔽忙兀觯，不为理，又欲反其具狱。盘竟奏置诸法，籍其家赀，以半给清。郡有西域大贾，称贷取息，有不时偿者，辄置狱于家，拘系榜掠。其人且恃势干官府，直来坐听事，指麾自若。盘大怒，叱左右捽下，箠之数十。时府治寓城上，即挤诸城下，几死，郡人称快。

磐移疾家居，帝遣使存问，赐以名药。磐尝于会集议事之际，数言："前代用人，二十从政，七十致仕，所以资其材力，闵其衰老，养其廉耻之心也。今入仕者不限年，而老病者不能退，彼既不自知耻，朝廷亦不以为非，甚不可也。"至是，以疾，请断月俸毋给，自秋及春，坚乞致仕。帝遣使慰谕之曰："卿年虽老，非任剧务，何以辞为。"仍诏禄之终身，并还所断月俸。磐不得已，复起。

朝议汰冗官，权近私以按察司不便，欲并省之。磐奏疏曰："各路州郡，去京师遥远，贪官污吏，侵害小民，无所控告，惟赖按察司为之申理。若指为冗官，一例罢去，则小民冤死而无所诉矣。若曰京师有御史台纠察四方之事，是大不然。夫御史台纠察朝廷百官、京畿州县，尚有弗及，况能周遍外路千百城之事乎？若欲并入运司，运司专以营利增课为职，与管民官常分彼此，岂暇顾细民之冤抑哉？"由是按察司得不罢。

朝廷录平宋功，迁至宰相执政者二十馀人，因议更定官制，磐奏疏曰："历代制度，有官品，有爵号，有职位，官爵所以示荣宠，职位所以委事权。臣下有功有劳，随其大小，酬以官爵，有才有能，称其所堪，处以职位，此人君御下之术也。臣以为有功者，宜加迁散官，或赐五等爵号，如汉、唐封侯之制可也，不宜任以职位。"

日本之役，师行有期，磐入谏曰："日本小夷，海道险远，胜之则不武，不胜则损威，臣以为勿伐便。"帝震怒，谓非所宜言，且曰："此在吾国法，言者不赦，汝岂有他心而然耶？"磐对曰："臣赤心为国，故敢以言，今臣年已八十，况无子嗣，他心欲何为耶？"明日，帝遣侍臣以温言慰抚，使无忧惧。后阅内府珍玩，有碧玉宝枕，因出赐之。

国子祭酒许衡将告归，帝遣近臣问磐，磐言："衡素廉介，其所以求退者，得非生员数少，坐縻禀禄，有所不安耶？宜增益生员，使之施教，则庶几人才有成，衡之受禄亦可以无愧。"从之。

磐资性刚方，闲居不妄言笑，每奏对，必以正，不肯阿意承顺，帝尝以古直称之，虽权幸侧目，弗愿也。阿合马方得权，致重币求文于碑，磐拒弗与。年至九十二，卒。

《元史》卷一六〇；《新元史》卷一八五

## 二一　徐世隆善断狱

徐世隆，弱冠，登金正大四年进士第，辟为县令。其父诫世隆曰："汝年少，学未至，毋急仕进，更当读书，多识往事，以益智识，俟三十入官，未晚也。"世隆遂辞官，益笃于学。

世祖至元元年，迁翰林侍讲学士，朝廷大政谘访而后行，诏命典册多出其手。

九年，乞补外，佩虎符，为东昌路总管。至郡，专务以德率下，不事鞭箠，吏不忍欺，民亦化服，期年而政成，郡人颂之。十四年，起为山东提刑按察使。时有妖言狱，所司逮捕凡数百人，世隆剖析诖误者十八九，悉纵遣之。十五年，移淮东。宋将许琼家童告琼匿官库财，有司系其妻拏征之。世隆曰："琼所匿者，故宋之物，岂得与今盗官财者同论耶？"同僚不从，世隆独抗章辩明，行台是之，释不问。十七年，召为翰林学士，又召为集贤学士，皆以疾辞。

世隆仪观魁梧，襟度宏博，慈祥乐易，人忤之无愠色。喜宾客，乐施与，明习前代典故，尤精律令，善决疑狱。二十二年，安童再入相，遣使召之，仍以老病辞。年八十，卒。所著有《瀛洲集》百卷、文集若干卷。

《元史》卷一六〇

元（公元1280年至1367年）

## 二二　郑思肖画兰不着土

郑思肖，福州连江人。宋亡，始改今名，寓思赵氏之意。不娶，岁时伏腊，辄野哭南向而拜。闻北语，则掩耳而走。人亦知其孤僻，不以为异也。坐卧不北向，扁其室曰"本穴世界"，以本字之十置下，文则大宋也。工画墨兰，宋亡后，画兰根不着土，或问之，曰："地为番人夺去矣。"赵孟𫖯才名冠世，思肖恶其仕元，与之绝。孟𫖯数往候之，终不得见，叹息而去。未几，卖其田宅，惟留数亩为衣食资，仍谓佃者曰："我死，汝则主之。"病亟，属其友唐屿曰："思肖死矣，烦为书木主曰：大宋不忠不孝郑思肖。"语讫而绝，年七十八。

《新元史》卷二四一

## 二三　谢翱哭祭文天祥

谢翱，试进士不第，倜傥有大节。元兵入临安，宋相文天祥至闽，开府延平，檄州郡为勤王之师。翱素赢于财，散家赀，募乡兵数百人赴难，遂参天祥军事。未几，辞归。及宋亡，天祥被执以死，翱悲不自禁。适浙东，登严子陵钓台，设天祥主，酹酒毕，号而恸者三，乃以竹如意击石，作楚歌招之，歌阕，竹石俱碎。闻者悲之。

《新元史》卷二四一

## 二四　金履祥行善不自言

宋亡，所在盗起，金履祥屏居金华山中，视世故泊如也。尤笃于分义。有故人子坐事，母子分配为隶，不相闻者十年，履祥倾资营购，卒赎完之。后其子贵，履祥终不自言，相见劳问而已。

履祥采集史料，自唐尧以下，接于《通鉴》之前，勒为二十卷，名曰《通鉴前编》。履祥居仁山之下，学者因称为仁山先生。大德中，卒。

门人卫富益，宋亡，富益日夜悲泣，设坛为文祭故相文天祥、陆秀夫、张世杰，闻者悲之。后隐居湖州金盖山，年九十六卒，门人私谥为正节先生。

《新元史》卷二三四

## 二五　第五居仁以行化人

第五居仁，博通经史。躬率子弟力农，而学徒满门。尝行田间，遇有窃其桑者，自引避之。邻人借骡而死，偿其值，不取，曰："物之数也，何以偿为？"乡里高其行谊，率多化服，称曰静安先生。

《新元史》卷二三五

## 二六　董文用为民免役

世祖至元十三年，以董文用为卫辉路总管。卫辉当要冲，民为兵者十九，馀皆单弱，贫病不任力役。会初得江南，图籍、金玉、财帛之运，日夜不绝于道，警卫输挽，日役数千夫。文用曰："吾民敝矣，而又重妨稼事，殆不可。"乃言于司运者曰："郡邑胥役足备用，将谁归？"文用即为手书，具官职、姓名保任之。民得以时耕，而运亦济。

中书右丞卢世荣，于阿哈玛特专政时以贿进。既入中书，即日奉诏理钞法之弊，自谓生财有法，用其法当赋倍增而民不扰。诏下会议，人无敢言者。翰林学士董文用谓曰："此钱取于右丞家耶，将取之于民耶？取于右丞之家，则吾不知；若取于民，则有说矣。牧羊者岁常两剪其毛，今牧人日剪以献，主者固悦其得毛之多，然羊无以避寒热，即死且尽，毛又可得乎？民财有限，右丞将尽取之，得无有日剪其毛之患乎？"世荣不能对。议者出，皆谢文用曰："君以一言折聚敛之臣而厚邦本，真仁人之言哉！"

以文用为江淮行中书省参知政事。时行省长官素贵，多傲，同列莫敢仰视，跪起禀白，如小吏事上官。文用至，则坐堂上，侃侃与论，是非可否，无所迁就，大小虽数忤之，不顾也。时方建佛塔于宋故宫，有司奉行甚急，天大雨雪，入山伐木，死者数百人；又欲并建大寺。文用谓行省曰："非时役民，民不堪矣，少徐之，如何？"行省曰："参政奈何格上命？"文用曰："今之困民力而失民心者,岂上意耶?"行省意沮,乃稍宽其期。

文用以忠言正论为己任,平居闻朝政有一未善,辄终夜不寐,倚壁叹憾不置曰:"祖宗艰难成立之天下,岂可使贼臣坏之!"故每与朝议,即奋言不顾危祸。阿哈玛特、卢世荣、僧格之党,百计欲杀之,不以为意,曰:"人臣在位,岂爱身苟容,而上负国家,下负生民乎!"好贤乐善出天性,待下士必尽礼,至老不倦。仕宦五十年,卒之日,唯祭器、书册而已。

《续通鉴》卷一八六、卷一八七、卷一九三

## 二七　世祖皇后以宋亡为诫

世祖皇后鸿吉哩氏崩。后性明敏,达于事机,国家初政,左右匡正,与有力焉。四集赛奏割京城外近地牧马,帝许之。后将谏,先佯责刘秉忠曰:"汝何不谏?若初定都时,以其地牧马则可,今军民分业已定,夺之,可乎?"事遂止。

后尝于太府监支缯帛表里各一,帝谓后曰:"此军国所需,非私家物,后何可得支!"后自是率宫人亲执女工,拘诸旧弓弦练之,缉为绸以制衣。宣徽院羊臑皮置不用,后取之,合缝为地毯。其勤俭有节而无弃物类如此。

宋亡,幼主入朝,后不乐。帝曰:"江南平,自此不用兵甲,人皆喜之,尔何独不乐?"后曰:"自古无千岁之国,毋使吾子孙及此则幸矣!"帝以宋府库物置殿庭,召后视之,后一视而返。帝遣宦者追问后何欲,后曰:"宋人贮蓄以贻子孙，子孙不能守而归于我，我又何忍取之！"

宋太后全氏至京，不习风土，后奏请令回江南，帝不允。至三奏，帝乃答曰："尔妇人，无远虑，若使之南还，或浮言一动，即废其家，非所以爱之也。即爱之，但时加存恤可矣。"后退，益厚待之。后卒于至元十八年。

《续通鉴》卷一八五

## 二八　许衡勤学善教

许衡，怀州之河内人也，世为农。幼有异质，七岁入学，授章句，问其师曰："读书何为？"师曰："取科第耳！"曰："如斯而已乎？"师大奇之。久之，师谓其父母曰："儿颖悟不凡，他日必有大过人者，吾非其师也。"遂辞去，父母强之不能止。如是者凡更三师。稍长，嗜学如饥渴，然遭世乱，且贫无书。尝从日者家见《书》疏义，因请寓宿，手抄归。既逃难徂徕山，始得《易》王辅嗣说。时兵乱中，衡夜思昼诵，身体而力践之，言动必揆诸义而后发。尝暑中过河阳，渴甚，道有梨，众争取啖之，衡独危坐树下自若。或问之，曰："非其有而取之，不可也。"人曰："世乱，此无主。"曰："梨无主，吾心独无主乎？"

转鲁留魏，人见其有德，稍稍从之。居三年，闻乱且定，乃还怀。往来河、洛间，从柳城姚枢得伊洛程氏及新安朱氏书，益大有得。寻居苏门，与姚枢及窦默相讲习。凡经传、子史、礼乐、名物、星历、兵刑、食货、水利之类，无所不讲，而慨然以道为己任。尝语人曰："纲常不可一日而亡于天下，苟在上者无以任之，则在下之任也。"凡丧祭娶嫁，必征于礼，以倡其乡人，学者浸盛。家贫躬耕，粟熟则食，粟不熟则食糠核菜茹，处之泰然，讴诵之声闻户外如金石。财有馀，即以分诸族人及诸生之贫者。人有所遗，一毫弗义，弗受也。

世祖至元八年，以为集贤大学士，兼国子祭酒，亲为择蒙古弟子俾教之。衡闻命，喜曰："此吾事也。国人子大朴未散，视听专一，若置之善类中涵养数年，将必为国用。"乃请征其弟子王梓、刘季伟等十二人为伴读。诏驿召之来京师，分处各斋，以为斋长。时所选弟子皆幼稚，衡待之如成人，爱之如子，出入进退，其严若君臣。其为教，因觉以明善，因明以开蔽，相其动息以为张弛。

十八年，衡病革，家人祀先，衡曰："吾一日未死，宁不有事于祖考。"扶而起，奠献如仪。既撤，家人馂，怡怡如也。已而卒，年七十三。怀人无贵贱少长，皆哭于门。四方学士闻讣，皆聚哭。有数千里来祭哭墓下者。

衡善教，其言煦煦，虽与童子语，如恐伤之。故所至，无贵贱贤不肖皆乐从之，随其才昏明大小，皆有所得，可以为世用。所去，人皆哭泣，不忍舍，服念其教如金科玉条，终身不敢忘。或未尝及门，传其绪馀，而折节力行为名世者，往往有之。听其言，虽武人俗士、异端之徒，无不感悟者。丞相安童一见衡，语同列曰："若辈自谓不相上下，盖十百与千万也。"

《元史》卷一五八

## 二九　许衡论为君之难

许衡上疏于世祖，其中曰："为君当知为君之难。盖上天为下民作之君师，非以安佚娱之，乃以至难任之也。古帝明王，莫不兢兢业业，岂故为自苦哉！诚深知为君之难，则有一息，不敢暇逸者。请言其要。

人君不患出言之难，而患践言之难。知践言之难，则其出言不容不慎。一日、二日、万机，人君以一身一心临断之，欲言之无失，岂易得哉！故有昔之所言，而今日忘之者，今之所命，而后日违之者，可否异同，纷更变易，纪纲不得布，法度不得立，臣下无所持循。此无他，至难之地不以难处，而以易处故也。苟从《大学》之道，以修身为本，凡一言一行，必求其所当然，不牵于爱憎，不激于喜怒，虚心端意，而审处之，鲜有不中者。奈何为上多乐舒肆，为下多事容悦。夫私心盛，则不畏人，欲心盛，则不畏天。以不畏天、不畏人之心，所日务者皆快心之事，则口欲言而言，身欲动而动，又安肯兢兢业业，熟思而审处之乎？此人君践言之难，又难于在下之人也。

人之情伪有易有险，险者难知，易者易知。且又有众寡之分焉。寡则易知，众则难知，故在上难于知下，而在下易于知上。处难知之地，御难知之人，欲其不见欺也难矣。人君处亿兆之上，操予夺进退赏罚生杀之权，不幸见欺，则以非为是，以是为非，其害可胜概乎？若是，则进者未必君子，退者未必小人，予者未必有功，夺者未必有罪，赏罚生杀，鲜得其正。人君不悟其受欺也，而反任之以防天下之欺，患尚可言邪？大抵人君以知人为贵，以用人为急，用得其人，则无事于防。"

《新元史》卷一七〇

## 三〇　吴澄不仕著书

吴澄，抚州崇仁人。幼颖异。五岁，日受千馀言，夜读书达旦。母忧其过勤，不多与膏火，澄候母寝，燃膏复诵。九岁，日诵《大学》二十过，次第读《论语》《中庸》，如是者三年。时宋亡征已见，澄以其学教授乡人，作草屋数间，题其牖曰："抱膝《梁父吟》，浩歌《出师表》。"程钜夫与澄为同学，知其意，题之曰草庐，学生遂称之曰草庐先生。

至元十二年，抚州内附。澄居布水谷，乃著《孝经章句》，校定《易》《书》《诗》《春秋》《仪礼》及大、小《戴记》。二十三年，程钜夫奉诏求江南遗逸，强起澄至京师。未几，母老辞归。二十五年，钜夫白于执政，吴澄不欲仕，所著《诗》《书》《春秋》诸书，得圣贤之旨，可以教国子，传之天下。敕江西行省缮录其书以进，州县以时敦礼。

澄卒于至顺元年，年八十五。

《新元史》卷一七〇

元（公元1280年至1367年）

## 三一　梁贞凿井得甘泉

梁贞任济源县令。始入境，从人求田妇所负水饮马，妇难之。贞问，对以地无井，得水不易。贞曰："吾岂可以因马扰民。"遂纵马，任其所之。马前蹴地以待，贞凿地，得泉甘洌，民为立祠，号梁公井。济源民赵成诉虎食牛，乞蠲徭役，贞戚然曰："令不善之所致也。"偿其牛值。贞为令三年，决笞罪止二十七人。许衡在中书，两荐贞。时廷议郡县吏治最者，仅二人，其一贞也。俄以疾去，县人立碑纪之。

《新元史》卷一九五

## 三二　赛典赤治云南

世祖时，赛典赤拜平章政事，行省云南。云南风俗，男女往往自相配偶，亲死则火之，不为丧祭。无秔稻桑麻，子弟不知读书。赛典赤教之拜跪之节，婚姻行媒，死者为之棺椁奠祭，教民播种，为陂池以备水旱，创建孔子庙明伦堂，购经史，授学田，由是文风稍兴。云南民以贝代钱，是时初行钞法，民不便之，赛典赤为闻于朝，许仍其俗。又患山路险远，盗贼出没，为行者病，相地置镇，每镇设土酋吏一人、百夫长一人，往来者或值劫掠，则罪及之。

有土吏数辈，怨赛典赤不已，用至京师诬其专僭数事。帝顾侍臣曰："赛典赤忧国爱民，朕洞知之，此辈何敢诬告！"即命械送赛典赤处治之。既至，脱其械，且谕之曰："若曹不知上以便宜命我，故诉我专僣，我今不汝罪，且命汝以官，能竭忠自赎乎？"皆叩头拜谢曰："某有死罪，平章既生之而又官之，誓以死报。"

赛典赤居云南六年，至元十六年卒，年六十九，百姓巷哭，葬鄯阐北门。交趾王遣使者十二人，齐经为文致祭，其辞有"生我育我，慈父慈母"之语，使者号泣震野。帝思赛典赤之功，诏云南省臣尽守赛典赤成规，不得辄改。

《元史》卷一二五

## 三三　赵良弼谈忍乃有济

世祖至元十一年，以赵良弼同金书枢密院事。丞相伯颜伐宋，良弼言："宋重兵在扬州，宜以大军先捣钱唐。"后讫如其计。又言："宋亡，江南士人多废学，宜设经史科，以育人材，定律令，以戢奸吏。"卒皆用其议。帝尝从容问曰："高丽，小国也，匠工弈技，皆胜汉人，至于儒人，皆通经书，学孔、孟。汉人惟务课赋吟诗，将何用焉！"良弼对曰："此非学者之病，在国家所尚何如耳。尚诗赋，则人必从之，尚经学，则人亦从之。"

良弼屡以疾辞，十九年，得旨居怀孟。良弼别业在温县，故有地三千亩，乃析为二，六与怀州，四与孟州，皆永隶庙学，以赡生徒，自以出身儒素，示不忘本也。

或问为治，良弼曰："必有忍，其乃有济。人性易发而难制，惟怒为甚。必克己，然后可以制怒；必顺理，然后可以忘怒。能忍所难忍，容所难容，事斯济矣。"至元二十三年卒，年七十。

《元史》卷一五九

## 三四　贺仁杰引咎归己

贺仁杰，京兆人。父贲，有材略，善攻战，数从军有功。关中兵后积尸满野，贲买地金天门外，为大冢收瘗之。远近闻者，争辇尸来葬，复以私钱劳之。尝治室于毁垣中，得白金七千五百两，谓其妻郑曰："语云：匹夫无故获千金，必有非常之祸。"时世祖以皇太弟受诏征云南，驻军六盘山，乃持五千两往献之，世祖曰："天以赐汝，焉用献！"对曰："殿下新封秦，金出秦地，此天以授殿下，臣不敢私，愿以助军。"且言其子仁杰可用状，即召入宿卫。其军帅怒贲不先白己而专献金，下贲狱。世祖闻之，大怒，执帅将杀之，以勋旧而止。世祖即位，赐贲金符。

至元十三年，世祖一日召仁杰至榻前，出白金，谓之曰："此汝父六盘所献者，闻汝母来，可持以归养。"辞不许，乃归白母，尽散之宗族。帝欲选民间童女充后宫；及有司买物，多非其土产；山后盐禁，久为民害，皆奏罢之。民为之立祠。

至元十七年，上都留守阙，宰相拟廷臣以十数，皆不纳,帝顾仁杰曰:"无以易卿者。"特授正议大夫、上都留守,兼本路总管、开平府尹。尚书省立,桑哥用事,奏上都留守司钱谷多失实。召留守忽剌忽耳及仁杰廷辨,仁杰曰:"臣汉人,不能禁吏戢奸,致钱谷多耗伤,臣之罪。"忽剌忽耳曰:"臣为长,印在臣手,事未有不关白而能行者,臣之罪。"帝曰:"以爵让人者有之,未有争引咎归己者。"置勿问。

贺仁杰居官五十馀年,为留守者居半,车驾春秋行幸,出入供亿,未尝致上怒。其妻刘殁,世祖欲为娶贵族,固辞;乃娶民间女,已而丧明,夫妻相敬有加。成帝雅重之,晋平章政事,赐金币归第。

《元史》卷一六九;《续通鉴》卷四八三

## 三五　虎林赤称重农为本

虎林赤,智勇绝人。阿里不哥之叛,出其家名马以助官军。从幸和林,中道值大风,昼晦,敌猝至,击走之。还,佩其大父金符,提点尚食、尚药二局,历尚膳使,兼司农。尝入侍,世祖问治天下何为本,曰:"重农为本。"何为先,曰:"用贤为先。用贤则天下治,重农则百姓足。"帝深善之,超拜宣徽使,辞,改佥院事,仍领尚膳使,卒。

《元史》卷一六九

## 三六　程思廉赈灾民修堤防

至元十二年，程思廉累迁河北河南道按察副使。道过彰德，闻两河岁饥，而征租益急，欲止之。有司谓法当上请，思廉曰："若然，民已不堪命矣。"即移文罢征，后果得请。二十年，河北复大饥，流民渡河求食，朝廷遣使者，集官属，绝河止之。思廉曰："民急就食，岂得已哉！天下一家，河北、河南皆吾民也。"亟令纵之。且曰："虽得罪死不恨。"章上，不之罪也。卫辉、怀孟大水，思廉临视赈贷，全活甚众。水及城不没者数板，即修堤防，露宿督役，水不为患。

成宗即位，除河东山西廉访使。太原岁饲诸王驼马一万四千馀匹，思廉为请，止饲千匹。平阳诸郡岁输租税于北方，民甚苦之，思廉为请，得输河东近仓。旧法，决事咸有议答，权归曹吏，思廉自判牍尾，某当某罪，吏皆束手。

思廉累任风宪，刚正疾恶，言事剀切。与人交有终始，或有疾病死丧，问遗周恤，往返数百里不惮劳，仍为之经纪家事，抚视其子孙。其于家族，尤尽恩意。好荐达人物，或者以为好名，思廉曰："若避好名之讥，人不复敢为善矣。"卒年六十二。

《元史》卷一六三

## 三七　耶律希亮称旨既错当明示众

　　至元十四年，耶律希亮迁吏部尚书。帝驻跸察纳儿台之地，希亮至，奏对毕，董文用问大都近事。希亮曰："囹圄多囚耳。"世祖方欹枕而卧，忽寤，问其故。希亮奏曰："近奉旨：汉人盗钞六文者杀。以是囚多。"帝惊问："孰传此语？"省臣曰："此旨实脱儿察所传。"脱儿察曰："陛下在南坡，以语蒙古儿童。"帝曰："前言戏耳，曷尝著为令式？"乃罪脱儿察。希亮因奏曰："令既出矣，必明其错误，以安民心。"帝善其言，即命希亮至大都，谕旨中书。

　　希亮性至孝，困厄遐方，家赀散亡已尽，仅藏祖考画像，四时就穹庐陈列致奠，尽诚尽敬。朔漠之人，咸相聚来观，叹曰："此中土之礼也。"虽疾病，不废书史，或中夜起坐，取烛以书。所著诗文及从军纪行录三十卷，目之曰《愫轩集》。

《元史》卷一八〇

## 三八　张雄飞拒杀无罪

　　张雄飞入为兵部尚书。平章阿合马在制国用司时，与亦麻都丁有隙，至是，罗织其罪，同僚争相附会，雄飞不可曰："所犯在制国用司时，平章独不预耶？"众无以答，秦长卿、刘仲泽亦以忤阿合马，皆下吏，欲杀之，雄飞亦持不可。阿合马使人唉之曰："能杀此三人，当以参政相处。"雄飞曰："杀无罪以求大官，吾不为也。"阿合马怒，出雄飞为澧州安抚使，三人竟死狱中。

澧州有巨商二人，犯匿税及殴人事，僚佐受赂，欲宽其罪，雄飞绳之益急。或曰："此细事，何执之坚？"雄飞曰："吾非治匿税殴人者，欲改宋弊政，惩不畏法者尔。"贫民以乏食，群聚发富家廪，所司欲论以强盗，雄飞曰："此盗食，欲救死耳，非强也。"宽其狱，全活者百馀人。

至元十五年，荆湖行省阿里海牙以降民千户没入为家奴，自置吏治之，岁责租赋，有司莫敢言。雄飞言于阿里海牙，请归其民于有司。不从。雄飞入朝奏其事，诏还籍为民。

至元十六年，雄飞拜御史中丞，行御史台事。阿合马死，朝臣皆以罪去。拜参知政事。阿合马用事日久，卖官鬻狱，纪纲大坏，雄飞乃先自降一阶，于是侥幸超躐者皆降之。阿合马之子忽辛有罪，敕中贵人及中书杂问，忽辛历指宰执曰："汝曾使我家钱物，何得问我！"雄飞曰："我曾受汝家钱物否？"曰："惟公独否。"雄飞曰："如是，则我当问汝矣。"忽辛遂伏辜。

二十一年春，议大赦天下，雄飞谏曰："古人言：无赦之国，其刑必平。故赦者，不平之政也。圣明在上，岂宜数赦！"帝嘉纳之，语雄飞曰："大猎而后见善射，集议而后知能言，汝所言者是，朕今从汝。"遂止降轻刑之诏。

雄飞刚直廉慎，始终不易其节。尝坐省中，诏趣召之，见于便殿，谓雄飞曰："若卿可谓真廉者矣。闻卿贫甚，今特赐卿银二千五百两、钞二千五百贯。"雄飞拜谢，将出，又诏加赐金五十两及金酒器。雄飞受赐，封识藏于家。

《新元史》卷一五八；《元史》卷一六三

## 三九　铁哥行善

至元十七年，铁哥任正议大夫、尚膳监。高州人言，州境多野兽害稼，愿捕以充贡。铁哥曰："捕兽充贡，徒济其私耳，且扰民，不可听。"世祖从之。有食尚食馀饼者，帝察知之，怒。铁哥曰："失饼之罪在臣，食者何与焉。"内府食用圆米，铁哥奏曰："计粳米一石，仅得圆米四斗，请自今非御用，止给常米。"帝皆善之。

迁中奉大夫、司农寺达鲁花赤。从猎百杏儿之地，猎人亦不剌金射兔，误中名驼，驼死，帝怒，命诛之。铁哥曰："杀人偿畜，刑太重。"帝惊曰："误耶，史官必书。"亟释之。庾人有盗凿粳米者，罪当死。铁哥谏曰："臣鞫庾人，其母病，盗粳欲食母耳，请贷之。"牧人有盗割驼峰者，将诛之。铁哥曰："生割驼峰，诚忍人也。然杀之，恐乖陛下仁恕心。"诏皆免死。

进资善大夫、司农。时司农供膳，有司多扰民，铁哥奏曰："屯田则备诸物，立供膳司甚便。"从之。桓州饥民鬻子女以为食，铁哥奏以官帑赎之。

《元史》卷一二六

元（公元1280年至1367年）

## 四〇　伊喇元臣不自污

至元十九年，世祖以所籍入权臣家妇赐后卫亲军指挥伊喇元臣，元臣辞曰："臣家世清素，不敢自污。"帝嘉叹不已。

《续通鉴》卷一八五

## 四一　阿合马多智专权贪横

世祖至元元年秋，拜阿合马为中书平章政事。七年正月，立尚书省，又以阿合马平章尚书省事。阿合马为人多智巧言，以功利成效自负，众咸称其能。世祖急于富国，试以行事，颇有成绩。又见其与丞相史天泽等争辨，屡有以诎之，由是奇其才，授以政柄，言无不从，而不知其专愎益甚矣。丞相安童含容久之，言于世祖曰："臣近言尚书省、枢密院、御史台，宜各循常制奏事，其大者从臣等议定奏闻，已有旨俞允。今尚书省一切以闻，似违前奏。"世祖曰："汝所言是。岂阿合马以朕颇信用，敢如是耶！"

阿合马在位日久，益肆贪横，援引同党，阴谋交通，专事蒙蔽，逋赋不蠲，众庶流移，京兆等路岁办课至五万四千锭，犹以为未实。民有附郭美田，辄取为己有。内通货贿，外示威刑，廷中相视，无敢论列。有宿卫士秦长卿者，慨然上书发其奸，竟为阿合马所害，毙于狱。

至元十九年三月，世祖在上都，皇太子从。有益都千户王著者，素志疾恶，因人心愤怨，密铸大铜锤，自誓愿击阿合马首。乃称乱诡言太子将回，令省官悉候于宫前。呼省官至前，责阿合马数语，王著即牵去，以所袖铜锤碎其脑，立毙。

阿合马死，世祖犹不深知其奸，令中书毋问其妻子。后，尽得其罪恶，大怒曰："王著杀之，诚是也。"乃命发墓剖棺，戮尸于通玄门外，纵犬啖其肉。百官士庶，聚观称快。子侄皆伏诛，没入其家属财产。

《元史》卷二〇五

## 四二　秦长卿劾权奸遭冤杀

秦长卿尚风节，好论事，在宿卫，以气岸相高。是时尚书省立，阿合马专政，长卿上书曰："臣愚戆，能识阿合马，其为政擅生杀人，人畏惮之，固莫敢言，然怨毒亦已甚矣。观其禁绝异议，杜塞忠言，其情似秦赵高；私蓄逾公家赀，觊觎非望，其事似汉董卓。请及其未发，诛之为便。"事下中书。阿合马为人便佞，善伺人主意，又其赀足以动人，中贵人力为救解，事遂寝，然由是大恨长卿。除兴和宣德同知铁冶事，竟诬以折阅课额数万缗，逮长卿下吏，籍其家产偿官，又使狱吏杀之。狱吏濡纸塞其口鼻，即死。未几，王著聚徒杀阿合马。帝后悟，亦追罪之，斩棺戮尸，并诛其子，而长卿冤终不白。

《元史》卷一六八

元（公元1280年至1367年）

## 四三　姚天福搏击权贵猛如虎

姚天福拜监察御史。时君臣奏事皆便服，天福朱衣秉笏以入，众骇顾，莫知所为。见世祖，首论阿合马擅政为奸利，出诣中书省，执阿合马。阿合马亦期得对，必杀天福。及至帝前，天福探皂囊，出二十四事，抗声论之。才及其三，帝为之动容，曰："即此已不容诛，况其馀乎？"国语谓虎曰巴而思，帝赐天福名巴而思。且谕之曰："有敢违祖训而干纪法犯法者，其击之勿纵。"是时，阿合马方以言利得幸，帝虽韪天福言，然宠任如故也。

既而天福按事北边，道过其家，其母赵氏见之，大怒曰："汝为御史，胡私归？"立遣之去，且告曰："汝勿以吾为虑。苟言事得罪，吾虽为汝死亦甘心。"廷臣闻其母言，以奏，帝曰："贤哉！非此母，不生此子。"命付史馆书之。

大名路达鲁花赤小甘浦，冬猎于郊，民不堪命。事闻，帝遣御史按之，反为小甘浦所抠，更命天福往。天福微服廉问，尽得其实，立捕小甘浦，劾治之，并及他淫虐不法事。小甘浦素贵，猝见折辱，皆款服，械以俟命。为侍御史安兀失纳所营救，诏释之。小甘浦骑过台门，为谇詈语，天福闻之曰："敢尔耶！"率吏卒执之，于佩囊得赂安兀失纳书，诘之，则赂在道士家。天福搜得赂如书，而安兀失纳不知也。明旦，方坐御史府治事，天福叱左右撤其案，手执之。安兀失纳绝裾而逸，天福持赃入奏。帝曰："朕尝贯小甘浦十死罪。"天福曰："今小甘浦死罪十

·1553·

有七，陛下赏其十，其七谁当之？且太祖之法，安可坏耶！"于是小甘浦竟伏诛，安兀失纳亦坐免官。

十八年，移江南湖北道。劾平章阿里海涯不法事，不报。天福入朝自言之，出境，遇贼劫之。已而知为姚按察船，贼罗拜曰："公正人，不可犯。"

大德四年，以参知政事，行大都路总管、大兴尹事。三河县民得铜印于田间，未及送官，怨家诬为谋反。事上府，天福取其印视之，则故三河县印也，笑释其缚而遣之，治县令与告者之罪。有寡妇朱畀弟钱为贾，后索钱，弟不肯予。朱告于官，皆以无券，不值朱。天福使朱归，而召其弟曰："尔昔贫今富，今有盗扳尔为其徒党，信乎？"弟惶惧，具言假姊钱致富，有簿记可按也。天福乃召朱至，按簿分其半与之。

《新元史》卷一八四

## 四四　陈天祥劾卢世荣

至元二十一年三月，陈天祥拜监察御史。会右丞卢世荣以掊克聚敛骤升执政，权倾一时。御史中丞崔彧言之，帝怒，欲致之法，世荣势焰益张。左司郎中周载因议事微有可否，世荣诬以沮法，奏令杖一百，然后斩之，于是臣僚震慑，无敢言者。二十二年四月，天祥上疏，极言世荣奸恶。世祖闻其语，遣使召天祥与世荣，俱至上都面质之。既至，即日有内官传旨，缚世荣于宫门外。明日入对，天祥于帝前再举其所言与未及尽言者，帝皆称善，世荣遂伏诛。

《元史》卷一六八

## 四五　安童听祁志诚之劝

丘处机之徒，四传有曰祁志诚者，居云州金阁山，道誉甚著。丞相安童尝过而问之，志诚告以修身治世之要。安童感其言，故其相世祖也，以清静忠厚为主。及罢还第，退然若无与于世者，人以为有得于志诚之言。

至元二十一年，安童复被召入相，辞，不可，遂往决于志诚。志诚曰："昔与子同列者何人？今同列者何人？"安童悟，入见世祖，辞曰："臣昔为宰相，年尚少，幸不失陛下事者，丞佐皆臣所师友。今事臣者，皆进与臣俱，则臣之为政能有加于前乎！"世祖曰："谁为卿言是？"对曰："祁真人。"世祖叹异者久之。

安童为相，以宗社奠安为己任，以民物阜丰为己责，一政失平，一物失所，惨然不乐，改而后已。公退，府南开一阁，进贤士大夫讲论古今治道，而请谒绝迹。天下倚为重臣，而阨于阿哈玛特、僧格，前后不竟其用。子乌古达，器度弘达，袭长宿卫，父没，凡赗赙之物，一无所受，以素车朴马归葬其先茔。

《元史》卷二〇二；《续通鉴》卷一九一

## 四六　皇太子真金仁俭

皇太子真金初从姚枢、窦默学，仁孝恭俭，尤优礼大臣，一时在师友之列者，非朝廷名德，则布衣节行之士。

在中书日久，明于听断，闻四方科征、挽漕、造作、和市，有系民之休戚者，多奏罢之。江西行省以岁课羡钞四十七万贯来献，太子怒曰："朝廷但令汝等安百姓，百姓安，钱粮何患不足！百姓不安，钱粮虽多，能自奉乎？"尽却之。尝服绫裕，为浑所渍，命侍臣重加染治；侍臣请复制之，太子曰："吾欲织百端，非难也，顾是物未敝，岂宜弃之！"东宫香殿成，工请凿石为池，如曲水流觞故事。太子曰："古有肉林、酒池，尔亦欲吾效之耶？"每与诸王近臣习射之暇，辄讲论经典，片言之间，苟有允惬，未尝不为之洒然改容。

中庶子巴拜以其子阿巴齐入见，谕之以："毋读蒙古书，须习汉人文字。"

至元二十二年，太子卒，年四十三。

《续通鉴》卷一八七

## 四七　王庆端治军有方

世祖至元初，王庆端迁右亲军副指挥使，进侍卫军都指挥使。庆端建武威营，以处卫兵，又别立神锋军，教以蹶张之技，又作整暇堂、屏局，经画田庐，如治家事。其后诸卫皆取以为法。

十九年，设詹事院，就兼詹事丞，有司欲贷威武卫仓谷万石，以赈饥民。皇太子问庆端，对曰："兵民一体，何问焉！"即日付之，世祖闻其事，叹曰："真宰相之器也。"帝遣近侍夜出诇察，为逻卒所执，告以故，卒曰："军中知将令，不知其他。"近侍奏闻，赐庆端黑貂裘以奖之。及亲征乃颜，敕庆端以所部扈从。庆端六十馀，与士卒同甘苦，夜不解衣而卧，暇日使士卒为军市，自相贸易。故经年暴露，士无饥色。

《新元史》卷一四八

## 四八　世祖用南人博采名士

至元二十三年，世祖诏集贤直学士程文海，拜侍御史，行御史台事，往江南博采知名之士。

初，帝欲以文海为中丞，台臣言文海南人，不可用，且年少，帝大怒曰："汝未用南人，何以知南人不可用？自今省、部、台、院，必参用南人。"遂拜文海是职，奉诏求贤于江南。诏令旧用蒙古字，及是特命以汉字书之。帝素闻赵孟頫、叶李名，密谕文海，必致此二人。文海复荐赵孟頫、余恁、万一鹗、张伯淳、胡梦魁、曾晞颜、孔洙、曾冲子、凌时中、包铸等二十馀人。

《续通鉴》卷一八七

## 四九　叶李言弊在官匪勾结

至元二十四年，僧格、伊苏特穆尔言："江南归附十年，盗贼迄今未靖，宜立限招捕，而以安集责州县之吏，其不能者黜之。"叶李言："臣在漳州十年，详知其事，大抵军官嗜利与贼通者，尤难弭息。宜令各处镇守军官，例以三年转徙，庶革斯弊。"世祖皆诏行之。

会尚书省立，授李尚书左丞。时帝欲徙江南宋宗室及大姓于北方，李乘间言："宋已归命，其民安于田里。今无故闻徙，必将疑惧，万一有奸人乘衅而起，非国之利也。"帝大悟，事遂寝。升尚书右丞。

时淮、浙饥馑，谷价腾踊，李奏免江淮租税之半，运湖广、江西粮十七万石至镇江，以赈饥民。帝欲伐交趾，召李入议，李曰："遐方远夷，得之无益，军旅一兴，费縻巨万，今山路险巇，深入敌境，万一蹉跌，非所以威示远人也。"乃止。

二十五年，升平章政事，李固辞，许之。赐以玉带，视秩一品，及平江田四千亩。于是桑哥为尚书丞相，专擅国政，急于财利，毒及生民，李虽与之同事，然莫能有所匡正。会桑哥败，事颇连及同列。久之，李独以疾得请南还。未几卒，年五十一。

李前后被赐之物甚多，而自奉甚俭。尝诫其子曰："吾世业儒，甘贫约，唯以忠义结主知。汝曹其清慎自持，勿增吾过。"指所赐物曰："此终当还官也。"比卒，悉表送官，一毫不以自私。

《元史》卷一七三；《续通鉴》卷一八八

## 五〇　谀者请为僧格立碑

至元二十四年，有佞谀者，讽大都民史吉等请为僧格立石颂德，世祖曰："民欲立则立之。"仍以告僧格，使其喜也。于是翰林制文，题曰"王公辅政之碑"。

僧格恩宠方盛，自近戚、贵人见之，皆屏息逊避，董文用独不附之。僧格令人讽文用颂己功于帝前，文用不答；僧格又自谓文用曰："百司皆具食丞相府，独御史台未具食耳。"文用亦不答。

僧格又以铨调内外官皆由于己，而其宣敕尚由中书，至是以为言。命自今所授宣敕并付尚书省。于是僧格遂以刑爵为贩市，所求无不遂，纲纪大坏，人心骇愕。

时僧格专政，法令苛急，天下骚然。南台侍御史、行御史台事程文海入朝，上疏曰："今权奸用事，立尚书，钩考钱谷，以剥割生民为务，所委任者率皆贪饕邀利之人。江南盗贼窃发，良以此也。臣以为宜清尚书之政，省行省之权，罢言利之官，行恤民之事，于国为便。"僧格大怒，欲羁留不遣，复奏请杀之，世祖皆不许。

《续通鉴》卷一八八、卷一八九

## 五一　世祖论叶李留梦炎之优劣

　　丞相僧格钟初鸣时，即坐省中，六曹后至者答之。兵部郎中赵孟𫖯偶后至，断事官遽引孟𫖯受答，孟𫖯入诉于右丞叶李曰："古者刑不上大夫，所以养其廉耻，教之节义。且辱士大夫，是辱朝廷也。"僧格亟慰孟𫖯使出，自是所答惟曹吏以下。它日，行东御墙外，道隘，孟𫖯马跌，堕于河；僧格闻之，言于世祖，移筑御墙稍西二丈许。

　　世祖尝问赵孟𫖯以叶李、留梦炎优劣，孟𫖯对曰："梦炎，臣之父执，其人厚重，笃于自信，好谋而能断，有大臣器。叶李所读之书，臣皆读之，其所知所能，臣皆知之能之。"帝曰："汝以梦炎贤于李耶？梦炎在宋为状元，位至丞相，当贾似道误国罔上，梦炎依阿取容。李布衣，乃伏阙上书，是贤于梦炎也。汝以梦炎父友，不敢斥言其非，可赋诗讥之。"孟𫖯所赋，有"往事已非那可说，且将忠直报皇元"之句，帝叹赏。而梦炎衔之终身。

《续通鉴》卷一八八、卷一八九

## 五二　彻尔揭僧格误国害民之罪

　　赵孟𫖯谓奉御彻尔曰："上论贾似道误国，责留梦炎不言。僧格罪甚于似道而我等不言，他日何以辞其责！然我疏远之臣，言必不听。侍臣中，读书知义理，慷慨有大节，又为上所亲信，无逾公者。夫捐一旦之命，为万姓除残贼，仁者之事也，公必勉之！"

会世祖畋于柳林，彻尔至帝前，具陈僧格奸贪误国害民状，辞语激烈。帝怒，谓其毁诋大臣，命左右批其颊，血涌口鼻，委顿地上。少间，复呼而问之，辨愈力，且曰："臣与僧格无仇，所以力数其罪而不顾身者，为国家计耳。苟畏圣怒而不复言，则奸臣何由除，民害何由息！且使陛下有拒谏之名，臣窃惧焉。"页特巴勒及额森特穆尔等，亦劾奏僧格专权黩货。时博果密出使，三遣人趣召之，至，觐于行殿，帝以问，博果密对曰："僧格壅蔽聪明，紊乱政事，有言者即诬以它罪而杀之。今百姓失业，盗贼蜂起，召乱在旦夕，非亟诛之，恐为陛下忧。"自是言者益众，帝始决意诛之。

《续通鉴》卷一八九

## 五三　博果密荐鄂勒哲

世祖欲相刑部尚书博果密，谓之曰："朕过听僧格，致天下不安，今虽悔之已无及。朕识卿幼时，使从学，正欲备今日之用。"博果密曰："朝廷勋旧齿爵居臣右者尚多，今不次用臣，无以服众。"帝曰："然则孰可？"曰："太子詹事鄂勒哲可。向者籍阿哈玛特家，其赂遗近臣，皆有簿籍，唯无鄂勒哲名；又尝言僧格为相，必败国事，今果如其言，是以知其可也。"帝以僧格蠹政恐未尽去，召江淮参政燕公楠赴阙。公楠极陈其害，请更张以固国本，帝悦，问孰可以为首相，对曰："天下人望所属，莫若安童。"问其次，曰："鄂勒哲可。"

《续通鉴》卷一八九

## 五四　世祖责御史知而不劾

世祖谕御史大夫伊啰勒曰："屡闻僧格沮抑台纲，杜言者之口，又尝捶挞御史，其所罪者何罪，当与辨之。"僧格等持御史李渠等已刷文卷至，令侍御史杜思敬等勘验，辨论往复数四，僧格等辞屈。

明日，帝如上都，驻跸土口，复召御史台暨中书、尚书两省官辨论。帝是思敬，并责御史台曰："僧格为恶始终四年，其奸赃暴著非一，汝台臣难云不知；知而不劾，自当何罪？"思敬等对曰："夺官追俸，惟上所裁。"数日不决，伊啰勒奏台臣久任者当斥罢，新者存之，帝曰然。

时尚书省臣多以罪罢，世祖欲使赵孟頫与闻中书政事，孟頫固辞。帝令出入宫门无禁，每见，必从容语及治道，多所裨益。孟頫自念久在帝侧，必为人所忌，力请补外，出同知济南路总管府事。

《续通鉴》卷一九〇

## 五五　许扆拒唾僧格

提点太医院事许扆，与丞相安童善，国政多所赞益，僧格忌之，数谮于世祖，帝不之信。僧格败，系于左掖门，帝命宸往唾其面，辞不可。帝称其仁厚，赐以白玉带，且谕之曰："以汝明洁无瑕，有类此玉，故以赐汝。"

《续通鉴》卷一九〇

## 五六　博果密以正论对帝王

西僧请以金银币帛祠其神，世祖难之。平章政事博果密曰："彼佛以去贪为宝，奈何为此！"遂弗与。或言京师蒙古人宜与汉人间处以制不虞，博果密曰："新民乍迁，犹未宁居，若复纷更，必致失业。此盖奸人欲擅贷易之利，交给近幸，借为纳忠之说耳！"乃图写国中贵人第宅及民居犬牙相制之状，上之而止。

有谮鄂勒哲徇私者，帝以问博果密，对曰："鄂勒哲与臣俱待罪中书，岂得专行！且备位宰辅，人或发其阴私，宜使面质，明示责降。若内怀猜疑，非人主至公之道也。"言者果屈，帝怒，命左右批其颊而出之。是日，苦寒，解所御黑貂裘以赐。

帝每顾侍臣称塞咥旃之能，博果密从容问其故，帝曰："彼事宪宗，尝阴资朕财用。"博果密曰："是所谓为人臣怀二心者。今有以内府财物私结亲王，陛下以为若何？"帝急挥以手曰："卿止，朕失言。"

成宗初，河东守臣献嘉禾，博果密语之曰："汝部内所产尽然耶？惟此数茎耶？"曰："惟此数茎尔。"博果密曰："若如此，既无益于民，又何足为瑞！"遂罢遣之。

西僧为佛事，请释罪人祈福，谓之"秃鲁麻"。豪民犯法者，皆贿赂之以求免。有杀主、杀夫者，西僧请披以帝后御服，乘黄犊出宫门释之，云可得福。博果密曰："人伦者，王政之本，风化之基，岂可容其乱法如是！"成宗责丞相曰："朕诫汝毋使博果密知，今闻其言，朕甚愧之。"使人谓博果密曰："卿且休矣，朕今从卿言。"

博果密素贫穷，自爨汲，妻织纴以养母；母卒，号痛呕血几不起。平居服儒素，不尚华饰，禄赐有馀，即散施亲旧。明于知人，多所荐拔。其学先躬行而后文艺，居则简默，及帝前论事，吐辞弘畅，以天下之重自任，知无不言。世祖尝语之曰："太祖有言，人主理天下，如右手持物，必资左手承之，然后能固。卿实朕之左手也。"每侍燕间，必陈说古今治安，世祖每拊髀叹曰："憾卿生晚，不得早闻此言，然亦吾子孙之福。"临崩，以白璧遗之曰："它日持此以见朕也。"

《续通鉴》卷一九一、卷一九三

## 五七　梁曾使安南

奉使安南国梁曾、陈孚至安南。其国有三门，陈日燇欲迎诏自旁门入，曾大怒曰："奉诏不由中门，是辱君命也！"贻书责之，往复者三，卒从中行。且讽之入朝，安南主日燇不从，遣其臣陶子奇、梁文藻偕曾等来贡。曾进所与日燇辨论书，世祖大悦，解衣赐之，令坐地上。右丞阿尔意不然，帝怒曰："梁曾两使外国，以口舌息干戈，尔何敢尔！"时有亲王至自和林，帝命酌酒先赐曾，谓亲王曰："汝所办者汝事，梁曾所办者吾与汝之事，汝勿以为后也。"或谗曾受安南赂遗，帝以问曾，曾曰："安南以黄金、器币、奇物遗臣，臣不受，以属陶子奇。"帝曰："受之亦何不可！"

《续通鉴》卷一九一

## 五八　阿鲁浑萨理劝用儒术

至元二十年，有西域僧自言能知天象，译者皆莫能通其说。帝问左右，谁可使者。侍臣脱烈对曰："阿鲁浑萨理可。"即召与论难，僧大屈服。帝悦，令宿卫内朝。会有江南人言宋宗室反者，命遣使捕至阙下。使已发，阿鲁浑萨理趋入谏曰："言者必妄，使不可遣。"帝曰："卿何以言之？"对曰："若果反，郡县何以不知？言者不由郡县，而言之阙庭，必其仇也。且江南初定，民疑未附，一旦以小民浮言辄捕之，恐人人自危，徒中言者之计。"帝悟，立召使者还，俾械系言者下郡治之，言者立伏，果以尝贷钱不从诬之。帝曰："非卿言，几误，但恨用卿晚耳。"

二十一年，擢朝列大夫、左侍仪奉御。遂劝帝治天下必用儒术，宜招致山泽道艺之士，以备任使。帝嘉纳之，遣使求贤，置集贤馆以待之。秋九月，命领馆事，阿鲁浑萨理曰："宜择重望大臣领之，以新观听。"请以司徒撒里蛮领其事，帝从之。仍以阿鲁浑萨理为集贤馆学士。士之应诏者，尽命馆谷之，凡饮食供帐，车服之盛，皆喜过望。其弗称旨者，亦请加赉而遣之。有官于宣徽者，欲阴败其事，故盛陈所给廪饩于内前，冀帝见之。帝果过而问焉，对曰："此一士之日给也。"帝怒曰："汝欲使朕见而损之乎？十倍此以待天下士，犹恐不至，况欲损之，谁肯至者。"

成宗即位，语阿鲁浑萨理曰："朕在潜邸，谁不愿事朕者，惟卿虽召不至，今乃知卿真得大臣体。"大德三年，复拜中书平章政事。十一年，卒，年六十有三。

《元史》卷一三〇

## 五九　詹士龙筑海堤

詹士龙授高邮兴化尹。时兵后，士龙招抚流亡，户口日增。又籍官田入学宫，召佃种之，岁得谷三百五十石，以赡肄业者。县东五十里滨海，苦水患，宋范仲淹为令，筑堤捍之，名捍海堰，岁久圮坏。高邮、宝应、海陵诸州皆被水，士龙以状闻，请发民夫修之。堤成，延互三百里，数州赖之。

《新元史》卷一七四

## 六〇　高良弼拒贿

至元二十四年，高良弼起为淮安路总管。淮安以征日本治海舰，岁购材万馀，富商通有司，分入其利，积材已十三万。良弼下车，吏又请四十万缗如岁例，良弼白其事于行省，罢之。富商夜持五万缗馈良弼，良弼曰："若欲货取吾耶！"叱之去。未几，行省报下，如旧例购材。良弼曰："吾言不效，尸位何为？"抑郁发疾而卒，年六十六。

《新元史》卷一七四

## 六一　乌古孙泽修水利民称颂

乌古孙泽性刚毅，读书举大略，一切求诸己，不事章句，才干过人。常曰："士非俭无以养廉，非廉无以养德。"身一布袍数年，妻子朴素无华，人皆言之，泽不以为意也。

至元二十九年，泽为海北海南廉访使。雷州地近海，潮汐啮其东南，陂塘碱，农病焉。而西北广衍平袤，宜为陂塘，泽行视城阴，曰："三溪徒走海，而不以灌溉。"乃教民浚故湖，筑大堤，竭三溪潴之，为斗门七，堤竭六，以制其赢耗；酾为渠二十有四，以达其注输。渠皆支别为闸，设守视者，时其启闭，计得良田数千顷，濒海广潟并为膏土。民歌之曰："舄卤为田兮，孙父之教。渠之泱泱兮，长我粳稻。自今有年兮，无旱无涝。"

《元史》卷一六三

## 六二　释杨琏真珈聚财无算

有杨琏真珈者，世祖时为江南释教总统，掘赵氏诸陵及其大臣冢墓凡百一所；戕杀平民四人；受人献美女宝货无算；其攘夺盗取者，计金一千七百两、银六千八百两、玉带九、玉器大小百一十有一、杂宝贝百五十有二、大珠五十两、钞一十一万六千二百锭、田二万三千亩；私庇平民不输公赋者二万三千户。他所藏匿未露者，不论也。南台御史中丞亦力撒合请急诛之，以谢天下，帝不允。

《新元史》卷二四三

## 六三　王恽为政惠及民兵

至元十七年，王恽被授山北辽东道提刑按察司副使。驸马伯忽里，数出猎蹂民田。恽以法绳之，

二十四年，改河北河南道提刑按察副使，恽以江南人鬻子北方，名为养子，实为奴，乞禁之。又省部以正军徐田出调发，恽言："士卒，冲冒寒暑，远涉江海，宜加优恤。"皆从之。歙州朱喜，俘于兵，既自赎，主家利其资，复欲以为奴。又有诬息州江清为奴，杀而夺其妻子田宅者。狱久不决，恽皆平反之

迁燕南河北道肃政廉访副使，世祖谓左右曰："此人非素餐者。"二十七年，河间盐司盗印钞十余万，恽核正其罪。诸王分地恩州，以钱贷民，倍其息，恽令子母相当

则止，逾者有罚。先是金民为兵，限私田四顷赡其家，忱曰："一兵岁费不啻千缗，区区限亩，岂能充给。"奏请增田额以恤之，不报。至是，以戍兵贫乏，敕忱与诸臣会议，简料真定、顺德、广平等路，得富民数百户充兵额，汰贫兵还，人皆服其平允。

成宗元贞元年，起为河东道肃政廉访使。五台山建佛寺，省臣择干吏工部司程陆信董其役，驱民夫数千入山伐木，死亡大半。忱言于皇太后，减其役，乃恤死者家，民德之。宗王分地河东，其左右哈塔不花倚势虐民，忱按其事，已款伏，王为之请，忱不从，抵哈塔不花罪。

大德三年，迁汴梁路，河决原武，回回炮手居鄢陵者万馀户，忱督使趋工，不数日堤成，民尤颂之。至大三年卒，年七十九。

《新元史》卷一四九

## 六四　张庭瑞储橘皮以济人

张庭瑞于世祖初屯青居，其土多橘，时中州艰得蜀药，其价倍常。庭瑞课闲卒，日入橘皮若干升储之，人莫晓也。贾人有丧其资不能归者，人给橘皮一石，得钱以济，莫不感之。家有爱妾，一日见老人与之语，乃其父也，妾以告庭瑞。召视之，其貌甚似，问："欲得汝女归耶？"其人以为幸侍左右，非敢求与归。庭瑞曰："汝女居吾家，不过群婢，归嫁则良人矣。"尽取奁装书券还之，时人以为难。

《元史》卷一六七

## 六五　刘因博学居家教授

刘因，保定人，天资绝人。三岁识书，日记千百言，过目即成诵，六岁能诗，七岁能属文，落笔惊人。甫弱冠，才器超迈，日阅方册，思得如古人者友之，作《希圣解》。国子司业砚弥坚教授真定，因从之游，同舍生皆莫能及。

因早丧父，事继母孝，有父、祖丧未葬，投书先友翰林待制杨恕，怜而助之，始克襄事。因性不苟合，不妄交接，家虽甚贫，非其义，一介不取。家居教授，师道尊严。弟子造其门者，随材器教之，皆有成就。公卿过保定者众，闻因名，往往来谒，因多逊避，不与相见，不知者或以为傲，弗恤也。尝爱诸葛孔明静以修身之语，表所居曰"静修"。至元间，数召征为集贤学士等职，以疾固辞。至元三十年卒，年四十五。

因所著有《四书精要》三十卷，诗五卷，号《丁亥集》，因所自选。又有文集十馀卷，及《小学四书语录》，皆门生故友所录。

《元史》卷一七一

## 六六　臧梦解才德兼备敏于政事

臧梦解，宋末中进士第，未官而国亡。至元十三年，从其乡郡守将内附。未几，知海宁州。时淮东按察副使王庆之按行至其州，见梦解刚直廉慎，而学有渊奥，自任职以来，门无私谒，官署萧然，凡有差役，皆当其贫富，而吏无所预。于是民以户计者，新增七百六十有四；田以顷计者，新辟四百四十有三；桑柘榆柳，交荫境内，而政平讼简，为诸州县最。乃举梦解才德兼备，宜擢清要，以展所蕴。而御史台亦以其廉能，抗章荐之。

二十七年，江阴饥，江浙行省委梦解赈之。梦解不为文具，皆躬至其地，而人给以米，所活四万五千馀人。江南行台治书侍御史苟宗道，闻而韪之，举其名上闻，除同知桂阳路总管府事。三十年，擢奉议大夫、广西肃政廉访副使。故事，烟瘴之地，行部者多不躬至，而梦解咸遍历焉。遂按问宾州、藤州两路达鲁花赤，与凡贪官奸吏，置于法者无虑八十馀人。成宗大德元年，迁江西肃政廉访副使。

梦解博学洽闻，为时名儒，然不迂腐，敏于政事，其操守尤为介特。所著书，有《周官考》三卷、《春秋微》一卷。梦解尝自号鲁山大夫，士之称之者，不以官，皆曰鲁山先生云。

《元史》卷一七七

## 六七　迦鲁纳答思译西天经论

迦鲁纳答思，畏吾儿人，通天竺教及诸国语。翰林学士承旨安藏扎牙答思荐于世祖，召入朝，命与国师讲法。国师西番人，言语不相通。帝因命迦鲁纳答思从国师习其法及言与字，期年皆通。以畏吾字译西天、西番经论，既成，进其书，世祖命锓版，赐诸王大臣。西南小国星哈刺的威二十馀种来朝，迦鲁纳答思于帝前敷奏其表章，诸国惊服。

朝议兴兵讨暹国、罗斛、马八儿诸国，迦鲁纳答思奏："此皆蕞尔之国，纵得之，何益？兴兵徒残民命，莫若遣使谕以祸福，不服而攻，未晚也。"帝纳其言。

至元二十四年，擢翰林学士承旨。

《元史》卷一三四

## 六八　禁贩卖江南士女

至元三十年，禁江南州郡以乞养良家子转相贩鬻及强将平民略卖者。时北人酷爱江南技艺之人，呼曰"巧儿"，其价甚贵。至于妇人，贵重尤甚，每一人易银二三百两。尤爱童男、童女，处处有人市，价分数等，皆南士女也。父母贪利，货于贩夫，辗转贸易，至有易数十主者。北人得之，虑其遁逃，或以药哑其口，以火烙其足，驱役若禽兽然，故特禁之。

至元三十一年，世祖卒，寿八十。帝度量恢廓，知人善任使，故能混一区宇，扩前古所未有。惟以亟于财用，中间为阿哈玛特、卢世荣、僧格所蔽，卒能知其罪而正之。立纲陈纪，殷然欲被以文德，规模亦已弘远矣。

《续通鉴》卷一九一

## 六九　姚仲实弃官散财

姚仲实，河南人，官真州三务使。居半岁，慨然曰："剥下以事上，非我志也。"弃官归，以贸易赀巨万。仲实曰："积而不散，曷为者？"买田十馀顷为义茔，以葬贫民，其不能婚嫁者以赀助之，又赎没为奴者数十家。岁饥，为食于道，以食饿者。朝廷建辟雍，献美材千章、米五千石。成宗元贞初，诏赐彩缯百匹，复其家。初，贫民负仲实五千馀缗，仲实悉还其券，人尤德之。卒年七十三。

《新元史》卷二四○

## 七○　姚燧为世名儒

姚燧之学，有得于许衡，由穷理致知，反躬实践，为世名儒。为文闳肆该洽，豪而不宕，刚而不厉，舂容盛大，有西汉风，宋末弊习，为之一变。

当时孝子顺孙，欲发挥其先德，必得燧文始可传信；

其不得者，每为愧耻。三十年间，名臣世勋、显行盛德，皆燧所书。每来谒文，必其行业可嘉，然后许可，辞无溢美。又稍广置燕乐，燧则为之喜而援笔大书，否则弗易得也。

时高丽沈阳王父子，连姻帝室，倾赀结朝臣。一日，欲求燧诗文，燧靳不与，至奉旨，乃与之。王赠谢币帛、金玉、名画五十篚，盛陈致燧。燧即分散诸属官及史胥侍从，止留金银，付翰林院为公用器皿，燧一无所取。人问之，燧曰："彼藩邦小国，唯以货利为重，吾能轻之，使知大朝不以是为意。"

然颇恃才，轻视赵孟頫、元明善辈，故君子以是少之。平生所著，有《牧庵文集》五十卷行世。仁宗初卒，年七十六。

《元史》卷一七四

## 七一　脱脱诫掾属

脱脱，幼失怙，其母孛罗海笃意教之，孜孜若恐不及。稍长，直宿卫，世祖复亲诲导，尤以嗜酒为诫。既冠，仪观甚伟。喜与儒士语，每闻一善言善行，若获拱璧，终身识之不忘

成宗即位，宠顾尤笃，常侍禁闼，出入惟谨，退语家人曰："我昔亲承先帝训，饬令毋嗜饮，今未能绝也。岂有为人知过而不能改者乎！自今以往，家人有以酒至吾前者，即痛惩之。"帝闻之，喜曰："脱脱能刚制于酒，真可

大用矣。"即拜上都留守、虎贲卫亲军都指挥使，政令严肃，克修其职。进江浙等处行中书省平章政事，始至，严饬左右，毋预公家事，且诫其掾属曰："仆从有私嘱者，慎勿听。若军民诸事，有关于利害者，则言之。当言而不言，尔之责也；言而不听，我之咎也。"闻者为之悚栗。

时朱清、张瑄致位参知政事，恃其势位，多行不法，恐事觉，以黄金五十两、珠三囊赂脱脱，求蔽其罪。脱脱大怒，系之有司，遣使者以闻。成宗喜曰："脱脱我家老臣之子孙，其志固宜与众人殊。"赐内府黄金五十两。有豪民白昼杀人者，脱脱立命有司按法诛之，自是豪猾屏息，民赖以安。

成宗大德十一年，卒于位，年四十四。

《元史》卷一一九

## 七二　朱清张瑄不法被诛

朱清、张瑄，父子致位显要，宗戚皆累大官，田园馆舍遍天下，巨艘大舶交诸番中，车马填塞门巷，仆从佩金虎符为千户、万户者数十人。江南僧石祖进，摭其不法十事上闻。时中书省亦言朱清、张瑄屡致人言，宜罢其职，徙其子孙官江南者于京，成宗从之，仍诏御史台诘问。二人竟伏诛。

《续通鉴》卷一九四

## 七三　图沁布哈不受超迁

成宗尝弗豫，召同知宣徽院使图沁布哈入侍疾，一食一饮，必尝乃进。帝体既安，赐钱，不受，解衣赐之。尝从巡幸，禁中卫士感奋，有所欲言，帝命进而问之，皆曰："臣等宿卫有年矣，日膳充给、岁赐以时者，诚荷陛下厚恩，亦由宣徽有能官，图沁布哈其人也。"帝悦，赐珠袍，超拜宣徽使。辞曰："先臣服勤于兹三世矣，位不过签佐，臣何敢有加于先臣乎！"帝嘉其退让，乃允其请。

《续通鉴》卷一九四

## 七四　刘敏中与同事共进退

刘敏中，济南章丘人。幼卓异不凡，年十三，语其父景石曰："昔贤足于学而不求知，丰于功而不自炫，此后人所弗逮也。"父奇之。乡先生杜仁杰爱其文，亟称之。敏中尝与同侪各言其志，曰："自幼至老，相见而无愧色，乃吾志也。"

至元十一年，由中书掾擢兵部主事，拜监察御史。权臣秉政，敏中劾其奸邪，不报，遂辞职归其乡。既而起为御史台都事。时同官王约以言去，敏中杜门称疾。台臣请视事，敏中曰："使约无罪而被劾，吾固不当出；诚有罪耶，则我既为同僚，又为交友，不能谏止，亦不无过也。"

成宗大德七年，诏遣宣抚使巡行诸道，敏中出使辽东、山北诸郡，守令恃贵倖暴横者，一绳以法；锦州雨水为灾，辄发廪赈之。

敏中平生，身不怀币，口不论钱；义不苟进，进必有所匡救，援据今古，雍容不迫。每以时事为忧，或郁而弗伸，则戚形于色，中夜叹息，至泪湿枕席。为文辞，理备辞明，有《中庵集》二十五卷。仁宗延佑五年卒，年七十六。

《元史》卷一七八

## 七五　贺胜忠于职守

贺胜，仁杰子也，尝从许衡学，通经传大义。年十六，入宿卫，凝重寡言，世祖甚器重之。大臣有密奏，辄屏左右，独留胜，许听之。出则参乘舆，入则侍帷幄，非休沐不得至家。至元二十四年，乃颜叛，帝亲征，胜直武帐中，虽亲王不得辄至。胜传旨饬诸将，诘旦合战，还侍帝侧，矢交帐前，胜立侍不动。乃颜既败，帝还都，乘舆夜行，足苦寒，胜解衣，以身温之。帝一日猎还，胜参乘，伶人蒙采毳作狮子舞以迎驾，舆象惊，奔逸不可制，胜投身当象前，后至者断鞿纵象，乘舆乃安。胜退，创甚，帝亲抚之，遣尚医、尚食视护。拜集贤学士，领太史院事，诏赐一品服。

成宗大德九年，胜父仁杰请老，以胜代为上都留守，兼本路都总管。既至通商贾，抑豪纵，出纳有法，裁量有度，供亿不匮，民赖以安。诸权贵子弟奴隶有暴横骄纵者，悉绳以法。武宗至大三年，进光禄大夫、左丞相，行上都留守。

《元史》卷一七九

## 七六　董士选力谏兴师劳民

董士选，文炳次子。成宗时，拜江南行御史台中丞，廉威素著，不严而肃，凛然有大臣风。入佥枢密院事，俄拜御史中丞。前中丞崔彧久任风纪，善斡旋以就事功。既卒，士迁继之，风采明俊，中外竦然。

时丞相完泽用刘深言，出师征八百媳妇国，远冒烟瘴，及至，未战，士卒死者十已七八。驱民转粟饷军，溪谷之间不容舟车，必负担以达。一夫致粟八斗，率数人佐之，凡数十日乃至。由是民死者亦数十万，中外骚然。而完泽说帝："江南之地尽世祖所取，陛下不兴此役，则无功可见于后世。"帝入其言，用兵意甚坚，故无敢谏者。士选率同列言之，奏事殿中毕，同列皆起，士选乃独言："今刘深出师，以有用之民而取无用之地。就令当取，亦必遣使谕之，谕之不从，然后聚粮选兵，视时而动。岂得轻用一人妄言，而致百万生灵于死地？"帝色变，士选犹明辨不止，侍从皆为之战栗，帝曰："事已成，卿勿复言。"士选曰："以言受罪，臣之所当。他日以不言罪臣，臣死何益！"帝麾之起，左右拥之以出。未数月，帝闻师败绩，慨然曰："董二哥之言验矣，吾愧之。"因旌直言，始为罢兵，诛刘深等。世祖尝呼文炳曰董大哥，故帝以二哥呼士选。

士选平生以忠义自许，尤号廉介，自门生部曲，无敢持一毫献者。治家甚严，而孝悌尤笃。晚年好读《易》，淡然终其身。每一之官，必卖先业田庐为行赀，故老而益贫，子孙不异布衣之士。

《元史》卷一五六

## 七七　陈韶孙随父远谪

陈韶孙，广州番禺人。父浏以罪流肇州。韶孙年十岁，不忍父远谪，朝夕号泣愿从。父不能夺，遂与俱往。跋涉万里，不惮劳苦。道过辽阳，平章塔出见而悯焉，语之曰："天子宽仁，罚不及嗣。边地苦寒，非汝所堪。吾返汝故乡，汝愿之乎？"韶孙曰："既不能以身代父，当死生以之，归非所愿也。"塔出惊异，以钱赏之。

大德六年，浏死，韶孙哀恸，见者皆为之泣下。肇州万户府以闻，命遣还乡里，仍旌异之。

《元史》卷一九七

## 七八　脱欢剀切上疏

成宗大德年间，脱欢任监察御史、四川廉访使，尝上疏曰："内外修寺，虽支官钱，而一椽、一瓦，皆劳民力，百姓嗟怨，感伤和气。宜且停罢，仍减省供佛、饭僧之费，以纾国用，如此则上应天心，下合民志，不求福而福自至矣。回回户计，多富商大贾，宜与军民一体应役，如此则赋役均矣。为国以善为宝，凡子女、玉帛、羽毛、齿革、珍禽、奇兽之类，皆足以丧德、丧志。今后回回诸色人等，不许赍宝中卖，以虚国用，违者罪没，如此则富商大贾无所施其奸伪，而国用有馀矣。"其辞恳直剀切，当时称之。

《新元史》卷一三四

## 七九　孙泽拨官禄以养士

成宗大德六年，孙泽授海北海南肃政廉访使。泽抵任，例得圭田米五百馀石。泽曰："吾尚未莅事，遽食重禄可乎！"悉举籍拨入儒学，以为养士之费。泽患愚民犯刑纲，摹印格例三千馀册，犯某事则抵某罪，名曰《社长须知》，月集老幼听之，仿《周礼》月吉读法之意，于是人知自重，犯罪者少。

泽于书无所不读，尤精阴阳、历算之学。诸葛亮木牛流马法，泽以意为之，转运如飞。浑天仪以水激轮，泽以汞代之，不差晷刻。著《棋法》十卷、《忍经》一卷、《集字选玉》二卷。

《新元史》卷一七四

## 八〇　和尚请以近地之兵戍边

成宗大德七年，和尚授大都路总管，兼大兴府尹。驭吏治民有方，以暇日正街衢，表里巷，国学兴工，尤尽其力。俄进通议大夫、同金枢密院事。上疏言："蒙古军在山东、河南者，往戍甘肃，跋涉万里，装橐鞍马之资，皆其自办，每行必鬻田产，甚则卖妻子。戍者未归，代者当发，前后相仍，困苦日甚。今边陲无事，而虚殚兵力，诚为非计，请以近甘肃之兵戍之。而山东、河南前戍者，官为出钱，赎其田产妻子，庶使少有瘳也。"诏从之。

《元史》卷一三四

## 八一　赵世延之善政

成宗大德十年，赵世延除安西路总管。安西积讼三千牍，世延既至，不三月，剖决殆尽。陕民饥，省合议，请于朝赈之。世延曰："救荒如救火，愿先发廪以赈，朝廷设不允，世延当倾家财以偿。"从之，所活者众。

武宗至大元年，除四川肃政廉访司使。蒙古军科差繁重，而就戍往来者扰民尤甚，且军官或抑良民为奴，世延皆除其弊。又修都江堰，民尤便之。

顺宗时，卒于成都，年七十七。世延历事九朝五十馀年，负经济之资，而将之以忠义，守之以清介，饰之以文学，凡军国利病，生民休戚，知无不言，而于儒者名教尤拳拳焉。为文章波澜浩瀚，一根于理。

《元史》卷一四九、卷一八〇

## 八二　羊仁百计赎亲人

羊仁，庐州庐江人。至元初，阿术兵南下，仁家为所掠，父被杀，母及兄弟皆散去。仁年七岁，卖为汴人李子安家奴，力作二十馀年，子安怜之，纵为良。仁踪迹得母于颍州蒙古军塔海家，兄于睢州蒙古军岳纳家，弟于邯郸连大家，皆为役，尚无恙。乃遍恳亲故，贷得钞百锭，历诣诸家求赎之。经营百计，更六年，乃得遂。大小二十馀口，复聚居为良，孝友甚笃，乡里美之。大德十二年，旌其家。

又有黄觉经，建昌人。五岁，因乱失母。稍长，誓天诵佛书，愿求母所在。乃渡江涉淮，行乞而往，冲冒风雨，备历艰苦，至汝州梁县春店，得其母以归。

《元史》卷一九七

## 八三　赵一德不受田庐归养其母

赵一德，龙兴新建人。至元十二年，国兵南伐，被俘至燕，为郑留守家奴。历事三世，号忠干。武宗至大元年，一日，拜请于其主郑阿思兰及其母泽国太夫人曰："一德自去父母，得全生依门下者，三十馀年矣，故乡万里，未获归省，虽思慕刻骨，未尝敢言。今父母已老，脱有不幸，则永为天地间罪人矣。"因伏地涕泣，不能起。阿思兰母子皆感动，许之归，期一岁而返。一德至家，父兄已没，惟母在，年八十馀。一德卜地葬二柩毕，欲少留事母，惧得罪，如期还燕。阿思兰母子叹曰："彼贱隶，乃能是，吾可不成其孝乎！"即裂券纵为良。

一德将辞归，会阿思兰以冤被诛，诏簿录其家。群奴各亡去，一德独奋曰："主家有祸，吾忍同路人耶！"即留不去，与张锦童诣中书，诉枉状，得昭雪，还其所籍。太夫人劳一德曰："当吏籍吾家时，亲戚不相顾，汝独冒险以白吾枉，疾风劲草，于汝见之。令吾家业既丧而复存者，皆汝力也，吾何以报汝？"因分美田庐遗之。一德谢曰："一德虽鄙人，非有利于是也。重哀吾主无罪而受戮，故留以报主。今老母八十馀，得归侍养，主之赐已厚矣，何以田庐为！"遂不受而去。仁宗皇庆元年，旌其门。

《元史》卷一九七

## 八四　千奴聚书万卷

成宗大德年间，千奴屏居济南，筑先圣祠于历山之下，聚书万卷，延名儒教其乡里子弟。赐额历山书院。家居七年卒，年七十一。

《新元史》卷一五四

## 八五　贾进李子敬济贫民

贾进，大同人。成宗大德九年，地震，民居多伤，且乏食，进给酒药炭米济之。每岁冬，制木绵裘数百袭衣寒者。买地为义阡，使无墓者葬之。

李子敬，陕西三原人。嫁不能嫁者五十馀人，葬不能葬者五十馀丧，焚逋券四万馀贯。有司以名闻，并旌之。

《元史》卷一九七

## 八六　訾汝道轻财乐施

訾汝道，德州齐河人。母尝寝疾，昼夜不去侧。一日，母屏人授以金珠若干曰："汝素孝，室无私蓄，我一旦不讳，此物非汝有矣，可善藏之，毋令他兄弟知也。"汝道泣拜曰："吾父母起艰难，成家业，今田宅牛羊已多，汝道恨无以报大恩，尚敢受此，以重不孝之罪乎！"竟辞之。母卒，哀毁，终丧不御酒肉。

性尤友爱，二弟将析居，汝道悉以美田庐让之；二弟早世，抚诸孤如己子。乡人刘显等贫无以为生，汝道割己田各畀之，使食其租终身。里中尝大疫，有食瓜得汗而愈者，汝道即多市瓜及携米，历户馈之。或曰："疠气能染人，勿入也。"不听，益周行问所苦，然卒无恙。有死者，复赠以槥椟，人咸感之。尝出麦粟贷人，至秋，蝗食稼，人无以偿，汝道聚其券焚之。县令李让为请旌其家。

《元史》卷一九八

元（公元1280年至1367年）

## 八七　石明三怒杀五虎

石明三者，与母居余姚山中。一日明三自外归，觅母不见，见壁穿而卧内有三虎子，知母为虎所害。乃尽杀虎子，砺巨斧立壁侧，伺母虎至，斫其脑裂而死。复往倚岩石傍，执斧伺候，斫杀牡虎。明三亦立死不仆，张目如生，所执斧牢不可拔。

《元史》卷一九八

## 八八　魏敬益以田归村民

魏敬益，雄州容城人。性至孝，居母丧，哀毁骨立。素好施与，有男女失时者，出赀财为之嫁娶；岁凶，老弱之饥者，为糜以食之。敬益有田仅十六顷，一日语其子曰："自吾买四庄村之田十顷，环其村之民皆不能自给，吾深悯焉。今将以田归其人，汝谨守馀田，可无馁也。"乃呼四庄村民谕之曰："吾买若等业，使若等贫不聊生，有亲无以养，吾之不仁甚矣，请以田归若等。"众闻，皆愕眙不敢受，强与之，乃受而言诸有司。有司以闻于中书，请加旌表。丞相贺太平叹曰："世乃有斯人哉！"

《元史》卷一九八

## 八九　王约判案有功升职

　　成宗时，王约除太常少卿。诏约同宗正、御史谳狱京师，约辞职在清庙，帝不允。乃阅诸狱，决二百六十六人，当死者七十二人，释无罪者八十六人，嫁良家入倡女十人，杖流元旦带刀阑入殿庭者八十人。因议斗殴杀人者宜减死一等，著为令。特拜刑部尚书，以录前功。

　　大德十一年，监察御史言通州仓米三万石，因雨而湿。约谓必积气所蒸，验且堪用，释守者罪。迁礼部尚书。京民王氏，仕江南而殁，有遗腹子，其女育之，年十六，乃诉其姊匿赀若干，有司责之急。约视其牍曰："无父之子，育之成人，且不绝王氏祀，姊之恩居多。诚利其赀，宁育之至今日耶！"改前议而斥之。

　　仁宗为太子时，任太子副詹事。以詹事院诸事循轨，大喜，面赐犀带，力辞；又赐江南所取书籍，亦辞。仁宗常字而不名，谕群臣曰："事未经王彦博议者，勿启。"又谓中丞朵觯曰："在詹事而不求赐予者，惟彦博与汝二人耳。"一日，仁宗西园观角抵戏，有旨取缯帛赐之。约入，遥见问曰："汝何为来？"仁宗遽止之。又欲观俳戏，事已集而约至，即命罢去，其见敬礼如此。

《元史》卷一七八

元（公元1280年至1367年）

## 九〇　尚文论珍宝与米粟

成宗大德年间，海商以珍宝来献，议以钞六万锭酬其值。或谓左丞尚文曰："此所谓雅库特珠也，六十万酬之不为过。"文问："何所用之？"答曰："含之可不渴，熨面可使目有光。"文曰："一人含之，千人不渴，则诚宝也；若一珠止济一人，则用已微矣。吾之所谓宝者，米粟是也，一日不食则饥，三日则疾，七日则死，有则百姓安，无则天下乱，以功用较之，岂不愈于珠哉！"

《续通鉴》卷一九五

## 九一　西僧丹巴谈佛法

成宗大德九年，皇太子德寿卒。皇后遣人问西僧丹巴曰："我夫妇崇信佛法，以师事汝，只有一子，宁不能延其寿也？"对曰："佛法如灯笼，风雨至则可蔽，若烛尽，则无如之何也。"

《续通鉴》卷一九五

## 九二　郝天挺以肯直言获赏

郝天挺，英爽刚直，有志略，受业于元好问。成宗时，迁江浙行省左丞，不赴，拜中书右丞。与宰相论事，有不合辄面斥之。一日，以奏事敷陈明允，特赐黄金百两，不受。帝曰："非利汝也，第旌汝肯言耳。"

《续通鉴》卷一九五

## 九三　王利用言时政

成宗大德十一年，以王利用为太子宾客。利用疏言时政，曰："寡欲养身，酒宜节饮，财宜节用，杜绝谗言，求纳直谏，官司量材而授，工役相时而动。"帝及太子嘉纳。皇后闻之，命录副本以进。

利用寻以老疾不能朝，帝遣医诊视之。利用语其弟曰："吾受国厚恩，愧不能报，死生有命，药不能为也。"遂卒。

《续通鉴》卷一九六

## 九四　刘赓赞赏能让之士

武宗至大二年，刘赓迁礼部尚书，兼翰林学士、国子祭酒。国学故事，伴读生以次出补吏，莫不争先出。时有一生，亲老且贫，同舍生有名在前者，因博士以告曰："我齿颇少，请让之先。"赓曰："让，德之恭也。"从其让，别为书荐其人，朝廷反先用之。自是六馆之士，皆知让之为美德也。

明宗天历元年卒，年八十一。赓久典文翰，当时大制作多出其手，以耆年宿德，为朝廷所推重。

《元史》卷一七四

## 九五　宦者李邦宁辞宰辅之任

李邦宁，钱唐人，宋故小黄门也。宋亡，世祖命给事内庭，警敏称上意。令学国书及诸蕃语，即通解，遂见亲任。授礼部尚书，提点太医院事。成宗即位，尝寝疾，邦宁不离左右者十馀月。武宗立，命为江浙行省平章政事，邦宁辞曰："臣以阉腐馀命，无望更生，先朝幸赦而用之，使得承乏中涓，高爵厚禄，荣宠过甚。陛下复欲置臣宰辅，臣何敢当。宰辅者，佐天子共治天下者也，奈何辱以寺人。陛下纵不臣惜，如天下后世何，诚不敢奉诏。"帝大悦，使大臣白其言于太后及皇太子，以彰其善。

武宗尝奉皇太后燕大安阁，阁中有故箧，问邦宁曰："此何箧也？"对曰："此世祖贮裘带者。臣闻有圣训曰：'藏此以遗子孙，使见吾朴俭，可为华侈之戒。'"帝命发箧视之，叹曰："非卿言，朕安知之。"时有宗王在侧，遽曰："世祖虽神圣，然啬于财。"邦宁曰："不然。天下所入虽富，苟用不节，必致匮乏。自先朝以来，岁赋已不足用，又数会宗藩，资费无算，旦暮不给，必将横敛掊怨，岂美事耶。"太后及帝深然其言。

《元史》卷二〇四

## 九六　阿沙不花谏戒酒色

武宗入上都，加阿沙不花特进、太尉，依前平章政事。尝出太府金分赐诸王贵戚及近侍，方出朝，见一人仓皇若有所惧状，曰："此必盗金者。"召诘问之，果得黄金五十两、白金百两以闻，就以金赐之，命诛盗者。辞曰："盗诛固当，金非臣所宜得，愿还金以赎盗死。"帝悦而从之。有近臣蹴踘帝前，帝即命出钞十五万贯赐之。阿沙不花顿首言曰："以蹴踘而受上赏，则奇技淫巧之人日进，而贤者日退矣，将如国家何。臣死不敢奉诏。"乃止。

帝又尝御五花殿，丞相塔思不花、三宝奴，中丞伯颜等侍。阿沙不花见帝容色日悴，乃进曰："八珍之味不知御，万金之身不知爱，此古人所戒也。陛下不思祖宗付托之重，天下仰望之切，而惟曲糵是沉，姬嫔是好，是犹两斧伐孤树，未有不颠仆者也。陛下纵不自爱，如宗社何？"帝大悦曰："非卿孰为朕言。继自今毋爱于言，朕不忘也。"因命进酒。阿沙不花顿首谢曰："臣方欲陛下节饮而反劝之，是臣之言不信于陛下也，臣不敢奉诏。"左右皆贺帝得真臣。遂迁中书右丞相，行御史大夫。

《元史》卷一三六

## 九七　贡奎称读书日有其益

武宗至大元年，贡奎应奉翰林文学，预修《成宗实录》。丁父忧，服阕，除江西等处儒学提举。吏逮数人至，是学校报事迟误者。奎曰："吾以天子命，提举儒学，职在教，何以刑为？"立命释之。乃书其坐屏曰："读书之中，日有其益。饮水之外，他无所求。"与诸生揖让周旋，如师弟子礼，士论翕服。

《新元史》卷二一一

## 九八　西番僧横行无阻

武宗时，西番僧在上都者，强市民薪，民诉于留守李璧。璧方询其由，僧率其党持白梃突入公府，隔案引璧发，捽诸地，棰扑交下，拽归，闭诸空室，久乃得脱，奔诉于朝；僧竟遇赦免。未几，其徒龚柯等与诸王妃争道，拉妃堕车，殴之，语侵上；事闻，亦释不问。时宣政院方奉诏言殴西僧者断其手，詈者截其舌。皇太子亟上言："此法昔所未有。"乃寝其令。

《续通鉴》卷一九六

## 九九　回回商人得朝廷厚待

武宗至大元年，中书言："回回商人，持玺书，佩虎符，乘驿马，各求珍异，既而以一豹上献，复邀回赐，似此甚众。虎符，国之信器，驿马，使臣所需，今以畀诸商人，诚非所宜，请一概追之。"制可。

泰定二年，西台御史李昌言："尝经平凉府，静、会、定西等州，见西番僧佩金字圆符，络绎道途，驰骑累百，传舍至不能容，则假馆民舍，因迫逐男子，奸污女妇。奉元一路，自正月至七月，往返者百八十五次，用马至八百四十馀匹，较之诸王、行省之使，十多六七。驿户无所控诉，台察莫得谁何。且国家之制圆符，本为边防警报之虞，僧人何事而辄佩之？乞更正僧人给驿法，且令台宪得以纠察。"不报。

《续通鉴》卷一九六；《元史》卷二○二

## 一○○　张养浩论风俗太靡

张养浩，济南人。幼有行义，尝出，遇人有遗楮币于途者，其人已去，追而还之。年方十岁，读书不辍，父母忧其过勤而止之，养浩昼则默诵，夜则闭户，张灯窃读。山东按察使焦遂闻之，荐为东平学正。游京师，献书于平章不忽木，大奇之，辟为礼部令史，仍荐入御史台。一日病，不忽木亲至其家问疾，四顾壁立，叹曰："此真台掾也。"及为丞相掾，选授堂邑县尹。人言官舍不利，居无免者，竟居之。首毁淫祠三十馀所，罢旧盗之朔望参者，曰："彼皆良民，饥寒所迫，不得已而为盗耳；既加之以刑，犹以盗目之，是绝其自新之路也。"众盗感泣，互相诫曰："毋负张公。"

武宗时，监察御史张养浩上书言时政，其中曰："风俗太靡。风俗者，国家之元气也。方今之俗，以伪相高，以华相尚，以冰蘖为沽誉，以脂韦为达时，以吹毛求疵为异能，以走势趋炎为合变，顺己者虽跖、蹻而必用，逆己者虽夷、惠而莫容；自非确然有守，不顾一世非笑者出而正之，则未易善其后也。"

英宗时，会试进士，命中书平章政事李孟、礼部侍郎张养浩知贡举，吴澄、杨刚中、元明善皆与焉，于是得人为多。进士诣谒，养浩皆不纳，但使人诫之曰："诸君子但思报效，奚劳谢为！"

明宗时，以张养浩为陕西行台御史中丞。初，养浩以父老，弃官归养，屡征不赴。及闻陕西中丞之命，即散其家之所有与乡里贫乏者，登车就道，遇饿者则赈之。时斗米值十三缗，民持钞出籴，稍昏即不用，诣库换易，则豪猾党蔽，易十与五，累日不可得，民大困。养浩乃检库中未毁昏封钞文可验者，得一千八十五万馀缗，悉以印记其背；又刻十贯、五贯为券，给散贫民，命米商视印记出粟，诣库验数以易之，于是吏弊不敢行。又率富民出粟，因请行纳粟补官之令。闻民间有杀子以奉母者，为之大恸，出私钱以济之。到官四月，未尝家居，止宿公署，夜则祷于天，昼则出赈饥民，终日无少息，每一念至，即抚膺恸哭，遂得疾不起。卒年六十。关中之人，哀之如失父母。

《元史》卷一七五；《续通鉴》卷一九七、卷一九八、卷二〇五

## 一〇一　哈喇托克托称便民即可

武宗至大四年，罢中书左丞相哈喇托克托为江浙行省左丞相。托克托下车，进父老，问民间利病。或谓："杭城旧有便河通江浒，湮废已久，若疏凿以通舟楫，物价必平。"僚佐或难之，托克托曰："吾陛辞之日，许以便宜行事，民以为便，行之可也。"俄有诏禁作土功，托克托曰："敬天莫如勤民，民蒙其利，则灾沴自弭，土功何尤焉！"不一月，河成。

《续通鉴》卷一九九

## 一〇二　回回性峭直

武宗至大末，回回任江南行台治书侍御史。御史大夫铁木迭儿怙权自尊，凡议事，自中丞以下皆侍立，莫敢相可否。回回独坐，与之言事，有不直必执法以折之，铁木迭儿衔之。还朝，帝问台臣优劣，遂诬奏回回不法之事。帝怒唾其面，出之。即遣中使，赐回回上尊。

迁淮西江北道肃政廉访使。有从事以受贿被逮，累读不引伏，回回一问，即吐实曰："吾不即伏者，以诸使者与吾无大相远，冀迁延幸免耳。公至，尚何言。"遂伏其辜。再改河南廉访使。行省郎中纳璘为丞相所恶，欲出之。回回察其贤，抗疏论荐，后卒为名臣。

回回性峭直，略无顾忌，拜住尝称其有经济才，谓人曰："吾以非才，臻位宰相，每惭见子渊。"拜住退朝，执政皆送至私第，回回曰："是不过为谄耳。"独不往。拜住益贤之。

《新元史》卷一九八

## 一〇三　必兰纳识里通多国文字

成宗大德六年，必兰纳识里奉旨从帝师授戒于广寒殿，代帝出家。仁宗皇庆中，命翻译诸梵经典。延祐间，特赐银印，授光禄大夫。是时诸番朝贡，表笺文字无能识者，皆令必兰纳识里译进。尝有以金刻字为表进者，帝遣视之，廷中愕眙，观所以对。必兰纳识里随取案上墨汁涂金叶，审其字，命左右执笔，口授表中语及使人名氏与贡物之数，书而上之。明日，有司阅其物色，与所赍重译之书无少差者。众无不服其博识，而竟莫测其何所从授，或者以为神悟云。

其所译经，汉字则有《楞严经》，西天字则有《大乘庄严宝度经》《乾陀般若经》《大涅盘经》《称赞大乘功德经》，西番字则有《不思议禅观经》。

《元史》卷二〇二

## 一〇四　刘元为佛像神思妙合

有刘元者，尝从阿尼哥学西天梵相，亦称绝艺。元，蓟之宝坻人。至元中，凡两都名刹，塑土、范金、抟换为佛像，出元手者，神思妙合，天下称之。其上都三皇尤古粹，识者以为造意得三圣人之微者。由是两赐宫女为妻，命以官长其属，行幸必从。

仁宗尝敕元非有旨不许为人造他神像。后大都南城作东岳庙，元为造仁圣帝像，巍巍然有帝王之度，其侍臣像，乃若忧深思远者。始元欲作侍臣像，久之未措手，适阅秘书图画，见唐魏徵像，矍然曰："得之矣，非若此，莫称为相臣者。"遽走庙中为之，即日成，士大夫观者，咸叹异焉。其所为西番佛像多秘，人罕得见者。

抟换者，漫帛土偶上而髹之，已而去其土，髹帛俨然成像云。

《元史》卷二〇四

## 一〇五　董士珍出纳均平

董士珍，字周卿。幼从许衡学，淹贯经史，通国语，善骑射。世祖命侍东宫。至元二十三年，进同知上都留守司事。时，尚书省专以钱谷羡馀罔上。士珍典仓廥，出纳均平，不事掊克。世祖诘之，对曰："臣收粟不以高概，多取于民，出粟不以低概，少与于军。臣不为欺，羡馀故无自出。"帝感悟。

仁宗时，拜御史中丞。省、台议禁围猎，欲置犯者极刑。士珍曰："杀其麋鹿者，如杀人之罪，可乎？"其人语塞。士珍在言路，謇謇自矢，有古直臣风，为它官则务持大体。居中书时，帝议讨西南夷，台臣力谏不纳，士珍侍左右，从容进曰："台臣言是。"帝意解，遂寝其事。延佑元年卒，年五十九。

《新元史》卷一四一

## 一〇六　董守中平抑米价

董士珍之子守中，任湖北道廉访使。岁大饥，豪民控米商闭籴城中，斗米至万钱。守中适至，杖其党与七十馀人，米大贱。拨贡士庄钱入学养士，俾不至以饥废学。又刻朱子戊申封事于南阳书院，以教学者，士论翕然颂之。后以病乞归。文宗至顺四年，卒于家，年六十一。

《新元史》卷一四一

## 一〇七　察罕知止优游卒岁

中书平章察罕致仕。察罕暮年居德安白云山别墅，以白云自号。尝入见，仁宗目逆之曰："白云先生来也。"又曰："白云病愈耶？"顿首对曰："荷陛下哀矜，放归田里，不觉沉疴去体耳。"帝顾李孟曰："知止不辱，今见其人。"察罕天性孝友，田宅在河中者，悉分与诸昆弟，昆弟贫来归者，复分与田宅；奴婢纵放为民者甚众。既致仕，优游八年，以寿终。

《续通鉴》卷一九八

## 一〇八　杨朵儿只直言极谏

仁宗时,有言近臣受贿者,帝怒其非所当言,将诛之,时张珪为御史中丞,叩头谏,不听。礼部尚书杨朵儿只言于帝曰:"诛告者失刑,违谏者失义。世无诤臣久矣,张珪真中丞也。"帝喜,竟用珪言,拜朵儿只为侍御史。

帝宴闲时,群臣侍坐者,或言笑逾度,帝见其正色,为之改容,有犯法者,虽贵幸无所容贷。怨者因共谮之,帝知之深,谮不得行。中书平章政事张闾以妻病,谒告归江南,夺民河渡地,朵儿只以失大体,劾罢之。江东、西奉使斡来不称职,权臣匿其奸,冀不问,朵儿只劾而杖之,斡来愧死。御史纳璘言事忤旨,帝怒叵测,朵儿只救之,一日至八九奏,曰:"臣非爱纳璘,诚不愿陛下有杀御史之名。"帝曰:"为卿宥之,可左迁为昌平令。"昌平,畿内剧县,欲以是困纳璘。朵儿只又言曰:"以御史宰京邑,无不可者。但以言事而得左迁,恐后之来者用是为戒,不肯复言矣。"帝不允。后数日,帝读《贞观政要》,朵儿只侍侧,帝顾谓曰:"魏徵古之遗直也,朕安得用之。"对曰:"直由太宗,太宗不听,徵虽直,将焉用之。"帝笑曰:"卿意在纳璘耶?当赦之,以成尔直名也。"

有上书论朝政阙失,面触宰相,宰相怒,将取旨杀之。朵儿只曰:"诏书云:'言虽不当,无罪'。今若此,何以示信天下!果诛之,臣亦负其职矣。"帝悟,释之。于是特加昭文馆大学士、荣禄大夫,以奖其直言。

后，为权臣铁木迭儿所害而死，年四十二。

《元史》卷一七九

## 一〇九　孔思晦袭封衍圣公

孔思晦，孔子五十四世孙也，资质端重，而性简默。及长，讲求义理，于词章之习，薄而弗为。家贫，躬耕以为养，虽剧寒暑，而为学未尝懈，远近争聘为子弟师。成宗大德中，游京师，祭酒耶律有尚欲荐之，以母老，辞而归。母卧疾，躬进药饵，衣不解带。居丧，勺水不入口者五日。武宗至大中，举茂才，为范阳儒学教谕。仁宗延祐初，调宁阳学。先是，两县校官率以廪薄不能守职，而思晦以俭约自将，教养有法，比代去，学者皆不忍舍之。

仁宗雅崇尚儒道，以思晦袭封衍圣公，月俸百缗，加至五百缗，赐四品印。文宗至顺二年，改赐三品印。

《元史》卷一八〇

## 一一〇　郭守敬水利之学尤济时

仁宗延祐三年，太史令郭守敬卒于位，年八十六。

守敬历数、仪象之学，并为时用，其尤济时者为水利之学。决金口以下西山之楗，而京师财用饶；复三白渠以溉澧河之地，而灵夏军储足；引汶、泗以接江、淮之派，而燕、吴漕运通；建斗闸以开白浮之源，而公私陆费省。

其在西夏，尝挽舟溯流而上究所谓河源者；又尝自孟门以东，循黄河故道，纵广数百里间，皆为测量地平，或可以分杀河势，或可以溉灌田土，具有图志。其言皆有征验，论者惜其未尽见用云。

《续通鉴》卷一九九

## 一一一　许谦善教学者皆有所得

许谦，生数岁而孤，甫能言，母陶氏口授《孝经》《论语》，入耳辄不忘。稍长，肆力于学，立程以自课，取四部书分昼夜读之，虽疾恙不废。

仁宗延祐初，谦居东阳八华山，学者翕然从之。寻开门讲学，远而幽、冀、齐、鲁，近而荆、扬、吴、越，皆不惮百舍来受业焉。其教人也，至诚谆悉，内外殚尽，尝曰："己有知，使人亦知之，岂不快哉！"或有所问难，而词不能自达，则为之言其所欲言，而解其所惑。讨论讲贯，终日不倦，摄其粗疏，入于密微。闻者方倾耳听受，而其出愈真切。惰者作之，锐者抑之，拘者开之，放者约之。及门之士，著录者千馀人，随其材分，咸有所得。然独不以科举之文授人，曰："此义、利之所由分也。"

谦笃于孝友，有绝人之行。其处世不胶于古，不流于俗。不出里闬者四十年，四方之士，以不及门为耻，缙绅先生之过其乡邦者，必即其家存问焉。

卒年六十八。尝以白云山人自号，世称为白云先生。

《元史》卷一八九

## 一一二　杨景行所至皆有善政

杨景行，吉安太和州人。仁宗延祐二年进士，授赣州路会昌州判官。会昌民素不知井饮，汲于河流，故多疾疠；不知陶瓦，以茅覆屋，故多火灾。景行教民穿井以饮，陶瓦以代茅茨，民始免于疾疠火灾。豪民十人，号十虎，干政害民，悉捕置之法。乃创学舍，礼师儒，劝民斥腴田以膳士，弦诵之声遂盛。

升抚州路总管府推官，发擿奸伏，郡无冤狱。金溪县民陶甲，厚积而凶险，尝屡诬陷其县长吏罢去之，由是官吏畏其人，不敢诘治，陶遂暴横于一郡。景行至，以法痛绳之，徙五百里外。金溪豪僧云住，发人冢墓取财物，事觉，官吏受贿，缓其狱，景行急按之，僧皆以贿动之，不听，乃赂当道者，以危语撼之，一不顾，卒治之如法。由是豪猾屏迹，良民获安。转湖州路归安县尹，奉行省命，理荒田租，民无欺弊。

景行所历州县，皆有惠政；所去，民皆立石颂之。以翰林待制、朝列大夫致仕，年七十四卒。

《元史》卷一九二

## 一一三　干文传改移风俗

干文传，登延祐二年进士，累迁长洲、乌程两县尹，并婺源知州，又知吴江州。长于治剧，所至俱有善政。

长洲为文传乡邑，文传徙榻公署，无事未尝辄出。亲旧莫敢通私谒。会创行助役法，凡民田百亩，令以三亩入官，为受役者之助。文传既专任县事，而行省又以无锡州及华亭、上海两县之事委之。文传谕豪家大姓，以腴田来归，中人之家自是不病于役。

婺源俗，男女婚娉后，富则渝约，有育其女至老死不嫁者；亲丧，贫则不举，或停柩累数世。文传下车，即召其耆老，以礼训告之，阅三月婚丧俱毕。宋儒朱熹上世居婺源，故业为豪民所占，子孙诉之有司，莫能直。文传谕其民以理，不烦穷治而悉归之。复即其故宅建祠，俾朱氏世守焉。

《新元史》卷二二九

## 一一四　胡祗遹论士

仁宗延祐年间，席郁拜监察御史。郁少受学于胡祗遹，告之曰："士所以贤于人者，以义理养心，以学问养才，能以名位养功业，以道养天下，以著述养万世。"故郁之学醇然不杂，其立身如古独行君子焉。

《新元史》卷一九六

元（公元1280年至1367年）

## 一一五　陈颢辞平章政事勤于荐士

仁宗即位，陈颢以推戴旧勋，拜集贤大学士，宿卫禁中，政事无不与闻。科举之行，颢赞助之力尤多。颢时伺帝燕闲，辄取圣经所载大经大法有切治体者陈之，每见嘉纳。帝尝坐便殿，群臣入奏事，望见颢，喜曰："陈仲明在列，所奏必善事矣。"

颢以父年老，力请归养清州，帝特命颢长子孝伯为知州以就养。颢固辞，乃以孝伯为州判官。帝欲用颢为中书平章政事，颢叩首谢曰："臣无汗马之功，又乏经济之略，一旦置之政途，徒速臣咎。臣愿得朝夕左右，献替可否，庶少裨万一，亦以全臣愚忠。"帝乃允。

仁宗崩，辞禄家居者十年。文宗即位，复起为集贤大学士，上疏劝帝大兴文治、增国子学弟子员、蠲儒之徭役，文宗皆嘉纳焉。

颢先后居集贤，署荐士牍累数百，有讦之者，颢曰："吾宁以谬举受罚，蔽贤诚所不忍。"颢出入禁闼数十年，乐谈人善，而恶闻人过。大夫士因其荐拔以至显列，有终身莫知所自者，是以结知人主，上下无有怨尤。欧阳玄为国子祭酒，与颢同考试国子伴读，每出一卷，颢必拾而观之，苟得其片言善，即以置选列，为之色喜。玄叹曰："陈公之心，盖笃于仁而逾于厚者，真可使鄙夫宽、薄夫敦矣。"

《元史》卷一七七

## 一一六　赵孟𫖯诗文书画著名天下

集贤学士赵孟𫖯,仁宗眷顾甚厚,以字呼之而不名,擢孟𫖯为翰林学士承旨。帝尝与侍臣论文学之士,以孟𫖯比唐李白、宋苏轼。又尝称孟𫖯操履纯正,博学多闻,书画绝伦,旁通佛、老之旨,皆人所不及,有不悦者间之,帝初若不闻者。又有上书者,言国史所载,不宜使孟𫖯与闻,帝乃曰:"赵子昂,世祖所简拔,朕特优以礼貌,置于馆阁,典司述作,传之后世,此辈呶呶何也!"俄赐钞五百锭。孟𫖯尝累月不至宫中,帝以问左右,皆谓其年老畏寒,敕御府赐貂鼠衣。

赵孟𫖯所著,有《尚书注》,有《琴原》《乐原》,得律吕不传之妙。诗文清邃奇逸,读之使人有飘飘出尘之想。篆、籀、分、隶、真、行、草书,无不冠绝古今,遂以书名天下。天竺有僧,数万里来求其书归,国中宝之。其画山水、木石、花竹、人马,尤精致。前史官杨载称孟𫖯之才颇为书画所掩,知其书画者,不知其文章,知其文章者,不知其经济之学。人以为知言云。

孟𫖯妻管氏、子雍,并以书画知名。仁宗取孟𫖯及管氏与雍所书,装为一帙,识之曰:"使后世知我朝有一家善书者。"雍官至集贤待制。孟𫖯弟孟吁,字子俊,亦工书画。

《元史》卷一七二;《新元史》卷一九〇

## 一一七　鲜于枢善书奇态横生

鲜于枢，号困学山民，大都人。官至太常典簿。学书于张天锡。偶适野，见二人挽车行泥淖中，遂悟书法。酒酣，吟诗作字，奇态横生，与赵孟頫齐名，终元世，学者不出此两家。或言孟頫妒其书，重价购而毁之。故传世不多云。著有《困学斋集》。虞集赞其画像曰："敛风沙裘剑之豪，为湖山图史之乐。翰墨比米、薛而有馀，风流拟晋、宋而无怍。"

《新元史》卷二三七

## 一一八　杨载工于诗

杨载，博涉群书，为文以气为之。黄溍评其文，博而敏，直而不肆。载亦谓溍曰："子之文，气有未充也，然已密矣。"溍叹服。尤工诗，尝语学者曰："诗当取材汉魏，而格律则以唐为宗。"自载出，始洗宋季诗人之陋。

载与虞集友善，每言集不能作诗。一日，集载酒，问诗法于载，酒酣，尽为集言之。后集作诗送袁桷扈驾上都，介他人，质于载，载曰："此诗非伯生不能作也。"或问："君谓伯生不能作诗，何以有此。"载曰："伯生学问高。予以诗法授之，余莫能及也。"

《新元史》卷二三七

## 一一九　张思明被贬勤政如初

仁宗即位，浮屠妙总统有宠，敕中书官其弟五品，中书参知政事张思明执不可。帝大怒，召见切责之，对曰："选法，天下公器。径路一开，来者杂沓。故宁违旨获戾，不忍隳祖宗成宪，使四方得窥陛下浅深也。"帝心然其言，而业已许之，曰："卿可姑与之，后勿为例。"

久之，近臣疾其持法峭直，日构谗间，出为工部尚书。帝问左右曰："张士瞻居工部，得无怏怏乎？"对曰："勤政如初。"帝嘉叹之，命授宣政院副使。

思明卒年七十八，平生不治产，不畜财，收书三万七千馀卷。

《元史》卷一七七

## 一二〇　邓文原断狱

仁宗延祐四年，邓文原升翰林待制。五年，出佥江南浙西道肃政廉访司事。

平江僧有憾其府判官理熙者，贿其徒，告熙赃，熙诬服。文原行部，按问得实，杖僧而释熙。

吴兴民夜归，巡逻者执之，系亭下。其人遁去，有追及之者，刺其胁，仆地。明旦，家人得之以归，比死，其兄问杀汝者何如人，曰："白帽、青衣、长身者也。"其兄诉于官，有司问值初更者曰张福儿，执之，使服焉。械系

元（公元1280年至1367年）

三年，文原录之曰："福儿身不满六尺，未见其长也；刃伤右胁，而福儿素用左手，伤宜在左，何右伤也！"鞫之，果得真杀人者，而释福儿。

桐庐人戴汝惟家被盗，有司得盗，狱成送郡。夜有焚戴氏庐者，而不知汝惟所之。文原曰："此必有故也。"乃得其妻叶氏与其弟谋杀汝惟状，而于水涯树下得尸，与渍血斧俱在焉，人以为神。

文原内严而外恕，家贫而行廉。初客京师，有一书生病笃，取橐中金，嘱文原以归其亲；既死，而同舍生窃金去，文原买金偿死者家，终身不以语。安南入贡，以黄金、丹砂、象齿为私觌之礼，文原却之。其人曰："清白物也。"文原曰："尔物清白，自我受之则污矣。"为文精深典雅，施于诰命者，尤温润有体。有《巴西集》十卷。工书，与赵孟頫齐名。

《元史》卷一七二

## 一二一　李拱辰称廉能

武宗至大元年，李拱辰迁绍兴路新昌县尹。拱辰患经界不正，核其地图，与保甲册印分两券，官执左，民户执右，鬻产则券随之，隐没诡绐之弊悉除。新昌去郡远，不通舟楫，拱辰请以土产布代粮。县民惑于阴阳之说，亲死至数十年不葬，拱辰下令：不葬其亲者以不孝论，其俗遂革。新昌人以为自设县以来，未有及拱辰之为政者。

仁宗皇庆二年，擢湖州归安县尹。有京师贵人指县民某甲妻为逃婢，督捕甚急。拱辰留不遣，卒完其夫妇。经理田土令下，奉行者率务增多，拱辰独听民自占，仅增田百五十顷。行省又议倍赋，拱辰曰："吾官可去，民不可病也。"竟格其事不行。台、省交章荐拱辰廉能。

延祐六年，擢监察御史。有以药术媒进，躐迁翰林学士承旨，拱辰曰："承旨职任亲密，岂彼所堪？"同列噤不敢一语，拱辰独抗疏劾之，帝初不以为忤。会内府市庄炭乾没钱十馀万缗，拱辰发其奸，章再上，不报。遂解印绶去。

《新元史》卷一九四

## 一二二　黄溍清节如冰壶玉尺

仁宗延祐二年，黄溍中进士第，廷对，以用真儒、行仁义为言。授台州宁海县丞。县地濒盐场，亭户不隶于有司，与民户隶漕司、财赋府者，皆暴横自恣，溍一绳以法。吏以利害白，弗顾也。有后母告前妻子弑父，狱将具，溍变衣冠访察之，知与奸僧杀其夫，而诬告其子，遂平反其狱。有名在盗籍，而实未行劫者，邑大姓执之，图中赏格。考治无证佐，溍论如本律，免死者三十馀人。

擢绍兴路诸暨州判官。巡海官船率三年一修，官费绌，责足于民，盈则总事者私取之。溍搏节浮蠹，以馀钱还民，皆欢呼而去。奸民以伪钞结党，诈取人财，官吏听其谋。事觉，株连数百家，府檄溍鞫治。官吏除名，同谋者各予杖，其馀尽释之。

潜天姿介特，在州县以清白自持，月俸不给，至鬻产佐之。及为侍从，挺立无所附，不登权要之门，世称潜清节如冰壶玉尺，纤尘弗污。其学博极群书，剖析疑难，多先儒所未发。文章布置谨严，援据精切。凡典册诰命，铺述功德之辞，多出潜手。海内求文者，日踵于门，虽殊方绝域，亦知实重焉。有《白损斋稿》三十三卷，《义乌志》七卷，笔记一卷。

《新元史》卷一八一

## 一二三　吴莱论作文如用兵

吴莱，天资绝人，七岁能属文，凡书一经目，辄成诵。尝往族父家，日易《汉书》一帙以去，族父迫扣之，莱琅然而诵，不遗一字，三易他编，皆如之，众惊以为神。延祐七年，以《春秋》举上礼部，不利，退居深袤山中，益穷诸书奥旨，著书多种。

莱尤喜论文，尝云："作文如用兵，兵法有正有奇，正是法度，要部伍分明，奇是不为法度所缚，举眼之顷，千变万化，坐作进退击刺，一时俱起，及其欲止，什伍各还其队，元不曾乱。"闻者服之。

《元史》卷一八一

## 一二四　小云石海涯隐于市

仁宗时，小云石海涯拜翰林侍读学士、知制诰同修国史。会议科举事，多所建明。称疾辞还江南，卖药于钱唐市中，诡姓名，易服色，人无有识之者。偶过梁山泺，见渔父织芦花为被，欲易之以绸。渔父疑其为人，阳曰："君欲吾被，当更赋诗。"遂援笔立成，竟持被去。人间喧传芦花被诗。

晚年为文日邃，诗亦冲淡。草隶等书，稍取古人之所长，变化自成一家，所至士大夫从之若云，得其片言尺牍，如获拱璧。其视死生若昼夜，绝不入念虑，攸攸若欲遗世而独立云。卒年三十九。

《元史》卷一四三

## 一二五　曹伯启治尚宽简

仁宗延祐元年，砀山人曹伯启迁刑部侍郎。宛平尹盗官钱，丞相铁木迭儿欲并诛守者，伯启执不可，杖遣之。同宣慰使法忽鲁丁，扑运岭北粮，岁数万石，肆为欺罔，累赃巨万，朝廷遣使督征，前后受赂，皆反为之游言，最后伯启往，其人已死，喻其子弟曰："负官钱，虽死必征。与其纳赂于人，曷若偿之于官。第条汝父所赂之数，官为征之。"诸受赂者皆惧，而潜归赂于其子，为钞五百馀万缗，民之逋负而无可理者，即列上与免之。出为真定路总管，治尚宽简，民甚安之。

泰定初，引年北归，优游乡社，砀人贤之，表所居为曹公里。伯启性庄肃，奉身清约。云南佥事范震言宰臣欺上罔下，不报，范饮恨死，伯启具其事，书于太史。真州知州吕世英以刚直获罪，伯启白其枉，进擢风宪。其好彰善率类此。

《元史》卷一七六

## 一二六　吴思达以己财代兄弟偿债

延祐间，蔚州吴思达兄弟六人，尝以父命析居。思达为开平县主簿，父卒，还家。治葬毕，会宗族，泣告其母曰："吾兄弟别处十馀年矣，今多破产，以一母所生，忍使兄弟苦乐不均耶！"即以家财代偿其逋，更复共居。母卒，哀毁甚。宅后柳连理，人以为友义所感。

又有朱汝谐，濮州人。父子明尝命与兄汝弼别产。子明卒，汝弼家尽废，汝谐泣请共居。仲父子昭、子玉贫病，汝谐迎至家，奉汤药甘旨甚谨。后卒，丧葬尽礼。乡人贤之。州县各以名闻，表其闾。

《元史》卷一九七

## 一二七　王克敬减民负担

仁宗延祐年间，王克敬拜监察御史，用故事监吏部。选有履历当升者，吏故抑之，问故，吏曰："有过。"克敬曰："法笞四十七以上不升转，今不至是。"吏曰："责轻，罪重。"曰："失出在刑部，铨曹安知其罪重。"卒升之。治书侍御史张升曰："往者监选，以减驳为能，今王御史乃论增品级，可为世道贺矣。"

寻迁左司都事。时英宗厉精图治，丞相拜住请更前政不便者，会议中会堂。克敬首言："江南包银，民贫有不能输者，有司责之役户，当罢之。两浙煎盐户，当免其它役。"议定以闻，悉从之。

《新元史》卷二一二

## 一二八　盖苗为民请命

盖苗，大名元城人。仁宗延祐五年进士，授济宁路单州判官。州多系囚，苗请决之，知州以为囚数已上部使者，未报不可决。苗曰："使者问，请身任其责。"知州勉从之，使者果不以先决为罪。岁饥，总管遣苗至户部请赈，户部难之，苗伏中书堂下，出糠饼以示曰："济宁民率食此，况有不得此食者，坐视不救，可乎？"因泣下，宰相乃从其请。有陈官粟五百石，借于民，期秋熟还官。及期，郡责偿甚急，苗曰："官粟实苗所贳，今民饥不能偿，苗请代还。"使者乃已。

出为山东廉访副使。益都、淄莱二路，旧产金矿已竭，民岁买金输官，至是六十年矣。民有忤称郡吏其官长者，辄谓所居地有金矿，掘地及泉后止，猾吏为奸利，莫敢谁何。苗建言罢之。

后，迁侍御史，寻拜中书参知政事，同知经筵事。大臣以两京驰道狭隘，奏毁民田庐广之，苗执曰："驰道创自至元初，何今日独为隘乎？"又欲出宿卫士为郡吏，以养其贫，苗议曰："郡吏所以牧民，岂养贫之地，果不能自存，赐之钱可也。"廷议俱从之。

《新元史》卷二一二

## 一二九　答里麻善断狱

成宗时，答里麻拜监察御史。时丞相铁木迭儿专权贪肆。高昌僧恃丞相威，违法娶妇南城，答里麻诘问之，奋不顾利害，风纪由是大振。擢河东道廉访副使。隰州村民赛神，因醉殴杀姚甲，为首者乘闹逃去，有司逮同会者系狱，历岁不决。答里麻曰："杀人者既逃，存亡不可知，此辈皆诖误无罪，而反桎梏耶？"悉纵之。

英宗时，改任燕南道廉访副使。开州达鲁花赤石不花歹颇著政绩，同僚忌之，嗾民诬其与民妻俞氏饮。答里麻察知俞氏乃八十老妪，于是抵诬告者罪，石不花歹复还职。行唐县民斫桑道侧，偶有人借斧削其杖，其人夜持杖劫民财，事觉，并逮斧主与盗同下狱。答里麻原其未尝知情，即纵之。深州民媪怒殴儿妇死，妇方抱其子，子亦误触死。媪年七十，同僚议免刑，答里麻不可，曰："国制，罪人七十免刑，为其血气已衰，不任刑也。媪既能杀二人，何谓衰老？"卒死狱中。

除济宁路总管，兴学劝农，百废具修，府无停事。济阳县有牧童持铁连结击野雀，误杀同牧者，系狱数岁。答里麻曰："小儿误杀同牧者，实无杀人意，难以定罪。"罚铜遣之。

《元史》卷一四四

## 一三〇　英宗与拜住对

英宗在东宫，问宿卫之臣于左右，咸称拜住贤。遣使召之，欲与语。拜住谓使者曰："嫌疑之际，君子所慎，我长天子宿卫而与东宫私相往来，我固得罪，亦岂太子福耶？"竟不往。英宗登极，拜中书平章政事。

英宗从容谓宰相拜住曰："朕思天下之大，非朕一人思虑所及。汝为朕股肱，毋忘规谏，以辅朕之不逮。"拜住顿首谢曰："昔尧、舜为君，每事询众，善则舍己从人，万世称圣。桀、纣为君，拒谏自贤，悦人从己，好近小人，国灭而身不保，民到于今称为无道之主。臣等仰荷洪恩，敢不竭忠以报？然凡事言之则易，行之则难，臣等不言，则臣之罪也。"又尝谓拜住曰："今亦有如唐魏徵之敢谏者乎？"对曰："盘圆则水圆，盂方则水方。有太宗纳谏之君，则有魏徵敢谏之臣。"或言佛教可治天下者，帝问之，对曰："清净寂灭，自治要也；若治天下，舍仁义则纲常乱矣。"帝皆嘉纳之。

帝幸五台山，拜住曰："自古帝王得天下以得民心为本，失其心则失天下。钱谷，民之膏血，多取则民困而国危，薄敛则民足而国安。"帝曰："卿言甚善。朕思之，民为重，君为轻，国非民则何以为君！今理民之事，卿等当熟虑而慎行之。"

赐拜住平江田万亩。拜住辞曰："陛下命臣厘正庶务，若先受赐田，人其谓我何！"帝曰："汝勋旧子孙，加以廉慎，人或援例，朕自谕之。"

自延祐末，水旱相仍，民不聊生。及拜住入相，振立纲纪，裁不急之务，杜侥幸之门。英宗倚之，相与励精图治。特克实等畏之，杀英宗及拜住。特克实等既伏诛，泰定帝乃诏备拜住画像于海云寺，大作佛事，观者万数，无不叹惜泣下。追封东平王，谥忠献。

《元史》卷一三六；《续通鉴》卷二〇一、卷二〇二

## 一三一　张珪论为相之要

至治二年，英宗召见张珪于易水之上，曰："卿四世旧臣，朕将畀卿以政。"珪辞归。丞相拜住问珪曰："宰相之体何先？"珪曰："莫先于格君心，莫急于广言路。"是年冬，起珪为集贤大学士。

《新元史》卷一三九

## 一三二　宋本历仕通显僦屋以居

英宗至治元年，策天下士于廷，宋本为第一人，赐进士及第，授翰林修撰。泰定元年春，除监察御史。本性高抗不屈，持论坚正，制行纯白，不可干以私，而笃朋友之义，坚若金铁，人有片善，称道不少置，尤以植立斯文自

任。知贡举，取进士满百人额；为读卷官，增第一甲为三人。居官清慎自持，馆粥至不给。本未弱冠，聚徒以养亲，殆二十年，历仕通显，犹僦屋以居。及卒，非赙赠几不能给棺敛，执绋者近二千人，皆缙绅大夫、门生故吏及国子诸生，未尝有一杂宾，时人荣之。本所著有《至治集》四十卷，行于世。

《元史》卷一八二

## 一三三　林兴祖为民除害

林兴祖，福州罗源人。英宗至治二年，登进士第，迁知铅山州。铅山素多造伪钞者，豪民吴友文为之魁。友文奸黠悍鸷，因伪造致富，乃分遗恶少四五十人，为吏于有司，伺有欲告之者，辄先事戕之，前后杀人甚众，夺人妻女十一人为妾。民罹其害，衔冤不敢诉者十馀年，兴祖至官，曰："此害不除，何以牧民！"即张榜禁造伪钞，且立赏募民首告。俄有告者至，佯以不实斥去。又有告获伪造二人并赃者。乃鞫之，款伏。友文自至官，为之营救，兴祖并执之。须臾，来诉友文者百馀人，择其重罪一二事鞫之，狱立具，逮捕其党二百馀人，悉置之法。民翕然颂之。

《新元史》卷二二九

元（公元1280年至1367年）

## 一三四　周仁荣诚笃待友人

泰定初，周仁荣召拜国子博士，弟子多知名士。仁荣居台州，筑一室，甫落成，有友人杨公道舆疾至门，曰："愿假君新宅以死。"仁荣让正寝居之，未几，杨死，有遗财。杨之弟诣仁荣，求分之，仁荣不许。对众封籍所贮物，遣人至平阳，呼其子至，悉与之。

《新元史》卷二三六

## 一三五　孛术鲁翀以师道自任

英宗时，孛术鲁翀任翰林修撰，兼领国子监。丞相拜住间谓翀曰："尔可作宰相否？"翀对曰："宰相固不敢当，然所学，宰相事也。夫为宰相者，必福德才量四者皆备，乃足当耳。"拜住大悦，以酒觞翀曰："非公，不闻此言。"迎驾至行在所，翀入见，帝赐之坐。升右司员外郎，奉旨预修《大元通制》，书成，翀为之序。泰定元年，迁国子司业。

文宗时，翀兼任经筵官。文宗命翀与平章政事温迪罕等十人，商论大事，日夕备顾问，宿值东庑下。尝问阿荣曰："鲁子翚饮食何如？"对曰："与众人同。"又问："谈论如何？"曰："翀所谈，义理之言也。"从幸上都，尝奉敕撰碑文，称旨，帝曰："候朕还大都，当还汝润笔赀也。"

1617

迁集贤直学士，兼国子祭酒。帝师至京师，有旨朝臣一品以下，皆乘白马郊迎。大臣俯伏进觞，帝师不为动，惟翀举觞立进曰："帝师，释迦之徒，天下僧人师也。余，孔子之徒，天下儒人师也。请各不为礼。"帝师笑而起，举觞卒饮，众为之栗然。

文宗问翀："三教何者为贵？"对曰："释如黄金，道如白璧，儒如五谷。"帝曰："然则儒贱耶？"对曰："黄金、白璧，无亦何妨。五谷，可一日阙哉！"帝曰："善。"

顺帝至元四年卒，年六十。翀状貌魁梧，不妄言笑。其为学一本于性命道德，而记问宏博，异言僻语，无不淹贯。文章简奥典雅，深合古法。用是天下学者，仰为表仪。其居国学者久，论者谓自许衡之后，能以师道自任者，惟耶律有尚及翀而已。有文集六十卷。

《元史》卷一八三；《新元史》卷二一一

## 一三六　乃蛮台赈灾关中

明宗天历二年，乃蛮台任陕西行省平章政事。关中大饥，诏募民入粟予爵。四方富民应命输粟，露积关下。初，河南饥，告籴关中，而关中民遏其籴。至是关吏乃河南人，修宿怨，拒粟使不得入。乃蛮台杖关吏而入其粟。京兆民掠人而食之，则命分健卒为队，捕强食人者，其患乃已。时入关粟虽多，而贫民乏钞以籴。乃蛮台取官库未毁昏钞，得五百万缗，识以省印，给民行用，俟官给赈饥钞，如数易之。先时，民或就食他所，多毁墙屋以往。乃蛮台谕之曰："明年岁稔，尔当复还，其勿毁之。"民由是不敢毁，及明年还，皆得按堵如初。拜西行台御史大夫，赐金币、玩服等物。

《元史》卷一三九

## 一三七　秦起宗力劾长官

秦起宗生长兵间，学书无从得纸，父顺削柳为简，写以授之；成诵，削去更书。年十七，会立蒙古学，学辄成，辟武卫译史。御史中丞塔察儿爱其才，迁中台史。

文宗时，拜中台御史，劾闽宪卜咱耳窃父妾以逃，其父愤死，渎乱天常，流之岭南。自是尽言无讳，皆见听用。有《御史奏议》一卷。

出为抚州路总管，至官，有司供张甚盛，问其费所从出，小吏不敢隐，曰："借办于民。"遂亟使归之，几席仅给而已。自是官府僚佐有宴集，成礼即止。因谕众曰："我素农家，安俭约，务安静，庶使吾民化之。"居一岁，以老去官。

监察御史秦起宗，劾中丞和尚受人妇女，贱买县官屋，不报。起宗入见，跪辨久之，敕令起，起宗不起，会日暮，出。明日，立太子，有赦，起宗又奏："不罪和尚，无以正国法。"和尚乃伏辜。文宗曰："为御史当如是矣。"

《元史》卷一七六；《续通鉴》卷二〇六

## 一三八　彻里帖木儿以百姓安为瑞

文宗天历二年，彻里帖木儿拜中书平章政事。出为河南行省平章政事。黄河清，有司以为瑞，请闻于朝。彻里帖木儿不可曰："吾知为臣忠、为子孝、天下治、百姓安，为瑞，馀非所知也。"岁大饥，彻里帖木儿议赈之，其属谓必自县上之府，府上之省，然后以闻。彻里帖木儿慨然曰："民饥，死者已众，乃欲拘常格耶！往复累月，民存无几矣。"竟发仓廪赈之。文宗闻而嘉之。

《新元史》卷二一〇

## 一三九　虞集主经筵认真进读

虞集，字伯生，三岁即知读书，干戈中无书册可携，母杨氏口授《论语》、《孟子》、《左氏传》、欧苏文，闻辄成诵。比还长沙，就外傅，始得刻本，则已尽读诸经，通其大义矣。

成宗大德初，始至京师。以大臣荐，授大都路儒学教授，虽以训迪为职，而益自充广，不少暇佚。除国子助教，即以师道自任。他馆生多相率诣集请益。

泰定初，除国子司业，迁秘书少监。天子幸上都，以讲臣多高年，命集与集贤侍读学士王结执经以从，自是岁尝在行。经筵之制，取经史中切于心德治道者，用国语、汉文两进读，润译之际，患夫陈圣学者未易于尽其要，指时务者尤难于极其情，每选一时精于其学者为之，犹数日乃成一篇，集为反复古今名物之辨以通之，然后得以无忤，其辞之所达，万不及一，则未尝不退而窃叹焉。拜翰林直学士，俄兼国子祭酒。

文宗时，御史中丞赵世安为集请曰："虞伯生久居京师，甚贫，又病目，幸假一外任，便医。"帝怒曰："一虞伯生，汝辈不容耶！"帝以集弘才博识，无施不宜，一时大典册咸出其手，故重听其去。集每承诏有所述作，必以帝王之道、治忽之故，从容讽切，冀有感悟。承顾问及古今政治得失，尤委曲尽言，或随事规谏，出不语人。谏或不入，归家悒悒不乐。家人见其然，不敢问其故也。

顺帝至正八年，以病卒，年七十有七。集孝友，山林之士知古学者，必折节下之，接后进，虽少且贱，如敌己。当权门赫奕，未尝有所附丽。集议中书，正言谠论，多见容受，屡以片言解疑误，出人于滨死，亦不以为德。

家素贫，归老后食指益众，登门之士相望于道，好事争起邸舍以待之。然碑板之文，未尝苟作。南昌富民有伍真父者，赀产甲一方，娶诸王女为妻，充本位下郡总管。既卒，其子求集文铭父墓，奉中统钞五百锭准礼物，集不许。其束脩羔雁之入，还以为宾客费，虽空乏弗恤也。

《元史》卷一八一

## 一四〇　虞盘依法治巫

虞盘，集之弟也。仁宗延祐五年第进士。除湘乡州判官,颇称癖古。有富民杀人,使隶己者坐之,上下皆阿从,盘独不署,杀人者卒不免死,而坐者得以不冤。有巫至其州,称神降,告其人曰:"某方火。"即火。又曰:"明日某方火。"民以火告者,盘皆赴救,至达昼夜,告者数十,寝食尽废。县长吏以下皆迎巫至家,厚礼之。又曰:"将有大水,且兵至。"州大家皆尽室逃。盘得劫火卒一人,讯之,尽得巫党所为,坐捕盗司。召巫至,鞫之,无敢施鞭棰者,盘谓卒曰:"此将为大乱,安有神乎!"急治之,尽得党与数十人,罗络内外,果将为变者。同僚皆不敢出视,曰:"君自为之。"盘乃断巫并其党如法。

《元史》卷一八一

## 一四一　康里巎巎敢言善书劝帝务学

巎巎,字子山,康里氏。巎巎幼肄业国学,博通群书,其正心修身之要得诸许衡及父兄家传。长袭宿卫,风神凝远,制行峻洁,望而知其为贵介公子。其遇事英发,掀髯论辩,法家拂士不能过之。拜翰林学士承旨、知制诰兼修国史、知经筵事。

先是,文宗励精图治,巎巎尝以圣贤格言讲诵帝侧,裨益良多。顺帝即位之后,剪除权奸,思更治化。巎巎侍经筵,日劝帝务学,帝辄就之习授,欲宠以师礼,巎巎力辞不可。凡《四书》、六经所载治道,为帝绅绎而言,必使辞达感动帝衷、敷畅旨意而后已。帝一日览宋徽宗画称善,巎巎进言,徽宗多能,惟一事不能。帝问何谓一事。

元（公元1280年至1367年）

对曰："独不能为君尔。身辱国破，皆由不能为君所致。人君贵能为君，它非所尚也。"

巎巎尝谓人曰："天下事在宰相当言，宰相不得言则台谏言之，台谏不敢言则经筵言之。备位经筵，得言人所不敢言于天子之前，志愿足矣。"故于时政得失有当匡救者，未尝缄默。

既而出拜江浙行省平章政事。明年，复以翰林学士承旨召还。至京七日，感热疾卒，实至正五年也，年五十一。

家贫，几无以为敛。帝闻，为震悼，赐赙银五锭。巎巎善真行草书，识者谓得晋人笔意，单牍片纸，人争宝之，不翅金玉。

《元史》卷一四三

## 一四二　欧阳玄为政廉平文章名世

欧阳玄，浏阳人，幼岐嶷，母李氏亲授《孝经》《论语》《小学》诸书，八岁能成诵，日记数千言，即知属文。部使者行县，玄以诸生见，命赋梅花诗，立成十首，晚归，增至百首，见者骇异之。年十四，益从宋故老习为词章，下笔辄成章，每试庠序，辄占高等。弱冠，下帷数年，人莫见其面。经史百家，靡不研究，伊、洛诸儒源委，尤为淹贯。

仁宗延祐元年，诏设科取士，玄以《尚书》与贡。明年，赐进士出身，授太平路芜湖县尹。县多疑狱，久不

· 1623 ·

决，玄察其情，皆为平翻。豪右不法，虐其驱奴，玄断之从良。贡赋征发及时，民乐趋事，教化大行。

改武冈县尹。县控制溪洞，蛮獠杂居，抚字稍乖，辄弄兵犯顺。玄至逾月，赤水、太清两洞聚众相攻杀，官曹相顾失色，计无从出。玄即日单骑从二人，径抵其地谕之。至则死伤满道，战斗未已。獠人熟玄名，弃兵仗，罗拜马首曰："我曹非不畏法，缘诉某事于县，县官不为直，反以徭役横敛掊克之，情有弗堪，乃发愤就死耳。不意烦我清廉官自来。"玄喻以祸福，归为理其讼，獠人遂安。

顺帝元统元年拜翰林直学士，编修四朝实录，俄兼国子祭酒。至元五年，足患风痹，乞南归以便医药，帝不允。拜翰林学士，诏修辽、金、宋三史，召为总裁官，发凡举例，俾论撰者有所据依。史官中有悻悻露才、论议不公者，玄不以口舌争，俟其呈稿，援笔窜定之，统系自正。至于论、赞、表、奏，皆玄属笔。帝以玄历仕累朝，且有修三史功，谕旨丞相，超授爵秩，遂拜翰林学士承旨。

玄性度雍容，含弘缜密，处己俭约，为政廉平。历官四十馀年，在朝之日，殆四之三。两为祭酒，六入翰林，而三拜承旨。修实录、《大典》、三史，皆大制作。屡主文衡，两知贡举及读卷官，凡宗庙朝廷雄文大册、播告万方制诰，多出玄手。金缯上尊之赐，几无虚岁。海内名山大川，释、老之宫，王公贵人墓隧之碑，得玄文辞以为荣。片言只字，流传人间，咸知宝重。文章道德，卓然名世。

《元史》卷一八二

## 一四三　许有壬遇事尽言工辞章

许有壬，仁宗延祐二年进士，授同知辽州事。会关中有警，邻州听民出避，弃孩婴满道上，有壬独率弓箭手，闭城门以守，卒获无虞。州有追逮，不许胥隶足迹至村疃，唯给信牌，令执里役者呼之，民安而事集。右族贪虐者惩之，冤狱虽有成案，皆平翻而释其罪，州遂大治。

后，历任监察御史、中书参知政事、侍御史等职。顺帝至正二十四年卒，年七十八。

有壬历事七朝，垂五十年，遇国家大事，无不尽言，皆一根至理，而曲尽人情。当权臣恣睢之时，稍忤意，辄诛窜随之，有壬绝不为巧避计，事有不便，明辨力争，不知有死生利害。有壬善笔札，工辞章，欧阳玄序其文，谓其雄浑闳隽，涌如层澜，迫而求之，则渊靓深实。所著有《至正集》若干卷。

《元史》卷一八二

## 一四四　顺宗问赖嘛

顺宗初受佛戒时，见玛哈喇佛前有物为供，因问学士实喇卜曰："此何物？"曰："羊心。"帝曰："曾闻用人心肝者，有诸？"曰："闻之，而未尝目睹。请问赖嘛。"赖嘛者，帝师也。帝遂命实喇卜问之，答曰："有之，凡人萌歹心害人者，事觉，则以其心肝作供耳。"曰："此羊曾害人乎？"帝师不能答。

《续通鉴》卷二〇七

## 一四五　岳柱度量弘廓

岳柱，自幼容止端严，性颖悟，有远识。方八岁，观画师何澄画《陶母剪发图》，岳柱指陶母手中金钏诘之曰："金钏可易酒，何用剪发为也？"何大惊，即异之。既长就学，日记千言。年十八，从丞相答失蛮备宿卫，出入禁中，如老成人。至大元年，授集贤学士，阶正议大夫，即以荐贤举能为事。

顺帝元统二年，岳柱卒。岳柱天资孝友，度量弘廓，有欺之者，恬不为意，或问之，则曰："彼自欺也，我何与焉！"母郜氏亦尝称之曰："吾子，古人也。"

《元史》卷一三〇

## 一四六　脱脱称贤相

脱脱，字大用，生而岐嶷，异于常儿。及就学，请于其师浦江吴直方曰："使脱脱终日危坐读书，不若日记古人嘉言善行服之终身耳。"稍长，膂力过人，能挽弓一石。

顺帝元统二年，任同知枢密院事。是时，其伯父伯颜为中书右丞相，擅爵人，赦死罪，任邪佞，杀无辜，诸卫精兵收为己用，府库钱帛听其出纳。帝积不能平。脱脱虽幼养于伯颜，常忧其败，私请于其父曰："伯父骄纵已甚，万一天子震怒，则吾族赤矣。曷若于未败图之。"其父以为然。脱脱遂说帝罢黜伯颜。

至正元年，顺帝命脱脱为中书右丞相、录军国重事。脱脱乃悉更伯颜旧政，复科举取士法，开马禁，减盐额，蠲负逋，又开经筵，遴选儒臣以劝讲，而脱脱实领经筵事。中外翕然称为贤相。

河决白茅堤，又决金堤，方数千里，民被其患，五年不能塞。脱脱用贾鲁计，请塞之，以身任其事。奏以贾鲁为工部尚书，总治河防，使发河南北兵民十七万役之，筑决堤成，使复故道。凡八月，功成。

《元史》卷一三八

## 一四七　朵尔直班奉法不阿

顺帝元统元年，朵尔直班擢监察御史。西僧为佛事内廷，醉酒失火，朵尔直班劾其不守戒律，延烧宫殿，震惊九重。御史大夫撒迪传旨免其罪，朵尔直班执不可。丞相伯颜、御史大夫唐其势二家家奴怙势为民害，朵尔直班巡历至漷州，悉捕其人致于法，民大悦。及还，唐其势怒曰："御史不礼我已甚，辱我家人，我何面目见人耶？"答曰："朵尔直班知奉法而已，它不知也。"唐其势从子马马沙为钦察亲军指挥使，恣横不法，朵尔直班劾奏之。马马沙因集无赖子欲加害，会唐其势被诛，乃罢。

迁大宗正府也可扎鲁火赤，听讼之际，引谕律令，曲当事情。有同僚年老者，叹曰："吾居是官四十年，见公论事殆神人也。"宗王有杀其大母者，朵尔直班与同僚拔实力请于朝，必正其罪。

拜中书参知政事。有以善音乐得幸者，有旨用为崇文监丞。朵尔直班它拟一人以闻。帝怒曰："选法尽由中书省耶？"朵尔直班顿首曰："用幸人居清选，臣恐后世议陛下。今选它人，臣之罪也，省臣无与焉。"帝乃悦。

寻出为辽阳行省平章政事。至官，询民所疾苦，知米粟羊豕薪炭诸货皆藉乡民贩负入城，而贵室僮奴、公府隶卒争强买之，仅酬其半值。又其俗编柳为斗，大小不一，豪贾猾侩得以高下其手，民咸病之。即饬有司厉防禁，齐称量，诸物乃毕集而价自平。又存恤孤老，平准钱法，清铨选，汰胥吏，慎勾稽，兴废坠，巨细毕举。苟有罪，虽勋旧不贷。王邸百司闻风悚惧。

《元史》卷一三九

## 一四八　李好文事目耕

李好文，大名东明人。好文少贫力学，夜就邻家磨房灯读书。一日，贷村妪米，妪讪其弗耕。好文曰："我目耕耳。"时人为语曰"目耕夜分李好文"。

顺帝时，拜监察御史。时复以至元纪元，好文言："年号袭旧，古所未闻，袭名祛实，未见有益。"因言时弊逊于至元者十馀事。朝廷虽是之，终弗能用。

好文录囚河东，有李拜拜杀人，而凶器不获，悬十四年。好文曰："不决之狱，有如是久者！"立出之。王傅撒都剌以足蹋死人，众谓杀人不用刃，当杖。好文曰："怙势杀人甚于刃，况因有求而不遂乎！"卒论死，一道震慑。

《新元史》卷二一一

## 一四九　朵儿只有度量

至正七年，朵儿只拜中书右丞相、监修国史，而太平为左丞相。岁馀，留守司行致贺礼，其物先留鸿禧观，将馈二相。朵儿只家臣寓观中，察知物有丰杀，其致左相者特丰。家臣具白其事，请却之。朵儿只曰："彼纵不送我，亦又何怪。"即命受之。

朵儿只为相，务存大体，而太平则兼理庶务，一时政权颇出于太平，趋附者众，朵儿只处之凝然，不与较。然太平亦能推让尽礼，中外皆号为贤相云。

《元史》卷一三九

## 一五〇　铁木儿塔识有识见

顺帝至正二年，日本商百馀人遇风漂入高丽，高丽掠其货，表请没入其人以为奴。铁木儿塔识持不可，曰："天子一视同仁，岂宜乘人之险以为利？宜资其还。"已而日本果上表称谢。俄有日本僧告其国遣人刺探国事者。铁木儿塔识曰："刺探在敌国固有之，今六合一家，何以刺探为？设果有之，正可令睹中国之盛，归告其主，使知向化。"两浙、闽盐额累增而课愈亏，江浙行省请减额，铁木儿塔识奏岁减十三万引。

五年，拜御史大夫。务以静重持大体，不为苛峣以立声威。建言："近岁大臣获罪，重者族灭，轻者籍其妻孥。祖宗圣训，父子罪不相及。请除之。"著为令。近畿饥民争赴京城，奏出赃罚钞，籴米万石，即近郊寺观为糜食之，所活不可胜计。

七年拜左丞相。中书故事，用老臣预议大政，久废不设，铁木儿塔识奏复其规，起腆合、张元朴等四人为议事平章。曾未半年，救偏补弊之政以次兴举，中外咸悦。

征用处士，待以不次之擢。或疑为太优，铁木儿塔识曰："隐士无求于朝廷，朝廷有求于隐士，区区名爵，奚足惜哉！"识者诵之。时修辽、金、宋三史，铁木儿塔识为总裁官，多所协赞云。

《元史》卷一四〇

## 一五一　国子监人员千馀多非其人

顺宗时，国子监蒙古、回回、汉人生员凡千馀，然祭酒、司业、博士多非其人，惟粉饰章句，补葺时务，以应故事。在监诸生，日啖笼炊粉羹，一人之食，为钞五两。而十百为群，恬嬉玩愒，以嫚侮嘲谑相尚；或入茶酒肆，则施屏风以隔市人，饮罢不偿值，掉臂而出，莫敢谁何。

《续通鉴》卷二〇八

## 一五二　揭傒斯论修史之本与法

顺宗诏修辽、金、宋三史，而各统其所统。以中书左丞相托克托为都总裁官，翰林学士欧阳玄、翰林侍讲学士揭傒斯等为总裁官。

托克托问修史以何为本，傒斯曰："用人为本，有学问文章而不知史事者不可与，有学问文章知史事而心术不正者不可与，用人之道，又当以心术为本也。"又与僚属言："欲求作史之法，须求作史之意。古人作史，虽小善必录，小恶必记。不然，何以示惩劝！"由是毅然以笔削自任，凡政事得失、人才贤否，一律以是非之公。至于物论之不齐，必反复辨论，以求归于至当而后止。

揭傒斯修《辽史》成，有旨奖谕，仍督早成金、宋二史。傒斯留宿史馆，朝夕不敢休，因得寒疾，七日卒。

傒斯少处穷约，事亲菽水粗具而必得其欢心，既有禄入，衣食稍逾于前，辄愀然曰："吾亲未尝享是也。"故平生清俭，至老不渝。友于兄弟，终始无间言。立朝虽居散地，而急于荐士，扬人之善惟恐不及，而闻吏之贪墨病民者，则尤不曲为之掩覆也。为文章，叙事严整，语简而当；诗尤清婉丽密；善楷书、行、草。朝廷大典册及元勋茂德当得铭辞者，必以命焉。殊方绝域，咸慕其名，得其文者，莫不以为荣云。

《续通鉴》卷二〇八；《元史》卷一八一

## 一五三　杜本隐于武夷山

杜本，清江人。武宗时，尝被召至京师，未几归隐武夷山中。文宗在江南时，闻其名，及即位，以币征之，不起。顺帝至正三年，右丞相脱脱以隐士荐，诏遣使赐以金织文币、上尊酒，召为翰林待制。使者致君、相意，促之行。至杭州，称疾固辞，而致书于丞相曰："以万事合为一理，以万民合为一心，以千载合为一日，以四海合为一家，则可言制礼作乐，而跻五帝三王之盛矣。"遂不行。

本湛静寡欲，无疾言遽色。与人交尤笃于义，有贫无以养亲、无赀以为学者，皆济之。平居书册未尝释手，尤工于篆隶。所著有《四经表义》《六书通编》《十原》等书，学者称为清碧先生。至正十年卒，年七十五。

《元史》卷一九九

## 一五四　吴定翁称士当无愧于世

吴定翁，临川人。定翁幼岁俨如成人，寒暑衣冠不少懈，清修文雅，而最善为诗，揭傒斯称其幽茂疏淡。御史及江西之方伯牧守部使者，辟荐相望，终身不为动。程钜夫尝贻书曰："临川士友及门者，踵相接也，何相望足下耿耿如玉人，而不可得见乎！"定翁尝曰："士无求用于世，惟求无愧于世。"人以为名言。

《元史》卷二〇〇

## 一五五　阿噜图选刑部尚书

至正四年，阿噜图为右丞相，议除一人为刑部尚书，或难之曰："此人柔软，于刑部非所宜。"阿噜图曰："选刽子邪？若选刽子，须用强壮人，尚书详谳刑狱，不枉人坏法，即是好官，何用强壮者为！"

《续通鉴》卷二〇八

## 一五六　桑节说威顺王

至正八年，以桑节为湖广行省平章政事。湖广地连江北，威顺王岁尝出猎，民病之；又起广乐园，多萃名倡巨贾以网大利，有司莫敢忤。桑节至，谒王，王阖中门，启左扉，召以入。桑节坐王中门而言曰："吾受天子命来作牧，非王私臣也，焉得由不正之道入乎？"阍者入告王，王命启中门。桑节入，责王曰："王，帝室之懿亲，古之所谓伯父、叔父者也。今德音不闻，而骋猎、宣淫，贾怨于下，恐非所以自贻多福也。"王急握桑节手谢之，为悉罢其所为。

有胡僧曰小住持者，服三品服，恃庞横甚，数以事陵轹官府。桑节掩捕之，得妻、妾、女乐、妇女十有八人，狱具，罪而籍之，由是豪强敛手。桑节，河西人也。

《续通鉴》卷一四四

## 一五七　归旸称宰相当广济天下

顺帝时，有诉丞相太平马前，太平索皮服予之，仍核在官所藏皮服之数，悉给贫民。右司都事归旸曰："宰相当以广济天下为心，皮服有几何，而欲悉给之邪？莫若录寒饥者赈之。"太平愧谢。

《新元史》卷二一二

## 一五八　刘福通起义以红巾为号

至正十一年，颍州刘福通起义，以红巾为号，陷颍州。初，栾城人韩山童，倡言天下大乱，弥勒佛下生，河南及江、淮民翕然信之。福通与杜遵道、罗文素等，杀白马、黑牛，誓告天地，欲同起兵，事觉，县官捕之急，福通遂反。山童就擒，其妻杨氏，子韩林儿，逃之武安。惟福通党盛不可制，时谓之"红军"，亦曰"香军"。

命同枢密院事图克齐领阿苏军六千并各支汉军讨之。图克齐者，回回部人也，素号精悍，善骑射，至是与河南行省徐左丞俱进军。二将皆耽酒色，军士但以剽掠为事，剿捕之方，漫不加省。图克齐望见红军阵大，扬鞭曰：

"阿布，阿布。"阿布者，译言走也，于是所部皆走，淮人传以为笑。

《续通鉴》卷二一〇

## 一五九　芝麻李起义克徐州

萧县李二号"芝麻李"，以岁饥，其家惟有芝麻一仓，尽以济人，故得此名。时河工大兴，人心不安，芝麻李与其社长赵君用谋曰："颍上兵起，官军无如之何，此男子取富贵之秋也。"君用曰："我所知，惟城南老彭，其人勇悍有胆略，不得其人，不可举大事，我当为汝致之。"即访其家，见老彭，讽以起事，老彭曰："其中有芝麻李乎？"曰："有。"老彭即欣然从之，与俱见芝麻李，共得八人，歃血而盟。是夕，伪为挑河夫，仓皇投徐州城宿，四人在内，四人在外。夜四更，城内火发，城外亦举火应之，夺守门军仗，斩关而入，内外呼噪。民久不见兵革，一时惊惧，皆束手听命。天明，竖大旗，募人为军，从之者十馀万人，徐州属县皆下。

《续通鉴》卷二一〇

## 一六〇　徐寿辉据蕲州称帝

蕲州罗田人徐寿辉举兵，亦以红巾为号。寿辉体貌魁岸，木强无他能，以贩布为业，往来蕲、黄间，因烧香聚众。

初，袁州慈化寺僧彭莹玉，其徒周子旺，黄州麻城人邹普胜起兵。以寿辉貌异于众，乃推以为主。沔阳陈友谅往从之。

徐寿辉据蕲水为都，称皇帝。率兵相继克汉阳、武昌及江州、徽州、信州等地。

《续通鉴》卷二一〇

## 一六一　朱元璋投濠州郭子兴

朱元璋，先世家沛，后自句容、泗州徙钟离。年十七，值四方旱蝗，民饥疫，父母兄相继殁，遂入皇觉寺为僧。逾月，西至合肥，又适六安，历光、固、汝、颍诸州，凡三年，复还皇觉寺。久之，寺为乱兵所焚，僧皆逃散。顺宗至正十二年，元璋年二十五，亦出避兵，不知所向，人有招以起事者，元璋意不决，问于卜，大吉，乃决。时定远人郭子兴率众据濠州，元璋抵濠城，门者疑为谍，执之，以告子兴。子兴奇其貌，问所以来，具告之故，子兴喜，遂留置左右。寻命长九夫，常召与谋事，久之，甚见亲爱，凡有攻讨，即命以往，往辄胜，子兴由是兵益盛。

初，宿州人马公，与子兴为刎颈交，马公卒，以季女属子兴，子兴因抚为己女。至是乃以女妻元璋。

《续通鉴》卷二一〇

元（公元1280年至1367年）

## 一六二　朱元璋得李善长

顺宗至正十三年，朱元璋率兵略滁阳，道遇李善长，与语，悦之，留置幕下，俾掌书记，语之曰："方今群雄并争，非有智者不可与谋议。吾观群雄中持案牍及谋事者，多毁左右将士，将士弗得效其能，以至于败。羽翼既去，主者安得独存！汝宜鉴其失，务协诸将以成功，毋效彼所为也。"善长，定远人也。

进攻滁阳，花云为先锋，单骑前行，遇官军数千人，云提剑跃马，横冲其阵而过。敌大惊曰："此黑将军勇甚，不可与争锋。"遂克滁阳，因驻师焉。

《续通鉴》卷二一一

## 一六三　顺宗习房中术

集贤学士图鲁特穆尔性奸狡，顺宗爱之，言听计从，荐西蕃僧策琳沁于帝。其僧善秘密法，谓帝曰："陛下虽尊居万乘，富有四海，不过保有一世而已。人生能几何，当受此秘密大喜乐禅定。"帝又习之，其法亦名双修法，曰延彻尔，曰秘密，皆房中术也。帝乃诏以西天僧为司徒，西蕃僧为大元国师，取良家女奉之，谓之供养，于是帝日从事于其法。刺探贵人之命妇及士庶之室家，择其美而善淫者媒入宫中，数日乃出。巴朗者，帝诸弟也，皆在帝前，相与亵狎，甚至男女裸处，号所处室曰色济克乌格

· 1637 ·

依，译言事事无碍也。君臣宣淫，而群僧出入禁中，无所防闲，丑声秽行，著闻于外，虽市井之人亦恶闻之。

《续通鉴》卷二一一

## 一六四　顺宗设计制造龙舟宫漏

顺宗于内苑造龙船，命内官供奉少监塔斯布哈董其事。帝自制船样，首尾长一百二十尺，广二十尺，前瓦帘棚、穿廊、两暖阁，后吾殿楼子，龙身并殿宇用五彩金妆，前有两爪。上用水手二十四人，紫衫，金荔枝带，四带头巾，于船两旁下各执篙一。自后宫至前宫山下海子内，往来游戏，行时，其龙首眼口爪尾皆动。

又自制宫漏，约高六七尺，广半之，造木为柜，阴藏诸壶其中，运水上下。柜上设西方三圣殿，柜腰立玉女捧时刻筹，时至，辄浮水而上。左右立二金甲神，一悬钟，一悬钲，夜则神人自能按更而击，无分毫差。当钟钲之鸣，狮凤在侧者皆翔舞。柜之西东有日月宫，飞仙六人立宫前，遇子午时，飞仙自能耦进，度仙桥，达三圣殿，已而复退立如前。其精巧绝出，人谓前代所未有。

时帝怠于政事，荒淫游宴，以宫女三圣奴、妙乐奴、文殊奴等一十六人按舞，所奏乐用龙头管、小鼓、筝、篪、琵琶、笙、胡琴、响板、拍板。以宦者察罕岱布哈管领，遇宫中讃佛，则按舞奏乐。宫官受秘密戒者得入，馀不得预。

《续通鉴》卷二一二

## 一六五　郑玉答征召书

顺宗至正十五年，征徽州处士郑玉为翰林待制，赐以御酒、名币。玉辞疾不起，而为表以进曰："名爵者，祖宗之所以遗陛下，使与天下贤者共之，陛下不得私与人。待制之职，臣非其才，不敢受；酒与币天下所以奉陛下，陛下得以私与人，臣不敢辞也。"

《续通鉴》卷二一二

## 一六六　朴不花行善与为恶

顺宗至正十八年，京师大饥疫，时河南北、山东郡县皆被兵，民之老幼男女，避居聚京师，以故死者相枕藉。宦者资正院使朴不花欲要誉一时，请于顺帝，市地收瘗之。帝赐钞七千锭，中宫及兴圣、隆福两宫、皇太子、皇太子妃，赐金银及他物有差，省院施者无算；不花出玉带一、金带一、银二锭、米三十四斛、麦六斛、青貂银鼠裘各一袭以为费。择地自南北两城抵卢沟桥，掘深及泉，男女异圹，人以一尸至者，随给以钞，舁负相踵。既覆土，就万安寿庆寺建无遮大会。至二十年四月，前后瘗者二十万，用钞二万七千九十馀锭、米五百六十馀石。又于大悲寺修水陆大会三昼夜，凡居民病者予之药，不能丧者给之棺。翰林学士承旨张翥为文颂其事，曰"善惠之碑"。

时帝益厌政，不花乘间用事，与丞相搠思监为表里，四方警报、将臣功状，皆抑而不闻，内外解体。然根株盘固，气焰熏灼，内外百官趋附之者十九。又宣政院使脱欢，与之同恶相济，为国大蠹。后被诛。

《元史》卷二〇四

## 一六七　常遇春归附朱元璋

怀远人常遇春，刚毅多智勇，膂力绝人。年二十三，为群盗刘聚所得，遇春察其多抄掠，无远图，闻朱元璋据和州恩威日著，兵行有律，独率十馀人归附，请为先锋。元璋曰："尔饥，故来归耳。且有故主在，吾安得夺之！"遇春顿首泣曰："刘聚盗耳，无能为也。倘得效力贤者，虽死犹生。"元璋曰："能相从渡江乎？取太平后属我，未晚也。"

及朱元璋帅诸将渡江，与廖永安举帆前行。永安请所向，元璋曰："采石大镇，其备必固，牛渚矶前临大江，彼难为备御，今往攻之，其势必克。"乃引帆向牛渚，风力稍劲，顷刻及岸。守者阵于矶上，舟距岸三丈许，未能猝登。常遇春飞舸至，元璋麾之，应声挺戈跃而上，守者披靡，诸军从之，遂拔采石，沿江诸垒，望风迎附。

时为至正十五年。

《续通鉴》卷二一二

元（公元1280年至1367年）

## 一六八　朱元璋取太平

时诸将以匮乏，各欲取资而归，元璋谓徐达曰："如此，则再举必难，江东非我有，大事去矣。"因令悉斩缆，推置急流中，舟皆顺流东下。诸将大惊问故，元璋曰："成大事不规小利，此去太平甚近，舍此不取，将奚为！"诸将乃听命，自官渡向太平，直趋城下，纵兵急攻，遂拔之。平章鄂勒哲布哈与佥事张旭等弃城走，执其万户纳克楚。

太平路总管靳义，出东门赴水死，元璋曰："义士也！"具棺葬之。耆儒李习、陶安等，率父老出城迎谒，安谓习等曰："龙姿凤质，非常人也，我辈今有主矣！"师之发采石也，先令李善长为《戒戢军士榜》，比入城，即张之。士卒欲剽掠者，见榜愕然不敢动，有一卒违令，即斩以徇，城中肃然。富民陈迪献金帛，即以分给诸将士。

召安、习，与语时事，安因献言曰："四海鼎沸，豪杰并争，攻城屠邑，互相雄长，然其志在子女玉帛，非有拨乱、救民、安天下之心。明公率众渡江，神武不杀，以此顺天应人而行吊伐，天下不足定也。"元璋曰："吾欲取金陵，如何？"安曰："金陵，帝王之都，龙蟠虎踞，限以长江之险，若据其形势，出兵以临四方，则何向不克，此天所以资明公也。"元璋大悦，礼安甚厚，由是一切机密，辄与议焉。

改太平路为太平府，以李习知府事，李善长为帅府都事，汪广洋为帅府令史。时三帅虽共府署事，而运筹决策，皆出自元璋，将士乐战，军民倾向，权归于一矣。

《续通鉴》卷二一二

## 一六九　朱元璋聘秦从龙

秦从龙，洛阳人，初仕为校官，累迁江南行台侍御史，会兵乱，避居镇江，吴国公朱元璋命徐达访之。达下镇江，得从龙，还报，元璋喜，即命朱文正以白金、文绮往聘之。既至，亲至龙江，迎之以入，居从龙于西华门外。事无大小，皆与之谋，从龙尽言无隐，每以笔书漆简问答甚密，左右无知之者，元璋呼为先生而不名。

《续通鉴》卷二一三

## 一七〇　唐仲实朱升答朱元璋问

至正十八年，朱元璋出师至徽州，召儒士唐仲实问："汉高帝、光武、唐太宗、宋太祖、元世祖平一天下，其道何由？"对曰："此数君者，皆以不嗜杀人，故能定天下于一。公英明神武，驱除祸乱，未尝妄杀；然以今日观之，民虽得所归，而未遂生息。"元璋曰："此言是也。我积少而费多，取给于民，甚非得已。然皆为军需所用，未尝以一毫奉己。民之劳苦，恒思所以休息之，曷尝忘也！"

又闻前学士朱升名，召问之，对曰："高筑墙，广积粮，缓称王。"元璋悦，命参帷幄。

《续通鉴》卷二一四

## 一七一　顺宗号鲁班天子

顺宗尝为近幸臣建宅，亲画屋样，又自削木构宫，高尺馀，栋梁楹槛，宛转皆具，付匠者按此式为之，京师遂称"鲁班天子"。内侍利其金珠之饰，告帝曰："此屋比某家殊陋劣。"帝辄命易之，内侍因刮金珠而去。

皇后见帝造作不已，尝挽上衣谏曰："陛下年已大，子年已长，宜稍息造作。且诸夫人事上足矣，无惑于天魔舞女辈，自爱惜圣躬也。"帝艴然怒曰："古今只我一人耶？"由此两月不至后宫。

多畜高丽美人，大臣有权者，辄以此遗之，京师达官贵人，必得高丽女然后为名家。自至正以来，宫中给事使令，大半高丽女，以故四方衣服、靴帽、器物，皆仿高丽，举世若狂。

《续通鉴》卷二一五

## 一七二　朱元璋征刘基宋濂

吴国公朱元璋遣使以书币征刘基、章溢、叶琛、宋濂等四人。至正二十年，基乃与三人者同至金陵。入见，吴国公甚喜，赐坐，劳之曰："我为天下屈四先生，今天下纷争，何时定乎？"溢对曰："天道无常，惟德是辅，不嗜杀人者能一之。"公称善。基陈时务十八事，且言："今日之计，莫若先伐汉（即陈友谅）。汉地广大，得汉，天下之形成矣。"吴国公大悦曰："先生有至计，毋惜尽言。"于是设礼贤馆以处基等，宠礼甚至。

吴国公尝问郎中陶安曰："此四人者，于汝何如？"安曰："臣谋略不如基，学问不如濂，治民之才不如溢、琛。"公然之，复多其能让。

《续通鉴》卷二一五

## 一七三　陈友谅克太平花云死难

陈友谅，沔阳黄蓬人。读书粗通大义，尝为州吏，郁郁不乐。季父普文，从倪文俊作乱，友谅亦往从之。文俊用为簿书掾，寻为元帅。至正十六年，友谅袭杀文俊，自称平章。

陈友谅率舟师攻太平，守将枢密院判花云与朱文逊等以兵三千拒战，文逊死之。友谅攻城三日，不得入，乃引巨舟迫城西南，士卒缘舟尾攀堞而登，城遂陷。云被执，缚急，怒骂曰："贼奴，尔缚吾，吾主必灭尔，斫尔为脍也！"遂奋跃，大呼而起，缚皆绝，夺守者刀，连斫五六人。贼怒，缚云于舟樯，丛射之，云至死骂贼不绝口。院判王鼎，知府许瑗，俱为友谅所执，亦抗骂不屈，皆死之。

云自濠州隶麾下，每战辄立奇功。因命宿卫，常在左右。至是出守太平，遂死于难，年三十九。妻郜氏，一子炜，生始三岁。战方急，郜氏会家人，抱儿拜家庙，泣谓家人曰："城且破，吾夫必死，夫死，吾宁独生！然花氏惟此一儿，为我善护之。"云被执，郜氏赴水死。

未几，陈友谅败灭。时为至正二十四年。

《新元史》卷二二六；《续通鉴》卷二一五

## 一七四　朱元璋称毋姑息家僮骄恣

至正二十四年，吴王朱元璋闻诸功臣家僮有横肆者，乃召徐达、常遇春等谕之曰："尔等从我，起身艰难，成此功勋，匪朝夕所致。闻尔等所畜家僮，乃有恃势骄恣，逾越礼法。小人无忌，不早惩戒之，他日或生衅隙，宁不为其所累！此辈宜速去之，如治病当急除其根。若隐忍姑息，终为身害。"

《续通鉴》卷二一八

## 一七五　张士诚等建豪宅用奸佞

张士诚，泰州人。少有膂力，厚重寡言。与弟士义、士德、士信，并驾盐纲船，业私贩。泰州富人多侮士诚，或负其盐值，弓兵邱义尤窘辱之。士诚怒，与诸弟及壮士李伯升等十八人杀义，纵火焚富人室，因与华甫谋起事。寻杀华甫，驱盐徒为兵，旗帜皆赤。时在至正七年。十四年，士诚自称诚王。士诚攻克扬州、杭州等地。

张士诚据江浙，以其弟张士信为江丞。士信建第宅东城下，号丞相府。张氏诸臣皆起于寒微，自谓化家为国以抵小康，亦皆大起第宅，饰园池，畜声妓，购图画，民间奇石名木，必见豪夺。士信后房百馀人，习天魔舞队，园中采莲舟楫，以沉檀为之。诸臣宴乐，率费米千石，居民趋附之者，辄得富贵。未几，士信令潘元明守杭州而自还姑苏，参军黄敬夫、蔡彦文、叶德新，皆佞幸用事。彦文，山阴人，尝卖药；德新，云阳人，善星卜；士信每倚以谋国。朱元璋闻之曰："我诸事经心，法不轻恕，尚且有人欺我。张九四终岁不出门，不理政事，岂不受人欺乎！"时有市谣十七字曰："丞相做事业，专用黄、蔡、叶，一朝西风起，干鳖！"黄蔡，寓黄菜；西风，寓建康兵也。

《新元史》卷二二五；《续通鉴》卷二一八

## 一七六　朱文正始拒赏后怨望

朱文正，元璋之侄，涉传记，饶勇略。初从渡江取集庆路有功，吴王朱元璋问："若欲何官？"文正对曰："叔父成大业，何患不富贵！爵赏先及私亲，何以服众？"王善其言，益爱之。及江西平，文正功居多，王厚赐诸将，念文正前言知大体，赐功尚有待也，文正遂不能无少望。性素卞急，至是益暴怒无常，任掾吏卫可达夺部中子女。按察使李饮冰奏其骄侈觖望，王遣使诘责，文正惧，饮冰益言其有异志。王即日登舟，至南昌城下，遣人召之，文正仓猝出迎。王泣谓之曰："汝何为者？"遂载与俱归。至建康，王妃力解之，曰："儿特性刚耳，无它也。"群臣请置于法，王曰："文正固有罪，然吾兄止有是子，若置之法，则伤恩矣。"乃免文正官。

《续通鉴》卷二一八

## 一七七　朱元璋谈起居注

吴王朱元璋以儒士滕毅、杨训为起居注，王谕之曰："吾见元大臣门下士，多不以正自处，惟务谄谀以图苟合，见其人所为非是，不相与正救，及其败也，卒陷罪戾。尔从徐相国幕下，久而无过，故授尔是职。宜尽心所事，勿为阿容。"

又曰："起居之职，非专事纪录而已，要在输忠纳诲，致主于无过之地而后为尽职。吾平时于百官所言，一二日外犹寻绎不已；今尔在吾左右，不可不尽言也。"

复命毅、训集古无道之君若夏桀、商纣、秦始皇、隋炀帝所行之事以进，曰："吾观此者，正欲知其丧乱之由以为诫耳。"

《续通鉴》卷二一八

## 一七八　朱元璋以蜀使浮伪夸大为诫

蜀主明升遣使聘于吴，使者自言其国之险固与富饶，吴王朱元璋笑曰："蜀人不以修德保民为本，而恃其险且富，非为国长久之道。且自用兵以来，商贾路绝，而乃称富饶，此岂自天而降耶？"使者退，王因语侍臣曰："吾平生务实，不尚浮伪。此人不能称述其主之善，而但夸其国之险固，失奉使之道矣。吾尝遣使四方，诫其谨于言语，勿为夸大，恐取笑于人。如蜀使者之谬妄，当以为诫也。"

《续通鉴》卷二一九

## 一七九　朱元璋命儒士编书

先是吴征儒士熊鼎、朱梦炎等至建康，吴王朱元璋命纂修公子书及务农、技艺、商贾书，谓之曰："公卿贵人子弟，虽读书多，不能通晓奥义，不若集古之忠良、奸恶事实，以恒辞解之，使观者易晓。他日纵学无成，亦知古人行事，可以劝戒。其民间农工商贾子弟，亦多不知读书，宜以其所当务者直词详说，作务农、技艺、商贾书，使之通知大义，可以化民成俗。"至是书成，赐鼎等白金人五十两及衣、帽、靴、袜等物。

《续通鉴》卷二一九

## 一八〇　朱元璋箴言

吴王朱元璋谓中书省臣曰："吾昔在军中，乏粮，空

元（公元1280年至1367年）

腹出战，归得一食，虽甚粗粝，食之甚甘。今尊居民上，饮食丰美，未尝忘之。况吾民居于田野，所业有限，而又供需百出，岂不重困！"于是免太平府租赋二年，应天、宣城等处租赋一年。

吴王谓中书省臣曰："古人祝颂其君，皆寓警戒之意。适观群下所进笺文，颂美之词过多，规戒之言未见，殊非古者君臣相告以诚之道。今后笺文，只令平实，勿以虚辞为美也。"

吴王谕起居注詹同曰："国史贵直笔，善恶皆当书之。昔唐太宗观史，虽失大体，然命直书建成之事，是欲以公天下也。朕平日言行是非善恶，汝等皆当直书，不宜隐讳，使后世观之，不失其实。"

《续通鉴》卷二一九

## 一八一　张昶欲以颂功德劝行乐败吴

吴杀元使臣户部尚书张昶。昶既被留为参知政事，外示诚款，内怀阴计，与杨宪、胡惟庸等皆相善。昶有才辩，智识明敏，熟于前代典故，凡江左建置制度多出其手，裁决如流，事无停滞。昶自以奉使被羁，心不忘北归，阴使人上书颂功德，劝吴王及时行乐。王以语刘基曰："是欲为赵高也。"基曰："然，必有使之者。"王不欲穷治，但斥之，焚其书。后复劝王重刑法，破兼并之家，多陈厉民之术，欲吴失人心，阴为北方计。王皆不听。

昶书八字于牍曰："身在江南，心思塞北。"王始惜其才，犹欲活之。及见其所书牍词，曰："彼意决矣。"遂杀之。

《续通鉴》卷二一九

## 一八二　张士诚亡其国

至正二十八年，吴王朱元璋命徐达、常遇春率兵攻苏州，破之，擒张士诚。王欲全士诚，而士诚竟自缢死，赐棺葬之。

浙西民物蕃盛，储积殷富。士诚兄弟骄侈淫佚，又暗于断制，欲以得士要誉，士有至者，无问贤不肖，辄重其赠遗，舆马居室，靡不充足，士多往趋之。及士信用事，疏简旧将，夺其兵权，由是上下乖疑。凡出兵遣将，当行者或卧不起，邀求官爵、美田宅，即如言赐之。及丧师失地而归，士诚亦不问，或复用为将。其威权不立类此。

士信愚妄，不识大体，士诚委以政，卒以亡其国。而士信之败，又为黄、蔡、叶三参军所误，至是骈诛。

又有周侲者，山阳铁冶子也，以聚敛至上卿。城破被获，言于主者曰："钱谷盐铁，籍皆在我，汝国欲富，当勿杀我。"主者曰："亡国贼，尚不知死罪耶？"遂杀之。民大悦曰："今日天开眼！"

《续通鉴》卷二二〇

元（公元1280年至1367年）

## 一八三　朱元璋诫诸将

吴封李善长为宣国公、徐达信国公、常遇春鄂国公，赏赉有差。吴王朱元璋谕诸将曰："江南既平，当北定中原，毋狃于暂安而忘永逸，毋足于近功而昧远图。"翌日，达等入谢，王问："公等还第，置酒为乐否？"对曰："荷恩，皆置酒相庆。"王曰："吾岂不欲置酒与诸将为一日之欢？但中原未平，非宴乐之时。公等不见张氏所为乎？终日酣歌逸乐，今竟何如？"

吴筑新内城，制皆朴素，不为雕饰。王命博士熊鼎类编古人行事可以鉴诫者，书于壁间，又命侍臣书《大学衍义》于两庑壁间。王曰："前代宫室，多施绘画，予用书此以备朝夕观览，岂不愈于丹青乎！"有言瑞州出文石，琢之可以甃地，王曰："尔导予以侈丽，岂予心哉！"

《续通鉴》卷二二〇

## 一八四　朱元璋定律令

吴命中书省定律令，以李善长为总裁官，杨宪、刘基、陶安等为议律官。

初，吴王以唐、宋皆有成律断狱，惟元不仿古制，取一时所行之事为条格，胥吏易为奸弊。自平武昌以来，即议定律，至是台谏已立，各道按察司将巡历郡县，欲颁成法，俾内外遵守，故有是命。复谕之曰："立法贵在简当，使言直理明，人人易晓。若条绪繁多，或一事而两端，可轻可重，使贪猾之吏得以因缘为奸，则所以禁残暴者，反以贼善良，非良法也，务求适中以去繁弊。夫网密则水无大鱼，法密则国无全民，卿等宜尽心参究，凡刑名条目，逐一采上，吾与卿等面议斟酌，庶可以久远行之。"

吴《律令》成，王与诸臣复阅视之，去烦就简，减重从轻者居多。凡为令一百四十五条，准唐之旧而增损之，计二百八十五条，命有司刊布中外。

《续通鉴》卷二二〇

## 一八五　朱元璋评勉徐达常遇春

吴王朱元璋命中书右丞相、信国公徐达为征讨大将军，中书平章政事、掌军国重事常遇春为副将军，率师二十五万，由淮入河，北取中原。

是时名将必推达、遇春，两人才勇相类，遇春慓疾敢深入，而达尤长于谋略。遇春每下城邑，不能无诛戮；达所至不扰，即获壮士与谍，结以恩义，俾为己用。至是吴王面谕诸将曰："御军持重有纪律，战胜攻取，得为将之体者，莫如大将军达；当百万众，摧锋陷坚，莫如副将军遇春，然身为大将，好与小校角，甚非所望也。"

北伐屡胜，吴王遣使谕徐达、常遇春曰："屡胜之兵易骄，久劳之师易溃。能虑乎败，乃可无败；能慎乎成，乃可有成。若一懈怠，必为人所乘。将军其勉之。"

《续通鉴》卷二二〇

## 一八六　朱元璋称帝

吴左丞相李善长，率礼官进即皇帝位礼仪，朱元璋见仗内旗有"天下太平、皇帝万岁"字，顾善长曰："此夸大之词，非古制也。"命去之。

吴王朱元璋祀天地于南郊，即皇帝位，定国号曰明，建元洪武。立妃马氏为皇后。以李善长、徐达为左、右丞相，馀功臣进爵有差。

《续通鉴》卷二二〇

## 一八七　王冕家贫勤学

王冕，诸暨人。幼贫，父使牧牛，窃入学舍，听诸生诵书，暮乃返，亡其牛，父怒挞之，已而复然。母曰："儿痴如此，曷不听其所为。"冕因去依僧寺，夜坐佛膝上，映长明灯读书。会稽韩性闻而异之，录为弟子，遂称通儒。屡应举不中，弃去，北游燕都，客秘书卿泰不花家，拟以馆职荐，力辞不就。既归，每大言天下将乱，携妻孥隐九里山，树梅千株，桃杏半之，自号梅花屋主。善画梅，求者踵至，以幅长短为得米之差。明太祖下婺州，物色得之，置幕府，授谘议参军，一夕病卒。

《明史》卷三八六

## 一八八　倪瓒工诗善画

倪瓒，字元镇，无锡人也。家雄于赀，工诗，善书画。四方名士日至其门。所居有阁曰清閟，幽迥绝尘。藏书数千卷，皆手自勘定。古鼎法书，名琴奇画，陈列左右。四时卉木，萦绕其外，高木修篁，蔚然深秀，故自号云林居士。时与客觞咏其中。为人有洁癖，盥濯不离手。俗客造庐，比去，必洗涤其处。求缣素者踵至，瓒亦时应之。至正初，海内无事，忽散其赀给亲故，人咸怪之。未几兵兴，富家悉被祸，而瓒扁舟箬笠，往来震泽、三泖间，独不罹患。张士诚累欲钩致之，逃渔舟以免。其弟士信以币乞画，瓒又斥去。士信恚，他日从宾客游湖上，闻异香出葭苇间，疑为瓒也，物色渔舟中，果得之。杖几毙，终无一言。及吴平，瓒年老矣，黄冠野服，混迹编氓。洪武七年卒，年七十四。

《明史》卷二九八

## 一八九　宋克以书名天下

宋克，长洲人。伟躯干，博涉书史。少任侠，好学剑走马，家素饶，结客饮博。追壮，谢酒徒，学兵法，周流无所遇，益以气自豪。张士诚欲罗致之，不就。性抗直，与人议论期必胜，援古切今，人莫能难也。杜门染翰，日费十纸，遂以善书名天下。时有宋广，字昌裔，亦善草书，称二宋。洪武初，克任凤翔同知，卒。

《明史》卷二八五

# 明

公元 1368 年至 1644 年

## 一　明太祖谈治国

　　明开国初，太祖朱元璋屡屡谈论治国理政。

　　洪武元年元旦，太祖大宴群臣于奉天殿。宴罢，谓御史中丞刘基曰："尧舜圣人，处无为之世，犹且忧之。况德匪唐、虞，处天下者，其得无忧乎。朕赖诸臣辅佐之功，尊居天位，每念天下之广，生民之众，万几方殷，中夜思之，辄寝不安寐，忧悬于心。"

　　一日，问基以生息之道，基曰："在于宽仁。"上曰："不施实惠而概言宽仁，亦无益耳。以朕观之，宽民必先阜民之财，息民之力。不节用则民财竭，不省役则民力困，不明教化则民不知礼义，不禁贪暴则民无以遂其生。"基顿首曰："此所谓以仁心行仁政也。"

　　天下府州县官来朝陛辞，谕曰："天下新定，百姓财力俱困，如鸟初飞，木初植，勿拔其羽，勿撼其根。惟廉者能约己而爱人，贪者必朘人以肥己，况人有才敏者或尼于私，善柔者或昧于欲，皆不廉致之也。尔等宜诫之。"

上尝御文楼，太子侍，问："近与诸臣读何史？"对曰："汉七国事。"问："曲直安在？"对曰："曲在七国。"上曰："此讲官一偏之说。景帝为太子时，以博局杀吴世子，及为帝，又轻听晁错，黜削诸侯，七国之变，实由于此。若为诸子讲此，则宜言藩王当上尊天子，无挠天下公法，如此则为太子者，知敦睦九族，隆亲亲之恩；为诸子者，知夹辅王室，尽君臣之义。"

吏部请谪有罪人于儋厓，上曰："前代谓儋厓为化外，以处罪人。朕今天下一家，若有风俗未淳，宜更择良吏治之，岂可弃之化外！"不许。

以平元，告捷南郊，百官表贺。上谕之曰："当元之季，君则宴安，臣则跋扈，国用不经，征敛无艺，天怒人怨，盗贼蜂起，天下已非元有矣。朕取天下于群雄，非得之元氏也。向使元君克畏天命，不自暇逸，其臣各尽乃职，罔敢骄奢天下，豪杰虽欲乘之其可得乎！"

谕中书省臣曰："科举之设，务得经明行修，文实相称之士以资任用。今有司所取，多后生少年，观其文辞，亦若可用，及试用之，不能措诸行事。朕以实心求贤，而天下以虚文应之，非朕责实求贤之意也。今各行省宜暂停科举，别令有司察举贤才，必以德行为本而文艺次之。"

命有司察穷民无告者，给之屋舍衣食。谕中书省臣曰："朕昔在民间，目击鳏寡孤独、饥寒困苦之徒，常自厌生，心为恻然。今代天理物已十馀年，若天下之民，有流离失所者，非惟昧朕初心，亦于代天之工有所未尽。卿等为辅相，宜体朕怀，不可使天下有一夫不获也。"

上与侍臣论女宠、寺人、外戚、权臣、藩镇、四裔之祸曰："木必蠹而后风入之，体必虚而后病乘之，国家之事，亦犹是已。汉亡于外戚、阉寺，唐亡于藩镇、戎狄。然制之有道，贵贱有体，恩不掩义，女宠之祸何自而生！不牵私爱，苟犯政典，裁以至公，外戚之祸，何由而作！阉寺职在使令，不假兵柄，则无寺人之祸。上下相维，大小相制，防壅蔽，谨威福，则无权臣之患。藩镇之设，本以卫民，财归有司，兵待符调，岂有跋扈之虞！至于御四裔，则修武备，谨边防，来则御之，去不穷追，岂有侵暴之忧！凡此数事，常欲著书，使后世子孙以时观省，亦社稷无穷之利也。"

　　上谕侍臣曰："人君不能无好尚，要当慎之。盖好功则贪名者进，好财则言利者进，好术则游谈者进，好谀则巧佞者进。夫偏于所好者，鲜不累其心。故好功不如好德，好财不如好廉，好术不如好信，好谀不如好直。故好得其正，未有不治，好失其正，未有不乱者也。"

《明通鉴》卷一、卷三、卷五、卷六

## 二　太祖禁妄献行俭约

　　洪武元年，蕲州进竹簟，命却之。太祖谕中书侍臣曰："古者方物之贡惟服食器用，无玩好之饰。今蕲州进竹簟，未有命而来献，天下闻风，争进奇巧，则劳民伤财自此始矣。其勿受。仍令四方，非朝廷所需，毋得妄献。"

有司奏造乘舆服御诸物应用金者，特命以铜为之。有司言："费小，不足惜。"上曰："朕富有四海，岂吝于此，然所谓俭约者，非身先之，何以率下！且奢侈之原，未有不由小至大者也。"

司天监进元所置水晶刻漏，备极机巧，中设二木偶人，能按时自击钲鼓。上览之，谓侍臣曰："废万几之务，用心于此，所谓'作无益，害有益'也。"命碎之。

洪武六年，潞州进人参。上曰："朕闻人参得之甚艰，岂不劳民，今后不必进。"因谓省臣曰："往年金华进香米，朕命止之，遂于苑中种之，每当耘耔割获之时，亲往观之，足以自适，而其所入亦足供用。朕饮酒不多，太原进葡萄酒，亦令勿进。国家以养民为务，岂以口腹累人哉！"

《明鉴易知录》卷一

## 三　陶安论丧乱之源

洪武元年，命陶安知制诰兼修国史。太祖尝御东阁，与安及章溢等论前代兴亡本末。安言丧乱之源，由于骄侈。帝曰："居高位者易骄，处佚乐者易侈。骄则善言不入，而过不闻；侈则善道不立，而行不顾。如此者，未有不亡。卿言甚当。"又论学术。安曰："道不明，邪说害之也。"帝曰："邪说害道，犹美味之悦口，美色之眩目。邪说不去，则正道不兴，天下何从治？"安顿首曰："陛下所言，可谓深探其本矣。"

安事帝十馀岁，视诸儒最旧。及官侍从，宠愈渥。御制门帖子赐之曰："国朝谋略无双士，翰苑文章第一家。"时人荣之。御史或言安隐过。帝诘曰："安宁有此，且若何从知？"曰："闻之道路。"帝大怒，立黜之。

洪武元年四月，江西行省参政阙，帝以命安，安辞。帝不许。至任，其年九月卒。

《明史》卷一三六

## 四　詹同文章称旨

詹同，婺源人。洪武元年，任翰林直学士，迁侍读学士。太祖尝与侍臣言："声色之害甚于鸩毒，创业之君，为子孙所承式，尤不可不谨。"同因举成汤不迩声色，垂裕后昆以对。

同以文章结主知，应制占对，靡勿敏赡。洪武二年，上谓詹同曰："古人为文，以明道德，通世务，典谟之言皆明白易知。至如诸葛孔明《出师表》亦何尝雕刻为文，而诚意溢出，至今诵之，使人忠义感激。近世文士，立辞虽艰深，而意实浅近，即使过于相如、扬雄，何裨实用！自今翰林为文，但取通道理、明世务者，无事浮藻。"

《明史》卷一三六；《明鉴易知录》卷一

## 五　林鸿论历代诗作

林鸿，福清人。洪武初，以人才荐，授将乐县训导，历礼部精膳司员外郎。性脱落，不善仕，年未四十自免归。闽中善诗者，称十才子，鸿为冠。鸿论诗，大指谓汉、魏骨气虽雄，而菁华不足。晋祖玄虚，宋尚条畅，齐、梁以下但务春华，少秋实。惟唐作者可谓大成。然贞观尚习故陋，神龙渐变常调，开元、天宝间声律大备，学者当以是为楷式。闽人言诗者率本于鸿。

《明史》卷二八六

## 六　杨维桢白衣宣至白衣还

杨维桢，山阴人。少时，日记书数千言。父宏，筑楼铁崖山中，绕楼植梅百株，聚书数万卷，去其梯，诵读楼上者五年，因自号铁崖。元泰定四年成进士。

元末，兵乱，维桢徙居松江之上，海内荐绅大夫与东南才俊之士，造门纳履无虚日。酒酣以往，笔墨横飞。或戴华阳巾，披羽衣坐船屋上，吹铁笛，作《梅花弄》。或呼侍儿歌《白雪》之辞，自倚凤琶和之。宾客皆蹁跹起舞，以为神仙中人。维桢诗名擅一时，号铁崖体，与永嘉李孝光、茅山张羽、锡山倪瓒、昆山顾瑛为诗文友。

太祖诏儒臣纂修礼书，名曰《存心录》。寻又诏郡县举高洁博雅之士年四十以上者，礼送京师。一时征召之士，首山阴杨维桢，以其前朝老文学，特命詹同奉币诣其门。维桢年已七十馀，谢曰："岂有老妇将就木而再理嫁者邪！"未几上复遣有司敦促，赋《老妇谣》一章进御，曰："皇帝竭吾之能，不强吾所不能，则可，否则有蹈海死耳。"上许之。赐安车诣阙廷，留百有十日，所纂叙例略定，即乞骸骨。上成其志，仍给安车还山。宋濂赠诗以为"不受君王五色诏，白衣宣至白衣还"，盖高之也。

《明史》卷二八五；《明通鉴》卷二

## 七　罗复仁清贫质实

洪武三年，翰林院编修罗复仁自安南还。安南国王遗以金贝土产甚厚，悉却不受，太祖闻而嘉之，授宏文馆学士，与刘基同位。

复仁在上前率意陈得失，尝操南音，上顾喜其质实，呼为老实罗而不名。间幸其舍，负郭穷巷，复仁方垩壁，亟呼其妻，抱杌奉上坐，上曰："贤士岂宜居此！"遂赐第城中，寻乞致仕。已，又召至京师，奏减江西秋粮，许之。留三月，赐玉带、铁柱杖、裘、马等，遣还，以寿终。

《明通鉴》卷三

## 八　克勤治济宁百姓歌之

中原初定，诏民垦荒，阅三岁乃税。吏征率不俟期，民以诏旨不信，辄弃去，田复荒。洪武三年，以克勤为济宁知府，克勤与民约税如期，区田为九等，以差等征发，吏不得为奸，野以日辟。又立社学数百区，葺孔子庙堂，教化兴起。盛夏，守将督民夫筑城，克勤曰："民方耕芸不暇，奈何重困之畚锸！"请之中书省，得罢役。先是久旱，遂大澍。济宁人歌之曰："孰罢我役，使君之力。孰活我黍，使君之雨。使君勿去，我民父母。"视事三年，户口增数倍，一郡饶足。

克勤为治以德化为本，不善近名，尝曰："近名必立威，立威必殃民，吾不忍也。"自奉简素，一布袍十年不易，日不再肉食。时上用法严，士大夫多被谪，过济宁者，克勤辄周恤之。

《明通鉴》卷四

## 九　李希颜教王子

李希颜，郏人，隐居不仕。太祖手书征之，至京，为诸王师。规范严峻，诸王有不率教者，或击其额。帝抚而怒。高皇后曰："乌有以圣人之道训吾子，顾怒之耶？"太祖意解，授左春坊右赞善。诸王就藩，希颜归旧隐。闾里宴集，常着绯袍戴笠往。客问故，笑曰："笠，本质，绯，君赐也。"

《明史》卷一七八

## 一〇　刘崧为官清廉

刘崧，泰和人，家贫力学，寒无垆火，手皲裂而钞录不辍。洪武三年举经明行修，召见奉天殿，授兵部职方司郎中。奉命征粮镇江。镇江多勋臣田，租赋为民累，崧力请得少减。迁北平按察司副使，轻刑省事。招集流亡，民咸复业。立文天祥祠于学宫之侧。勒石学门，示府县勿以徭役累诸生。迁国子司业。

崧幼博学，天性廉慎。兄弟三人共居一茅屋，有田五十亩。及贵，无所增益。十年一布被，鼠伤，始易之，仍葺以衣其子。居官未尝以家累自随。任北平，携一童往，至则遣还。晡时吏退，孤灯读书，往往达旦。善为诗，豫章人宗之为"西江派"云。

《明史》卷一三七

## 一一　刘基功成身退

刘基，字伯温，青田人。至正二十年受太祖聘，既至，陈时务十八策。太祖问征取计，基曰："士诚自守虏，不足虑。友谅劫主胁下，名号不正，地据上流，其心无日忘我，宜先图之。陈氏灭，张氏势孤，一举可定。然后北向中原，王业可成也。"太祖大悦曰："先生有至计，勿惜尽言。"会陈友谅陷太平，谋东下，势张甚，诸将或议降，或议奔据钟山，基张目不言。太祖召入内，基奋曰："主降及奔者，可斩也。"太祖曰："先生计安出？"基曰："贼骄矣，待其深入，伏兵邀取之，易耳。天道后举者胜，取威制敌以成王业，在此举矣。"太祖用其策，诱友谅至，大破之，以克敌赏基。

太祖即皇帝位后，尝以事责丞相李善长，基言："善长勋旧，能调和诸将。"太祖曰："是数欲害君，君乃为之地耶？吾行相君矣。"基顿首曰："是如易柱，须得大木。若束小木为之，且立覆。"及善长罢，帝欲相杨宪。宪素善基，基力言不可，曰："宪有相才无相器。夫宰相者，持心如水，以义理为权衡，而己无与者也，宪则不然。"帝问汪广洋，曰："此褊浅殆甚于宪。"又问胡惟庸，曰："譬之驾，惧其偾辕也。"帝曰："吾之相，诚无逾先生。"基曰："臣疾恶太甚，又不耐繁剧，为之且孤上恩。天下何患无才，惟明主悉心求之，目前诸人诚未见其可也。"后宪、广洋、惟庸皆败。

洪武三年大封功臣，封基诚意伯。明年赐归老于乡。基佐定天下，料事如神。性刚嫉恶，与物多忤。至是还隐山中，惟饮酒弈棋，口不言功。邑令求见不得，微服为野人谒基。基方濯足，令从子引入茅舍，炊黍饭令。令告曰："某青田知县也。"基惊起称民，谢去，终不复见。

洪武八年，刘基卒。初，上相胡惟庸，基大戚曰："其如苍生何！"因忧愤成疾。后疾愈增，惟庸乃遣医视疾，饮基药二剂，有物积腹中如卷石，疾遂笃。至是，上遣使送还家，仅一月而卒，年六十五。

基虬髯，貌修伟，慷慨有大节，论天下安危，义形于色。帝察其至诚，任以心膂。每召基，辄屏人密语移时。

基亦自谓不世遇，知无不言。遇急难，勇气奋发，计画立定，人莫能测。暇则敷陈王道。帝每恭己以听，常呼为老先生而不名，曰："吾子房也。"又曰："数以孔子之言导予。"顾帷幄语秘莫能详，而世所传为神奇，多阴阳风角之说，非其至也。所为文章，气昌而奇，与宋濂并为一代之宗。所著有《覆瓿集》《犁眉公集》传于世。

《明史》卷一二八；《明鉴易知录》卷二

## 一二　开国文臣宋濂

宋濂，金华之潜溪人，与刘基等并征至应天，除江南儒学提举，命授太子经，寻改起居注。濂长基一岁，皆起东南，负重名。基雄迈有奇气，而濂自命儒者。基佐军中谋议，濂亦首用文学受知，恒侍左右，备顾问。尝召讲《春秋左氏传》，濂进曰："《春秋》乃孔子褒善贬恶之书，苟能遵行，则赏罚适中，天下可定也。"

洪武二年，濂受命修《元史》，任总裁官，除翰林学士。迁国子司业、侍讲学士、知制诰。濂性诚谨，官内庭久，未尝讦人过。尝与客饮，帝密使人侦视。翼日，问濂昨饮酒否，坐客为谁，馔何物。濂具以实对。笑曰："诚然，卿不朕欺。"间召问群臣臧否，濂惟举其善者曰："善者与臣友，臣知之；其不善者，不能知也。"主事茹太素上书万馀言。帝怒，问廷臣，或指其书曰："此不敬，此诽谤非法。"问濂，对曰："彼尽忠于陛下耳。陛下方开言路，恶可深罪。"既而帝览其书，有足采者。悉召廷臣诘责，因呼濂字曰："微景濂几误罪言者。"于是帝廷誉之曰："朕闻太上为圣，其次为贤，其次为君子。宋景濂事朕十九年，未尝有一言之伪，诮一人之短，始终无二，非止君子，抑可谓贤矣。"

濂状貌丰伟，美须髯，视近而明，一黍上能作数字。自少至老，未尝一日去书卷，于学无所不通。为文醇深演迤，与古作者并。在朝，郊社宗庙山川百神之典，朝会宴享律历衣冠之制，四裔贡赋赏劳之仪，旁及元勋巨卿碑记刻石之辞，咸以委濂，屡推为开国文臣之首。士大夫造门乞文者，后先相踵。外国贡使亦知其名，数问宋先生起居无恙否。四方学者悉称为"太史公"，不以姓氏。虽白首侍从，其勋业爵位不逮基，而一代礼乐制作，濂所裁定者居多。卒年七十二。

《明史》卷一二八

## 一三　茹太素文繁受杖

洪武八年，茹太素任刑部主事，陈时务累万言，太祖令中书郎王敏诵而听之。中言："才能之士，数年来幸存者百无一二，今所任率迂儒俗吏。"言多忤触。帝怒，召太素面诘，杖于朝。次夕，复于宫中令人诵之，得其可行者四事。慨然曰："为君难，为臣不易。朕所以求直言，欲其切于情事。文词太多，便至荧听。太素所陈，五百馀言可尽耳。"因令中书定奏对式，俾陈得失者无繁文。摘太素疏中可行者下所司，帝自序其首，颁示中外。

太素抗直不屈，屡濒于罪，帝时宥之。一日，宴便殿，赐之酒曰："金杯同汝饮，白刃不相饶。"太素叩首，即续韵对曰："丹诚图报国，不避圣心焦。"帝为恻然。未几，复坐排陷詹徽，与同官十二人俱镣足治事。后竟坐法死。

《明史》卷一三九

## 一四　太祖禁宦者干政

太祖既定江左，鉴前代之失，置宦者不及百人。迨末年颁《祖训》，乃定为十有二监及各司局，稍称备员矣。然定制，不得兼外臣文武衔，不得御外臣冠服，官无过四品，月米一石，衣食于内庭。尝镌铁牌置宫门曰："内臣不得干预政事，预者斩。"敕诸司不得与文移往来。

洪武十年，有内侍以久侍内庭，从容言及政事；上即日遣还乡，命终身不齿。谕群臣曰："阉侍之人，朝夕左右，其小忠小信，足以固结君心。及其久也，假威窃权，势遂至于不可抑。朕立法，寺人不得预政事，今决去之，所以惩将来也。"因敕内侍不许读书识字。

《明史》卷一九二；《明鉴易知录》卷二

## 一五　欧阳铭答军卒

有欧阳铭者，令临淄。会开平王常遇春师过其境，卒入民家取酒相殴击，一市尽哗，铭笞而遣之。卒诉令骂将军，遇春诘之，铭曰："卒王师，民亦王民也。民殴且死，卒不当笞邪？铭虽愚，何至詈将军！将军大贤，奈何私一卒，挠国法！"遇春意解，为笞卒以谢。后大将军徐达至，军士相诫曰："是健吏尝抗常将军者，毋犯也。"

《明通鉴》卷七

## 一六　开国元勋徐达常遇春

徐达，濠人，世业农。少有大志，长身高颧，刚毅武勇。太祖之为郭子兴部帅也，达时年二十二，往从之，一见语合。随太祖征讨，平定天下，建功至伟，为诸将师之首。

太祖即帝位后，徐达每岁春出，冬暮召还，以为常，还辄上将印。宴见欢饮，有布衣兄弟称，而达愈恭慎。帝尝从容言："徐兄功大，未有宁居，可赐以旧邸。"旧邸者，太祖为吴王时所居也。达固辞。一日，帝与达之邸，强饮之醉，而蒙之被，舁卧正寝。达醒，惊趋下阶，俯伏呼死罪。帝觇之，大悦。乃命有司即旧邸前治甲第，表其坊曰"大功"。

胡惟庸为丞相，欲结好于达，达薄其人，不答，则赂达阍者福寿使图达。福寿发之，达亦不问；惟时时为帝言惟庸不任相。后果败，帝益重达。

洪武十八年二月卒，年五十四。帝为辍朝，临丧悲恸不已。追封中山王。肖像功臣庙，位居第一。

达言简虑精。在军，令出不二。诸将奉持凛凛，而帝前恭谨如不能言。善拊循，与下同甘苦，士无不感恩效死，以故所向克捷。尤严戢部伍，所平大都二，省会三，郡邑百数，闾井晏然，民不苦兵。归朝之日，单车就舍，延礼儒生，谈议终日，雍雍如也。帝尝称之曰："受命而出，成功而旋，不矜不伐，妇女无所爱，财宝无所取，中正无疵，昭明乎日月，大将军一人而已。"

常遇春，于太祖平定天下中功居第二。洪武二年，暴疾卒，年仅四十，追封开平王。遇春沉鸷果敢，善抚士卒，摧锋陷阵，未尝败北。虽不习书史，用兵辄与古合。长于大将军达二岁，数从征伐，听约束惟谨，一时名将称徐、常。遇春尝自言能将十万众，横行天下，军中又称"常十万"云。

《明史》卷一二五

## 一七  胡大海用兵三戒

胡大海，长身、铁面，智力过人。太祖初起，大海走谒滁阳，命为前锋。从渡江，与诸将略地，以功授右翼统军元帅。大海善用兵，每自诵曰："吾武人，不知书，惟知三事而已：不杀人，不掠妇女，不焚毁庐舍。"以是军行远近争附。为部属所杀，闻者无不流涕。又好士，所至辄访求豪俊。刘基、宋濂、叶琛、章溢之见聘也，大海实荐之。追封越国公，肖像功臣庙。

初，太祖克婺州，禁酿酒。大海子首犯之。太祖怒，欲行法。时大海方征越，都事王恺请勿诛，以安大海心。太祖曰："宁可使大海叛我，不可使我法不行。"竟手刃之。

《明史》卷一二五

## 一八　胡惟庸被诛不再置丞相

胡惟庸，定远人。洪武六年拜丞相。惟庸以曲谨当上意，宠遇日盛，独相数岁，生杀黜陟，或不奏径行。内外诸司上封事，必先取阅，害己者，辄匿不以闻。四方躁进之徒及功臣武夫失职者，争走其门，馈遗金帛、名马、玩好，不可胜数。刘基死，益无所忌，势益炽。其定远旧宅井中，忽生石笋，出水数尺，谀者争引符瑞，又言其祖父三世冢上，皆夜有火光烛天。惟庸益喜自负，有异谋矣。

惟庸遣明州卫指挥林贤下海招倭，与期会。又遣元故臣封绩致书称臣于元嗣君，请兵为外应。事皆未发。会惟庸子驰马于市，坠死车下，惟庸杀挽车者。太祖怒，命偿其死。惟庸请以金帛给其家，不许。惟庸惧，乃与御史大夫陈宁、中丞涂节等谋起事，阴告四方及武臣从己者。十三年正月，涂节遂上变，告惟庸。御史中丞商暠亦以惟庸阴事告。帝大怒，下廷臣讯，词连宁、节。廷臣言："节本预谋，见事不成，始上变告，不可不诛。"乃诛惟庸，株连坐诛者万五千馀人。

始罢中书省，不置丞相，升六部尚书秩正二品，改大都督府为中、左、右、前、后五军都督府。

《明史》卷一九六;《明通鉴》卷七

## 一九　王蒙工山水人物画

王蒙,湖州人,赵孟頫之甥也。敏于文,不尚榘度。工画山水,兼善人物。少时赋宫词,俞友仁见之,曰"此唐人佳句也",遂以妹妻焉。元末,遇乱,隐居黄鹤山,自称黄鹤山樵。洪武初,知泰安州事。蒙尝谒胡惟庸于私第,与会稽郭传、僧知聪观画。惟庸伏法,蒙坐事被逮,瘐死狱中。

《明史》卷二八六

## 二〇　太祖置锦衣卫

洪武十五年,罢仪鸾司改置锦衣卫,秩从三品,掌侍卫、缉捕、刑狱之事,恒以勋戚都督领之,以镇抚司隶焉。自是上有所诛戮,下镇抚司杂治,不由三法司。所属校尉五百人,禄秩名号无异京卫,于是始不隶大都督府。

《明通鉴》卷七

## 二一　太祖论汉高祖唐太宗

洪武十七年,太祖与侍臣论汉高帝听张良之言促销六国印事，太祖曰："高祖闻一善言，转圜甚速如此，安得不兴！后之为君者少有及之。"侍臣曰："汉高以后，若唐太宗亦能从善，故其为治亦有可称。"上曰："凡人有善不可自矜，自矜则善日削；有不善不可自恕，自恕则恶日滋。太宗常有自矜自恕之心，此则不如汉高也。"

《明通鉴》卷九

## 二二　李仕鲁还笏于地

李仕鲁，性刚介，由儒术起，欲推明朱氏学，以辟佛自任。及言不见用，遽请于太祖前，曰："陛下深溺其教，无惑乎臣言之不入也！还陛下笏，乞赐骸骨归田里。"遂置笏于地。帝大怒，命武士摔搏之，立死阶下。

《明史》卷一三九

## 二三　太祖杀无罪御史王朴

王朴，洪武十八年进士。除吏科给事中，以直谏忤旨罢。旋起御史。陈时事千馀言。性鲠直，数与帝辨是非，不肯屈。一日，遇事争之强。帝怒，命戮之。及市，召还，谕之曰："汝其改乎？"朴对曰："陛下不以臣为不肖，擢官御史，奈何摧辱至此！使臣无罪，安得戮之？有罪，又安用生之？臣今日愿速死耳。"帝大怒，促命行刑。过史馆，大呼曰："学士刘三吾志之：某年月日，皇帝杀无罪御史朴也！"竟戮死。帝撰《大诰》，谓朴诽谤，犹列其名。

有张衡者，万安人，朴同年进士。授礼科给事中。奏疏剀切。擢礼部侍郎。以清慎见褒，载于《大诰》。后亦以言事坐死。

《明史》卷一四〇

## 二四　诸娥救父辗转钉板

孝女诸娥，山阴人。父士吉，洪武初为粮长。有黠而逋赋者，诬士吉于官，论死，二子炳、焕亦罹罪。娥方八岁，昼夜号哭，与舅陶山长走京师诉冤。时有令，冤者非卧钉板，勿与勘问。娥辗转其上，几毙，事乃闻，勘之，仅戍一兄而止。娥重伤卒，里人哀之，肖像配曹娥庙。

《明史》卷三〇一

## 二五　朱煦冒死诉父冤

朱煦，仙居人。父季用，为福州知府。洪武十八年诏尽逮天下积岁官吏为民害者，赴京师筑城。季用居官仅五月，亦被逮，病不能堪，谓煦曰："吾办一死耳，汝第收吾骨归葬。"煦惶惧不敢顷刻离。时诉枉令严，诉而戍极边者三人，抵极刑者四人矣。煦奋曰："诉与不诉，等死耳，万一父缘诉获免，即戮死无恨。"即具状叩阙。太祖悯其意，赦季用，复其官。

《明史》卷二九六

## 二六　张三丰修炼武当山

张三丰不知何处人，洪武初入武当山修炼，寒暑一衲，时称为张邋遢。有问之者，终日不答一语。或与论经书，则津津不绝口。一啖数斗辄尽，辟谷数月亦自若。隆冬，髯卧雪中，道士丘玄清遇之，遂为弟子。洪武二十三年，上遣使求三丰不得，乃召丘玄清至，与语大悦，拜太常卿。

《明鉴易知录》卷二

## 二七　杨靖碎大珠

洪武二十三年，杨靖任兵部尚书。尝鞫一武弁，门卒捡其身，得大珠，僚属惊异，靖徐曰："伪也，安有珠大如此者。"碎之。太祖闻，叹曰："靖此举有四善焉：不献朕求悦，一善也；不穷追投献，二善也；不奖门卒，杜小人侥幸，三善也；千金之珠，卒然而至略不动心，有过人之智、应变之才，四善也。"

《明通鉴》卷一〇

## 二八　蓝玉横暴谋反被诛

洪武二十六年，蓝玉叛。诸老将多没，乃擢为大将，总兵征伐，甚称上意。然玉素不学，性复狠愎，又恃功横暴。有讦其阴事者，上诘责之，玉不为意。至是，命为太傅，玉攘袂大言曰："我固不当为太师也。"间奏事，上不从，玉惧，退语所亲曰："上疑我矣。"乃谋反，为锦衣卫指挥蒋瓛所告。命群臣讯状具实，磔于市，夷三族。彻侯、功臣、文武大吏以至偏裨将卒，坐党论死者可二万人，蔓衍过于胡惟庸。

《明鉴易知录》卷二

## 二九　王溥以廉名

有王溥者，洪武末为广东参政，以廉名。其弟自家来省，属吏与同舟，赠以布袍。溥命还之，曰："一衣虽微，不可不慎，此污行辱身之渐也。"粮运由海道多漂没，溥至庾岭，相度形势，命有司凿石填堑，修治桥梁，易以车运。民甚便之。居官数年，笥无重衣，庖无兼馔。以诬逮下诏狱，僚属馈赆皆不受，曰："吾岂以患难易其心哉！"事白得归，卒。

《明史》卷一四〇

## 三〇　徐均拒土豪贿赂

时有徐均者，阳春主簿也。地僻，土豪得盘踞为奸。邑长至，辄饵以厚赂。从而把持之。均至，吏白："应往视莫大老。"莫大老者，洞主也。均曰："此非王民邪？不来且诛！"出双剑示之。大老恐，入谒。均廉得其不法事，系之狱。诘朝，以两瓜及安石榴数枚为馈，皆黄金美珠也。均不视，械送府。府官受赇纵之归，复致前馈。均怒，欲捕治之，而府檄调均摄阳江，阳江大治。以忧去官。

《明史》卷一四〇

## 三一　王观称姑苏贤太守

王观，祥符人。性耿介，仪度英伟，善谈论。由乡荐入太学，擢知苏州府。公廉有威。黠吏钱英屡陷长官，观捶杀之。事闻，太祖遣行人赍敕褒之，劳以御酒。岁大侵，民多逋赋，部使者督甚急。观置酒，延诸富人，劝贷贫民偿，辞指诚恳，富人皆感动，逋赋以完。朝廷嘉其能，榜以励天下。守苏者前有季亨、魏观，后有姚善、况钟，皆贤，称"姑苏五太守"，并祀学宫。

《明史》卷一四〇

## 三二　道同与王亲斗被诛

道同，洪武初荐授太常司赞礼郎，出为番禺知县。番禺故号"烦剧"，而军卫尤横，数鞭辱县中佐吏，前令率不能堪。同执法严，非理者一切抗弗从，民赖以少安。

未几，永嘉侯朱亮祖至，数以威福撼同，同不为动。土豪数十辈抑买市中珍货，稍不快意，辄巧诋以罪。同械其魁通衢。诸豪家争贿亮祖求免。亮祖置酒召同，从容言之。同厉声曰："公大臣，奈何受小人役使！"亮祖不能屈也。他日，亮祖破械脱之，借他事笞同。富民罗氏者，纳女于亮祖，其兄弟因怙势为奸。同复按治，亮祖又夺之去。同积不平，条其事奏之。未至，亮祖先劾同讪傲无礼状，帝不知其由，遂使使诛同。会同奏亦至。帝悟，以为同职甚卑，而敢斥言大臣不法事，其人骨鲠可用。复使使宥之。两使者同日抵番禺，后使者甫到，则同已死矣。县民悼惜之，或刻木为主祀于家。

《明史》卷一四〇

## 三三　卢熙请代民充役

卢熙，昆山人。以荐授睢州同知，有惠爱，命行知府事。适御史奉命搜旧军，睢民滥入伍者千人，檄熙追送。熙令民自实，得尝隶尺籍者数人畀之。御史怒，系曹吏，必尽得，不则以格诏论。同官皆惧。熙曰："吾民牧也。

民散，安用牧？"乃自诣御史曰："州军籍尽此矣。迫之，民且散，独有同知在耳，请以充役。"御史怒斥去，坚立不动。已，知不能夺，乃罢去。后卒于官。贫不能丧，官为具殓。丧归，吏民挽哭者塞道，大雨，无一人却者。

《明史》卷一四〇

## 三四　青文胜自经登闻鼓

青文胜，夔州人。仕为龙阳典史。龙阳濒洞庭，岁罹水患，逋赋数十万，敲扑死者相踵。文胜慨然诣阙上疏，为民请命。再上，皆不报。叹曰："何面目归见父老！"复具疏，击登闻鼓以进，遂自经于鼓下。太祖闻大惊，悯其为民杀身，诏宽龙阳租二万四千馀石，定为额。邑人建祠祀之。妻子贫不能归，养以公田百亩。

《明史》卷一四〇

## 三五　太祖取天下之大略

洪武三十一年，太祖卒，年七十有一。

太祖尝与诸臣论取天下之略，曰："朕遭时丧乱，初起乡土，本图自全。及渡江以来，观群雄所为，徒为生民之患，而张士诚、陈友谅尤为巨蠹。士诚恃富，友谅恃强，朕独无所恃。惟不嗜杀人，布信义，行节俭，与卿等同心共济。初与二寇相持，士诚尤逼近。或谓宜先击之。

朕以友谅志骄，士诚器小，志骄则好生事，器小则无远图，故先攻友谅。鄱阳之役，士诚卒不能出姑苏一步以为之援。向使先攻士诚，浙西负固坚守，友谅必空国而来，吾腹背受敌矣。二寇既除，北定中原，所以先山东、次河洛，止潼关之兵不遽取秦、陇者，盖扩廓帖木儿、李思齐、张思道皆百战之馀，未肯遽下，急之则并力一隅，猝未易定，故出其不意，反旆而北。燕都既举，然后西征。张、李望绝势穷，不战而克，然扩廓犹力抗不屈。向令未下燕都，骤与角力，胜负未可知也。"帝雄才大略，料敌制胜，故能戡定祸乱，以有天下。

太祖崛起布衣，奄奠海宇，惩元政废弛，治尚严峻。而能礼致耆儒，澄清吏治，修人纪，崇风教，正后宫名义，内治肃清，禁宦竖不得干政，五府六部官职相维，置卫屯田，兵食俱足。武定祸乱，文致太平，太祖实身兼之。

《明史》卷三

## 三六　马皇后仁慈贤明

太祖高皇后马氏，仁慈有智鉴，好书史。太祖有札记，辄命后掌之，仓猝未尝忘。马氏养父郭子兴尝信谗，疑太祖。后善事其妻，嫌隙得释。太祖既克太平，后率将士妻妾渡江。及居江宁，吴、汉接境，战无虚日，亲缉甲士衣鞋佐军。尝语太祖，定天下以不杀人为本。太祖善之。

## 明（公元1368年至1644年）

洪武元年正月，太祖即帝位，册为皇后。帝每对群臣述后贤，同于唐长孙皇后。退以语后。后曰："妾闻夫妇相保易，君臣相保难。陛下不忘妾同贫贱，愿无忘群臣同艰难。且妾何敢比长孙皇后也！"

后勤于内治，暇则讲求古训。一日，问女史："黄老何教也，而窦太后好之？"女史曰："清净无为为本。若绝仁弃义，民复孝慈，是其教矣。"后曰："孝慈即仁义也，讵有绝仁义而为孝慈者哉？"

帝前殿决事，或震怒，后伺帝还宫，辄随事微谏。虽帝性严，然为缓刑戮者数。学士宋濂坐孙慎罪，逮至，论死，后谏曰："民家为子弟延师，尚以礼全终始，况天子乎？且濂家居，必不知情。"帝不听。会后侍帝食，不御酒肉。帝问故。对曰："妾为宋先生作福事也。"帝恻然，投箸起。明日赦濂，安置茂州。吴兴富民沈秀者，助筑都城三之一，又请犒军。帝怒曰："匹夫犒天子军，乱民也，宜诛。"后谏曰："妾闻法者，诛不法也，非以诛不祥。民富敌国，民自不祥。不祥之民，天将灾之，陛下何诛焉！"乃释秀，戍云南。

一日，问帝："今天下民安乎？"帝曰："此非尔所宜问也。"后曰："陛下天下父，妾辱天下母，子之安否，何可不问！"遇岁旱，辄率宫人蔬食，助祈祷；岁凶，则设麦饭野羹。帝或告以振恤，后曰："振恤不如蓄积之先备也。"

奏事官朝散，会食廷中，后命中官取饮食亲尝之。味弗甘，遂启帝曰："人主自奉欲薄，养贤宜厚。"帝为饬光禄官。帝幸太学还，后问生徒几何，帝曰："数千。"后曰："人才众矣。诸生有廪食，妻子将何所仰给？"于是立红板仓，积粮赐其家。太学生家粮自后始。

后尝与帝曰："妾与陛下起贫贱，至今日，恒恐骄纵生于奢侈，危亡起于细微。"又曰："法屡更必弊，法弊则奸生；民数扰必困，民困则乱生。"帝叹曰："至言也。"命女史书之册。

后平居服大练浣濯之衣，虽敝不忍易。馀帛颖丝，缉成衣裳，赐诸王妃公主，使知蚕桑艰难。妃嫔宫人被宠有子者，厚待之。命妇入朝，待之如家人礼。帝欲访后族人官之，后谢曰："爵禄私外家，非法。"力辞而止。然言及父母早卒，辄悲哀流涕。帝封马公徐王，郑媪为王夫人，修墓置庙焉。

洪武十五年疾亟，帝问所欲言。曰："愿陛下求贤纳谏，慎终如始，子孙皆贤，臣民得所而已。"卒年五十一。

《明史》卷一一三

## 三七　建文帝削藩燕王棣靖难

太祖之孙允炆即帝位，是为建文皇帝。帝为太孙时，诸王多拥重兵，患之。至是帝擢齐泰、黄子澄为尚书，并与之密议削藩。周、代、湘、齐、岷五王相继以罪废。

建文元年七月，燕王棣举兵反，师名"靖难"。指泰、子澄为奸臣。事闻，泰请削燕属籍，声罪致讨。或难之，泰曰："明其为贼，敌乃可克。"遂定议伐燕，布告天下。时太祖功臣存者甚少，乃拜长兴侯耿炳文为大将军，帅师分道北伐，至真定为燕所败。子澄荐曹国公李景隆代将，当是时，帝举五十万兵畀景隆，谓燕可旦夕灭。燕王顾大喜曰："昔汉高止能将十万，景隆何才，其众适足为吾资也！"是冬，景隆果败。帝有惧色，会燕王上书极诋泰、子澄。帝乃解二人任以谢燕，而阴留之，仍参密议。景隆遗燕王书，言二人已窜，可息兵。燕王不听。

始削藩议起，帝入泰、子澄言，谓以天下制一隅甚易。及屡败，意中悔，是以进退失据。建文四年六月，燕兵日逼京师，帝会群臣恸哭，或劝帝且幸浙，或曰不若幸湖、湘。方孝孺请坚守京城以待援，万一不利，车驾幸蜀，收集士马以为后举。齐泰奔广德州，黄子澄奔苏州，帝太息曰："事出汝辈，而今皆弃我去乎！"长吁不已。

燕王整兵而进，屯金川门，时谷王橞与李景隆守金川门，燕兵至，遂开门降。大内火，建文帝自焚死，一说不知所终。燕王即皇帝位，是为成祖。

齐泰走外郡谋兴复。时购泰急。泰墨白马走，行稍远，汗出墨脱。或曰："此齐尚书马也。"遂被执赴京，同子澄、方孝孺不屈死，夷其族。

《明史》卷一四一；《明鉴易知录》卷四

## 三八　姚广孝劝成祖举兵

姚广孝，长洲人，本医家子。年十四，度为僧，名道衍。燕王与语甚合，请以从。至北平，住持庆寿寺。出入府中，迹甚密，时时屏人语。及太祖崩，建文帝立，以次削夺诸王，道衍遂密劝成祖举兵。成祖曰："民心向彼，奈何？"道衍曰："臣知天道，何论民心。"

成祖即帝位，授道衍僧录司左善世。帝在藩邸，所接皆武人，独道衍定策起兵。及帝转战山东、河北，在军三年，战守机事皆决于道衍。道衍未尝临战阵，然帝用兵有天下，道衍力为多，论功以为第一。

永乐二年四月，拜资善大夫、太子少师。复其姓，赐名广孝。帝与语，呼少师而不名。命蓄发，不肯。赐第及两宫人，皆不受。常居僧寺，冠带而朝，退仍缁衣。至长洲，以所赐金帛散宗族乡人。重修《太祖实录》，广孝为监修。又与解缙等纂修《永乐大典》。书成，帝褒美之。帝往来两都、出塞北征，广孝皆留辅太子于南京。十六年三月，入觐，年八十有四矣，卒于庆寿寺。

广孝少好学，工诗。晚著《道馀录》，颇毁先儒，其至长洲，候同产姊，姊不纳。访其友王宾，宾亦不见，但遥语曰："和尚误矣，和尚误矣。"复往见姊，姊詈之。广孝惘然。

《明史》卷一四五

## 三九　成祖诛方孝孺

方孝孺，宁海人，幼警敏，双眸炯炯，读书日盈寸。长从宋濂学，濂门下知名士皆出其下。先辈胡翰、苏伯衡亦自谓弗如。孝孺顾末视文艺，恒以明王道、致太平为己任。尝卧病，绝粮，家人以告，笑曰："古人三旬九食，贫岂独我哉！"

及建文帝即位，召为翰林侍讲。明年迁侍讲学士，国家大政事辄咨之。帝好读书，每有疑，即召使讲解。临朝奏事，臣僚面议可否，或命孝孺就扆前批答。时修《太祖实录》及《类要》诸书，孝孺皆为总裁。更定官制，孝孺改文学博士。燕兵起，廷议讨之，诏檄皆出其手。燕兵入京之日，孝孺被执下狱。

先是，成祖发北平，姚广孝以孝孺为托，曰："城下之日，彼必不降，幸勿杀之。杀孝孺，天下读书种子绝矣。"成祖颔之。至是欲使草诏。召至，悲恸声彻殿陛。成祖降榻，劳曰："先生毋自苦，予欲法周公辅成王耳。"孝孺曰："成王安在？"成祖曰："彼自焚死。"孝孺曰："何不立成王之子？"成祖曰："国赖长君。"孝孺曰："何不立成王之弟？"成祖曰："此朕家事。"顾左右授笔札，曰："诏天下，非先生草不可"孝孺投笔于地，且哭且骂曰："死即死耳，诏不可草。"成祖大声曰："汝独不顾九族乎！"孝孺曰："便十族奈我何！"声愈厉，成祖大怒，令以刀抉其口，两旁至两耳，复锢之狱。大收其朋友、门生尽杀之，然后出孝孺磔之聚宝门外。孝孺慷慨就戮，时年四十六，坐死者八百七十三人。

孝孺工文章，醇深雄迈。每一篇出，海内争相传诵。永乐中，藏孝孺文者罪至死。门人王稔潜录为《侯城集》，故后得行于世。

《明史》卷一四一

## 四〇　成祖用酷刑杀铁铉

原兵部尚书铁铉，被执至京陛见，背立廷中，正言不屈，令一顾不可得，割其耳鼻竟不肯顾。蒸其肉纳口中，令啖之，问曰："甘否？"铉厉声曰："忠臣孝子肉有何不甘！"遂寸磔之，至死犹喃喃骂不绝。上乃令舁大镬至，纳油数斛熬之，投铉尸，顷刻成煤炭，导其尸使朝上，转展向外，终不可得。

《明鉴易知录》卷三

## 四一　王艮死胡靖生

王艮，字敬止，建文二年进士。对策第一。貌寝，易以胡靖，艮次之，又次李贯。三人皆同里，并授修撰，设文史馆居之。预修《太祖实录》及《类要》《时政记》诸书。一时大著作皆综理之。数上书言时务。

燕兵薄京城，艮与妻子诀曰："食人之禄者，死人之事。吾不可复生矣。"解缙、吴溥与艮、靖比舍居。城陷前一夕，皆集溥舍。缙陈说大义，靖亦奋激慷慨，艮独流涕不言。三人去，溥子与弼尚幼，叹曰："胡叔能死，是大佳事。"溥曰："不然，独王叔死耳。"语未毕，隔墙闻靖呼："外喧甚，谨视豚。"溥顾与弼曰："一豚尚不能舍，肯舍生乎？"须臾艮舍哭，饮鸩死矣。缙驰谒，成祖甚喜。明日荐靖，召至，叩头谢。贯亦迎附。

后，成祖出建文时群臣封事千馀通，令缙等编阅。事涉兵农、钱谷者留之，诸言语干犯及他，一切皆焚毁。因从容问贯、缙等曰："尔等宜皆有之。"众未对，贯独顿首曰："臣实未尝有也。"成祖曰："尔以无为美耶？食其禄，任其事，当国家危急，官近侍独无一言可乎？朕特恶夫诱建文坏祖法乱政者耳。"后贯迁中允，坐累，死狱中。临卒叹曰："吾愧王敬止矣。"

《明史》卷一四三

## 四二　周是修外和内刚

周是修，泰和人。建文元年，预翰林纂修，好荐士，陈说国家大计。燕兵渡淮，京城失守，留书别友人江仲隆、解缙、胡靖、萧用道、杨士奇，付以后事。具衣冠，为赞系衣带间。入应天府学，拜先师毕，自经于尊经阁，年四十九。燕王即帝位，陈瑛言是修不顺天命，请追戮。帝曰："彼食其禄，自尽其心，勿问。"

是修外和内刚，志操卓荦。

《明史》卷一四三

## 四三　王叔英自经题词

王叔英，黄岩人。洪武中，与方孝孺、林右并征至。叔英固辞归。二十年以荐为仙居训导，改德安教授。迁汉阳知县，多惠政。建文时，召为翰林修撰。

燕兵至淮，奉诏募兵。行至广德，京城不守。知事不可为，沐浴更衣冠，书绝命词，藏衣裾间，自经于元妙观银杏树下。又题其案曰："生既已矣，未有补于当时。死亦徒然，庶无惭于后世。"

又台州有樵夫，日负薪入市，口不贰价。闻燕王即帝位，恸哭投东湖死。而温州乐清亦有樵夫，闻京师陷，号恸投于水。二樵皆逸其名。

《明史》卷一四三

## 四四　埋羹太守王琎

王琎博通经史，尤长于《春秋》。洪武末，以贤能荐，授宁波知府。夜四鼓即秉烛读书，声彻署外。间诣学课诸生，诸生率四鼓起，诵习无敢懈。毁境内淫祠，三皇祠亦在毁中，或以为疑。琎曰："不当祠而祠曰'淫'，不得祠而祠曰'渎'。惟天子得祭三皇，于士庶人无预，毁之何疑。"自奉俭约，一日馔用鱼羹，琎谓其妻曰："若不忆吾啖草根时耶？"命撤而埋之，人号"埋羹太守"。

燕师临江，琎造舟舰谋勤王，为卫卒缚至京。成祖问："造舟何为？"对曰："欲泛海趋瓜洲，阻师南渡耳。"帝亦不罪，放还里，以寿终。

《明史》卷一四三

## 四五　纪纲无恶不作

纪纲，临邑人，燕王起兵过其县，纲叩马请自效。王与语，悦之。纲善骑射，便辟诡黠，善钩人意向。王大爱幸，授忠义卫千户。既即帝位，擢锦衣卫指挥使，令典亲军，司诏狱。

都御史陈瑛灭建文朝忠臣数十族，亲属被戮者数万人。纲觇帝旨，广布校尉，日摘臣民阴事。帝悉下纲治，深文诬诋，帝以为忠，亲之若肺腑，擢都指挥佥事，仍掌锦衣。纲用指挥庄敬、袁江，千户王谦、李春等为羽翼，诬逮浙江按察使周新，致之死。帝所怒内侍及武臣下纲论死，辄将至家，洗沐好饮食之，佯为言，见上必请赦若罪，诱取金帛且尽，忽刑于市。

数使家人伪为诏，下诸方盐场，勒盐四百馀万。还复称诏，夺官船二十、牛车四百辆，载入私第，弗予值。构陷大贾数十百家，罄其资乃已。

夺吏民田宅。籍故晋王、吴王，干没金宝无算。欲买一女道士为妾，都督薛禄先得之，遇禄大内，挝其首，脑裂几死。恚都指挥哑失帖木不避道，诬以冒赏事，捶杀之。

故大豪沈万三，洪武时籍没，所漏赀尚富。其子文度蒲伏见纲，进黄金及龙角、龙文被、奇宝异锦，愿得为门下，岁时供奉。纲乃令文度求索吴中好女。文度因挟纲势，什五而中分之。

纲又多蓄亡命，造刀甲弓弩万计。端午，帝射柳，纲属镇抚庞瑛曰："我故射不中，若折柳鼓噪，以觇众意。"

· 1689 ·

瑛如其言，无敢纠者。纲喜曰："是无能难我矣。"遂谋不轨，被诛。

《明史》卷三〇七

## 四六　郑和七下西洋

郑和，云南人，世所谓三保太监者也。初事燕王于藩邸，从起兵有功。累擢太监。

成祖疑惠帝亡海外，欲踪迹之，且欲耀兵异域，示中国富强。永乐三年六月，命和及其侪王景弘等通使西洋。将士卒二万七千八百馀人，多赍金币。造大舶，修四十四丈、广十八丈者六十二。自苏州刘家河泛海至福建，复自福建五虎门扬帆，首达占城，以次遍历诸番国，宣天子诏，因给赐其君长，不服则以武慑之。五年九月，和等还，诸国使者随和朝见。和献所俘旧港酋长。帝大悦，爵赏有差。旧港者，故三佛齐国也，其酋陈祖义，剽掠商旅。和使使招谕，祖义诈降，而潜谋邀劫。和大败其众，擒祖义，献俘，戮于都市。

和经事成祖、仁宗、宣宗三朝，自永乐三年至宣德五年，先后七奉使，所历占城、爪哇、真腊、旧港、暹罗、古里、满剌加、渤泥、苏门答剌、阿鲁、柯枝、大葛兰、小葛兰、西洋琐里、琐里、加异勒、阿拨把丹、南巫里、甘把里、锡兰山、喃渤利、彭亨、急兰丹、忽鲁谟斯、比剌、溜山、孙剌、木骨都束、麻林、剌撒、祖法儿、沙里湾泥、竹步、榜葛剌、天方、黎伐、那孤儿，凡三十馀国。所取无名宝物，不可胜计，而中国耗废亦不赀。自宣德以还，远方时有至者，要不如永乐时，而和亦老且死。自和后，凡将命海表者，莫不盛称和以夸外番。

《明史》卷三〇四

## 四七　解缙才高招忌

解缙，吉水人。幼颖敏，洪武二十一年举进士。授中书庶吉士，常侍太祖前。一日，帝在大庖西室，谕缙："朕与尔义则君臣，恩犹父子，当知无不言。"一日，缙父开至，帝谓曰："大器晚成，若以而子归，益令进学，后十年来，大用未晚也。"归八年，太祖崩，缙入临京师。

成祖入京师，擢侍读。命与黄淮、杨士奇、胡广、金幼孜、杨荣、胡俨并直文渊阁，预机务。内阁预机务自此始。寻进侍读学士，奉命总裁《太祖实录》及《列女传》。书成，赐银币。永乐二年，皇太子立，进缙翰林学士兼右春坊大学士。

缙少登朝，才高，任事直前，表里洞达。引拔士类，有一善称之不容口。然好臧否，无顾忌，廷臣多害其宠。又以定储议，为汉王高煦所忌。五年，缙坐廷试读卷不公，谪广西布政司参议。既行，礼部郎中李至刚言缙怨望，改交址，命督饷化州。

永乐八年，缙奏事入京，值帝北征，缙谒皇太子而还。汉王言缙伺上出，私觐太子，径归，无人臣礼。帝震怒，逮缙下诏狱，拷掠备至。十三年，锦衣卫帅纪纲上囚籍，帝见缙姓名曰："缙犹在耶？"纲遂醉缙酒，埋积雪中，立死。年四十七。籍其家，妻子宗族徙辽东。

《明史》卷一四七

## 四八　胡俨以身率教

胡俨，字若思，南昌人。少嗜学，于天文、地理、律历、医卜无不究览。洪武中以举人授华亭教谕，能以师道自任。

建文元年，荐授桐城知县。凿桐陂水，溉田为民利。四年，副都御史练子宁荐于朝曰："俨学足达天人，智足资帷幄。"比召至，燕师已渡江。

成祖即位，授翰林检讨，与缙等俱直文渊阁，迁侍讲。俨在阁，承顾问，尝不欲先人，然少戆。永乐二年九月，拜国子监祭酒，遂不预机务。

俨馆阁宿儒，朝廷大著作多出其手，重修《太祖实录》《永乐大典》《天下图志》皆充总裁官。居国学二十馀年，以身率教，动有师法。

宣宗时辞归。家居二十年，方岳重臣咸待以师礼。俨与言，未尝及私。自处淡泊，岁时衣食才给。正统八年卒，年八十三。

《明史》卷一四八

## 四九　王绂善画不苟作

王绂，无锡人。博学，工歌诗，能书，写山木竹石，妙绝一时。永乐初，用荐，以善书供事文渊阁。久之，除中书舍人。

绂未仕时，与吴人韩奕为友，隐居九龙山，遂自号九龙山人。于书法，动以古人自期。画不苟作，游览之顷，酒酣握笔，长廊素壁淋漓沾洒。有投金币购片楮者，辄拂袖起，或闭门不纳，虽豪贵人勿顾也。有谏之者，绂曰："丈夫宜审所处，轻者如此，重者将何以哉！"

在京师，月下闻吹箫声，乘兴写《石竹图》，明旦访其人赠之，则估客也。客以红氍毹馈，请再写一枝为配。绂索前画裂之，还其馈。

一日退朝，黔国公沐晟从后呼其字，绂不应。同列语之曰："此黔国公也。"绂曰："我非不闻之，是必与我索画耳。"晟走及之，果以画请，绂颔之而已。逾数年，晟复以书来，绂始为作画。既而曰："我画直遗黔公不可。黔公客平仲微者，我友也，以友故与之，俟黔公与求则可耳。"其高介绝俗如此。

昆山夏昶者，亦善画竹石，亚于绂。画竹一枝，值白金一锭，然人多以馈遗得之。昶与上元张益，同中进士，同以文名，同善画竹。其后，昶见益《石渠阁赋》，自谓不如，遂不复作赋。益见昶所画竹石，亦遂不复画竹。益死土木之难。

《明史》卷二八六

## 五〇　沈度能书出朝士右

沈度，松江华亭人。与弟粲皆善书，度以婉丽胜，粲以遒逸胜。度博涉经史，为文章绝去浮靡。洪武中，举文学，弗就。成祖初即位，诏简能书者入翰林，给廪禄，度与吴县滕用亨、长乐陈登同与选。是时解缙、胡广、梁潜、王琏皆工书，度最为帝所赏，名出朝士右。日侍便殿，凡金版玉册，用之朝廷，藏秘府，颁属国，必命之书。遂由翰林典籍擢检讨，历修撰，迁侍讲学士。

《明史》卷二八六

## 五一　滕用亨精篆隶善鉴古

滕用亨，精篆隶书。被荐时年七十矣，召见，大书"麟凤龟龙"四字以进，又献《贞符诗》三篇。授翰林待诏，与修《永乐大典》。用亨善鉴古，尝侍帝观画卷，未竟，众目为赵伯驹，用亨曰："此王诜笔也。"至卷尾，果然。

《明史》卷二八六

## 五二　成祖诛王高刘端

方孝孺之下狱也，大理寺左丞王高、右丞刘端二人同在法司，以纵孝孺息树荫，事觉，弃官去。永乐十二年，捕得之，诘其逃，则曰："存身以图报耳。"成祖怒命劓其鼻，端厉声曰："鼻虽去，犹留面目地下见皇祖耳。"上怒，立命诛之。

《明通鉴》卷一六

## 五三　成祖罪直言者

永乐十九年，出给事中柯暹、御史郑维桓、何忠、罗通、徐瑢等俱为交阯知州。时成祖遇灾而惧，下诏求直言，而言者多触时忌。于是工部尚书李庆等复希旨诋言者，请罪之。寻有是谪。

成祖锐意亲征沙漠，召户部尚书夏原吉、礼部尚书吕震、兵部尚书方宾、刑部尚书吴中等议，皆言兵不宜出。宾力言军兴费乏。上不怿。而吴中入对，如宾言。上益怒。宾惧自缢死。籍原吉家，自赐钞外，惟布衣瓦器而已。

上既系原吉等乃以震兼领户兵部事，震亦自危。上令校官十人随之，曰："若震自尽，尔十人皆死。"盖是时论北征事，惟震独无违，又乘间言宾等憸邪诬罔。故上独任之。

《明通鉴》卷一七

## 五四　夏原吉有雅量

夏原吉有雅量，人莫能测其际。同列有善，即采纳之。或有小过，必为之掩覆。吏污所服金织赐衣。原吉曰："勿怖，污可浣也。"又有污精微文书者，吏叩头请死。原吉不问，自入朝引咎，帝命易之。吕震尝倾原吉。震为子乞官，原吉以震在"靖难"时有守城功，为之请。平江伯陈瑄初亦恶原吉，原吉顾时时称瑄才。或问原吉："量可学乎？"曰："吾幼时，有犯未尝不怒。始忍于色，中忍于心，久则无可忍矣。"尝夜阅爰书，抚案而叹，笔欲下辄止。妻问之。曰："此岁终大辟奏也。"与同列饮他所，夜归值雪，过禁门，有欲不下者，原吉曰："君子不以冥冥堕行。"其慎如此。

《明史》卷一四九

## 五五　吕震佞谀倾险

礼部尚书吕震为人佞谀倾险。永乐时，榜葛剌国、麻林国进麒麟，震请贺。成祖曰："天下治安，无麒麟何害？"贵州布政使蒋廷瓒言："帝北征班师，诏至思南大岩山，有呼万岁者三。"震言："此山川效灵。"帝曰："山谷之声，空虚相应，理或有之。震为国大臣，不能辨其非，又欲因之进媚，岂君子事君之道？"郎中周讷请封禅，震力赞之，帝责其谬。震虽累受面斥，然终不能改。金水河、太液池冰，具楼阁龙凤花卉状。帝召群臣观之。震因请贺。不许。而隆平侯张信奏太和山五色云见，侍郎胡濙图上瑞光、楖梅、灵芝，震率群臣先后表贺云。

震有精力，能强记，才足以济其为人。凡奏事，他尚书皆执副本，又与左右侍郎更进迭奏。震既兼三部，奏牍益多，皆自占奏，侍郎不与也。情状委曲，千绪万端，背诵如流，未尝有误。尝扈北狩，帝见碑立沙碛中，率从臣读其文。后一年，与诸文学臣语及碑，诏礼部遣官往录之。震言不须遣使，请笔札帝前疏之。帝密使人拓其本校之，无一字脱误者。

《明史》卷一五一

## 五六　李至刚务为佞谀

礼部尚书李至刚为人敏给，能治繁剧，善傅会。首发建都北平议，请禁言事者挟私，成祖从之。既得上心，务为佞谀。尝言太祖忌辰，宜效宋制，令僧道诵经。山东野蚕成茧，至刚请贺。陕西进瑞麦，至刚率百官贺。帝皆不听。中官使真腊，从者逃三人，国王以国中三人补之。帝令遣还，至刚言："中国三人，安知非彼私匿？"帝曰："朕以至诚待内外，何用逆诈。"所建白多不用。

妻父丽重法，至刚为乞免。帝曰："狱轻重，外人何以知之？"至刚曰："都御史黄信为臣言。"帝怒，诛信。初，至刚与解缙交甚厚。帝书大臣姓名十人，命缙疏其人品，言至刚不端。缙谪广西，至刚遂奏其怨望，改谪交阯。

《明史》卷一五一

## 五七　王叔英致书方孝孺

　　王叔英与方孝孺友善，以道义相切劘。建文初，孝孺欲行井田。叔英贻书曰："凡人有才固难，能用其才尤难。子房于汉高，能用其才者也；贾谊于汉文，不能用其才者也。子房察高帝可行而言，故高帝用之，一时受其利。虽亲如樊、郦，信如平、勃，任如萧、曹，莫得间焉。贾生不察而易言，且言之太过，故绛、灌之属得以短之。方今明良相值，千载一时。但事有行于古，亦可行于今者，夏时、周冕之类是也。有行于古，不可行于今者，井田、封建之类是也。可行者行，则人之从之也易，而民乐其利。难行而行，则从之也难，而民受其患。"论者服叔英之识，而惜孝孺不能用其言也。

《明史》卷一四三

## 五八　陈济纂修《永乐大典》

　　陈济，武进人，读书过目成诵。尝以父命如钱塘，家人赍货以从。比还，以其赀之半市书，口诵手钞。十馀年，尽通经史百家之言。成祖诏修《永乐大典》，用大臣荐，以布衣召为都总裁，修撰曾棨等为之副。词臣纂修者，及太学儒生数千人，翻秘库书数百万卷，浩无端倪。济与少师姚广孝等数人，发凡起例，区分钩考，秩然有法。执笔者有所疑，辄就济质问，应口辨析无滞。书成，授右赞善。

济少有酒过，母戒之，终其身未尝至醉。弟洽为兵部尚书，事济如父。济深惧盛满，弥自谦抑。所居蓬户苇壁，裁蔽风雨，终日危坐，手不释卷。为文根据经史，不事葩藻。尝云："文贵如布帛菽粟，有益于世尔。"

《明史》卷一五二

## 五九　仁宗书敕引过

仁宗嗣位，任弋谦为大理少卿，直陈时政，言官吏贪残，政事多非洪武之旧，及有司诛求无艺。帝多采纳。既复言五事，词太激，帝乃不怿。尚书吕震、吴中，侍郎吴廷用等因劾谦诬罔，都御史刘观令众御史合纠谦。帝召杨士奇等言之，士奇对曰："谦不谙大体，然心感超擢恩，欲图报耳。主圣则臣直，惟陛下优容之。"帝乃不罪谦。然每见谦，词色甚厉。士奇从容言："陛下诏求直言，谦言不当，触怒。外廷悚惕，以言为戒。今四方朝觐之臣皆集阙下，见谦如此，将谓陛下不能容直言。"帝惕然曰："此固朕不能容，亦吕震辈迎合以益朕过，自今当置之。"遂免谦朝参，令专视司事。

未几，帝以言事者益少，复召士奇曰："朕怒谦矫激过实耳，朝臣遂月馀无言。尔语诸臣，白朕心。"士奇曰："臣空言不足信，乞亲降玺书。"遂令就榻前书敕引过。

《明史》卷一六四

## 六〇　宣宗论防佞人广言路

宣德二年，宣宗与夏原吉语及古人信谗事，曰："谗慝之人能变白为黑，诬正为邪，听其言似忠，究其心实险，是以舜疾谗说，孔子远佞人，唐太宗以为国之贼。朕于此辈，每切防闲，不使奸言得入，枉害忠良。汲黯正直，奸邪寝谋，尔等亦宜以为法。"

宣德三年，谕曰："致治之道莫先于广言路。天下之大，吏治得失，民生休戚，臣民不言，朝廷何由悉知？古人谓明主视天下犹一堂，满堂饮酒，一人向隅而泣，则一座不乐。若令天下有匹夫匹妇不得其所，实为君德之累。今后有建言民瘼者，卿等勿讳。"

《明通鉴》卷一九、卷二〇

## 六一　刘观父子贪赃枉法

宣德初，臣僚宴乐，以奢相尚，歌妓满前。左都御史刘观私纳贿赂，而诸御史亦贪纵无忌。三年六月朝罢，宣宗召大学士杨士奇、杨荣至文华门，谕曰："祖宗时，朝臣谨饬。年来贪浊成风，何也？"士奇对曰："永乐末已有之，今为甚耳。"荣曰："永乐时，无逾方宾。"帝问："今日谁最甚者？"荣对曰："刘观。"又问："谁可代者？"士奇、荣荐通政使顾佐。帝乃出观视河道，以佐为右都御史。于是御史张循理等交章劾观，并其子辐诸赃污不法事。帝怒，逮观父子，以弹章示之。观疏辨。帝益怒，出廷臣先后密奏，中有枉法受赇至千金者。观引伏，遂下锦衣卫狱。明年将置重典。士奇、荣乞贷其死。乃谪辐戍辽东，而命观随往，观竟客死。七年，士奇请命风宪官考察奏罢有司之贪污者，帝曰："然。向使不罢刘观，风宪安得肃。"

《明史》卷一五二

## 六二　金纯不理事从朝贵饮

宣德三年，下刑部尚书金纯于狱。先是纯有疾，上命医视疗。稍间，免其朝参，俾护疾视事。会暑，敕法司理滞囚，纯数从朝贵饮，为言官所劾。宣宗怒曰："纯以疾不朝而燕于私，可乎！"命系锦衣狱。既念纯老臣，释之，落太子宾客，寻命致仕。

《明通鉴》卷二〇

## 六三　王翱奏定赃官不得复官

宣德四年，御史王翱言："官吏害民蠹政，赃犯为甚。今官吏罪无轻重，运转复职，是贪黩者幸免，廉洁者鲜劝，非为治之道。请自今赃吏坐死，但许赎罪，不许复官。"从之。

未几，文职有赃罪纳米者，吏部请降一级用，宣宗曰：“纳米乃一时之权宜，惩贪为立国之大法。自今官吏犯赃者，罢纳赎例，仍依律治之。”

《明通鉴》卷二〇

## 六四　太后诫宣宗

宣德五年清明节，宣宗奉皇太后谒长陵、献陵。行至清河桥，下马扶辇，畿民夹道拜观。太后顾上曰："百姓戴君，以能安之耳。皇帝宜重念！"上奉太后过农家，召老妇问所业，有进蔬食酒浆者，太后取尝之，以与上曰："此田家味也，皇帝宜知之。"

既退，上复语大学士杨士奇曰："太后为朕言先帝在青宫，惟卿不惮触忤，先帝能从，以不败事。又诲朕当受真言。"士奇对曰："此皇太后盛德之言，愿陛下念之。"

《明通鉴》卷二〇

## 六五　宣宗曰毋阻击鼓诉冤

宣德五年，登闻鼓给事中年富奏："重囚二十七人以奸盗当决，击鼓诉冤，烦渎不可宥。"宣宗曰："登闻鼓之设，正以达下情，何谓烦渎！自后凡击鼓诉冤，阻遏者罪直登闻鼓官，并命法司审录。"

有男子大呼西华门外，语涉诽讪，守门者执至上前，呼仍不已，群臣请下法司。上曰："古圣王设诽谤木以来谏者，此人宁可罪邪，其释之。"

《明通鉴》卷二〇、卷二一

## 六六　陈祚因劝宣宗勤学下狱

宣宗颇事游猎，御史陈祚驰疏劝勤圣学。其略曰："帝王之学在明理，明理在读书。陛下虽有盛德而经筵未甚兴举，讲学未有程度。《大学衍义》一书，圣贤格言，靡不具载，愿陛下于听政之暇，命儒臣进讲，非有大故，无得间断。"上见疏大怒曰："竖儒谓朕未读《大学》邪？薄朕至此，不可不诛。"学士陈循顿首曰："俗士处远，不知上固无书不读也。"上意稍解，乃下之狱。又逮其家人十余口，隔别禁系者五年，祚父竟瘐死。

《明通鉴》卷二一

## 六七　三杨辅政号为治平

永乐五年，以杨士奇为左谕德。士奇奉职甚谨，私居不言公事，虽至亲厚不得闻。在成祖前，举止恭慎，善应对，言事辄中。人有小过，尝为掩覆之。广东布政使徐奇载岭南土物馈廷臣，或得其目籍以进。帝阅无士奇名，召问。对曰："奇赴广时，群臣作诗文赠行，臣适病弗预，以故独不及。今受否未可知，且物微，当无他意。"帝遽命毁籍。

仁宗即位，时有上书颂太平者，帝以示诸大臣，皆以为然。士奇独曰："陛下虽泽被天下，然流徙尚未归，疮痍尚未复，民尚艰食。更休息数年，庶几太平可期。"帝曰然。

宣宗即位，帝以四方屡水旱，召士奇议下诏宽恤，免灾伤租税及官马亏额者。士奇因请并蠲逋赋薪刍钱，减官田额，理冤滞，汰工役，以广德意。民大悦。逾二年，帝谓士奇曰："恤民诏下已久，今更有可恤者乎？"士奇曰："前诏减官田租，户部征如故。"帝怫然曰："今首行之，废格者论如法。"士奇复请抚逃民，察墨吏，举文学、武勇之士，令极刑家子孙皆得仕进。又请廷臣三品以上及二司官，各举所知，备方面郡守选。皆报可。当是时，士奇等同心辅佐，海内号为治平。

宣宗崩，英宗即位，方九龄。军国大政关白太皇太后。太后推心任杨士奇、杨荣、杨溥三人，有事遣中使诣阁咨议，然后裁决。三人者亦自信，侃侃行意。

英宗正统初，士奇言瓦剌渐强，将为边患，而边军缺马，恐不能御。请于附近太仆寺关领，西番贡马亦悉给之。士奇殁未几，也先果入寇，有土木之难，识者思其言。又雅善知人，好推毂寒士，所荐达有初未识面者。而于谦、周忱、况钟之属，皆用士奇荐，居官至一二十年，廉能冠天下，为世名臣云。

杨荣谋而能断，论事激发，不能容人过。然遇人触帝怒致不测，往往以微言导帝意，辄得解。夏原吉、李时勉之不死，都御史刘观之免戍边，皆赖其力。尝语人曰："事君有体，进谏有方，以悻直取祸，吾不为也。"故其恩遇亦始终无间。重修《太祖实录》及太宗、仁、宣三朝《实录》，皆为总裁官。先后赐赉，不可胜计。性喜宾客，虽贵盛无稍崖岸，士多归心焉。或谓荣处国家大事，不愧唐姚崇，而不拘小节，亦颇类之。

杨溥质直廉静，无城府。性恭谨，每入朝，循墙而走。诸大臣论事争可否，或至违言。溥平心处之，诸大臣皆叹服。

是时，中外臣民翕然称"三杨"。以居第目士奇曰"西杨"，荣曰"东杨"，而溥尝自署郡望曰南郡，因号为"南杨"。时谓士奇有学行，荣有才识，溥有雅操，皆人所不及云。比荣、士奇相继卒，在阁者马愉、高谷、曹鼐皆后进望轻。溥孤立，太监王振益用事。

《明史》卷一四八

## 六八　郭敦掌户部有善政

宣德二年，郭敦进户部尚书。陕西旱，命与隆平侯张信整饬庶务当行者，同三司官计议奏行。敦乃请蠲逋赋，振贫乏，考黜贪吏，罢不急之务，凡十数事。悉从之。岁馀，召还。在部多所兴革，罢王田之夺民业者，令民开荒不起科。建漕运议，民运至瓜洲、仪真，资卫卒运至京。民甚便之。

敦事亲孝，持身廉。同官有为不义者，辄厉色待之，其人悔谢乃已。性好学，公退，手不释卷。六年，卒官，年六十二。

《明史》卷一五七

## 六九　周忱以爱民为本

周忱，吉水人。永乐二年进士，选庶吉士。寻擢刑部主事，进员外郎。忱有经世才，浮沉郎署二十年，人无知者，独夏原吉奇之。宣德初，有荐为郡守者。原吉曰："此常调也，安足尽周君？"五年九月，宣宗以天下财赋多不理，而江南为甚，苏州一郡，积逋至八百万石，思得才力重臣往厘之。乃用大学士杨荣荐，迁忱工部右侍郎，巡抚江南诸府，总督税粮。

始至，召父老问逋税故。皆言豪户不肯加耗，并征之细民，民贫逃亡，而税额益缺。忱乃创为平米法，令出耗必均。又请敕工部颁铁斛，下诸县准式，革粮长之大入小出者。

时宣宗屡下诏减官田租，忱乃与知府况钟曲算累月，官田租由二百六十二万石减至七十二万馀石，他府以次减，民始少苏。七年，江南大稔，诏令诸府县以官钞平籴备振贷，苏州遂得米二十九万石。故时公侯禄米、军官月俸皆支于南户部。

忱素乐易。先是，大理卿胡概为巡抚，用法严。忱一切治以简易，告讦者辄不省。或面评忱："公不及胡公。"忱笑曰："胡卿敕旨，在祛除民害；朝廷命我，但云安抚军民。委寄正不同耳。"既久任江南，与吏民相习若家人父子。每行村落，屏去驺从，与农夫饷妇相对，从容问所疾苦，为之商略处置。其驭下也，虽卑官冗吏，悉开心访纳。遇长吏有能，如况钟及松江知府赵豫、常州知府莫愚、同知赵泰辈，则推心与咨画，务尽其长，故事无不举。常诣松江相视水利，见嘉定、上海间，沿江生茂草，多淤流，乃浚其上流，使昆山、顾浦诸所水迅流驶下，壅遂尽涤。暇时以匹马往来江上，见者不知其为巡抚也。历宣德、正统二十年间，朝廷委任益专。

当时言理财者，无出忱右。其治以爱民为本。济农仓之设也，虽与民为期约，至时多不追取。每岁征收毕，逾正月中旬，辄下檄放粮，曰："此百姓纳与朝廷剩数，今还与百姓用之，努力种朝廷田，秋间又纳朝廷税也。"其所弛张变通，皆可为后法。诸府馀米，数多至不可校，公私饶足，施及外郡。景泰初，江北大饥，都御史王竑从忱贷米三万石。忱为计至来年麦熟，以十万石畀之。

性机警。钱谷巨万，一屈指无遗算。尝阴为册记阴晴风雨。或言某日江中遇风失米，忱言是日江中无风，其人惊服。有奸民故乱其旧案尝之。忱曰："汝以某时就我决事，我为汝断理，敢相绐耶？"三殿重建，诏征牛胶万斤，为彩绘用，忱适赴京，言库贮牛皮，岁久朽腐，请出煎胶，俟归市皮偿库。土木之变，当国者议，欲焚通州仓，绝寇资。忱适议事至，言仓米数百万，可充京军一岁饷，令自往取，则立尽，何至遂付煨烬。

《明史》卷一五三

## 七〇　况钟治苏民为立祠

况钟，靖安人。宣德五年，宣宗以郡守多不称职，会苏州等九府缺，命部、院臣举其属之廉能者补之。钟用尚书蹇义、胡濙等荐，擢知苏州，赐敕以遣之。

苏州赋役繁重，豪猾舞文为奸利，最号难治。钟乘传至府。初视事，群吏环立请判牒。钟佯不省，左右顾问，惟吏所欲行止。吏大喜，谓太守暗，易欺。越三日，召诘之曰："前某事宜行，若止我；某事宜止，若强我行；若辈舞文久；罪当死。"立捶杀数人，尽斥属僚之贪虐庸懦者。一府大震，皆奉法。钟乃蠲烦苛，立条教，事不便民者，立上书言之。

当是时，屡诏减苏、松重赋。钟与巡抚周忱悉心计画，奏免七十馀万石。凡忱所行善政，钟皆协力成之。所积济农仓粟岁数十万石，赈荒之外，以代民间杂办及逋租。其为政，纤悉周密。尝置二簿识民善恶，以行劝惩。又置通关勘合簿，防出纳奸伪。置纲运簿，防运夫侵盗。置馆夫簿，防非理需求。兴利除害，不遗馀力。锄豪强，植良善，民奉之若神。

先是，中使织造采办及购花木禽鸟者踵至。郡佐以下，动遭笞缚。而卫所将卒，时凌虐小民。钟在，敛迹不敢肆。虽上官及他省吏过其地者，咸心惮之。

钟虽起刀笔，然重学校，礼文儒，单门寒士多见振赡。钟尝丁母忧，郡民诣阙乞留。诏起复。正统六年，秩满当迁，部民二万馀人，走诉巡按御史张文昌，乞再任。诏进正三品俸，仍视府事。明年卒于官。吏民聚哭，为立祠。

《明史》卷一六一

## 七一　陈本深举大纲不务苛细

陈本深与况钟同受敕命为知府，知吉安。本深为政举大纲，不屑苛细。吉安多豪强，好讦讼。本深诛杀巨猾彭搏等人，一府大警。大猾既歼，府中无事。晨起，鼓而升堂，吏无所白，辄鼓而休。间有所讼，呼至榻前，析曲直遣之，亦不受状。有抑不伸者，虽三尺童子，皆得往白。久之，民耻争讼。尤折节士人，饰治学宫。正统六年，满九载当迁，郡人乞留，诏予正三品俸。前后守吉安十八年，既去，郡人肖像祀之。

《明史》卷一六一

## 七二　陈敬宗师道自任

陈敬宗，宣宗时任南京国子监祭酒。美须髯，容仪端整，步履有定则，力以师道自任。立教条，革陋习。六馆士千馀人，每升堂听讲，设馔会食，整肃如朝廷。稍失容，即令待罪堂下。

满考，入京师，王振欲见之，令周忱道意。敬宗曰："吾为诸生师表，而私谒中贵，何以对诸生？"振知不可屈，乃贻之文锦羊酒，求书程子《四箴》，冀其来谢。敬宗书讫，署名而已。返其币，终不往见。王直为吏部尚书，从容谓曰："先生官司成久，将荐公为司寇。"敬宗曰："公知我者，今与天下英才终日论议，顾不乐耶？"

性善饮酒，至数斗不乱。襄城伯李隆守备南京，每留饮，声伎满左右。竟日举杯，未尝一盼。其严重如此。

景泰元年致仕。家居不轻出。有被其容接者，莫不兴起。卒年八十三。

《明史》卷一六三

## 七三　麹祥被掠日本不忘中国

麹祥，父亮为金山卫百户。永乐中，祥年十四时被倭掠。国王知为中国人，召侍左右，改名元贵，遂仕其国，有妻子，然心未尝一日忘中国也，屡讽王入贡。宣德中，与使臣偕来，上疏言："臣夙遭俘掠，抱衅痛心，流离困顿，艰苦万状。今获生还中国，夫岂由人。伏乞赐归侍养，不胜至愿。"天子方怀柔远人，不从其请，但许给驿暂归，仍还本国。祥抵家，独其母在，不能识，曰："果吾儿，则耳阴有赤痣。"验之信，抱持痛哭。未几别去，至日本，启以帝意。国王允之，仍令入贡。祥乃复申前请，诏许袭职归养。母子相失二十年，又有华夷之限，竟得遂其初志，闻者异之。

《明史》卷二九七

## 七四　柴车不受馈赠

永乐年间，柴车任江西右参议。时，以采木入闽，经广信。广信守，故人也，馈蜜一罂。发视之，乃白金。笑曰："公不知故人矣"，却不受。

英宗正统年间，以车廉干，命协赞甘肃军务，后官至兵部尚书。同事边塞者，多以宴乐为豪举。车恶之，遂断酒肉。

《明史》卷一五七

## 七五　王振跋扈致土木之变

英宗立，年少。太监王振狡黠得帝欢，掌司礼监，导帝用重典御下，防大臣欺蔽。于是大臣下狱者不绝，而振得因以市权。然是时，太皇太后贤，方委政内阁。阁臣杨士奇、杨荣、杨溥，皆累朝元老，振心惮之未敢逞。至正统七年，太皇太后崩，振遂跋扈不可制。作大第皇城东，建智化寺，穷极土木。侍讲刘球上言陈得失，语刺振。振下球狱，使指挥马顺肢解之。大理少卿薛瑄、祭酒李时勉素不礼振。振摭他事陷瑄几死，时勉至荷枷国子监门。御史李铎遇振不跪，谪戍铁岭卫。

英宗倾心于振，尝以先生呼之。赐振敕，极褒美。振权日益重，公侯勋戚呼曰翁父。畏祸者争附振免死，赇赂辏集。工部郎中王佑以善谄擢本部侍郎，兵部尚书徐晞等多至屈膝。其从子山、林至荫都督指挥。久之，构衅瓦刺，振遂败。

瓦刺者，元裔也。正统十四年，其太师也先贡马，振减其值，使者恚而去。秋七月，也先大举入寇，振挟帝亲征。廷臣交谏，弗听。至宣府，大风雨，复有谏者，振益怒。八月己酉，帝驻大同，振益欲北。镇守太监郭敬以敌势告，振始惧，退兵次土木。瓦剌兵追至，师大溃。帝被俘，振乃为乱兵所杀。败族无少长皆斩。振擅权七年，籍其家，得金银六十馀库，玉盘百，珊瑚高六七尺者二十馀株，他珍玩无算。

《明史》卷三〇四

## 七六　王振陷害异己

奉天、谨身、华盖三殿工成，宴百官。故事，宦者虽宠，不得预外庭宴。是日，英宗使人视王先生何为。振方大怒，曰："周公辅成王，我独不可一坐乎？"使以闻，上为蹙然，乃命开东华中门，听振出入。振至问故，曰："诏命也。"至门外，百官皆望风拜，振悦。

侍讲刘球，素为王振所憾。球应诏上言十事，锦衣指挥彭德清乃激振曰："公知之乎？刘侍讲疏之三章，盖诋公也。"振怒，欲置之死，逮球下狱。振即令其党锦衣卫指挥马顺以计杀球。一夕五更，顺独携一校，推狱门入，小校前持球，球知不免，大呼曰："死诉太祖、太宗！"校持刀断球颈，流血被体，屹立不动。

大理寺少卿薛瑄素不为王振屈，振衔之。都御史王文诏事振，谮嗾御史劾瑄受贿，故出人罪。廷鞫竟坐以死，下狱，瑄在狱读《易》以自娱。初，瑄既论死，子淳等三人请一人代死、二人戍，赎父罪；不许。将决，振老仆泣于爨下。振问之，曰："薛少卿不免，是以泣。"曰："何以知之？"曰："乡人也。"因述其平生，振少解。会侍郎王伟申救之，得免死，除名放归田里。

王振尝诣国子监，衔祭酒李时勉无加礼，令人廉其事，无所得。彝伦堂有古树，故许衡所植也，时勉嫌其阴翳妨诸生班列，稍使伐其旁枝，振遂诬以伐官木私家用，矫旨令荷枷于国子监门。监生石大用乞以身代，号哭奔走阙下，上疏求解者数千人。会昌孙太后为上言之，始知振所为也，命立释之。

《明鉴易知录》卷五

## 七七　魏骥端厚劲直

魏骥，萧山人。永乐中，以进士副榜授松江训导。常夜分携茗粥劳诸生。诸生感奋，多成就者。召修《永乐大典》。书成，迁太常博士。宣德初，迁吏部考功员外郎，历南京太常寺少卿。正统三四年，任吏部左侍郎。

骥居官务大体。在太常，山川坛获双白兔，圻内生瑞麦，皆却不进。在吏部，有进士未终制，求考功。同官将许之，骥持不可。法司因旱恤刑，有王纲者，恶逆当辟，或悯其少，欲缓之。骥以为此妇人之仁，持不可。

正统中，王振怙宠，凌公卿，独严重骥，呼"先生"。景泰初，以请老至京师。大学士陈循，骥门生也，请间曰："公虽位冢宰，然未尝立朝。愿少待，事在循辈。"骥正色曰："君为辅臣，当为天下进贤才，不得私一座主。"退语人曰："渠以朝廷事为一己事，安得善终。"竟致仕去。

骥端厚祗慎。顾劲直，好别白君子、小人。恒曰："无是非之心，非人也。"家居，忧国忧民，老而弥笃。萧山故多水患，有宋时县令杨时湖堤遗迹。骥倡修螺山、石岩、毕公诸塘堰，捍江潮，兴湖利。乡人赖之。居恒布衣粝食，不殖生产。卒年九十八。

《明史》卷一五八

## 七八　轩輗居官清廉

正统年间，轩輗擢浙江按察使。前使奢汰，輗力矫之。寒暑一青布袍，补缀殆遍，居常蔬食，妻子亲操井臼。与僚属约：三日出俸钱市肉，不得过一斤。僚属多不能堪。故旧至，食惟一豆。或具鸡黍，则人惊以为异。时镇守内臣阮随、布政使孙原贞、杭州知府陈复、仁和知县许璞居官皆廉，一方大治。

輗孤峭，遇人无贤否，拒不与接。为按察使，尝饮同僚家，归抚其腹曰："此中有赃物也。"御史张纯置酒延客，輗恶其汰，不往。彻馔遗之，亦不纳。岁时诣礼部拜表庆贺，屏居一室，撤烛端坐，事竣竟归，未尝与僚友一语。僚友闻其来，亦辄避去，不乐与之处。量颇偏隘，然清操闻天下。

《明史》卷一五八

明（公元1368年至1644年）

## 七九　翟溥福知南康民祀之

翟溥福，东莞人，永乐二年进士。正统元年，擢南康知府。先是岁歉，民擅发富家粟，及收取漂流官木者，前守悉坐以盗，当死者百馀人。溥福阅实，杖而遣之。地滨鄱阳湖，舟遇风涛无所泊，为筑石堤百馀丈，往来者便之。庐山白鹿书院废，溥福倡众兴复，延师训其子弟，朔望躬诣讲授。考绩赴部，以年老乞归。侍郎赵新尝抚江西，大声曰："翟君此邦第一贤守也，胡可听其去。"恳请累日，乃许之。辞郡之日，父老争赆金帛，悉不受。众挽舟涕泣，因建祠湖堤祀之，又配享白鹿书院之三贤祠。三贤者，唐李渤，宋周敦颐、朱熹也。

《明史》卷二八一

## 八〇　刘观读书讲学翛然自得

刘观，吉水人，正统四年进士。方年少，忽引疾告归，终不出。杜门读书，求圣贤之学。四方来问道者，坐席尝不给。县令刘成为筑书院于虎丘山，名曰"养中"。平居，饭脱粟，服浣衣，翛然自得。每日端坐一室，无懈容。或劝之仕，不应。又作《勤》《俭》《恭》《恕》四箴，以教其家。族有孤嫠不能自存者，周之。

《明史》卷二八二

## 八一　王佑谄媚王振

英宗正统六年，司礼太监王振矫诏以工部郎中王佑为工部右侍郎。振既弄权，佑以谄媚超擢，与兵部侍郎徐晞极意逢迎之。佑貌美而无须，善伺候振颜色，一日振问曰："王侍郎何无须？"对曰："老爷所无，儿安敢有！"闻者鄙之。

《明鉴易知录》卷五

## 八二　吴中平生何尝有清廉

吴中以国子生累官至工部尚书。性贪鄙，其妻甚严正。一日迎诰，其妻呼子宣之问曰："此诰词是主上自言邪？是翰林代草邪？"曰："亦翰林代草耳。"叹曰："翰林先生果不虚妄，吴中一篇诰文，止说他平生为人，何尝有'清廉'二字！"中闻之虽恚，强笑容而已。

《明鉴易知录》卷五

## 八三　王翱谢绝请谒自奉俭素

景泰四年，王翱任吏部尚书。翱在铨部，谢绝请谒，公馀恒宿直庐，非岁时朔望谒先祠，未尝归私第。每引选，或值召对，侍郎代选。归虽暮，必至署阅所选，惟恐有不当也。论荐不使人知，曰："吏部岂快恩怨地耶。"自奉俭素。景帝知其贫，为治第盐山。孙以荫入太学，不使应举，曰："勿妨寒士路。"

婿贾杰官近畿，翱夫人数迎女，杰恚曰："若翁典铨，移我官京师，反手尔。何往来不惮烦也！"夫人闻之，乘间请翱。翱怒，推案，击夫人伤面。杰卒不得调。中官同事者重翱贶明珠数颗，翱固辞。其人曰："此先朝赐也，公得毋以赃却我乎。"不得已，纳而藏焉。中官死，召其从子还之。

《明史》卷一七七

## 八四　李纲号铁御史

李纲，登英宗天顺元年进士，授御史。历按南畿、浙江。劾去浙江赃吏至四百馀人，时目为"铁御史"。奉敕编集陕西延绥土兵。还，迁太仆寺少卿，巡畿辅马政，尽却有司馈。按冀州，遇盗。问隶人曰："太仆李公耶？是何从得金。"不启箧而去。

《明史》卷一五九

## 八五　刘实冤死狱中

刘实，宣德五年举进士。正统初，授金华府通判。岁荒旱，请蠲租，且赎还饥民子女。义门郑氏族大，不能自给，又买马出丁，供山西邮传，困甚，亦以实言获免。母丧归，庐墓三载，起顺天府治中。

景帝时，侍臣荐其文学。召修《宋元通鉴纲目》。实为人耿介，意所不可，虽达官贵人不稍逊。然颇自是。见同曹所纂不当，辄大笑，声彻廷陛，人亦以此忌之。

英宗天顺初，擢知南雄府。商税巨万，旧皆入守橐。实无所私。中官至南雄，入謆言，府僚参谒，留实折辱之。民竞前拥之出，中官惭，将召谢之，实不往。中官去，至韶州，闻韶人言："南雄守且讼于朝矣。"惧，驰奏，诬实毁敕，大不敬。逮下诏狱。实从狱中上书言："臣官三十年，未尝以妻子自随，食粗衣敝，为国家爱养小民，不忍困之，以是忤朝使。"英宗览书，意稍解，且释之，而实竟瘐死。

实苦节自持。政务纷沓，未尝废书，士大夫重其学行。其殁也，南雄人哀而祠之。

《明史》卷一六一

## 八六　于谦忠心义烈被诬杀

于谦，钱塘人。正统十三年以兵部左侍郎召。明年秋，瓦剌也先大举入侵，太监王振扶英宗率师五十万亲征。谦与尚书邝埜极谏，不听。及大败，帝陷土木，京师大震，众莫知所为。郕王监国，命群臣议战守。侍讲徐珵言当南迁。谦厉声曰："言南迁者，可斩也。京师天下根本，一动则大事去矣，独不见宋南渡事乎！"王是其言，守议乃定。时京师劲甲精骑皆陷没，所馀疲卒不及十万，人心震恐，上下无固志。谦请王檄取两京、河南备操军，山东及南京沿海备倭军，江北及北京诸府运粮军，亟赴京师。以次经画部署，人心稍安。即迁本部尚书。

大臣忧国无主，太子方幼，寇且至，请皇太后立郕王。王惊谢至再。谦扬言曰："臣等诚忧国家，非为私计。"王乃受命。九月，景帝立。十月，敕谦提督各路军马。也先挟上皇破紫荆关直入逼京师，于谦、石亨等率师击退之。

景帝景泰元年八月，上皇北狩且一年矣。也先见中国无衅，滋欲乞和，使者频至，请归上皇。大臣王直等议遣使奉迎，帝不悦曰："朕本不欲登大位，当时见推，实出卿等。"谦从容曰："天位已定，宁复有他，顾理当速奉迎耳。万一彼果怀诈，我有辞矣。"帝顾而改容曰："从汝，从汝。"先后遣李实、杨善往。卒奉上皇以归，谦力也。

谦性故刚，遇事有不如意，辄拊膺叹曰："此一腔热血，竟洒何地！"视诸选耎大臣、勋旧贵戚意颇轻之，愤者益众。又始终不主和议，虽上皇实以是得还，不快也。徐珵以议南迁，为谦所斥，至是改名有贞，稍稍进用，尝切齿谦。石亨本以失律削职，谦请宥而用之，总兵十营，畏谦不得逞，亦不乐谦。亨功不加谦而得世侯，内愧，乃疏荐谦子冕。诏赴京师，辞，不允。谦言："国家多事，臣子义不得顾私恩。且亨位大将，不闻举一幽隐，拔一行伍微贱，以裨军国，而独荐臣子，于公议得乎？臣于军功，力杜侥幸，决不敢以子滥功。"亨复大恚。

景泰八年正月壬午，亨与曹吉祥、徐有贞等迎上皇夺东华门，于奉先殿复位，史称夺门之变。宣谕朝臣毕，即执谦与大学士王文下狱。诬谦等与黄竑构邪议，更立东宫。亨等主其议，嗾言官上之。都御史萧惟祯定谳。坐以谋逆，处极刑。文不胜诬，辩之疾，谦笑曰："亨等意耳，辩何益？"奏上，英宗尚犹豫曰："于谦实有功。"有贞进曰："不杀于谦，此举为无名。"帝意遂决。弃谦市，籍其家，家戍边。千户白琦又请榜其罪，镂板示天下，一时希旨取宠者，率以谦为口实。

谦自值也先之变，誓不与贼俱生。尝留宿直庐，不还私第。素病痰，疾作，景帝遣使兴安更番往视。闻其服用过薄，诏令上方制赐，至醯菜毕备。又亲幸万岁山，伐竹取沥以赐。或言宠谦太过，兴安等曰："彼日夜分国忧，不问家产，即彼去，令朝廷何处更得此人？"及籍没，家无馀资，独正室鐍钥甚固。启视，则上赐蟒衣、剑器也。死之日，阴霾四合，天下冤之。指挥朵儿者，本出曹吉祥部下，以酒酹谦死所，恸哭。吉祥怒，挞之。明日复酹奠如故。都督同知陈逵感谦忠义，收遗骸殡之。逾年，归葬杭州。

谦既死，而亨党陈汝言代为兵部尚书。未一年败，赃累巨万。帝召大臣入视，愀然曰："于谦被遇景泰朝，死无馀资。汝言抑何多也！"亨俯首不能对。俄有边警，帝忧形于色。恭顺侯吴瑾侍，进曰："使于谦在，当不令寇至此。"帝为默然。是年，有贞为亨所中，戍金齿。又数年，亨亦下狱死，吉祥谋反族诛，谦事白。

有王伟者谦尝荐为郎中。伟既为谦所引，恐嫉谦者目己为朋附，尝密奏谦误，冀自解。帝以其奏授谦，谦叩头谢。帝曰："吾自知卿，何谢为？"谦出，伟问："上与公何言？"谦笑曰："我有失，望君面规我，何至尔邪？"出奏示之，伟大惭沮。然竟坐谦党，罢归。宪宗成化三年复官，请毁白琦所镂板。逾年，告病归卒。

宪宗成化二年，遣行人往祭于谦墓，制词有云："当国家之多难，保社稷以无虞。惟公道之独持，为权奸所并嫉。在先帝已知其枉，而朕心实怜其忠。"一时朝野传诵之。

《明史》卷一七〇；《明通鉴》卷三〇

## 八七　杨善以憸忮取功名

左都御史杨善，状貌魁梧，应对捷给。然无学术，滑稽，对客鲜庄语。家京师，治第郭外。园多善果，岁时馈公卿戚里中贵，无不得其欢心。景帝时，与石亨、曹吉祥结。天顺元年正月，亨、吉祥奉上皇复辟。善以预谋，封特进光禄大夫，掌左军都督府事。尚书胡濙颂善迎驾功，命兼礼部尚书。善尝使瓦剌，携子四人行，至是并得官。又为从子、养子乞恩，得官者复十数人。气势烜赫，招权纳贿。亨辈嫉而间之，以是渐疏外。二年五月卒。

善负才辨，以巧取功名，而憸忮为士论所弃。成祖时，尝坐事与庶吉士章朴同系狱，久之，相狎。时方穷治方孝孺党，朴言家有孝孺集，未及毁。善从借观，密奏之。朴以是诛死，而善得复官。于谦、王文之戮，善亦有力焉。

《明史》卷一七一

## 八八　李贤不卷舌偷位

英宗复位，命李贤兼翰林学士，入直文渊阁，与徐有贞同预机务。未几，进尚书。贤气度端凝，奏对皆中机宜，帝深眷之。山东饥，发帑赈不足，召徐有贞及贤议，有贞谓颁赈多中饱。贤曰："虑中饱而不贷，坐视民死，是因噎废食也。"遂命增银。

当石亨、曹吉祥用事，贤顾忌不敢尽言，然每从容论对，所以裁抑之者甚至。及亨得罪，帝复问贤"夺门"事。贤曰："'迎驾'则可，'夺门'岂可示后？天位乃陛下固有，'夺'即非顺。且尔时幸而成功，万一事机先露，亨等不足惜，不审置陛下何地！"帝悟曰："然。"贤曰："若郕王果不起，群臣表请陛下复位，安用扰攘为？此辈又安所得邀升赏，招权纳贿安自起？老成耆旧依然在职，何至有杀戮降黜之事致干天象？"帝曰："然。"诏自今章奏勿用"夺门"字，并议革冒功者四千馀人。

帝忧军官支俸多，岁入不给。贤请汰老弱于外，则费省而人不觉。帝深纳焉。时岁有边警，天下大水，江南北尤甚。贤外筹边计，内请宽百姓，罢一切征求。帝用其言，四方得苏息。天顺七年二月，空中有声，帝欲禳之，命贤撰青词。贤言君不恤民，天下怨叛，厥有鼓妖。因请行宽恤之政，又请罢江南织造，清锦衣狱，止边臣贡献，停内外采买。帝难之。贤执争数四，同列皆惧。贤退曰："大臣当知无不言，可卷舌偷位耶？"终天顺之世，贤为首辅，吕原、彭时佐之，然贤委任最专。

卒年五十九。贤自以受知人主，所言无不尽。建文帝少子幽禁已六十年，英宗怜欲赦之，以问贤。贤顿首曰："此尧、舜用心也！天地祖宗实式凭之。"帝意乃决。尝言："内帑馀财，不以恤荒济军，则人主必生侈心，而移之于土木祷祠声色之用。"前后频请发帑赈贷恤边，不可胜计。

《明史》卷一七六

## 八九　岳正敢于言事

或为匿名书列曹吉祥罪状，吉祥怒，请出榜购之。英宗使阁臣岳正撰榜格，正入见曰："为政有体，盗贼责兵部，奸宄责法司，岂有天子出榜购募者？且事缓之则自露，急之则愈匿，此人情也。"帝是其言，不问。石亨从子彪镇大同，献捷，下内阁问状。使者言捕斩无算，不能悉致，皆枭置林木间。正按地图指诘之，曰："某地至某地，皆沙漠，汝枭置何所？"其人语塞。

宪宗成化元年，出正为兴化知府。正至官，筑堤溉田数千顷，节缩浮费，经理预备仓，欲有所兴革。乡士大夫不利其所为，腾谤言。正亦厌吏职，五年入觐，遂致仕。又五年卒，年五十五。

《明史》卷一七六

## 九〇　姚夔奏毋浪费供外蕃

宪宗成化元年，礼部尚书姚夔等言："哈密贡马二百匹，而使人乃二百六十人。以中国有限之财，供外蕃无益之费，非策也。"乃下廷臣议，定岁一入贡，不得过二百人，制可。

《明通鉴》卷三〇

## 九一　罗伦刚正淡于名利

罗伦，吉安永丰人。五岁尝随母入园，果落，众竞取，伦独赐而后受。家贫樵牧，挟书诵不辍。及为诸生，志圣贤学，尝曰："举业非能坏人，人自坏之耳。"知府张瑄悯其贫，周之粟，谢不受。成化二年，廷试，对策万馀言，直斥时弊，名震都下。擢进士第一，授翰林修撰。后以言论被黜，引疾归，遂不复出。

伦为人刚正，严于律己。义所在，毅然必为，于富贵名利泊如也。里居倡行乡约，相率无敢犯。衣食粗恶。或遗之衣，见道殣，解以覆之。晨留客饮，妻子贷粟邻家，及午方炊，不为意。以金牛山人迹不至，筑室著书其中，四方从学者甚众。学者称一峰先生。

《明史》卷一七九

## 九二　章懋以读书讲学为事

章懋，兰溪人。成化二年会试第一。明年冬，授编修。宪宗将以元夕张灯，命词臣撰诗词进奉。懋与同官黄仲昭、检讨庄昶疏谏。帝以元夕张灯，祖宗故事，恶懋等妄言，并杖之阙下，左迁其官。修撰罗伦先以言事被黜，时称"翰林四谏"。

懋贬后，尝任福建佥事，有政绩。满考入都，年四十一，力求致仕。既归，屏迹不入城府。奉亲之暇，专以读书讲学为事，弟子执经者日益进。贫无供具，惟脱粟菜羹而已。四方学士大夫高其风，称为"枫山先生"。家居二十馀年，中外交荐，部檄屡起之，以亲老坚不赴。

懋为学，恪守先儒训。或讽为文章，曰："小技耳，予弗暇。"有劝以著述者，曰："先儒之言至矣，芟其繁可也。"

《明史》卷一七九

## 九三　张弼善草书

张弼，松江华亭人。成化二年进士。弼自幼颖拔，善诗文，工草书，怪伟跌宕，震撼一世。自号东海。张东海之名，流播外裔。为诗，信手纵笔，多不属稿，即有所属，以书故，辄为人持去。与李东阳、谢铎善。尝自言："吾平生，书不如诗，诗不如文。"东阳戏之曰："英雄欺人每如此，不足信也。"铎称其好学不倦，诗文成一家言。

《明史》卷二八六

## 九四　黄孔昭铨叙平允

成化九年，黄孔昭任文选郎中。故事，选郎率闭门谢客。孔昭曰："国家用才，犹富家积粟。粟不素积，岂足赡饥；才不预储，安能济用？苟以深居绝客为高，何由知天下才俊。"公退，遇客至，辄延见，访以人才，书之于册。除官，以其才高下配地繁简。由是铨叙平允。其以私干者，悉拒之。尝与尚书尹旻争，至推案盛怒。孔昭拱立，俟其怒止，复言之。旻亦信其谅直。旻欲推故人为巡抚，孔昭不应。其人入都谒孔昭，至屈膝，孔昭益鄙之。旻令推举，孔昭曰："彼所少者，大臣体耳。"旻谓其人曰："黄君不离铨曹，汝不能迁也。"

《明史》卷一五八

## 九五　宪宗不听邱宏谏

万贵妃有宠，中官梁芳、陈喜，争进淫巧，奸人屠宗顺辈，日献珍异宝石，辄厚酬之，糜帑藏百万计，有因之得官者。都人仿效，竞尚侈靡，僭拟无度。给事中邱宏偕同官疏论其罪，请追还帑金，置宗顺等于理，没其赀以振饥民。宪宗不许，但申明禁约，违者无赦，然竟不能禁也。

京师岁歉米贵，而四方游僧万数，宏请驱逐，以省冗食，又请"在京百兽房及清河寺诸处所育珍禽野兽，日饲鱼肉米菽，乞并纵放，以省冗费"。疏上报闻而已。

《明通鉴》卷三一

## 九六　王恕屡直言天下慕之

宪宗时，王恕任兵部尚书。考选官属，严拒请托，同事者咸不悦。帝亦衔恕数直言，遂命兼右副都御史巡抚南畿。后，复改恕南京兵部尚书。恕言："天地止一坛，祖宗止一庙，而佛至千馀寺。一寺立，而移民居且数百家，费内帑且数十万，此舛也。"帝得疏不怿。恕侃侃论列无少避。先后应诏陈言者二十一，建白者三十九，皆力阻权幸。天下倾心慕之，遇朝事有不可，必曰："王公胡不言也？"则又曰："公疏且至矣"，已，恕疏果至。时为谣曰："两京十二部，独有一王恕。"于是贵近皆侧目，帝亦颇厌苦之。会南京兵部侍郎马显乞罢，忽附批恕致仕，朝野大骇。

恕以好直言，终不得立朝。既归，名益高，台省推荐无虚月。工部主事王纯比恕汲黯，至予杖，谪思南推官。

《明史》卷一八二

## 九七　彭韶谏止外戚与民争地

彭韶，天顺元年进士，成化二年迁郎中。锦衣指挥周彧，太后弟也，奏乞武强、武邑民田不及赋额者，籍为闲田。命韶偕御史季琮覆勘。韶等周视径归，上疏自劾曰："真定田，自祖宗时许民垦种，即为恒产，除租赋以劝力农。功臣、戚里家与国咸休，岂当与民争尺寸地。臣诚不忍夺小民衣食，附益贵戚，请伏奉使无状罪。"疏入，诏以田归民，而责韶等邀名，复下诏狱。言官争论救，得释。

十四年春，迁广东左布政使。中官奉使纷沓，镇守顾恒、市舶韦眷、珠池黄福，皆以进奉为名，所至需求，民不胜扰。韶先后论奏。最后，梁芳弟德以广东其故乡，归采禽鸟花木，害尤酷。韶抗疏极论，语侵芳。芳怒，构于帝，调之贵州。

《明史》卷一八三

## 九八　陈钢施德政民祈其寿

陈钢，应天人，举成化元年乡试，授黔阳知县。楚俗，居丧好击鼓歌舞。钢教以歌古哀词，民俗渐变。县城当沅、湘合流，数决，坏庐舍。钢募人采石甃堤千馀丈，水不为害。南山崖官道数里，径窄甚，行者多堕崖死。钢积薪烧山，沃以醯，拓径丈许，行者便之。钢病，民争吁神，愿减己算益钢寿。迁长沙通判，监修吉王府第。工成，王赐之金帛，不受。请王故殿材修岳麓书院，王许之。孝宗弘治元年丁母忧归。卒。

《明史》卷二八一

## 九九　陈音不畏西厂

永乐中，设东厂，令宦官刺事，权势与锦衣卫均。宪宗成化十三年，别设西厂刺事，以汪直督之，所领缇骑倍东厂，势远出锦衣卫上。自是大狱屡兴。

司礼太监黄赐母死，廷臣皆往吊，翰林不往。侍讲徐琼谋于众，编修陈音大怒曰："天子侍从臣，相率拜内竖之室，若清议何！"琼愧沮。秩满，音进侍讲。汪直党韦瑛夜帅逻卒入兵部郎中杨士伟家，缚士伟，考掠及其妻子。音与比邻，乘墉大呼曰："尔擅辱朝臣，不畏国法耶！"其人曰："尔何人，不畏西厂！"音厉声曰："我翰林陈音也。"久之，迁南京太常少卿。内阁刘吉父丧起复，音贻书劝其固辞，吉不悦。后吏部拟用音，吉辄阻之曰"腐儒"，以故十年不得调。

《明通鉴》卷三三；《明史》卷一八四

## 一〇〇　俳优阿丑攻太监汪直

陈钺、王越交结宦者汪直，邀边功，遂先后进官封爵。于是恶直者指王越、陈钺为"二钺"。有小中官阿丑，工俳优，一日于上前为醉者谩骂状，人言驾至，谩如故；言汪太监至，则避走，曰："今人但知汪太监也。"又为直状，操两钺，趋上前，人问之，则曰："吾将兵仗此两钺耳。"问："何钺？"曰："王越、陈钺也。"上忻然笑，稍稍悟，然廷臣尚未敢攻直也。

《明通鉴》卷三四

## 一〇一　太监郭文凌辱知县

成化十八年，太监郭文自南京还，过沛，怒知县马时中供张不时，搒掠时中，子不胜楚，溺于河。时中赴救之，起，呼冤。文益怒，褫时中衣，縶以行，县民愤甚，绕船大呼，叱之不退。文使家人持兵击之，杀二人。时中讼于朝，而上先入文愬，命锦衣卫械时中至京，寻谪降广西庆远府经历。

《明通鉴》卷三四

## 一〇二　万岁阁老与绵花刘吉

万安，眉州人，正统十三年进士。成化初，屡迁礼部左侍郎，兼翰林学士，入内阁参机务。同年生詹事李泰，中官永昌养子也，齿少于安。安兄事之，得其欢。自为同官，每当迁，必推安出己上。至是议简阁臣，泰复推安曰："子先之，我不患不至。"故安得入阁。

安无学术，既柄用，惟日事请托，结诸阉为内援。时万贵妃宠冠后宫，安因内侍致殷勤，自称子侄行。妃尝自愧无门阀，闻则大喜，妃弟锦衣指挥通，遂以族属数过安家。通妻著籍禁内，恣出入，安得备知宫中动静，益自固。侍郎邢让、祭酒陈鉴与安同年不相能。安构狱，除两人名。

七年冬，廷臣多言君臣否隔，宜时召大臣议政。大学士彭时、商辂力请。司礼中官乃约以御殿日召对，且曰："初见，情未洽，勿多言，姑俟他日。"将入，复约如初。比见，时言："昨御史有疏，请减京官俸薪，武臣不免觖望，乞如旧便。"帝可之。安遂顿首呼万岁。欲出，时、辂不得已，皆叩头退。中官戏朝士曰："若辈尝言不召见。及见，止知呼万岁耳。"一时传笑，谓之"万岁阁老"。帝自是不复召见大臣矣。

其后尹直入阁，欲请见帝计事。安止之曰："往彭公请召对，一语不合，辄叩头呼万岁，以此贻笑。今吾辈每事尽言，太监择而闻之，上无不允者，胜面对多矣。"其不识大体，且善归过于人如此。

孝宗即位。帝一日于宫中得疏一小箧，则皆论房中术者，末署曰"臣安进"。帝命太监怀恩持至阁曰："此大臣所为耶？"安愧汗伏地，不能出声。及诸臣弹章入，复令恩就安读之。安数跪起求哀，无去意。恩直前摘其牙牌曰："可出矣。"始惶遽索马归第，乞休去。时年已七十馀，尚冀复用。居一年卒。

安在政府二十年，每遇试，必令其门生为考官，子孙甥婿多登第者。子翼，南京礼部侍郎。孙弘璧，翰林编修。安死无几，翼、弘璧相继死，安竟无后。

成化时，帝失德，与万安同事之刘吉、刘珝，无所规正，时有"纸糊三阁老，泥塑六尚书"之说。吉多智数，善附会，自缘饰，锐于营私，时为言路所攻。居内阁十八年，人目之为"刘绵花"，以其耐弹也。吉疑其言出下第举子，因请举人三试不第者，不得复会试。时适当会试期，举子已群集都下，礼部为请。诏姑许入试，后如令。已而吉罢，令亦不行。

《明史》卷一六八

## 一〇三　徐溥谏毋溺于晏安

徐溥，景泰五年进士及第。成化十五年拜礼部右侍郎。孝宗嗣位，兼文渊阁大学士，参预机务。旋进礼部尚书。弘治五年，刘吉罢，溥为首辅。

孝宗自八年后，视朝渐晏，溥等上疏极论曰："自古奸人蛊惑君心者，必以太平无事为言。唐臣李绛有云：'忧先于事，可以无忧。事至而忧，无益于事。'今承平日久，溺于晏安。目前视之，虽若无事，然工役繁兴，科敛百出，士马罢敝，闾阎困穷，愁叹之声上干和气，四方奏报殆无虚月，将来之患灼然可忧。陛下高居九重，言官皆畏罪缄默。臣等若复不言，谁肯为陛下言者。"

溥性凝重有度，在内阁十二年，从容辅导。人有过误，辄为掩覆，曰："天生才甚难，不忍以微瑕弃也。"屡遇大狱及逮系言官，委曲调剂。孝宗仁厚，多纳溥等所言，天下阴受其福。性至孝，自奉甚薄，好施予。置义田八百亩赡宗族，请籍记于官，以垂永久。

《明史》卷一八一

## 一〇四　张昺炊烟屡绝处之澹如

孝宗弘治年间，张昺迁四川佥事。富豪杀人，屡以贿免。御史檄昺治，果得其情。寻进副使，岁馀，引疾归。环堵萧然，拥经史自娱。都御史王璟以赈荒至，馈昺百金，坚拒不得，授下户饥民粟以答其意。知县丁洪，昺所取士也，旦夕候起居，为具蔬食。昺曰："吾诚不自给，奈何以此烦令君。"卒弗受。炊烟屡绝，处之澹如。及卒，含敛不具，洪为经纪其丧。

《明史》卷一六二

## 一〇五　周经好强谏辩诬告

周经，孝宗时任吏部左侍郎。弘治八年，文武大臣以灾异陈时政，经为具奏草，语切直。帝密令中官廉草奏者，尚书耿裕曰："疏首吏部，裕实具草。"经曰："疏草出经手，即有罪，罪经。"世两贤之。

明年，迁户部尚书。时孝宗宽仁，而户部尤奸蠹所萃，挟势行私者不可胜纪。少不如意，谗毁随之。经悉按祖宗成宪，无所顾。宽逋缓征，裁节冗滥。四方告灾，必覆奏蠲除。每委官监税课，入多者与下考，苛切之风为之少衰。

大同缺战马，兵部马文升请太仓银以市。经言："粮马各有司存。祖训六部毋相压，兵部侵户部权，非祖训。"帝为改拨太仆银给之。给事中鲁昂请尽括税役金钱输太仓，经曰："不节织造、赏赉、斋醮、土木之费，而欲括天下财，是舛也。"内官传旨索太仓银三万两为灯费，持不与。

经刚介方正，好强谏，虽重忤旨不恤。宦官、贵戚皆惮而疾之。太监李广死，帝得朝臣与馈遗簿籍，大怒。科道因劾诸臣交通状，有及经者。经上疏曰："昨科道劾廷臣奔竞李广，阑入臣名。虽蒙恩不问，实含伤忍痛，无以自明。夫人奔竞李广，冀其进言左右，图宠眷耳。陛下试思广在时，曾言及臣否。且交结馈遗簿籍具在，乞检曾否有臣姓名。更严鞫广家人，臣但有寸金、尺帛，即治臣交结之罪，斩首市曹，以为奔竞无耻之戒。若无干涉，亦乞为臣洗雪，庶得展布四体，终事圣明。若令含污忍垢，即死填沟壑，目且不瞑。"帝慰答之。十三年，乞休，报许。

《明史》卷一八三

## 一○六　彭泽遭父杖责

彭泽，兰州人。会试二场毕，闻母病，径归，母病亦已。登弘治三年进士，授工部主事，历刑部郎中。势豪杀人，泽置之辟。中贵为祈免，执不听。出为徽州知府。泽将遣女，治漆器数十，使吏送其家。泽父大怒，促焚之，徒步诣徽。泽惊出迓，目吏负其装。父怒曰："吾负此数千里，汝不能负数步耶？"入，杖泽堂下。杖已，持装径去。泽益痛砥砺。

正德初，起知真定。阉人数挠禁，泽治一棺于厅事，以死怵之，其人不敢逞。迁浙江副使，历河南按察使，所至以威猛称。

《明史》卷一九八

## 一〇七　邵宝不为假道学

邵宝，无锡人，成化二十年举进士。弘治七年入为户部员外郎，历郎中，迁江西提学副使。修白鹿书院学舍，处学者。其教，以致知力行为本。江西俗好阴阳家言，有数十年不葬父母者。宝下令，士不葬亲者不得与试，于是相率举葬，以千计。宁王宸濠索诗文，峻却之。后宸濠败，有司校勘，独无宝迹。官至南京礼部尚书，以母老恳辞。许之。

宝三岁而孤，事母过氏至孝。尝曰："吾愿为真士大夫，不愿为假道学。"举南畿，受知于李东阳。为诗文，典重和雅，以东阳为宗。博综群籍，有得则书之简，取程子"今日格一物，明日格一物"之义，名之曰"日格子"。所著《学史》《定性书说》《漕政举要》诸集若干卷。学者称二泉先生。

《明史》卷二八二

## 一〇八　祝允明多才艺性豪放

祝允明，字希哲，长洲人。弘治五年举于乡，久之不第，授广东兴宁知县。稍迁应天通判，谢病归。嘉靖五年卒。

明生而枝指，故自号枝山，又号枝指生。五岁作径尺字，九岁能诗，稍长，博览群集，文章有奇气，当筵疾书，思若涌泉。尤工书法，名动海内。好酒色六博，善新声，求文及书者踵至，多赂妓掩得之。恶礼法士，亦不问生产，有所入，辄召客豪饮，费尽乃已，或分与持去，不留一钱。晚益困，每出，追呼索逋者相随于后，允明益自喜。所著有诗文集六十卷，他杂著百馀卷。

《明史》卷二八六

## 一〇九　唐寅纵酒放浪为文轻艳

唐寅，字伯虎，性颖利，与里狂生张灵纵酒，不事诸生业。祝允明规之，乃闭户浃岁。举弘治十一年乡试第一，座主梁储奇其文，还朝示学士程敏政，敏政亦奇之。未几，敏政总裁会试，江阴富人徐经贿其家僮，得试题。事露，言者劾敏政，语连寅，下诏狱，谪为吏。寅耻不就，归家益放浪。宁王宸濠厚币聘之，寅察其有异志，佯狂使酒，露其丑秽。宸濠不能堪，放还。筑室桃花坞，与客日饮其中，年五十四而卒。

寅诗文，初尚才情，晚年颓然自放。吴中自枝山辈以放诞不羁为世所指目，而文才轻艳，倾动流辈，传说者增益而附丽之，往往出名教外。

《明史》卷二八六

## 一一〇 桑悦恃才敢为大言

常熟有桑悦者，怪妄，以才名吴中。书过目，辄焚弃，曰："已在吾腹中矣。"敢为大言，以孟子自况。或问翰林文章，曰："虚无人，举天下惟悦，其次祝允明，又次罗玘。"为诸生，上谒监司，曰"江南才子"。监司大骇，延之较书，预刊落以试悦，文义不属者，索笔补之。年十九，举成化元年乡试，试春官，答策语不雅训，被斥。三试得副榜，年二十馀耳，年籍误二为六，遂除泰和训导。

学士丘浚重其文，属学使者善遇之。使者至，问："悦不迎，岂有恙乎？"长吏皆衔之，曰："无恙，自负才名不肯谒耳。"使者遣吏召不至，益两使促之。悦怒曰："始吾谓天下未有无耳者，乃今有之。与若期，三日后来，渎则不来矣。"使者恚，欲收悦，缘浚故，不果。三日来见，长揖使者。使者怒，悦脱帽竟去。使者下阶谢，乃已。

乡人莫不重其文，而骇其行。初，悦在京师，见高丽使臣市本朝《两都赋》，无有，以为耻，遂赋之。著《庸言》，自以为穷究天人之际。所著书，颇行于世。

《明史》卷二八六

## ——— 沈周能文善画不远游

沈周，字启南，长洲人。年十一，游南都，作百韵诗，上巡抚侍郎崔恭。面试《凤凰台赋》，援笔立就，恭大嗟异。及长，书无所不览。文摹左氏，诗拟白居易、苏轼、陆游，字仿黄庭坚，并为世所爱重。尤工于画，评者谓为明世第一。

郡守欲荐周贤良，周筮《易》，得《遁》之九五，遂决意隐遁。所居有水竹亭馆之胜，图书鼎彝充牣错列，四方名士过从无虚日，风流文彩，照映一时。奉亲至孝。父殁，或劝之仕，对曰："若不知母氏以我为命耶？奈何离膝下。"居恒厌入城市，于郭外置行窝，有事一造之。晚年，匿迹惟恐不深，先后巡抚王恕、彭礼咸礼敬之，欲留幕下，并以母老辞。

有郡守征画工绘屋壁。里人疾周者，入其姓名，遂被摄。或劝周谒贵游以免，周曰："往役，义也，谒贵游，不更辱乎！"卒供役而还。已而守入觐，铨曹问曰："沈先生无恙乎？"守不知所对，漫应曰："无恙。"见内阁，李东阳曰："沈先生有牍乎？"守益愕，复漫应曰："有而未至。"守出，仓皇谒侍郎吴宽，问："沈先生何人？"宽备言其状。询左右，乃画壁生也。比还，谒周舍，再拜引咎，索饭，饭之而去。周以母故，终身不远游。母年九十九而终，周亦八十矣。又三年，以正德四年卒。

《明史》卷二九八

## 一一二　顾璘有才名虚己好士

顾璘，上元人，弘治九年进士。少负才名，虚己好士，如恐不及。在浙，慕孙太初不可得见。道衣幅巾，放舟湖上，月下见小舟泊断桥，一僧、一鹤、一童子煮茗，笑曰："此必太初也。"移舟就之，遂往还无间。任湖广巡抚时，爱王廷陈才，欲见之，廷陈不可。侦廷陈狎游，疾掩之，廷陈避不得，遂定交。既归，构息园，大治幸舍居客，客常满。

从弟璨，字英玉，以河南副使归，居园侧一小楼，教授自给。璘时时与客豪饮，伎乐杂作。呼璨，璨终不赴。

《明史》卷二八六

## 一一三　李广纳贿以黄白米计

太监李广以左道见宠孝宗，权倾中外。会幼公主痘殇，太皇太后归罪于广；广惧，饮鸩死。上命搜家，得纳贿簿籍，中言"某送黄米几百石，某送白米几千石"。上曰："广食几何？而多若是。"左右曰："黄米，金也。白米，银也。"上怒，籍没之。

《明鉴易知录》卷五

## 一一四　刘健请诛刘瑾

刘健，天顺四年进士，授编修。谢交游，键户读书，人以木强目之。然练习典故，有经济志。受知于孝宗，进礼部右侍郎兼翰林学士，入内阁参预机务。弘治十一年春，代徐溥为首辅。

健学问深粹，正色敢言，以身任天下之重。健与同列李东阳、谢迁同心辅政，竭情尽虑，知无不言。初或有从有不从，既乃益见信，所奏请无不纳，呼为"先生"而不名。每进见，帝辄屏左右。左右间从屏间窃听，但闻帝数数称善。诸进退文武大臣，厘饬屯田、盐、马诸政，健翊赞为多。

武宗嗣位。刘瑾者，东宫旧竖也，与马永成、谷大用、魏彬、张永、邱聚、高凤、罗祥等八人俱用事，时谓之"八党"。日导帝游戏。正德元年九月，健等遂谋去"八党"，连章请诛之。帝遣司礼诣阁曰："朕且改矣，其为朕曲赦若曹。"健等言："此皆得罪祖宗，非陛下所得赦。"复上言曰："人君之于小人，不知而误用，天下尚望其知而去之。知而不去则小人愈肆。君子愈危，不至于乱亡不已。"不听。健等以去就争。瑾等八人窘甚，相对涕泣。于是帝命司礼王岳等诣阁议，一日三至，欲安置瑾等南京。健推案哭曰："先帝临崩，执老臣手，付以大事。

明（公元1368年至1644年）

今陵土未干，使若辈败坏至此，臣死何面目见先帝！"声色俱厉。岳素刚正疾邪，慨然曰："阁议是。"是夜，八人益急，环泣帝前。帝怒，立收岳等下诏狱，而健等不知，方倚岳内应。明日，韩文倡九卿伏阙固争，健逆谓曰："事且济，公等第坚持。"顷之，事大变，八人皆宥不问，而瑾掌司礼。健、迁遂乞致仕，赐敕给驿归。

健去，瑾憾不已。明年三月辛未诏列五十三人为奸党，榜示朝堂，以健为首。又二年削籍为民。

健器局严整，正己率下。朝退，僚寀私谒，不交一言。许进辈七人欲推焦芳入吏部，健曰："老夫不久归田，此座即焦有，恐诸公俱受其害耳。"后七人果为芳所挤。东阳以诗文引后进，海内士皆抵掌谈文学，健若不闻，独教人治经穷理。其事业光明俊伟，明世辅臣鲜有比者。

东阳事父有孝行。初官翰林时，常饮酒至夜深，父不就寝，忍寒待其归，自此终身不夜饮于外。为文典雅流丽，朝廷大著作多出其手。工篆隶书，碑版篇翰流播四裔。奖成后进，推挽才彦，学士大夫出其门者，悉粲然有所成就。自明兴以来，宰臣以文章领袖缙绅者，杨士奇后，东阳而已。立朝五十年，清节不渝。既罢政居家，请诗文书篆者填塞户限，颇资以给朝夕。一日，夫人方进纸墨，东阳有倦色。夫人笑曰："今日设客，可使案无鱼菜耶？"乃欣然命笔，移时而罢。

《明史》卷一八一

## 一一五　刘瑾窃权势倾中外

武宗正德初，刘瑾用事，一月之间，中官传旨几无虚日。瑾欲全窃大柄，乃日构杂艺，俟上玩弄，则多取各司章疏奏请省决，武宗每曰："吾用尔何为，乃以此一一烦朕耶！"自是瑾不复奏，事无大小，任意剖断，悉传旨行之，上多不之知也。

刘瑾势倾中外，公侯勋戚，莫敢钧礼。诸司科道以下，私谒皆相率跪拜。

批答章奏，瑾不学，辄持归私第，与妹婿礼部司务孙聪及松江市侩张文冕相参决。词率鄙冗，吏部尚书焦芳为润色之。凡内外所进章奏，先具红揭投瑾，号红本，然后上通政司，号白本，皆称刘太监而不名。都察院奏谳误名瑾，瑾大怒，詈之。佥都察院事屠滽率十三道御史谢罪跪阶下，瑾数责之，皆以首触地，毋敢仰视。

刘宇介焦芳结瑾为都御史，承瑾指摧折台谏御史，有小过辄加笞辱，瑾以为贤。瑾初通贿，望不过数百金，宇首以万金贽，瑾大喜曰："刘先生何厚我！"寻转兵部尚书，加太子太傅。子仁应殿试，求一甲不得，厚贿瑾，内批授庶吉士，逾年迁编修。时许进为吏部尚书，宇谮于瑾，遂代其位。宇在兵部时，贿赂狼籍。及为吏部，权归选郎张彩，而文史赠遗又不若武弁，尝悒悒叹曰："兵部自佳，何必吏部也。"

时东西二厂横甚，道路以目。刘瑾犹未慊，复立内厂，自领之，尤为酷烈，中人以微法，无得全者。凡所逮捕，一家有犯，邻里皆坐，或瞰河居者，以河外居民坐之。屡起大狱，冤号相属。

礼部尚书韩文及侍郎张缙俱下锦衣狱，数月始释。瑾诇知文廉，家素贫，因创罚米法以困之。罚文千石，输大同，缙五百石，输宣府。寻又假它故罚文米再，家业荡然。自是忤瑾者，悉诬以旧事，入之罚米例中，中外文武无宁日矣。

《明通鉴》卷四二

## 一一六　武宗朝夕处豹房

正德二年，于西华门别构院籞，筑宫殿，而造密室于两厢，勾连栉列，命曰豹房。

初，令内侍仿设廛肆，身衣估人衣与贸易，持簿握筹。喧詾不相下，更令作市正调和之，拥至廊下家。廊下家者，中官于永巷所张酒肆也，坐当垆妇其中，武宗至，牵衣蜂簇而入，醉即宿其处。

至是既作豹房，朝夕处其中，称之曰新宅，日召教坊乐工入新宅承应。久之，乐工以承应不及请檄取河南诸府乐户精技业者遣送入京，教坊人至者日以百计。群小见幸者，趋承自便，不复入大内矣。

马昂，初为延绥总兵官，以奸贪骄横劾罢。有女弟善歌能骑射，嫁指挥毕春，有娠。昂进于武宗，召入豹房，大宠，遂升昂为右都督。其弟炅、昺并赐蟒衣，大珰皆呼之为舅。赐第太平仓东，熏灼动京师。

上数过昂饮。一日酒酣，召昂妾，昂以妾病辞，上怒而起，昂惧，复结太监张忠进其妾杜氏，遂传升炅都指挥。昂喜过望，又进美女四人谢恩。

《明通鉴》卷四二、卷四六

## 一一七　刘大夏戍边所至为罢市

兵部尚书刘大夏忠诚恳笃，遇知孝宗，忘身徇国，于权幸多所裁抑。尝请严核勇士，为刘瑾所恶。刘宇亦憾大夏，遂与焦芳谮于瑾曰："籍大夏家，可当边费十二。"正德三年九月，逮系诏狱。瑾欲坐以激变律死，都御史屠滽持不可，瑾谩骂曰："即不死，可无戍耶？"李东阳为婉解，且瑾诇大夏家实贫，乃坐戍极边。初拟广西，芳曰："是送若归也"，遂改肃州。大夏年已七十三，布衣徒步过大明门下，叩首而去。观者叹息泣下，父老携筐送食，所至为罢市、焚香祝刘尚书生还。

比至戍所，诸司惮瑾，绝馈问，儒学生徒传食之。团操，辄荷戈就伍，所司固辞，大夏曰："军，固当役也。"所携止一仆。或问何不挈子姓，曰："吾宦时，不为子孙乞恩泽。今垂老得罪，忍令同死戍所耶？"大夏既遣戍，瑾犹摭他事罚米输塞上者再。

五年夏，赦归。瑾诛，复官，致仕。大夏归，教子孙力田谋食。稍赢，散之故旧宗族。预自为圹志，曰："无使人饰美，俾怀愧地下也。"十一年五月卒，年八十一。

大夏尝言："居官以正己为先。不独当戒利，亦当远名。"又言："人生盖棺论定，一日未死，即一日忧责未已。"其被逮也，方锄菜园中，入室携数百钱，跨小驴就道。赦归，有门下生为巡抚者，枉百里谒之。道遇扶犁者，问孰为尚书家，引之登堂，即大夏也。

《明史》卷二三九

## 一一八　何瑭不拜刘瑾

何瑭，弘治十五年进士，选庶吉士。正德初，刘瑾窃政，一日赠翰林川扇，有入而拜见者。瑭时官修撰，独长揖。瑾怒，不以赠。受赠者复拜谢，瑭正色曰："何仆仆也！"瑾大怒，诘其姓名。瑭直应曰："修撰何瑭。"知必不为瑾所容，乃累疏致仕。后瑾诛，复官。

《明史》卷二八二

## 一一九　刘瑾罚百官下跪入狱

正德三年，午朝退，有遗匿名书于御道，历数刘瑾罪者。瑾矫旨召百官跪奉天门下。御史宁杲诉曰："某等素知法度，岂敢为此！此或新进士所为。"瑾曰："与新进士何！由若辈坏朝廷事，吾整治之，遂怀怨望。"是日酷暑，太监李荣乘瑾入，以冰瓜啖群臣，曰："君等且起。"比瑾出，荣曰："来矣，速就跪。"瑾瞥见之，怒。于是太监黄伟愤甚，谓诸臣曰："书所言皆为国为民事，挺身自承，虽死不失为好男子，奈何枉累他人！"瑾愈怒，曰："匿名书罪已当死，况置之御道，是何好男子耶？"即日，逐伟南京，勒荣闲住。及日暮，悉收下锦衣狱，凡三百馀人。明日，瑾亦廉知其同类所为，众获免。而刑部主事何钊、顺天推官周臣、礼部进士陆伸已暍死，其它因暍而病者无算。

《明通鉴》卷四二

## 一二〇　地方官为行贿借京债

诸司官朝觐至京，畏刘瑾虐焰，恐罹祸，各敛金赂之，每省至二万馀两，往往贷于京师富豪，期回任后倍偿之，名曰京债。上下交征，恬不为异。

《明通鉴》卷四三

## 一二一　张彩横行不法

正德四年，刘瑾以张彩为吏部尚书。一岁中，彩由郎署三迁，遽长六卿。每刘瑾出休沐，公卿往候，自辰至晡未得见。彩故徐徐来，直入瑾小阁，欢饮而出，始揖众人。众以是益畏彩，见彩如瑾礼。彩与朝臣言，呼瑾为老者，凡所言，瑾无不从，以此中外馈遗金帛相望于道。

性尤渔色。抚州知府刘介，其乡人也，娶妾美。彩特擢介太常少卿，盛服往贺，曰："子何以报我？"介皇恐谢曰："一身外皆公物。"彩曰："命之矣。"即使人直入内，牵其妾，舆载归。又闻平阳知府张恕妾美，索之不得，按致其罪，拟戍，恕献妾，始得论减。其横如此。

彩既衔瑾恩，见瑾擅权久，贪冒无厌，天下怨之，因乘间说曰："公亦知贿入所自乎？非盗官帑，即剥小民。彼借公名自厚，入公者未十一，而怨悉归公，何以谢天下。"瑾大然之。会御史胡节巡按山东还，厚遗瑾。瑾发之，捕节下狱。少监李宣、侍郎张鸾、指挥同知赵良按事福建还，馈瑾白金二万。瑾疏纳金于官，而按三人罪。其他因贿得祸者甚众。苛敛之害为少衰。

《明通鉴》卷四三；《明史》卷三〇六

## 一二二　屈铨助瑾为虐

兵科给事中屈铨，请颁行刘瑾所定见行事例，按六部为序，编集成书，颁布中外，以昭法守。诏下廷臣议行。

时瑾所创新例，变乱成宪，擅作威福，天下侧目重足，朝不谋夕。铨乃承望风旨，助瑾为虐。廷臣鄙之，共欲缓其事。国子祭酒王云凤复以为请，将刊行而瑾败。

《明通鉴》卷四三

## 一二三　焦芳因内讧被罢

焦芳居内阁五年，凡刘瑾浊乱朝政，流恶海内，皆芳导之。谄事瑾至称千岁，自称门下士，四方赂瑾者必先赂芳。洎芳以子黄中不得一甲詈读卷官，瑾亦渐厌之。会张彩构之于瑾，遂疏芳。而段炅见芳势稍衰，转附彩，因尽发芳阴事于瑾。瑾大怒，于众中斥责之，芳不得已乃乞归，许之。

《明通鉴》卷四三

## 一二四　刘瑾伏诛

正德五年八月望日，太监张永至自宁夏献俘，武宗迎之东华门，赐宴。此夜，瑾先退，夜半，永出疏怀中，谓瑾变宁夏，阴谋不轨。上曰："罢矣，且饮酒。"永曰："离此一步，臣不复见陛下也。"上曰："瑾且何为？"永曰："取天下。"上曰："天下任彼取之。"永曰："置陛下何地？"上悟，允其奏，当夜即命禁兵逮瑾。瑾方熟寝，禁兵排闼入，瑾披衣起，趋出户，被执就内狱。明日，降为奉御，闲住之凤阳，命廷臣议其罪。

初，上尚未有意诛瑾，及籍其家，得金二十四万锭又五万七千八百两，元宝五百万锭又一百五十八万三千六百两，宝石二斗，金甲二，金钩三千，玉带四千一百六十二束，蟒衣四百七十袭，衮袍八爪金龙四，盔甲三千，弓弩五百。上大怒曰："瑾果反！"乃付狱；吏部尚书张彩送都察院狱。

于是六科十三道共劾瑾罪三十馀条，上是之，命法司锦衣卫执瑾午门廷讯之。瑾大言曰："满朝公卿皆出我门，谁敢问我者！"皆稍稍却。驸马都尉蔡震曰："我国戚也。不出汝门，得问汝。"使人批瑾颊曰："汝何藏甲也？"曰："以卫上。"震曰："何藏之私室？"瑾语塞。既上狱，上命"毋覆奏，凌迟之"。诸被害人争买其肉啖之。瑾亲属皆论斩，张彩死狱中。大学士刘宇、曹元、前大学士焦芳等削藉为民。

《明鉴易知录》卷五

## 一二五　武宗以江彬为义儿

正德七年，大同游击江彬等入京师。彬，宣府人，骁勇狡险，时从宣府副总兵张俊征讨于山东，惟杀掠良民以邀赏。班师入京，赂钱宁引入豹房，得见武宗。彬机警，善迎人意。上喜，留侍左右，升左都督，冒国姓，为义儿，时时在上前讲说兵事，因请尽调辽东、宣府、大同、延绥四镇精兵入京操练。

上尝于西内练兵，令彬等率兵入习营阵，校骑射，上戎服临之，铳炮之声不绝禁中。千户周麒常叱之，彬竟陷麒死，于是左右皆畏彬。

《明鉴易知录》卷五

## 一二六　钱宁掌锦衣卫

正德八年，以钱宁掌锦衣卫事，赐姓朱。宁，镇安人。太监钱能镇守云南，宁幼鬻能家；能死，事刘瑾，因得见上。上甚悦之，尝醉枕宁卧，百官候朝至晡，莫得帝起居，但伺宁。宁内侍帝，外招权纳贿，诸大臣造谒恐后，小拂意即中害。时内臣张锐掌东厂，威势与宁埒，中外号曰"厂、卫"。

《明鉴易知录》卷五

## 一二七　唐侃以死拒勒索

唐侃，丹徒人。正德八年举于乡，授永丰知县。之官不携妻子，独与一二童仆饭蔬豆羹以居。久之，吏民信服。永丰俗刁讼，尚鬼，尤好俳优，侃禁止之。进武定知州。章圣皇太后葬承天，诸内奄迫胁所过州县吏，索金钱，宣言供张不办者死，州县吏多逃。侃置空棺旁舍中，奄迫之急，则经至棺所，指而诟之曰："吾办一死，金钱不可得也。"诸奄皆愕眙去。稍迁刑部主事，卒。

《明史》卷二八一

## 一二八　武宗称火灾为大烟火

正德九年，乾清宫毁于火灾。武宗每岁张灯，费浮数万。及是，宁王宸濠别为奇巧以献，令所遣人入官悬挂，多着柱附壁以取新异。上复于庭轩间依栏设毡幙，贮火药其中，偶不戒，延烧宫殿，乾清以内皆烬焉。上往豹房临视，回顾光焰烛天，犹笑语左右曰："是一棚大烟火也。"

《明通鉴》卷四五

## 一二九　刘士元被笞几死

刘士元，正德六年进士。官御史，巡按畿辅。武宗幸河西务，指挥黄勋假供奉扰民，士元按之。勋惧，逃赴行在，因嬖幸潜于帝，云："士元闻驾至，令民间尽嫁其女，藏匿妇人。"帝怒，命裸缚面讯之。野次无杖，取生柳干痛笞之四十，几死，囚槛车驰入京。并执知县曹俊等十馀人，同系诏狱。都御史王璟等交章论救，不报。谪麟山驿丞。

《明史》卷一八八

## 一三〇　张钦阻武宗出关

张钦，正德六年进士，授御史。十二年，帝微行至昌平，传报出关甚急。钦命指挥孙玺闭关，纳门钥藏之。分守中官刘嵩欲诣昌平朝谒，钦止之曰："驾将出关，是我与君今日死生之会也。关不开，车驾不得出，违天子命，当死。关开，车驾得出，天下事不可知。万一有如'土木'，我与君亦死。宁坐不开关死，死且不朽。"顷之，帝召玺。玺曰："御史在，臣不敢擅离。"乃更召嵩。嵩谓钦曰："吾主上家奴也，敢不赴。"钦因负敕印手剑坐关门下曰："敢言开关者，斩。"

夜草疏曰："臣闻天子将有亲征之事，必先期下诏廷臣集议。其行也，六军翼卫，百官扈从，而后有车马之音，羽旄之美。今寂然一不闻，辄云'车驾即日过关'，此必有假陛下名出边勾贼者。臣请捕其人，明正典刑。若陛下果欲出关，必两宫用宝，臣乃敢开。不然万死不奉诏。"

奏未达，使者复来。钦拔剑叱之曰："此诈也。"使者惧而返，为帝言"张御史几杀臣"。帝大怒，顾朱宁："为我促捕杀御史。"会梁储、蒋冕等追至沙河，请帝归京师。帝徘徊未决，而钦疏亦至，廷臣又多谏者，帝不得已乃自昌平还，意怏怏未已。

又二十馀日，钦巡白羊口。帝微服自德胜门出，夜宿羊房民舍，遂疾驰出关，数问"御史安在"。钦闻，追之，已不及。欲再疏谏，而帝使中官谷大用守关，禁毋得出一人。钦感愤，西望痛哭。于是京师盛传"张御史闭关三疏"云。

《明史》卷一八八

## 一三一 武宗驻宣府市肆白昼户闭

正德十二年，武宗驻宣府。江彬营镇国府第，悉辇豹房珍玩女御实其中，上遂忘归。时夜出，见高门大户即驰入，或索其妇女，富民率厚赂彬以求免。军士樵苏不继，辄毁民房屋以供爨，市肆萧然，白昼户闭。

《明通鉴》卷四七

## 一三二　舒芬号忠孝状元

舒芬，武宗正德十二年举进士第一，授修撰。武宗数微行，畋游无度，欲幸宣府，又议南巡。芬屡上疏谏。帝大怒，命跪阙下五日，期满复杖之三十。芬创甚，几毙，舁至翰林院中。掌院者惧得罪，命摽出之，芬曰："吾官此，即死此耳。"竟谪福建市舶副提举，裹创就道。卒年四十四。世称"忠孝状元"。

芬丰神玉立，负气峻厉，端居竟日无惓容，夜则计过自讼，以倡明绝学为己任。

《明史》卷二六二

## 一三三　黄巩以谏跪午门受廷杖

黄巩，弘治十八年进士。正德中，为刑部主事，掌诸司奏牍。十四年三月，有诏南巡，巩上疏谏，其中曰：

"陛下无故降称大将军、太师、镇国公，远近传闻，莫不惊叹。如此，则谁为天子者？天下不以天子事陛下，而以将军事陛下，天下皆为将军之臣矣。今不削去诸名号，昭上下之分，则体统不正，朝廷不尊。"

"陛下始时游戏，不出大庭，驰逐止于南内，论者犹谓不可。既而幸宣府矣，幸大同矣，幸太原、榆林矣。所至费财动众，郡县骚然，至使民间夫妇不相保。陛下为民父母，何忍使至此极也？近复有南巡之命。南方之民争先挈妻子避去，流离奔踣，怨讟烦兴。"

　　员外郎陆震草疏将谏，见巩疏称叹，因毁己稿，与巩连署以进。帝怒甚，下二人诏狱，复跪午门。众谓天子且出，巩曰："天子出，吾当牵裾死之。"跪五日，期满，仍系狱。越二十馀日，廷杖五十，斥为民。

　　巩既归，潜心著述。或米尽，日中未爨，晏如也。尝叹曰："人生至公卿富贵矣，然不过三四十年。惟立身行道，千载不朽。世人顾往往以此易彼，何也？"

　　陆震于狱中与巩讲《易》九卦，明忧患之道。同系者率处分后事，震独无一言。既杖，创甚，作书与诸子，"吾虽死，汝等当勉为忠孝。吾笔乱，神不乱也"。遂卒。

《明史》卷一八九

## 一三四　武宗拒谏百馀人入狱

　　正德十四年，以谏巡幸等事，下兵部郎中黄巩等六人于锦衣卫狱，跪修撰舒芬等百有七人于午门五日。加桎拲焉，至晚仍系狱。诸臣晨入暮出，累累若重囚，道途观者，无不叹息泣下。

　　而廷臣自内阁外莫敢有言者。尚书石玠论救，被诘责，请罪乃已。于是诸大臣出入，士民争掷瓦砾，诟詈之。

是时，天连日风瞠昼晦，南海子水涌四尺馀。金吾卫指挥佥事张英曰："此变征也。"乃肉袒戟刃于胸，持疏谏，当跸道跪哭，即自刺其胸，血流满地。卫士夺其刃，因缚送诏狱，杖之八十，遂死。

杖舒芬等一百七人于午门，各三十。以芬及陆俸、张衍瑞、姜龙为倡首俱调外任，仍戒吏部科道官毋得推举录用。馀各罚俸六月。

《明通鉴》卷四八

## 一三五　蒋瑶应付皇差

正德十四年，武宗至扬州。先是江彬谋夺富民居为威武大将军府，知府蒋瑶执不可，彬闭瑶空室，挫辱之，胁以上所赐铜爪，不为慑。会上渔，获一巨鱼，戏言值五百金。彬以畀瑶，责其值，瑶怀其妻簪珥袿服以进，曰："库无钱，臣所有惟此。"上笑而遣之。府故有琼花观，诏取琼花。瑶言："自宋徽宗北狩，此花已绝，今无以献。"又传旨征异物，瑶具对非扬产。上曰："苎白布亦非扬产邪？"瑶不得已为进五百疋。

当是时，权幸以扬繁华，要求无所不至，微瑶民且重困云。

《明通鉴》卷四八

## 一三六　寇天叙拒权幸求索

寇天叙，应天府丞。武宗驻南京，从官卫士十馀万，日费金万计，近幸求索倍之。府尹忧惧卒，天叙摄其事，日青衣皂帽坐堂上。江彬使者至，好语之曰："民穷官帑乏，无可结欢，丞专待谴耳。"彬使累至皆然，彬亦止。他权幸有求，则曰："俟若奏即予。"禁军攫民物，天叙与兵部尚书乔宇选拳勇者与搏戏。禁军卒受伤，惭且畏，不敢横。驾驻九月，南京不大困者，天叙与宇力也。

《明史》卷二〇三

## 一三七　张曰韬借百姓抗彬党

武宗之南巡也，江彬纵其党横行州县。将抵常州，民大恐。时知府、武进知县咸入觐，推官张曰韬兼绾府县印，召父老约曰："彬党至，若等力与格。"又释囚徒，令与丐者各具瓦石以待。已，彬党果累骑来，父老直遮之境上，曰："常州比岁灾，物力大屈，无可唊若曹。府中惟一张推官，一钱不入，即欲具刍秣亦无以办。"言已，彬党疑有他变，乃稍退，驰使告彬。

曰韬即上书巡按御史言状。御史束郊行部过常州，谓曰："事迫矣，彬将以他事缚君。"命曰韬登舟先发，遂得免。

《明通鉴》卷四九

明（公元1368年至1644年）

## 一三八　文徵明文笔遍天下

文徵明，长洲人，别号衡山。徵明幼不慧，稍长，颖异挺发。学文于吴宽，学书于李应祯，学画于沈周，皆父友也。又与祝允明、唐寅、徐祯卿辈相切劘，名日益著。其为人和而介。巡抚俞谏欲遗之金，指所衣蓝衫，谓曰："敝至此邪？"徵明佯不喻，曰："遭雨敝耳。"谏竟不敢言遗金事。宁王宸濠慕其名，贻书币聘之，辞病不赴。

正德末，授翰林院待诏。世宗立，预修《武宗实录》，侍经筵，岁时颁赐，与诸词臣齿。而是时专尚科目，徵明意不自得，连岁乞归。杨一清召入辅政，谓徵明曰："子不知乃翁与我友邪？"徵明正色曰："先君弃不肖三十馀年，苟以一字及者，弗敢忘，实不知相公与先君友也。"一清欲徙徵明官。徵明乞归益力，乃获致仕。

四方乞诗文书画者，接踵于道，而富贵人不易得片楮，尤不肯与王府及中人，曰："此法所禁也。"周、徽诸王以宝玩为赠，不启封而还之。外国使者道吴门，望里肃拜，以不获见为恨。文笔遍天下，门下士赝作者颇多，徵明亦不禁。世宗嘉靖三十八年卒，年九十矣。长子彭，次子嘉，并能诗，工书画篆刻，世其家。

吴中自吴宽、王鏊以文章领袖馆阁，一时名士沈周、祝允明辈与并驰骋，文风极盛。徵明及蔡羽、黄省曾等稍后出。而徵明主风雅数十年，与之游者王宠、陆师道、陈道复、王谷祥、彭年、周天球、钱谷之属，亦皆以词翰名于世。

《明史》卷二八七

## 一三九　王守仁主致良知

王守仁，余姚人，弘治十二年进士。任刑部主事、兵部主事。武宗正德元年冬，刘瑾逮南京给事中御史戴铣等二十馀人。守仁抗章救，瑾怒，廷杖四十，谪贵州龙场驿丞。龙场万山丛薄，苗、僚杂居。守仁因俗化导，夷人喜，相率伐木为屋，以栖守仁。瑾诛，量移庐陵知县。入觐，迁南京刑部主事，擢南京太仆少卿，就迁鸿胪卿。

正德十四年，平宁王宸濠反叛，立大功。遭谗，退居九华山僧寺。世宗甫即位，促召入朝受封，而大臣忌其功。会有言国哀未毕，不宜举宴行赏者，因拜守仁南京兵部尚书。守仁不赴，请归省。已，论功封特进光禄大夫、柱国、新建伯。嘉靖八年卒，年五十七。

守仁天姿异敏。年十七谒上饶娄谅，与论朱子格物大指。还家，日端坐，讲读五经，不苟言笑。谪龙场，穷荒无书，日绎旧闻。忽悟格物致知，当自求诸心，不当求诸事物，喟然曰："道在是矣。"遂笃信不疑。其为教，专以致良知为主。谓宋周、程二子后，惟象山陆氏简易直捷，有以接孟氏之传。而朱子《集注》《或问》之类，乃中年未定之说。学者翕然从之，世遂有"阳明学"云。

《明史》卷一九五

## 一四〇　宸濠不听娄氏言

宁王宸濠谋反，妃娄氏泣谏不听。及宸濠被擒，于槛车中泣语人曰："昔纣用妇人言而亡天下，我以不用妇人言而亡其国，今悔恨何及！"守仁为求娄妃尸，葬之。

《明鉴易知录》卷五

## 一四一　王廷相以不能绝贿赂请辞

王廷相，弘治十五年进士，世宗初，任左都御史。雷震奉先殿，廷相言："人事修而后天道顺，大臣法而后小臣廉。今廉隅不立，贿赂盛行，先朝犹暮夜之私，而今则白日之攫。大臣污则小臣悉效，京官贪则外臣无畏。臣职宪纪，不能绝其弊，乞先罢斥。"

《明史》卷一九五

## 一四二　李中廉节敢谏

李中，吉水人，正德九年进士，任工部主事。武宗自称大庆法王，建寺西华门内，用番僧住持，廷臣莫敢言。中拜官三月，即抗疏谏毁佛寺出番僧。帝怒。罪将不测，以大臣救得免。逾日，中旨谪广东通衢丞。

世宗践阼，复故官，未任。迁广西提学副使，以身为教。择诸生高等聚五经书院，五日一登堂讲难。迁广东右布政使，忤总督及巡抚御史，坐以不称职，降四川右参政。

中守官廉。自广西归，欲饭客，贷米邻家。米至，又乏薪，将以浴器爨。会日已暮，竟不及饭而别。少学于同里杨珠，既而扩充之，沉潜邃密，学者称"谷平先生"。

《明史》卷二○三

## 一四三　欧阳铎均徭役田赋

欧阳铎，泰和人。正德三年进士。出为延平知府，调福州，议均徭曰："郡多士大夫，其士大夫又多田产。民有产者无几耳，而徭则尽责之民。请分民半役。"士大夫率不便。巡按御史汪珊力持之，议乃行。

世宗嘉靖三年，擢广东提学副使。累迁巡抚应天十府。苏、松田不甚相悬。下者亩五升，上者至二十倍。铎令赋最重者减耗米，派轻赍；最轻者征本色，增耗米。阴轻重之，赋乃均。州县荒田四千四百馀顷，岁勒民偿赋。铎以所清漏赋及他奇羡补之。议徭役及裁邮置费凡数十百条，民皆称便。

铎有文学，内行修洁。仕虽通显，家具萧然。

《明史》卷二○三

明（公元1368年至1644年）

## 一四四　霍韬多所建白

霍韬，南海人。举正德九年会试第一。谒归成婚，读书西樵山，经史淹洽。世宗践阼，除职方主事。韬上言："阁臣职参机务，今止票拟，而裁决归近习。辅臣失参赞之权，近习起干政之渐。自今章奏，请召大臣面决施行，讲官、台谏，班列左右，众议而公驳之。宰相得取善之名，内臣免招权之谤。"因言锦衣不当典刑狱，东厂不当预朝议，抚按兵备官不当以军功授秩荫，兴府护卫军不当尽取入京概授官职。

历任吏部左右侍郎、南京礼部尚书。嘉靖十九年卒，年五十有四。

韬学博才高，量褊隘，所至与人竞。先后多所建白，亦颇涉国家大计。在南都，禁丧家宴饮，绝妇女入寺观，罪娼户市良人女，毁淫祠，建社学，散僧尼，表忠节。既去，士民思之。

《明史》卷一九七

## 一四五　吴岳清望冠一时

吴岳，嘉靖十一年进士。授户部主事，历郎中。督饷宣府，吏进羡金数千，拒之。出知庐州府。税课岁万金，例输府，岳以代邮传费。西山薪故供官爨，岳弛以利民。

以忧去。服除，改保定，治如庐州。历山西副使、浙江参政、湖广按察使、山西右布政使，并以清静得民。

迁右佥都御史，巡抚保定六府。奏裁征发冗费十六七，民力遂宽。进左副都御史，协理院事。

岳清望冠一时，禔躬严整。知庐州时，王廷守苏州，以公事遇京口。岳召为金山游，携酒一缶，肉一斤，菜数束。廷笑曰："止是乎？"岳亦笑曰："足供我两人食矣。"欢竟日而还。

《明史》卷二〇二

## 一四六　冯恩称四铁御史

冯恩，松江华亭人。幼孤，家贫，母吴氏亲督教之。比长，知力学。除夜无米且雨，室尽湿，恩读书床上自若。登嘉靖五年进士，擢南京御史。十一年冬，诏求直言，恩上疏极论大学士张孚敬、方献夫，右都御史汪鋐三人之奸，帝得疏大怒，逮下锦衣狱，究主使名。恩日受搒掠，濒死者数，语卒不变。

明年春，移恩刑部狱。帝欲致之死。尚书王时中等言宜减戍。帝愈怒，曰："恩非专指孚敬三臣也，徒仇君无上，死有馀罪。时中乃欲欺公鬻狱耶？"遂褫时中职，而恩竟论死。长子行可年十三，伏阙讼冤。日夜匍匐长安街，见冠盖者过，辄攀舆号呼乞救，终无敢言者。

比朝审，鋐当主笔，东向坐，恩独向阙跪。鋐令卒拽之西面，恩起立不屈。卒呵之，恩怒叱卒，卒皆靡。

鋐曰："汝屡上疏欲杀我，我今先杀汝。"恩叱曰："圣天子在上，汝为大臣，欲以私怨杀言官耶？且此何地，而对百僚公言之，何无忌惮也！吾死为厉鬼击汝。"鋐怒曰："汝以廉直自负，而狱中多受人馈遗，是何也？"恩曰："患难相恤，古之义也。岂若汝受金钱，鬻官爵耶？"因历数其事，诋鋐不已。鋐益怒，推案起，欲殴之。恩声亦愈厉。都御史王廷相、尚书夏言引大体为缓解，鋐稍止。恩出长安门，士民观者如堵。皆叹曰："是御史，非但口如铁，其膝、其胆、其骨皆铁也。"因称"四铁御史"。

又明年，引可上书请代父死，不许。行可仍刺臂血书疏，通政使陈经为入奏。帝览之恻然，令法司再议，乃请戍之边徼。制可。遂遣戍雷州。而鋐亦后两月罢矣。

越六年，遇赦还。家居，专为德于乡。恩年八十一，卒。

《明史》卷二〇九

## 一四七  杨最谏毋信神仙

世宗好神仙术，有方士段朝用者，以所炼白金器百馀，因郭勋以进，云："以盛食物供斋醮，即神仙可致也。"上立召与语，大悦。朝用又言："上深居，无与外人接，则黄金可成，不死药可得。"上益悦，谕廷臣："令太子监国，朕少假一二年，亲政如初。"举朝愕，不敢言。太仆卿杨最抗疏谏曰："陛下春秋方壮，乃圣谕及此，不过得一方士，欲服食求神仙耳。神仙乃山栖澡练者所为，岂有高居皇屋，衮衣玉食，而能白日翀举者，臣虽至愚，不敢奉诏。"上大怒，立下诏狱，重杖之，杖未毕而死。时嘉靖十九年。

《明通鉴》卷五七

## 一四八　杨爵奏毋拒谏获罪

杨爵，富平人。年二十始读书。家贫，燃薪代烛。耕陇上，辄挟册以诵。登嘉靖八年进士，授行人。时世宗方崇饰礼文，爵因上言："臣奉使湖广，睹民多菜色，挈筐操刃，割道殍食之。假令周公制作，尽复于今，何补老羸饥寒之众！"久之，擢御史。

二十年元日，微雪。大学士夏言、尚书严嵩等作颂称贺。爵抚膺太息，中宵不能寐。逾月乃上书极谏，其中曰："往岁，太仆卿杨最言出而身殒，近日赞善罗洪先等皆以言罢斥。国体治道，所损甚多。臣非为最等惜也。古今有国家者，未有不以任谏而兴，拒谏而亡。忠进杜口，则谗谀交进，安危休戚无由得闻。此阻抑言路，足以失人心而致危乱者。"帝震怒，立下诏狱榜掠，血肉狼籍，关以五木，死一夕复苏。所司请送法司拟罪，帝不许，命严锢之。狱卒以帝意不测，屏其家人，不许纳饮食。屡滨于死，处之泰然。

逾年，工部员外郎刘魁，再逾年，给事中周怡，皆以言事同系，历五年不释。至二十四年八月，有神降于乩。

帝感其言，立出三人狱。未逾月，复令东厂追执之。爵抵家甫十日，校尉至。与共麦饭毕，即就道。尉曰："盍处置家事？"爵立屏前呼妇曰："朝廷逮我，我去矣。"竟去不顾，左右观者为泣下。比三人至，复同系镇抚狱，桎梏加严，饮食屡绝。二十六年十一月，大高玄殿灾，帝祷于露台。火光中若有呼三人忠臣者，遂传诏急释之。

居家二年而卒。

《明史》卷二〇九

## 一四九　周天佐称当示人以政

周天佐，晋江人。嘉靖十四年进士。授户部主事，以清操闻。

二十年夏四月，九庙灾，诏百官言时政得失。天佐上书曰："今阙政不乏，而忠言未尽闻，盖示人以言，不若示人以政。求言之诏，示人以言耳。御史杨爵狱未解，是未示人以政也。国家置言官，以言为职。爵系狱数月，圣怒弥甚。一则曰小人，二则曰罪人。夫以尽言直谏为小人，则为缄默逢迎之君子不难也。以秉直纳忠为罪人，又孰不能为容悦将顺之功臣哉？爵身非木石，命且不测，万一溘先朝露，使诤臣饮恨，直士寒心，损圣德不细。愿旌爵忠，以风天下。"帝览奏，大怒。杖之六十，下诏狱。

天佐体素弱，不任楚。狱吏绝其饮食，不三日即死，年甫三十一。天佐与爵无生平交。入狱时，爵第隔扉相问讯而已。

大兴民有祭于柩而哭之恸者，或问之，民曰："吾伤其忠之至，而死之酷也。"

《明史》卷二〇九

## 一五〇　韦炜号青词宰相

韦炜，嘉靖十七年殿试第三，授编修，官至户部尚书兼武英殿大学士，入阁典机务。四十四年春，疾笃，请假归，卒年五十八。

炜才思敏捷。帝中夜出片纸，命撰青词，举笔立成。遇中外献瑞，辄极词颂美。帝畜一猫死，命儒臣撰词以醮。炜词有"化狮作龙"语，帝大喜悦。其诡词媚上多类此。以故帝恩赐稠叠，他人莫敢望。

自嘉靖中年，帝专事焚修，词臣率供奉青词。工者立超擢，卒至入阁。时谓李春芳、严讷、郭朴及炜为"青词宰相"。

《明史》卷一九三

## 一五一　严嵩发迹至失宠

严嵩，分宜人。长身戍削，疏眉目，大音声。举弘治十八年进士，授编修。移疾归，读书钤山十年，为诗古文辞，颇著清誉。还朝，久之进侍讲，署南京翰林院事。召为国子祭酒。嵩务为佞悦，善书青词，于嘉靖二十一年拜武英殿大学士，入直文渊阁，预机务，掌礼部事。时嵩年六十馀矣。嵩精爽溢发，不异少壮。朝夕直西苑板房，未尝一归洗沐，帝益谓嵩勤。久之，请解部事，遂专直西苑。帝尝赐嵩银记，文曰"忠勤敏达"。

嵩无他才，惟一意媚上，窃权罔利。帝自十八年葬章圣太后后，即不视朝，自二十年宫婢之变，即移居西苑万寿宫，不入大内，大臣希得谒见，惟嵩独承顾问，御札一日或数下，虽同列不获闻，以故嵩得逞志。然帝虽甚亲礼嵩，亦不尽信其言，间一取独断，或故示异同，欲以杀离其势。嵩父子独得帝綮要，欲有所救解，嵩必顺帝意痛诋之，而婉曲解释以中帝所不忍。即欲排陷者，必先称其美，而以微言中之，或触帝所耻与讳。以是移帝喜怒，往往不失。

嵩虽警敏，能先意揣帝指，然帝所下手诏，语多不可晓，惟世蕃一览了然，答语无不中。及嵩妻欧阳氏死，世蕃当护丧归，嵩请留侍京邸。帝许之，然自是不得入直所代嵩票拟，而日纵淫乐于家。嵩受诏多不能答，遣使持问世蕃。值其方耽女乐，不以时答。中使相继促嵩，嵩不得已自为之，往往失旨。所进青词，又多假手他人不能工，以此积失帝欢。

《明史》卷三〇八

## 一五二　沈束劾严嵩系狱十八年

沈束，会稽人，登嘉靖二十三年进士，除徽州推官，擢礼科给事中。时大学士严嵩擅政。大同总兵官周尚文卒，请恤典，严嵩格不予。束言："尚文为将，忠义自许，有奇功，宜赠封爵延子孙。今当事之臣，任意予夺，冒滥或悻蒙，忠勤反捐弃，何以鼓士气、激军心？"疏奏，嵩大恚，激帝怒，下吏部都察院议。闻渊、屠侨等言束无他肠，第疏狂当治。帝愈怒，夺渊、侨俸，下束诏狱。

束系久，衣食屡绝，惟日读《周易》为疏解。后同邑沈练劾嵩，嵩疑与束同族为报复，令狱吏械其手足。徐阶劝，得免。迨嵩去位，束在狱十六年矣，妻张氏上书言："臣夫家有老亲，年八十有九，衰病侵寻，朝不计夕。往臣因束无子，为置妾潘氏。比至京师，束已系狱，潘矢志不他适。乃相与寄居旅舍，纺织以供夫衣食。岁月积深，凄楚万状。欲归奉舅，则夫之饘粥无资。欲留养夫，则舅又旦暮待尽。辗转思维，进退无策。臣愿代夫系狱，令夫得送父终年，仍还赴系，实陛下莫大之德也。"法司亦为请，帝终不许。

帝深疾言官，以廷杖遣戍未足遏其言，乃长系以困之。而日令狱卒奏其语言食息，谓之监帖。或无所得，虽谐语亦以闻。一日，鹊噪于束前，束谩曰："岂有喜及罪人耶？"卒以奏，帝心动，释束还其家。

束还，父已前卒。束枕块饮水，佯狂自废。甫两月，世宗崩，穆宗嗣位。起故官，不赴。丧除，召为都给事中，旋擢南京右通政，复辞疾。布衣蔬食，终老于家。

束系狱十八年。比出，潘氏犹处子也，然束竟无子。

《明史》卷二〇九

## 一五三　沈炼骂严嵩得百姓厚待

沈炼，会稽人。嘉靖十七年进士，为锦衣卫经历。

炼为人刚直，嫉恶如仇，然颇疏狂。每饮酒辄箕踞笑傲，旁若无人。锦衣帅陆炳善遇之。炳与严嵩父子交至深，以故炼亦数从世蕃饮。世蕃以酒虐客，炼心不平，辄为反之，世蕃惮不敢较。

嵩贵幸用事，边臣争致贿遗。及失事惧罪，益辇金贿嵩，贿日以重。炼时时搤腕。一日从张逊业饮，酒半及嵩，因慷慨骂詈，流涕交颐。遂上疏言："今大学士嵩，贪婪之性疾入膏肓，愚鄙之心顽于铁石。不闻延访贤豪，咨询方略，惟与子世蕃规图自便。忠谋则多方沮之，谀谄则曲意引之。要贿鬻官，沽恩结客。朝廷赏一人，曰'由我赏之'；罚一人，曰'由我罚之'。人皆伺严氏之爱恶，而不知朝廷之恩威，尚忍言哉！"乃举其十大罪状，请罢斥之，以谢天下。帝大怒，榜之数十，谪佃保安。

既至，未有馆舍。贾人某询知其得罪故，徙家舍之。里长老亦日致薪米，遣子弟就学。炼语以忠义大节，皆大喜。塞外人素鲠直，又谂知嵩恶，争詈嵩以快炼。炼亦大喜，日相与詈嵩父子为常。且缚草为人，象李林甫、秦桧及嵩，醉则聚子弟攒射之。或踔骑居庸关口，南向戟手詈嵩，复痛哭乃归。语稍稍闻京师，嵩大恨，思有以报，乃诬陷炼，斩宣府市。时嘉靖三十六年也。

后嵩败，世蕃坐诛。临刑时，炼所教保安子弟在太学者，以一帛署炼姓名官爵于其上，持入市。观世蕃断头讫，大呼曰："沈公可瞑目矣。"因恸哭而去。

《明史》卷二〇九

## 一五四　刘魁持棺以谏

真人陶仲文以玄教邀上宠，因请建佑国康民雷坛于太液池西。而所司希上意，务为宏侈，程工峻急。工部员外郎刘魁欲谏，度必得重祸，先命家人舁棺以待。乃上疏曰："前营大享殿、大高玄殿诸工，尚未告竣，内帑出入不支。而一役之费，动至亿万。土木衣文绣，工匠班朱紫，道流所居，拟于宫禁。国用已耗，民力已竭，而复为此不经之事，非所以示天下后世。"上震怒，命杖于廷，锢之诏狱。

《明通鉴》卷五八

## 一五五　谢榛作诗投笔而逝

谢榛，临清人，眇一目。年十六，作乐府商调，少年争歌之。已，折节读书，刻意为歌诗。李攀龙、王世贞辈结诗社，榛为长，攀龙次之。及攀龙名大炽，榛与论生平，颇相镌责，攀龙遂贻书绝交。世贞辈右攀龙，力相排挤，削其名于七子之列。然榛游道日广，秦、晋诸王争延致，大河南北皆称谢榛先生。

神宗万历元年冬，游彰德，穆王宾礼之。酒阑乐止，命所爱贾姬独奏琵琶，则榛所制竹枝词也。榛方倾听，王命姬出拜，光华射人，藉地而坐，竟十章。榛曰："此山人里言耳，请更制，以备房中之奏。"诘朝上新词十四阕，姬悉按而谱之。明年元旦，便殿奏伎，酒止送客，即盛礼而归姬于榛。榛游燕、赵间，至大名，客请赋寿诗百章，成八十馀首，投笔而逝。

当七子结社之始，尚论有唐诸家，各有所重。榛曰："取李、杜十四家最胜者，熟读之以会神气，歌咏之以求声调，玩味之以哀精华。得此三要，则浩乎浑沦，不必塑谪仙而画少陵也。"诸人心师其言，厥后虽合力摈榛，其称诗指要，实自榛发也。

《明史》卷二八七

## 一五六　李攀龙为七子之冠

李攀龙，历城人。九岁而孤，家贫，自奋于学，日读古书，里人共目为狂生。举嘉靖二十三年进士，授刑部主事，稍迁顺德知府，有善政。擢陕西提学副使。乡人殷学为巡抚，檄令属文，攀龙怫然曰："文可檄致邪？"拒不应。会其地数震，攀龙心悸，念母思归，遂谢病告归。

攀龙既归，构白雪楼，名日益高。宾客造门，率谢不见，大吏至，亦然，以是得简傲声。归田将十年，穆宗隆庆年间，荐起浙江副使，改参政，擢河南按察使。攀龙至是摧亢为和，宾客亦稍稍进。无何，奔母丧归，哀毁得疾，疾少间，一日心痛卒。

攀龙之始官刑曹也，与李先芳、谢榛、吴维岳辈倡诗社。王世贞初释褐，先芳引入社，遂与攀龙定交。明年，先芳出为外吏。又二年，宗臣、梁有誉入，是为五子。未几，徐中行、吴国伦亦至，乃改称七子。诸人多少年，才高气锐，互相标榜，视当世无人，七才子之名播天下。摈先芳、维岳不与，已而榛亦被摈，攀龙遂为之魁。其持论谓文自西京、诗自天宝而下，俱无足观，于本朝独推李梦阳。诸子翕然和之，非是，则诋为宋学。

攀龙才思劲鸷，名最高，独心重世贞，天下亦并称王、李。其为诗，务以声调胜，所拟乐府，或更古数字为己作，文则聱牙戟口，读者至不能终篇。好之者推为一代宗匠，亦多受世抉摘云。

《明史》卷二八七

## 一五七　王世贞主文坛二十年

王世贞，太仓人。生有异禀，书过目，终身不忘。

年十九，举嘉靖二十六年进士，授刑部主事。万历年间，官至南京刑部尚书。二十一年卒于家。

世贞始与李攀龙狎主文盟，攀龙殁，独操柄二十年。才最高，地望最显，声华意气笼盖海内。一时士大夫及山人、词客，莫不奔走门下。片言褒赏，声价骤起。其持论，文必西汉，诗必盛唐，大历以后书勿读，而藻饰太甚。晚年，攻者渐起，世贞顾渐造平淡。病亟时，刘凤往视，见其手《苏子瞻集》，讽玩不置也。

《明史》卷二八七

## 一五八　陈继儒高雅博学

陈继儒，松江华亭人。幼颖异，能文章，同郡徐阶特器重之。长为诸生，与董其昌齐名。王世贞亦雅重继儒，三吴名下士争欲得为师友。继儒年甫二十九，取儒衣冠焚弃之。隐居昆山之阳，草堂数椽，焚香晏坐，意豁如也。时锡山顾宪成讲学东林，招之，谢弗往。亲亡，葬神山麓，遂筑室东佘山，杜门著述，有终焉之志。

工诗善文，短翰小词，皆极风致，兼能绘事。又博文强识，经史诸子、术伎稗官，靡不较核。或刺取琐言僻事，诠次成书，远近竞相购写。征请诗文者无虚日。性喜奖掖士类，屦常满户外，片言酬应，莫不当意去。暇则与黄冠老衲穷峰泖之胜，吟啸忘返，足迹罕入城市。

董其昌为筑来仲楼招之至。黄道周疏称"志尚高雅，博学多通，不如继儒"，其推重如此。屡奉诏征用，皆以疾辞。卒年八十二。

《明史》卷二九八

## 一五九　归有光善古文

归有光，昆山人。九岁能属文，弱冠尽通五经、三史诸书。嘉靖十九年举乡试，不第。徙居嘉定安亭江上，读书谈道。学徒常数百人，称为震川先生。四十四年始成进士，授长兴知县。用古教化为治。每听讼，断讫遣去，不具狱。大吏令不便，辄寝阁不行。有所击断，直行己意。大吏多恶之，调顺德通判，专辖马政。隆庆四年，擢为南京太仆丞，留掌内阁制敕房，修《世宗实录》，卒官。

有光为古文，原本经术，好《太史公书》，得其神理。时王世贞主盟文坛，有光力相触排，目为妄庸巨子。世贞大憾，其后亦心折有光，为之赞曰："千载有公，继韩、欧阳。余岂异趋，久而自伤。"

《明史》卷二八七

## 一六〇 徐渭天才绝伦

徐渭，字文长，山阴人。十馀岁仿扬雄《解嘲》作《释毁》。为诸生，有盛名。总督胡宗宪招致幕府，任书记。宗宪得白鹿，将献诸朝，令渭草表，并他客草，寄所善学士，择其尤上之。学士以渭表进，世宗大悦，益宠异宗宪，宗宪以是益重渭。督府势严重，将吏莫敢仰视。渭角巾布衣，长揖纵谈。幕中有急需，夜深开戟门以待。渭或醉不至，宗宪顾善之。渭知兵，好奇计，宗宪擒徐海，诱王直，皆预其谋。藉宗宪势，颇横。

及宗宪下狱，渭惧祸，遂发狂，引巨锥剚耳，深数寸，又以椎碎肾囊，皆不死。已，又击杀继妻，论死系狱，里人张元忭力救得免。乃游金陵，抵宣、辽，纵观诸边厄塞。入京师。元忭导以礼法，渭不能从，久之怒而去。后元忭卒，白衣往吊，抚棺恸哭，不告姓名去。

渭天才超轶，诗文绝出伦辈。善草书，工写花草竹石。尝自言："吾书第一，诗次之，文次之，画又次之。"当嘉靖时，王、李倡七子社，谢榛以布衣被摈。渭愤其以轩冕压韦布，誓不入二人党。后二十年，公安袁宏道游越中，得渭残帙以示祭酒陶望龄，相与激赏，刻其集行世。

《明史》卷二八八

## 一六一　杨继盛壮烈殉难

杨继盛，容城人。七岁失母。庶母妒，使牧牛。继盛经里塾，睹里中儿读书，心好之。因语兄，请得从塾师学。兄曰："若幼，何学？"继盛曰："幼者任牧牛，乃不任学耶？"兄言于父，听之学，然牧不废也。年十三岁，始得从师学。家贫，益自刻厉。举乡试，卒业国子监。嘉靖二十六年登进士。

迁兵部武选司，抵任甫一月，草奏劾嵩，斋三日乃上奏，劾嵩十罪五奸。疏入，帝大怒，下继盛诏狱，杖之百。系三载，有为营救于嵩者。其党胡植、鄢懋卿怵之曰："公不睹养虎者耶，将自贻患。"嵩颔之。

会都御史张经、李天宠坐大辟。嵩揣帝意必杀二人，比秋审，因附继盛名并奏，得报，遂以三十四年十月朔弃西市，年四十。临刑赋诗曰："浩气还太虚，丹心照千古。生平未报恩，留作忠魂补。"天下相与涕泣传颂之。

初，继盛之将杖也，或遗之蚺蛇胆。却之曰："椒山自有胆，何蚺蛇为！"椒山，继盛别号也。及入狱，创甚。夜半而苏，碎磁碗，手割腐肉。肉尽，筋挂膜，复手截去。狱卒执灯颤欲坠，继盛意气自如。朝审时，观者塞衢，皆叹息，有泣下者。后七年，嵩败。穆宗立，恤直谏诸臣，以继盛为首。

当世宗之代，多直臣，重者显戮，次乃长系，最幸者得贬斥，未有苟全者。主威愈震，而士气不衰，批鳞碎首者接踵而不可遏。观其蒙难时，处之泰然，足使顽懦知所兴起矣。

《明史》卷二〇九

## 一六二　鄢懋卿倚附严氏

鄢懋卿，嘉靖三十五年进左副都御史。懋卿以才自负，见严嵩柄政，深附之，为嵩父子所昵。会户部以两浙、两淮、长芦、河东盐政不举，请遣大臣一人总理，嵩遂用懋卿。旧制，大臣理盐政，无总四运司者。至是懋卿尽握天下利柄，倚严氏父子，所至市权纳贿，监司郡邑吏膝行蒲伏。

懋卿性奢侈，至以文锦被厕床，白金饰溺器。岁时遗严氏及诸权贵，不可胜纪。其按部，常与妻偕行，制五彩舆，令十二女子舁之，道路倾骇。

嵩败，鄢懋卿戍边。

《明史》卷三〇八

## 一六三　邹应龙劾严世蕃

邹应龙，长安人。嘉靖三十五年进士，授行人，擢御史。严嵩擅政久，廷臣攻之者辄得祸，相戒莫敢言。而应龙知世宗眷爱已潜移，其子世蕃益贪纵，可攻而去也，乃上疏曰：

"工部侍郎严世蕃凭借父权，专利无厌。私擅爵赏，广致赂遗。使选法败坏，市道公行。群小竞趋，要价转巨。刑部主事项治元以万三千金转吏部，举人潘鸿业以二千二百金得知州。夫司属郡吏赂以千万，则大而公卿方岳，又安知纪极？

平时交通赃贿，为之居间者不下百十馀人，而其子锦衣严鹄、中书严鸿、家人严年、幕客中书罗龙文为甚。年尤桀黠，士大夫无耻者至呼为鹤山先生。遇嵩生日，年辄献万金为寿。臧获富侈若是，主人当何如。

嵩父子故籍袁州，乃广置良田美宅于南京、扬州，无虑数十所，以豪仆严冬主之。抑勒侵夺，民怨入骨。外地牟利若是，乡里又何如。

尤可异者，世蕃丧母，世蕃乃聚狎客，拥艳姬，恒舞酣歌，人纪灭绝。

今天下水旱频仍，南北多警。而世蕃父子方日事掊克，内外百司莫不竭民脂膏，塞彼溪壑。民安得不贫，国安得不病？天人灾变安得不迭至也？臣请斩世蕃首悬之于市，以为人臣凶横不忠之戒。苟臣一言失实，甘伏显戮。嵩溺爱恶子，召赂市权，亦宜亟放归田，用清政本。"

应龙疏奏入，遂勒嵩致仕，下世蕃等诏狱。四十四年，斩世蕃于西市。都人闻之大快，各相约持酒至西市看行刑。籍其家，黄金可三万馀两，白金三百馀万两，他珍宝服玩所值又数百万。嵩及诸孙皆为民。后两年，嵩老病，寄食墓舍以死。

擢应龙通政司参议。然世宗虽罢嵩，念其赞修玄功，意忽忽不乐，手札谕徐阶："嵩已退，其子已伏辜，敢再言者，当并应龙斩之。"应龙深自危，不敢履任。世蕃诛，应龙乃自安。

《明史》卷二一〇；《明通鉴》卷六三

## 一六四　朱纨整顿海防欲绝倭乱

朱纨，长州人。正德十六年进士。嘉靖二十五年擢右副都御史，巡抚南、赣。二十六年七月，倭寇起，改提督浙、闽海防军务，巡抚浙江。

初，明祖定制，片板不许入海。承平久，奸民阑出入，勾倭人及佛郎机诸国入互市。闽人李光头、歙人许栋踞宁波之双屿为之主，司其质契。势家护持之，漳、泉为多，或与通婚姻。假济渡为名，造双桅大船，运载违禁物，将吏不敢诘也。或负其值，栋等即诱之攻剽。负值者胁将吏捕逐之，泄师期令去，期他日偿。他日至，负如初。倭大怨恨，益与栋等合。而浙、闽海防久堕，战船、哨船十存一二，漳、泉巡检司弓兵旧额二千五百馀，仅存千人。剽掠辄得志，益无所忌，来者接踵。

纨巡海道，采金事项高及士民言，谓不革渡船则海道不可清，不严保甲则海防不可复，上疏具列其状。于是革渡船，严保甲，搜捕奸民。闽人资衣食于海，骤失重利，虽士大夫家亦不便也。

二十七年，都司卢镗部遇贼于九山洋，俘日本国人稽天，许栋亦就擒。栋党汪直等收馀众遁，镗筑塞双屿而还。番舶后至者不得入，分泊南麂、礁门、青山、下八诸岛。

势家既失利，则宣言被擒者皆良民，非贼党，用摇惑人心。又挟制有司，以胁从被掳予轻比，重者引强盗拒捕律。纨上疏曰："今海禁分明，不知何由被掳，何由协从。若以入番导寇为强盗，海洋敌对为拒捕，臣之愚暗，实所未解。"遂以便宜行戮。

纨又上疏曰："去外国盗易，去中国盗难。去中国濒海之盗犹易，去中国衣冠之盗尤难。"闽、浙人恨之。吏部用御史闽人周亮等言，奏改纨巡视，以杀其权。纨愤，上疏言："臣整顿海防，稍有次第，亮欲侵削臣权，致属吏不肯用命。"中朝士大夫先入浙、闽人言，亦有不悦纨者矣。

二十八年，纨前讨温、盘、南麂诸贼，连战三月，大破之。佛郎机国人行劫至诏安。纨击擒其渠李光头等九十六人，复以便宜戮之。具状闻，语复侵诸势家。御史陈九德遂劾纨擅杀。落纨职，命兵科都给事杜汝祯按问。纨闻之，慷慨流涕曰："吾贫且病，又负气，不任对簿。纵天子不欲死我，闽、浙人必杀我。吾死，自决之，不须人也。"制圹志，作绝命词，仰药死。

纨清强峭直，勇于任事。欲为国家杜乱源，乃为势家构陷，朝野太息。自纨死，罢巡视大臣不设，中外摇手不敢言海禁事。浙中卫所四十一，战船四百三十九，尺籍尽耗。纨招福清捕盗船四十馀，分布海道，在台州海门卫者十有四，为黄岩外障，副使丁湛尽散遣之，撤备驰禁。未几，海寇大作，毒东南者数十年。

《明史》卷二〇五

## 一六五　抗倭名将俞大猷

俞大猷，晋江人。少好读书。尝谓兵法之数起五，犹一人之身有五体，虽将百万，可使合为一人也。家贫屡空，意尝豁如。

举嘉靖十四年武会试。除千户，守御金门。军民嚣讼难治，大猷导以礼让，讼为衰止。海寇频发，上书监司论其事。监司怒曰："小校安得上书？"杖之，夺其职。

嘉靖二十八年，朱纨巡视福建，荐为备倭都指挥。寻转战廉、钦有战功。三十一年后，倭贼大扰东南，大猷于浙、闽、粤等地与之战，屡获胜，焚其舟，逐贼海中，斩首甚多。

卒于万历八年。大猷为将廉，驭下有恩，数建大功，威名远震。负奇节，以古贤豪自期。其用兵，先计后战，不贪近功。忠诚许国，老而弥笃。武平、崖州、饶平皆为祠祀。

《明史》卷二一二

## 一六六　戚继光痛歼倭寇

　　戚继光，幼家贫，好读书，通经史大义。嘉靖中，荐擢署登州卫都指挥佥事，备倭山东。后改佥浙江都司，充参将，分部宁、绍、台三郡。继光至浙时，见卫所军不习战，而金华、义乌俗称慓悍，请召募三千人，教以击刺法，长短兵迭用，由是继光一军特精。又以南方多薮泽，不利驰逐，乃因地形制阵法，审步伐便利，一切战舰、火器、兵械精求而更置之。"戚家军"名闻天下。

　　嘉靖四十年，倭大掠桃渚、圻头。继光急趋宁海，败之龙山，追至雁门岭。贼遁去，乘虚袭台州。继光手歼其魁，蹙馀贼瓜陵江尽死。而圻头倭复趋台州，继光邀击之仙居，道无脱者。先后九战皆捷，俘馘一千有奇，焚溺死者无算。总兵官卢镗、参将牛天锡又破贼宁波、温州。浙东平，继光进秩三等。闽、广贼流入江西。

　　明年，倭大举犯福建。闽中连告急，胡宗宪檄继光进剿，大破贼于横屿，斩首二千六百。乘胜至福清，战败牛田贼，覆其巢，馀贼走兴化。急追之，夜四鼓抵贼栅。连克六十营，斩首千数百级。平明入城，兴化人始知，牛酒劳不绝。继光乃旋师。抵福清，遇倭自东营澳登陆，击斩二百人。闽宿寇几尽。

　　继光为将号令严，赏罚信，士无敢不用命。与大猷均为名将。大猷老将务持重，继光则飚发电举，屡摧大寇，名更出大猷上。

《明史》卷二一二

## 一六七　黄钏抗倭壮烈牺牲

嘉靖三十四年，温州同知黄钏，击走倭贼，知必将复来，日夜为备。明年四月，果大至。钏出城逆击，分军为三。钏将中军，其二军帅皆纨袴子，及与倭遇，倭遣众分掩二军，而以锐卒当中军。钏发劲弩巨炮，战良久，倭方不支。而二军望敌而溃，倭合兵击钏，钏腹背受敌，遂被执。胁之降，不屈，责以金赎，钏笑且骂曰："尔不知黄大夫不爱钱邪！"贼怒裸而脔割之。子购尸不获，具衣冠葬。

《明通鉴》卷六一

## 一六八　孙大顺兄弟有德行

孙大顺，嘉靖四十五年进士。历官福建右布政使。司帑失银，吏卒五十人皆坐系。大顺言于左使曰："盗者两三人耳，何尽系之为？请为公治之。"乃纵囚令迹盗，果得真者。终右副都御史，广西巡抚。

弟大临，嘉靖三十五年进士及第，授编修。吴时来劾严嵩，大临为定疏草。时来下诏狱，诘所共谋。大临不顾，日饷之药物，时来亦忍死无一言。大临少应举杭州，邻妇夜奔，拒之，且遂徙舍。为人宽然长者，而内持贞介，不以势利易。

《明史》卷二〇三

## 一六九　海瑞上疏

海瑞，琼山人。举乡试。迁淳安知县。布袍脱粟，令老仆艺蔬自给。总督胡宗宪尝语人曰："昨闻海令为母寿，市肉二斤矣。"宗宪子过淳安，怒驿吏，倒悬之。瑞曰："曩胡公按部，令所过毋供张。今其行装盛，必非胡公子。"发橐金数千，纳之库，驰告宗宪，宗宪无以罪。都御史鄢懋卿行部过，供具甚薄，抗言邑小不足容车马。懋卿恚甚。然素闻瑞名，为敛威去。

后，瑞任户部主事。时世宗享国日久，不亲朝，深居西苑，专意斋醮。督抚大吏争上符瑞，礼官辄表贺。廷臣自杨最、杨爵得罪后，无敢言时政者。嘉靖四十五年二月，瑞独上疏曰："迩者严嵩罢相，世蕃极刑，一时差快人意。然嵩罢之后，犹嵩未相之前而已，世非甚清明也。盖天下之人不直陛下久矣。古者人君有过，赖臣工匡弼。今乃修斋建醮，相率进香，仙桃天药，同辞表贺。建宫筑室，则将作竭力经营；购香市宝，则度支差求四出。陛下误举之，而诸臣误顺之，无一人肯为陛下正言者，谀之甚也。然愧心馁气，退有后言，欺君之罪何如！""今大臣持禄而好谀，小臣畏罪而结舌，臣不胜愤恨。是以冒死，愿尽区区，惟陛下垂听焉。"

帝得疏，大怒，抵之地，顾左右曰："趣执之，无使得遁！"宦官黄锦在侧曰："此人素有痴名。闻其上疏时，自知触忤当死，市一棺，诀妻子，待罪于朝，僮仆亦奔散无留者，是不遁也。"帝默然。少顷复取读之，日再三，为感动太息，留中者数月。尝曰："海瑞言俱是。朕今病久，安能视事。"又曰："朕不自谨惜，致此疾困。使朕能出御便殿，岂受此人诟詈耶？"遂逮瑞下诏狱，寻移刑部，论死。狱上，仍留中。

帝初崩，外廷多未知。提牢主事闻状，以瑞且见用，设酒馔款之。瑞自疑当赴西市，恣饮啖，不顾。主事因附耳语："宫车适晏驾，先生今即出大用矣。"瑞曰："信然乎？"即大恸，尽呕出所饮食，殒绝于地，终夜哭不绝声。既释，复故官。

穆宗庆隆三年夏，以右佥都御史巡抚应天十府。属吏惮其威，墨者多自免去。有势家朱丹其门，闻瑞至，黝之。中人监织造者，为减舆从。瑞锐意兴革，请浚吴淞、白茆，通流入海，民赖其利。素疾大户兼并，力摧豪强，抚穷弱。贫民田入于富室者，率夺还之。徐阶罢相里居，按问其家无少贷。下令飚发凌厉，所司惴惴奉行，豪有力者至窜他郡以避。士大夫出其境率不得供顿，由是怨颇兴。都给事中舒化论瑞迂滞不达政体，宜以南京清秩处之。瑞谢病归。

神宗万历初，张居正当国，亦不乐瑞，令巡按御史廉察之。御史至山中视，瑞设鸡黍相对食，居舍萧然，御史叹息去。居正惮瑞峭直，虽中外交荐，卒不召。居正卒后，于万历十三年召为南京右佥都御史，道改南京吏部右侍郎，瑞年已七十二矣。疏言衰老垂死，愿比古人尸谏之义，大略谓："陛下励精图治，而治化不臻者，贪吏之刑轻也。诸臣莫能言其故，反借待士有礼之说，交口而文其非。夫待士有礼，而民则何辜哉？"因举太祖法剥皮囊草及洪武三十年定律枉法八十贯论绞，谓今当用此惩贪。其他规切时政，语极剀切。十五年，卒于官。

瑞无子。卒时，佥都御史王用汲入视，葛帏敝簏，有寒士所不堪者。因泣下，醵金为敛。小民罢市。丧出江上，白衣冠送者夹岸，酹而哭者百里不绝。

瑞生平为学，以刚为主，因自号刚峰，天下称刚峰先生。尝言："欲天下治安，必行井田。不得已而限田，又不得已而均税，尚可存古人遗意。"

《明史》卷二二六

## 一七〇　石星谏穆宗受杖责

穆宗庆隆二年，吏科给事中石星言："天下之治，不日进则日退，人君之心，不日强则日偷。臣窃见陛下入春以来，为鳌山之乐，纵长夜之饮，极声色之娱，朝讲久废，章奏遏抑。一二内臣，威福自恣，肆无忌惮，天下将不可救。"因条上六事，疏入，上怒，以为恶言讪上，命廷杖六十，黜为民。时中官滕祥者，以造作奇巧得幸，会监杖，星大诟之。祥怒，予重杖，星绝复苏，其妻郑误闻星毙杖下，遽触柱死，闻者哀之。

《明通鉴》卷六四

## 一七一　太后严以教神宗

神宗即位，年才十岁，慈圣太后在乾清宫，教神宗颇严，上或不读书，即召使长跪。遇朝期，五更至上寝所呼之起，促左右掖上坐，取水为盥面，挈之登辇以出。上事太后维谨，而诸内臣奉太后旨者，往往挟持太过。上尝在西城曲宴被酒，令内侍歌新声，辞不能，取剑击之。左右劝解，乃戏割其发。翌日，太后闻，传语张居正具疏切谏，令为上草罪己御札，又召上长跪，数其过，上涕泣请改，乃已。六年，上将大婚，太后返慈宁宫，敕居正曰："吾不能视皇帝朝夕。先生亲受先帝付托，其朝夕纳诲，毋忘先帝凭几遗言！"

《明通鉴》卷六七

## 一七二　张居正肆行报复

万历五年，张居正父丧，上手谕宣慰络绎道路，又与三宫赗赠甚厚，然亦无意留之。而居正自以握权久，恐一旦去，他人且谋己。会所善同年户部侍郎李幼滋，欲媚居正，首倡夺情议，而太监冯保亦不欲居正去，乃传中旨谕吏部尚书张瀚留之。

居正乃佯上疏请守制，而阴以牍讽瀚覆旨，瀚佯为不喻，谓："政府奔丧，宜予殊典，礼部事也，何预吏部？"居正复令客说之，不为动，乃传旨责"瀚久不奉诏，无人臣礼"，勒致仕。瀚以附居正得掌吏部，见非于世，至是怍之去。

张居正之夺情也，时御史曾士楚、吏科都给事中陈三谟倡疏请留，和者相继，于是居正始请在官守制，不造朝，既奉诏起复，遂吉服视事。编修吴中行愤欲论之，会彗星出，诏百官修省，乃首抗疏。疏既上，以副封白居正，居正愕然曰："疏进耶？"中行曰："未进。不敢白也。"明日，检讨赵用贤疏入，已而员外郎艾穆、主事沈思孝亦合疏言"居正贪位忘亲"。

居正大怒，谋于冯保欲廷杖之。杖中行、用贤六十，穆、思孝八十。杖毕，校尉以布曳出长安门，舁以板扉，中行气息已绝，中书舍人秦柱挟医至，投药一匕，乃苏。刲去腐肉数十脔，大者盈掌，深至寸，一肢遂空。用贤体素胖，肉溃落如掌，其妻腊而藏之。

中行、用贤即日驱出国门，人不敢候视。穆、思孝复加桍挚，置之诏狱，越三日始金解发戍。

《明通鉴》卷六六

## 一七三　张居正因私停科考

张居正子敬修、嗣修，先后领乡荐，神宗即位之二年，敬修会试不第，居正怒，因停是科考选五年。后，嗣修遂以第二人及第。八年复届会试，懋修、敬修皆中式，会居正方乞休，遂特擢懋修第一人及第。

万历初，居正为首辅，整顿吏治，推行一条鞭法，府库充实，边陲稳定，实有功于朝廷；惟贪权专横，打击异已，窃取私利，在朝便屡遭劾奏。万历十年，居正卒。十二年，诏夺居正封诰、籍其家。

《明通鉴》卷六七；《明鉴易知录》卷一〇

## 一七四　刘一儒以高洁名

夷陵刘一儒，张居正姻也。嘉靖三十八年进士。屡官刑部侍郎。居正当国，尝贻书规之。居正殁，亲党皆坐斥，一儒独以高洁名。寻拜南京工部尚书。甫半岁，移疾归。初，居正女归一儒子，珠琲纨绮盈箱箧，一儒悉扃之别室。居正死，赀产尽入官，一儒乃发向所缄物还之。南京御史李一阳请还一儒于朝，以厉恬让。帝可其奏。一儒竟不赴召，卒于家。

《明史》卷二二〇

## 一七五　戚继光南攻北守

戚继光在蓟镇十六年，当国大臣徐阶、高拱、张居正先后倚任之。居正尤事与商榷，动无掣肘，故继光益发舒。及居正殁半岁，给事中张鼎思言继光不宜于北，阁臣拟旨，遽调之广东。继光悒悒不得志，赴粤逾年，即谢病归，居三年，卒于万历十年。

继光更历南北，并著声，在南方战功特盛，北则专主守，边防修举，继之者踵其成法，数十年得无事。所著《纪效新书》《练兵纪实》，谈兵家遵用焉。

《明通鉴》卷六七

## 一七六　神宗练兵内廷

万历十一年，神宗集内竖三千人，授以戈甲，操于内廷，尚书张学颜谏，不听。刑部主事董基抗疏言："内廷清严之地，无故聚三千之众，以凶器尝试，窃为陛下危之。且闻此三千人竟日演练，中暍濒死者数人，若辈未有不怨者。聚三千蓄怨之人于肘腋，危无踰此。"疏入，忤旨，贬二秩，调边。至十三年，兵科给事中王致祥、大学士申时行等复谏，乃罢之。

《明通鉴》卷六八

## 一七七　毕锵谏裁冗员

万历十四年，户部尚书毕锵言："锦衣旗校至万七千四百馀人，内府诸监局匠役数亦称是，此冗食之尤，宜屏除冒滥。至袍服锦绮岁有积馀，何烦频织。天灯费巨万，尤不经，以及滥予不可不裁，淫巧不可不革。"诸近幸从中挠之，不尽行。乃引年乞休，敕驿归。

《明通鉴》卷六八

## 一七八　雒于仁上四箴

大理寺评事雒于仁，献酒色财气四箴以规神宗过。万历十八年正月，神宗不御殿，召见阁臣申时行等于毓德宫，以雒于仁四箴疏示之。上自辨甚悉，将置之重典。时行等委曲慰解，见上意不可回，乃曰："此疏不可发外，恐外人信以为真。愿陛下曲赐优容，臣等即传谕寺卿，令于仁去位可也。"上乃领之，居数日，于仁引疾，遂斥为民。自此，章奏留中遂成故事。

《明通鉴》卷六九

## 一七九　陈幼学善政数十事

陈幼学，无锡人，万历十七年进士。授确山知县。政务惠民，积粟万二千石以备荒，垦莱田八百馀顷，给贫民牛五百馀头，核黄河退地百三十馀顷以赋民。里妇不能纺者，授纺车八百馀辆。置屋千二百馀间，分处贫民。建公廨八十间，以居六曹吏，俾食宿其中。节公费六百馀两，代正赋之无征者。栽桑榆诸树三万八千馀株，开河渠百九十八道。

调中牟县。秋成时，飞蝗蔽天。幼学捕蝗，得千三百馀石，乃不为灾。县故土城，卑且圮。给饥民粟，俾修筑，工成，民不知役。县南荒地多茂草，根深难垦。令民投牒者，必入草十斤。未几，草尽，得沃田数百顷，悉以畀民。有大泽，积水，占膏腴地二十馀里。幼学疏为河者五十七，为渠者百三十九，俱引入小清河，民大获利。大庄诸里多水，为筑堤十三道障之。给贫民牛种，贫妇纺具，倍于确山。越五年，政绩茂著。以不通权贵，当考察拾遗，掌道御史拟斥之，其子争曰："儿自中州来，咸言中牟治行无双。今予殿，何也？"乃已。

迁湖州知府，甫至，即捕杀豪恶奴。有施敏者，士族子，杨升者，人奴也，横郡中。幼学执敏置诸狱。敏赂贵人嘱巡抚檄取亲鞫，幼学执不予，立杖杀之。敏狱辞连故尚书潘季驯子廷圭，幼学言之御史，疏劾之，下狱。他奸豪复论杀数十辈，一郡大治。霪雨连月，禾尽死。幼学大举荒政，活饥民三十四万有奇。御史将荐之，征其治行，推官阎世科列上三十六事，御史以闻。诏加按察副使，仍视郡事。幼学年已七十，其母尚在，遂以终养归。母卒，不复出。

《明史》卷二八一

## 一八〇 冯从吾抗疏犯神宗

万历二十年，御史冯从吾抗疏言："陛下郊庙不亲，朝讲不御，章奏留中不发。近颁敕谕，谓圣体违和，欲借此自掩，不知鼓钟于宫，声闻于外。陛下每夕必饮，每饮必醉，每醉必怒，左右一言稍违，辄毙杖下，外庭无不知者。天下后世，其可欺乎！愿陛下勿以天变为不足畏，勿以人言为不足恤，勿以目前晏安为可恃，勿以将来危乱为可忽，宗社幸甚。"上大怒，欲廷杖之，会仁圣太后寿辰，阁臣力解得免，寻告归。

《明通鉴》卷六九

## 一八一　袁宏道诗文主妙悟

袁宏道，字中郎，公安人。与兄宗道、弟中道并有才名，时称"三袁"。宏道年十六为诸生，即结社城南，为之长。闲为诗歌古文，有声里中。举万历二十年进士。归家，下帷读书，诗文主妙悟。选吴县知县，听断敏决，公庭鲜事。与士大夫谈说诗文，以风雅自命。已而解官去。后，历任国子助教、礼部主事、吏部考功员外郎。

先是，王、李之学盛行，袁氏兄弟独心非之。宗道在馆中，与同馆黄辉力排其说。于唐好白乐天，于宋好苏轼，名其斋曰"白苏"。至宏道，益矫以清新轻俊，学者多舍王、李而从之，目为公安体。

《明史》卷二八八

## 一八二　顾宪成讲学东林书院

顾宪成，字叔时，无锡人。万历八年进士，授户部主事。大学士张居正病，朝士群为之祷，宪成不可。同官代之署名，宪成手削去之。居正卒，改吏部主事。

后，迁吏部郎中，所推举率与执政抵牾，于万历二十二年被免职。家居，里故有东林书院，为宋杨时讲道处，宪成与弟允成倡修之，偕同志高攀龙、钱一本、薛敷教诸人讲学其中，海内闻风影附。宪成尝言："官辇毂志不在君父，官封疆志不在民生，居水边林下志不在世道，君子无取。"故其讲习之馀，往往讽议时政，裁量人物，朝士慕之，亦遥相应和。由是东林名大著。万历四十年，卒于家。其后孙丕扬、邹元标、赵南星等相继讲学，自负气节，与政府相抗，是为东林党议之始。

论者曰：名高速谤，气盛招尤，物议横生，党祸继作，乃至众射之的，咸指东林。宪成诸人，清节姱修，为士林标准。虽未尝激扬标榜，而负物望者引以为重，猎时誉者资以梯荣，附丽游扬，熏莸猥杂，岂讲学初心实然哉。

《明通鉴》卷七〇；《明史》卷二三一

## 一八三　李时珍著《本草纲目》

李时珍，蕲州人。好读医书，医家《本草》，自神农所传只三百六十五种，梁陶弘景所增亦如之，唐苏恭增一百一十四种，宋刘翰又增一百二十种，至掌禹锡、唐慎微辈，先后增补合一千五百五十八种，时称大备。然品类既烦，名称多杂，或一物而析为二三，或二物而混为一品，时珍病之。乃穷搜博采，芟烦补阙，历三十年，阅书八百馀家，稿三易而成书，曰《本草纲目》。增药三百七十四种，厘为一十六部，合成五十二卷。首标正名为纲，馀各附释为目，次以集解详其出产、形色，又次以气味、主治附方。书成，将上之朝，时珍遽卒。未几，神宗诏修国史，购四方书籍。其子建元以父遗表及是书来献，天子嘉之，命刊行天下，自是士大夫家有其书。

《明史》卷二九九

## 一八四　梅之焕称国事不可为

梅之焕，万历三十二年举进士，改庶吉士。居七年，授吏科给事中。上疏奏曰："今天下民穷饷匮，寇横兵疲。言官舍国事争时局，部曹舍职掌建空言，天下尽为虚文所束缚。有意振刷者，不曰生事，则曰苛求。事未就而谤兴，法未伸而怨集，豪杰灰心，庸人养拙，国事将不可为矣。请陛下严综核以责实事，通言路以重纪纲，别臧否以惜人才，庶于国事有济。"时朝臣部党角立，之焕廉觚自胜，尝言："附小人者必小人，附君子者未必君子。蝇之附骥，即千里犹蝇耳。"时有追论故相张居正者，之焕曰："使今日有综名实、振纪纲如江陵者，蹀𧥣之徒敢若此耶？"其持平不欲傅会人如此。

《明史》卷二四八

## 一八五　陈道亨清正有守

陈道亨，万历十四年进士。除刑部主事，历南京吏部郎中。同里邓以赞、衷贞吉亦官南都，人号"江右三清"。

遭母丧，家毁于火，僦屋以居。穷冬无帏，妻御葛裳，与子拾遗薪爇以御寒，或有赠遗，拒弗受。由湖广参政迁山东按察使、右布政使，转福建为左，所至不私一钱。光宗立，进工部右侍郎。

熹宗天启二年，拜兵部尚书，参赞机务。杨涟等群击魏忠贤，被谯责。道亨愤，偕九卿上言："高皇帝定令，内臣止供扫除，不得典兵预政。陛下徒念忠贤微劳，举魁柄授之，恣所欲为，举朝忠谏皆不纳。何重视宦竖轻天下士大夫至此？"疏入，不纳。道亨遂连疏求去，诏许乘传归。逾年卒。

道亨贞亮有守。自参政至尚书，不以家累自随，一苍头执爨而已。

《明史》卷二四一

## 一八六　利玛窦至京师

万历二十九年，大西洋利玛窦至京师，进方物。大西洋者，欧罗巴洲之统名。洲中凡七十馀国，而意大里亚居其一。利玛窦，即意大里亚人也。以万历九年泛海数万里抵广州之香山澳，居二十年。至是入京师，由天津税监马堂奏闻。下礼部议，言："大西洋不载会典，真伪不可知，且所贡天主及天主母图，既属不经，而所携有神仙骨诸物则唐韩愈所谓'凶秽之馀，不宜令入宫禁'者也。乞给赐冠带还国，勿令潜居两京，与中人交往，别生事端。"

不报。

《明通鉴》卷七二

## 一八七　董其昌书画时人弗及

董其昌，字玄宰，松江华亭人。举万历十七年进士，改庶吉士。礼部侍郎田一俊以教习卒官，其昌请假，走数千里，护其丧归葬。迁授编修。

天启二年擢太常寺卿，兼侍读学士。时修《神宗实录》，命往南方采辑先朝章疏及遗事，其昌广搜博征，录成三百本。又采留中之疏切于国本、藩封、人才、风俗、河渠、食货、吏治、边防者，别为四十卷。仿史赞之例，每篇系以笔断。书成表进，有诏褒美，宣付史馆。明年秋，擢礼部左侍郎。五年正月拜南京礼部尚书。时政在阉竖，党祸酷烈。其昌深自引远，逾年请告归。崇祯四年起故官，居三年，屡疏乞休，诏加太子太保致仕。又二年卒，年八十有三。

其昌天才俊逸，少负重名。其书自成一家，名闻外国。其画集宋、元诸家之长，行以己意，洒洒生动，非人力所及也。四方金石之刻，得其制作手书，以为二绝。造请无虚日，尺素短札，流布人间，争购宝之。精于品题，收藏家得片语只字以为重。性和易，通禅理，萧闲吐纳，终日无俗语。人拟之米芾、赵孟頫云。同时以善书名者，临邑邢侗、顺天米万钟、晋江张瑞图，时人谓邢、张、米、董，又曰南董、北米。然三人者，不逮其昌远甚。

《明史》卷二八八

## 一八八　努尔哈赤建国称汗

满族源自女真，世居于黑龙江北，渐次南迁于白山黑水之间。万历间，分为三大部：建州女真、东海女真（野人女真）、海西女真。各部互相战杀。努尔哈赤，爱新觉罗氏，属建州女真。

努尔哈赤仪表雄伟，志意阔大，沉几内蕴，发声若钟，睹记不忘，延揽大度。万历十一年，努而哈赤年二十五岁，以父遗甲十三副，兵不满百，攻取图伦，被任命为建州左卫都指挥。万历三十一年，努尔哈赤统一建州诸部，改创文字，兴铁冶，始现国家轮廓。万历四十三年，建八旗制度，（原有黄、白、蓝、红四旗，至是将四色镶之，即黄、白、蓝旗镶以红边，红旗镶以白边，而成八旗），一国之众，八旗分隶，出则为兵，入则为民，严格管理，统一组织。女真人部落无统、关系涣散之局面，乃告终结。万历四十四年，努尔哈赤建国称汗，后追称是年为金国天命元年。

《清通鉴》前编卷一、卷二、卷三、卷四、卷五；《清史稿》卷一

## 一八九　熊廷弼之死

万历四十六年四月，努而哈赤将步骑二万攻明，临

行，书七大恨告天。至天启元年，即天命六年，已先后攻取抚顺、本溪、沈阳、辽阳等地。时军民尽奔，自塔山至闾阳二百馀里，烟火断绝，京西大震。熹宗乃重新起用前守辽有成效者熊廷弼为辽东经略。廷弼出山海关驻右屯，有兵五千。而巡抚王化贞率重兵十四万驻广宁。化贞痴而愎，素不习兵，轻视大敌，文武将吏进谏悉不听，与廷弼尤抵牾。廷弼徒有经略虚名。次年二月，化贞兵败，全军覆没，广宁失守。廷弼以所将五千人授化贞殿后，尽焚积聚，护溃民入山海关。关门四昼夜不合，溃入者约二百八十万人。

逮化贞，罢廷弼听勘。廷弼、化贞并论死。后当行刑，廷弼令汪文言贿内廷四万金祈缓，既而背之。魏忠贤大恨，誓速斩廷弼。及杨涟等下狱，诬以受廷弼贿。五年，廷弼弃市，传首九边。崇祯时平廷弼冤。

《清通鉴》前编卷一〇、卷一一；《明史》卷二五九

## 一九〇　袁崇焕战胜努尔哈赤

兵部尚书高第，经略蓟、辽，驻山海关。高第素不知兵，以谄附魏党，于天启五年受此重任。高第撤锦州、右屯、大凌河、松山（今开原县东南松山堡）、杏山（今锦县西南杏山）、塔山（今锦县南塔山）守具，尽驱屯兵、屯民入关，委弃粮谷十馀万石，而死亡载途，哭声震野，民怨沸腾，军心不振。

努尔哈赤，须臾未忘攻明，以孙承宗、袁崇焕巩固城

防，无懈可击，而未敢大举。至是，见承宗罢职，高第庸懦，关外守具尽撤，惟宁远孤悬，遂决意攻明。于天启六年正月率诸贝勒大臣，统兵约五六万，号称二十万，往攻宁远。经略高第及总兵杨麒闻警丧胆，计无所出，龟缩山海，拥兵不救。

时宁远守军不满两万。崇焕前临强敌，后无援兵，惟临危不惧，指挥若定。偕总兵满桂、参将祖大寿等集将士誓死守城。崇焕刺血为书，激以忠义，将士无不感奋，咸请效死。满桂、大寿皆熟知金兵，谓其凶猛，未可争锋，持塞门死守议。崇焕乃精心擘画，派诸将画地分守，相互应援；坚壁清野，将城外百姓尽迁入城，房屋积蓄付之一炬；复于城内编排民夫，供应饮食，严查奸细。崇焕尽撤西洋大炮入城，制作炮车，挽设城上，备置弹药。

金军抵宁远。先下营城西北约五里，横截山海大路，安营布阵，于城北扎设大营。努尔哈赤先放被掳汉人入城劝降："吾以二十万兵攻此城，破之必矣！尔众官若降，即封以高爵。"崇焕答曰："义当死守，岂有降理！"崇焕家人罗立素习西洋大炮，先向金军大营燃放，一炮落地，毙数十人。努尔哈赤命移营向西，准备次日攻城。

金军围攻数日，伤亡惨重，乃撤围回师。金军入明境凡二十日，及退兵，宁远阖城百姓大哭，拜谢崇焕、满桂等救命恩。宁远之战，以金国失败告终。先是，明朝闻宁远被围，举国汹汹。朝中群臣议战守，终无良策。数日间，音讯断绝，君臣如坐针毡。及捷报至，京师空巷相庆。以宁远大捷，升崇焕为右佥都御史，专理军务，照旧驻宁远。寻授辽东山海等处巡抚。

自辽左发难以来，明辽东各城望风奔溃，八年间，金军始有此一重挫。努尔哈赤原以为取宁远、夺山海，易如反掌，孰知败在崇焕手下。时崇焕年四十二，初历战阵；努尔哈赤已六十有八，久经沙场。及金军败，崇焕遣一使至金营，备物谢曰："老将横行天下久矣，今日见败于小子，岂其数耶？"努尔哈赤仍具礼物及名马回谢，请约再战之期。努尔哈赤自二十五岁征伐以来，战无不胜，攻无不克，惟宁远一城不下，遂大怀忿恨而回。

《清通鉴》前编卷一五

## 一九一　刘学成献攻明四策

天命十一年，降金汉人刘学成建言四事：一，有功者赏千金而不惜，无功者虽亲戚而不赦。赏罚严明，则大事必成。二，自古以来，使有功者不如使有罪者。辽东人逃叛，即为罪人，何必杀之？使其从征，以汉人征明，实于诸申有益。三，得地之后，毁坏不如保留。得宁远后，即驻兵于宁远，以攻山海关诱之。大军则由一片石前往，直捣都城，出其不意，攻其不备。如此，则通州城之积粮、民舍，天启帝之珍宝、财帛，皆可得取。否则，攻山海关，将沿途各处至都城尽付之一炬，亦如锦州、杏山、塔山、连山、松山等处，皆化为灰烬，得之何益？四，若于蒙古马壮后出师前往，一旦出事，则难于千里外返回，不如乘蒙古马壮之前出兵。书入，努尔哈赤嘉之。

《清通鉴》前编卷一五

## 一九二　皇太极即位安民

天启六年，即天命十一年，努尔哈赤卒，年六十八。第八子皇太极即汗位。以明年为天聪元年。皇太极勇力绝伦，麾下将卒皆精锐，又善权变，得众心，终被诸贝勒推为新汗，时年三十有五。

努尔哈赤在日，迁辽民，掠财货，滥杀无辜，复将汉民强行编庄，汉人每被侵扰，多致逃亡。以致经济凋敝，百业不兴。境内粮价居高不下。及皇太极即位，国中大饥，一斗粮价由银一两涨至八两，民间饥殍遍野，人相食。商品奇缺，物价腾昂，匹马价银三百两，牛一头价银百两，蟒缎一匹价银百五十两，逾常值几倍、十几倍，乃至几十倍。

至是，皇太极称：治国之要，莫先于安民。采取措施：安抚汉人。谕令曰：我国中汉官、汉民，从前有私欲潜逃，及令奸细往来者，事属已往，虽举首，概置不论。嗣后惟已经在逃而被缉获者，论死。其未行者，虽首告，亦不论。禁止诸贝勒大臣属下人等私至汉官家，需索马匹、鹰犬，或勒买器用等物，及恣意行游。违者罪之。恤民力，兴农业。促贸易，轻赋税。

《清通鉴》前编卷一五

## 一九三　熹宗宠信魏忠贤

熹宗天启元年，太监魏忠贤与熹宗乳母客氏合谋，杀掌司礼监王安。由是客、魏相为表里，以成其奸。

忠贤不知书，颇强记，猜忍阴毒，好谀。上深信任之，命阅章奏。以司礼监王体乾及李永贞、石元雅等为腹心，凡章奏，永贞等先阅，视铃识款要，白忠贤议可否，然后行。上性机巧，好亲斧锯椎凿髹漆之事。每引绳削墨，忠贤辄奏事，上厌之，谬曰："朕已悉矣，若辈好为之。"自此忠贤遂擅威福焉。

《明通鉴》卷七七

## 一九四　文震孟上疏遭廷杖

熹宗天启二年，修撰文震孟上疏。略曰："今四方多故，无岁不蹙地陷城、覆军杀将，乃大小臣工卧薪尝胆之日，而因循粉饰，将使祖宗天下日销月削。非陛下大破常格，鼓舞豪杰心，天下事未知所终也。

陛下昧爽临朝，寒暑靡辍，政非不勤，然鸿胪引奏，跪拜起立，如傀儡登场已耳。请按祖宗制，唱六部六科，则六部六科以次白事，纠弹敷奏，陛下与辅弼大臣面裁决焉，则圣智日益明习，而百执事各有奋心。若仅揭帖一纸，长跪一诺，北面一揖，安取此鹓行豸绣、横玉腰金者为！"

疏入，魏忠贤屏不即奏，乘上观剧，摘疏中傀儡登场语，谓："比上于偶人，不杀无以示天下。"上颔之。一日，讲筵毕，忠贤传旨廷杖震孟八十。首辅叶向高在告，次辅韩爌力争。会庶吉士郑鄤疏复入，内批俱贬秩调外。言官交章论救，不纳。震孟亦不赴调而归。

《明通鉴》卷七八

## 一九五　高攀龙遭诬陷投水死

高攀龙，无锡人。少读书，辄有志程朱之学。举万历十七年进士，授行人。攀龙之官七月，以事归。寻遭亲丧，遂不出，家居垂三十年。言者屡荐，帝悉不省。

熹宗立，起光禄丞。天启元年进少卿。四年八月，拜左都御史。杨涟等群击魏忠贤，势已不两立。攀龙为吏部尚书赵南星门生，并居要地。御史崔呈秀按淮、扬还，攀龙发其秽状，南星议戍之。呈秀窘，急走忠贤所，乞为义儿，诬陷攀龙，削其籍。呈秀憾不已，必欲杀之，遣缇骑往逮。攀龙晨谒宋儒杨龟山祠。与二门生一弟饮后园池上，闻周顺昌已就逮，笑曰："吾视死如归，今果然矣。"入与夫人语，如平时。出，书二纸告二孙曰："明日以付官校。"因遣之。移时诸子排户入，一灯荧然，则已衣冠自沉于池矣。时年六十五。远近闻其死，莫不伤之。

初，海内学者率宗王守仁，攀龙心非之。与顾宪成同讲学东林书院，以静为主。操履笃实，粹然一出于正，为一时儒者之宗。海内士大夫，识与不识，称高、顾无异词。

《明史》卷二四三

## 一九六　魏忠贤提督东厂

天启三年，以魏忠贤提督东厂。初，神宗末刑罚弛纵，而厂卫缉事亦渐稀简，诏狱至生青草。及是，忠贤以司礼秉笔领东厂事，车马仪卫，僭拟乘舆，已而任用田尔耕掌卫事，许显纯为镇抚理刑，罗织锻炼，严刑惨酷，厂卫之毒至此而极。

又请括天下藏库输之京师，阁臣叶向高言："郡邑库藏已竭，藩库稍馀。倘尽括之，猝有妖贼之乱，将何以应！"不纳。

《明通鉴》卷七八

## 一九七　崔呈秀卑污狡狯

崔呈秀，万历四十一年进士。天启初，擢御史，巡按淮、扬。呈秀卑污狡狯，不修士行。见东林势方盛，将出都，力荐李三才，求入其党，东林拒不纳。在淮、扬，赃私狼籍。霍丘知县郑延祚贪，将劾之，以千金贿免。延祚知其易与，再行千金，即荐之。四年九月还朝，高攀龙为都御史，尽发其贪污状。吏部尚书赵南星议戍之，诏革职候勘。呈秀大窘，夜走魏忠贤所，叩头乞哀，言攀龙、南星皆东林，挟私排陷，复叩头涕泣，乞为养子。当是时，忠贤为廷臣交攻，愤甚，方思得外廷为助。忠贤冀假事端倾陷诸害己者，得呈秀，恨相见晚，遂用为心腹。

五年，呈秀进《同志》诸录，皆东林党人。又进《天鉴录》，皆不附东林者。忠贤凭以黜陟，善类为一空。暮夜乞怜者，莫不缘呈秀以进，绳集蚁附，其门如市。呈秀累擢佥都御史。

忠贤尝修乡县肃宁城，呈秀首上疏称美。六年二月，复疏颂忠贤督工功，请赐敕奖谕，末言："臣非行媚中官者，目前千讥万骂，臣固甘之。"疏出，朝野轰笑。阁臣顾秉谦辈撰敕八百馀言，褒忠贤，极口扬诩，前代九锡文不能过也。自是，中外章疏，无不颂忠贤德者矣。

呈秀负忠贤宠，嗜利弥甚。朝士多拜为门下士，以通于忠贤。其不附己及势位相轧者，辄使其党排去之，时有"五虎"之目，以呈秀为魁。诸所倾陷，不可悉数，虽其党亦深畏之。擢呈秀兵部尚书。

熹宗卒，庄烈帝即位，诛忠贤，呈秀知不免，列姬妾，罗诸奇异珍宝，呼酒痛饮，尽一卮即掷坏之，饮已自缢。诏戮其尸。

《明史》卷三〇六

## 一九八 魏忠贤廷杖万燝

万燝，少好学，砥砺名行。举万历四十四年进士，授刑部主事。天启初元，兵事棘，工部需才，调燝工部营缮主事。督治九门垣堉，市铜江南，皆勤于其职。迁虞衡员外郎，司鼓铸。时庆陵大工未竣，费不赀。爆知内府废铜山积，可发以助铸，移牒内官监言之。魏忠贤怒，不发，爆遂具疏以请。忠贤益怒，假中旨诘责。

其时，廷臣杨涟等交击忠贤，率被严旨。爆愤，抗章极论，略言："忠贤性狡而贪，胆粗而大，口衔天宪，手握王爵，所好生羽毛，所恶成疮痏。荫子弟，则一世再世；赉厮养，则千金万金。毒痡士庶，毙百馀人；威加搢绅，空十数署。一切生杀予夺之权尽为忠贤所窃，陛下犹不觉悟乎？"疏入，忠贤大怒，矫旨廷杖一百，斥为民。执政言官论救，皆不听。

当是时，忠贤恶廷臣交章劾己，无所发忿，思借爆立威。乃命群阉至爆邸，捽而殴之，比至阙下，气息才属。杖已，绝而复苏。群奄更肆蹴踏，越四日即卒。时天启四年。

《明史》卷二四五

## 一九九　杨涟劾魏忠贤死于狱

杨涟，为人磊落负奇节。万历三十五年成进士，除常熟知县。举廉吏第一，擢户科给事中，转兵科右给事中。

天启三年春，进左副都御史。是时魏忠贤已用事，群小附之，惮众正盈朝，不敢大肆。涟与赵南星、左光斗、魏大中辈激扬讽议，务植善类，抑憸邪。忠贤及其党衔次骨。其年六月，涟抗疏劾忠贤，列其二十四大罪，并曰："凡此逆迹，昭然在人耳目。乃内廷畏祸而不敢言，外廷结舌而莫敢奏。间或奸状败露，则又有奉圣夫人（熹宗乳母客氏）为之弥缝。甚至无耻之徒，攀附枝叶，依托门墙，更相表里，迭为呼应。积威所劫，致掖廷、都城之中，但知有忠贤，不知有陛下。伏乞大奋雷霆，集文武勋戚，敕刑部严讯，以正国法，并出奉圣夫人于外，用消隐忧，臣死且不朽。"

自是，忠贤日谋杀涟。至十月，忠贤矫旨责涟无人臣礼，偕吏部侍郎陈于廷、佥都御史左光斗并削籍。

五年，魏党大理丞徐大化劾涟、光斗党同伐异，招权纳贿，命逮汪文言下狱鞫之。镇抚许显纯严鞫文言，使引涟纳熊廷弼贿。文言仰天大呼曰："世岂有贪赃杨大洪哉！"至死不承。大洪者，涟别字也。显纯乃自为狱词，坐涟赃二万，遂逮涟。士民数万人拥道攀号，所历村市，悉焚香建醮，祈佑涟生还。比下诏狱，显纯酷法拷讯，体无完肤。其年七月遂于夜中毙之，年五十四。

涟素贫，产入官不及千金。母妻止宿谯楼，二子至乞食以养。征赃令急，乡人竞出赀助之，下至卖菜佣亦为输助。其节义感人如此。

《明史》卷二四四

## 二〇〇　左光斗被害家族尽破

左光斗，万历三十五年进士。除中书舍人。选授御史，巡视中城。捕治吏部豪恶吏，获假印七十馀，假官一百馀人，辇下震悚。

天启四年二月，拜左佥都御史。是时，韩爌、赵南星、高攀龙、杨涟、郑三俊、李邦华、魏大中诸人咸居要地，光斗与相得，务为危言核论，甄别流品，正人咸赖之，而忌者浸不能容。杨涟劾魏忠贤，光斗与其谋，又与攀龙共发崔呈秀赃私，忠贤暨其党咸怒。忠贤逐南星、攀龙、大中，次将及涟、光斗。光斗愤甚，草奏劾忠贤三十二斩罪，拟十一月二日上之，先遣妻子南还。忠贤诇知，先二日假事与涟俱削籍。

群小恨不已，构汪文言狱，入光斗名，遣使往逮。父老子弟拥马首号哭，声震原野，缇骑亦为雪涕。至则下诏狱酷讯。许显纯诬以受杨镐、熊廷弼贿，涟等初不承，已而恐以不承为酷刑所毙，冀下法司，得少缓死为后图。诸人俱自诬服。忠贤乃矫旨，仍令显纯五日一追比，不下法司，诸人始悔失计。

容城孙奇逢，节侠士也，与定兴鹿正以光斗有德于畿辅，倡议醵金，诸生争应之。得金数千，谋代输，缓其狱，而光斗与涟已同日为狱卒所毙，年五十一。

光斗既死，赃犹未竟。忠贤令抚按严追，系其群从十四人。长兄光霁坐累死，母以哭子死。都御史周应秋犹以所司承追不力，疏促之，由是诸人家族尽破。

《明史》卷二四四

明（公元1368年至1644年）

## 二〇一　魏大中父子俱死

魏大中，读书砥行，从高攀龙受业。家酷贫，意豁如也。举于乡，家人易新衣冠，怒而毁之。第万历四十四年进士，官行人。数奉使，秋毫无所扰。

天启四年，迁吏科都给事中。大中居官不以家自随，二苍头给爨而已，入朝则键其户，寂无一人。有外吏以苞苴至，举发之，自是无敢及大中门者。吏部尚书赵南星知其贤，事多咨访。朝士不能得南星意，率怨大中。

魏忠贤兴汪文言诏狱，镇抚许显纯诬涟、光斗、大中等受杨镐、熊廷弼贿，大中坐三千，矫旨俱逮下诏狱。乡人闻大中逮去，号泣送者数千人。比入镇抚司，显纯酷刑拷讯，血肉狼籍。其年七月，狱卒受指，与涟、光斗同夕毙之，故迟数日始报。大中尸溃败，至不可识。

长子学洢，字子敬。为诸生，好学工文，有至性。大中被逮，学洢号恸欲随行。大中曰："父子俱碎，无为也。"乃微服间行，刺探起居。既抵都，逻卒四布，变姓名匿旅舍，昼伏夜出，称贷以完父赃。赃未竟，而大中毙，学洢恸几绝。扶榇归，晨夕号泣，遂病。家人以浆进，辄麾去，曰："诏狱中，谁半夜进一浆者？"竟号泣死。

文言之下诏狱也，显纯迫令引涟等。文言备受五毒，不承，显纯乃手作文言供状。文言垂死，张目大呼曰："尔莫妄书，异时吾当与面质。"显纯遂即日毙之。

涟、大中等逮至，无可质者，赃悬坐而已。诸所诬赵南星、缪昌期辈，亦并令抚按追赃。衣冠之祸，由此遍天下。

《明史》卷二四四

## 二〇二　苏州万人为周顺昌请命

周顺昌，吴县人。万历四十一年进士。天启中，历文选员外郎，署选事。力杜请寄，抑侥幸，清操皭然。乞假归。

顺昌为人刚方贞介，疾恶如仇。巡抚周起元忤魏忠贤削籍，顺昌为文送之，指斥无所讳。魏大中被逮，道吴门，顺昌出饯，与同卧起者三日，许以女聘大中孙。旗尉屡促行，顺昌瞋目曰："若不知世间有不畏死男子耶？归语忠贤，我故吏部郎周顺昌也。"因呼忠贤名，骂不绝口。旗尉归，以告忠贤。忠贤党人劾顺昌与罪人婚，且诬以赃贿。忠贤即矫旨削夺，命逮捕之。

顺昌好为德于乡，有冤抑及郡中大利害，辄为所司陈说，以故士民德顺昌甚。及闻逮者至，众咸愤怒，号冤者塞道。至开读日，不期而集者数万人，咸执香为其乞命。诸生文震亨、杨廷枢等前谒巡抚毛一鹭及巡按御史徐吉，请以民情上闻。旗尉厉声骂曰："东厂逮人，鼠辈敢尔！"大呼："囚安在？"手掷锒铛于地，声琅然。众益愤，曰："始吾以为天子命，乃东厂耶！"蜂拥大呼，势如山崩。旗尉东西窜，众纵横殴击，毙一人，馀负重伤，逾垣走。一鹭、吉不能语。知府寇慎、知县陈文瑞素得民，曲为解谕，众始散。顺昌乃自诣吏。又三日北行，一鹭飞章告变，东厂刺事者言"吴人尽反，谋断水道，劫漕舟"，忠贤大惧。已而一鹭言缚得倡乱者颜佩韦、马杰、沈扬、杨念如、周文元等，乱已定，忠贤乃安。然自是缇骑不出国门矣。

顺昌至京师，下诏狱。许显纯锻炼，坐赃三千，五日一酷掠，每掠治，必大骂忠贤。显纯椎落其齿，自起问曰："复能骂魏上公否？"顺昌嗔血唾其面，骂益厉。遂于夜中潜毙之。时六年六月十有七日也。

颜佩韦等皆市人，文元则顺昌舆隶也，论大辟。临刑，五人延颈就刃，语寇慎曰："公好官，知我等好义，非乱也。"监司张孝流涕而斩之。吴人感其义，合葬之虎丘傍，题曰"五人之墓"。其地即一鹭所建忠贤普惠祠址也。

《明史》卷二四五

## 二〇三　魏忠贤客氏作威福

时，章奏无巨细辄颂魏忠贤，称厂臣不名。山东奏产麒麟，大学士黄立极等票旨，言"厂臣修德，故仁兽至"。

故事，内官为司礼秉笔，非公事不得出。忠贤每岁必数历畿甸，坐文轩，驾四马，笙鼓铙吹之声轰隐黄埃中；锦衣玉带、靴袴而握刀者，夹车左右而驰；自厨传、优伶、蹴踘、舆皂随者，动以万数。尝自琉璃河祭水还，历西山碧云寺，士大夫皆遮道拜伏。凡有章奏，其党遣急足驰请然后下。

客氏既朝夕侍上所，而每数日必出至私第，舆过乾清宫前，竟不下。客氏盛服倩妆，俨同妃后，侍卫赫奕，照耀衢路。至宅，则"老祖太太千岁"之声喧呼震地，犒赉银币无算。或数日不返。忠贤促之始入。凡忠贤浊乱朝政，毒痡海内，皆客氏为内主也。

忠贤复矫旨谕厂卫、都察院、五城巡捕、缉事衙门体访奸徒，自是民间偶语，或触忠贤，辄被擒戮，甚至剥皮刲舌，加之酷刑，所杀不可胜计，道路以目。

《明通鉴》卷八〇

## 二〇四　魏忠贤生祠几遍天下

天启六年，浙江巡抚潘汝桢倡议，奏请修魏忠贤生祠于西湖。织造太监李实，请令杭州卫百户守祠。诏赐祠额曰"普德"，勒石记功德。

潘汝祯之建逆祠也，诸方效尤，几遍天下。蓟辽总督阎鸣泰，继请于部内建祠七所，费数十万，其颂忠贤有"民心依归，即天心向顺"语。开封毁民舍二千馀间，创宫殿九楹，仪如王者；巡抚朱童蒙建祠延绥，用琉璃瓦；刘诏建祠蓟州，金像冕旒。

其诸祠务极工作之巧，像皆以沈香木为之，眼耳口鼻宛转如生人，腹中肠肺俱以金玉珠宝为之。髻空穴其一以簪四时香花。一祠木像，头稍大，小竖上冠不能容，匠人恐，急削而小之以称冠，小竖抱头恸哭责匠人。凡疏辞揄扬，一如颂圣，称以"尧天舜德""至圣至神"，阁臣辄用骈语褒答。督饷尚书黄运泰迎忠贤像，五拜五稽首，称"九千岁"。

都城内外，祠宇相望。有建于东华门外者，工部郎中叶宪祖曰："此天子临辟雍道也，土偶能起立乎？"忠贤闻之，即削其籍。初，汝桢请建祠，巡按御史刘之待会稿迟一日，即削籍。而蓟州道胡士容以不具建祠文，遵化道耿如杞以入祠不拜，皆下狱论死。

监生陆万龄请以魏忠贤配孔子，忠贤父配启圣公。持疏诣司业林釬，釬援笔涂抹，即夕挂冠棂星门而去。

《明通鉴》卷八〇

## 二〇五 张瑞图称魏家阁老

天启六年，擢礼部侍郎张瑞图为礼部尚书，兼东阁大学士，预机务。瑞图谄事魏忠贤，务为迎合。凡忠贤建祠碑文，多出其手，又诏旨褒美忠贤，多出瑞图票拟，时以为"魏家阁老"。

《明通鉴》卷八〇

## 二〇六 徐光启博学有志用世

徐光启，上海人，万历二十五年举乡试第一，又七年成进士。由庶吉士历赞善。从西洋人利玛窦学天文、历算、火器，尽其术。遂遍习兵机、屯田、盐策、水利诸书。

崇祯四年春正月，光启进《日躔历指》《测天约说》《割圜八线表》《黄道升度》《黄赤距度表》《通率表》等著作。五年五月，任东阁大学士，入参机务。光启雅负经济才，有志用世。及柄用，年已老，值周延儒、温体仁专政，不能有所建白。六年十月卒。

《明史》卷二五一

## 二〇七　张溥创复社

张溥，太仓人。溥幼嗜学，所读书必手抄，抄已朗诵一过，即焚之，又抄，如是者六七始已。右手握管处，指掌成茧。冬日手皲，日沃汤数次。后名读书之斋曰"七录"。集郡中名士相与复古学，名其文社曰复社。崇祯四年成进士，改庶吉士。以葬亲乞假归，四方啖名者争走其门，溥亦倾身结纳，交游日广，声气通朝右。所品题甲乙，颇能为荣辱。诸奔走附丽者，辄自矜曰："吾以嗣东林也。"执政大僚由此恶之。

溥诗文敏捷。四方征索者，不起草，对客挥毫，俄顷立就，以故名高一时。卒时，年仅四十。

《明史》卷二八八

## 二〇八　袁崇焕含冤被杀

崇祯二年，即天聪三年，皇太极亲统大军首次入关伐明。此次攻明，以明宁锦防线坚固，又有山海关为依托，遂定假道蒙古。

金军用兵辽西以来，明军皆集聚宁前、锦右一带，而山海关以西塞垣颓落，军伍废弛，对金军攻袭毫无戒备。金军取遵化东北之龙井关，越长城，向东再无险阻。明畿东州县，风声鹤唳，人无固志。

十一月二十日，金兵抵京师德胜门，皇太极营于城北土城关之东。总兵满桂、侯世禄俱屯德胜门，金军至，世禄军溃，桂独拒战。明守城兵发大炮击敌，误伤桂军，桂亦负伤。二十三日，崇祯帝召见崇焕、满桂于平台，深加慰劳，咨以战守策。崇焕以士马疲敝，请入休城中，不许；请屯外城中亦不许。出与金军鏖战，互有杀伤。

时金军所入隘口乃蓟辽总督刘策所辖，而崇焕闻变即千里赴援，自谓有功无罪。然京师骤遭兵，怨谤纷起，谓崇焕纵敌拥兵。朝士因其前与金国通和议，诬其引敌胁和，将为城下之盟。崇祯帝闻之，不能无惑。

适其时金国获太监二人，皇太极因授令人于二太监前故作耳语曰："与袁巡抚有密约，此事可立就矣。"时杨太监佯卧窃听，悉记其语。二十九日故意纵之去。以所闻奔告于崇祯帝，崇祯帝信之不疑。崇祯帝再召见崇焕于平台，遂下崇焕于锦衣卫狱。时诸军号哭于城外，乞恩，不许。

崇祯三年八月，磔崇焕于市。兄弟妻子流三千里，籍其家，家亦无馀资，天下冤之。

《清通鉴》前编卷一八

## 二〇九　刘之纶以身殉国

崇祯三年，明兵往攻遵化，金镇守贝勒杜度击败之。时明兵共八营，副将八员，由兵部侍郎刘之纶统帅。之纶见金兵骁勇，据遵化城外八里之娘娘山固守，谕降不从，纵兵击之。之纶发炮，炮炸，军营自乱。左右谓结营徐退，之纶斥曰："毋多言！吾受国重恩，吾死耳！"擂鼓再战，流矢四集。之纶解所佩印付家人，令持归报朝廷。明军寡不敌众，败溃，之纶遁入石岩中，总兵官楞额礼子穆成格射杀之。众军分击明营，惟一营乘夜遁去。

之纶，宜宾人。家世务农。少从父兄力田，樵采卖于市中。归而学书，铭其座曰"必为圣人"，里中因此号之"刘圣人"。崇祯元年中进士。以知兵，受荐于帝，由庶吉士超擢兵部右侍郎，协理京营戎政。之纶未受任时，好谈兵，私贷银两，制造单轮火车、偏厢车、兽车，刳木为西洋大小炮铳，欲以军绩自效。及擢侍郎，益发感激，毅然请行。乞京营为己部，不许；乞关外川兵，又不许；乃招募万人，编为八营。廷臣见之纶骤贵，受命视师，皆不悦。之纶冒雨雪誓师，行至通州，守者拒不纳，天大雨雪，宿古庙中。言官劾其逗留。之纶愤，上疏曰："小人意忌，有事则委卸，无事则议论，只从一侍郎起见耳。乞削臣今官，赐骸骨。"不许，遂越通州而东。至是败绩于遵化，以身殉国。

《清通鉴》前编卷一九

## 二一〇 范文程献取明之策

天聪六年，金文馆范文程等合疏言：观我军情形，无大无小，皆志在取明，有必欲深入之意。如欲深入，当预定方略，神速进兵。彼近边村庄，地瘠民穷，我军深入，则徒疲马力，毫无裨益。果欲深入，当直抵燕京，讯其和否，早为决断，毁山海关水门而归，以壮军威，以示无敌于天下。至我军进兵之路，惟雁门关为便，既无阻挠，又沿路居民富庶，可资士马饱腾。又言：伐明之策，宜先以书议和，俟彼不从，执以为辞，乘衅深入，可以得志。

范文程，沈阳人。祖父范沈曾任明沈阳卫指挥同知。文程年少好学，才思敏捷，善于谋略，及长为县学生员。天命三年努尔哈赤陷抚顺，投效之。遂与攻辽阳、西平、广宁诸役。天聪三年设文馆，拔擢其中，从此参与帷幄。至是疏入，皇太极嘉纳之。

《清通鉴》前编卷二一

## 二一一　达海创新满文

达海，觉尔察氏，满洲正蓝旗人。自幼聪慧，通晓满、汉文义。努尔哈赤在日，凡与明朝及朝鲜往来书函皆出其手。天聪初入值文馆，为领袖。天聪三年受命领笔帖式刚林、苏开、顾尔马浑、托布戚等人翻译汉文书籍。平日所译书有《刑部会典》《素书》《三略》《万宝全书》，俱成帙。时方译《通鉴》《六韬》《孟子》《三国志》（即《三国演义》）及大乘经等。又受命创制新满文，于是国书始大备。达海所创文字，世称有圈点满文，又称新满文。天聪六年卒于军，年仅三十八。其为人廉谨，当入殓，身无完靴。

《清通鉴》前编卷二一

## 二一二　皇太极称帝国号大清

崇祯九年，皇太极去汗号称帝，改国号曰大清，年号崇德，都盛京（今沈阳）。改号皇帝，意味高居蒙古诸汗之上，且标明与明朝皇帝分庭抗礼，不再是边族之国。

《清通鉴》前编卷二五

## 二一三　庄烈帝省事达旦

崇祯十二年春正月，是时军书旁午，上每省事达旦。以岁朝谒刘太妃于慈宁宫。太妃，神宗昭妃也，自天启来，尝居慈宁宫掌太后玺，上礼事之如大母，至是上谒毕就坐，俄假寐。太妃戒勿惊，命尚衣者覆以帔，左右皆植立屏息以俟。有顷，上觉，摄衣起谢曰："神宗时天下少事，宫中皆晏安，太妃所亲见也。今苦多难，两夜省文书，未尝交睫。自谓年甫逾壮，尚可应接，不谓早困劣，在太妃前憪然不自持至此。"太妃为之泣下。

《明通鉴》卷八六

## 二一四　洪承畴降清

崇祯十五，清兵克松山，生擒明蓟辽总督洪承畴、巡抚邱民仰、总兵王廷臣、曹变蛟等。寻命杀邱民仰、王廷臣、曹变蛟，将洪承畴解赴盛京。

皇太极欲收承畴为用，命范文程谕降。承畴谩骂不止，文程徐与语，泛及今古事。梁间尘偶落于承畴衣，承畴拂去之。文程归，告曰："承畴必不死，惜其衣，况其身乎？"皇太极亲临视，解所穿貂裘衣之，曰："先生得无寒乎？"承畴瞠视久，叹曰："真命世之主也！"乃叩头请降。皇太极大悦，即日赏赉无算，置酒陈百戏。诸将或不悦，曰："上何待承畴之重也！"皇太极曰："吾辈栉风沐雨数十年，将欲何为？"诸将曰："欲得中原耳。"皇太极笑曰："譬如行道，吾等皆盲。今获一导者，吾安得不乐？"

崇祯帝初闻承畴死，震悼不已，命设坛都城，赐承畴祭十六坛。敕建祠都城外，将亲临赐祭，闻承畴降，乃止。

《清通鉴》前编卷三一

## 二一五　末代首辅之下场

陈演，登天启二年进士。崇祯十三年正月，擢礼部右侍郎。演庸才寡学，工结纳，与内侍通。崇祯帝简用阁臣，每亲发策，以所条对觇能否。其年四月，中官探得帝所欲问数事，密授演，条对独称旨，即拜礼部左侍郎兼东阁大学士。十六年五月，为首辅。十七年二月罢政。三月十九日，李自成进京师，演被执，系刘宗敏营中，演献银四万，不加刑。四月八日，已得释。十二日，自成将东御三桂，虑诸大臣为后患，杀之。

继陈演后，魏藻德为首辅。至三月，藻德并被执，幽刘宗敏所。宗敏下令勒内阁十万金，京卿、锦衣七万，或五至三万，给事、御史、吏部、翰林五万至一万有差，部曹数千，勋戚无定数。藻德输万金，以为少，酷刑五日夜，脑裂而死。

《明史》卷二五三

## 二一六　刘宗周论庄烈帝

刘宗周，万历二十九年进士。崇祯元年冬，召为顺天府尹。辞，不许。明年九月入都，上疏曰："陛下励精求治，宵旰靡宁。然程效太急，不免见小利而速近功。陛下劳心焦思于上者，以未得贤人君子用之也，而所嘉予而委任者，率奔走集事之人，以摘发为精明，以告讦为正直，以便给为才谞，又安所得贤者而用之？得其人矣，求之太备，或以短而废长；责之太苛，或因过而成误。陛下所擘画，动出诸臣意表，不免有自用之心。臣下救过不给，谗谄者因而间之，猜忌之端遂从此起。夫恃一人之聪明，而使臣下不得尽其忠，则耳目有时壅；凭一人之英断，而使诸大夫国人不得衷其是，则意见有时移。陛下求治之心，操之太急。酝酿而为功利，功利不已，转为刑名；刑名不已，流为猜忌；猜忌不已，积为壅蔽。"帝以为迂阔，然叹其忠。

八年七月，宗周又言："陛下求治太急，用法太严，布令太烦，进退天下士太轻。诸臣畏罪饰非，不肯尽职业，故有人而无人之用，有饷而无饷之用，有将不能治兵，有兵不能杀贼。"

《明史》卷二五五

## 二一七　庄烈帝诏捐银助饷

崇祯十七年，庄烈帝以公私帑币如洗，因议输助：凡在狱犯官皆可充饷赎罪，凡勋戚世臣及大小诸臣各捐助饷银者，皆能加爵谕奖。至是，按籍令勋戚太监助饷，上等以捐三万为准。应者寥寥。合百官及勋戚太监所捐，仅得二十万两。无异杯水车薪。诸臣又议令京师前三门巨室富豪输粮，因巨室不乐而止。

《清通鉴》卷一

## 二一八　庄烈帝之哀叹

崇祯十七年正月，李自成逼山西。会平阳陷，帝临朝叹曰："朕非亡国之君，事事皆亡国之象。祖宗栉风沐雨之天下，一朝失之，何面目见于地下！朕愿督师亲决一战，身死沙场无所恨，但死不瞑目耳！"语毕痛哭。陈演、蒋德璟诸辅臣请代，俱不许。

崇祯十七年二月，帝下诏罪己。略曰："朕嗣守鸿绪十有七年，深念上天陟降之威，祖宗付托之重，宵旦兢惕，罔敢怠荒。乃者灾害频仍，流氛日炽。朕为民父母，不得卵翼之；民为朕赤子，不得怀保之。罪非朕躬，谁任其责！所以使民罹锋镝，蹈水火，殣量以壑，骸积成丘者，皆朕之过也。使民输刍挽粟，居送行赍，加赋多无艺之征，预支有称贷之苦者，又朕之过也。使民室如悬磬，田卒污莱，望烟火而无门，号冷风而绝命者，又朕之过也。使民日月告凶，旱潦荐至，师旅所处，疫疠为殃，上干天地之和，下丛室家之怨者，又朕之过也。至于用大臣而不法，用小臣而不廉，言官植党而清议不闻，武将骄懦而军功不奏，皆由朕抚驭失道，诚感未孚。中夜此心，局蹐无地。"

李自成令宏文馆学士李化鳞草檄传喻，有云："君非甚暗，孤立而炀灶恒多；臣尽行私，比党而公忠绝少。"又云："狱囚累累，士无报礼之心；征敛重重，民有偕亡之痛。"见者无不扼腕。

《明史》称："崇祯帝承神、熹之后，慨然有为。即位之初，沉机独断，刈除奸逆，天下想望治平。惜乎大势已倾，积习难挽，在廷则门户纠纷，疆场则将骄卒惰，兵荒四告，流寇蔓延，遂至溃烂而莫可救，可谓不幸也已。然在位十有七年，不迩声色，忧勤惕励，殚心治理。临朝浩叹，慨然思得非常之材，而用非其人，益以偾事。乃复信任宦官，布列要地，举措失当，制置乖方，祚讫运移，身罹祸变。"

《明史》卷二四；《明通鉴》卷九〇

## 二一九　李自成进京

李自成，米脂人，幼牧羊于邑大姓艾氏，及长，充银川驿卒。善骑射，数犯法。崇祯元年，陕西大饥，安塞高迎祥，自成舅也，聚饥民反，迎祥自称闯王。四年，自成往从迎祥。九年，迎祥被擒杀，众推自成为闯王，转战陕、蜀、晋、豫等地。

十三年，河南大旱，斛谷万钱，饥民从自成者数万。遂自南阳出，攻克宜阳、永宁、偃师。杞县举人李信尝出粟振饥民，民德之曰："李公子活我。"会绳伎红娘子反，掳信，强委身焉。信逃归，官以为贼，囚狱中。红娘子来救，饥民应之，共出信。举人牛金星磨勘被斥，私入自成军为主谋，潜归，事泄坐斩，已，得末减。二人皆往投自成，自成大喜，改信名曰岩。

金星又荐卜者宋献策，长三尺馀，上谶记云："十八子，主神器。"自成大悦。岩因说曰："取天下以人心为本，请勿杀人，收天下心。"自成从之，屠戮为减，又散所掠财物振饥民，岩复作词曰："迎闯王，不纳粮。"使儿童歌以传，从自成者日众，势大盛。

十七年正月，自成称王于西安，国号大顺。二月渡河，克太原、大同。三月十八日，自成进驻北京彰义门外。日暝，太监曹化淳启彰义门。庄烈帝出宫，登煤山，望烽火彻天，叹息曰："苦我民耳。"徘徊久之，归乾清宫，剑击长公主，促皇后周氏自尽。十九日天未明，皇城不守，鸣钟集百官，无至者。乃复登煤山，书衣襟为遗诏，以帛自缢于山亭。太监王承恩缢于侧。

自成毡笠缥衣，乘乌驳马，入承天门，登皇极殿。清军入关。四月二十二日，自成率军与战，大败，入山西，经武昌，卒于九宫山。

《明史》卷三〇九

## 二二〇　费宫人自刎

宫人费氏，自投眢井中。勾出，见其容，争夺之。费绐曰："我长平公主也。"乃拥见李自成。自成命中官审视，非是，以赏部将罗某。费复绐罗曰："我实天潢，义难苟合，将军宜择吉成礼。"罗喜，置酒极欢。费怀利刃，伺罗醉，断其喉，立死。因自呼曰："我一弱女子，杀一贼帅，足矣。"遂自刎。自成闻大惊，命收葬之。

《明通鉴》卷九〇

## 二二一　李自成部拷掠降官

时有国子祭酒孙从度，住金台会馆，病甚卧床。有李自成部将罗姓乘马进馆，径入内室，其妻孙氏骂之，罗遂以铁索系孙，并舁从度过己寓。从度寻以拷讯毙，乃索孙氏赀，招得窖金七千两献自成。自成骇曰："一翰林富乃至是耶！"于是降官之被拷掠者自此始。

《明通鉴》卷九〇

## 二二二　张献忠始末

张献忠者，延安柳树涧人也，与李自成同岁生。长隶延绥镇为军，犯法当斩，逃亡。崇祯三年，献忠以米脂十八寨起兵反，转战陕西、山西、河北、河南、湖广、四川等地数千里。十七年，于成都称大西国王。顺治三年，因兵败，焚成都，夷其城，出川北，于凤凰坡被擒杀。

《明史》卷三〇九

## 二二三　吴三桂降清

吴三桂，明总兵吴襄之子，江南高邮人。初以武举承父荫，累擢至辽东总兵。崇祯十七年三月初进封平西伯，召其火速入卫。三桂率军民五十万，迟迟其行，十六日至山海关，二十日抵丰润，得知京师已于前一日为农民军攻下，乃顿兵不进，旋回师山海关，徘徊观望。时，李自成正极力招降原明朝文武官员，各镇将皆降，三桂道远未通。自成乃令诸降将各发书招三桂。各将遵命纷纷致书三桂。三月底，自成派唐通率所部携银四万两前往山海关犒师，另遣师携白银万两、黄金千两赏三桂，并有封三桂为侯之敕书一通，促其进京。同时派大顺左侍郎左懋泰与唐通一道协守山海关。三桂父吴襄亦奉命致书其子，劝归降。三桂终于欣然受命，遂报使于自成卷甲入朝。二十八日率全军为崇祯帝后缟素举哀以示不忘明朝，将山海关防务交付唐通接管。四月初率军数万向北京进发投靠自成。从关上至永平大张告示，有本镇率所部朝见新主，所过秋毫无犯，尔民不必恐等语。军至永平，忽闻父吴襄以追赃受刑将死，爱妾陈圆圆被李自成大将刘宗敏掠去，不胜发指，怒曰："大丈夫不能保一女子，何面目见人耶？"当即率师疾归山海关，攻大顺守军。守将唐通猝不及防，死伤惨重，仅率八骑逃回北京。三桂遂据山海关，斩自成所派使节，并致书吴襄，誓与大顺政权决绝，投靠清朝。如诗人吴梅村所云："痛哭六军俱缟素，冲冠一怒为红颜。"

《清通鉴》卷一

## 二二四　范文程建言全力取中原

崇祯十六年（崇德八年），皇太极卒，其第九子福临即位，年方六岁，年号顺治，以睿亲王多尔衮辅理国政。清大学士范文程闻吴三桂归降，当即上书多尔衮："夺取中原，应乘此大好机会，全力以赴，攻击闯军。彼虽拥众百万，可一战破也。"并建议止杀掠，得人心。谓："自古未有嗜杀而得天下者。国家止欲帝关东，当攻掠兼施，倘思统一区夏，非乂安百姓不可。"多尔衮悉采纳之。

《清通鉴》卷一

# 清

公元 1644 年至 1839 年

## 一　清颁剃发令驱民出内城

　　顺治元年五月初二，和硕睿摄政王多尔衮率清军入北京。十一日，多尔衮谕故明官员军民人等曰："谕到，俱即剃发，倘有故违，即行诛剿。"限三日内虚燕城之半驻满洲兵，尽驱汉人出城。以南城为民居，而尽圈内城为营地。其中：镶黄旗居安定门内，正黄旗居德胜门内，并在北方。正白旗居东直门内，镶白旗居朝阳门内，并在东方。正红旗居西直门内，镶红旗居阜成门内，并在西方。正蓝旗居崇文门内，镶蓝旗居宣武门内，并在南方。期限紧迫，妇子惊惶，扶老携幼，无可栖止，饥寒交迫，哭声震天。六月，议定建都北京。八月，顺治帝自盛京迁至北京。

《清通鉴》卷一

## 二　弘光帝荒淫昏庸

南明福王朱由崧称帝于南京，年号弘光。始称帝，即选淑女，大肆搜括，大兴土木。科臣陈子龙奏称："有中使四出搜巷，凡有女之家，黄纸贴额，持之而去，闾井骚然，明旨未经有司，中使私自搜采，殊非法纪。"御史朱国昌言："北城今未见官示，忽有棍徒哨凶，擅入人家，不拘女之长幼，概云抬去，但云大者选侍宫帏，小者教习戏曲。街坊缄口，不敢一语。"以太后至，谕户、兵、工三部限三日内搜括万金，以备赏赐。谕工部亟修西宫之园，刻期告成，以居皇太后。并以宫殿陈设及一应器物之工料钱约数十万，令工部筹措。工部尚书何应瑞、侍郎高倬苦于点金无术，恳祈崇俭。不听。

弘光帝尝临兴宁宫，愀然不乐。诸臣进见，以兵败地蹙，俱叩头谢罪。帝良久乃曰："朕未暇虑此，所忧者，梨园子弟无一佳者。意欲广选良家，以充掖庭，惟诸卿早行之耳。"太监韩赞周泣曰："臣以陛下忧敌未宽，或思先帝，岂意思及此！"

此兴宁宫乃新近落成者，或有进内殿观之，见有楹贴一联云："万事不如杯在手，百年几见月当头。"旁注东阁大学士王铎奉敕书。

《清通鉴》卷一

## 三　马士英颁卖官价码

南明首辅马士英以助饷为名，立开纳助工例，诏颁各类官衔价码，武英殿中书九百两，内阁中书二千两，待诏三千两。而监纪、职方各价不等。时民谣曰："中书随地有，都督满街走，监纪多如羊，职方贱如狗。"

《清通鉴》卷一

## 四　阮大铖善变功钻营

阮大铖，安庆怀宁人，万历进士。性聪敏，有才藻。天启元年由行人擢给事中，旋以忧归。后起复，依附东林名士、御史左光斗。四年因争吏科都给事中缺，乃叛东林党而诌附阉党魏忠贤，而阴虑阉党不足恃，居数月，复乞归。崇祯元年授光禄寺卿，旋被以阉党劾罢。次年，名列逆案，赎罪削职为民，匿居南京牛首山。独与马士英深相结纳。十五年，周延儒为首辅，大铖乃贿以重金乞复出，延儒以其名列逆案为难。大铖乃荐举马士英，士英遂官卢、凤总督。南明弘光朝立，为马士英力荐复出，官至兵部尚书。既出，与马结党弄权，兴"顺案"报复东林党人。弘光政权覆灭，出奔浙江依方国安军，屡欲入事监国鲁王及隆武帝，均被拒。顺治三年清军渡钱塘江，乃出降，领清军破金华。旋从攻福建，过仙霞岭，突发病僵仆死。平生善诗文，精戏曲，为后人推为临川派之代表。著有《咏怀堂诗集》《燕子笺》《春灯迷》等。

《清通鉴》卷三

## 五 史可法壮烈牺牲

史可法,字宪之,祥符人。举崇祯元年进士,迁户郎中,拜南京兵部尚书,参赞机务。

庄烈帝卒后,福王立南京。可法请督师,出镇淮、扬。加太子太保,兵部尚书、武英殿大学士。可法开府扬州。

顺治二年,清兵已取山东、河南北,逼淮南。四月朔,可法移军驻泗州,护祖陵。檄诸将救盱眙,俄报盱眙已降大清,泗州援将侯方岩全军没。可法一日夜奔还扬州。可法檄各镇兵,无一至者。二十日,清兵大至,屯班竹园。明日,总兵李栖凤、监军副使高岐凤拔营出降,城中势益单。诸文武分陴拒守。旧城西门险要,可法自守之。作书寄母妻,曰:"死葬我高皇帝陵侧。"越二日,清兵薄城下,炮击城西北隅,城遂破。可法自刎未成,一参将拥可法出小东门,被执。可法大呼曰:"我史督师也。"遂被杀。

可法为督师,行不张盖,食不重味,夏不箑,冬不裘,寝不解衣。年四十馀,无子,其妻欲置妾。太息曰:"王事方殷,敢为儿女计乎!"岁除遣文牒,至夜半,倦索酒。庖人报餕肉已分给将士,无可佐者,乃取盐豉下之。可法素善饮,数斗不乱,在军中绝饮。尝子处铃阁或舟中，有言宜警备者，曰："命在天。"

可法死，觅其遗骸。天暑，众尸蒸变，不可辩识。逾年，家人举袍笏招魂，葬于扬州郭外之梅花岭。

《明史》卷二七四

## 六　阎应元守江阴八十日

阎应元，顺天通州人。崇祯中为江阴典史，后迁广东英德主簿，以道阻未赴任，寓江阴之砂山。顺治二年六月二十一日，新县令方亨到任，严令百姓剃发，群情激愤。诸生许用德于明伦堂高声曰："头可断，发不可剃！"众遂设明太祖神位于堂，痛哭举义，远近应者数万人，共推新典史陈明遇为主，囚方亨，杀守备陈端芝，以徽人邵康公为将，以抗清兵。明遇曰："吾不如阎公智勇可属大事。"众遂驰骑赴砂山迎之。应元乃携家丁十四，连夜入城，与士民盟之曰："今日之事，非有所强于诸君者，诸君其无以生死计！"众皆奋然应诺。应元问："有饷乎？"巨商程璧曰："某愿输二万五千金。"遂紧急备办火药三百罂、铅铁九千石、大炮百门、鸟机千张。下令曰："输不必金，凡菽粟、刍稿、布帛、盐酒皆可。"并曰："城苟完，何患无财，否则身且不保，遑恤乎家！"众人皆齐声赞同。于是治楼橹、修堵堞，令每户出一男守城，分城而守。又令乡兵设伏于四郊，待敌至而歼之。部署方毕，清大队兵马至，将城包围。

时清兵所过，邑无坚城，或走或降，即闭城抵拒者攻之即下，迟亦不过旬日，如入无人之境，故清人藐视江南，以为可不血刃一举荡平。然江阴一小城，却设守甚严，兵至境上即被杀，大为骇异。于是屡屡增兵，参与攻此城之兵近十万众，列营达百，围数十里。应元身材伟岸，性情刚毅，号令严明，犯法者不稍贷，然轻财仗义，赏赐无所吝，伤者亲为裹创，死者酹酒而哭之。明遇则宽厚善良，爱惜士卒，往往流涕相劳苦。故士卒皆乐为之死，虽知危急而不动。

八月二十一日，大雨如注，城颓倾，清兵拥入。时应元坐东城楼，索笔题门曰："八十日戴发效忠，表太祖十七朝人物；十万人同心死义，留大明三百里江山。"题毕率众巷战，奋力杀敌，夺门不得出，谓从者曰："为我谢百姓，吾报国事毕矣。"乃自拔短刀刺胸，血出，即投前湖中，因湖水浅不死被执，见贝勒不跪，被害于栖霞禅寺。明遇奋战死。城中死骸枕藉，街巷皆满。至是攻守凡八十一日，竟无一人降者。而清兵死者亦不下万人。后，明隆武帝朱聿键闻而泣曰："吾家子孙遇江阴人，虽三尺童子，亦当敬而拜之！"

《清通鉴》卷二

## 七　黄淳耀侯峒曾死守嘉定

南明黄淳耀，嘉定人，崇祯进士，未受官，避乱家居。侯峒曾，嘉定人，弘光朝授浙江左通政使，以疾辞归。顺治二年闰六月十二日剃发令下，民拒不从命。黄、侯集嘉定城居民守城。时降清将领李成栋率兵驻吴淞，多淫掠，民乃奋起反抗。激战十馀日，至七月四日大雨狂风中，城将破，峒曾乃投水自尽，未果，被引出杀害。黄淳耀乃急赴僧舍自缢而死，死前题字于壁曰："遗臣黄淳耀于弘光元年七月初四日自裁于西城僧舍。呜呼！进不能宣力皇朝，退不能洁身自隐。读书寡益，学道无成，耿耿不灭，此心而已！异日寇氛复靖，中华士庶再见天日，论其世者当知余心。"时失败自杀者甚众。清兵三屠其城，杀百姓多达数万。黄淳耀著有《陶庵集》。

《清通鉴》卷二

## 八　南明隆武帝禁立生祠

顺治二年六月，南明唐王朱聿键称帝于福州，年号隆武。福州贡生郑献可颂扬隆武帝实心爱民，请建生祠，以祝万寿。隆武帝下诏责之，曰："自登极入闽，上无血性担当之倚，下无爱民如子之臣，出饷之征，累我百姓，朕实痛心，有何功德，而作此无妄建祠之事？郑献可速速停止，无重累吾民，增朕之罪过！"

隆武帝寿诞日不受贺，敕谕行在鸿胪寺曰："朕奉大统十一月，不见孝陵，情势离阻，愧恨甚深，方图竭勉。寿日断不受贺，文武亦免遥祝，但愿与朕同心觐祖救民，不在区区跪拜也。再行申谕，著即恪遵。"

《清通鉴》卷三

## 九　黄道周抗清遇难

黄道周，字幼平，漳浦人。天启二年进士，授编修，为经筵展书官。崇祯十年，进右谕德，掌司经局，疏辞。

南都亡，见唐王聿键于衢州，奉表劝进。王以道周为武英殿大学士。道周学行高，王敬礼之特甚。道周请自往江西图恢复，所至远近响应，得义旅九千馀人，由广信出衢州，进至婺源，遇清兵。战败，被执至江宁，幽别室中，囚服著书。与同囚门人谈学论道，吟咏如常。顺治三年三月初遇难。一老仆请其留下数字，乃裂衣襟啮指血，书曰："纲常万古，节义千秋，天地知我，家人何忧！"临刑，过东华门，坐不起，曰："此与高皇帝陵寝近，可死矣。"监刑者从之。

道周学贯古今，所至学者云集，精天文历数皇极诸书。

《明史》卷二五五；《清通鉴》卷三

## 一〇　瞿式耜遇害于桂林

顺治七年十一月，孔有德率军入桂林，南明督师瞿式耜、总督张同敞被执，囚桂林，乃吟诗明志，互相唱和，共为《浩气吟》数十首。其唱和有：

式耜诗：藉草为茵枕块眠，更长寂寂夜如年。苏卿绛节惟思汉，信国丹心只告天。九死自甘逭恤苦，千秋公论亦随缘。残灯一室群魔绕，宁识孤臣梦坦然。

同敞诗：棱棱瘦骨不成眠，祖德君恩四十年。腰膂尚存甘作鬼，死生有数肯呼天？叠山欲附文山烈，苏武休思汉武缘。蹈镬撩衣谈笑里，何须血泪更潜然。

十二月十七日晨，有数骑至囚所请式耜出。式耜知将遇难，乃整齐衣冠，从容而出，行至独秀岩，式耜曰："吾生平爱佳山水，此石颇佳，可以死矣。"遂遇害。

瞿式耜，苏州常熟人。顺治三年八月，隆武朝覆亡，十一月，乃同于魁楚等拥永明王朱由榔于肇庆即帝位，是为永历帝。进式耜吏部右侍郎、东阁大学士。顺治四年，清攻取肇庆，遂留守桂林，屡上疏谏阻永历帝逃跑，力主还都桂林，整饬政治，急图进取，不纳。至是，为清兵所执，不屈遇害。

《清通鉴》卷七

## 一一　范文程屡建良策

清既克明都，百度草创，用范文程议，为明庄烈愍皇帝发丧，安抚孑遗，举用废官，搜求隐逸，甄考文献，更定律令，广开言路，招集诸曹胥吏，征求册籍。惟万历时故籍存，或欲下直省求新册，文程曰："即此为额，犹虑病民，其可更求乎？"于是议遂定。

顺治二年，江南既定，文程上疏言："治天下在得民心，士为秀民。士心得，则民心得矣。请再行乡、会试，广其登进。"从之。

十年，复与同官疏："请敕部院三品以上大臣，各举所知，毋问满汉新旧，毋泥官秩高下，毋避亲疏恩怨，举惟其才，各具专疏，胪举实迹，置御前以时召对。察其论议，核其行事，并视其举主为何如人，则其人堪任与否，上早所深鉴，待缺简用。称职，量效之大小，举主同其赏；不称职，量罪之大小，举主同其罚。"上特允所请。

十一年九月，致仕。上以文程祖宗朝旧臣，有大功于国家，礼遇甚厚：文程疾，尝亲调药饵以赐；遣画工就第图其像，藏之内府；赉御用服物，多不胜纪；又以文程形貌颀伟，命特制衣冠，求其称体。康熙五年卒，年七十。赐葬怀柔红螺山，立碑纪绩，御书祠额曰"元辅高风"。

《清史稿》卷二三二

## 一二　洪承畴入清后之作为

初，皇太极尝召洪承畴等入朝见，命上殿坐，赐茶。上语承畴曰："朕观尔明主，宗室被俘，置若罔闻。将帅力战见获，或力屈而降，必诛其妻子，否亦没为奴。此旧制乎，抑新制乎？"承畴对曰："旧无此制。迩日诸朝臣各陈所见以闻于上，始若此尔。"上因叹谓："君暗臣蔽，遂多枉杀。将帅以力战没敌，斥府库财赎而还之可也，奈何罪其孥？其虐无辜亦甚矣！"承畴垂涕叩首曰："上此谕真至仁之言也！"

顺治元年四月，多尔衮帅师伐明，承畴从。既定京师，命承畴以太子太保、兵部尚书兼右副都御史，同内院官佐理机务。

二年，豫亲王多铎师下江南。闰六月，命承畴以原官总督军务，招抚江南各省，铸"招抚南方总督军务大学士"印，赐敕便宜行事。承畴至官，招抚江南宁国、徽州，江西南昌、南康、九江、瑞州、抚州、饶州、临江、吉安、广信、建昌、袁州诸府。十月，遣提督张天禄，总兵卜从善等攻破绩溪。十二月，进破黄道周于婺源，道周见获，不屈，送江宁杀之。

四年四月，明给事中陈子龙家华亭，阴受鲁王官，谋集太湖溃兵举事。承畴遣章京索布图往捕，子龙投水死。

十年五月，授承畴太保兼太子太师、内翰林国史院大学士、兵部尚书兼都察院右副都御史，经略湖广、广东、广西、云南、贵州等处地方，总督军务理粮饷。敕谕抚镇以下咸听节制，攻守便宜行事。

康熙四年二月，卒。

《清史稿》卷二三七

## 一三　冯铨入清得重用

冯铨，明万历进士，授检讨。谄事魏忠贤，累迁文渊阁大学士兼户部尚书，以微忤罢去。庄烈帝既诛忠贤，得铨罢官后寿忠贤百韵诗，论杖徒，赎为民。

顺治元年，多尔衮既定京师，以书征铨，铨闻命即至，赉冠服、鞍马、银币。令以大学士原衔入内院佐理机务，与大学士洪承畴疏请复明票拟旧制，又与大学士谢升等议定郊社、宗庙乐章。

八年，顺治帝亲核诸大臣功绩，谕："铨先经吴达奏劾得叛将姜瓖贿，便当引去；乃隐忍居官，七年以来，无所建白，令致仕。"不久，上复召铨还，谕曰："国家用人，使功不如使过。铨素有才学，博洽谙练，朕特召用，以观自新。"铨至，召见，又与承畴、文程等同夕对论翰林官贤否，上曰："朕将亲试之！"铨奏曰："南人优于文而行不符，北人短于文而行或善。今取文行兼优者用之可也。"上颔之。

康熙十七年，卒。

《清史稿》卷二四五

## 一四　多尔衮诫诸大臣

摄政王多尔衮召六部都察院诸臣入见，赐茶，多尔衮谕诸臣曰："方今江南平定，人心归附，若不乘此开基一统，岂不坐失机会。诸臣各宜同心一力，因时建功。凡属职业当务，切实恪共厎绩，毋尚虚名，徒饰浮说。"又曰："明季诸臣窃名誉，贪货利，树党与，肆排挤，以欺罔为固然，以奸佞为得计，任意交章烦渎主听，使其主心志眩惑，用人行政颠倒混乱，以致寇起民离，祸乱莫救。覆辙在前，后人炯鉴，亟宜痛加悛改，岂容仍袭故套，以蹈颠蹶。今天下已将混一，百事创始，一切事宜当从实遵行，其含糊无用之言，必不可听。以后内外大小诸臣，宜共体此意，永为遵行。"

《清通鉴》卷二

## 一五　多尔衮定国开基

多尔衮，性聪敏、有胆识，甚为努尔哈赤所钟爱。及皇太极卒，顺治帝即位，年方六岁，多尔衮乃为摄政王。李自成农民军攻下北京，明亡，多尔衮即采纳范文程、洪承畴建议，改变数十年传统，停止烧杀掳掠，揭出"替故明臣子报君父仇"之旗号。遂火速进军，于山海关一战，击败李自成所率农民军，接受吴三桂之投降。顺利进占北京。旋继续追击农民军，并遣将率兵下江南，灭南明弘光、隆武等政权，逐步确立对全国之统治。决定迁都北京，悉承明制，大量接收、使用原明朝官僚，以汉治汉。实行圈地，逼民投充，强制剃发易服，厉行逃人法。坚决镇压一切反抗斗争。以顺治帝年幼，乃威福自专，赏罚拟于朝廷，自定军国大事。极力扶植亲信，排斥异己。以胞弟多铎为辅政叔王，而自称皇叔父摄政王，继称皇父摄政王。七年十二月九日，病逝于喀喇城。初以帝礼安葬，旋即为人首告曾"谋篡大位"。遂遭身后之罚：削爵，财产入官，平毁墓葬。其亲信多被处死与免革。

《清通鉴》卷七

## 一六　阮大铖交结侯方域

侯方域，商丘人。方域师倪元璐。性豪迈不羁，为文有奇气。时太仓张溥主盟复社，青浦陈子龙主盟几社，咸推重方域，海内名士争与之交。方域负才无所试，放意声伎，流连秦淮间。阉党阮大铖时亦屏居金陵，谋复用。诸名士共檄大铖罪，作《留都防乱揭》，宜兴陈贞慧、贵池吴应箕二人主之。大铖知方域与二人善，私念因侯生以交于二人，事当已，乃嘱其客来结欢。方域觉之，卒谢客，大铖恨次骨。已而骤柄用，捕贞慧下狱。方域夜走依镇帅高杰，得免。顺治八年，出应乡试，中式副榜。十一年卒，年三十七。

方域健于文，与魏禧、汪琬齐名，号"国初三家"。有《壮悔堂集》。

《清史稿》卷四八四

## 一七　冒襄才高气盛

冒襄，字辟疆，如皋人。襄十岁能诗，董其昌为作序。与桐城方以智、宜兴陈贞慧、商丘侯方域，并称"四公子"。襄少年负盛气，才特高，尤能倾动人。尝置酒桃叶渡，一时名士咸集。酒酣，辄发狂悲歌，訾詈阮大铖。时金陵歌舞诸部，歌词皆出大铖。大铖欲自结诸社人，令歌者来，襄与客且骂且称善，大铖闻之益恨。家故有园池

· 1841 ·

亭馆之胜，归益喜客，招致无虚日，家自此中落，怡然不悔也。

襄既隐居不出，名益盛。督抚以监军荐，御史以人才荐，皆以亲老辞。康熙中，复以山林隐逸及博学鸿词荐，亦不就。著述甚富，行世者，有《先世前徽录》《朴巢诗文集》《水绘园诗文集》。书法绝妙，喜作擘窠大字，人皆藏弆珍之。康熙三十二年卒，年八十有三。

方以智，桐城人。生有异禀，年十五，群经、子、史，略能背诵。博涉多通，自天文、舆地、礼乐、律数、声音、文字、书画之属，皆能考其源流，析其旨趣。著书数十万言，惟《通雅》《物理小识》二书盛行于世。

陈贞慧，宜兴人。国亡，埋身土室，不入城市者十馀年。遗民故老时时向阳羡山中一问生死，流连痛饮，惊离吊往，闻者悲之。顺治十三年，卒，年五十三。著有《皇明语林》《山阳录》《秋园杂佩》诸书。子维崧。

《清史稿》卷五〇〇、卷五〇一

## 一八　孝庄太后谕顺治

顺治八年，孝庄皇太后诰谕顺治帝曰："为天子者，处于至尊，诚为不易。上承祖宗功德，益廓鸿图；下能兢兢业业，经国理民，斯可为天下主。民者国之本，治民必简任贤才，治国为亲忠远佞，用人必出于灼见真知，莅政必加以详审刚断，赏罚必得其平，服用必合乎则，毋作奢靡，务图远大，勤学好问，惩忿戒嬉。倘专事佚豫，则大业由兹替矣。凡机务至前，必综理勿倦。诚守此言，岂惟福泽及于万世，亦大孝之本也。"

《清通鉴》卷八

## 一九　处决京师大豪李三

京师大豪李应试，别名黄膘李三，原系明朝重犯，漏网出押。专一豢养强盗，勾聚奸宄，交结官司，役使衙蠹，远近盗贼，竞输重赀。南城铺行，尽纳常例，明作威福，暗操生杀。所喜者，即有邪党代为市恩；所憎者，即有凶徒力为倾害。他若崇文门一应税务，自立规则，擅抽课钱，恶侄杀人，死者之家不敢申诉。诸如此类，罪不胜数。顺治九年十二月被处决。

《清通鉴》卷九

## 二〇　顺治诏臣直言己过

顺治十年正月初，顺治帝谕曰："近来言官条奏多系细务，未见有规切朕躬者，朕一日万机，岂无未合天意、未顺人心之事？良由诸臣畏惮忌讳，不敢进谏耳。朕躬如有过失，诸臣须直谏无隐。即偶有未合，不妨再三开陈，庶得省改，力行正道，希臻治平。进言切当者，必加旌奖，言之过戆者亦不谴责。"

是月末，顺治帝临太和殿，曰："人君之有天下，非图逸豫乃身，当孜孜爱民。然朕虽勤于图治，岂遂无过失？专赖卿等匡其不逮。倘朕躬有过，慎勿讳言。"帝又曰："李三，孑然小民，何以官民皆惮之？"大学士陈名夏曰："李三诚非大害，官民果实畏之。盖都城五方杂处，如李三者尚不乏人。今日一李三正法，明日又一李三出矣。李三与各衙门胥役结纳最广，故使人皆惮之。其要莫如拔本塞源，令人凛凛不敢效尤，彼李三者，何足论也。"顺治帝曰："李三一小人，勿谓朕屡言及之，朕之所以屡言者，欲诸臣改心易虑，有所见闻，即行陈奏耳。朕自今以后，不复更言李三矣。"

《清通鉴》卷一○

## 二一　陈达德父子招民垦荒

陈达德，浙江义乌人。明贡生，擅诗文，慷慨有志节。曾官山西芮城知县。清初闲居北京。顺治十年，颁辽东招民垦荒令，旋设辽阳、海城二县。达德闻令，当即响应。招徕民户一百四十家，以功署辽阳县事。时因清兵入关，东北抛荒，辽阳一带，亦鞠为茂草，一片荒芜。达德率众至，披榛莽，召流移，勤垦辟，招商贾。然达德到任二月故。百姓如丧考妣，乃共推赵廉静等上书吁请陈达德之子陈瞻远接任父官。部议："陈达德殁而百姓愿戴其子，必其子有招徕之劳，故乐与共事，应如所请。"获准。官吏向无承袭之制，陈瞻远奉诏承袭，盖异数也。瞻远未负众望与朝廷之任，禀达德之迹而加修之。终使辽阳庐舍填厢，桑麻遍野，殆如中土。

《清通鉴》卷一一

## 二二　顺治令重罚贪官

顺治十一年，谕吏部曰："朕览江宁巡抚周国佐历来章疏词语模糊，意见游移。此必事事假手左右，胸中漫无主持。苏地，岂容闒茸之人因循贻误！周国佐著解任回旗。"

顺治十二年，谕刑部曰："贪官蠹国害民，最为可恨。向因法度太轻，虽经革职拟罪，犹得享用赃资，以致贪风不息。嗣后内外大小官员，凡受赃至十两以上者，除依律定罪外，不分枉法、不枉法，俱籍其家产入官，著为例。"

《清通鉴》卷一一、卷一二

## 二三　季开生因谏受杖流徙

顺治十二年七月，帝因季开生谏往扬州买女子曰："朕虽不德，每思效法贤圣之主，朝夕焦劳，屡次下诏求言，上书禁勿称圣，惟恐所行有失。若买女子入宫，成何如主耶！季开生身为言官，果忠心为主，当言国家正务实事，何得以家人所闻，茫无的据之事，不行确访，辄妄捏渎奏，肆诬沽直，甚属可恶！著革职从重议罪具奏。"寻准刑部议奏：杖季开生一百，流徙尚阳堡。

季开生，江南泰兴人，兵科给事中。时顺治帝命内监赴江南采买女子，大江南北，人情惶骇，为避灾难临头，纷纷嫁女，喧阗道路。开生冒死直言进谏，虽被重惩，然终于悟主，使江淮南北之民阴受其福，而人不知。在流所四年，为光棍殴死。年仅三十三岁。然其声望益著，被誉为清朝开国"第一名谏臣"。开生死后第二年，得旨："季开生建言，原从朕躬起见，准复原官，归其骸骨，仍荫一子入监读书。"

《清通鉴》卷一二

## 二四 谈迁著《国榷》

谈迁，海宁人。南都立，以中书荐，召入史馆，皆辞，曰："余岂以国家之不幸博一官耶？"未几，归里。迁肆力经史百家言，尤注心于明朝典故。汰十五朝实录，正其是非。访崇祯十七年邸报，补其缺文。成书，名曰《国榷》。

当是时，人士身经丧乱，多欲追叙缘因，以显来世，而见闻窄狭，无所凭藉。闻迁有是书，思欲窃之为己有。迁家贫，夜有盗入其室，不见可欲者，尽发藏橐以去。迁喟然曰："吾手尚在，宁遂已乎？"从嘉善钱氏借书复成之。阳城张慎言目为奇士，折节下之。慎言卒，迁方北走昌平，哭思陵，复欲赴阳城哭慎言，未至而卒，顺治十二年冬十一月也。黄宗羲为表其墓。

《清史稿》卷五〇一

## 二五　顺治好学善治

顺治八年，帝自亲政。刻苦向学，逮五更起读，研讨汉文典籍，推崇儒学，重用汉官，整饬吏治，严惩贪污，积极推行招抚政策，加强联系蒙、藏，推广屯田，奖励垦荒，编制《赋役全书》，免除多尔衮修建避暑边城所加派之银两。通文章、喜诗词，擅绘画，喜书法。优礼天主教耶稣会士汤若望。癖好禅宗佛学，尊临济派高憎玉林琇、木陈忞为师，执弟子礼。刚愎任性，偏爱太监，执意废黜皇后，热恋董鄂妃。顺治十七年，董鄂妃病逝，帝哀痛过度，执意削发出家，力经劝阻方止。十八年正月，因天花病逝，年仅二十四岁。

顺治帝第三子玄烨，即皇帝位，时年八岁，年号康熙。

《清通鉴》卷一八

## 二六　郑成功收复台湾

郑成功，福建南安人。其父郑芝龙明季入海从盗，后降明，以捕海盗及攻红毛（指荷兰）功累擢总兵，进平国公。成功乃其长子，谏阻其父降清不果，遂于南澳（今属广东）募兵数千。仍奉明唐王隆武年号，自称招讨大将军，举旗抗清。南明永历三年，改奉永历号，受封延平公。于思明州（今厦门）设六官理事，礼待遗臣，贮贤养士。与李定国互为声援，率部屡次重创浙闽粤清军。与张名振两次合师北上，攻入长江。顺治十六年，亲与张煌言合师北入长江，取瓜州，克镇江，攻江宁（今南京），拜祭明太祖。江南仪真、浦口、芜湖等镇相继归附，清廷震撼。旋因连胜轻敌，败归思明州。

顺治十八年，郑成功率战船四百馀艘、将士二万五千馀名，经澎湖东征台湾。台湾，福建海中岛，荷兰红毛人居之。荷兰筑城二：曰赤嵌、曰王城，其海口曰鹿耳门。荷兰人恃鹿耳门水浅不可渡，不为备。成功师至，水骤长丈馀，舟大小衔尾径进，红毛人弃赤嵌走保王城。成功使谓之曰："土地我故有，当还我；珍宝恣尔载归。"围七阅月，红毛存者仅百数十，城下，皆遣归国。台湾全岛收复，乃以赤嵌为东都，设一府二县，立法建制，修整军队，屯田垦荒。康熙元年卒，享年三十八。

《清通鉴》卷一九；《清史稿》卷二二四

## 二七　庄廷钺陷文字狱

康熙二年，庄廷钺等陷文字狱，七十馀人株连而死。

初，明内阁大学士朱国祯尝著《明史》，大部刊行，惟《列朝诸臣传》未刊。明亡，朱家中落，以稿本质千金于庄廷鑨。庄乃浙江湖州富户，因窜名己作刻之，并补崇祯一朝事，多指斥清初诸政。至是年，清归安知县吴之荣罢官，谋以告讦起复，遂告其事。清廷遣刑部侍郎审理，时廷鑨已死，乃戮其尸，诛其弟廷钺。为之作序之李令皙及其四子亦被诛。时江、楚诸名士列名书中者皆死，刻工及鬻书者同日受刑。惟海宁查继佐、仁和陆圻当狱初起先首告，谓廷鑨慕其名列之参校中，得脱罪。是狱死者七十馀人，妇女并发配边远。吴之荣终因此起用，并以所籍朱佑明之产给之，后仕至右佥都御史。

《清通鉴》卷二〇

## 二八　张煌言堪比文天祥

张煌言，号苍水，浙江鄞县人。明崇祯举人。南明鲁王监国时官权兵部尚书加右佥都御史，据守浙东。后随鲁王亡海上，迁舟山，再至福建。顺治十一年，监水军攻入长江，克京口，威震江宁。十六年，与成功合师再入长江，克瓜州、镇江，大江南北四府三州二十四县传檄归服。旋成功兵败，煌言孤军作战，亦于铜陵败北，退守浙东。康熙元年，鲁王监国卒，张煌言知大势已去，于六月解散部属，仅亲信数人随住舟山附近之悬山花岙（今浙江象山南）。七月，为清浙江提督张杰俘获，誓死不降，二年，于杭州遇害。黄宗羲评其为"千载人物，比之文天祥"。煌言能诗文，其后人辑有《张苍水集》，有"国亡家破欲何之，西子湖头有我师。日月双悬于氏墓，乾坤半壁岳家祠"等名句。

《清通鉴》卷二〇

## 二九　黄宗羲著《明夷待访录》

康熙二年，黄宗羲《明夷待访录》著成，凡二十一篇。

其书《原君》《原臣》篇，以秦以后主客颠倒，人主擅权独裁，而天下之人怨恶其君，视之如寇仇，名之为独夫，为天下之大害者，君而已矣！向使无君，人各得自私也，各得自利也！又云："天下之治乱，不在一姓之兴亡，而在万民之忧乐，臣僚出仕，是为天下，非为君也，为万民，非为一姓也。臣之与君，名异而实同，君臣之名，从天下而有之也。"

其《学校篇》云："学校所以养士，然其意不仅此，必使治天下之举皆出于学校。天子之所是，未必是；天子之所非，未必非。是故养士为学校之一事，而学校不仅为养士而设。"

其《原法篇》云："三代以下无法。人主既得天下，惟恐其祚命之不长，子孙之不能保，思患于未然，以为之法。其所谓法者，一家之法，而非天下之法也。法愈密，而天下之乱即生于法之中。所谓非法之法也。非法之法，前王不胜其利欲之私以创之，后王或不胜其利欲之私以坏之。坏之者固足以害天下，创之者亦未始非害天下者也。"

是书既成，不胫而走。顾炎武称"有此书后，百王之敝可以复起，而三代之盛可以徐还"。全祖望称此书为"经世之文"。迨晚清，梁启超称其为"刺激青年最有力之兴奋剂"。

《清通鉴》卷二〇

## 三〇 钱谦益文冠东南

钱谦益，号牧斋，江苏常熟人。明万历三十八年进士，供职翰林院。以文冠东南，一时士大夫之尚风节、谈经济者，以及诸生老将，尽归其门，以之为东林党魁、清流领袖。南明弘光朝，谦益以亲阮大铖、马士英，任礼部尚书。顺治二年五月，弘光覆亡，谦益降清，翌年授礼部侍郎，充修《明史》副总裁。六月以病乞休。嗣后，以反清复明入狱一年。

六年，谦益致密信于其门生瞿式耜，提出以规复长江中下游为重点，联络西南之孙可望、东南之郑成功等部会师长江。七年，以黄宗羲等敦促，亲赴金华策反总兵马进宝。又倾囊中所有，助建反清之师。而前后死国之臣，必经纪其家，大声疾呼，罔所顾忌。

初，崇祯十四年，谦益娶江南名妓柳如是为继室，号河东君。清兵南下，如是劝其死节取义，谦益虽未从，然常以辱节自责，呼"要死，要死"者频，如是叱之曰："公不死于乙酉（顺治二年），而死于今日，晚矣。"谦益遂以复明之举赎前愆。顺治十八年，谦益寿八十，其族弟钱君鸿拟征集庆寿诗文，谦益严拒，并言："今吾抚前鞭后，重自循省，求其可颂者而无有也。少窃虚誉，长尘华贯，荣进败名，艰危苟免。无一事可及生人，无一言可书册府。濒死不死，偷生得生。"弥留之际，黄宗羲、归庄等前往探望，稍慰其怀。康熙三年卒。

谦益平生于经史百家、金石文字、版本目录、图书校雠、佛藏道笈无不研究，而文名尤盛。所著除《初学集》《有学集》《投笔集》《钱牧斋尺牍》外，还有《列朝诗集》《杜诗笺注》《国初群雄事略》等书。乾隆三十四年《初学集》《有学集》等遭禁毁。

谦益既卒，其族人钱朝鼎、钱谦光等谋夺家产。遗孺如是不堪逼勒凌辱，投缳自尽。

《清通鉴》卷二一

## 三一　康熙智擒鳌拜

康熙帝冲龄即位，鳌拜与索尼、苏克萨哈、遏必隆同为辅政大臣。鳌拜结党专擅，倾害异己，揽辅政大权于一身。于幼主前张扬跋扈，叱喝部臣，稍不如意，竟至疾言厉色，攘臂相争。康熙心恶其专，即欲除之，而以其握兵柄，掌宿卫，又孔武有力，素习技勇，未即发。乃与索尼子索额图谋，简八旗子弟年少而孔武有力者，使入内苑，习布库之戏。鳌拜每入奏事，往往遇之，以为儿童之戏，不疑其他。帝将其党羽遣外，鳌拜亦不觉。八年五月初，索额图自请解吏部侍郎任，复为一等侍卫。康熙帝以弈棋为名，召索额图入宫，谋除鳌拜之党。十六日，鳌拜当入见，康熙帝先召诸侍卫入，问曰："汝等皆朕股肱耆旧，然则畏朕欤？抑畏拜也？"众曰："独畏皇上。"遂数鳌拜诸过恶。待鳌拜入见，立命擒之。

及被逮论死，帝亲讯，鳌拜乃裸衣暴浑身伤疤，乞贷一死。帝念其效力多年，战功颇著，命免死，革职拘禁。

康熙亲政后，即命永停圈地。以比年以来复将民间房地圈给旗下，以致民生失业，衣食无资，流离困苦，命自后圈占民间房地永行停止。其今年已圈者，悉令给还民间。

《清通鉴》卷二六

## 三二　康熙诫年幼诸王

康熙十年，谕诫年幼诸王曰："闻尔等恃威行事，岂果有所利耶？夫无益之威逞之何用？尔等皆朕懿亲，人自敬畏。至于所属在外官员，原为国家治事理民，尔等若勒索其财物，彼何所取而应奉耶？宜以时娴习骑射，暇则读书，毋徒溺于嬉戏也。"

同年，康熙帝于乾清门听政，问左通政使任克溥曰："尔曾为御史乎？条陈弹劾几何？"任对曰："臣向承乏科员，条陈三十二事，弹劾一总督、一侍郎，又发科场大弊。"任退，康熙帝顾侍臣曰："闻此人强干，果然也。"

《清通鉴》卷二八

## 三三　吴伟业于诗坛有盛名

吴伟业，号梅村，苏州府太仓州人。明崇祯榜眼，授编修，后官南京国子监司业。清军南下，杜门不出，仍主文会。顺治九年春，偕毛奇龄、尤侗、徐乾学、朱彝尊等赴十郡大社，连舟数百艘，集于嘉兴之南湖。翌年，苏州虎丘举行慎交社及同声社合盟大会，奉梅村为宗主，声名益重。其好友陈名夏、姻亲陈之遴嘱江南总督马国柱具疏力荐，敦促就道。然阻其行者甚众，经年不能决，终为世所逼，应诏北上。授弘文院侍讲之职，委以修书。未几，名夏诛死，之遴戍盛京，禁盟社，兴大狱，遂以丁继母忧得南归，自后家居十四载。因曾出仕新朝，常懊悔不已。康熙十年，临终遗嘱："吾死后殓以僧装，葬吾于邓尉灵岩相近，墓前立一圆石，题曰'诗人吴梅村之墓'，勿作祠堂，勿乞铭于人。"《临终诗》云："忍死偷生廿载馀，而今罪孽怎消除？受恩欠债应填补，总比鸿毛也不如。"

吴伟业资质韶秀、聪颖，少时独好前三史。平生著述颇丰，有《梅村先生诗集》《梅村集》《梅村家藏稿》《绥寇纪略》《春秋地理志》《复社纪事》等。而于诗坛最负盛名。

《清通鉴》卷二八

## 三四　贺贻孙深山著书

贺贻孙，永新人，九岁能属文。明季社事盛行，贻孙与万茂先、陈士业辈结社豫章。及明亡，遂不出。巡按御史笪重光欲举应博学鸿儒科，书至，贻孙愀然曰："吾逃世而不逃名，名之累人实甚。吾将从此逝矣！"乃剪发衣缁，结茅深山，无复能踪迹之者。晚年穷益甚。著有《易触》《诗触》《诗筏》《骚筏》，又著《水田居激书》。《激书》者，备名物以寄兴，纪逸事以垂劝，援古鉴今，错综比类。言之不足，故长言之，长言之不足，故危悚惕厉，必畅所欲言而后已，激浊扬清。始自《贵因》，终于《空明》，凡四十一篇。

《清史稿》卷四八四

## 三五　汪琬能为古文

汪琬，长洲人。少孤，自奋于学，锐意为古文辞。于《易》《诗》《书》《春秋》咸有发明。性狷介。深叹古今文家好名寡实，鲜自重特立，故务为经世有用之学。其于当世人物，褒讥不少宽假。顺治十二年进士，迁刑部郎中。坐累降兵马司指挥，能举其职，不以秩卑自沮。任满，稍迁户部主事，民送之溢衢巷。榷江宁西新关，以疾假归。结庐尧峰山，闭户撰述，不交世事，学者称尧峰先生。以宋德宜、陈廷敬荐博学鸿儒科，试列一等。授编修，纂修《明史》，棘棘争议不阿。在馆六十日，再乞病归。归十年而卒，年六十七。

初，康熙帝尝问廷敬今世谁能为古文者，廷敬举琬以对。及琬病归，帝南巡驻无锡，闻其居乡甚清正，特赐御书一轴。琬为文原本六经，疏畅类南宋诸家，叙事有法。公卿志状，皆争得琬文为重。尝自辑诗文为《类稿》《续稿》各数十卷，又简其尤精者，嘱门人林佶缮刻之。

《清史稿》卷四八四

## 三六　康熙诫借端招摇

先是，康熙帝行耤礼回京，过怀来城时至原任山西临川县知县孙一桂家，赐银二十两。十一年正月二十二日，复至一桂家，见前御座上陈设黄褥，遂命兵部尚书明珠谕一桂曰："朕所过沿途俱有赏赍，原非因尔曾为职官给赏。尔倘不察，见朕幸尔家，又加赏赍，遂任意横行，借端招摇，是取祸之道矣。榻上黄褥以后毋得陈设，即命撤去。"

二十八日，康熙帝自赤城回京途中，见路旁跪一道士，令明珠问其故。道士奏云："臣庙在金阁山，名灵真观。遭逢圣上，若得旌表，则光宠益甚。"谕曰："此道士妄干徼幸，求另赐名号，意欲蛊惑愚民。朕亲政以来，此等求赐观庙名号者，概不准行。况自古人主好释老之教者，无益有损。梁武帝酷好佛教，舍身于寺，废宗庙之血食，以面为牲，后竟饿死台城。宋徽宗好道，父子皆为金虏。此可鉴也。道士止宜清静修身，何必求朕赐号。尔妄求徼幸，本应处治，姑从宽宥。以后若敢妄行，决不饶恕。"

《清通鉴》卷二九

## 三七　熊赐履答康熙问

康熙十一年，帝与侍讲熊赐履论学问及用人之道，熊赐履对曰："学问在实践，不在空讲。凡取人以品行为本，至于才器大小，各有不同，难以概律。自古迄今，才全德备者有几？帝王随才器使，但用其长，不求具备。譬之宇宙间种种色象，万有不齐，一入洪钧大造，都成有用。天地无弃物，圣贤无弃人，其理一也。"帝称是。

问熊赐履近来朝政。对曰："皇上励精图治，旰食宵衣，可谓无逸作所矣。但凡事须求实际，不贵具文。前见上谕禁奢靡，崇节俭，人人皆以为当今第一要务。盖奢侈僭越至今日极矣！官贪吏酷，财尽民穷，种种弊蠹，皆由于此。但恐积习沉痼，猝难改移，有司视若虚文，奉行不力。"问曰："从来治国在安民，安民在弭盗。如今外面盗贼稍息否？"对曰："臣阅报，见盗案烦多。今日弭盗之法，在足民，亦在足兵；在察吏，亦在察将。少宽缉盗之罚，重悬捕盗之赏。"

与熊赐履论风闻言事，曰："汉官中有以言官风闻言事请者，朕思忠爱之言，切中事理，患其不多。若其不肖之徒借端生事，假公济私，人主不察，必至倾害善良，扰乱国政，为害甚巨。"对曰："言官渎奏乱政，固足为害，但言路通塞，关天下治乱。古者谏无专官，士庶亦得建白。盖人主深居九重，一日万机，若非兼听广纳，明目达聪，则政事得失，生灵休戚，何由周知其故？古人悬鞀设铎，止辇旌槛，良以此也。盖闻见不可以不广，而采纳不可以不慎。闻见不广，则病在壅塞；采纳不慎，则病在泛滥。好问好察，执两用中，舜之所以为大知也。"

帝曰："从来与民休息，道在不扰，与其多一事，不如省一事。朕观前代君臣，每多好大喜功，劳民伤财，紊乱旧章，虚耗元气，上下讧嚣，民生日蹙，深可为鉴。"

·1857·

对曰："皇上此言，诚千古守成之要道也。但欲省事，必先省心，欲省心，必先正心。自强不息，方能无为而成；明作有功，方能垂拱而治。人主诚能清心寡欲，日新又新，则大本已立，凡举措设施可不劳而理矣。纷更繁扰，则丛脞罔功；怠窳废弛，则痿痹不振。历观前代，俱有明验也。"谕曰："居敬行简，方为帝王中正之道，尔言朕知之矣。"

康熙十二年，问熊赐履曰："有治人无治法何谓也？"对曰："从来无无弊之法。得其人，变化因心，自足以治；不得其人，虽典谟官礼，亦难尽善。皇上惟留意用人。人材得，则政事理，不易之道也。"帝叹曰："真能办事的也难多得！"又曰："朕观人先心术，次才学。心术不好，便有才学何用。"

帝曰："学问之道，在于实心研索。使视为故事，讲毕即置之度外，是务虚名，于身心何益？朕于诸臣进讲后，每再三阅绎，即心有所得，犹必考正于人，务求道理明彻乃止。至听政之暇，无间寒暑，惟有读书作字而已。"

帝又曰："人主势位崇高，何求不得，但须有一段敬畏之意，自然不至差错。即有差错，自能省改。若任意率行，略不加谨，鲜有不失之纵佚者。朕每念及此，未尝一刻敢暇逸也。"

《清通鉴》卷二九、卷三〇

## 三八 孙奇逢潜心讲述

孙奇逢，直隶容城人。明万历举人，以圣贤相期，然科场屡失意。明末，清兵屡入关掠京畿，率族人相抗。清初，避居河南辉县夏峰村，盖土屋，取名"兼山堂"，潜心讲学著述。汤斌、傅山等亲往拜教，影响及于江浙。康熙三年，清廷禁野史，有讦告奇逢所著《甲申大难录》者，经门人斡旋得免祸。此后讲学著书，无一字不关性理，无一语不出名教。曾语人曰："幸不罹于法网，实出望外，从此当闭户休省。默之一字，原圣人微妙处，其默足以容，此是何等力，何等境界，愿与诸同人精思而实体之。"

奇逢绝意仕途，明、大顺、清十馀次征召皆不就，惟以讲学、著述伴其生。与黄宗羲、李颙并称清初三大儒。主张"开眼界""大心胸"，"知在躬行二字上着手，便一了百当矣"。著有《岁寒堂集》《岁寒堂续集》《四书近指》《理学宗传》及《夏峰先生集》等。康熙十四年卒，享年九十二岁。

《清通鉴》卷三二

## 三九　毕振姬不染一尘

毕振姬，山西高平人。顺治三年进士，累迁刑部员外郎。事暇，独坐陋室，布被瓦盆，读书不稍倦。

十年，出为山东济南道参议。岁旱，流民踞山谷为盗，振姬昼夜驰三百里往谕之，悉就抚，全活者七千馀人。泰山香税，岁羡馀七千金，例充公使钱，振姬悉以佐饷。调广东驿传道佥事。时三藩使命往来络绎，胥吏乘以

· 1859 ·

私派折价，民苦之，振姬一绳以法，阅数月，减船数百，减费七万有奇。调浙江金衢严道参政，擢广西按察使。所至以廉能闻。迁湖广布政使，乞病归。

康熙中，诏举博学鸿儒，左都御史魏裔介、副都御史刘楗疏荐之。十八年，命廷臣举清廉吏，裔介复疏："振姬清操绝世，才略过人。请告十馀年，躬耕百亩，读书不辍。"楗亦言："振姬居官不染一尘。归日一仆一马，了无长物，真学行兼优之人。"下部议，以振姬老，置勿用。寻卒。

《清史稿》卷二四七

## 四〇　方国栋驭吏严于民有恩

方国栋，顺治三年举人，入为国子监助教，累擢至刑部郎中。十六年，出为广东海北道佥事。海寇邓耀居岛中，时出剽掠。国栋擒耀，解散馀党。事平，雷、廉两部诸富人为贼所诬，械系者众，国栋察其冤，为辨雪。诸富人衷千金为报，国栋曰："吾悯若无辜，奈何污我？"却之。

康熙六年，任江南苏松常道参议。太湖堤岸倾圮，率吏民修葺，修沿海墩台及吴淞、刘河两闸，工费不扰民。师下闽、粤，征调旁午，国栋一意与民休息，每遇急征，从容部署。刍茭粮糗，预储以待，军兴无乏，闾左晏然。戒属吏无朘民，郡县稍稍知敛戢，不敢事剥削。

满洲兵驻防苏州，议筑营舍于王府基，当城中。国栋以兵民杂居难久安，持不可，乃改营南城隙地，民便之。宜兴善权山中寺僧与豪族争地，聚众焚寺杀僧，知县告乱，大吏将发兵。国栋单骑驰往，得首祸置法，馀无所问。吴俗健讼，喜投匦告密，国栋辄不问，即有所案，亦从宽。驭吏严，而拊循士民具有恩意。十六年，卒。吴民思之，建祠虎丘山麓以祀。

《清史稿》卷二四七

## 四一 范承谟爱民闻于朝野

范承谟，辽东沈阳人，范文程次子。顺治九年进士，授编修。康熙七年授浙江巡抚，整顿积弊，劾奏不法贪官，吏治丕然一变。时八旗兵丁与当地豪猾以"窝逃"为名诬及无辜，百姓日困，生业消亡。承谟惩豪强，清冤案，又请更定逃人法，民心大定。九年，单车简从，亲至勘查各府，据实奏请豁免荒田地二十九万四千六百馀亩，水冲缺额地二万一千九百馀亩。其卧榻旁悬一小牌，记兴革大事。上书时事数则：一，三王宜撤；一，逃人宜宽连坐；一，苏松赋征宜减一半。爱民之声，闻于朝野。每有封疆大吏陛辞，康熙帝必以其为榜样，正色饬之曰："尔欲作好官耶，当如范某。"十二年升福建总督，浙省百姓攀辕号泣，一路不绝。寻耿精忠叛附吴三桂，被囚。耿多方逼诱，誓死不屈，十五年被缢杀。

《清通鉴》卷三三

## 四二　魏裔介家居人不知其为相

魏裔介，顺治三年进士，十四年迁左都御史。正阳门外菜园为前朝嘉蔬圃地，久为民居，部议入官。裔介过其地，民走诉，即入告，仍以予民。康熙三年，拜保和殿大学士。十年，以老病乞休，诏许解官回籍。

裔介居言路最久，疏至百馀上，敷陈剀切，多见施行。生平笃诚，信程朱之学。家居十六年，躬课稼穑，循行阡陌，人不知其为故相也。

《清史稿》卷二六二

## 四三　熊赐履直言讲论

熊赐履，湖北孝感人。顺治十五年进士，选庶吉士，授检讨。典顺天乡试，迁国子监司业，进弘文院侍读。

康熙初，方鳌拜辅政擅威福，大臣稍与异同，立加诛戮。赐履不避鳌拜擅政威福，上疏数万言直指朝政积习、国计隐忧。康熙九年为经筵讲官，直言讲论。历官大学士兼刑部、礼部、吏部尚书。与修《圣训》《实录》《方略》《明史》，并充总裁官。典会试者五。四十五年致仕。其前后在朝四十馀年，于康熙帝崇儒重道，笼络汉官，励精图治，深有裨益。帝屡云："熊某之德何可忘？我至今晓得些文字，知些道理，不亏他，如何有此。"康熙四十八年，卒于家，年七十五。

《清通鉴》卷六六；《清史稿》卷二六二

## 四四　姚文然掌刑部主宽平

康熙十五年，姚文然任刑部尚书。时方更定条例，文然曰："刃杀人一时，例杀人万世，可无慎乎？"乃推明律意，钩稽研讨，必剂于宽平。决狱有所平反，归辄色喜。尝疑狱有枉，争之不得，退，长跪自责。又以明季用刑惨酷，奏除廷杖及镇抚司诸非刑。十七年，卒。

文然清介，里居几不能自给，在官屏绝馈遗，晚益深研性命之学。

《清史稿》卷二六三

## 四五　魏象枢为朝廷正纪纲

魏象枢，山西蔚州人。康熙十七年，授左都御史。疏言："国家根本在百姓，百姓安危在督抚。原诸臣为百姓留膏血，为国家培元气。臣不敢不为朝廷正纪纲，为臣子励名节。"因上申明宪纲十事，上嘉其切中时弊。各直省举劾属吏多失当，江苏嘉定知县陆陇其有清名而被劾罢，象枢疏荐之。镇江知府刘鼎溺职，题升粮道；山西绛州知州曹廷俞劣迹显著，纠察不及：象枢疏劾之。磨勘顺天乡试卷，因陈科场诸弊，请设内廉监试御史。考核各直省学道，举劳之辨、邵嘉人，劾卢元培、程汝璞，上如其议以为黜陟。

十八年，帝召象枢入对，语移时，至泣下。明日，上集廷臣于左翼门，诏极言大臣受赇徇私，会推不问操守；将帅克敌，焚庐舍，俘子女，攘财物；外吏不言民生疾苦；狱讼不以时结正；诸王、贝勒、大臣家人罔市利，预词讼：上干天和，严饬修省。是时索额图预政贪侈，诏多为索额图发，论者谓象枢实启之。

康熙二十五年卒，年七十一。

《清史稿》卷二六三

## 四六　康熙设南书房成机密要地

康熙十六年十月，谕大学士勒德洪、明珠曰："朕不时观书写字，近侍内并无博学善书者，以致讲论不能应对。今欲于翰林内选择博学善书者二员，常侍左右，讲究文义。但伊等各供其职，若令仍住外城，则不时宣召，难以即至。今著于城内拨给房屋，停其升转，在内侍从几年之后，酌量优用。再如高士奇等善书者，亦著选择一二人，同伊等在内侍从。"乃命侍讲学士张英在内供奉，食正四品俸。令高士奇在内供奉，著加内阁中书衔，食正六品俸。张英、高士奇皆赐居西安门内，是为汉官赐第皇城内之始。纸笔之属出自御府、珍果之属撤自御馔者日数至焉，因而颇为人慕。南书房渐成为机密重地。

《清通鉴》卷三四

清（公元1644年至1839年）

## 四七　高士奇善书受赏识

高士奇，浙江钱塘人。康熙三年至京师，筑室西山，经史子集、天官地志及黄老医药之书，无不读之。旋因家中变故，于报国寺卖字为生。八年入国子监，肄业后为书办。时宫中关帝庙修缮，士奇书"天子重英豪"五字为门楹，康熙帝见之，大加击节。十年翰林院考试擢为第一，命留院供职。又传旨"嗣后凡朕经筵讲义，令士奇一人誊写"。十四年擢内阁中书。既入值南书房，奉特旨：宫中禁门，待高某离去后落锁。且常派禁旅骑校护入值，以防不测。

《清通鉴》卷三四

## 四八　王鉴精通绘画

王鉴，江苏太仓人。明尚书王世贞之孙（一说曾孙）。崇祯举人，曾任廉州知府，入清不仕。鉴幼承家学，精通画理，尤善仿古，与王时敏、王翚、王原祁合称"四王"，并吴历、恽格，为清初正统画派六大家。著有《染香庵权》。康熙十六年卒。

《清通鉴》卷三四

## 四九　陈确不囿成说

陈确，原名道永。明亡，居家不仕，著述讲学。其学不囿成说，非难《大学》，批驳朱子，反对"存天理，灭人欲"。著有《大学辨》《葬书》等，后人辑为《陈确集》。

《清通鉴》卷三四

## 五〇　叶方蔼与康熙论知与行

叶方蔼，字子吉，江南昆山人。顺治十六年进士，授编修。康熙十二年，充日讲起居注官。十四年，迁国子监司业，再迁侍讲。宴瀛台，群臣皆进诗赋，方蔼制八箴以献，上甚悦，赐貂裘。十五年，迁左庶子，再迁侍讲学士。

十六年，命充《孝经衍义》总裁，进讲《通鉴》。上问："知行孰重？"对曰："宋臣朱熹之说，以次序言，则知先行后；以功夫言，则知轻行重。"上曰："毕竟行重，若不能行，知亦虚知耳。"

《清史稿》卷二六六

## 五一　任弘嘉上疏辄战栗

任弘嘉，江南宜兴人。康熙十五年，成进士。十八年，考选江南道御史。弘嘉一日巡城，有锦衣骏马突其前，诃叱之。隶卒白曰："此王府优也。"弘嘉趋王府，索优出，杖之四十。上闻，直弘嘉。由是贵戚敛迹，毋敢玩法。寻掌山东道,兼江南道如故。

弘嘉素慎,疏上言过直,辄战栗。或曰:"子葱若此,何如不言?"曰:"弘嘉之战栗,气不足也。然知其当言,不敢欺吾心,尤不敢负吾君耳。"

《清史稿》卷二八二

## 五二　田呈瑞以私钱修石堤

田呈瑞,山西汾阳人。康熙中,仕为中书舍人。出襄南河事。有堤当水冲,曰:"此堤一坏,万家其鱼矣!土堤易修易败,宜更以石。"家素丰,出私钱成之。以功擢大名道,未之任,调陕西临洮道。遇饥治赈,策马行郡县山谷间,豪右胥吏不敢为奸弊。呈瑞念救荒无善策,于兰州西石佛湾凿渠,教民造水车,引以溉田,岁增粟十馀万石,民为建生祠。调浙江金衢,署粮储道,征漕积弊尽洗涤之。值旱,冒暑省荒,感疾,乞归不得。五十九年,卒于官。

《清史稿》卷二八五

## 五三　康熙开设博学鸿儒科

清既定鼎中原,即遣官征召遗贤,命各省抚、按荐举境内隐逸、贤良,以凭征擢。顺治十三年,颁举士令,帝躬亲策试应征者。康熙帝亲政后,于九年、十二年、十三年多次诏征山林隐逸，然应者实寡，南方士人仍不肯屈节仕清，惟于隐居及著述中追思故国，及平三藩之战胜负判然，复明之想最终幻灭。康熙十七年，下诏征鸿儒。谕称："自古一代之兴，必有博学鸿儒振起文运，阐发经史，润色词章，以备顾问著作之选。朕万机馀暇，游心文翰，思得博学之士，用资典学。凡有学行兼优、文词卓越之人，不论已仕未仕，令在京三品以上及科道官员、在外督抚布按，各举所知，朕将亲试录用。"

征召博学鸿儒旨下，坚辞举荐者有顾炎武、黄宗羲、李颙、傅山、魏禧等人。顾炎武谓荐举者曰："刀绳具在，无速我死！"黄宗羲则对举荐者、掌院学士叶方霭表明，荐其赴征即是促其杀身。李颙被地方官携至行省时，绝食六日，以自刎相胁，方得放归。魏禧被强送至南昌，蒙被卧，称疾笃，亦得放归。傅山被强勒至京郊，拒不入城，公卿拜望不绝，概不相礼，康熙帝叹息不止，以为人才之难得，虽未参加考试，仍予中书舍人职衔。

而应诏者仍占多数，隐逸之士亦争趋辇毂，惟恐不与。康熙十八年，凡一百五十三人于体仁阁与试，又特赐宴席，由大学士、部院学士各二员陪宴。宴罢再试，不限交卷时间，使之从容握管，文完者先出，未完者命给烛，至漏二下始罢。此次特科，共取一等二十人，二等三十人，统授翰林职衔。其中朱彝尊、李因笃、潘耒、严绳孙等名士皆授翰林院检讨，处显位。

《清通鉴》卷三五、卷三六

## 五四　张岱潜心文史

张岱，浙江山阴人。少颖异，无意仕进，潜心文史，又娴于博弈、弹琴诸技，结交者多道士、伶人、剑客。康熙初与修《明史纪事本末》。著有《琅嬛文集》《陶庵梦忆》《西湖梦寻》《石匮书》《石匮书后集》等。康熙十八年卒。

《清通鉴》卷三六

## 五五　李渔精于戏曲

李渔，浙江兰溪人，明末诸生。擅小说，尤精谱曲。著有《闲情偶寄》《芥子园画谱》《合锦回文传》《笠翁十种曲》等。康熙十九年卒。

《清通鉴》卷三七

## 五六　康熙平三藩拒受尊号

清初，平西王吴三桂驻镇云贵，平南王尚可喜驻镇广东，靖南王耿精忠驻镇福建，是为三藩。三王手握重兵，骄姿无忌，渐成分裂割据势力。康熙十二年，始议撤藩。吴三桂等起兵叛。康熙帝调兵遣将，剿抚兼施，经历八年，平定三藩之乱。

康熙二十年十二月，御史何嘉祐请上皇帝尊号。帝谕曰："朕自御极以来，日夜孜孜，以乂安生民为念。乃逆贼吴三桂一倡变乱，遂于涂炭八年。当吴三桂初叛时，散布伪札，煽惑人心，各省兵民，相率背叛，此皆德泽素未孚洽，吏治不能剔厘所致。幸赖上天眷祐，祖宗威灵，及满洲兵士之力，逆渠授首，奸党悉除，地方平靖。独念数年之中，水旱频仍，灾异叠见；师旅疲于征调，被创者未起；间阎敝于转运，困苦者未苏。因军兴不给，裁减官员俸禄及各项钱粮，并增加各项银两，仍未复旧。每一轸念，甚歉于怀。若大小臣工人人廉洁，俾生民得所，风俗淳厚，教化振兴，天下共享太平之福，虽不上朕尊号，令名实多。如一切政治不能修举，则上尊号何益？朕断不受此虚名也。"

又谕曰："朕自幼读书，览古人君行事，始终一辙者甚少，常以为戒。惟恐几务或旷，鲜克有终，以故宵衣旰食，祁寒盛暑不敢少间，偶有违和，亦勉自听断。或中夜有机宜奏报，未尝不披衣而起。朕非不知燕息自怡，盖所爱不在一身，总为天下生灵计。政事务求当理，官职务在得人，期于家给人足，百姓乐业而已。今吏鲜洁清之效，民无康阜之休，君臣之间，全无功绩可纪，倘复上朕尊号，加尔等官秩，则徒有负愧耳，何尊荣之有？其上朕尊号之事，断不可行，此乃朕实意，非粉饰之词也。自今以往，大小臣工宜各洗心涤虑，砥节励行，休养苍黎，培复几气。尔等可向九卿各官悉谕朕意，不必再行陈请。"

《清通鉴》卷三八

## 五七　顾炎武倡经世致用

顾炎武，学者称亭林先生，江苏昆山人。崇祯末年，感四国之多虞，耻经生之寡术，自历代史志中辑录农田、水利、矿产、交通及地理沿革等项，倾力纂写《天下郡国利病书》及《肇域志》。顺治元年，南明弘光政权授其兵部司务，撰《乙酉四论》：《军制论》《形势论》《田功论》《钱法论》。翌年昆山陷，清军屠城，其嗣母绝食死，留遗训："勿为异国臣子"。自是五年间，蓄发明志，以太湖为基地，往来筹画恢复之事。失败后游历直、鲁、豫、江、浙、山、陕诸省，网罗遗籍，访学问友，致力于《日知录》之写作。康熙十七年，坚拒博学鸿儒之荐。二十一年，卒。

炎武精研经学、文字、音韵、历史、地理，开乾嘉学派之先河。以经世致用倡于天下学人，主张"天下兴亡，匹夫有责"，"君子之为学也，非利己而已也。有明道淑人之心，有拨乱反正之事，知天下之势之何以流极而至于此，则思起而有以救之"。治学主张博赡贯通，注重实证，反对因袭，提倡独创。著述宏富，卷帙之积，几于等身。《日知录》外，他如《顾亭林诗文集》《历代帝王宅京记》《音学五书》《金石文字记》《天下郡国利病书》等均为后世所重。梁启超称其为"清学开山"。

《清通鉴》卷二九

## 五八　郑经经营台湾

郑经，郑成功长子。自幼好学习射，颇得成功喜爱。成功卒，嗣延平郡王，经营台湾。镇抚诸番，开辟田地，植蔗熬糖，煮海为盐，以兴贸易，民用殷富。又设立学校，三年一试，台人自是始奋学。又檄各镇屯垦之暇，以时操演，伐木造舰，不忘武备。铸永历钱，往通日本、安南等各国。屡拒清廷招抚，三藩乱起，以复明为号召，传檄各地，举兵相应，旋据福建之漳州、泉州、汀州、厦门、金门，广东之潮州、惠州等府县，威声大振。康熙十九年，败走台湾。郑经官兵，归清者日益众，自此溺于酒色，无复西意。

郑经卒后，其侍卫冯锡范奉其次子克塽嗣为延平王。

《清通鉴》卷三八

## 五九　李光地建言取台湾

李光地，福建安溪人，康熙九年进士，选庶吉士，授编修。十九年，授内阁学士。入对，言："郑经已死，子克塽幼弱，部下争权，宜急取之。"且举内大臣施琅习海上形势，知兵，可重任，上用其言，卒平台湾。

光地曾先后奉命与修《朱子全书》《周易折中》《性理精义》等书。康熙帝称与其"义虽君臣，情同朋友"。所进文字，发抒心得，每称善。朝廷有大事，每相咨商。

后累疏乞休，五十四年，特命给假二年，行前接连召见，因其耳聋，机密事皆以手书示之，随书随毁。又嘱可密疏以闻。还乡未及半载，趋召入朝。帝每叹曰："大臣中每事为我家计万世者，独此一老臣耳！"康熙五十七年，卒于任所，年七十七。谕命恒亲王胤祺率内大臣等祭奠。谕曰："知之最真无有如朕者，知朕者也无有过于李光地者。"所著有《榕村全集》四十卷等。

《清史稿》卷二六二；《清通鉴》卷七五

## 六〇　姚启圣荐施琅谋复台湾

姚启圣，浙江会稽人。少任侠自喜。明季为诸生。顺治初，游通州，为土豪所侮，乃诣军前乞自效。檄署通州知州，执土豪杖杀之，弃官归。郊行，遇二卒掠女子，故与好语，夺其刀杀之，还女子其家。康熙二年乡试第一，授广东香山知县。前政负课数万，系狱，启圣牒大府，悉为代偿。寻以擅开海禁，被劾夺官。

康熙十七年，擢启圣福建总督。方郑经屡入寇，徙滨海居民入内地，俾绝接济、避侵掠，下令越界者罪至死，民多荡析。及禁旅班师，驱系良民子女北行，启圣白王严禁。复捐赀赎归难民二万馀人，并请开海界、复民业，听降卒垦荒，民困渐苏。及经死，子克塽仍其爵，称延平王，凡事皆决之刘国轩等。启圣令知府卞永誉、张仲举专理海疆，多以金帛间其党与。

康熙十八年，姚启圣两次上疏，保举施琅为福建水师提督、靖海将军，康熙帝以万正色效力茂著，特拣补福建水师提督，驳回。十九年二月，清军收复海坛、厦门、金门，姚启圣请乘胜攻取台湾，康熙帝命侍郎温代往议。温代奏覆以暂不举兵为是。启圣仍疏言："台湾断须次第攻取，永使海波不扬。"郑经卒，李光地、姚启圣皆奏请趁机进取台湾。李光地奏云："若以大军征之必克，机不可失。"谕曰："尔言是，朕计决矣。"

康熙二十年七月，命施琅为右都督、福建水师提督总兵官，往福建会同将军、督抚等商酌，定期统兵进取台湾、澎湖。

二十二年六月，施琅进攻台湾，取澎湖。启圣驻厦门督馈运，以大舟载金、缯、货、米至军，大赍降卒，遣之归，台民果携贰。复设间使克塽与国轩互相猜，众莫为用。琅遂定台湾，克塽、国轩等皆降。启圣还福州，未几，疽发背，卒。

《清史稿》卷二六〇；《清通鉴》卷三八

## 六一　施琅克复台湾

施琅，福建晋江人。初为明总兵郑芝龙部下左冲锋。顺治三年，琅从芝龙降。从征广东，戡定顺德、东莞、三水、新宁诸县。芝龙归京师，其子成功踞海岛，招琅，不从。成功执琅，并絷其家属。琅以计得脱，父大宣、弟显及子侄皆为成功所杀。

康熙二十二年六月上旬，施琅为攻澎湖精密部署，集众将，以米堆"沙盘模型"，示进军方略。又令各船于帆大书主将名，以进退定赏罚。有将领虑台风多发，琅云："毋惮，兵法不曰出不意、攻无备乎？"且出"先锋银锭"，传令敢为先锋者领取！旋蓝理挺身而出，琅大喜，命为前部先锋。十四日晨，水陆官兵二万馀人，战船二百三十馀艘发自铜山。

十六日晨，琅率军攻澎湖，蓝理等七舰率先冲入敌阵，郑将曾瑞、林陞迎战。两军战酣，南潮大起，风向突变，巨浪冲散清舰，郑军四面合围。琅恐理等有失，亲统战舰救援，流铳中目，仆倒，众将大惊。理见状高呼："将军勿忧，蓝理在此！"率舰复入敌阵。旋中炮跌倒，腹破肠出，血染战袍，曾瑞大叫："蓝理死矣！"理闻声，扶其弟强起，怒吼曰："蓝理在，曾瑞死矣！"督将速战。理族子法、四弟瑗、五弟珠解衣包裹伤口，理整甲起身，呼曰："今日诸君不可怯战，誓与贼无生还！"众将感奋，林陞中三箭，郑军始乱。琅乘势救理，引帅而退。

十八日晨，琅分清军为四：正面，琅亲率大船五十六艘；东线，总兵陈蟒等率船五十只；西线，总兵董义率船五十只。另八十船为预备队，随主攻舰队之后。又采部将吴英"五梅花"阵法，以五船围敌一船，尽其船多之长。郑帅刘国轩率大小船舰二百馀艘，官兵二万馀人，列阵以待。自辰时开战，双方炮火矢石交攻，烟焰蔽天，咫尺莫辨。忽然，风向反转，有利清军，琅命火器船乘风纵发，以火桶、火罐进攻，郑军大败，五千馀郑军倒戈归降，国轩乘乱逃回台湾。清军共阵亡三百馀人，伤近二千人。郑军一万二千人被击毙。清军大获全胜。

澎湖既克，施琅为行"因剿寓抚"之策，令暂休兵整军。命免三年徭役，为降兵医伤，愿归台者听便。且厚待国轩亲信，令归台告之曰："肯降，必保奏封之公侯。"国轩降意遂坚。闰六月初八，郑克塽请降，施琅率军入台湾。台湾与大陆复归统一。

人谓琅必报父仇，将致毒于郑氏。琅曰："绝岛新附，一有诛戮，恐人情反侧。吾所以衔恤茹痛者，为国事重，不敢顾私也。"

台湾平后，大臣持弃守二说，康熙从琅之议，留置郡县，立营制，定赋税，以台湾为东南屏障。

《清史稿》卷二六〇；《清通鉴》卷四〇、卷五三

## 六二　李霨忠谨慎密内介外和

李霨，直隶高阳人。康熙即位，以霨为弘文院大学士。时四大臣辅政，决机务，或议事龃，霨辄默然，既乃出片言定是非。票拟或未当，不轻论执。每于谈笑间婉言曲喻，徐使更正。其间调和匡救，保护善类，霨有力焉。

康熙九年夏，霨任保和殿大学士兼户部尚书。与修《世祖实录》，充总裁官。十一年，书成，晋太子太傅。未几，三藩叛，继以察哈尔部作乱。上命将出征，凡机密诏旨，每口授霨起草，退值尝至夜分，或留宿阁中。所治职务，出未尝告人，忠谨慎密，始终匪懈。二十一年，重修《太宗实录》成，进太子太师。

台湾初定，提督施琅请设官镇守，廷议未决。有谓宜

迁其人、弃其地者，上问阁臣，霦言："台湾孤悬海外，屏蔽闽疆。弃其地，恐为外国所据；迁其人，虑有奸宄生事。应如琅议。"上韪之。二十三年，卒。

《清史稿》卷二五〇

## 六三　施闰章素心高谊工诗文

施闰章，号愚山，宁国府宣城人。顺治六年进士，历任江西参议、分守湖西道等职，有惠声。以不徇大学士刘正宗请托，康熙六年去职。湖西民众集资建龙冈书院，请其讲学三天，以示敬意。十八年，应博学鸿词试，授翰林院侍讲，参与《明史》修撰。工古文，尤擅诗。常与宋琬、丁澎、张谯明、周茂源、严沆、赵锦帆等人往来唱和，有"燕台七子"之称；又与宋琬、王士禛、朱彝尊、赵执信、查慎行齐名，称"清初六大家"。其为人忠厚热诚，士林称许，顾炎武称其"素心高谊，不可于今日宦途中求之矣"。著有《学馀堂集》《矩斋杂记》《愚山先生文集》《愚山先生诗集》《愚山先生别集》等。

《清通鉴》卷二二

## 六四　吕留良所著多禁书

吕留良，号晚村，晚年为僧，号何求仙人，能医，又号吕医山人。浙江崇德人。明亡，投笔从戎，散家资万金，召募义军抗清。后致力于探寻治乱之源，尊先儒，尤倡朱熹之学，以求经世致用。受黄宗羲影响，服膺其"华夷大防之义"。晚年，大声疾呼，不顾世所讳忌。穷乡晚进有志之士，闻而兴起者甚众。康熙二十二年卒，年五十五。著述近五十种，大半列入《清代禁书总目》，幸存者仅有《吕晚村文集》《续集》《诗集》《四书讲义》。卒后四十馀年，为曾静案牵连，剖棺戮尸，雍正帝斥其为"名教中之罪魁"。子孙及门人被杀戮者甚多。

《清通鉴》卷四〇

## 六五　汤斌正直有操守

汤斌，河南睢州人，顺治九年进士。康熙十七年，诏举博学鸿儒，尚书魏象枢、副都御史金鋐以斌荐，试一等，授翰林院侍讲，与修《明史》。二十年，充日讲起居注官，转侍读。二十一年，命为《明史》总裁官。二十三年，擢内阁学士。江宁巡抚缺，方廷推，上曰："今以道学名者，言行或相悖。朕闻汤斌从孙奇逢学，有操守，可补江宁巡抚。"

斌令诸州县立社学，讲《孝经》《小学》，修泰伯祠及宋范仲淹、明周顺昌祠，禁妇女游观，胥吏、倡优毋得衣裘帛，毁淫词小说，革火葬。苏州城西上方山有五通神祠，几数百年，远近奔走如鹜。谚谓其山曰"肉山"，其下石湖曰"酒海"。少妇病，巫辄言五通将娶为妇，往往瘵死。斌收其偶像，木者焚之，土者沉之，并饬诸州县有类此者悉毁之，撤其材修学宫。教化大行，民皆悦服。

方明珠用事，馀国柱附之。蠲江南赋，国柱使人语斌，谓皆明珠力，江南人宜有以报之，索赇，斌不应。比大计，外吏辇金于明珠门者不绝，而斌属吏独无。

二十五年，授礼部尚书，管詹事府事。将行，吴民泣留不得，罢市三日，遮道焚香送之。

二十六年五月，不雨，灵台郎董汉臣上书指斥时事，语侵执政，下廷议，明珠惶惧，将引罪。大学士王熙独曰："市儿妄语，立斩之，事毕矣。"斌后至，国柱以告。斌曰："汉臣应诏言事无死法。大臣不言而小臣言之，吾辈当自省。"上卒免汉臣罪。明珠、国柱愈恚，摘其语上闻，并摭斌在苏时文告语，曰"爱民有心，救民无术"，以为谤讪，传旨诘问。斌惟自陈资性愚昧，愆过丛集，乞赐严加处分。帝留斌任。

斌既师奇逢，习宋诸儒书。尝言："滞事物以穷理，沉溺迹象，既支离而无本；离事物而致知，骛聪黜明，亦虚空而鲜实。"其教人，以为必先明义利之界，谨诚伪之关，为真经学、真道学；否则讲论、践履析为二事，世道何赖。斌笃守程、朱，亦不薄王守仁。身体力行，不尚讲论，所诣深粹。著有《洛学编》《潜庵语录》。

《清史稿》卷二六五

## 六六　于成龙称第一清官

于成龙，山西永宁人。明崇祯间副榜贡生。顺治十八年，授广西罗城知县，年四十五矣。罗城居万山中，盛瘴疠，瑶、僮獷悍，初隶版籍。方兵后，遍地榛莽，县中居民仅六家，无城郭廨舍。成龙到官，召吏民拊循之，申明保甲。盗发即时捕治，请于上官，讞实即处决，民安其居。邻瑶岁来杀掠，成龙集乡兵将捣其巢，瑶惧，誓不敢犯罗山境，民益得尽力耕耘。居罗山七年，与民相爱如家人父子。牒上官请宽徭役，疏鹾引，建学宫，创设养济院，凡所当兴罢者，次第举行，县大治。总督卢兴祖等荐卓异。

康熙六年，迁四川合州知州。四川大乱后，州中遗民裁百馀，正赋仅十五两，而供役繁重。成龙请革宿弊，招民垦田，贷以牛种，期月户增至千。

十七年，迁福建按察使。判决明允，狱无淹滞。军中多掠良民子女没为奴婢，成龙集资赎归之。巡抚吴兴祚疏荐廉能第一，迁布政使。师驻福建，月征堼夫数万，累民，成龙请罢之。

十九年，擢直隶巡抚。二十年，入觐，召对，上褒为"清官第一"。上曰："为政当知大体，小聪小察不足尚。人贵始终一节，尔其勉旃！"旋赐帑金千、亲乘良马一，制诗褒宠，并命户部遣官助成龙赈济宣化等处饥民。成龙复疏请缓真定府属五县房租，并全蠲霸州本年钱粮，均报可。是年冬，乞假丧母，优诏许之。

未几，迁江南江西总督。成龙至江南，革加派，剔积弊，治事尝至达旦。好微行，察知民间疾苦、属吏贤不肖。自奉简陋，日惟以粗粝蔬食自给。江南俗侈丽，相率易布衣。士大夫家为减舆从、毁丹垩，婚嫁不用音乐，豪獍率家远避。居数月，政化大行。常曰："学者苟识得道理，埋头去作，不患不到圣贤地位。"曾言："我生来无他嗜好，布衣蔬食，才免饥寒足矣。不知世间有享受事，亦不知馈遗交际欲何为计？俸入自给有馀，要钱何用？"几案间，蛛丝鼠迹，一竹笥贮朝服，一釜备饮炊，文卷书册数十束，此外都无一物。见者皆叹服曰："于公清苦天下第一也。"势家惧其不利，构蜚语。明珠秉政，尤与忤。

二十三年，命成龙兼摄江苏巡抚、安徽巡抚。未几，卒於官。

初，于闽任职时，外国贡舶或有贡献，坚拒不受，贡使曰："天朝洪福，我侪实未见此清官也。"

居官二十馀年，未尝携家眷。卒，将军、都统及同僚入视，后室床头，只笥巾绨袍一袭。丧归之日，士民数万人，步行二十馀里，伏地哭江左，商民为之罢市，家家绘像供祀。

《清通鉴》卷三八、卷四一；《清史稿》卷二七七

## 六七　康熙谕不得称政事无阙

康熙二十三年，谕曰："近见朕凡谕令议奏之事，或会议或九卿、部院，皆有以上谕极是回奏。朕命诸臣会议者，但欲事得其理，视与众意相符合耳，并非必以朕言为是，令遵议也。命大学士、学士晓谕诸臣，嗣后将如此称写永行停止。"

康熙二十六年，以天旱求言。明珠等奏："臣等再三

酌议，见今政务实无可更改厘定者。"康熙帝谕曰："尧舜之世方可称无阙失，然犹兢兢业业，不敢谓己治已安。汉文帝亦古之贤主，贾谊犹指陈得失，直言切谏。今但云主圣臣贤，政事无阙，岂国家果无一事可言耶？况求言原属要事，无论智愚皆当各陈己见，以备采择，始于政务有所裨益。如漫无可否，但图己身作一干净好人，亦易耳。大小臣工各宜尽心职业，视国事如家事，方副委任之意。"

又曰："朕听政有年，见人或自恃有才，辄专恣行事者，思之可畏。朕意必才德兼优为佳，若止才优于德，终无补于治理耳。"又谕大学士等："设官分职，原以为民，所在得一良吏，则民遂其生。如有类似于成龙者，不拘大小即可保举。"

康熙二十六年，帝于畅春园谕汤斌等曰："自古帝王，莫不以豫教储贰为国家根本。朕恐皇太子不深通学问，即未能明达治体，是以孳孳在念，面命耳提，自幼时勤加教督，训以礼节，不使一日暇逸。"汤斌奏："皇上豫教元良，旷古所无，即尧舜莫之及。"康熙帝责之曰："大凡奏对贵乎诚实，尔此言皆谗谄面谀之语。今实非尧舜之世，朕亦非尧舜之君，尔遂云远过尧舜，其果中心之诚然耶？今人面相扬颂，而退有后言，或三四人聚论，肆其讥议者有之。大凡人之言行，务期表里合一，若内外不符，实非人类。"

《清通鉴》卷四一、卷四四

## 六八　康熙称当去奢反朴

康熙二十三年，帝首次南巡，至苏州府。登虎丘，谕侍臣曰："向闻吴阊繁盛，今观其风土，大略尚虚华、安佚乐。逐末者众，力田者寡，遂致家鲜盖藏，人情浇薄。为政者当使之去奢反朴，事事务本，庶几家给人足，可挽颓风。"旋至无锡县。夜坐舟中，常与侍臣高士奇等探讨古今兴废之迹，读《尚书》《左传》及先秦两汉文数篇，或谈《周易》，或赋诗。曰："善读书意味深长，不似耳目之好，易于烦厌也。"

康熙二十八年春正月，启銮南巡临阅河工。诏所过勿令民治道。驻济南，望祀泰山。次清河。驻扬州。诏曰："朕观风问俗，卤簿不设，扈从仅三百人。顷驻扬州，民间结彩盈衢，虽出自爱敬之诚，不无少损物力。其前途经过郡邑，宜悉停止。"

《清通鉴》卷四一；《清史稿》卷七

## 六九　彭鹏治三河县

彭鹏，福建莆田人。幼慧，有与其父仇，欲杀鹏，走匿得免。顺治十七年，举乡试。耿精忠叛，迫就伪职，鹏佯狂示疾，椎齿出血，坚拒不从。事平，谒选，康熙二十三年，授三河知县。三河当冲要，旗、民杂居，号难治。鹏拊循惩劝，不畏强御。有妄称御前放鹰者，至县索饩牵，鹏察其诈，絷而鞭之。治狱，摘发如神。邻县有疑狱，檄鹏往鞫，辄白其冤。二十七年，圣祖巡畿甸，召问鹏居官及拒精忠伪命状，赐帑金三百，谕曰："知尔清正不受民钱，以此养尔廉，胜民间数万多矣！"

《清史稿》卷二七七

## 七〇　傅山誓不应诏

傅山，字青主，阳曲人。读书过目成诵。明季天下将乱，诸号为搢绅先生者，多迂腐不足道，愤之，乃坚苦持气节，不少媕婀。提学袁继咸为巡按张孙振所诬，孙振，阉党也。山约同学曹良直等诣通政使，三上书讼之，巡抚吴甡亦直袁，遂得雪。山以此名闻天下，甲申后，山改黄冠装，衣朱衣，居土穴，以养母。

康熙十七年，诏举鸿博，给事中李宗孔荐，固辞。有司强迫，至令役夫舁其床以行。至京师二十里，誓死不入。大学士冯溥首过之，公卿毕至，山卧床不具迎送礼。魏象枢以老病上闻，诏免试，加内阁中书以宠之。冯溥强其入谢，使人舁以入，望见大清门，泪涔涔下，仆于地。魏象枢进曰："止，止，是即谢矣！"翼日归，溥以下皆出城送之。山叹曰："今而后其脱然无累哉！"至家，大吏咸造庐请谒。山冬夏着一布衣，自称曰"民"。或曰："君非舍人乎？"不应也。二十三年卒，以朱衣、黄冠敛。

山工书画，谓："书宁拙毋巧，宁丑毋媚，宁支离毋轻滑，宁真率毋安排。"人谓此言非止言书也。诗文初学韩昌黎，崛强自喜，后信笔抒写，俳调俗语，皆入笔端，不愿以此名家矣。著有《霜红龛集》十二卷。子眉，先卒，诗亦附焉。

眉，每日出樵，置书担上，休则把读。山常卖药四方，与眉共挽一车，暮抵逆旅，篝灯课经，力学，继父志。与客谈中州文献，滔滔不尽。山喜苦酒，自称老蘖禅，眉乃称小蘖禅。

《清史稿》卷五〇一

## 七一　纳兰性德称清初第一词人

纳兰性德，字容若，号楞伽山人，满洲正黄旗人，大学士明珠长子。康熙进士。授三等侍卫，晋一等侍卫，从康熙出塞北、巡江南。笃意经史，且欲窥寻性命之学及经济之学，熟读《通鉴》及古人文辞。尤工于词，香艳中更觉清新，婉丽处又极俊逸，所谓笔花四照，一字动摇不得者也。至有"国初第一词人""北宋以来一人"之誉。王国维称："纳兰容若以自然之眼观物，以自然之舌言情。"著有《纳兰词》《通志堂集》。另受徐乾学教，编《通志堂经解》，计一千七百八十八卷之巨。康熙二十四年卒，年仅三十一。

《清通鉴》卷四二

## 七二　康熙严饬施琅于公所立碑

康熙二十五年，福建提督张云翼疏称："提督施琅在泉州天地春地方建立碑亭，刻勒御制诗，不便经由来往，请旨定夺。"康熙帝谕曰："施琅此举大为非是。朕亲书诗字赐之者，原以褒施琅之功，荣宠其一身一家，于伊家左右犹可竖碑。今乃于公所建立碑亭，不独张云翼一人出入未便，即合省文武大僚亦皆震悚回避，殊为非便。况施琅、张云翼同为提督，乃欲张云翼降心以从可乎？此特借端招摇，欲引以为重耳。命将此本发还礼部，并严饬施琅，不得于公所立碑。"

施琅卒于康熙三十五年。

《清通鉴》卷四三

## 七三　南怀仁教康熙西学

南怀仁，比利时人，天主教耶稣会传教士。顺治七年来华赴西安传教，旋奉召至京，供职钦天监。康熙三年，坐汤若望案下狱。出狱后，证旧历法之误，寻授钦天监副，改制天文仪器。十二年，六大新仪成，为黄道经纬仪、赤道经纬仪、地平经仪、地平纬仪、纪限仪、天体仪，其中黄道经纬仪及纪限仪为前所未有。因擢监正。康熙帝拜其为师，凡数学、天文、力学、音乐等，均向其讨教。三藩乱起，奉旨共造各类火炮近千尊，康熙帝称其

"炮位精坚可嘉"。

康熙二十六年卒,谥"勤敏",南怀仁乃来华天主教传教士身后蒙赐谥之惟一一人。译著有《康熙永年历法》《九十度表》《灵台仪象志》《熙朝定案》《赤道南北星图》《坤舆全图》等。

《清通鉴》卷四四

## 七四　王夫之学识渊博

王夫之,号船山。湖南衡阳人。明崇祯十五年举人。顺治五年清兵南下,于衡山抗清,七年于广西梧州任南明永历朝行人司行人。后归故里,于石船山隐居著书,拒不剃发。吴三桂于衡州称帝,有以劝进表相嘱者,乃遁走深山,以示拒绝。康熙三十一年卒于家,享年七十四岁。其学识渊博,于经、史、文、佛、音韵、天文、历法、地理等无不精研,立足经世致用。著述百馀种,主要有《读通鉴论》《宋论》《张子正蒙论》《思问录内外篇》《老子衍》《庄子通》《姜斋诗文集》等,后人辑有《船山遗书》。

《清通鉴》卷四九

## 七五　康熙论明末朋党之祸

康熙三十一年,帝与徐元文等谈修撰《明史》,曰:"宦官为害,历代有之。明如王振、刘瑾、魏忠贤辈,负罪尤甚。崇祯之诛锄阉党，极为善政。但谓明之亡，亡于太监，则朕殊不以为然。明末朋党纷争，在廷诸臣置封疆社稷于度外，惟以门户胜负为念。不待智者，知其必亡。乃以国祚之颠覆，尽委罪于太监，谓由中官用事之故，乌得为笃论耶！朕宫中所用太监，止令供洒扫奔走之役。一颦一笑，从不假借，所以数十年以来，太监皆极贫乏，有不能自给者。尔诸臣想亦悉知，朕非信用太监之主，惟朕可为此言。作史之道，务在秉公持平，不应胶执私见，为一偏之论。"

《清通鉴》卷四九

## 七六　靳辅治黄淮

靳辅，先世居山东济南历城，明初徙辽阳。顺治中，靳辅入翰林为编修，历官武英殿学士兼礼部侍郎、巡抚安徽，康熙十六年擢河道总督。时河道敝坏已极，黄水四溃，清口、运道尽塞，乃上下千里，泥行相度，遂以经理河工事宜八疏奏之，大略谓"事有当师古者，有当酌今者，有当分别先后者，有当一时并举者"，而大旨以因势利导为主。廷议屡不准，康熙帝排众议而用之，不数年黄淮悉归故道，漕运以通，于是疏请开中河三百里。既成，漕艘扬帆若过枕席。二十七年，以主筑重堤及屯田事与群议异，言者蜂起，遂坐罢。翌年春，帝再南巡视河，诏复靳辅原官，以原品致仕。自是居家三载，凡三命阅河，一赐召对。三十一年特旨起田间，以原官总督河道，以老病辞，不许，以疾卒于官。著《治河方略》十二卷。后数年帝南巡，赞誉靳辅"排众议而不挠，竭精勤以自效"，尤称其创开中河，避黄河一百八十里波涛之险，其有功于运道民生，至大且远。

《清通鉴》卷四九

## 七七 顾祖禹著《读史方舆纪要》

顾祖禹，江苏无锡人。少好言地理之学。明亡，随父居常熟虞山，以"凡有志于用世者，河渠、边防、食货、兵制，皆其所有事也。然而莫重于舆图"。举凡"战争攻守废兴成败利钝得失之迹，以迄耕屯盐铁经国阜民诸大政，有一不本于方舆者耶"。康熙初年，完成《历代州域形势》初稿。三藩乱起，曾入耿精忠幕。二十六年，《大清一统志》开馆，总裁徐乾学固延之，三聘乃往。先到京师，后又至洞庭包山。与阎若璩、黄仪、胡渭诸人共研，又得饱览天下舆地图册及徐氏楼藏书，视野更为开阔。书成后，徐氏欲列其名上呈，坚辞不允，至于投死阶石，始已。历三十馀年，成《读史方舆纪要》，凡一百三十卷，附《舆图要览》四卷。魏禧推之为"数千百年所绝无而仅有之书"。江藩称"读其书，可以不出户牖而周知大下之形胜。为地理之学者，莫之或先焉"。

《清通鉴》卷四九

## 七八　传教士为康熙治病

洪若翰，法国来华首批传教士之一。与白晋、张诚、刘应等于康熙二十七年抵京，受康熙帝召见，后往南京传教。康熙帝患疟病重，洪等奉命还朝，进献金鸡纳霜，由大臣先行试用，康熙帝连服数次，痊愈。传旨于皇城内赐地建教堂。传教士记载：康熙帝随即向洪、刘学习"为观察天体用的秒钟、水平仪和其他一些仪器的使用方法。这些仪器是两位神父进京时呈献的。他们对皇帝提出的有关若干天文现象作了各种新奇的解释，并讲解了卡西尼与德拉伊尔发现的两种判断日蚀和月蚀的新方法，从而引起了皇帝学习的热忱。皇帝还指令这些神父准备必要的图表来向他作解释"。

《清通鉴》卷五〇

## 七九　黄宗羲为清初三大家之一

黄宗羲，人称梨洲先生，浙江余姚人。父黄尊素为明天启朝御史，因弹劾魏忠贤冤死狱中。宗羲袖长锥入京为父诉冤，毙伤阉党多人。清兵南下，率浙东子弟起兵抗清，时称"世忠营"。后投南明监国鲁王，授左佥都御史。兵败，奉母归故里，毕力著述讲学。清廷举博学鸿儒、荐修《明史》等，皆力辞不往。曾曰："遗民者，天地之元气也。然士各有分，朝不坐，宴不与，士之分亦止于不仕而已。"晚年称清为"国朝",称清军为"王师",誉康熙帝为"圣天子",愿"同学之士,共起讲堂,以赞右文之治"。学问渊博,近承刘宗周,远宗王守仁。但远逾心性之学之樊篱,对明末"天崩地解,落然无与吾事"之空疏学风,深恶痛绝,认为:"儒者之学,经天纬地。"主张合学问与事功为一,以期"救国家之急难"。汤斌曾曰:"黄先生论学,如大禹导山导水,脉络分明,吾党之斗杓也。"与王夫之、顾炎武并称清初三大家。所著有《易学象数论》《宋元学案》《明儒学案》《南雷文定》等。康熙三十四年卒。

《清通鉴》卷五二

## 八〇 康熙亲征途中谕皇太子

蒙古准噶尔部之首领噶尔丹,在沙俄支持下,举兵南犯,前锋逼近乌兰布通,京师震动。康熙二十九年、三十四年、三十六年,帝三次出塞亲征,平定噶尔丹之乱,噶尔丹病死沙漠。

三十六年闰三月,康熙于亲征途中谕皇太子:"朕到宁夏已将近十日,每日议筹兵马钱粮,毫无闲暇。途中晨披雾露,日冒尘砂,嘴懒得说话,手为缰鞭磨起趼,来此数千里外,亦为此一馀孽噶尔丹也。朕若此时在京城,晨赏百花,日坐树荫下,听鸟啼鸣,歇暑纳凉,以求安逸,此非朕所不乐者,惟欲成大丈夫之志也。皇太子乃极孝顺之人,想是见花鸟鱼兽,怜惜朕于沙卤边陲之劳苦耳。不必为朕担忧，惟望日夜勤于国事，闲暇之时，阅览经史前世之得失，以慰愁闷。为此特谕。"

《清通鉴》卷五四

## 八一　康熙谕督抚

　　康熙三十七年，湖广总督，河南、云南、浙江巡抚陛辞，帝谕曰："凡居官，以实心爱民为主。民虽愚，终不能欺也。能实心爱民，民自知感。否则竭力矫饰，终难掩人耳目。朕在宫中，惟以百姓为念，督抚身在地方，与百姓最亲。尔等系封疆大吏，当自惜声名，自立品望。"

　　先是，康熙帝尝亲书"清勤慎"三字，颁发各省督抚。

《清通鉴》卷三九、卷五五

## 八二　康熙纠正乡试不公

　　康熙三十八年，顺天乡试榜发后，有士子言：考官不念寒士之苦，白镪熏心，炎威眩目，中堂四五家，尽列前茅；部院数十人，悉居高等。不问文而阅价，满汉之巨室欢腾。并举大学士王熙、李天馥，尚书熊一潇，左都御史蒋宏道，湖广巡抚年遐龄等子孙通贿中举状。因正副主考官为修撰李蟠、编修姜宸英，又有"老姜全无辣气，小李大有甜头"之传言。

江南道御史鹿祐疏参李蟠、姜宸英等以宾兴之典，为行私之地。康熙帝谕曰："此科考试不公已极，且闻代倩之人，亦复混入。科场大典岂容如此？命将所举人通行齐集内廷复试，如有托故不到者，即行黜革。"

迨翌年正月复试，至二月初一日，试卷即于九卿前启封，照所定等第，缮写进呈。三等以上者仍令会试，四等著令黜革。李蟠遣戍，姜宸英旋死狱中。

康熙三十九年，帝令乡、会试时将大臣子弟另编字号，谕曰："考取举人、进士，特为得人耳。若或行贿，夤缘而得之，则出身之本源不清，而欲冀他日之为忠臣良吏得乎？今朕意，凡系大臣子弟，另编字号，令其于此中较阅，自必选择其文之优劣。大臣子弟既得选中，又不致妨孤寒之路，如此则于考试一事大有裨益。"又谕嗣后停宗室与试。

《清通鉴》卷五六、卷五七

## 八三　于成龙清忠强直

于成龙，世为奉天盖平人，徙广宁，嗣隶镶黄旗汉军。初由荫生授直隶乐亭知县。康熙二十三年擢安徽按察使。时靳辅为河道总督，大治淮、黄堤坝，成龙则力主浚海口故道，与靳辅相左。诏同靳辅入对，辩于御前，辅卒罢任。迨辅卒，成龙继为河道总督。康熙亲征准噶尔，成龙以左都御史督运中路大兵粮饷。未几，改直隶巡抚。康熙三十九年，以河督终于淮署。康熙帝曾谓成龙曰："今之督抚，朕可相信者，惟两江总督于成龙、江南巡抚汤斌及汝三人耳。"盖"两于公"皆名成龙，亦皆以清忠强直、专心经济名世。

《清通鉴》卷五七

## 八四　万斯同修《明史》

万斯同，浙江鄞县人。早年师从黄宗羲，潜心经史，尤留意明代史事，于有明十五朝之实录，几能成诵。此外，邸报、野史、家乘无不遍览熟悉。康熙十八年应徐元文聘，不署衔，不受俸，以布衣与修《明史》。主张以《明实录》为据，"凡《实录》之难详者，吾以他书证之；他书之诬且滥者，吾以所得于《实录》者裁之"。三十二年，王鸿绪为修《明史》总裁，延斯同至家中，委以编纂之事，世人以为《明史》蓝本之鸿绪稿，大半出自其手。黄云眉称其"不居纂修之名，隐操总裁之柄"。著有《历代史表》《历代宰辅汇考》《宋季忠义录》《石园诗文集》等。

《清通鉴》卷五九

## 八五　洪昇著《长生殿》

洪昇，浙江钱塘人。康熙朝国子监生。工乐府，谙音律，善诗词。其名与孔尚任齐，并尊为"南洪北孔"。改

《舞霓裳》为《长生殿》传奇，艺人争演，观者如云。因值国丧被革监生衔，斥归，于途中失足落水而卒。时为康熙四十三年。著有《稗畦集》等。

《清通鉴》卷六一

## 八六　李颙操志高洁

李颙，盩厔人。母彭氏，日言忠孝节义以督之，颙亦事母孝。饥寒清苦，无所凭藉，而自拔流俗，以昌明关学为己任。有馈遗者，虽十返不受。或曰："交道接礼，孟子不却。"颙曰："我辈百不能学孟子，即此一事不守孟子家法，正自无害。"

康熙十八年，荐举博学鸿儒，称疾笃，舁床至省，水浆不入口，乃得予假。自是闭关，晏息土室，惟昆山顾炎武至则款之。四十二年，圣祖西巡，召颙见，时颙已衰老，遣子慎言诣行在陈情，以所著《四书反身录》《二曲集》奏进。上特赐御书"操志高洁"以奖之。

颙谓："孔、曾、思、孟，立言垂训，以成四书，盖欲学者体诸身，见诸行。充之为天德，达之为王道，有体有用，有补于世。否则假途干进，于世无补，夫岂圣贤立言之初心，国家期望之本意耶？"居恒教人，一以反身实践为事，门人录之，为七卷。是时容城孙奇逢之学盛于北，余姚黄宗羲之学盛于南，与颙鼎足称三大儒。

《清史稿》卷四八〇

## 八七　阎若璩专意经学考证

阎若璩，祖籍山西太原，后南迁山阳（今江苏淮安）。顺治生员，后屡试不第，专意经学，与傅山、顾炎武等相切磋。佐徐乾学修《一统志》。康熙四十三年卒。著有《古文尚书疏证》《四书释地》《孟子生卒年月考》《日知录补证》《毛朱诗说》《潜邱札记》等。

《清通鉴》卷六一

## 八八　康熙自我检讨并论修《明史》

康熙四十三年，帝与大学士等论修《明史》。曰："朕四十馀年孜孜求治，凡一事不妥，即归罪于朕，未尝一时不自责也。清夜自问，移风易俗，未能也；躬行实践，未能也；知人安民，未能也；家给人足，未能也；柔远能迩，未能也；治臻上理，未能也；言行相顾，未能也。自觉愧汗，何暇论《明史》之是非乎？况有明以来二百馀年，流风善政，岂能枚举。其中史官舞文杜撰，颠倒是非者，概难凭信。元人修《宋史》，明人修《元史》，至今人心不服，议论多歧者，非前鉴耶？朕实无学，每读朱子之书，见'往古先民，学以为己，今也不然，为人而已'之句，罔不心悦诚服。又读孟子'尽信书则不如无书'，益见史官，上古不免讹传，况今人乎？班、马异同，左、国浮华，古人以为定论。孔子至圣，作《春秋》有'知我罪我'之叹。后世万倍不及者,轻浮浅陋,妄自笔削,自以为是。朕观凡天下读书者,皆能分辨古人之是非,至问以时事人品,不能一字相答,非曰从来不与人往来,既曰不能深知。夫目前之事,作官之道,尚茫然不知,而于千百年前,无不洞悉,何得昧于当世而明于论古,岂非远者明而近者暗乎?所以责人重者责己轻,君子不取也。《明史》不可不成,公论不可不采,是非不可不明,人心不可不服。关系甚巨,条目甚繁,朕日理万机,精神有限,不能逐一细览,即敢轻定是非,后有公论者必归罪于朕躬。不畏当时而畏后人,不重文章而重良心者,此也。卿等皆老学素望,名重一时,《明史》之是非自有灼见。卿等众意为是即是也,刊而行之,偶有斟酌,公同再议,朕无一字可定,亦无识见,所以坚辞以示不能也。"

《清通鉴》卷六一

## 八九　康熙不信医书不吃补药

康熙四十六年,帝曰:"若医书开一方于前,又列数方于后,果此一方尽善,则彼数方又何用乎?以此揆之,彼著医书之人,已自不能无疑也。至服补药,竟属无益,药性宜于心者,不宜于脾,宜于肺者,不宜于肾。朕尝谕人勿服补药,好服补药者,犹人之喜逢迎者也,天下岂有喜逢迎而能受益者乎?先年,满洲老人多不服药,而皆强壮;朕亦从不服药。至使人推摩,亦非所宜,推摩则伤气,朕从不用此法,朕之调摄,惟饮食有节,起居有常,如是而已。"

《清通鉴》卷六四

## 九〇　韩瑜孝悌好施

韩瑜，山东潍县人。少孤，事母孝。母殁，哭泣三年。既除丧，祭墓未尝不哀，年八十如故。冠时母有衣一袭，弃箧中，宾祭则服之，衣敝不弃。将卒，命以敛，犹举孟郊诗曰："此慈母手中线也。"事兄谨，兄弟皆八十，无改常度。产不过中人，好施予，多蓄书，遇寒士则遗之。族党长不能婚娶，丧不能葬，必欣以赆。族子贫，赠以秫十石，使居贾。得赢，倍以偿，不受。康熙四十三年，饥，民鬻子女，罄所蓄，得九人，不立券。岁丰，悉遣还之。卒时八十有六。

《清史稿》卷四九九

## 九一　明珠之升降

明珠，满洲正黄旗人。由侍卫，累迁内务府郎中，官至兵部尚书。三藩事起，廷议多云吴藩不可撤，明珠则与户部尚书米思翰、刑部尚书莫洛等坚持宜撤，遂以两议上，诏从撤藩议。十六年，擢武英殿大学士。自是渐至植党营私，市恩通赇，与索额图朋分角立，互相倾轧。旋索额图解大学士任，乃俨然以首辅自居，凡阁中票拟，轻重任意，同官莫敢驳正。二十七年为御史郭琇劾罢。寻为内大臣，康熙帝三次亲征漠北，皆随扈。四十七年，以疾卒。

《清通鉴》卷六五

## 九二　明珠与索额图相倾轧

康熙年间，明珠与索额图互植党相倾轧。索额图生而贵盛，性倨肆，有不附己者显斥之，于朝士独亲李光地。明珠则务谦和，轻财好施，以招来新进，异己者以阴谋陷之，与徐乾学等相结。索额图善事皇太子，而明珠反之，朝士有侍皇太子者，皆阴斥去。荐汤斌傅皇太子，即以倾斌。

《清史稿》卷二六九

## 九三　李锴家世贵盛淡于荣利

李锴，汉军正黄旗人，湖广总督辉祖子。锴娶大学士索额图女，家世贵盛，其于荣利泊如也。性友爱，兄伊山、祈山仕不遂，锴省伊山戍所，累月乃归。祈山罢官还，无宅，以己屋授之，并鬻产为清宿逋。乾隆元年，举鸿博，未中选。十五年，诏举经学，大臣交章论荐，以老疾辞。少好山水，游踪所至，务穷其奇。苦嗜茗，为铁铛瓦缶，一奴负以从。客江南，尝月夜挟琴客泛舟采石，弹大雅之章，扣舷和之，水宿者皆惊起，人莫测其致也。锴既以屋让兄，乃筑室盘山荐青峰下，闭户耽吟，罕接人事。岁一至城中，一二日即去。居盘山二十载而殁。诗古奥峭削，著《睫巢集》。

《清史稿》卷二七二

## 九四　张玉书谨慎廉洁

张玉书，顺治十八年进士，授编修。累迁左庶子，充日讲起居注官。康熙二十年，擢内阁学士，充经筵讲官。寻迁礼部侍郎，兼翰林院掌院学士。三藩平，有请行封禅者，玉书建议驳之，事遂寝。二十三年，丁父忧，服阕，即家起刑部尚书，调兵部。二十九年，拜文华殿大学士、户部尚书。

四十九年，以疾乞休，温旨慰留。五十年，从幸热河，甫至疾作，遂卒，年七十。上深惜之，亲制挽诗，赐白金千。

玉书谨慎廉洁，居政地二十年，远避权势，门无杂宾，从容密勿，为圣祖所亲任。自奉俭约，饮食服御，略如寒素。

《清史稿》卷二六七

## 九五　施世纶号青天

施世纶，汉军镶黄旗人。康熙二十四年，授江南泰州知州。世纶廉惠勤民，州大治。二十七年，淮安被水，上遣使督堤工，从者数十辈，驿骚扰民，世纶白其不法者治之。湖北兵变，官兵赴援出州境，世纶具刍粮，而使吏人执梃列而待，兵有扰民，立捕治，兵皆敛手去。二十八年，擢扬州知府。扬州民好游荡，世纶力禁之，俗为变。三十年八月，海潮骤涨，泰州范公堤圮，世纶请捐修。三十二年，移江宁知府。

四十五年，授顺天府府尹，疏请禁司坊擅理词讼、奸徒包揽捐纳、牙行霸占货物、流娼歌舞饮宴，饬部议，定为令。四十八年，授左副都御史，兼管府尹事。四十九年，迁户部侍郎，督理钱法。寻调总督仓场。五十四年，授云南巡抚，未行，调漕运总督。世纶察运漕积弊，革羡金，劾贪弁，除蠹役，以严明为治。岁督漕船，应限全完，无稍愆误。

世纶当官聪强果决，摧抑豪猾，禁戢胥吏。所至有惠政，民号曰"青天"。在江宁以忧归，民乞留者逾万。既不得请，人出一钱建两亭府署前，号一文亭。

《清史稿》卷二七七

## 九六　朱彝尊工诗文考据

朱彝尊，秀水人。生有异禀，书经目不遗。家贫客游，南逾岭，北出云朔，东泛沧海，登之罘，经瓯越。所至丛祠荒冢、破炉残碣之文，莫不搜剔考证，与史传参校同异。归里，约李良年、周筼辈为诗课，文名益噪。

康熙十八年，试鸿博，除检讨。二十年，充日讲起居注官。典试江南，称得士。入值南书房，赐紫禁城骑马。数与内廷宴，被文绮、时果之赉，皆纪以诗。三十一年，假归。圣祖南巡，迎驾无锡，御书"研经博物"额赐之。

当时王士禛工诗，汪琬工文，毛奇龄工考据，独彝尊兼有众长。著《经义考》《日下旧闻》《曝书亭集》。又尝选《明诗综》，或因人录诗，或因诗存人，铨次为最当。卒，年八十一。

《清史稿》卷四八四

## 九七　秦松龄咏鹤诗得第一

秦松龄，无锡人。顺治十二年进士，官检讨，罢归。后举鸿博，复授检讨。典江西乡试，历左赞善，以谕德终。召试咏鹤诗，有句云："高鸣常向月，善舞不迎人。"世祖拔置第一，示阁臣曰："是人必有品！"及告归，里居二十馀年，专治《毛诗》，著《毛诗日笺》六卷。自为诗文曰《苍岘山人集》。

《清史稿》卷四八四

## 九八　陈维崧诗词名当时

陈维崧，宜兴人。维崧天才绝艳，比长，侍父侧，每名流宴集，援笔作序记，千言立就，瑰玮无比，皆折行辈与交。补诸生，久之不遇。因出游，所在争客之。尝由汴入都，与朱彝尊合刻一稿，名《朱陈村词》，流传至禁中，蒙赐问，时以为荣。逾五十，始举鸿博，授检讨，修《明史》。在馆四年，病卒。

维崧清臞多须，海内称陈髯。平生无疾言遽色，友爱诸弟甚。游公卿间，慎密，随事匡正，故人乐近之，而卒莫之狎。著《湖海楼诗集》《迦陵文集》。时汪琬于同辈少许可者，独推维崧骈体，谓自唐开、宝后无与抗矣。诗雄丽沉郁，词至千八百首之多，尤前此未有也。

《清史稿》卷四八四

## 九九　张伯行之政绩与学识

张伯行，河南仪封人，康熙二十四年进士。四十二年，授山东济宁道。值岁饥，即家运钱米，并制棉衣，拯民饥寒。上命分道治赈，伯行赈汶上、阳谷二县，发仓谷二万二千六百石有奇。布政使责其专擅，即论劾，伯行曰："有旨治赈，不得为专擅。上视民如伤，仓谷重乎？人命重乎？"乃得寝。四十五年，上南巡，赐"布泽安流"榜。

四十六年，擢福建巡抚，伯行疏请免台湾、凤山、诸罗三县荒赋。福建米贵，请发帑五万市湖广、江西、广东米平粜。建鳌峰书院，置学舍，出所藏书，搜先儒文集刊布为《正谊堂丛书》，以教诸生。福州民祀瘟神，命毁其偶像，改祠为义塾，祀朱子。俗多尼，鬻贫家女，髡之至千百，伯行命其家赎还择偶，贫不能赎，官为出之。

四十八年，调江苏巡抚，赈淮、扬、徐三府饥。会布政使宜思恭以司库亏空为总督噶礼劾罢，上遣尚书张鹏翮按治。鹏翮请责前任巡抚于准及思恭偿十六万，馀以官俸役食抵补。上曰："江南亏空钱粮，非官吏侵蚀。朕南巡时，督抚肆意挪用而不敢言。若责新任官补偿，朕心实有不忍。"命察明南巡时用款具奏。伯行又疏奏各府州县无著钱粮十万八千，上命并予豁免。

雍正三年卒，年七十五。

伯行方成进士，归构精舍于南郊，陈书数千卷纵观之。尽发濂、洛、关、闽诸大儒之书，口诵手抄者七年。始赴官，尝曰："千圣之学，括于一敬，故学莫先于主敬。"因自号曰敬庵。又曰："君子喻于义，小人喻于利。老氏贪生，佛者畏死，烈士徇名，皆利也。"

在官所引，皆学问醇正，志操洁清，初不令知。平日龃龉之者，复与共事，推诚协恭，无丝毫芥蒂。曰："已荷保全，敢以私废公乎？"所著有《困学录》《续录》《正谊堂文集》《居济一得》诸书。

《清史稿》卷二六五

## 一〇〇　高愈谨言行体安气和

高愈，无锡人，明高攀龙之兄孙也。十岁，读攀龙遗书，即有向学之志。既壮，补诸生。日诵遗经及先儒语录，谨言行，严取舍之辨，不尚议论。尝曰："士求自立，须自不忘沟壑始。"事亲孝,居丧,不饮酒食肉,不内寝。晚年穷困,餟粥七日矣,方挈其子登城眺望,充然乐也。张伯行巡抚江苏,延愈主东林书院讲会,愈以疾辞。平居体安气和,有忿争者,至愈前辄愧悔。乡人素好以道学相诋諆,独于愈,佥曰:"君子也。"顾栋高尝从愈游,说经娓娓忘倦。年七十八,卒。尝撰《朱子小学注》,又所著有《读易偶存》《春秋经传日钞》《春秋类》《春秋疑义》《周礼疏义》。

《清史稿》卷四八〇

## 一〇一　朱鹤龄嗜古如渴

朱鹤龄,吴江人。明诸生。颖敏嗜学,尝笺注杜甫、李商隐诗,盛行于世。鼎革后,屏居著述。晨夕一编,行不识途路,坐不知寒暑。人或谓之愚,遂自号愚庵。尝自谓"疾恶如仇,嗜古若渴。不妄受人一钱,不虚诳人一语"云。著《愚庵诗文集》。

《清史稿》卷四八〇

## 一〇二　白奂彩手不释卷若无所知

白奂彩,华州人。私淑于长安冯从吾,玩《易》洗心,《诗》《礼》《春秋》,多所自得。蓄书之富,陕以西罕俪。校雠精详,淹贯靡遗。而冲逊自将,若一无所知。

与同州党湛、蒲城王化泰诸人相切磋。率同志结社，不入城市，不谒官府，终日晏坐一室，手不释卷。同知郝斌式庐，聆奂彩论议，退而叹曰："关中文献也！"

《清史稿》卷四八〇

## 一〇三　胡承诺著《绎志》

胡承诺，天门人。明崇祯举人。国变后，隐居不仕。顺治十二年，部铨县职。康熙五年，檄征入都。六年，至京师，以诗呈侍郎严正矩云："垂老只思还旧业，暮年所急匪轻肥。"既而告归，得请。构石庄于西村，自号石庄老人。穷年诵读，于书无所不窥，而深自韬晦。

晚著《绎志》。"绎志"者，绎己所志也。凡圣贤、帝王、名臣、贤士与凡民之志业，莫不兼综条贯，原本道德，切近人情，酌古而宜今，为有体有用之学。凡二十馀万言，皆根柢于诸经，博稽于诸史，旁罗百家。承诺自拟其书于徐幹《中论》、颜之推《家训》，然其精粹奥衍，非二书所及也。二十六年六月，卒，年七十五。所著有《读书说》六卷，文体类《淮南》《抱朴》，麟杂细碎，随事观理而体察之，殆《绎志》取材之馀，与是书相表里。

《清史稿》卷四八〇

## 一〇四　康熙谈明末宫中之奢侈

康熙四十八年，帝与大学士论《明史》，帝曰："明季事迹，卿等所知，往往皆纸上陈言。万历以后，所用内监，曾有在御前服役者，故朕知之独详。明朝费用甚奢，兴作亦广，一日之费，可抵今一年之用。其宫中脂粉钱四十万两，供用银数百万两，至世祖皇帝登极，始悉除之。紫禁城内砌地砖横竖七层。一切工作，俱派民间；今则器用朴素，工役皆现钱雇觅。明季宫女至九千人，内监至十万人，饭食不能遍及，日有饿死者。今则宫中不过四五百人而已。明季宫中用马口柴、红螺炭以数千万斤计，今此柴仅天坛焚燎用之。"又言崇祯生于深宫、长于阿保之手，不知人情物理。

《清通鉴》卷六六

## 一〇五　王士祯论诗以神韵为宗

王士祯，山东新城人。幼慧，即能诗，举于乡，年十八。顺治十二年，成进士。授江南扬州推官。康熙三年，擢礼部主事，累迁户部郎中。十一年，典四川试，母忧归，服阕，起故官。

康熙帝留意文学，尝从容问大学士李霨："今世博学善诗文者孰最？"霨以士祯对。复问冯溥、陈廷敬、张英，皆如霨言。召士祯入对懋勤殿，赋诗称旨。改翰林院侍讲，迁侍读，入值南书房。汉臣自部曹改词臣，自士祯始。上征其诗，录上三百篇，曰《御览集》。康熙五十年卒。

士祯著述颇丰，尤以诗文显，有"诗坛圭臬"之称。

著有《带经堂集》《池北偶谈》《香祖笔记》《居易录》《渔洋诗话》《国朝谥法考》等。

明季文敝，诸言诗者，习袁宗道兄弟，则失之俚俗；宗钟惺、谭友夏，则失之纤仄；学陈子龙、李雯，轨辙正矣，则又失之肤廓。士禛姿禀既高，学问极博，与兄士禄、士祜并致力于诗，独以神韵为宗。取司空图所谓"味在酸咸外"、严羽所谓"羚羊挂角，无迹可寻"，标示指趣，自号渔洋山人。主持风雅数十年。同时赵执信始与立异，言诗中当有人在。既没，或诋其才弱，然终不失为正宗也。

《清史稿》卷二六六；《清通鉴》卷六八

## 一〇六　乡试考官受贿作弊

康熙五十年，江南乡试榜发，因正副主考官左必蕃、赵晋徇私受贿作弊，士论大哗。诸生数百集玄妙观，抬拥五路财神直入学宫。有作打油诗讽考官者，曰"左丘明两目无珠，赵子龙一身是胆"。或以纸糊贡院之匾，改"贡院"二字为"卖完"。江宁织造曹寅折奏："今年文场秀才等甚是不平，中者甚是不公，显有情弊，因而扬州秀才扰攘成群，将左必蕃祠堂尽行拆去，后传闻是副主考赵晋所为，始暂停息，督抚俱有参章。目下已拿二人，俱是富商之子，传闻榜中不通文理者尚多。"

《清通鉴》卷六八

## 一〇七　戴名世因《南山集》被诛

戴名世，安徽桐城人。康熙四十八年进士，授翰林院编修，入《明史》馆。所著《南山集》将方孝标之《滇黔纪闻》采录其中，用南明弘光、永历等年号。或曰以"世祖虽入关十八年，时三藩未平，明祀未绝，若循蜀汉之例，则顺治不得为正统"，而倡"本朝当以康熙元年为定鼎之始"。康熙五十年，左都御史赵申乔疏参其妄窃文名，私刻文集，语多狂悖。康熙帝谕命该部严查审明。

刑部议："戴名世书内将本朝年号削除，写入永历大逆等语，应即行凌迟。"已故方孝标所著《滇黔纪闻》内亦有大逆等语，应剉其尸骸。汪灏、方苞为戴名世书作序，俱应立斩。时朝野及祸者三百馀人。康熙谕将戴名世立斩，其家人从宽免治罪；方孝标之子方登峰等免死，并其妻子充发黑龙江；受干连之汪灏、方苞等免治罪，入旗；尤云鹗、方正玉免死，徙其家。其免死者三百馀人。旨下三日，戴名世囚赴刑场。

《清通鉴》卷六八、卷六九

## 一〇八　曹寅深得康熙宠信

曹寅，隶汉军正白旗（一说满洲正白旗）。织造曹玺子。初入宫为康熙帝伴读。康熙二十三年，任内务府员外郎，旋升郎中。二十九年以后，任苏州织造，调江宁织造，兼两淮巡盐御史，加通政使衔。为康熙帝于江南之重要宠臣，凡地方大小细事，皆得密折奏闻，备办南巡各项，四次接驾。善诗文，曾奉旨主持刊刻《全唐诗》。患疟疾，李煦代求"圣药"，帝特谕驿马驰送，限九日抵扬州，并连书四个"万嘱"，叮咛用药之法。"圣药"未到而卒，是岁为康熙五十一年。

《清通鉴》卷六九

## 一〇九　陈廷敬举荐廉吏

　　陈廷敬，山西泽州人。顺治十五年进士，选庶吉士。康熙十四年，擢内阁学士，兼礼部侍郎，充经筵讲官，改翰林院掌院学士，教习庶吉士。与学士张英日值弘德殿，圣祖器之。擢左都御史，上疏言："方今要务，首在督抚得人。为督抚者，不以利欲动其心，然后能正身以董吏。吏不以曲事上官为心，然后能加意于民；民可徐得其养，养立而后教行。"授户部尚书，调吏部。拜文渊阁大学士，兼吏部，仍值经筵。四十九年，以疾乞休，允之。五十一年，卒。

　　康熙帝尝召见问朝臣谁能诗者，以王士祯对，又举汪琬应博学鸿儒，并以文学有名于时。上御门召九卿举廉吏，诸臣各有所举，语未竟，上特问廷敬，廷敬奏："知县陆陇其、邵嗣尧皆清官，虽治状不同，其廉则一也。"乃皆擢御史。始廷敬尝亟称两人，或谓曰："两人廉而刚，刚易折，且多怨，恐及公。"廷敬曰："果贤欤，虽折且怨，庸何伤？"

《清史稿》卷二六七

## 一一〇 蒲松龄著《聊斋志异》

蒲松龄，世称聊斋先生。山东淄川人。贡生后屡试不第。以授馆为业，有文名。继六朝志怪小说之传统，辅以唐代传奇之技法，著《聊斋志异》。另有《聊斋诗集》《聊斋文集》等。康熙五十四年卒。

《清通鉴》卷七二

## 一一一 孔尚仁著《桃花扇》

孔尚任，山东曲阜人。孔子六十四代孙。康熙二十三年，授国子监博士。历任户部主事、员外郎。三十八年所著名剧《桃花扇》上演。该剧以名士侯方域、名妓李香君情事为引线，"借儿女之情，写兴亡之感"，问明朝"三百年之基业，隳于何人，败于何事，消于何年，歇于何地"？"王公荐绅，莫不借抄"，"名公巨卿，墨客骚人，骈集者座不容膝"。与洪昇之《长生殿》若双璧争辉，时勾栏争唱孔、洪词。而尚任亦因此被免官归里。另有《湖海集》《孔尚任集》等。

《清通鉴》卷七五

## 一一二　清初四画僧

释道济，字石涛，原名朱若极，明楚藩裔，自号清湘老人。题画自署或曰大涤子，或曰苦瓜和尚，或曰瞎尊者，无定称。国变后为僧，画笔纵恣，脱尽窠臼，而实与古人相合。晚游江、淮，人争重之。著《论画》一卷，词议玄妙。与髡残齐名，号"二石"。康熙五十七年卒。

髡残，字石溪，湖南武陵人。幼孤，自剪发投龙山三家庵。遍游名山，后至江宁，住牛首，为堂头和尚。画山水奥境奇辟，缅邈幽深，引人入胜。道济排奡纵横，以奔放胜；髡残沉着痛快，以谨严胜，皆独绝。

朱耷，字雪个，江西人，亦明宗室。崇祯甲申后，号八大山人，尝为僧。其书画题款"八大"二字每联缀，"山人"二字亦然，类"哭"类"笑"，意盖有在。画简略苍劲，生动尽致，山水精密者尤妙绝，不概见。慷慨啸歌，世以狂目之。

弘仁，字渐江，安徽休宁人，本姓江，甲申后为僧。工诗古文，画师倪瓒，新安画家皆宗之。然弘仁所作层崖陡壑，伟俊沉厚，非若世之以疏竹枯株摹拟高士者比。殁后，墓上种梅数百本，因称梅花古衲云。

自道济以下，皆明之遗民，隐于僧，而以画著。

《清史稿》卷五〇四

## 一一三　王翚画《南巡图》

王翚，字石谷，江南常熟人。太仓王鉴游虞山，见其画，大惊异，索见，时年甫冠。载归，谒王时敏，馆之西田。尽出唐以后名迹，俾坐卧其中，时敏复挈之游江南北，尽得观收藏家秘本。如是垂二十年，学遂成。康熙中诏征，以布衣供奉内廷。绘《南巡图》，集海内能手，逡巡莫敢下笔，翚口讲指授，咫尺千里，令众分绘而总其成。图成，圣祖称善，欲授官，固辞，厚赐归。公卿祖饯，赋诗赠行。

翚天性孝友，笃于风义，时敏、鉴既殁，岁时犹省其墓。康熙五十六年卒，年八十六。翚论画曰："以元人笔墨，运宋人丘壑，而泽以唐人气韵，乃为大成。"称之者曰："古今笔墨之龃龉不相入者，翚罗而置之笔端，融冶以出。画有南、北宗，至翚而合。"

《清史稿》卷五〇四

## 一一四　甘凤池善借力以胜

甘凤池，江南江宁人。少以勇闻。康熙中，客京师贵邸。力士张大义者慕其名，自济南来见。酒酣，命与凤池角，凤池辞，固强之。大义身长八尺馀，胫力强大，以铁裹拇，腾跃若风雨之骤至。凤池却立倚柱，俟其来，承以手，大义大呼仆，血满靴，解视，拇尽嵌铁中。

即墨马玉麟，长躯大腹，以帛约身，缘墙升木，捷于猱。客扬州巨贾家，凤池后至，居其上。玉麟不平，与角技，终日无胜负。凤池曰："此劲敌，非张大义比！"明日又角，数蹈其瑕，玉麟直前擒凤池，以骈指却之，玉麟仆地，惭遁。

凤池尝语人曰："吾力不逾中人，所以能胜人者，善借其力以制之耳。"喜任侠，接人和易，见者不知为贲、育。

《清史稿》卷五〇五

## 一一五　康熙称上尊号为陋习

康熙六十年三月，群臣请上万寿节尊号，上不许，曰："加上尊号，乃相沿陋习，不过将字面上下转换，以欺不学之君耳。本朝家法，惟以爱民为事，不以景星、庆云、芝草、甘露为瑞，亦无封禅改元之举。现今西陲用兵，兵久暴露，民苦转输。朕方修省经营之不暇，何贺之有？"

康熙六十一年十一月十三日，帝卒，终年六十九岁。皇四子胤禛即位，改元雍正。

《清史稿》卷八

## 一一六　吴存礼贪污行贿

雍正元年，命革江苏巡抚吴存礼职。寻查明，吴存礼先后"馈送"大小官员及太监二百二十六人贿银，总计四十四万三千七百馀两，大学士嵩祝、王掞、王项龄、白潢、李光地，尚书赖都、陈元龙、张鹏翮、赫奕、田从典、穆和伦、孙柱、巢可托、渣齐、陶赖，总督赵弘燮、满保、鄂海、常鼐、赫寿、赵世显，太监魏珠及皇三子、皇八子、皇九子、皇十子、皇十二子、皇十五子之太监、家人等皆与焉。

《清通鉴》卷八〇

## 一一七　鄂尔泰所治有政绩

雍正元年，擢内务府员外郎鄂尔泰为江苏布政使。鄂尔泰，满洲镶蓝旗人。雍正帝在藩邸时，尝有所请，鄂尔泰拒之曰："皇子宜毓德春华，不可交结外臣。即心善其言，及即位后，首召其入。"谕曰："汝以郎官之微，而敢上拒皇子，其守法甚坚。今任汝为大臣，必不受他人之请托也。"授为江苏布政使。鄂尔泰抵任后，明察暗访，先颁实政十条，禁打降，禁唆讼，禁赌博，禁土豪，禁婚嫁逾制，禁丧葬违礼，禁妇女入庙烧香，禁游方僧道，禁游民，禁赛会；继颁实政六条，饬守令、佐贰、学校、士子，除衙蠹，禁势豪。其言必行，行必果，无待惩创，而民皆有起色矣。

时大将军年羹尧势方张，遣奴至苏，巡抚启中门迎之，鄂尔泰则高座召入，奴不得已，屈膝出，年羹尧亦无可如何。寻授广西巡抚、云贵总督，经理苗疆改土归流，为雍正帝所倚重，时麾下文武皆以平苗立功。

雍正六年，赐时任云贵总督鄂尔泰《古今图书集成》一部。是书成时，曾赏诸王及在廷大臣实心办事、学问优通者各一部。鄂尔泰得书，谓与其遗我一家子孙读，何如存于书院，遗一省子孙读也。因将此书及所携藏书共二万馀卷，赠与云南五华书院。雍正帝闻知，嘉叹良久，复赐二部。

十年，召拜大学士，办理军机处事务。乾隆帝即位，命总理事务。二年，复军机处，仍为首席军机大臣，并以总理事务议叙，授三等伯。乾隆十年病卒。

《清通鉴》卷八〇、卷八五、卷一〇二

## 一一八　年羹尧被赐令自裁

年羹尧，汉军镶黄旗人，妹雍正皇贵妃。康熙三十九年进士，累迁内阁学士，授川陕总督，镇守西陲。雍正即位，招抚远大将军允禵还京师，命羹尧管理大将军印务。雍正元年，青海罗卜藏丹津叛，受命为抚远大将军，翌年乱平，晋爵一等功。旋入觐，督抚跪道送迎，至京师，行绝驰道，王大臣郊迎，不为礼。居功骄横，擅作威福，贪污纳贿。三年，罢总督，改授杭州将军，旋罢将军，授闲散章京，乃尽削职。三年十二月，以大逆之罪等九十二款，赐令自裁。

《清通鉴》卷八二

## 一一九　李卫恃能骄纵

李卫，江南铜山人。入赀为员外郎，补兵部。康熙五十八年，迁户部郎中。雍正元年，授云南盐驿道。雍正二年，迁布政使，命仍管盐务。雍正帝在藩邸，知卫才，眷遇至厚，然察卫尚气，屡教诫之。其在云南，或有馈于卫，卫令制"钦用"牌入仪仗。上谕之曰："闻汝恃能放纵，操守亦不纯。川马骨董，俱当检点。又制'钦用'牌，是不可以已乎？尔其谨慎，毋忽！"卫奏言："受恩重，当不避嫌怨。"上又谕之曰："不避嫌怨，与使气凌人、骄慢无礼，判然两途。汝宜勤修涵养，勉为全人，方不负知遇。"

迁浙江总督、直隶总督。在直隶，上复谕之曰："近有人谓卿任性使气，动辄肆詈。丈夫立身行己，此等小节不能操持，尚何进德修业之可期？当时自检点，从容涵养。"

乾隆皇南巡，见西湖花神庙卫自范像并及其妻妾，号"湖山神位"，谕曰："卫仰借皇考恩眷，任性骄纵，初非公正纯臣。托名立庙，甚为可异！"命撤像毁之。

《清史稿》卷二九四

## 一二〇　田文镜为治严厉刻深

田文镜，汉军正黄旗人。康熙二十二年，以监生授福建长乐县丞，迁山西宁乡知县，再迁直隶易州知州。内擢吏部员外郎，历郎中，授御史。

雍正元年，命祭告华岳。是岁山西灾，年羹尧入觐，请赈。上咨巡抚德音，德音言无灾。及文镜还，入对，备言山西荒歉状。上嘉其直言无隐，令往山西赈诸州县，即命署山西布政使。

文镜故有吏才，清厘积牍，剔除宿弊，吏治为一新。自是遂受世宗眷遇。二年，调河南，旋命署巡抚。文镜希上指，以严厉刻深为治，督诸州县清逋赋，辟荒田，期会促迫。诸州县稍不中程，谴谪立至。七年，命兼北河总督。十年，以病乞休，允之。旋卒。

《清史稿》卷二九四

## 一二一　刘吴龙释欲劫者

刘吴龙，江西南昌人。雍正元年进士，授庶吉士。二年，以朱轼荐，改吏部主事。六迁至光禄寺少卿。尝视谳牍，有以欲劫行舟定罪者，吴龙曰："欲劫二字，岂可置人于死？"论释之。迁刑部尚书。七年，卒。

吴龙简重，不苟言笑。为政慎密持重，得大体。督学直隶、江苏，士循其教。

《清史稿》卷三〇四

## 一二二　雍正称钱名世为名教罪人

钱名世，江苏武进人。康熙四十二年进士，授编修，升侍读。凤负文誉,与修《明史》,曾作诗投赠年羹尧,中有"鼎钟名勒册河誓,番藏宜刊第一碑"句,并注云:"公调兵取藏,宜勒一碑,附于先帝平藏碑之后。"雍正四年,大学上、九卿等参其为年羹尧称功颂德,备极谄媚,甚属悖逆,应革职交刑部从重治罪。谕曰:"伊既以文词谄媚奸恶,为名教所不容,朕即以文词为国法,示人臣之炯戒。著将钱名世革去职衔,发回原籍,朕书'名教罪人'四字,令该地方官制造匾额,张挂钱名世所居之宅。钱名世系读书之人,不知大义,廉耻荡然,凡文学正士,必深恶痛绝,共为切齿。令在京现任官员由进士、举人出身者,仿诗人刺恶之意,各为诗文,记其劣迹,以儆顽邪。并使天下读书人知所激劝,其所为诗文一并汇齐,缮写进呈朕览,给付钱名世。"

《清通鉴》卷八三

## 一二三　查嗣庭讥刺时事遭戮尸

礼部侍郎查嗣庭出任江西正考官。雍正四年,帝以其所出试题,讥刺时事,命交三法司严审治罪。谕曰:"查嗣庭所出策题内有'君犹心腹,臣犹股肱'之语。夫古人谓君犹元首,而股肱、心腹皆指臣下而言,今策问内不称元首,是不知有君上之尊矣。朕因查嗣庭平日之为人,又见其今年科场题目,料其居心浇薄乖张,必有怨望讥刺之记载,故遣人搜查其寓中及行李中所有笔札,则见伊《日记》二本,其中悖乱荒唐,怨诽捏造,讥刺时事,幸灾乐祸，大逆不道之语甚多。"雍正五年五月，命将查嗣庭凌迟处死，以在监病故，戮尸枭示，其子查运拟斩监候，兄查嗣瑮及其子侄俱流三千里，家产变价修海塘。

《清通鉴》卷八三

## 一二四　雍正禁为其祝寿

雍正五年为帝五十寿辰，会试众举人于京城寺庙设立经坛颂祝；各省督抚亦欲购觅玩好之物，以为进献。遂降旨饬禁，略曰："举人乃平日读书明理之人，当效法古之圣贤，岂可为此世俗诞妄之举？督抚进献玩好之物尤为不可。地方大吏，偶有进献方物土产，不过借此以达其瞻仰之意，亦所以联君臣上下之情。督抚之公费，不过供其日用之需，安有馀资搜求玩器？倘转索于属员，则又开下吏逢迎奔竞之渐。朕心惟以民安物阜为美，荐贤举能为贵。倘督抚等秉公察吏，实心为国，行一利民之政，胜于献稀世之珍也；荐一可用之才，胜于贡连城之宝也。内外诸臣，其共体朕心，屏绝虚文。"

《清通鉴》卷八四

## 一二五　俄特使谈中国

雍正五年，俄国特使萨瓦于归途中致书本国政府，略曰："中国并非人们所想的和很多历史学家所夸大的那样强大有力。对当今的中国皇帝没有任何人感到满意，其压制本国人民，较罗马尼禄有过之而无不及。其已把数千人迫害致死，成千上万的人惨遭掠夺，以致彻底破产。其二十四位兄弟中，只四人得宠，其馀或被处死，或严加监禁。中国宫廷虽极豪华，然人民却因饥饿而濒于死亡。中国与准噶尔部仍然处于敌对状态。准噶尔部乃俄国防御中国之屏障，实可为有利之同盟者，应与其友好相处。"

《清通鉴》卷八四

## 一二六　雍正饬禁旗人奢靡

康熙时，曾二次发帑赏赐八旗兵丁。然旗人移时即挥霍一空。雍正帝即位后，亦曾赏给兵丁钱粮，亦如从前立时费尽。雍正五年，帝降旨申饬，略曰："近来满洲等，不善谋生，惟恃钱粮度日，不知节俭，妄事奢靡。虽屡经训谕，但兵丁等相染成风，仍未改糜费之习。有因口腹而鬻卖房产者，有一月所得食肉数次即盘尽者，有将每季米石贱卖后沽酒市肉者，以致阖家匮乏，冻绥交迫。尚自夸张，谓我从前曾食美物，服鲜衣，并不悔悟所以致此困穷者，乃以美食鲜衣之故也。库帑俱系国家之正项，百姓之脂膏，岂可无故滥行赏赉，以百万之帑项，徒供伊等数日口腹之费乎？若不将恶习改除，朕即有施恩之意，亦不可举行。王大臣等亦宜各从简约，以为下人之表率，行之既久，自可挽此恶习。"

《清通鉴》卷八四

## 一二七　曾静吕留良案

曾静，湖南永兴县人。县学生员，闭门读书授徒，著有《知新录》。曾于州城应试时，见浙江吕留良著作中有"夷夏之防"等议论，深为赞同，乃遣其徒衡州人张熙往浙江访书。时吕留良已死，张熙结识其子吕毅中、其徒严鸿逵等。当时传说，总督岳钟琪爱百姓，得民心，握兵权，深为朝廷疑忌。曾静闻种种传说，遂遣张熙携书往陕西游说岳钟琪反叛朝廷。曾静将叮咛张熙之言写于纸上，名为《知几录》。其《上岳钟琪书》中，自称南海无主游民，称岳钟琪为"天吏元帅"，谓清为金裔，而岳钟琪为岳飞之后，今握重兵，居要地，当乘时兴兵，同谋举事，为宋、明复仇。岳钟琪会同巡抚西琳、按察使硕色等讯其师姓名，张熙宁死不吐真情。岳钟琪奏报："经虚与设誓，伪为激切之言，张熙方将其师姓名、居址及平素与伊师往来交好之人，一一吐出。据称其师曾静，并刘之珩、严鸿逵，俱有本领，韬略大不可量。"又言："我辈同志之人素所宗者系吕晚村，著《吕子文集》等书。"雍正帝得报，命各省按张熙供出之人名单，密行缉捕。雍正六年十月，浙江总督李卫遵旨将吕留良第九子吕毅中、第四子吕黄中、孙吕懿历等密捕，《吕子文集》等书亦均查获。十二月湖广总督奏报曾静、刘之珩等已拿获。所擒人犯，陆续解京。

七年五月，颁发长篇谕旨，宣布吕留良、曾静等人罪行。九月，命将曾静案之谕旨及曾静等口供汇编，刊刻《大义觉迷录》，颁行全国各府州县。

十年十二月，谕内阁判吕留良及其子葆中、严鸿逵俱戮尸枭示，孙辈发宁古塔与人为奴。

《清通鉴》卷八五、卷八五、卷八九

## 一二八　雍正批示取出良心办事

新任广东海关监督毛克明具折谢恩，请雍正帝训示。帝批："有何可指示？但取出良心来办事，银钱不如性命、颜面要紧。只此两句粗俗之语能行，诸凡保汝协当也。若不能此，便批示汝千百言锦绣文章，无益于汝也。"

十一年正月上谒陵。帝见沿道安设水缸，蓄水洒道。谕之曰："跸路所经，虽有微尘何碍。地方官当以牧养生民为重。若移奉上之心以抚百姓，岂不善乎？"

《清通鉴》卷八九；《清史稿》卷九

## 一二九　雍正编佛经说法收徒

雍正帝即位前与僧、道、喇嘛多有来往。即位后，尝告近臣欲治释法十载。乃集王、大臣、僧道共十四人讲研佛教禅宗，同时亲编《御选语录》。十一年书成，凡十九卷，卷首有《御制总序》。十二年，刊行延寿和尚《宝镜录》一百卷。十三年，再刊行《宗镜大纲》二十卷，又精选二十种佛经，编成《经海一滴》六卷刊行。

帝又于宫中举行法会，亲行说法，收门徒十四人。

《清通鉴》卷九〇

## 一三〇　雍正禁献象牙席

雍正十二年，以广东进献象牙席，谕大学士等："朕于一切器具，但取朴素适用，不尚华丽工巧，屡降谕旨甚明。从前广东曾进象牙席，朕甚不取，以为不过偶然之进献，未降谕旨切戒，今则献者日多，大非朕意。夫以象牙编织为器，或如团扇之类，其体尚小，今制为座席，则取材甚多，倍费人工，开奢靡之端矣！著传谕广东督抚，若广东工匠为此，则禁其毋得再制；若从海洋而来，从此屏弃勿买，则制造之风自然止息矣！"

雍正十三年，以进贡方物扰累民间，特谕曰："向闻各省采办贡物，常少给价值，使民间受累，视为畏途，如榆次不敢种好瓜、肃宁畏种好桃，传为话柄。因贡物而累及闾阎，万万不可。即或交与属员代办，而份值不敷，令其暗中赔补，是又假公济私，收受贿赂之巧术也。着将从前贡物减少一半。倘仍蹈旧辙，必将各省贡献之例，全行禁止。"

海保等奉旨修茸杭州净慈寺，查勘估工需银七万贡物减半贡物减半馀两，奏闻。有旨命另议。雍正帝批谕："岂有动七八万钱粮整修之理？大关舆论，使不得。应减可以将就者。"

《清通鉴》卷九一、卷九二

清（公元1644年至1839年）

## 一三一　雍正诫秋审不得轻忽民命

先是，各省秋审，不论案件多寡，皆于一日内草率定局，且有结彩设席，征歌演剧为乐者。雍正十三年，帝有旨："嗣后各省秋审时，该督抚务率司道等官，敬谨周详，殚心办理，必使权衡不爽，情罪相符。向来并无限期，何妨多宽时日，安得视为虚文故套，轻忽民命，以供其自便之私。倘再有肆筵设席，仍蹈从前陋习者，必严加议处。"

《清通鉴》卷九二

## 一三二　高凤翰左手作书画

高凤翰，字西园，山东胶州人。雍正初，以荐得官，署安徽绩溪知县，被劾罢。久寓江、淮间，病偏痹，遂以左手作书画，纵逸有奇气。尝登焦山观《瘗鹤铭》，寻宋陆游题名，亲扫积藓，燃烛扪图，以败笔渍墨为图，传为杰作。性豪迈不羁，藏砚千，手自镌铭，著《砚史》。又藏司马相如玉印，秘为至宝。卢见曾为两淮运使，欲观之，长跪谢不可，其癖类此。

《清史稿》卷五〇四

## 一三三　潘氏教子

胡弥禅妻潘，桐城人。弥禅卒，遗三子，长子宗绪，方十岁。贫，遣就学村塾，且倚间泣而送之，逾岭不见，乃返，暮复迎之而泣。三年，贫益甚，罢学。潘不知书，使儿诵，以意为解说。一日，闻程、朱语，叹且起立曰："我固谓世间当有此！"闻诵司马相如《美人赋》则怒，禁毋更读。诸子出必告，襟濡露，则笞之，问："奈何不由正路？"岁饥，潘日茹瓜蔓，而为麦粥饭儿，有馀，以周里之饿者。尝命仆治室，发地得千金，献宗绪，宗绪不受，母闻乃喜。宗绪成雍正八年进士，官至国子监司业，笃学行，有所述作。

《清史稿》卷五〇八

## 一三四　乾隆称为治当宽严得中

雍正十三年八月，帝卒。其四子弘历即位，年二十四。幼时深受康熙钟爱，云："是命贵重，福将过馀。"师从左都御史朱轼、侍郎蔡新及翰林福敏，深受教益。翌年，改元乾隆。

正月初九，即谕总理事务王大臣治道当因时更化，宽严得中，略曰："治天下之道，贵得其中。故宽则纠之以猛，猛则济之以宽。皇祖圣祖仁皇帝（即康熙）深仁厚泽，垂六十年，休养生息，民物恬熙。循是以往，恐有过宽之弊。我皇考（即雍正）绍承大统，振饬纪纲，俾吏治澄靖，庶事厘正，人知畏法远罪，而不敢萌侥幸之心。此皇考之因时更化，所以导之于至中，而整肃官方，无非惠爱斯民之至意也。皇考尝以朕为赋性宽缓，屡教诫之。朕惟思刚柔相济，不竞不絿，以臻平康正直之治。夫整饬之与严厉，宽大之与废弛，相似而实不同。朕主于宽，而诸王大臣严明振作，以辅朕之宽，然后政和事理，俾朕可以常用其宽，而收宽之效，此则诸臣赞助之功也。倘不能如是，恐相习日久，必至人心玩愒，事务废弛，激朕有不得不严之势。此不惟臣工之不幸，抑亦天下之不幸，更即朕之不幸矣。"

二月初九，又以"治道贵乎得中"训饬督抚戒纵弛。略曰："天下之理，惟有一中。中者，无过不及，宽严升济之道也。人臣事君，存迎合揣摩之见，便是私心，而事之失中者，不可胜数矣。皇考临御之初，见人心玩愒，诸事废弛，官吏不知奉公，宵小不知畏法，势不得不加意整顿，以除积弊。乃诸臣误以圣心在于严厉，诸凡奉行不善，以致政令繁苛，每事刻核，大为闾阎之扰累。然则皇考之意果如是乎？朕即位以来，深知从前奉行之不善，留心经理，不过欲减去繁苛，与民休息，而诸臣又误以为朕意在宽，遂相率而趋于纵弛一路。若循此以往，不知省改，势必至禁令废弛，奸宄复作，良善受欺，风俗渐就浇漓，将皇考十三年教养整理之苦心，功亏一篑。此朕心所大惧者，不得不恳切告诫！复将此旨各书一道，命大学士鄂尔泰、张廷玉密寄各省督抚。"

《清通鉴》卷九二、卷九三

## 一三五　乾隆重皇子教育

乾隆元年正月，命大学士鄂尔泰、张廷玉、朱轼及左都御史福敏，侍郎徐元梦、邵基为皇子师傅。帝面谕诸师傅，略谓："皇子年齿虽幼，然陶淑涵养之功必自幼龄始，卿等可殚心教导之。倘不率教，卿等不妨过于严厉。从来设教之道，严有益而宽多损，将来皇子成长自知之也。"

乾隆帝鉴于明朝皇帝疏于教育元良之教训，极重皇子教育。乾隆时军机章京赵翼记云："余内值时，届早班之期，率以五鼓入，时部院百官未有至者，惟内府苏喇数人往来，黑暗中残睡未醒，时复倚柱假寐，然已隐隐望见有白纱灯一点入隆宗门，则皇子进书房也。既入书房，作诗文，每日皆有程课，未刻毕，则又有满洲师傅教国书、习国语及骑射等事，薄暮始休。"

《清通鉴》卷九三

## 一三六　乾隆训饬书院师生

乾隆元年六月，帝谕："凡书院之长，必选经明行修，足为多士模范者，以礼聘请；负笈生徒，必择乡里秀异，沉潜学问者，肄业其中，其恃才放诞，佻达不羁之士，不得滥入书院中。酌仿朱子《白鹿洞规条》，立之仪节；仿分年读书之法，予之课程。有不率教者，则摒斥勿留。学臣三年任满，咨访考核，如教术可观，人才兴起，各加奖励。六年之后，著有成效，奏请议叙。诸生中才器尤异者，准令荐举一二，以示鼓励。"

《清通鉴》卷九三

## 一三七　甘汝来以循吏名

甘汝来，江西奉新人。康熙五十二年进士，以教习授知县，补直隶涞水知县。涞水旗丁与民杂居，汝来至，请罢杂派，以火耗补之。禁庄田无故增租易佃。旗丁例不得行笞，汝来请以柳梃约束。三等侍卫毕里克调鹰至涞水，居民家，仆捶民几毙，诉于汝来。毕里克率其仆哄于县庭，汝来逮毕里克，械其仆于狱。事闻，下刑部议，夺汝来职，毕里克罚俸，圣祖命夺毕里克职，汝来无罪。汝来自是负循吏名。移知新安县，凿白杨淀堤，溉田数千顷。又移知雄县，惩奸吏，复请罢杂派。雍正年间，官至广西巡抚、迁都察院左副都御史。

乾隆三年，调吏部尚书。四年七月，汝来方诣廨治事，疾作，遂卒。大学士讷亲领吏部，与共治事，亲送其丧还第。至门，讷亲先入，妪缝衣于庭，讷亲谓曰："传语夫人，尚书暴薨于廨矣！"妪愕曰："汝谁也？"讷亲具以告，妪汪然而泣，始知即汝来妻也。讷亲因问有馀赀否，妪曰："有。"持囊出所馀俸金，讷亲为感泣。

《清史稿》卷三〇四

## 一三八　沈起元临终自检

沈起元，江南太仓人。乾隆二年，任河南按察使。会久雨，被灾者四十馀县，饥民四走，或议禁之。起元谓："民饥且死，奈何止其他徙？"令安置未被水县，给以粮，遂无出河南境者。巡抚雅尔图檄府县修书院，以起元总其事，乃教群士省身克己之学。

七年，迁直隶布政使。大旱议赈，总督高斌欲十一月始行，起元力请先普赈一月，俟户口查竣，再分别加赈。有倡言赈户不赈口者，起元曰："一户数口，止赈一二，是且杀七八人矣！"檄各属似此者罪之。

起元自少敦厉廉耻，晚岁杜门诵先儒书。临没，言："平生学无真得。年来静中自检，仰不愧，俯不怍，或庶几焉！"

《清史稿》卷三〇〇

## 一三九　长海不受荫布衣终身

长海，满洲镶白旗人，镇安将军玛奇子。例予荫，长海不就。檄补户部库使，又逃，曰："库使司帑藏，岁丰入，惧焉。逃死，非逃富贵也。"其母贤，听之，遂布衣终其身。冲远任真，趣无容心。博古多识，嗜金石书画，当意则倾囊购之。尝袭裘行吊，解裘以济戚丧。归途见未见书，买之，复解其衣。由是中寒疾，乃夷然曰："获多矣！"晚入京居委巷，悬画四壁，对之吟讽。其诗矩矱古人，而不胶于固，断句尤冠绝一时。论诗以性情为主，举靡丽之习而空之。有《雷溪草堂诗》。

乾隆九年卒，年六十有七。

《清史稿》卷四八五

## 一四〇　陈宏谋尽心为民

陈宏谋，广西临桂人。为诸生，即留心时事，闻有邸报至，必借观之。自题座右，谓："必为世上不可少之人，为世人不能作之事。"雍正元年，宏谋举乡试第一，成进士，授检讨。四年，授吏部郎中。乾隆时，官至两广总督、吏部尚书、东阁大学士。卒年七十六。

宏谋外任三十馀年，历行省十有二，历任二十有一。莅官无久暂，必究人心风俗之得失，及民间利病当兴革者，分条钩考，次第举行。诸州县村庄河道，绘图悬于壁，环复审视，兴作皆就理。察吏甚严，然所劾必择其尤不肖者一二人，使足怵众而止。学以不欺为本，与人言政，辄引之于学，谓："仕即学也，尽吾心焉而已。"故所施各当，人咸安之。

宏谋早岁刻苦自励，治宋五子之学，宗薛瑄、高攀龙，内行修饬。及入仕，本所学以为设施。莅政必计久远，规模宏大，措置审详。尝言："是非度之于己，毁誉听之于人，得失安之于数。"辑古今嘉言懿行，为《五种遗规》，尚名教，厚风俗，亲切而详备。奏疏文檄，亦多为世所诵。

《清史稿》卷三〇七

## 一四一　方苞为古文正宗

方苞，安徽桐城人。康熙四十五年进士。雍正帝即位，任武英殿修书处总裁。乾隆初，晋礼部侍郎，虽不常入部，而时奉召对，凡大政事多所密陈。七年以衰病休致，十四年卒，年八十有二。方苞经术文章兼优。其文峻洁，严于义法，为古文正宗，号"桐城派"。

《清通鉴》卷一〇六

## 一四二　乾隆帝首次南巡

乾隆十六年正月十三日至五月初四日，帝首次南巡，经直隶、山东、江苏、浙江四省，历时一百一十天。此次南巡各项开销，仅江苏一省，据日后江苏巡抚庄有恭所奏，预备道路、桥梁等类例应报部者，动支司库正项银十四万九千七百九十六两；名胜、陈设等类不应报部者，动用商捐银十五万两，动用司库闲款及各属公帮罚项银二十六万八千五百五十五两；共计五十八万八千三百五十一两。

《清通鉴》卷一〇八

## 一四三　追查伪稿作者及传抄者

乾隆十四年，因备办首次南巡，两江总督黄廷桂督贡苛急，三江两浙绅衿士庶，乃至地方官吏更激忿难平。十五年七月，江西抚州卫千总卢鲁生与南昌卫守备刘时达虑及办差赔累，欲制造舆论停止南巡。时工部尚书孙嘉淦以直谏名天下，为耸动人心，卢、刘二人遂密谋假托孙嘉淦之名，捏造《孙嘉淦奏稿》，以"五不解十大过"，指责乾隆帝即位以来之种种过误。稿成，众人纷纷传抄，遂在各地流播。十六年八月，云贵总督硕色密奏有"赴浪过普之客人，抄录传播"一纸，竟系假托廷臣名目，胆敢讪谤，甚至捏造朱批，显系大恶逆徒，逞其狂悖。乾隆帝命步军统领舒赫德及直隶、河南、山东、山西、湖北、湖南、贵州等省督抚密查严办。由是开始厉行查办伪稿作者及传抄者，株连甚广。至十八年三月，命处死卢、刘而收场。

《清通鉴》卷一〇八、卷一一〇

## 一四四　皇太后自郊园进皇城

乾隆十四年，以治水灌田命疏浚京城瓮山诸泉。湖即成，因赐名"万寿山昆明湖"。十五年，复就湖山形势兴建清漪园。后改名为颐和园。十六年十一月十九日，以皇太后六十大寿在即，乾隆帝奉皇太后游万寿山。次日，皇太后銮舆自郊园进城。自万寿山至西直门路旁经坛、戏台等点景俱由内务府备办，自西直门外高粱桥至大内西华门十馀里间，则在京王公大臣及各省督抚分段布置，张设灯彩，结撰楼阁，其中"广东所构翡翠亭，广二三丈，全以孔雀尾作屋瓦，一亭不啻万眼。楚省之黄鹤楼，重檐三层，墙壁皆用玻璃高七八尺者。浙省出湖镜，则为广榭，中以大圆镜嵌藻井之上，四旁则小镜数万，鳞砌成墙，人一入其中，即一身化千百亿身"。一路"每数十步间一戏台，南腔北调，备四方之乐，侲童妙伎，歌扇舞衫，后部未歇，前部已迎，左顾方惊，右盼复眩，游者如入蓬莱仙岛，在琼楼玉宇中，听霓裳曲，观羽衣舞也"。当乾隆帝奉皇太后经过时，文武千官以至大臣命妇、京师士女，簪缨冠帔，跪伏满途。时赵翼在京师，曾亲往目睹，叹为"此等胜会，千百年不可一遇"。而景点之豪奢糜费，连皇太后亦不能心安，"甫入宫即命撤去"。

《清通鉴》卷一〇八

## 一四五　钱士云称迎送宴会宜革

乾隆十八年，御史钱士云条奏整顿吏治。"迎送之宜革"条云："如遇钦差大臣及本管上司到境，地方官必先期于数十里外，预备馆舍，储蓄供张，及其已过，犹随行数十里外，远送道左。""宴会之宜节"条云："迩来官场陋习，借名商议公务，聚饮连宵，使有用之时日与办事之精神，俱消磨于樽酒谈笑间。"

《清通鉴》卷一一〇

## 一四六　孙嘉淦锋锐渐磨

孙嘉淦，山西太原府兴县人。康熙五十二年进士，历康、雍、乾三朝，曾任直隶、湖广总督等，位至吏部尚书、协办大学士，以敢言名天下。其进呈乾隆帝之《三习一弊疏》尤为世人所称道。然屡起屡踬，至其晚年，锋锐渐磨。初与谢济世、李元直、陈法交，以古义相勉，时称"四君子"。伪孙嘉淦奏稿案起，乾隆帝震怒，下所在穷治，嘉淦惶恐不自安，语人曰："先帝及今上尝戒我好名，今独假名我，殆生平好名之累未尽，有以致之。"自此食不甘，寝不瞑，益自务敛密。未久卒，年七十有一。曾著《春秋义》，已刊行，经雍正帝训饬，与所著《诗删》《南华通》一并自焚之。

孙嘉淦居官为八约，曰："事君笃而不显，与人共而不骄，势避其所争，功藏于无名，事止于能去，言删其无用，以守独避人，以清费廉取。"用以自诫。

《清通鉴》卷一一〇；《清史稿》卷三〇三

## 一四七　岳钟琪武臣巨擘

岳钟琪，四川成都人。雍正二年，挂奋威将军印，平青海，寻以川陕总督，辖三省劲兵。八年，为西路宁远大将军，与北路靖边大将军傅尔丹讨伐准噶尔。十二年，得罪论斩。乾隆帝登极，放归田里。迨十三年，征大金川，复起用。至军，深入勒乌围，招降土司莎罗奔，大金川之役遂得体面了结，以是封"威信公"。其以汉大臣拜大将军，满洲士卒隶麾下受节制，为有清一代所仅见。乾隆帝《怀旧诗》列五功臣中，称其为"三朝武臣巨擘"。十九年卒，年六十有九。

《清通鉴》卷一一一

## 一四八　蔡新辑《事心录》

蔡新，福建漳浦人。乾隆元年进士，授编修。入值上书房。累迁工部侍郎，移刑部。十八年，以母老请归省，旋乞终养，允之。即家命为上书房总师傅，辞，高宗谕之曰："非令汝即来供职，待后日耳。"后，官至文华殿大学士，兼吏部尚书。

新学以求仁为宗，以不动心为要。尝辑先儒操心、养心、存心、求放心诸语，曰《事心录》。值上书房四十二年，培养启迪，动必称儒先。高宗深敬礼之。新家居谦慎，遇丞尉执礼必恭。或问之，曰："欲使乡人知位至宰相，亦必敬本籍官吏，庶心有所不敢，犯法者鲜耳。"著有《缉斋诗文集》。

《清史稿》卷三二〇

清（公元1644年至1839年）

## 一四九　世臣吟诗遭训斥

乾隆十九年九月，帝至盛京。以盛京礼部侍郎世臣备办祭器潦草，且多错误，将其革职，发往黑龙江。复查出世臣诗稿中有"霜侵鬓朽叹途穷""秋色招人懒上朝""半轮秋月西沉夜，应照长久尔我家"等句，降旨再责世臣，略曰："夫纵情诗酒，最为居官恶习，以满员而官盛京，尚抑郁无聊，形诸吟咏，则从前汉人以出关为畏途，又不足怪矣。此地风俗素淳，甚恐为此辈所坏。嗣后盛京各官，当深以此为戒。其有不思敬供厥职，妄以诗酒陶情废公事者，朕必重治其罪！"又命将此旨各书一通，悬之公署，令触目警心，永垂炯戒。

《清通鉴》卷一一一

## 一五〇　吴敬梓著《儒林外史》

吴敬梓，晚号文木老人。安徽全椒人。二十三岁进学后，屡应乡试不第，遂绝意科举。所著《儒林外史》，摹绘世故人情，意在警世。自《儒林外史》刊行，说部中乃始有足称讽刺之书。乾隆十九年卒。

《清通鉴》卷一一一

## 一五一　姚氏贫不贪金贵不改俭

张英妻姚，桐城人。英初官翰林，贫甚，或馈之千金，英勿受也。故以语姚，姚曰："贫家或馈十金五金，童仆皆喜相告。今无故得千金，人问所从来，能勿惭乎？"居恒质衣贳米。英禄稍丰，姚不改其俭，一青衫数年不易。英既相，弥自谦下。戚党或使婢起居，姚方补故衣，不识也。问："夫人安在？"姚逡巡起应，婢大惭沮。英年六十，姚制棉衣贷寒者。子廷玉继入翰林，值南书房，圣祖尝顾左右曰："张廷玉兄弟，母教之有素，不独父训也！"卒年六十九，有《含章阁诗》。

《清史稿》卷五〇八

## 一五二　张廷玉配享太庙

张廷玉，安徽桐城人。康熙三十九年进士，五十九年擢刑部侍郎。雍正朝为大学士兼军机大臣。时军机处初创，其规制乃廷玉所定。雍正帝临终命总理事务，遗诏他日配享太庙。乾隆帝御极，圣眷渐衰，十四年，以大学士原衔致仕，寻诏罢配享。其登朝垂五十年，典领机要二十馀年。修《三朝实录》《国史》《治河方略》诸书，皆为总裁。著有《传经堂集》《焚馀集》《澄怀园文存》。二十年，以八十四岁高龄卒于家。奉恩旨仍遵雍正遗诏，配享太庙。终清之世，汉大臣配享太庙，惟廷玉一人而已。

《清通鉴》卷一一二

## 一五三　鄂昌以诗丧命

乾隆二十年，帝命传谕八旗："满洲风俗，素以尊君亲上，朴诚忠敬为根本，自骑射之外，一切玩物丧志之事，皆无所渐染。乃近来多效汉人习气，往往稍解章句，即妄为诗歌，动以浮夸相尚。即如甘肃巡抚鄂昌身系满洲，世受国恩，乃任广西巡抚时，见胡中藻逆诗不但不知愤恨，且与之往复唱和，实为丧心之尤！今检其所作《塞上吟》，竟称蒙古为'胡儿'。夫蒙古自我朝先世即倾心归附，与满州本属一体，乃目以'胡儿'，此与自加诋毁者何异，非忘本为何？"帝赐令鄂昌自尽。

《清通鉴》卷一一二

## 一五四　彭家屏藏野史而死

乾隆二十二年，以彭家屏家藏明末野史《南迁录》《潞河纪闻》《日本乞师记》《豫变纪略》等，命斩监候，秋后处决，并籍其家，分田予贫民。因宣谕曰："以彭家屏居心观之，则其收存者，自系诋毁悖逆之词，又焉知其不加以批阅评点乎？在定鼎之初，野史所记，好事之徒，荒诞不经之谈，无足深怪。乃迄今百有馀年，海内缙绅之家何忍传写收藏，此实天地鬼神所不容。此后臣民若有收藏而败露者，亦惟随时治以应得之罪。"令彭家屏即于狱中自尽。

《清通鉴》卷一一四

## 一五五　乾隆令采购西洋陈设

乾隆二十三年，帝命军机大臣傅恒传谕管理海关事务监督李永标："向年粤海关办贡外尚有交养心殿馀银，今即著于此项银两内买办洋物一次，其洋毡、金线、银线及广做器具俱不用办，惟办钟表及西洋金珠奇异陈设，并金线缎、银线缎或新样器物，皆可不必惜费，亦不令养心殿照例核减，可放心办理，于端午前进到，勿误！"

《清通鉴》卷一一五

## 一五六　汪由敦功古文古学

汪由敦，安徽休宁人。雍正二年进士。乾隆初入值军机处，时军机大臣讷亲一人承旨，每令其撰拟旨稿。历官侍郎、尚书，为军机大臣。金川之役，乾隆帝指授方略，日数千百言，由敦视草，援笔立就，无不当上意，晋协办大学士。其诗、古文之学最深，当时馆阁后进群奉为韩、欧。乾隆二十三年卒，年六十有七。著有《松泉诗文集》，赵翼初序云："公死而天下无真知古学之人。"

《清通鉴》卷一一五

## 一五七  黄廷桂鞠躬尽瘁

甘陕总督黄廷桂，汉军镶红旗人。历任封疆三十馀年，及用兵准、回，以大学士、总督筹办一切军需，深受乾隆帝倚信。其时羽檄星驰，士马、刍粮、器械万端倥偬，令藩、臬、道、府、州县承办军需者，皆同馆一舍，廷桂竟日危坐其中，每邮骑至，直入馆院，启视应付何司者，立时分派，目击其录稿钤印毕，即以咨覆，故一切神速，毫无留滞。素咯血，往往中夜辄起，或张目达旦，致积劳成疾。疾剧，呓语犹以马驮、粮运、进剿、擒贼诸务喃喃不绝，官吏文武绕榻环听，为之泣下。乾隆二十四年卒，帝御制挽词有"鞠躬尽瘁今诚已，葛亮而来此一人"。乾隆四十四年，御制《怀旧诗》，列于五督臣之首。

自乾隆十九年，准噶尔内讧，乾隆帝命将出征起，历时五年、拓地二万馀里之准回之役，或称"西师"，至二十四年以全胜告终。前后共开销军需银约三千万两。

《清通鉴》卷一一六

## 一五八  乾隆南巡扈从二十万

乾隆二十七年帝第三次南巡。扈从大臣首相傅恒、相国史贻直、大将军九门提督舒赫德，此外，亲王、文武百官百十馀人，侍卫官五百人，满洲、蒙古之诸官千馀人，羽林军一万人，甲兵五万人及其他，总计率领二十万人。此次南巡途经直隶、山东、江南、浙江四省各地方蠲免本年额赋十分之三，凡去秋受灾歉收者，蠲免十分之五。

乾隆帝驻跸苏州府行宫。"由阊门之上塔街出行前往灵岩山游幸，时万民家家悬挂吴式灯笼，供奉自制的各色物品，迎接圣驾。其时天子龙颜和悦，义民内凡年逾七十之男女均赏赐刻有'养老'二字银牌一面。又，扬州、苏州、嘉兴、杭州四府盐商及渡海赴日本办铜之官商人等，皆搭设高台演出歌舞，不惜钱物，极尽奢华。大凡数百里内迎驾之时，舞台数千座，无一相同者。皇帝亦相应回赐上述人等金银、小件器物、貂皮等，众人皆引以为不世之荣幸。又命免去南巡沿途的一年贡赋。至灵岩山行宫驻跸，游该地十八景。灵岩山行宫山麓建有舞台百馀座，亭台二十座，表演各种歌舞，皇帝观赏。因山麓四周由同行扈从人员包围守护，入夜灯火如繁星闪烁。河中灯船百馀艘游动，燃放烟火，极其热闹，水中陆上皆如同白昼。"

《清通鉴》卷一一九

## 一五九　史铁崖答皇上问

史贻直，号铁崖，江苏溧阳人。康熙三十九年进士，年十九。一生在外督抚七省，两入内阁，前后居相位垂二十载。雍正初，大将军年羹尧平青海归，势张甚，黄缰紫驹，绝驰道而行，王公以下屈膝郊迎，独长揖，年望见惊异，遽下马曰："是吾同年铁崖耶！"扶上己所乘马，而己易他马，并辔入国门。寻年以罪诛，穷治党与，雍正帝问："汝亦羹尧所荐乎？"免冠应声曰："荐臣者羹尧，用臣者皇上。"帝颔之。其再相也，年近八旬，尝奏事，拜起舒迟，乾隆帝问："卿老惫乎？"对曰："皇上到臣年，当自知之。"帝大笑。乾隆二十八年卒。

《清通鉴》卷一二〇

## 一六〇　曹雪芹著《红楼梦》

曹雪芹，其父寅任江宁织造等职，先世为辽东汉人，满洲兴起，没入睿亲王多尔衮家下为奴。康熙朝家世显赫，雍乾之际遽尔败落。雪芹从幼年豪富堕入中年穷愁潦倒，然傲骨天成，才气横溢，于贫病交迫中著不朽名著《红楼梦》八十卷。乾隆二十八年，在寂寞中辞别人世。

《清通鉴》卷一二〇

## 一六一　秦家别业寄畅园

秦蕙田，江苏金匮（今属无锡市）人。乾隆元年进士。通经能文章，撰《五礼通考》，体大思精，囊括万有，殚思三十八年，稿三四易而后定，自言平生精力，尽于是书。乾隆二十九年，以疾回籍调治，卒于沧州。明年，车驾南巡，至无锡，幸寄畅园，流连园中。寄畅园者，秦家别业也，素为帝所钟爱。

《清通鉴》卷一二一

## 一六二　郑板桥诗书画三绝

郑燮，号板桥，江苏兴化人。乾隆元年进士，为人疏放不羁，官潍县令时，因岁饥为民请赈，忤大吏，乞疾归。闲居扬州，声誉大著。善诗，工书、画，世称"三绝"。诗词不拘体格，不屑作熟语；画擅花卉木石，尤长兰竹，人争宝之；书亦有别致，隶、楷参半，自称"六分半书"。著有《板桥全集》，手书刻之。为"扬州八怪"之一。乾隆三十年卒，年七十有三。

《清通鉴》卷一二二

## 一六三　金农截毫端作书

金农，字寿门，浙江仁和人。布衣，荐鸿博，好学癖古，储金石千卷。中岁，游迹半海内，寄居扬州，遂不归。分隶小变汉法，又师禅国山及天发谶两碑。截毫端，作擘窠大字。年五十，始从事于画。初写竹，师石室老人，号稽留山民。继画梅，师白玉蟾，号昔耶居士。又画马，自谓得曹、韩法。复画佛，号心出，家盦粥饭僧。其点缀花木，奇柯异叶，皆意为之。问之，则曰："贝多龙窠之类也。"性逋峭，世以迂怪目之。诗亦镵削苦硬。无子，晚手录以付其女。殁后，其弟子罗聘搜辑杂文编为集。

《清史稿》卷五〇四

## 一六四　陈德华称士大夫患在求名

陈德华，直隶安州人。雍正二年进士，授修撰。乾隆元年，迁詹事，上书房行走，历任户部尚书、兵部尚书、礼部尚书。二十九年，致仕。四十四年卒，年八十三。

德华性笃俭，缊袍蔬食，萧然如寒素。立身循礼法，而不自居道学。尝谓："士大夫之患，莫大于近名。求以立德名，则必有迂怪不情之举而实行荒；求以立言名，则必有异同胜负之论而正理晦；求以立功名，则必务见所长，纷更旧制。立一法反生一弊，而实行无所裨。"方为尚书时，京师富民俞民弼死，诸大臣皆往吊。上闻，察未往者，德华与焉。

《清史稿》卷三〇四

## 一六五　梁巘论执笔之法

梁巘，安徽亳州人。乾隆二十七年举人，官四川巴县知县。晚辞官，主讲寿春书院，以工李北海书名于世。

巘语金坛段玉裁曰："执笔之法，指以运臂，臂以运身。凡捉笔，以大指尖与食指尖相对，笔正直在两指尖之间，两指尖相接如环，两指本以上平，可安酒杯。平其肘，腕不附几，肘圆而两指与笔正当胸，令全身之力，行于臂而凑于两指尖。两指尖不圆如环，或如环而不平，则捉之也不紧，臂之力尚不能出，而况于身？紧则身之力全凑于指尖，而何有于臂？古人知指之不能运臂也，故使指顶相接以固笔，笔管可断，指锲痛不可胜，而后字中有力。其以大指与食指也，谓之单勾；其以大指与食指、中指也，谓之双勾；中指者，所以辅食指之力也，总谓之'拨镫法'。王献之七、八岁时学书，右军从旁掣其笔不得，即谓此法。

　　世人但言无火气，不知火气使尽，而后可言无火气也。如此捉笔，则笔心不偏，中心透纸，纸上飒飒有声。直画粗者浓墨两分，中如有丝界，笔心为之主也。如此捉笔，则必坚纸作字，软薄纸当之易破。其横、直、撇、捺皆与今人殊，笔锋所指，方向迥异，笔心总在每笔之中，无少偏也。古人所谓屋漏痕、折钗股、锥画沙、印印泥者，于此可悟入。"巘少著述，所传绪论仅此。当时与梁同书并称，巘曰"北梁"，同书曰"南梁"。

《清史稿》卷五〇三

## 一六六　梁同书论运笔之法

　　梁同书，浙江钱塘人。乾隆十七年，会试未第，高宗特赐与殿试，入翰林，大考，擢侍讲。淡于荣利，未老，因疾不出。卒年九十三。好书出天性，十二岁能为擘窠大字。初法颜、柳，中年用米法，七十后乃变化。名满天下，求书者纸日数束，日本、琉球皆重之。

尝与张燕昌论书，略曰："古人云'笔力直透纸背'，当与天马行空参看。今人误认透纸，便如药山所云'看穿牛皮'，终无是处。盖透纸者，状其精气结撰墨光浮溢耳，彼用笔如游丝者，何尝不透纸背耶？用腕力使极软之笔自见，譬如人持一强者，使之直，则无所用力；持一弱者，欲不使之偃，则全腕之力，自然集于两指端。其实书者只知指运，而不知有腕力也。藏锋之说，非笔如钝锥之谓，自来书家从无不出锋者，只是处处留得笔住，不使直走。笔要软，软则遒；笔要长，长则灵；笔要饱，饱则腴；落笔要快，快则意出。书家燥锋曰渴笔，画家亦有枯笔，二字判然不同。渴则不润，枯则死矣。今人喜用硬笔故枯。帖教人看，不教人摹。今人只是刻舟求剑，将古人书摹画如小儿写仿本，就便形似，岂复有我？字要有气，气须从熟得来。有气则有势，大小、长短、高下、欹整，随笔所至，自然贯注，成一片段，却著不得丝毫摆布，熟后自知。中锋之法，笔提得起，自然中，亦未尝无兼用侧锋处，总为我一缕笔尖所使，虽不中亦中。乱头粗服非字也，求逸则野，求旧则拙，此处不可有半点名心在。"同书平生书旨，与梁巘之异同，具见于此。

《清史稿》卷五〇三

## 一六七　邓石如精篆隶刻石

邓石如，安徽怀宁人。江宁梅镠，家多弆藏金石善本，尽出示之，为具衣食楮墨，使专肆习。客梅氏八年，学既成，遍游名山水，以书刻自给。游黄山，至歙，鬻篆于贾肆。编修张惠言故深究秦篆，时馆修撰金榜家，偶见石如书，语榜曰："今日得见上蔡真迹。"乃冒雨同访于荒寺，榜备礼客之于家。荐于尚书曹文埴，偕至京师，大学士刘墉、副都御史陆锡熊皆惊异曰："千数百年无此作矣！"时京师论篆、分者，多宗内阁学士翁方纲，方纲以石如不至其门，力诋之。石如乃去。客两湖总督毕沅，沅故好客，吴中名士多集节署，裘马都丽，石如独布衣徒步。居三年，辞归，沅为置田宅，俾终老。濒行，觞之，曰："山人，吾幕府一服清凉散也！"石如年四十六始娶，常往来江、淮间，卒年六十三。

《清史稿》卷五〇三

## 一六八　沈德潜编《古诗源》

沈德潜，江苏长洲人。多年蹉跎科场，曾历岁、科试凡二十余次、乡试十七次，直至六十六岁始中举。乾隆四年成进士。乾隆帝以其为人诚实谨厚，且怜其晚遇，屡加超擢。十四年以礼部侍郎原品休致。其诗风温良敦厚，怨而不怒，中正和平。著有《归愚诗文钞》《矢音》《说诗碎语》，选编《古诗源》《唐诗别裁》《明诗别裁》《国朝诗别裁》等。乾隆三十四年病卒。

《清通鉴》卷一二六

## 一六九　尹继善嘱下级批驳己意

尹继善，满洲镶黄人。雍正元年进士，六年巡抚江苏。后历任封疆三十馀年，一督云贵，三督川陕，而节制两江二十馀春秋，多德政，而最得民心在严禁漕弊一事。在官有所兴除，必集监司以下嘱曰："我意如此，诸公必驳我，我解说，则再驳之，使万无可驳而后行。勿以总督语有所瞻徇也。"以故所行鲜有败事。所理大狱，多能慎重谳狱。明练政事，性情温厚，提携后进，而尤长奏对，雍正帝尝谓继善曰："汝知督抚中有当学者乎？李卫、鄂尔泰、田文镜是也。"继善对曰："李卫，臣学其勇，不学其粗；田文镜，臣学其勤，不学其刻；鄂尔泰大局好，宜学处多，然臣亦不学其愎也。"乾隆帝对其推重有加，以为近来满洲名臣硕辅出身甲第者，惟鄂尔泰、尹继善一二人而已。然又深疾其好以无事为福，上和下睦，为和事老人之习气。乾隆三十六年卒。

《清通鉴》卷一二八

## 一七〇　钱度以贪污被斩

原任云南布政使钱度因侵欺贪婪处斩。经钦差袁守侗等审实，钱度任内共克扣银四万馀两入己，勒索属员银一万八千馀两，将古玩玉器等件勒派属员浮卖价银至二万九千馀，索贿及勒买物件共值银三四万两。

此案抄没钱度金银、古玩玉器等细软俱解交内务府。其中仅从钱度原籍常州及寄居江宁等处即抄出纹银、色银三万六千馀两，金叶、金条、金锭共两千馀两，董其昌、恽寿平、文徵明、唐寅、仇英、张照等字画六十馀件，各色玉器不计其数。从贵州截获钱度家人随带之金玉器物中，有海屋添寿金如意一枝，上镶碧霞二块、宝石二块、松石一块，连镶共重四十八两；龙凤金如意一枝，镶碧霞玺四块、松石一块，连镶共重四十八两；诸仙祝寿金如意一枝，上镶碧霞玺三块、松石二块，连镶共重三十二两；百福流形金如意一枝，上镶碧霞玺二块、松石二块、宝石一块，连镶共重三十二两；鹤鹿同春金如意一枝，上镶碧霞玺三块、玛瑙一块、松石一块，连镶共重三十二两；及重一百四十二两、四十两、三十八两镶嵌珍宝金炉、金瓶、金盒各一座等。此皆钱度备进之贡物也。

《清通鉴》卷一二九

## 一七一　朱筠首倡编纂《四库全书》

乾隆三十七年初，诏令征集古今群书。安徽学政朱筠条奏搜访校录图书四事：一，旧本钞本尤当急搜。二，中秘书籍当标举现有者以补其馀。三，著录校雠谁当并重。四，金石之刻、图谱之学在所必录。朱筠建议搜集著录群书后应开馆校书，或依《七略》，或准《四部》，每一本书必校其得失，撮举大旨，叙于本书首卷。

乾隆谕曰："从来四库书目以经、史、子、集为纲领，裒辑分储，实古今不易之法，较为有益。将来办理校辑《永乐大典》遗书成编时，著名《四库全书》。"刘统勋、刘纶、丁敏中等旋被任为办理《四库全书》正总裁，英廉、庆桂等为副总裁。经刘统勋等奏请，以翰林编修纪昀、军机处郎中陆锡熊为总办。

征集天下群书谕旨颁发之时，尚无编纂《四库全书》意图，亦未虑及于广泛征集附书后，开馆校书。朱筠搜访校录图书条奏实为从征集天下群书转向纂修《四库全书》轨道之关键。

朱筠，顺天大兴人。乾隆十九年进士，官至翰林院侍读学士。平生宏奖人才，主持风会，一时积学之士如戴震、邵晋涵、王念孙等，多出其门，其学博闻宏览，藏书数万卷，碑版文字千卷。说经宗汉儒，诸史百家皆考证是非同异，又精金石文字之学。乾隆四十六年卒，年五十有三。著有《十三经文字同异》《笥河文集》。

《清通鉴》卷一二九

## 一七二 谕定《四库全书》毁改办法

乾隆四十一年，谕定《四库全书》抽毁改易"违碍悖逆"书籍各条：一，钱谦益、金堡、屈大均等其人实不足齿，其书岂可复存？应概行毁弃。二，刘宗周、黄道周、熊廷弼、王允成、叶向高等，或为一代完人，或其书为明季丧乱所关，足资考镜，惟当改易违碍字句，无庸销毁。杨涟、左光斗、李应升、周宗建、缪昌期、赵南星、倪元潞等各直臣书集，并当以此类推，即有一二语伤触本朝，本属各为其主，亦只须酌改一二语。三，汇选各家诗文，内有钱谦益、屈大均辈所作，自当削去，其馀原可留存。明人所刻类书，其边塞兵防等门，所有触碍字样，固不可存，然只须删去数卷，或删去数篇，或改定字句，亦不必因一二卷帙遂废全部。四，南宋人书之斥金，明初人书之斥元，且悖于义理者，自当从删，涉于诋詈者自当从改，其书均不必毁。

《清通鉴》卷一三三

## 一七三　考据学大家戴震

戴震，字东原，安徽休宁人。早年家境贫寒，乾隆二十七年举于乡，三十八年奉召充《四库全书》馆纂修官，四十年赐同进士出身，授翰林院庶吉士。学问渊博，识断精审，集清代考据学之大成，为皖派代表人物。著有《孟子字义疏证》《原善》《声类表》《考工记图》《策算》和《勾股割圆记》等。

《孟子字义疏证》酝酿于乾隆二十二年，尔后再集诸书精粹，删繁就简，积二十年功力，终于在逝世前完成。辨证天理与人欲之关系，构成全书论究核心，"理者存乎欲"，否定宋儒"截然分理欲为二"之说。既可见其思想精髓，亦可见其与同时代汉学家学术旨趣之分野。乾隆四十二年，卒于京。

《清通鉴》卷一三四

## 一七四　王锡侯以编《字贯》处斩

王锡侯，江西新昌人。乾隆十五年乡试中举，后会试屡屡落第，遂改向故纸搜求，曾编辑《唐人试帖详解》《国朝试帖详解》《丁氏源流》《经史镜》等十馀种书籍。又以《康熙字典》收字太多，难于穿贯，乃仿类书之式，按字样各归其类，编成《字贯》。在《字贯凡例》中将"庙讳"（即玄烨、胤禛、弘历）照原字直书，意在提醒年轻士子临场时务须避讳。而新昌县民王泷南挟嫌赴县检举王锡侯删改《康熙字典》，另刻《字贯》，与叛逆无异。

乾隆四十二年，帝竟以《字贯凡例》直书"庙讳""御名"，断定"此实大逆不法，为从来未有之事，罪不容诛，即应照大逆律问拟"。命将王锡侯迅速锁押解京。命传谕各省督抚曰："如有与《字贯》相类悖逆之书，无论旧刻新编，俱查出奏明，解京销毁。如有收藏之家此时即行缴出者，仍免治罪；若藏匿不交，后经发觉，断难轻宥。"上述谕旨并命传谕各督抚，一体遵照妥办。自是，查办所谓"违碍""悖逆"禁书范围，从"旧人著作"扩大到"现在刊行各种书籍"。

王锡侯处斩，家产入官，家属付功臣之家为奴。

《清通鉴》卷一三四

## 一七五　乾隆七十自寿

乾隆四十五年，帝年七旬，志得意满，颁御制《古稀说》，略谓："余以今年登七帙，因用杜甫句，御刻'古稀天子'之宝。三代以上弗论矣，三代以下，为天子而寿登古稀者才得六人。前代所以亡国者，曰强藩，曰外患，曰权臣，曰外戚，曰女谒，曰宦寺，曰奸臣，曰佞幸，今皆无一仿佛者。即所谓得古稀之六帝，元、明二祖为创业之君，礼乐政刑有未遑焉，其馀四帝，予所不足为法。而其时其政，亦岂有若今日哉？是诚古稀而已矣！"

《清通鉴》卷一三七

## 一七六　《四库全书》告成

乾隆帝以皇子永瑢、大学士于敏中等为《四库全书》总裁，纪昀、陆锡熊等为总纂，与其事者三百馀人，皆极一时之选。自三十八年开始纂修，历二十年始告成。全书三万六千册，缮写七部，分藏大内文渊阁、圆明园文源阁、盛京文溯阁、热河文津阁、扬州文汇阁、镇江文宗阁、杭州文澜阁。命纪昀等撰《全书总目》，著录三千四百五十八种，存目六千七百八十八种，都一万二百四十六种。复命于敏中、王际华撷其精华，别为《四库荟要》，凡一万二千册。

《清史稿》卷一四五

## 一七七　陈辉祖贪污账

陈辉祖，湖南祁阳人，累官广西、湖北、河南巡抚，擢闽浙总督，兼管浙江巡抚。及得罪查抄，其任所赀财有金及金器一千馀两，银及银器三万三千馀两，珠宝镶嵌如意二柄、各色如意一百六十九柄，各色朝珠一百零三盘，大小玉器三百十三宗、计一千四百零一件，自鸣钟三十宗、计六十四件，墨刻碑帖并字画册页六百四十八件，其他绸缎、衣饰、皮张等细软不计其数。另在苏州署房产九所，价银二万馀两。又在外放银十馀万两，营运生息。其弟陈严祖亦于甘肃冒赈贪污大案正法。

《清通鉴》卷一四〇

## 一七八　冯起炎邀宠被罚

生员冯起炎系山西临汾人，训蒙度日，因生活贫难，抑郁成疾。乾隆四十八年初，起程赴京，欲呈献自注《易》《诗》二经，以获皇帝赏识，借此玉成其欲娶二表妹之志。冯先逗留长辛店一带，闻听皇帝行谒泰陵，遂起意在御道旁跪求献书，被清道官拿获。直隶总督袁守侗以冯起炎私写呈词，欲于仪仗前呈递，实属蛮妄不法，罚发往黑龙江等处给披甲人为奴。

《清通鉴》卷一四〇

## 一七九　乾隆六度南巡

乾隆四十九年，帝六度南巡。翌年，朝鲜使臣追述此次南巡云："皇帝去岁南巡，供亿浩繁，州县凋敝，农民举未省肩，商船或不通津。虽值丰收，无异歉荒。至于蚕桑，亦失其时。绸缎之属，天下专靠南边，而今年则燕京人衣裳之资，鞋袜之属，绝贵于常年。"

《清通鉴》卷一四一

## 一八〇　乾隆开千叟宴

康熙五十一年，康熙帝以六旬万寿开千叟宴于乾清宫，与宴者一千九百馀人。乾隆御极五十年，重开千叟宴于乾清宫，王公、大臣、官员及士商兵民与宴者三千九百馀人，各赐鸠杖。官员兵民年在九十以上、文武大臣年逾七十者，其子孙一人扶掖入宴。

《清通鉴》卷一四二

## 一八一　蒋士铨工诗文词曲

蒋士铨，江西铅山人。乾隆十二年进士，授编修。晚年患中风症，回南昌故居"藏园"。乾隆五十年病逝，年六十一。士铨风神散朗，如魏晋间人，而甄录寒峻，激扬忠义，有古烈士之风。博通淹雅，自古文辞及填词度曲无所不工，而最擅长者莫如诗，与同时代袁枚、赵翼鼎足诗坛。平生崇拜汤显祖，自作《藏园九种曲》，有《忠雅堂诗文集》传世。

《清通鉴》卷一四二

## 一八二　梁国治不可干以私

梁国治，浙江会稽人。乾隆十三年进士，授修撰。迁国子监司业。官至东阁大学士，兼户部尚书。五十一年卒。

国治笃孝友，与兄孪生，兄早卒，终生不称寿，事嫂如母。治事敬慎缜密。生平无疾言遽色，然不可以私干。门下士有求入按察使幕主刑名者，诫之曰："心术不可不慎！"其人请改治钱谷，则曰："刑名不慎，不过杀一人，所杀必有数，且为人所共知。钱谷厉人，十倍刑名，当时不觉。近数十年，远或数百年，流毒至于无穷，且未有已！"卒不许。著有《敬思堂集》。

《清史稿》卷三二〇

## 一八三　李侍尧有吏才乏操守

李侍尧，汉军镶黄旗人。乾隆初以荫生入仕，历任内外大臣，有大吏才。时人称其"短小精敏，机警过人，凡案籍经目，终身不忘。其下属谒见，数语即知其才干，拥儿高坐，谈其邑之肥瘠利害，动中窾要，州县有阴事者，公即缕缕道之，如目睹其事者，故謦欬之下，人皆悚栗"。然为官操守不谨，骄奢贪黩，又以先后任两广总督十馀年之久，所贡之物极精巧，天下封疆大吏从风而靡，为识者所讥。乾隆五十三年十月疾剧，卒。

《清通鉴》卷一四五

## 一八四　皇女与和珅子之婚礼轰动九城

乾隆四十五年，皇十女配和珅之子丰绅殷德。礼仪之隆重，奁妆之豪奢，轰动九城。翌年来华朝鲜使臣记云："昨年皇女下嫁和珅之子，宠爱之隆，妆奁之侈，十倍于前驸马福隆安时。自过婚翌日，辇送器玩于主者，概论其值，殆过数百万金。迨皇女于归，特赐帑银三十万两。大官之手奉如意珠贝，拜辞于皇女轿前者，无虑屡千百。虽以首阁老阿桂之年老位尊，亦复不免云。"

《清通鉴》卷一四六

## 一八五　乾隆八十庆典

乾隆五十五年七月十一日，时届乾隆帝八旬万寿，于避暑山庄举行庆典。乾隆帝御卷阿胜境，赐扈从王公大臣、蒙古回部王公，缅甸、南掌使臣及台湾生番筵宴，演大庆戏。十四日，御澹泊敬诚殿，宴请安南国王及各国使臣等，并赏赐银物。当晚在万树园大蒙古包看烟火。十五日中元节，观河灯。十六至十八日连演三天大庆戏。安南国王、各国使臣随即分起回京。

八月初一，乾隆帝御圆明园内同乐园，王公大臣及安南国王、朝鲜、缅甸、南掌使臣等入宴，开"升平宝筏"大庆戏。初二至初六连日设宴开戏，并赐安南国王及外国使臣游福海。初九日，乾隆帝幸万寿山，登朱漆龙舟游昆明湖，阿桂、和珅等王公大臣及安南国王、外国使臣同船。行船时，左右梢公皆唱棹歌。和珅承旨向外国使臣指点远近胜境万寿山、玉泉山、香山等。游湖后，复令下船纵览。十二日，乾隆帝乘礼舆还宫，自圆明园至西安门内，夹道左右彩棚绵亘，饰以金碧锦绣，皆两淮、长芦盐商及内外臣工精心备办。乾隆帝亦以此次景点缀设过于繁费，降旨表示"不但不以喜，抑且心觉不安"。十三日，乾隆帝于太和殿受贺。礼成，幸宁寿宫，赐王公大臣、外藩使臣等宴，演大庆戏。八旬万寿庆典极于顶峰。

《清通鉴》卷一四七

## 一八六　尹壮图被革职

乾隆五十六年，内阁学士尹壮图奏称，各督抚声名狼藉，吏治废弛，各省商民半皆蹙额兴叹，并请派大臣密查各省仓库亏空。遭严旨切责。旋侍郎庆成奉旨带壮图前往山西、直隶、山东、江南等省切实盘查仓库，并令尹壮图指实谁人"蹙额兴叹"？婪索属员以完罚项之大吏又系何人？但各省官吏已预知盘查，且庆成每至省会，先游宴终日，待其库藏挪移满数，然后启之榷对，故所至皆无亏空。甫抵山西，壮图即奏称仓库整齐，并无亏缺，业已倾心贴服。于是，乾隆帝命将壮图革职。

尹壮图，云南蒙自人，乾隆三十一年进士，以忠鲠称。其草疏之夜，秉烛危坐，竟夕抄录，其弟英图代为之危，屡窥其户，壮图笑曰："汝照常困眠，不必代兄忧虑，区区之头，早悬之都市矣！汝代余养老亲之天年可也。"八年之后，嘉庆帝亲政，即将尹壮图冤抑昭雪。

《清通鉴》卷一四八

## 一八七　乾隆退位办千叟宴

乾隆帝八十五岁，在位六十年，传位第十五子永琰，时年三十六岁，己为太上皇，改元嘉庆。嘉庆帝侍太上皇御宁寿宫皇极殿，复举行千叟宴。赐亲王大臣官员蒙古贝勒贝子等年七十以上者三千人，及回部、朝鲜、安南、暹罗、廓尔喀贡使等宴。其一品大臣及年届九十以上者，亲赐卮酒。其未入座者五千人，各赏诗章、如意、寿杖、文绮、银牌等物有差。

《清通鉴》卷一五三

## 一八八　孙士毅才兼文武

孙士毅，浙江仁和人。乾隆二十六年进士。历官地方学政、藩司、督抚，入为兵部、吏部尚书，充军机大臣，授文渊阁大学士。生而颖异，顾瞻不凡，读书目数行下。尝从傅恒征缅，一切羽书章奏皆出其手，排军布阵，动合机宜，傅恒尝叹曰："古所谓上马杀贼、下马作露布者，其孙君之谓乎？"安南变起，士毅自请统兵出关，连破阮惠兵，克黎城，晋封一等谋勇公。嘉庆元年卒。

士毅之为治，精勤过人，廉敏而仁强。凡居处省约，舆从减少。用人不拘一格，必尽其长，能得人死力，一事之善，即加褒扬。笃亲念故，久而不忘；没齿称述者，不可胜数。平生无他嗜好，博弈游戏之事，终身不一为之。诗文洒洒千言，过辄散落，草奏、文移皆出己手。

《清通鉴》卷一五三

## 一八九　毕沅撰《续资治通鉴》

毕沅，初以举人为内阁中书，值军机处。乾隆二十五年，中一甲一名进士，授修撰，累迁至湖广总督。嘉庆元年卒。沆性畏懦无远略，勤文学而疏于公务。然生平习于掌故，笃于故旧，尤好汲引后进。如吴泰来、程晋芳、邵晋涵、洪亮吉、孙星衍等皆招致幕府，暇时诗酒唱酬无虚日。性好著书，有《续资治通鉴》《史籍考》并《灵岩山人诗文集》等。

《清通鉴》卷一五四

## 一九〇  阿桂不与和珅合流

阿桂，满洲正蓝旗人。累迁吏部员外郎，充军机处章京，补内阁侍读学士。阿桂久历戎行，先后参与征准、平回、征缅等役。官至将军、总督、尚书、大学士。乾隆末，和珅横甚，阿桂不与合流，朝夕入值，必距彼数十步，和珅与语，漫应之，终不趋移步。嘉庆二年卒。

阿桂器识宏远，智计沉默，遇大事必筹其始终得失，计出万全，然后行之。虽在万乘之前，不轻为然诺。及其肩荷大任，次第措置，有时诏书敦迫，从容陈奏，亦不肯苟且以就功名，故所作必有成。生平善知人，文武大员由其密荐者甚多。自少留心史事，凡古今成败治乱之迹，与邪正进退之机，皆默识其所以然。遇有绩学励行之士，教以修身直节，以成大器。而于佻巧营求之辈，必痛绝之。

《清通鉴》卷一五四

## 一九一　袁枚著《随园集》

袁枚，字子才，钱塘人。乾隆四年进士，选庶吉士。改知县江南，历溧水、江浦、沭阳，调江宁。时尹继善为总督，知枚才，枚亦遇事尽其能。市人至以所判事作歌曲刻行四方。枚不以吏能自喜，既而引疾家居。再起发陕西，丁父忧归，遂牒请养母。卜筑江宁小仓山，号随园，崇饰池馆，自是优游其中者五十年。时出游佳山水，终不复仕。尽其才以为文辞诗歌，名流造请无虚日，诙谐诙荡，人人意满。后生少年一言之美，称之不容口。笃于友谊，编修程晋芳死，举借券五千金焚之，且恤其孤焉。

天才颖异。论诗主抒写性灵，他人意所欲出，不达者悉为达之。士多效其体。著《随园集》，凡三十馀种。上自公卿下至市井负贩，皆知其名。海外琉球有来求其书者。然枚喜声色，其所作亦颇以滑易获世讥云。卒年八十二。

《清史稿》卷四八五

## 一九二　王鸣盛著《十七史商榷》

王鸣盛，江苏嘉定人。乾隆十九年进士，授编修。历官侍读学士、礼部侍郎、光禄寺卿。嗣以丁艰归，不复出仕。久之，迁居苏州，键户读书，垂三十年。鸣盛学问淹通，与吴泰来、钱大昕，皆以博学工诗词称。所著《尚书后案》《军赋考》，精深博洽，比古疑义而折中之。又著《十七史商榷》，于一史中纪志表传互相稽考，因而得其异同，又取裨史、丛说以证其舛。

《清通鉴》卷一五四

## 一九三　嘉庆帝诛和珅

嘉庆四年正月初三，太上皇卒。嘉庆帝亲政。四日，革和珅军机大臣、九门提督职。十五日，谕定和珅二十大罪状。十八日，赐令和珅自尽。

诏中曰："所钞家产，楠木房屋僭侈逾制，仿照宁寿宫制度，园寓点缀与圆明园蓬岛、瑶台无异；蓟州坟茔设享殿，置隧道，居民称和陵；所藏珍珠手串二百馀，多于大内数倍，大珠大于御用冠顶；宝石顶非所应用，乃有数十，整块大宝石不计其数，胜于大内；藏银、衣服数逾千万；夹墙藏金二万六千馀两，私库藏金六千馀两，地窖埋银三百馀万两；通州、蓟州当铺、钱店赀本十馀万，与民争利；家奴刘全家产至二十馀万，并有大珍珠手串。"

和珅，满洲正红旗人。乾隆三十四年，以文生员承袭三等轻车都尉，累迁满洲正蓝旗副都统，入直军机处兼内务府总管大臣。自此遍历重职，历管吏部、刑部事，又为翰林院堂院。充四库馆正总裁兼理藩院尚书，封忠襄伯，前后柄权达二十馀年。珅善伺乾隆帝意，因以弄窃作威福，凡不附己者，伺隙激帝怒陷之，纳贿者则为周旋。大僚恃为奥援，剥削其下以供所欲；盐政、河工素利薮，以征求无厌日益敝。川、楚教事，因激变而起，将帅多倚和珅，糜饷奢侈，久无功。阿桂以勋臣为首辅，素不相能，被其梗轧。阿桂卒，益无顾忌，于军机寄谕独署己衔。乾隆帝虽遇事裁抑，和珅巧弥缝，不悛益恣。嘉庆帝在潜邸时已知其奸，及即位，不欲遽发，仍优容之，至是诛之。

《清史稿》卷三一九；《清通鉴》卷一五六

## 一九四　章学诚著《文史通义》

章学诚，字实斋，浙江会稽人。乾隆四十三进士，官国子监典籍。自少读书，不甘为章句之学。习闻刘宗周、黄宗羲之说。熟于明季朝政始末，往往出于正史外。继游朱筠门，筠藏书甚富，因得纵览群籍，与名流相讨论，学益宏富，立论多前人所未发。先后主讲定州定武书院、肥乡清漳书院、永平敬胜书院、保定莲池书院。著有《文史通义》《校雠通义》。

学诚好辩论，勇于自信。有《实斋文集》，视唐宋文体，夷然不屑。所修和州、亳州、永清县诸志，皆得体要，为世所推。

嘉庆六年卒。

《清通鉴》卷一五八；《清史稿》卷四八五

## 一九五　岳起清介自矢居无邸舍

岳起，满洲镶白旗人。乾隆三十六年举人，累擢户部员外郎、翰林院侍讲学士、詹事府少詹事。五十六年，迁奉天府尹。前官贪黩，岳起至，屋宇器用遍洗涤之，曰："勿染其污迹也！"与将军忤。逾年，擢内阁学士，寻出为江西布政使。殚心民事，值水灾，行勘圩堤，落水致疾。诏嘉其勤，许解任养疴。

嘉庆四年，特起授山东布政使。未几，擢江苏巡抚。清介自矢，僮仆仅数人，出屏驺从，禁游船声伎，无事不许宴宾演剧。吴下奢俗为之一变。五年署两江总督。

八年，入觐，以疾留京，署礼部侍郎。居无邸舍，病殁于僧寺，妻纺绩以终。无子，诏问其家产，仅屋四间、田七十六亩。吴民尤思其德，呼曰岳青天，演为歌谣。

《清史稿》卷三五九

## 一九六　钱大昕学贯经史著作等身

钱大昕，江苏嘉定人。乾隆十九年进士，授编修。历官侍讲学士、詹事府少詹事、地方主考官等职。嗣归里不出，历主钟山、娄东、紫阳三书院。门下士积二千馀人，其为台阁侍从、发名成业者，不可胜计。大昕淡于名利，学问淹通，"不专治一经，而无经不通，不专攻一艺，而无艺不精"。经史之外，如唐、宋、元、明诗文、小说、笔记，自秦汉及宋元金石文字，清朝典章制度，满洲、蒙古氏族，皆详加考订，研精究理。所著《经史答问》《廿二史考异》《通鉴注辨正补》《元史氏族表补》《元史艺文志》《三通术衍》《四史朔闰考》《金石文跋尾》《十驾斋养新录》诸书，悉流传于世。嘉庆九年卒。

其时天下学者但治古经，于三史以下则茫无所知。大昕乃博考历代史籍，上自《史记》，下迄《元史》，所撰《廿二史考异》，凡一百卷，参用不同版本，对官制、舆地、氏族等详为校勘考释。乾嘉间，以经学考证转向史学考证，钱大昕乃关系最大、考证最精，且影响亦最深远者。

《清通鉴》卷一三九、卷一六一

## 一九七　刘墉娴于政术工书法

刘墉，山东诸城人，乾隆十六年进士，自编修迁侍讲。出为地方知府、巡抚，累迁为左都御史、工部尚书、协办大学士。嘉庆二年，授体仁阁大学士。嘉兴九年病卒，年八十有五。

刘墉少跻馆阁，通掌故；中年扬历封圻，娴于政术；及继正揆席，天下呼为"小诸城"。尤擅书法，为清中叶四大书法家之一。平生颇以清介持躬，名播海内，妇人女子无不服其品谊，至以包孝肃比之。

《清通鉴》卷一六二

## 一九八　王杰手好不要钱

　　王杰，陕西韩城人。乾隆二十六年进士，殿试第一。寻值南书房，属司文柄。五迁至内阁学士。三十九年调吏部，擢左都御史。五十一年，命为军机大臣，上书房总师傅。翌年，拜东阁大学士，管理礼部。于枢廷十馀年，事有可否，未尝不委屈陈奏。和珅势方赫，事多擅决，同列隐忍不言，遇有不可，辄力争，终不与附。乾隆帝知之深，和珅虽厌之，亦不能去。每议军政，默然独坐，一日，和珅执其手，戏曰："何柔荑乃尔！"正色曰："王杰手虽好，但不能要钱耳！"和珅赧然。

　　及嘉庆帝临政，以足疾乞免军机及管理部事，允之。有大事，帝必咨询。嘉庆二年，复召值军机。七年，以老病乞休。

　　其历魁台四十年，为两朝所重。持文柄者十二次，所进多佳士。于门下士，相待甚笃，然未尝少涉私引，教以必为君子而已。尝训及门人云："为政之道，当开诚布公，不可有意除弊。此弊除，他弊兴矣。"性宽厚，然于世之以姑息为宽大者，极不然之，曰："纵恶以取名，如国家何？"嘉庆十年，卒于京邸，寿八十有一。著有《葆醇阁仗》《惺园易说》。

《清通鉴》卷一六二

清（公元 1644 年至 1839 年）

## 一九九　纪昀纂修《四库全书》

纪昀，字晓岚，一字春帆，直隶献县人。乾隆十九年进士，授编修，迁日讲起居注官。三十八年，开《四库全书》馆，以大学士刘统勋荐充纂修官。昀贯彻儒籍，旁通百家，凡六经传注得失，诸史异同，子集支分派别以及词曲医卜之类，罔不抉奥提纲，溯源竟委。每进一书，仿刘向、曾巩例，作提要冠诸简首，帝辄览而善之。又奉诏撰简明目录，存书、存目多万馀种，皆其一手所订。评骘精审，有"本朝大手笔"之誉。学问淹通，一生精力备注于四库提要及目录，不复自为撰著。其所欲言悉于《四库全书》发之，而惟以觉世之心自托于小说、稗官之列。间为人作序、记、碑、表之属，亦随即弃掷。或以为言，曰："吾自校理秘书，纵观古今著述，知作者固已大备，后之人竭其心思才力，要不出古人范围。"性坦率，喜吸烟，好滑稽。骤闻其语，近诙谐，过而思之，乃名言也。嘉庆十年卒。

《清通鉴》卷一六二

## 二〇〇　吴熊光对嘉庆语

嘉庆十年，帝自盛京谒祖陵回銮，驻跸夷齐庙行宫（今河北卢龙县境内）。直隶总督吴熊光前来迎驾，与大学士董诰、尚书戴衢亨同对。帝曰："外人言不可听，此次有言道路崎岖，风景略无可观者。今到彼道路甚平，风景甚好，人言岂可信哉！"熊光对曰："皇上此行，欲面稽祖宗创业艰难之迹，为万世子孙法，风景何足言耶！"少顷，帝又曰："汝苏州人，朕少扈跸过之，其风景诚无匹。"熊光曰："皇上所见，乃剪彩为花。苏州惟虎丘称名胜，实一坟堆之大者！城中河道逼仄，粪船拥挤，何足言风景？"帝又曰："如汝言，皇考何为六度至彼？"熊光叩头曰："皇上至孝，臣从前曾侍皇上进谒太上皇，奉圣谕：'朕临御六十年，并无失德，惟六次南巡，劳民伤财，实为作无益害有益。将来皇帝如南巡，而汝不阻止，必无以对朕。'仁圣之所诲，言犹在耳！"同列皆震怵，帝为之动容纳之。

《清通鉴》卷一六二

## 二〇一　朱珪教嘉庆帝五箴

朱珪，顺天大兴人，幼有"神童"之称。乾隆十三年进士，累迁侍读学士。出为地方道员；内用为翰林学士，特命入值上书房，为嘉庆帝师。尝上养心、敬身、勤业、虚己、致诚"五箴"，帝深许之。嗣出任封圻，有守有为，贤声益懋。嘉庆帝亲政后，召令还朝，侍值南书房有年，凡所陈奏，均得大体。嘉庆十年，拜体仁阁大学士。文章奥博，学无不通。历充河南、福建、江南考官各一，会试同考官二，总裁三，殿试读卷官二，为士林所宗仰。著有《知足斋文集》《知足斋进呈文稿》。嘉庆十一年病卒，享年七十有六。

《清通鉴》卷一六三

## 二〇二　李毓昌拒贿遭毒杀

嘉庆十三年秋，两江总督铁保以淮安报灾办赈，派候补知县李毓昌赴山阳（今江苏淮安县）往查。山阳令王伸汉，墨吏也，捏报户口，浮冒赈款二万三千馀两。毓昌亲行乡曲，查点户口，廉得实情，具清册将揭诸府。伸汉探知惧，赂巨金，立却之，请知府王毅代缓颊，亦不从。乃谋窃其册，使仆包祥与毓昌仆李祥、顾祥、马连升合谋。李祥曰："稿册收行箧，奈钥挂主人身，当先盗钥乃可。"包祥曰："是无庸。吾观此人，不可以利动，不可以哀求，欲灭口，计惟有死之耳！"翌日，毓昌饮于山阳廨，归渴甚，李祥等以毒茶进；毓昌寝，苦腹痛起，仆等急从后持其颈。毓昌张目叱之，李祥曰："吾等不能事君矣！"马连升解己所系带缢之。伸汉遂以疯疾自缢牒知府王毅。毅遣役验，还报曰："尸有血也。"毅怒杖验者，遂以状上。而伸汉则将毓昌所记稿册检出烧毁。未几，毓昌叔李泰清来迎丧，领柩回籍。嗣因检视遗物，见衣有血迹，心疑身死不明，因自行开验，尸身青黑。遂走京师，诉都察院。十四年五月，帝命秉公研讯。寻验明毓昌实系受毒缢死，而刑部亦讯出王伸汉谋毒实状。至是，军机大臣会同刑部奏报结案："王伸汉歼毒藐法，拟斩决；包祥身充长随，胆敢为伊主设计谋毒，亦应一律拟斩；李祥、顾祥、马连升谋毒本主，罪大恶极，均凌迟处死。"得旨允从。李毓昌冤死案得雪。

《清通鉴》卷一六六

## 二〇三　嘉庆帝命查禁鸦片

嘉庆十五年，命查禁鸦片。先是，京城广宁门巡役缉获杨姓烟贩，身藏鸦片烟六盒进城。大学士庆桂请交刑部审办。准如所请，命严密查禁。谕曰："鸦片烟性最酷烈，食此者骤长精神，恣其所欲，久之遂致戕贼人命，大为风俗人心之害。近闻购食者颇多，奸商弁利贩卖，接踵而来。崇文门专理税务，仅于所属口岸地方稽查，恐尚未周到，仍着步军统领、五城御史于各门禁严密访查，一有缉获，即当按律惩治，并将其烟物毁弃。至闽粤出产之地，并着该督抚关差查禁，断其来源，毋得视为具文，任其偷漏。"

《清通鉴》卷一六七

## 二〇四　嘉庆帝诫群臣

嘉庆十六年，帝谕贵州巡抚颜检曰："清洁立身，汝之长处；刚方御下，汝未能及，所以被人欺侮。今世小人多于君子，一昧厚道，断乎不可。勉力振作为要！"

嘉庆十九年，帝御文华殿经筵。值讲官英和、曹振镛等进讲毕，帝曰："人心不正之故，总由邪说横行，且咎在上不在下。为人上者，不能彰明教化，宣扬礼义；司牧之官，惟知尸禄保位，视民如草芥，德不修，学不讲，乃有奸徒煽惑，假邪说以诬民。正人正己，实为探本之论；

谨身率下，诚为不易之理！"

同年，直隶总督那彦成奏报到任日期，得旨："'清勤慎'三字，汝其勉之；'自满自是'四字，汝其戒之。其馀诸务，随时训诲。为政不在多言，惟致诚耳！"

嘉庆二十四年，帝饬州县官尽心民事。略曰："近日外省州县官一命甫膺，凡报国济民之事，俱不暇及，鳃鳃焉先为身家衣食是谋；履任之后，复思朘削民膏，厚殖田产，以为子孙计，读书致用之为何？扪心自问，岂不深愧乎？自肥而忍民之瘠，自安而忍民危，返之于心，何以堪此？嗣后各州县务当以教养为先，实心实力，劝课农桑，风谕孝悌，使小民衣食足而不尚华靡，礼仪兴而耻为诈伪。"

《清通鉴》卷一六八、卷一七一、卷一七六

## 二〇五  景德以谄革职

嘉庆十六年，景德奏请于万寿节令城内演戏，设剧十日，岁以为例。帝以其所言不成事体，交部议处。议请革职。从之。谕曰："朕寅承丕绪，惟日孜孜，时以崇俭黜奢，倡导寰宇，以冀亿兆阜康，风俗淳懋，并不许民间广陈戏乐，巷舞衢歌。乃该御史竟敢以此言尝试，其视朕为何主耶？着革职，发往盛京，充当苦差。"

《清通鉴》卷一六八

## 二〇六　赵翼著《廿二史札记》

赵翼，江苏阳湖人。乾隆二十六年一甲三名进士。授翰林院编修，充方略馆纂修官。出为广西镇安、广东广州知府，擢任贵西兵备道。嗣入两广总督李侍尧幕。事峻，辞归故里，以著述自娱。善诗，与同时袁枚斋、蒋士铨齐名。嘉庆十九年，卒于家。著有《瓯北集》等凡十馀种，其中《陔馀丛考》《廿二史札记》尤为人所称道。

《清通鉴》卷一七一

## 二〇七　姚鼐编《古文辞类纂》

姚鼐，号惜抱，桐城人，乾隆二十八年进士。四库馆开，充纂修官。书成，乞养归。

鼐工为古文。自康熙年间方苞（望溪）以古文鸣海内，刘大櫆（海峰）继之，姚鼐从刘大櫆游，世谓"望溪文质恒以理胜，海峰以才胜，学或不及，先生（姚鼐）乃文理兼至"。方、刘、姚皆桐城人，故后世言古文者称桐城派。姚鼐编《古文辞类纂》凡七十五卷，选文上起秦汉，下终方、刘，取舍有法，体例统一，不啻桐城派一部代表之作。

鼐清约寡欲，接人极和蔼，无贵贱皆乐与尽欢；而义所不可，则确乎不易其所守。世言学品兼备，推鼐无异词。尝仿王士禛《五七言古体诗》选为《今体诗选》，论者以为精当云。自告归后，主讲江南紫阳、钟山书院四十馀年，以诲迪后进为务。嘉庆二十年卒，年八十有五。

《清通鉴》卷一三六；《清史稿》卷四八五

## 二〇八　沈澍仁贪污畏罪自杀

甘肃巡抚和宁等奏："河州知州、前任西宁县知县沈仁澍，于离任三年后，忽遣家人赴西宁县私自开仓，搬运豌豆二千九百馀石。"嘉庆帝责沈仁澍胆大妄为，命将其革职拿问；又以陕甘总督先福有心徇庇，革去顶戴，交部议处。寻仁澍以劣迹暴露，畏罪自杀。查明沈仁澍盗卖仓粮、侵蚀运脚，并亏缺仓库，共银九万馀两。得旨："所亏银两着于沈仁澍家属名下勒追，再将其子沈德林发往乌鲁木齐；先福身任封疆，滥保贪墨劣员，罪无可逭，着发往伊犁效力赎罪；前署陕甘总督高杞于沈仁澍领运仓粮，率行批准，实属溺职，着即革职。"

《清通鉴》卷一七四

## 二〇九　道光帝处理涉英事件

嘉庆二十五年七月，帝病卒于避暑山庄行殿寝宫。终年六十有一。立绵宁为帝，改元道光。

道光二年正月，有英国护货兵船停泊外洋伶仃山，其水手赴山汲水，与当地民人斗殴，且有伤毙。两广总督阮元饬令英国大班及兵官交出凶手，然英方支吾推诿。阮元即命货船封仓，禁止贸易。道光帝闻报，谕知阮元："天朝定例，凡斗殴致死人命，无论先后动手，均应拟抵。该夷兵在内地犯事，应遵内地法律办理。可准英商各船开仓下货，但需饬令该国大班，告知该国王，查出凶夷，附搭货船，押解来粤。"并令阮元转谕英王，粤洋无盗，以后无庸再派兵船赴粤。如必欲派兵船保护货船，亦只可停泊外洋，买物取水，例应由买办承管。其领兵官，必须恪遵内地法度，弹压船内夷兵。

《清通鉴》卷一七九

## 二一〇　道光帝谕严惩贩食鸦片

道光二年十二月，道光帝谕曰："鸦片烟流行内地，大为人心风俗之害，民间私贩私食，久干例禁。着两广总督阮元、海关监督达三等，于通海各口岸，并关津渡口，无论官船民载，逐一认真查拿。倘查有奸民以多金包揽上税，及私运夹带进口等弊，立即从严惩办。"

刑部遵旨定买食鸦片律例："嗣后军民人等买食鸦片烟者，杖一百，枷号两个月。并令指出贩卖之人，查拿治罪。如不将贩卖之人指出，即将食烟之人照贩卖为从例，杖一百，徒三年。职官及在官人役买食者俱加一等治罪。"令各督抚及道府州县等官出具署内并无买卖、吸食鸦片烟甘结，于年终汇奏一次。从之。

《清通鉴》卷一七九、卷一八八

## 二一一　陈鸿稽察银库

陈鸿，浙江钱塘人。嘉庆十四年进士，授编修。迁御史，刚直有声。道光二年，奉命稽察银库，其妻固贤明，曰："今而后可送妾辈归矣！"惊问之，曰："银库美差也，苟为所染，昵君者麕至。祸且不测，妾不忍见君弃市也。"鸿指天自誓，禁绝赂遗。中庭已列花数盆，急挥去，堕地盆碎，中有藏镪，益耸惧。遂奏库衡年久铁陷，请敕工部选精铁易之。送库日，责成管库大臣率科道库员较验，然后启用。禁挪压饷银、空白出纳诸弊。库吏百计餂之，不动。复请户部逐月移送收银总簿，别立放银簿，钤用印信，以资考覈。

《清史稿》卷三七七

## 二一二　汪廷珍立朝无所亲附

汪廷珍，江苏山阳人。少孤，母程氏抚之成立。家中落，岁凶，馆粥或不给，不令人知。母曰："吾非耻贫，耻言贫，疑有求于人也。"力学，困诸生十年，始举于乡。成乾隆五十四年进士，授编修。大考，擢侍读。未几，迁祭酒。嘉庆元年，值上书房。大考，擢侍讲学士。七年，督安徽学政。任满，复督江西学政。累迁侍读学士、太仆寺卿、内阁学士。道光七年卒。

廷珍风裁严峻，立朝无所亲附。出入内廷，寮采见之，莫不肃然。自言生平力戒刻薄，凡贪冒谄谀有不忍为，皆守母教。大学士阮元服其多闻渊博，劝著书，廷珍曰："六经之奥，昔人先我言之，便何以长语相溷？读书所以析义，要归于中有所主而已。"服用朴俭，或以公孙弘拟之，笑曰："大丈夫不以曲学阿世为耻，而徒畏布被之讥乎？"后进以文谒，言不宗道，曰："异日恐丧所守。"属官有例送御史者，持不可，曰："斯人华而不实，何以立朝？"后皆如所言，人服其精鉴。

《清史稿》卷三六四

## 二一三　盛京将军以喜演戏宴会革职

　　盛京将军奕颢与副都统常明喜演戏、宴会，为道光帝闻知，即派协办大学士、理藩院尚书富俊等前往详查。富俊等出关，沿途采访舆论，又到省密访，查知沈阳城本有弋腔戏两班，近又到一徽班，将军府内时常演戏，奕颢服用奢华，常明性近奢靡。即奏报。道光十年三月有旨："盛京为根本重地，风俗素称淳朴。将军、副都统表率一方，乃竟时常宴乐，自蹈繁华，岂能胜将军、副都统之任？陪都地方，断不容戏班聚集，日趋侈靡。着将城内外所有戏班杂剧，概行驱逐，再不准潜行入境。"旋命将奕颢革去盛京将军并镇国公爵，常明革去盛京副都统职。

《清通鉴》卷一八七

## 二一四　王清任重视人体解剖

王清任，河北玉田人，著名医学家。平素重视对人体结构与脏腑之研究，谓"著书不明脏腑，岂不是痴人说梦？治病不明脏腑，何异于盲子夜行？"亲至坟冢与刑场观察尸体及脏器。所著《医林改错》为人体解剖学著作，纠正前人著述中若干错误，指出"灵机记性不在心而在脑"，区分出腹腔与胸腔，并绘有"亲见诸脏腑图"。在医术上擅长活血化淤。卒于道光十一年。

《清通鉴》卷一八八

## 二一五　曹振镛为官之道

曹振镛，安徽歙县人。乾隆四十六年进士，历任工部尚书、吏部尚书、军机大臣等。多次任学政、考官，衡文惟遵功令，不取淹博才华之士。凡纂修《会典》《明鉴》《全唐文》，皆为总裁。为官之道，自谓"多磕头，少说话"。

《清通鉴》卷一九二

## 二一六　戴敦元过目不忘

戴敦元，浙江开化人。幼有异禀，过外家，一月尽读其室中书。十岁举神童,学政彭元瑞试以文,如老宿;面问经义,答如流。叹曰:"子异日必为国器!"年十五,举乡试。乾隆五十五年,成进士,累迁礼部主事、刑部主事、郎中。

道光元年,擢江西按察使。敦元至江西,无幕客,延属吏谙刑名者以助,数月清积牍四千馀事。二年,迁山西布政使,单车之任,舆夫馆人莫知为达官。藩署有陋规曰厘头银,上下取给,敦元革之。调湖南,护理巡抚,擢刑部尚书。十四年,卒。

敦元博闻强识,目近视,观书与面相磨,过辄不忘。每至一官,积牍览一过,他日吏偶误,辄摘正之,无敢欺者。奏对有所咨询,援引律例,诵故牍一字无舛误,宣宗深重之。至老,或问僻事;指某书某卷,百不一爽。尝曰:"书籍浩如烟海,人生岂能尽阅?天下惟此义理,古今人所谈,往往雷同。当世以为独得者,大抵昔人唾馀。"罕自为文,仅传诗数卷。喜天文、律算,讨论有年,亦未自立一说。卒之日,笥无馀衣,困无馀粟,庀其赀不及百金,廉洁盖性成云。

《清史稿》卷三七四

## 二一七　石家绍自称民之佣

石家绍,山西翼城人。道光二年成进士,授江西龙门知县。发奸摘伏,以神明称。调上饶,再调南昌。首邑繁剧,而尽心民事,理讼尝至夜不辍。连年水患,饥民闻省会散赈,麕聚郭外。家绍请开仓平粜,复分厂煮粥以赈。主者循例备三千人食,而就食者五万,汹汹不可止。家绍至,谕之曰:"食少人众,咄嗟不能办。汝等姑退,诘朝来,不使一饥民无粥啖也。"众皆迎拜曰:"石爹爹不欺人,愿听处置。"爹爹者,江西民呼父也。历署大庾、新城、新建三县,擢铜鼓营同知,署饶州、赣州二府,所至皆得民心。

家绍口呐呐若不得辞,自大吏、僚友、缙绅、士民、卒隶无不称为循吏,顾自视歉然。尝曰:"吏而良,民父母也;不良,则民贼也。父母,吾不能;民贼也,则吾不敢,吾其为民佣乎!"道光十九年,卒。五县皆祀名宦,南昌民尤德之,建祠于百花洲。

《清史稿》卷四七八

## 二一八　阮元封疆大吏学者泰斗

阮元,江苏仪征人。乾隆五十四年进士,选庶吉士,授编修。逾年大考,高宗亲擢第一,超擢少詹事。召对,上喜曰:"不意朕八旬外复得一人!"值南书房、懋勤殿,迁詹事。五十八年,督山东学政,历兵部、礼部、户部侍郎。嘉庆四年,署浙江巡抚,寻实授,平海寇,多惠政。擢江西巡抚、两广总督、云贵总督。道光十五年,召拜体仁阁大学士,管理刑部,调兵部。十八年,以老病请致仕,许之,给半俸。卒年八十有六,入祀乡贤祠、浙江名宦祠。

元博学淹通，早被知遇。敕编《石渠宝笈》，校勘石经。创编国史儒林、文苑传，至为浙江巡抚，始手成之。集《四库》未收书一百七十二种，撰提要进御，补中秘之阙。历官所至，振兴文教。在浙江立诂经精舍，选高才肄业；在粤立学海堂亦如之，并延揽通儒，造士有家法，人才蔚起。撰《十三经校勘记》《经籍纂诂》《皇清经解》百八十馀种，专宗汉学，治经者奉为科律。集清代天文、律算诸家作《畴人传》，以章绝学。重修《浙江通志》《广东通志》，编辑《山左金石志》《两浙金石志》《积古斋钟鼎款识》《两浙輶轩录》《淮海英灵集》。自著曰揅经室集。他纪事、谈艺诸编，并为世重。身历乾、嘉文物鼎盛之时，主持风会数十年，海内学者奉为山斗焉。

《清史稿》卷三六四

## 二一九　黄爵滋奏请禁烟

道光十八年闰四月，鸿胪寺卿黄爵滋上奏请禁烟。道光下旨着盛京、吉林、黑龙江将军，直省各督抚，各抒所见，妥议章程，迅查具奏。九月，陆续奏到。前后计有二十九位封疆大吏议覆，均赞成严禁鸦片，然对吸食鸦片者处以死刑有分歧。其中八位大臣即湖广总督林则徐、安徽巡抚色卜早额、湖南巡抚钱宝琛、河南巡抚杜良、两江总督陶澍、江苏巡抚陈銮、河东河道总督栗毓美、署四川总督苏廷玉，均赞成对吸食鸦片者处以死刑。

《清通鉴》卷一九五

## 二二〇 林则徐至广东禁烟

林则徐，字少穆，福建侯官人。少警敏，有异才。年二十，举乡试。嘉庆十六年进士，选庶吉士，授编修。历典江西、云南乡试，分校会试。迁御史。道光年间，擢江苏巡抚、湖广总督。

道光十八年八月，湖广总督林则徐奏报：湖北省已拿获及首缴烟土、烟膏一万二千馀两，收缴烟枪一千二百六十馀杆，湖南报获烟土十馀起，收缴烟枪三千五百四十馀杆，均已分别劈毁。

林则徐于奏本中曰："鸦片之害，若犹泄泄视之，是使数十年后，中原几无可以御敌之兵，且无可以充饷之银。兴思及此，能无股栗！"言之痛切，道光帝为之动容，特将"中原几无可以御敌之兵，且无可以充饷之银"用朱笔圈出。九月二十二日谕令入觐。林则徐于十一月初十日抵京。次日召见。先后共召见八次，确定禁烟方策。

谕湖广总督兼兵部尚书林则徐，着颁给钦差大臣关防，驰驿前往广东，所有广东水师兼归节制。

林则徐奉旨后，于十一月二十三日出都南下。临行前，向座师沈维矫辞行，表示："死生命也，成败天也，苟利社稷，不敢竭股肱以为门墙辱。"言迄，相顾涕下，遂出都。

《清史稿》卷三六九；《清通鉴》卷一九五

## 二二一　林则徐令外商呈缴鸦片

钦差大臣林则徐于道光十九年正月二十五抵广州，以越华书院为行辕。次日，与两广总督邓廷桢、广东巡抚怡良、水师提督关天培等商讨禁烟方策，决定对内查处鸦片贩卖者和吸食者，对外查禁海口鸦片走私。林则徐会同邓廷桢、怡良传见十三行行商，揭露行商伍绍荣等勾结外国鸦片贩子走私鸦片之劣行，并发下谕帖令伍绍荣等即至十三行公所，传见外商，宣示谕帖，令将存放于趸船之鸦片尽数缴出，并须填写英、汉两种文字之合同甘结，保证"嗣后来船，永不敢夹带鸦片，如有带来，一经查出，货尽没官，人即正法，情甘服罪"。谕帖中并严厉申明："此次本大臣自京面承圣谕，若鸦片一日未绝，本大臣一日不回，誓与此事相始终，断无中止之理。"

随后，英国驻华之商务监督义律，呈禀林则徐，表示愿意严格地负责、忠诚而迅速地呈缴英商所有之鸦片二万零二百八十三箱。

《清通鉴》卷一九六

## 二二二　虎门销烟

收缴外商鸦片，从道光十九年二月二十八日始，至四月初六日毕，共收到一万九千一百八十七箱又二千一百一十九袋（其中美国商人缴出一千五百四十箱，馀为英商缴出），计重二百三十七万六千多斤。原拟将鸦片全部运往京师销毁，然路途遥远，费用太高，有旨令就地销毁，以使沿海居民和外国人"共见共闻，咸知震詟"。林则徐与邓廷桢等会商，定于二十二日在虎门海滩销烟。是日午后，久雨初晴，海风潮润，在虎门寨，林则徐一声令下，礼炮轰鸣，销烟开始。

先已在海滩上挖好两座销烟池，每座长宽各十五丈，池底铺石，四旁栏桩钉板，不令少有渗漏，池前设涵洞通海，池后通一水沟，可以车水进池。负责销烟之兵丁听见命令，先车水入池，撒盐成卤，然后将一箱箱鸦片运到池边，打开烟箱，用刀将鸦片逐个切成四瓣，投入卤中，浸泡之后，再将整块烧透石灰纷纷抛下，顷刻便如汤沸，不爨自燃。又有人夫多名，各执铁锄木耙，立于跳板之上，往来翻戳，务使鸦片颗粒悉化。鸦片在池中销溶，脓油上涌，渣滓下沉，臭秽熏腾，不可向迩。俟至退潮，启放涵洞，随浪出海，复用清水刷涤池底，不任涓滴留存。围观者成千上万，不时欢呼。

销烟进行约二十天，除八箱鸦片留作送京之样品外，其馀全部销毁。

《清通鉴》卷一九六

## 二二三　陶澍实心任事

陶澍，湖南安化人。嘉庆七年进士，官至两江总督。为官"实心任事，不避嫌怨"。于安徽巡抚、江苏巡抚、两江总督任上，改革漕政，试行海运，整顿盐务，创行票盐，颇有成效。其力倡经世致用，转移学风，影响深远。张佩纶论及道光末年人才，称为"黄河之昆仑，大江之岷"。道光十九年，卒于两江总督任所。

《清通鉴》卷一九六

## 二二四　道光帝令断绝与英贸易

道光十九年九月二十八日，英舰两艘驶至穿鼻洋。水师提督关天培率水师前往查询，遭炮击。双方交火约一时许，英舰退走。从九月二十八日至十月初八日，旬日间，英军连续六次向驻在官涌（尖沙嘴以北一座山梁）之清军发动进攻，均被击退。八次为小规模冲突。

道光帝在接到穿鼻洋战报之后，令将英国贸易停止，所有该国船只尽行驱逐出口，不必取具甘结。林则徐只得遵旨行事。

《清通鉴》卷一九六

## 二二五　英国发动鸦片战争

道光十九年十二月初四，应义律要求，英舰封锁广州湾与珠江口。二十年三月初九，英国下院正式通过侵华军费支出案。十九日，上院一致通过。五月二十二日，英国舰队由海军司令伯麦率领率先抵达澳门外海。懿律等随后抵达。懿律任海陆联军最高司令，伯麦准将任海军司令，布利尔上校任陆军司令。

二十三日，伯麦发出通告，自二十九日起封锁广州江面与海口。届时，实施封锁，侵华战争正式爆发。

《清通鉴》卷一九六、卷一九七

附

# 宋至清纪年表[*]

| 国 号 | 帝 号 | 年 号 | 年 数 | 某年号元年当公元年数 |
|---|---|---|---|---|
| 北宋 | 太祖 | 建隆 | 3 | 960 A. D. |
|  |  | 乾德 | 5 | 963 A. D. |
|  |  | 开宝 | 8 | 968 A. D. |
|  | 太宗 | 太平兴国 | 8 | 976 A. D. |
|  |  | 雍熙 | 4 | 984 A. D. |
|  |  | 端拱 | 2 | 988 A. D. |
|  |  | 淳化 | 5 | 990 A. D. |
|  |  | 至道 | 3 | 995 A. D. |
|  | 真宗 | 咸平 | 6 | 998 A. D. |
|  |  | 景德 | 4 | 1004 A. D. |
|  |  | 大中祥符 | 9 | 1008 A. D. |
|  |  | 天禧 | 5 | 1017 A. D. |
|  |  | 乾兴 | 1 | 1022 A. D. |
|  | 仁宗 | 天圣 | 9 | 1023 A. D. |
|  |  | 明道 | 2 | 1032 A. D. |
|  |  | 景祐 | 4 | 1034 A. D. |
|  |  | 宝元 | 2 | 1038 A. D. |
|  |  | 康定 | 1 | 1040 A. D. |
|  |  | 庆历 | 8 | 1041 A. D. |
|  |  | 皇祐 | 5 | 1049 A. D. |
|  |  | 至和 | 2 | 1054 A. D. |
|  |  | 嘉祐 | 8 | 1056 A. D. |

---

[*] 转载自《两千年中西历对照表》。

续表

| 国 号 | 帝 号 | 年 号 | 年 数 | 某年号元年当公元年数 |
|---|---|---|---|---|
| 北宋 | 英宗 | 治平 | 4 | 1064 A.D. |
| | 神宗 | 熙宁 | 10 | 1068 A.D. |
| | | 元丰 | 8 | 1078 A.D. |
| | 哲宗 | 元祐 | 8 | 1086 A.D. |
| | | 绍圣 | 4 | 1094 A.D. |
| | | 元符 | 3 | 1098 A.D. |
| | 徽宗 | 建中靖国 | 1 | 1101 A.D. |
| | | 崇宁 | 5 | 1102 A.D. |
| | | 大观 | 4 | 1107 A.D. |
| | | 政和 | 7 | 1111 A.D. |
| | | 重和 | 1 | 1118 A.D. |
| | | 宣和 | 7 | 1119 A.D. |
| | 钦宗 | 靖康 | 1 | 1126 A.D. |
| 南宋 | 高宗 | 建炎 | 4 | 1127 A.D. |
| | | 绍兴 | 32 | 1131 A.D. |
| | 孝宗 | 隆兴 | 2 | 1163 A.D. |
| | | 乾道 | 9 | 1165 A.D. |
| | | 淳熙 | 16 | 1174 A.D. |
| | 光宗 | 绍熙 | 5 | 1190 A.D. |
| | 宁宗 | 庆元 | 6 | 1195 A.D. |
| | | 嘉泰 | 4 | 1201 A.D. |
| | | 开禧 | 3 | 1205 A.D. |
| | | 嘉定 | 17 | 1208 A.D. |
| | 理宗 | 宝庆 | 3 | 1225 A.D. |
| | | 绍定 | 6 | 1228 A.D. |
| | | 端平 | 3 | 1234 A.D. |
| | | 嘉熙 | 4 | 1237 A.D. |
| | | 淳祐 | 12 | 1241 A.D. |
| | | 宝祐 | 6 | 1253 A.D. |
| | | 开庆 | 1 | 1259 A.D. |
| | | 景定 | 5 | 1260 A.D. |
| | 度宗 | 咸淳 | 10 | 1265 A.D. |
| | 恭宗 | 德祐 | 1 | 1275 A.D. |

续表

| 国 号 | 帝 号 | 年 号 | 年 数 | 某年号元年当公元年数 |
|---|---|---|---|---|
| 南宋 | 端宗 | 景炎 | 2 | 1276 A. D. |
|  | 昺帝 | 祥兴 | 2 | 1278 A. D. |
| 元 | 世祖 | 至元 | 15 | 1280 A. D. |
|  | 成宗 | 元贞 | 2 | 1295 A. D. |
|  |  | 大德 | 11 | 1297 A. D. |
|  | 武宗 | 至大 | 4 | 1308 A. D. |
|  | 仁宗 | 皇庆 | 2 | 1312 A. D. |
|  |  | 延祐 | 7 | 1314 A. D. |
|  | 英宗 | 至治 | 3 | 1321 A. D. |
|  | 泰定帝 | 泰定 | 4 | 1324 A. D. |
|  | 明宗 | 天历 | 2 | 1328 A. D. |
|  | 文宗 | 至顺 | 3 | 1330 A. D. |
|  | 顺帝 | 元统 | 2 | 1333 A. D. |
|  |  | 至元 | 6 | 1335 A. D. |
|  |  | 至正 | 27 | 1341 A. D. |
| 明 | 太祖 | 洪武 | 31 | 1368 A. D. |
|  | 惠帝 | 建文 | 4 | 1399 A. D. |
|  | 成祖 | 永乐 | 22 | 1403 A. D. |
|  | 仁宗 | 洪熙 | 1 | 1425 A. D. |
|  | 宣宗 | 宣德 | 10 | 1426 A. D. |
|  | 英宗 | 正统 | 14 | 1436 A. D. |
|  | 景帝 | 景泰 | 7 | 1450 A. D. |
|  | 英宗 | 天顺 | 8 | 1457 A. D. |
|  | 宪宗 | 成化 | 23 | 1465 A. D. |
|  | 孝宗 | 弘治 | 18 | 1488 A. D. |
|  | 武宗 | 正德 | 16 | 1506 A. D. |
|  | 世宗 | 嘉靖 | 45 | 1522 A. D. |
|  | 穆宗 | 隆庆 | 6 | 1567 A. D. |
|  | 神宗 | 万历 | 47 | 1573 A. D. |
|  | 光宗 | 泰昌 | 1 | 1620 A. D. |
|  | 熹宗 | 天启 | 7 | 1621 A. D. |
|  | 思宗 | 崇祯 | 17 | 1628 A. D. |
|  | 唐王 | 隆武 | 2 | 1645 A. D. |
|  | 永明王 | 永历 | 15 | 1647 A. D. |

续表

| 国 号 | 帝 号 | 年 号 | 年 数 | 某年号元年当公元年数 |
|---|---|---|---|---|
| 清 | 圣祖 | 康熙 | 61 | 1662 A. D. |
| | 世宗 | 雍正 | 13 | 1723 A. D. |
| | 高宗 | 乾隆 | 60 | 1736 A. D. |
| | 仁宗 | 嘉庆 | 25 | 1796 A. D. |
| | 宣宗 | 道光 | 30 | 1821 A. D. |
| | 文宗 | 咸丰 | 11 | 1851 A. D. |
| | 穆宗 | 同治 | 13 | 1862 A. D. |
| | 德宗 | 光绪 | 34 | 1875 A. D. |
| | 逊帝 | 宣统 | 3 | 1909 A. D. |

| 国 号 | 帝 号 | 年 号 | 年 数 | 某年号元年当公元年数 |
|---|---|---|---|---|
| 辽 | 太祖 | 一 | 9 | 907 A.D. |
| | | 神册 | 6 | 916 A.D. |
| | | 天赞 | 4 | 922 A.D. |
| | | 天显 | 1 | 926 A.D. |
| | 太宗 | 天显 | 11 | 927 A.D. |
| | | 会同 | 9 | 938 A.D. |
| | 世宗 | 天禄 | 4 | 947 A.D. |
| | 穆宗 | 应历 | 18 | 951 A.D. |
| | 景宗 | 保宁 | 10 | 969 A.D. |
| | | 乾亨 | 4 | 979 A.D. |
| | 圣宗 | 统和 | 29 | 983 A.D. |
| | | 开泰 | 9 | 1012 A.D. |
| | | 太平 | 10 | 1021 A.D. |
| | 兴宗 | 景福 | 1 | 1031 A.D. |
| | | 重熙 | 23 | 1032 A.D. |
| | 道宗 | 清宁 | 10 | 1055 A.D. |
| | | 咸雍 | 10 | 1065 A.D. |
| | | 大康 | 10 | 1075 A.D. |
| | | 大安 | 10 | 1085 A.D. |
| | | 寿昌 | 6 | 1095 A.D. |
| | 天祚帝 | 乾统 | 10 | 1101 A.D. |
| | | 天庆 | 10 | 1111 A.D. |
| | | 保大 | 3 | 1121 A.D. |
| | 德宗 | 延庆 | 10 | 1124 A.D. |
| | | 康国 | 10 | 1134 A.D. |
| | 感天后 | 咸清 | 7 | 1144 A.D. |
| | 仁宗 | 绍兴 | 13 | 1151 A.D. |
| | 承天后 | 崇福 | 14 | 1164 A.D. |
| | 末主 | 天禧 | 34 | 1178 A.D. |

续表

| 国　号 | 帝　号 | 年　号 | 年　数 | 某年号元年当公元年数 |
|---|---|---|---|---|
| 金 | 太祖 | 收国 | 2 | 1115 A. D. |
| | | 天辅 | 6 | 1117 A. D. |
| | 太宗 | 天会 | 12 | 1123 A. D. |
| | 熙宗 | 天会 | 3 | 1135 A. D. |
| | | 天眷 | 3 | 1138 A. D. |
| | | 皇统 | 8 | 1141 A. D. |
| | 海陵王 | 天德 | 4 | 1149 A. D. |
| | | 贞元 | 3 | 1153 A. D. |
| | | 正隆 | 5 | 1156 A. D. |
| | 世宗 | 大定 | 29 | 1161 A. D. |
| | 章宗 | 明昌 | 6 | 1190 A. D. |
| | | 承安 | 5 | 1196 A. D. |
| | | 泰和 | 8 | 1201 A. D. |
| | 卫绍王 | 大安 | 3 | 1209 A. D. |
| | | 崇庆 | 1 | 1212 A. D. |
| | 宣宗 | 贞祐 | 4 | 1213 A. D. |
| | | 兴定 | 5 | 1217 A. D. |
| | | 元光 | 2 | 1222 A. D. |
| | 哀宗 | 正大 | 8 | 1224 A. D. |
| | | 天兴 | 3 | 1232 A. D. |

# 参考书目

《史记》，中华书局 1959 年版。
《汉书》，中华书局 1962 年版。
《后汉书》，中华书局 1965 年版。
《三国志》，中华书局 1959 年版。
《晋书》，中华书局 1974 年版。
《宋书》，中华书局 1974 年版。
《南齐书》，中华书局 1972 年版。
《梁书》，中华书局 1973 年版。
《陈书》，中华书局 1972 年版。
《魏书》，中华书局 1974 年版。
《北齐书》，中华书局 1972 年版。
《周书》，中华书局 1971 年版。
《南史》，中华书局 1975 年版。
《北史》，中华书局 1974 年版。
《隋书》，中华书局 1973 年版。
《旧唐书》，中华书局 1975 年版。
《新唐书》，中华书局 1975 年版。

《旧五代史》，中华书局1976年版。

《新五代史》，中华书局1974年版。

《辽史》，中华书局1974年版。

《金史》，中华书局1975年版。

《宋史》，中华书局1977年版。

《元史》，中华书局1976年版。

《明史》，中华书局1974年版。

《清史稿》，中华书局1998年版。

《新元史》，上海古籍出版社1989年版。

（东汉）刘珍等撰，吴树平校注：《东观汉记校注》，中华书局2008年版。

杨伯峻：《春秋左传注》，中华书局1990年版。

（北宋）司马光撰，（元）胡三省注：《资治通鉴》，中华书局1956年版。

（清）毕沅：《续资治通鉴》，中华书局1999年版。

（清）夏燮：《明通鉴》，中华书局2014年版。

戴逸、李文海主编：《清通鉴》，山西人民出版社2005年版。

（清）吴乘权等：《纲鉴易知录》，中华书局1996年版。

《国语》，上海古籍出版社1978年版。

《战国策》，上海古籍出版社2006年版。

许维遹撰，梁运华整理：《吕氏春秋集释》，中华书局2009年版。

余嘉锡撰，周祖谟等整理：《世说新语笺疏》，中华书局2008年版。

# 辑录日志

2016年7月1日—2017年3月24日：读《资治通鉴》，作笔记1084则。

2017年4月1日—5月30日：读《史记》《左传》《国语》《吕氏春秋》《战国策》，作笔记268则。

2017年6月1日—7月3日：读《汉书》，作笔记85则。

2017年7月4日—8月1日：读《后汉书》《东观汉记》，作笔记136则。

2017年8月14日—8月30日：读《三国志》，作笔记52则。

2017年9月1日—9月8日：《古史人镜》之第一卷，辑录完成。

2017年9月9日—15日：读《世说新语》，作笔记75则。

2017年9月1日—10月20日：读《晋书》，作笔记132则。

2017年10月26日—11月2日：读《宋书》，作笔记

21则。

2017年11月3日—11月6日：读《南齐书》，作笔记13则。

2017年11月7日—2017年11月13日：读《梁书》《陈书》，作笔记28则。

2017年11月14日—11月22日：读《魏书》，作笔记33则。

2017年11月23日—11月26日：读《北齐书》，作笔记19则。

2017年11月27日—11月30日：读《周书》，作笔记14则。

2017年12月1日—12月9日：读《南史》，作笔记10则。

2017年12月10日—12月14日：读《北史》，作笔记25则。

2017年12月15日—12月18日：《古史人镜》之南北朝，辑录完成。

2017年12月22日—12月25日：读《隋书》，作笔记14则。

2017年12月26日：《古史人镜》之隋，辑录完成。

2017年12月27日—2018年2月10日：读《旧唐书》《新唐书》，作笔记177则。

2018年2月11日—2月13日：《古史人镜》之唐，辑录完成。

2018年2月18日—3月2日：读《旧五代史》《新五代史》，作笔记33则。

2018年3月3日—3月5日：《古史人镜》之五代，辑录完成。

2018年3月6日—3月30日：读《续资治通鉴·宋（上）》，作笔记167则。

2018年4月1日—5月8日：读《宋史》（上），作笔记114则。

2018年5月9日—5月27日：读《续资治通鉴·宋（下）》，作笔记77则。

2018年5月28日—5月31日：读《辽史》，作笔记10则。

2018年6月1日—6月5日：读《金史》，作笔记22则。

2018年6月6日—6月19日：读《宋史》（下）作笔记97则。

2018年6月20日—6月26日：《古史人镜》之宋，辑录完成。

2018年7月3日—7月20日：读《续资治通鉴·元》，作笔记81则。

2018年7月21日—8月15日：读《元史》，作笔记95则。

2018年8月16日—8月28日：读《新元史》，作笔记55则。

2018年8月29日—8月31日：《古史人镜》之元，辑录完成。

2018年9月1日—12月5日：读《明通鉴》，作笔记78则；读《明史》作笔记168则；读《纲鉴易知录》作笔记17则。

2018年12月6日—12月10日：《古史人镜》之明，辑录完成。

2018年12月16日—2019年2月20日：读《清通鉴》，作笔记210则。

2019年2月21日—3月27日：读《清史稿》，作笔记87则。

2019年3月28日—4月1日：《古史人镜》之清，辑录完成。

2019年4月5日—6月25日：校订《古史人镜辑录》全书。

2019年6月26日：作附表。

辑录《古史人镜》之三间年，宋谊民同志协助搜集图书、操作电脑，解决运行中出现的种种问题，使本书得以较快完成，谨表衷心感谢。

最后，感谢中国社会科学出版社社长赵剑英、总编辑助理王茵对本书出版给予的关心和大力支持；感谢编辑孙萍等同志，从繁忙的编辑出版活动中抽出时间，辛勤工作，一丝不苟，在较短的时间内高效高质量地完成了80多万字的编校工作，他们提出了许多好意见，改正了不少失误，使本书得以较好的面目问世。相信读者阅后，也能感知、感谢他们的劳绩和贡献。